हंसबलाका

हंसबलाका

आचार्य जानकीवल्लभ शास्त्री

वाणी प्रकाशन

प्रकाशन के उत्कृष्टतम 61 वर्ष

पेपरबैक पहला संस्करण : 2024

vaniprakashan.com

वाणी प्रकाशन

4695, 21-ए, दरियागंज, नयी दिल्ली-110 002

फ़ोन : +91 11 23273167, 23275710

शाखाएँ

अशोक राजपथ, पटना-800 004, बिहार

कॉफ़ी हाउस कैम्पस, महात्मा गांधी मार्ग, प्रयागराज-211 001, उत्तर प्रदेश

महात्मा गांधी अन्तरराष्ट्रीय हिन्दी विश्वविद्यालय, वर्धा-442 001, महाराष्ट्र

sales@vaniprakashan.in
vaniprakashan@gmail.com

Hansbalaka
by Acharya Janaki Vallabha Shastri

ISBN : 978-93-6287-890-8

मूल्य : ₹ 950

जी.एस. ऑफ़सेट द्वारा दिल्ली-110 095 में मुद्रित

वाणी प्रकाशन का लोगो मक़बूल फ़िदा हुसेन की कूची से

हिंदी की
समृद्ध
गद्य-परंपरा
को

क्रम

'हंसबलाका' के दूसरे संस्करण के अवसर पर

आचार्य जानकीवल्लभ शास्त्री छायावादोत्तर युग के प्रसिद्ध कवि थे। प्रारंभ में वे संस्कृत में कविताएँ लिखते थे। संस्कृत में लिखी उनकी कविताओं का प्रथम संग्रह 'काकली' नाम से 1935 ई० में प्रकाशित हुआ। 'काकली' के गीत जयदेव के 'गीतगोविंद' की तरह मधुर और कोमल थे, लेकिन उसकी विषयवस्तु आधुनिक थी। निराला ने जब 'काकली' को पढ़ा तो वे चमत्कृत हुए। 'काकली' के गीतों में उन्हें अपने 'तारुण्य की झलक' मिली। उन्होंने शास्त्री जी को पत्र लिखा और कुछ दिनों बाद वे आचार्य नंददुलारे वाजपेयी के साथ काशी हिंदू विश्वविद्यालय के छात्रावास में शास्त्री जी से जाकर मिले। निराला की प्रेरणा से वे हिंदी में काव्य-रचना की ओर प्रवृत्त हुए। 'रूप-अरूप' नाम से हिंदी में उनका प्रथम काव्य-संग्रह 1939 ई० में प्रकाशित हुआ। और इस तरह हिंदी कविता की दुनिया में उनका प्रवेश हुआ। 'रूप-अरूप' के बाद 'तीरतरंग', 'अवंतिका', 'शिप्रा', 'मेघगीत', 'उत्पलदल', 'संगम', 'राधा' आदि दर्जन भर से ऊपर काव्य-संग्रह प्रकाशित हुए। 'राधा' अपने ढंग का हिंदी का सबसे बड़ा महाकाव्य है, जो जानकीवल्लभ शास्त्री की रचनात्मकता का शिखर है।

कविता के अतिरिक्त जानकीवल्लभ शास्त्री ने और कई विधाओं में साहित्य रचना की। गीति-नाट्य, कहानी, उपन्यास, आलोचना, संस्मरण आदि विधाओं में उनकी लगभग दो दर्जन पुस्तकें प्रकाशित हुईं। कविता की तरह अन्य विधाओं में भी शास्त्री जी के लेखन का अपना वैशिष्ट्य है। संस्मरण लेखन के क्षेत्र में 'स्मृति के वातायन', 'हंसबलाका', 'अष्टपदी', 'कर्मक्षेत्रे : मरुक्षेत्रे' आदि पुस्तकें विशेष रूप में याद की जाएँगी।

'हंसबलाका' हिंदी संस्मरण साहित्य को शास्त्री जी की अन्यतम देन है। इसका प्रथम प्रकाशन 1982 ई० में हुआ था। प्रकाशित होने पर हिंदी समाज में इसका व्यापक स्वागत हुआ। प्रसाद, निराला, जैनेंद्र, हजारीप्रसाद द्विवेदी, अज्ञेय आदि महान् लेखकों के जीवन और साहित्य को तथा स्वयं अपने जीवन को नए ढंग से देखने का यह प्रयास अपने तरह का अकेला है। यह मात्र संस्मरण की पुस्तक भर नहीं

है। यहाँ हिंदी के सांस्कृतिक गद्य का ऐसा रूप है, जिसमें हमारी परंपरा और समय दोनों अपने सबसे उदात्त रूप में प्रस्तुत हुए हैं। इन संस्मरणों में प्राचीन भारत की गूँज-अनुगूँज तो है ही, आधुनिक सांस्कृतिक जगत् की यथार्थ चेतना भी है। 'हंसबलाका' के संस्मरणों से गुजरते हुए हम आलोच्य व्यक्ति को तो नए रूप में देखते ही हैं, अपनी सांस्कृतिक विरासत को भी सर्वथा नए रूप में पाते हैं। बिना किसी दुविधा के कहा जा सकता है कि 'हंसबलाका' के प्रकाशन से हिंदी संस्मरण साहित्य का सबसे पुष्ट और प्रखर रूप सामने आता है। 'हंसबलाका' हिंदी संस्मरण साहित्य का सर्वोच्च शिखर है।

'हंसबलाका' का प्रथम संस्करण 'पूर्वोदय प्रकाशन' दिल्ली से निकला था। संस्करण समाप्त होने के बाद किन्हीं कारणों से दूसरा संस्करण नहीं प्रकाशित हो सका। पिछले कुछ वर्षों से यह महत्त्वपूर्ण पुस्तक अप्राप्य थी। 'किताबघर प्रकाशन' से इसका दूसरा संस्करण निकल रहा है। इसकी छपाई का काम पिछले वर्ष शुरू हुआ है। शास्त्री जी की यह प्रिय पुस्तक थी। वे इसे पुनः प्रकाशित देखना चाहते थे। लेकिन दुःख के साथ कहना पड़ रहा है कि हमारी तत्परता के बावजूद उनके जीवनकाल में यह कृति प्रकाशित नहीं हो सकी। 7 अप्रैल, 2011 को लगभग छियानबे साल की उम्र में उनका निधन हो गया। वे इसका प्रकाशित दूसरा संस्करण नहीं देख सके, इसका हमें खेद है। शास्त्री जी का संपूर्ण साहित्य नए सिरे से उनके प्रेमियों और पाठकों के लिए शीघ्र उपलब्ध हो जाए, यह उनके प्रति हमारी सबसे बड़ी श्रद्धांजलि होगी। फिलहाल 'हंसबलाका' की नई प्रति आपके हाथ में है। अपने गुरु की स्मृति को नमन करते हुए, मैं इस अवसर पर कहना चाहता हूँ कि मेरी कोशिश होगी कि शास्त्री जी का संपूर्ण साहित्य यथाशीघ्र हिंदी पाठक के लिए सुलभ हो जाए।

—गोपेश्वर सिंह

31 मई, 2011

प्रोफेसर एवं अध्यक्ष
हिंदी विभाग, दिल्ली विश्वविद्यालय
दिल्ली-110007
फोन : 011-27662974 (आवास), 27666628 (कार्यालय)
E-mail : gopeshwar2k@yahoo.co.in

सिलसिला

Once again
Do I behold these steep and lofty cliffs.
That on a wild secluded scene impress.
Thoughts of more deep seclusion; and connect
The landscape with the quiet of sky.

मैं क्या, मेरी जीवनी क्या? बकौल गालिब–'मैं न अच्छा हुआ, बुरा न हुआ'–यह हुआ मैं; और–'बहर गर बहर न होता तो बयाबाँ होता!'–यह हुई मेरी जीवनी।

जीवनी होती है सूरमाओं की, जिनकी खाँटी जिंदगी में नकली, सुख-दुःख की मिलावट नहीं होती; जिन्हें उतार-चढ़ाव की सर्दी-गर्मी शिकंजे में नहीं खिंचवाती। जो होते हैं अहद-शिकन कि जिनकी मस्ती पेशानी पर पड़ने वाली कोई शिकन-सिकुड़न-सिलवट नहीं जानती।

मेरी जिंदगी की तसवीर बेतरतीब स्याह-सफेद लकीरों की कार्टूनी करामात है। यह नुमायाँ होने की कशिश नहीं, बदवख्ती का इजहार है कि मेरे आगे-पीछे दाएँ-बाएँ ऐसा कोई नहीं जो मेरी बंदगी के बारे में अगर वाकई कभी कोई कुछ जानना चाहे तो उसे सही-सालिम बता सके, सिवा इसके कि इस साकिल का मिजाज पाना मुश्किल था; दरअसल इस बदमिजाज का मिजाज किसी से मिलता ही न था। निस्वतन कम मर्तबे के साहित्यिकों के सामने तो यह मेमना बन जाता था, मगर कभी टैगोर के भी चरण न छुए, कई-कई बार सान्निध्य के योग जुटे थे; निराला से भी अकसर टकरा जाता था। यों यह इन दोनों का पक्का भक्त था। कहता था :

'अनुहुँ कुरुते घनध्वनिं
न हि गोमायुरुतानि केसरी।'

कि एक दफा बादल गड़गड़ाए तो सिंह दहाड़ उठता है, सियारों के हुआँ-हुआँ की तो वह नोटिस ही नहीं लेता।

सन् 1944-45 में मुझ पर इस्म-बा-मुसम्मा कालाजार का क्रूर आक्रमण हुआ

था। तब अब की तरह नई-नई दवाएँ कहाँ ईजाद थीं, ले-देकर ब्रह्मचारी का यूरिया इंजेक्ट किया जाता था जिससे अकसर मर्ज और मरीज का एक ही दफा सफाया हो जाता था। तीसरी बार रिलैप्स किया तो—

'मुनहसर हो जिसकी मरने पे उमीद
नाउमीदी उसकी देखा चाहिए।'

की नौबत आ गई। ऐसे में और कोई मौत की घड़ियाँ गिनता होता मगर मेरी अकड़, अजरूए ईमान उन जकड़बंद घड़ियों से लड़ने निकल पड़ी थी जो मुझे अजल-गिरफ्ता समझकर टाले नहीं टलती थीं। 'बूड़ा वंश कबीर का' उसी रोजे-अजल की यादगार है। आँसुओं से धुल-धुलकर ज्यों-ज्यों, याददाश्त निखरती गई, मुझे 'माँ', 'पितृदेव', 'निष्क्रमण' वगैरह की अजीजदारी का कायल होना पड़ा और उसकी सिलसिलेवार याद-आवरी का शुक्रगुजार भी।

जब ये संस्मरण सन् 1948 में पत्र-पत्रिकाओं में प्रकाशित हुए, मेरे पास बड़े-बड़ों के ढेरों पत्र आए। बच्चन, मुक्त, नेपाली, आरसी आदि ने तो यहाँ तक लिखा कि फिलहाल मैं कविता-अविता लिखना बंद कर दूँ, यह जीवन-स्मृति साहित्य की एक अनमोल निधि होगी। अगरचे यह 'मैंने जब की आह, उनने वाह की' का ही जलवा था, मैं बहकावे में आकर खुद नुमाई पर उतर आया, और यह फंदा गले में पड़ा न टूटा, न दम निकला। जो मेरे संस्मरणों के कायल थे, जिनसे बेतकल्लुफाना रब्त था, 'कब तक याद दिलाता रहता' कहकर यक-ब-यक खामोश हो गए और खुद कलम सँभाल ली।

इधर मैं था जो गाहे-ब-गाहे कलम उठाता था, वह भी सतायश की तमन्ना से नहीं, जी पर क्या गुजरती थी जो मुझे कलम उठाने पर मजबूर होना पड़ता था, कहना मुश्किल है और एक नाचीज जर्रा, देखते-देखते कोह की शक्ल में बदल गया। जब भी मैं अपने जीवन को आंशिक रूप में भी प्रेरित और प्रभावित करने वालों के संस्मरण ही लिखता रहा, अब तक वे सारे के सारे 'हंसबलाका' जैसी कुछ और जिल्दों की माँग करते हैं।

यह और है कि वृक्ष उच्छ्राय और उत्सेध से, किंवा शाखा और शिफा के ह्रस्व होने से मुझ पर पृथक प्रकार का प्रभाव नहीं पड़ता। मैं जानता हूँ, चित्र में उतारा हुआ सितारा रोशनी नहीं देता; भावों में ढला हुआ सत्य इतिहास-सा तीखा और नुकीला नहीं होता। ऐसे ही कंघी की जगह कंकतिका और गेंद के बदले गेंदुक लिख देने से संस्कृति नहीं बदल जाती। रूह काँपती है; काँपने वाले को आत्मा नहीं कहते।

निष्कंपता उसकी पहली शर्त है। लिखने की रौ में शब्दों की समरसता का अभाव जिन्हें खटके उन्हें उदार होना होगा कि एहसास को सही फॉर्म देने का रूहानी पैगाम इस अटपटेपन का जिम्मेदार है। वरना मुझे तो लिखना दुश्वार हो जाए अगर मैं वह खामोश आवाज अनसुनी कर दूँ! एक और मुरव्वत का एहसान मुझ पर करना होगा कि कहीं कुछ बेमानी मालूम दे तो उसे फालतू करार देने के पहले दुबारा पढ़ने की तकलीफ गवारा करें।

सब कुछ अपने ही जीवन के अनुभव से नहीं जाना जा सकता, कुछ जानने पर मासूमियत की मुहर लगी है, कुछ पर इंट्यूशन की। मासूमियत और मूर्खता के बीच बाल के बराबर फर्क है। शास्त्रीय ज्ञान को शब्दों से उलीचना अपेक्षाकृत आसान है, मासूम संबुद्धि (Intuition) शब्दों के हाथ का खिलौना नहीं बन पाती, उसे बहलाकर, बहकाकर शब्दों के द्वार तक लाना पड़ता है क्योंकि कोई गूँगा गायक कैसे हो सकता है?

तुतलाहट भी अभिव्यक्ति है। जैसे-तैसे जो कहा जाता है वह अनकहा नहीं रहता। आँखें आँसुओं से भरी हों, तन्मयता में मुँदी हों, तब भी रूप का साक्षात्कार होता है; रूप की कारुण्य-कंदलित कांति प्राण-दर्पण में प्रतिबिंबित होती है।

मेरी मिट्टी आकाश को नहीं ढक सकती, इस पर पाँव टिकाकर आकाश को और पास से, और अधिक विश्वास से देखा जा सकता है। मिट्टी कुरेदना ही लक्ष्य हो तो भी शक न करें, यह जमकर कुछ ऐसी पथरीली नहीं हो गई है। मुझसे करुणैक पात्र को कुंकुम-केसर-हिरण्यमयी भूमि में नहीं पाया जा सकता।

राजहंसों की जो जमात कौतुकवश अपनी ऊँचाई से मेरे 'मानस' पर उतरी उसे कमल-मधुपर्क और सुवर्ण मृणाल सुलभ न हुए क्योंकि वहाँ एकत्र तटस्थ बलाकाओं को अरविंद-मकरंद-गंध की तृषा न थी, वह जमा थीं पुण्य कमाने, आपिल को अच्छोद बनाने की निष्कंप अनुकंपा से, अतः कमल-वन रौंद दिया गया था; किंजल्क पराग में सूख गया था, नाल-मृणाल अपनी ही कँटीली उलझनों में डूब-खो गए थे। हंसों की भी अभ्यर्थना न हो सकी, वह नीचे उतरे ही क्यों, उनके 'मानस'—मानस के विवेक को क्या हो गया था! ध्यानमग्न बलाकाएँ हंस-किंकिणी सुनतीं?

'हंसबलाका' की अनोखी सूझ मेरी नहीं, प्रो० मारुतिनंदन पाठक और श्री बालकृष्ण उपाध्याय की है। बंधुवर श्री परमेश्वर लाल केजड़ीवाल ने इसे प्रकाश में लाने के लिए सबसे अधिक आयास किया है। मैं क्या इनके प्रति हार्दिक कृतज्ञता ज्ञापित करने भर से उऋण हो जाऊँगा? यह सब तो इन्हीं का किया-दिया है। जिसका अपना कोई नहीं, उसकी बकवास बचा लेने की इनकी तमन्ना देखा चाहिए।

संगिनी छाया के तप ने मेरे आतप को छाया दी है, स्वयं पंचाग्नि तापी है। मेरी आयु यज्ञ हो, यह उन्हीं के पावन मन की कामना हो सकती थी--'So invincible was my nature'--समझ चुकने के बाद भी।

The voice is up
with which the speaks when storms are gone.

—जानकीवल्लभ शास्त्री

निराला-निकेतन, मुजफ्फरपुर
27.1.1982

बूड़ा वंश कबीर का

कोई क्लेश नहीं कि मैं अपनी लंबी वंश-परंपरा का, एक पुरुष-सदस्य के रूप में, अंतिम व्यक्ति हूँ—असीम का सीमांत; अविराम का पूर्ण विराम।

अविद्या, अस्मिता, राग, द्वेष, अभिनिवेश—इन पाँचों क्लेशों की तामसी तीक्ष्णता को पावन प्रकाश ने अपने अचिंत्य अनुभाव से आंशिक रूप में कुंद कर दिया है, पूरी तरह खत्म कर दिया होता तो तब भी क्लेश न होता जब मेरे बाद मेरी याद को रोशन करने सहसा कोई जादुई चिराग बगैर तेल-बत्ती के जल उठता : मैं हूँ, मैं!

मुक्त पुरुष, कहते हैं, ऐसे उड़ जाता है, जैसे घोंसले से पंछी। न हवा में लकीरें खिंचती हैं; न आकाश में लीकें कटती हैं।

बद्ध पुरुष अपने ही गाड़े खूँटे से बँधा होता है। खुलता भी है तो बँधे होने के अंदाज में खूँटे से सटकर खड़ा रहता है। ऐसे ही मैं बँधा रहा। खूँटे से सटकर खड़ा रहा। घर छोड़कर घर जोड़ता रहा।

निश्चय ही यह वाकया अज्ञान या अयथार्थ ज्ञान के कारण न हुआ। न स्वभाव आड़े आया, न कर्म। ज्ञान के माध्यम से ज्ञान का संधान, प्रकाश से प्रकाश को पकड़ने का प्रयास,—मेरा लक्ष्य था; है; किंतु वाकई आग बुझाकर आग को अपनी मुट्ठी में कर लेने का क्या अर्थ हो सकता है? आग जलाती है तो प्रकाश भी तो देती है! दर-ब-दर भटकाने वाला दानी भी तो है!!

सीढ़ियाँ डूबती गईं, पानी ऊपर आता गया—काई, सेवार, फिसलन। जब भी डगमग करते पाँव आत्मा की गहराइयों में सीधे उतरना चाहते, सीढ़ियाँ रपटा देतीं। यूँ ऊपर उठे हाथ दुआ के मुंतजिर रह आए।

सभी प्रकार के कर्म किए जाएँ, धर्म के भी, अधर्म के भी; अँधेरे-अँधेरे चाँद-तारों के सपने बुने जाएँ, और आत्मा अलिप्त रहे; वह बहारों और पतझारों से जुड़ी भी रहे और अलग-थलग भी, यह आकाश-कुसुम की शीतल-मंद-सुगंध से मन के झूम-थिरक उठने के समान है। गर्द-भरी राहों से सफर हो और पसीना मैल न बने, यह नामुमकिन है।

आईना कैसा भी हो, झाड़-पोंछ जरूरी है। धब्बे उजले-धुले कपड़ों पर ही साफ

उभरते हैं।

पंखुड़ियाँ पीली पड़ जाती हैं, फूल मुरझाकर झर जाते हैं, तब कहीं फल निकलते हैं।

हम हैं सामवेदी, माध्यंदिनी शाखा, भारद्वाज गोत्र और त्रिप्रवर वाले शाकद्वीपीय ब्राह्मण। पाठक हमारे कुल की उपाधि है, यों जाने क्यों, हम सब शर्मा कहलाए!

मेरे दादा जी का नाम पंडित हरिवंश शर्मा था। नाम बताता है, वंश का मामला पहले भी गड़बड़ाया था।

राजा दशरथ के ज़माने से इस एक्सट्रीम मामले का हल ढूँढ़ा जाता रहा है। यों, इसमें एक्सट्रीम होने-जैसा कुछ है नहीं, इसे जिंदगी का एक मामूली-सा वाकया ही कहना होगा।

राजा दशरथ के दादा महाराज रघु राजा दिलीप के गाय चराने से पैदा हुए थे। गाय चराना एक छोटी-सी बात है। राजा ने चराई, औलाद की कशिश से, बात बड़ी हो गई। मगर अश्वमेध यज्ञ करना तो वाकई बड़ी बात है। कोई राजा-महाराजा ही उसे सही अंजाम दे सकता है। उसमें अपनी तरफ़ से कोई चालाकी चलने वाली नहीं; दिखावा करने की कतई गुंजाइश नहीं रह जाती, क्योंकि रामायण में साफ़-साफ़ लिखा हुआ है :

'विधिहीनस्य यज्ञस्य सद्यः कर्ता विनश्यति।'

कि जो यज्ञ विधिपूर्वक संपन्न नहीं होता, उसका करने वाला तुरत नष्ट हो जाता है। इस धमाके में बरबस ध्यान खींचने की ताकत है। यानी कोई भी मामूली आदमी राम-जैसा न सही, विभीषण-जैसा पुत्र प्राप्त करने के लिए भी अपार संभार के अभाव में अश्वमेध यज्ञ नहीं कर सकता।

जो दीन संतानार्थी और कुछ नहीं कर सकते वह संतान-गोपाल-मंत्र का पुनश्चरण करते हैं। 'मंत्रमहोदधि' नामक तंत्र-ग्रंथ में बत्तीस अक्षरों का एक मंत्र है :

'देवकीसुत गोविंद वासुदेव जगत्पते,
देहि मे तनयं कृष्ण, त्वामहं शरणं गतः।'

'संतानगोपाल' की चर्चा 'मंत्रमहोदधि' तक ही सीमित नहीं है। दूसरे ग्रंथों में चौवन अक्षरों के महा-मंत्र के भी दर्शन होते हैं :

"ओ३म् क्लीं श्रीं ह्रीं जीं ओ३म् भूर्भुवः स्वः ओ३म् देवकीसुत गोविंद वासुदेव जगत्पते। देहि मे तनयं कृष्ण त्वामहं शरणंगतः ओ३म् स्वः भुवः भूः ओ३म् जीं ह्रीं श्रीं क्लीं ओ३म्।"

पद्मपुराण में महारुद्रजप एवं पार्थिव-पूजन की व्यवस्था है। साथ ही हरिवंश की कथा सुनने का भी विधान है।

पीढ़ी-दर-पीढ़ी इसी आस्था को जड़ जमाने की जगह मिली है। महामंत्रों ने सातों लोक छान डाले हैं; हरिवंश युग-युग के हर दौर से गुजरा, निष्ठा के अंतराल में हर सिम्त जिया है। जरूर मेरे परदादा ने वंश-वृद्धि के लिए हरिवंश की कथा सुनी होगी, तभी उस जमाने की रस्म के मुताबिक मेरे दादा जी का नाम हरिवंश रखा गया होगा।

बड़े बुजुर्गों का कहा-सुना अब काम नहीं आता। भले-बुरे की, खरे-खोटे की पहचान बदल चुकी है। छिदी हथेली से रहमत रिस जाती; भेंट बह जाती है।

मेरे पिताजी (विद्यावारिधि पंडित रामानुग्रह शर्मा) महज छह महीने के थे जब उनके सर से उनके पिता का साया उठा गया था; आठवें बरस में उनकी माताजी भी चल बसी थीं। वह माँ-बाप के नाम के गंडा-ताबीज बाँधे हुए जिंदगी की शुरुआत में ही अनाथ हो गए थे।

आरंभ में अनजानते कोई भूल हो गई होगी। निश्चय ही न्याय-दंड सँभालने वाले के दिल में गुदगुदी हो रही होगी कि माथा नत किए हुए शत-शत अपराधियों की, क्षमा की भीख माँगने की भगदड़ में यह कौन-सा निरपराध चेहरा सामने आ गया जो विह्वल विनम्रता से सकुचाया-सा जाने किससे, जाने कैसे समाधान की अपेक्षा कर रहा है!

Oh, what a dusty answer gets the soul when hot for certainties in this our life!

कोई सहारा देने वाला न रहा तो नसीहत देने वाले बढ़ आए :

आग से डरो; पानी से डरो।

दरअसल आग-पानी, हरिकेन, तारपिडो (Harrican, Tarpedo) खुद वही थे—खून के रिश्ते-नाते के कायल, दायाद, पड़ोसी,—उनसे बच-बचाव का रास्ता निकालना मुश्किल था, वे ही अपना समझकर घर लूट ले गए।

बचपन भाग-दौड़, खेल-कूद से नहीं, सब्र में ठिठके निर्णय के घबराए हुए क्षण से शुरू हुआ। टूटे-फूटे खेल-खिलौनों का मोह न रहा। इनकी बेपनाह मासूमियत का भरपूर फायदा उठाने वाले मेहरबान इन्हीं का अन्न इन्हें दान की तरह देते थे।

आठ साल के नन्हे-मुन्ने पर वज्र की कड़क-कौंध लिए करुणा बरसती थी।

पचमह के बाबा इनकी प्राणरक्षा के निमित्त सदा तत्पर रहते थे। साथ ही गाँव के बड़े विद्वान् पंडित चंडीदत्त पाठक और पंडित गोपीनाथ पाठक (नाते में दोनों पिताजी के भाई-भतीजे थे; किंतु बुढ़ापे में भी पिताजी को भतीजे के पैरों पर माथा टेककर प्रणाम करते हुए मैंने कितनी ही बार सहज कुतूहल से देखा था।) इन्हें लिखा-पढ़ाकर ऐसा बना देना चाहते थे कि जिससे ये अपने ही बल-बूते पथ के काँटे तोड़ सकें; आँधियों में भी टिके रह सकें।

पिताजी पढ़ने में एक ही कुशाग्रबुद्धि निकले। पाँच-सात वर्षों के सतत परिश्रम से 'सारस्वत-चंद्रिका व्याकरण', 'अमर कोष', 'भट्टि काव्य' और 'हनुमन्नाटक' तथा 'कृष्ण-कर्णामृत' काव्य पढ़ डाले। पंडित गोपीनाथ जी मुझसे कहते थे कि तब इन्हें भर्तृहरि का 'नीतिशतक' भी याद था।

उक्त दोनों ही विद्वान् भाई-भतीजे पाणिनि-पतंजलि पढ़ाने में असमर्थ थे और भट्टिकाव्य पढ़ते समय इन्हें हर कदम सिद्धांत-कौमुदी की अपेक्षा होती थी, सो इन्होंने बाहर जाकर अध्ययन करने की इच्छा प्रकट की। गुरुजनों ने सहर्ष स्वीकृति दे दी।

अधकचरे और अनपढ़ गोत्र-दायाद मुँह पर इनकी प्रतिभा की प्रशस्ति गाते और पीठ-पीछे बुराई करते थकते न थे। ऐसे में पचमह के बाबा को भनक मिली कि खून के रिश्ते वाले खून पी जाने के मौके की तलाश में हैं। फिर क्या? जब इन्होंने बाहर जाने की बात बताई तो उन्हें जैसे मुँहमाँगी मुराद मिल गई। उन्होंने भूने हुए चने और सत्तू की दो पोटलियाँ और गुड़ की भेली और थोड़े-से नकद पैसे देकर आधी रात के वक्त इन्हें गाँव के सीवान तक पहुँचा दिया, फिर आँखें पोंछते हुए लौट आए।

झिकटिया के ब्रह्मस्थान के चबूतरे पर पंद्रह साल के बालक ने रो-रोकर रात बिताई, फिर वह ब्राह्म मुहूर्त में भविष्य की खोज में जंगल-जंगल बढ़ चला। तब वहाँ कच्ची सड़क भी कहाँ थी? पगडंडी के दोनों ओर बीहड़ जंगल, बनपंछियों के कलरव में खूँखार जानवरों की कर्कश आवाज सुनाई देती थी। खैर, ज्यों-त्यों बेर ढलते-ढलते शेरघाटी पहुँचे।

यहाँ सराय के बाहर ग्रैंड ट्रंक रोड के एक किनारे एक जटाधारी साधु धूनी रमाए बैठे थे। कुछ लोग उन्हें घेरकर खड़े थे। साधु ने आँख उठाकर देखा—विप्र सुदामा के इस बाल-वेश को; फिर अचानक पूछ बैठा :

'कस्त्वम्?' (तुम कौन हो?)

पिताजी को सत्यनारायण की कथा की एक कड़ी याद आ गई :

'ब्राह्मणोऽतिदरिद्रोऽहम्!'

(मैं एक बहुत ही गरीब ब्राह्मण हूँ।)

'मातापितरौ मृतौ।'

(माता-पिता मर चुके हैं।)

'अध्ययनार्थं गृहान्निर्गतः।'

(पढ़ने के लिए घर से निकल पड़ा हूँ।)

साधु हँसा। वह संस्कृत में ही थोड़ा-बहुत बोलता था। नहीं तो मौन रहता था। आज कई दिनों बाद उसे एक बात करने वाला मिला भी तो वह निरा बालक था। पूछा :

'किमधीतम्? किमध्येतुकामः?'

(अब तक क्या-क्या पढ़ डाला है? आगे क्या पढ़ने का इरादा है?)

पिताजी ने रुक-रुककर सारा हाल कह सुनाया। वह प्रसन्न हुआ। एक जड़ी दी और एक यंत्र। जड़ी खाने से उनमें एक अद्‌भुत स्फूर्ति आ गई और यंत्र जब तक उनकी कोहनी के पास बाँह से बँधा रहा, वह कभी बीमार न हुए।

साधु के निर्देश से ही वह गया के महावैयाकरण पंडित चंद्रशेखर भट्ट के निकट पहुँचे, जिनके बारे में एक किंवदंती प्रचलित थी कि बारह आने 'सिद्धांत कौमुदी' उन्हीं के पल्ले पड़ी थी और बाकी के चार आने से सारी दुनिया अपना कारबार चलाती थी।

भट्ट जी महान् विद्वान् ही नहीं, तारा के उग्र साधक भी थे। उन्होंने पिताजी पर अत्यंत अनुग्रह करके 'भुवनेश्वरी-सिद्ध-सारस्वत स्तोत्र' दिया और बीज मंत्र तथा अनुष्ठान की साध्य विधि भी बतलाई। पिताजी का विश्वास था, इस मंत्र-जप और स्तोत्र-पाठ के प्रभाव से ही वह अगले बारह वर्षों में सिद्धांत कौमुदी, प्रौढ़मनोरमा, शव्देंदुशेखर, परिभाषेंदुशेखर, वैयाकरणमंजूषा और महाभाष्य जैसे आकर ग्रंथ निर्विघ्न समाप्त कर सके थे।

उन दिनों काशी के क्वींस कॉलेज में संस्कृत की आचार्य-परीक्षा होती थी या फिर कलकत्ते में 'तीर्थ' उपाधि वाली। बिहार में संस्कृत-संजीवन-समाज की स्थापना हुई तो पिताजी भी प्राथमिक परीक्षार्थियों में एक रहे। इसी क्रम में उन्हें टिकारी के संजीवन विद्यालय में चिरैली-निवासी पंडित उमादत्त जी से व्याकरण और साहित्य की परीक्षा-विधि से अतिरिक्त शिक्षा लेनी पड़ी। कितने ही नए-नए ग्रंथ पढ़ने पड़े, उनमें 'न्याय-सिद्धांत मुक्तावली' भी एक था, लघुत्रयी और वृहत्त्रयी के अतिरिक्त कादंबरी और साहित्य-दर्पण, कालिदास-भवभूति के तीनों-तीनों नाटक, मुद्राराक्षस और मृच्छकटिक भी थे। सन् 1896-97 के उनके व्याकरण और साहित्य के

प्रमाणपत्र आज भी मेरे पास सुरक्षित हैं। यों तब विद्वत्ता परीक्षाओं की चहारदीवारी में कैद न थी, फिर भी परीक्षा-भवन में पंडित अंबिकादत्त व्यास जैसे महान् विद्वान् निरीक्षक (Invigilater) और उन्नीसवीं शताब्दी के सबसे बड़े विद्वान् महामहोपाध्याय पंडित शिवकुमार शास्त्री उनके परीक्षक रह चुके थे। इस प्रकार ठंडाए सूरज की पियराई धूप में अपने घर-परिवार की आँखों से ओझल एक वनफूल अपने अतल की अतुल सुगंध से भरकर कंटीले डंठल पर खिलता रहा, खिलता रहा,

'Alone, alone, all all, alone
Alone on a wide wide sea!'

–Coleridge

ज्योतिष, तंत्र, धर्मशास्त्र आदि के अध्ययन के क्रम में वर्षों काशी से हरिद्वार तक की परिक्रमा करते रहे। तंत्र की शास्त्रीय से कहीं अधिक व्यावहारिक शिक्षा अपेक्षित होती है। योगियों, तांत्रिकों तथा साधु-महात्माओं की संगति उन्हें सदा से प्रिय थी।

चिरैली के अपने गुरु पंडित उमादत्त जी के नाम के स्मरण मात्र से रोमांचित हो उठते थे। अडिग आस्था थी कि साहित्य और व्याकरण में उनकी प्रौढ़ि उन्हीं की कृपा की परिणति थी। इस संदर्भ में मुझे एक बहुत मनोरंजक भूल याद आती है। सोलह साल की उमर में 'शास्त्री' होकर मैं काशी चला गया था। वहाँ बहुत दिनों तक कुशल-समाचार न मिलने पर बीमारी की हालत में, अस्पताल से, पिताश्री को एक पत्र लिखा था जिसमें एक वाक्य था–'किमपराद्धं मया, जात्वपि न स्म्रिये यत्?'

फिर क्या? वह मेरा सारा दुःख-दर्द भूल गए और 'स्म्रिये' जैसे ब्लंडर के लिए कैसे भी न माफ कर सके। लिखा : 'स्मारं-स्मारं वाग्ब्रह्म-विस्मृतिंते दावानलज्वालाकुले महारण्ये मोमुह्यते मन्मनः। केन पुनः स्मरिष्यसे?'

नदिया जिले के पं० अक्षयकुमार भट्टाचार्य से वह दीक्षित हुए थे, किंतु तंत्र-साधना के क्रम में हिमालय की तलहटियों में भी खूब भटके थे। यों काशी, वैद्यनाथधाम और जगन्नाथपुरी के साधकों का ही उन पर अधिक प्रभाव था, किंतु ऋषिकेश के एक महात्मा की वह विशिष्ट चर्चा किया करते थे। प्रकृति तो नहीं, हाँ, उनकी आकृति श्री श्यामाचरण लाहिड़ी से बहुत मिलती-जुलती थी। जिसने भी मेरे पिताजी को देखा उसके दिमाग में यह बात कौंध गई।

एक बार वह हरिद्वार में हर की पेंडी के करीब उन्निद्र प्रकृति के निस्तंद्र परिवेश में डूबे-खोए-से खड़े थे कि बदरीनाथ की कठोर यात्रा से लौटे आते अपने गाँव के बाबा मिल गए। पिताजी जब तक टिकारी में थे, वह साल में एक-दो बार

भेंट करने अवश्य जाते थे। इधर अता-पता न मिलने से चिंतित रहते थे, छूटते ही बोले :

'लो, मुझे तो बदरी-केदार-दर्शन का सद्यः फल मिल गया,—तुम जो मिल गए!

'नहीं, अब नहीं चलेगा। बहुत हुई दुनिया की सैर, बहुत हुआ लिखना-पढ़ना। अब चलो, घर लौट चलें।'

और पिताश्री निस्तब्ध प्रशांत आरण्यक आनंद से क्षुद्र गाँव की संकीर्ण गलियों में जिंदगी की अजीबोगरीब हलचलों के बीच लौट आने पर मजबूर हो गए। 'बाबा-वाक्यं प्रमाणम्' इसे ही तो कहते हैं!

सर्वोच्च सत्य की सत्ता का अनुशासन स्वीकार कर भौतिक कामनाओं से ऊपर उठे जीवन को एकदम सपाट-सतही जिंदगी में आप तबदील कर देना बेशक कोई गैरमामूली बात नहीं है, क्योंकि पहाड़ से लुढ़का हुआ मन अगर मरता नहीं तो अंजर-पंजर ढीले होने के सबब अष्टावक्र अवश्य हो जाता है।

फिर कमाल जो पैदा होना था, कबीर पर वक्त रुकता भी तो कैसे?

पिताजी को गृहस्थ-आश्रम में प्रवेश करने के लिए त्याग, तपस्या और आध्यात्मिक साधना को संकेतित करने वाले आश्रम शब्द का अर्थ बदलना पड़ा। शारीरिक कष्टों और मानसिक यंत्रणाओं ने उनकी शास्त्रीय विद्वत्ता को मानवीय गुणों से गुंफित कर दिया। गुरुचरणों में बैठकर स्वरों और वर्णों की बारीकियों-समेत अधिगत शब्द-विद्याएँ, महात्माओं के प्रसाद-स्वरूप प्राप्त कुछ साधना और सिद्धि की अंतर्गूढ़ ध्वनियाँ पुराने ढूह-खँडहरों के उद्धार के क्रम में नए घर की नींव की मिट्टी में मिल गईं। घोर दारिद्र्य को जीने के योग्य बनाने हेतु दायादों द्वारा दबाए खेतों को हस्तगत करने में दो वर्ष और निकल गए।

जिनके पास कुछ नहीं होता, वह सुखपूर्वक जी लेते हैं, क्योंकि संतोष परम धन है।

एकांत में आत्मचिंतन करने से जो विश्वास दृढ़ होता है, वही मनुष्य को मित्र और शत्रु से निर्भय बनाता है, क्योंकि राग-द्वेष से पृथक् हुए बिना आत्मचिंतन संभव नहीं है।

संतों की संगति से धर्म-बुद्धि उपजती है। धर्म-रस का पान कर मन निर्मल, निष्पाप हो जाता है। राग जलाता है, द्वेष गंदा करता है, ऐसे कैसे मन में सौम्यता या शांति की शीतलता आ सकती है? क्योंकि—

'नास्ति बुद्धिरयुक्तस्य नचायुक्तस्य भावना
नचाभावयतः शांतिरशांतस्य कुतः सुखम्?'

पिताजी जब तक असंग थे, सुखी थे। ब्राह्मण को निरुद्देश्य छहों अंगों-समेत वेद का अध्ययन-मनन करना चाहिए—

'ब्राह्मणेन निष्कारणं षडंगो वेदोऽध्येयो ज्ञेयश्च।'

तब यही उनके जीवन का आदर्श था।

प्रिय पदार्थों से मन को मोड़े रहने के कारण अप्रिय पदार्थों से मन आप हटा-कटा रहता था। बड़े-बड़े विद्वानों और संत-महात्माओं की संगति में जीवन की सार्थकता की अनुभूति बड़ी प्यारी थी।

किंतु अब बाबा-वाक्य को प्रमाण मानने पर अकिंचन और अपरिग्रही रहने से काम चलने वाला न था। अब उन्हें दूसरे सफल संसारियों के समान द्वंद्वों में निर्द्वंद्व रहने की सीख लेनी थी। अनित्य सुख-दुःखों को लिए-दिए चलना था। बकौल जिगर—

'कफस ही मेरी किस्मत में लिखा था, जब बहार आई!'

बहरहाल, चार छोटे-छोटे कमरों वाला एक मिट्टी का घर बनकर तैयार हो गया और साल-साल कुछ रूखा-सूखा खाकर ज्यों-त्यों निर्वाह कर लेने योग्य थोड़े-से खेत अपने हाथ आ गए। फिर क्या, इस आग-पानी से बेखौफ गुजरने के पुरस्कार-स्वरूप, सात-पाँच करते रहने पर भी गाँव वालों ने उन्हें एक स्वर से घर बसाने की सलाह दी :

'गृहलक्ष्मी के चरण-नूपुरों की मधुर ध्वनि ही घोर दरिद्रता की काठ-कठोर कर्कशता दूर कर सकती है; लहकती आग में दहकते सोने-से उसके अंग-रंग और सीमंत में सुशोभित सिंदूर के होते हुए भला अभाव का अँधेरा घर के किस कोने में बसेरा लेगा?'

और एक ऐसी सुदक्षिणा कुलवधू के संधान में बड़े-बुजुर्ग लग गए जिसकी आँखों में आकाश की विशालता भी हो और समुद्र की अतलता भी; गहरे अँधेरे में जिसके होंठों के भीतर तारों की पाँत जगमगाए, और बाहर शील की चंदन-चाँदनी।

और जो ब्राह्मणयुग की यज्ञसहधर्मिणी ऋषि-पत्नी-सी प्रकृति-पार्वती की तपस्या से अंतःपूत मातृत्व की गंध वातावरण में बिखेरती हुई, पति के पांडित्य का गरल पीकर परितृप्ति की सुधा-धार बरसाए!

कहना न होगा, दारिद्र्य से भरपूर इस भवन-वन में सबके मनोरथ के अनुरूप साक्षात् लक्ष्मी-स्वरूपा मेरी माँ अनुपमा का पदार्पण, बड़े-बड़ों के आंतरिक आशीर्वाद का अनुपम निदर्शन प्रस्तुत करने के लिए ही हुआ।

वह बेरी-मदनपुर (गया और औरंगाबाद के बीच ग्रैंड ट्रंक रोड पर बसा हुआ एक समृद्ध गाँव) के निवासी पंडित गणेशानंद मिश्र की बड़ी बेटी और विद्यापति मिश्र की बड़ी बहन थीं।

उनके आते ही घरौंदे का एक कमरा पूजाघर बन गया, जिसमें शालग्राम, नर्मदेश्वर, बाल-गोपाल आदि की नियमित पूजा-आरती होने लगी। (अब ये मूर्तियाँ मुजफ्फरपुर के चतुर्भुज-स्थान-मंदिर में पुजती हैं; मृत्यु से पूर्व पिताजी ने मेरी अपात्रता के कारण उनका सिंहासन चतुर्भुज भगवान् के पास ही स्थापित करवा दिया था।) दूसरा रसोईघर हुआ जिसमें मछली-मांस की कौन कहे, लहसुन-प्याज तक की गंध नहीं पहुँच सकती थी और जिसमें कुछ साग-सत्तू जैसा ऐसा भोजन पकता था जिसे ठाकुर जी को भोग लगाकर ही खाया जा सकता था। तीसरा भंडारघर हो गया जिसे अन्नपूर्णा की अपार कृपा प्राप्त थी और चौथे में स्वयं रहने की व्यवस्था थी।

दरवाजे पर एक गौ बँध गई, जो मेरे जन्म के साल सात पुत्रियों-पौत्रियों से घिरी हुई थी। नाम उसका कृष्णा था; पर ठेठ मगही में सब उसे 'किसुनियाँ' कहकर पुकारते थे। उसकी बेटियों-पोतियों के नाम मुटरी-घुटरी आदि थे।

विवाह के दो वर्ष बाद मेरी बड़ी बहन (दुर्गावती) पैदा हुई। उनके घरेलू नाम अनेक हैं—मानकुमारी, मनबरत।

फिर आठ वर्षों में और दो बहनें पैदा हुईं और दोनों ही मर गईं; एक भाई (जगदीश) का जन्म हुआ और कुछ ही दिनों में वह भी स्वर्ग सिधार गए।

जो मुट्ठी बाँधे आए थे, वह कुछ न कुछ जरूर साथ लाए थे और जो एक के बाद एक हाथ फैलाए चले गए, वह भी अवश्य ही कुछ ऐसा लिए चले गए जिससे जीवन की हर शाम बुझी-बुझी और हर सुबह उदास-उदास महसूस होने लगी।

यों किसके मन को मनमाना मिल पाता है, मगर औसत जिंदगी की बाल-बच्चों वाली यह मामूली-सी खुशी तो हरेक को एक-सी मयस्सर है—हर घर-आँगन में दो-एक बच्चे-बच्चियों की किलकारियाँ अकसर सुनने को मिल जाती हैं पर...

यहाँ उड़ चले पंख-पखेरुओं का सिरजा सन्नाटा काट खाने को दौड़ता था।

फूल जब हवा से मिलते हैं, अपने खुले-खिले हृदय की सुगंध उसे सौंप देते हैं : 'यह तेरी अमानत थी!'

हवा जब फूलों से मिलती है, उनकी काँपती पंखुड़ियों को झकझोरकर खुशबू छीन लेती है : 'कहाँ-कहाँ छिपाए हुए थे?'

जीवन फूल है, हवा मृत्यु।

मन भी एक इंद्रिय ही है, किंतु वह कर्मेंद्रियों और ज्ञानेंद्रियों से बढ़कर है।

बुद्धि की पकड़ के बाहर है। हाँ, सूक्ष्म और एकाग्र बुद्धि को जब-तब 'उसकी' झलक मिल जाती है।

माँ को अभी नहीं मिली थी। वह 'जगदीश' के वियोग में अटवारी-खटवारी लेकर पड़ गईं। तीन-तीन बेटियों के बाद पैदा हुए इस पहले-पहले बेटे से जिगरी लगाव की आग ताव से तपती हुई भाव-भूमि पर फैली-फैली दिखती थी।

कहा है कि विषयों से निवृत्त होकर जब इंद्रियाँ आत्मा में समाहित हो जाती हैं तब कहीं अपने आनंद-स्वरूप का भान होता है। नहीं तो आँख की गड़बड़ी से एक चंद्रमा में दूसरा चंद्रमा दिखलाई देता है और ग्रहमंडल में विद्यमान रहने पर भी राहु नहीं दीखता। माया-कल्पित इंद्रजाल से फैले इस विचित्र प्रपंच में तत्त्व का बोध कितना कठिन है!

ऐसे ही दो साल और गुजर गए। सुख के सपनों के पाँव आँखों के पानी से भीगे तन-बदन पर रपटते रहे। जैसे जल से भरे सौ बर्तनों में एक ही सूर्य प्रतिबिंबित होता है ऐसे ही घर के सौ-सौ कामों के खोखलों में एक ही सुआ लाल-लाल टोंट उठाए दिखाई देता। पड़ोसिनों के द्व्यर्थक आश्वासन फीकी हँसी में डूब-डूब जाते। सतखंडे खँडहरों में जब भी मासूम जप-तप भटक जाते हैं अपने-परायों के पुराने पहचाने चेहरे अनचीन्हे-से लगते हैं।

पास वाले दूर, और दूर वाले और दूर दिखते। शहर के शोरशराबे में जो कभी न सुनाई देती, साँसों के सन्नाटे में दिल की वह धड़कन हर आँगन में गूँजने लगी थी। माँ उन लंबी अँधेरी रातों में चिराग की जगह अपना दिल ही जलाए जाती थीं :

'यह हवा जिसकी साँस है, रोशनी जिसकी आँखें हैं और दिशाएँ कान, उस महान् को मेरा प्रणाम है!'

'भूत और भविष्य जिसकी मुट्ठियों में बँधे हैं, प्रकाश और आनंद ही जिसका अपना रूप है, उस विराट् को मेरा प्रणाम है!'

पुत्र की कामना से ऐतरेय 'ब्राह्मण' की सातवीं पंचिका के तीसरे अध्याय में वर्णित शुनःशेप का आख्यान सुना; रामरक्षा स्तोत्र और अध्यात्मरामायण के पाठ किए और अंतर्वेदना का अंत कर सकने के निमित्त जिस छोटे-बड़े ने जो लघु-गुरु अंधविश्वासी तंत्र-मंत्र, व्रत-उपवास बताए, आँख मूँदकर माँ ने सब किए : सभी श्रौत-स्मार्त सरणियों का अनुसरण किया।

माँ की कितनी ममता, कितनी प्राणप्रमाथिनी व्यथा, कितने सजल अंतस्ताप ने मेरे 'मानुष-तन' के लिए पंच तत्त्वों को पुकारा; गिरिकंदराओं के अँधेरे अंतराल में आत्म-विस्मृत अनित्य संस्कारों को प्यार की फुहार से चौंकाया; ऊँची-ऊँची साँसों

से झकझोरा; घुटनों में मुँह छिपाए निराश निष्प्रभ काल एवं संकल्पहीन आलस्यशिथिल निरुद्देश्य देश को देह, मन, प्राण और आत्मा के ऊर्ध्वतर, बृहत्तर परिवेश में, चैतन्य के अविरल आलोक में ला खड़ा किया, कौन कहे? बकौल जफर—

'जिसे खयाल है कुछ रहमते-इलाही का
गुनाह समझे है दावा वो बेगुनाही का
ये लुत्फ देख कि खुद बेनियाज है लेकिन
धियान है उसे बंदों की खैरख्वाही का!'

कोई देवताओं से क्या माँगे, समय-समय पर दुर्भाग्य के शिकार वह स्वयं होते हैं! कोई तारक, कोई रावण उनके भी छक्के छुड़ा देता है!!

और बेचारे भाग्य-विधाता? उनका हाल और बुरा है, रात-रात-भर उनसे आरजू-मिन्नत करो तो भी कोई बात नहीं बनती। कहेंगे : जैसी करनी, वैसी भरनी! जौ बोकर गेहूँ कहाँ से काटोगे?

धत्तेरे की! जब फल कर्मों के ही हाथ है तब क्या छुटभैए देवते और क्या बड़े बूढ़े ब्रह्मा! तो फिर हम अच्छे कर्म ही क्यों न करें?

सत्कर्मों के लिए सत्प्रयत्नों की अपेक्षा होती है और वह भी निरंतर। और, कोई भी सत्प्रयत्न दृढ़तापूर्वक कुछ नियमों का पालन किए बिना पूर्णत्व नहीं प्राप्त करता। और जब नियमों के पालन की व्याख्या सर्वसुलभ नहीं होती तब व्रत-उपवास जैसे बाह्य और 'यथाभिमत' के ध्यान जैसे आभ्यंतर प्रयत्न रहस्यमय प्रतीत होते हैं।

वस्तुतः हिंदू-धर्म में पंच देवोपासना का माहात्म्य इसी कारण है। किसके मन को किस देव, देवी का कौन-सा रूप भाएगा, यह बहुत-कुछ मन के गठन पर निर्भर करता है। मानवीय प्रकृति की विचित्रता और प्रवृत्ति की विविधता को मद्देनजर रखकर अपनी रुचि के अनुसार 'अभिमत' रूप के चुनाव की गुंजाइश रहने दी गई है जिससे 'उसका' ध्यान कर आत्म-कल्याण किया जा सके।

माँ का मन-मधुकर श्रीराम के चरणकमलों के गिर्द मँडराता था; किंतु पिताजी के नाम का पहला शब्द राम होने के कारण वह पंचोपचार पूजा-मंत्र पढ़कर नहीं कर सकती थीं। जरूरत पड़ने पर, सुनता हूँ, 'रामजी जानें' की जगह 'रघुनाथ जी जानें' कहा करती थीं। गाँव की बहू होने के कारण दिन में घर के बाहर कदम न रख सकती थीं, इसीलिए तीन बजे रात में सुरहर नदी की धारा में जो पैठती थीं तो पूर्व के आकाश में लालिमा प्रकट होने तक सूर्य की आराधना करती रहती थीं, फिर बूढ़े महादेव पर जल चढ़ाकर घर लौटती थीं। इस साधना में उनकी एकमात्र अभिभाविका दादी

(सालिक चाचा की माँ) हुआ करती थीं जो नदी-किनारे बालू पर लुढ़ककर नाक बजाती रहती थीं। बरसात में जब जोरों की बाढ़ आई होती या मूसलाधार पानी बरसता होता तब माँ की तपस्या की अग्निपरीक्षा होती थी। ऐसे छह महीने, बिना किसी व्यतिक्रम के, उन्होंने अपने मामूली-से स्वास्थ्य को धर्म के दाँव पर लगाकर ज्यों-त्यों पार किए थे। मुझ जैसे ब्रह्मराक्षस को जन्म देने के लिए केवल माँ अनुपमा ही ऐसी कृच्छ्र तपस्या कर सकती थीं!

जब भी मैं जानता हूँ, श्रद्धा अंधी होती है। उसके आँख होती भी तो विवेक उसमें पड़े तिनके की तरह चुभता। व्यवस्थित और ठोस प्रयत्न ही साधना है। भिन्न-भिन्न प्रकार के विचारों के चक्कर में पड़ने पर तो शिथिलता आती ही है। निद्रा और तंद्रा क्षणिक विश्राम का बहाना बनाकर मन को अवकाश-प्राप्त विपथ की ओर ले जाना चाहती हैं, श्रद्धावान् सतत सजग रहकर पूरी चौकसी से अपना लक्ष्य साधता है।

अँधेरे को उजाले की जरूरत नहीं होती मगर जब बिजली कौंधती है तो बादल की भयानक कालिमा दिख जरूर जाती है।

किसी उद्देश्य की सिद्धि के लिए रचनात्मक बुद्धि से किया जाने वाला प्रयास ही तो कर्म है। मेरी अकृतार्थता के सबब उनका कर्म उजागर न हुआ, यह और बात है; माँ मगर कर्महीन न थीं। उनका अकाल मृत्यु में मुँदने वाला प्यार जितने दिन भी मेरी आँखों में खिला रहा, पिता के क्रोध से धधकते हुए बचपन में चिरायंध की जगह अमंद सुगंध ही बिखेरता रहा। आफत और मुसीबत ज़िसकी नियति थी; आक्रोश और अपमान जिसका पाथेय; उस कैशोर वयस में कुलाँच मारने की तेजी और नित-नए हौसले सँजोने की ताजगी को रफ्तार देने वाला माँ का वह चंदरोजा अपार प्यार ही था जिसके सौ-सौ किस्से दीदी और ताई वक्त-बेवक्त सुनाया करती थीं!

ज्यों-ज्यों बिंब प्रतिबिंब में उभरने लगा, माँ के चेहरे पर अभ्रक के कण बिखर उठे, सारा शरीर दूध के फेन में किलोलता जान पड़ता।

दादी कहती थीं, दस साल पहले वधू-वेश में सजने पर भी अब जैसी नहीं दिखी थीं। चंद्रोदय के समय पूर्व दिशा जैसी अपूर्व प्रभापूर्ण हो जाती है; कस्तूरी केवड़े की गंध से ठाकुरबाड़ी जैसी प्रशांत और चित्तपावन प्रतीत होती है; निरोग काया प्रात वात के कौशेय स्पर्श से जैसी उत्फुल्ल हो उठती है; सदाचार से मेधा जैसी सबल और प्रज्ञा जैसी सुदृढ़ हो जाती है; सत्पात्र को पाकर विद्या जैसी प्रसन्न हो उठती है; शिव-संकल्प से आत्मा जैसी आनंदमयी हो जाती है; कहते हैं, माँ उन दिनों वैसी ही दिखाई

देती थीं।

अंततोगत्वा दसवें महीने वह दिन भी आया जिसकी प्रतीक्षा में खुली पलकों से कितनी ही रातें आकाश-गंगा में कुइयों की तरह बहती चली गई थीं।

क्षितिज पर बालरवि की केसरिया किरणें पूरब के मुँडेरे को झूला डालने के लिए ताक रही थीं; रात के सपने चिड़ियों की तरह चहकते हुए दिन के विविध कर्म-कलरवों में बोल रहे थे; हिम-दिग्ध धुंध के ठिठुरे हुए घेरे आलोक-गोलक की उज्ज्वल ऊष्मा पीकर गलने लगे थे, तभी एक स्थूल शरीर, जो सूक्ष्म शरीर के आश्रय में प्रच्छन्न पनप रहा था, अवसर की अनुकूलता पा प्रकट होने को आया।

ठेठ पतझड़ ऋतु में, माघ महीने के उजले पाख की दूज को, बुध के दिन, धनिष्ठा नक्षत्र के चौथे चरण में, दखिनवार घर की पूरब की तरफ खुलने वाली खिड़की के करीब, जमीन पर, मेरा जन्म हुआ।

संभव है, स्वर्गलोक से अलविदा के गमगीन मौके पर देवताओं की खुली पलकों पर होंठों से छलके आँसुओं के कुछ कण टँगे रह गए हों या मिट्टी के माधो को मिट्टी में मिलाने की खुशी में देवलोक में दुंदुभी बजाई गई हो; पर घर में तो बस एक पीतल की फूटी थाली बजी और किसी फूहड़ फूआ ने एक फटा हुआ सूप भी पीटा। अलबत्ता रोया मैं अकेला, कलेजा फाड़कर!

दानिशमंदों ने दुनिया की तारीफ में क्या ही सच कहा है : हँसने वाले का सब साथ देते हैं, रोना अकेला ही पड़ता है!

तो यही सही, हँसने दो दुनियाबी लोगों को; अकेले-अकेले रोने का धंधा मैंने आज, इसी वक्त, चालू कर दिया, दुनिया की सर-जमीन पर पाँव रखते-रखते!

मेरे टकौने के जनम से कीमती भाई की टटकी-टटकी मौत गुंथी हुई थी; महल ढहाकर उसके एवज में यह ढबीला ढबुआ खड़ा हुआ था। तीन-तीन भाई-बहनों की एक के बाद एक--लगातार मृत्युओं ने इस चपरगट्टू चौथे की अगवानी के लिए किसके हृदय में उत्साह रहने दिया था? माँ के लहरीले सपने मुसकान की नाव को झकझोरे दे रहे थे, जब भी वह होंठों के कछार में लंगर डाले हुए थी। कितने ही अनसुने स्वर उर-प्रांतर में गूँज रहे होंगे; मगर सूखी आँखों के आकाश से तो सादे बादल भी निस्संदेह किसी अज्ञात प्रदेश की ओर उड़ते चले गए थे!

ऐसे में भला कौन देखता कि दिशाएँ निर्मल थीं या धूलि-धूसर; आकाश में प्रकाश था या काली घटा घिरी थी; सुरहर नदी का जल कल-कल कर बह रहा था या धार में रेत पड़ गई थी; कमल-कुमुद खिले थे या पाला पड़ जाने से जल-झुलस गए थे; सुर्ख-जर्द फूलों पर भौंरे गुंजार रहे थे या उनकी पंखुड़ियों से ओस की बूँदें

टपक रही थीं; शीतल-मंद-सुगंध बयार बह रही थी या हड्डियाँ कँपा देने वाली बर्फीली हवा!

जल्दी-जल्दी मुझे चमारिन के हाथों बेचा गया, नाक छेदी गई और ढेर सारे टोटके किए गए, तब कहीं मैं चमारिन की अमानत की तरह पोसने-पालने के लिए माँ को सौंप दिया गया।

आध्यात्मिक उपलब्धियों की पराकाष्ठा पर पहुँचा हुआ भारत भौतिक जीवन की ग्रामीण सीमाओं में सिर्फ ज्यों-त्यों जिंदा रहने के लिए इस हद तक रूढ़िग्रस्त हो सकता है, किसी महानगर के आरामदेह कमरे में बैठकर वैज्ञानिक विकास का इतिहास पढ़ने वाले को सहसा विश्वास न होगा। पिछले पचास वर्षों में मेरे गाँव के जन-जीवन के मृतकों के-से विवश-विरस मन में ऐसा कोई रसांतर नहीं उपस्थित हुआ जो सामान्य मनों को अब भी इन दकियानूसी प्रथाओं से मुक्ति दिला सके।

आज ब्राह्मण और चमार में भेदभाव रखना एक राष्ट्रीय अपराध है; किंतु सन् 1916 की 5 जनवरी को ऐन मेरे जन्म के वक्त यह वैज्ञानिक समाजवाद नहीं पनपा था। मेरा मन कहता है, रूढ़ियाँ विकृत हो सकती हैं; किंतु जन्म के समय चमारिन और मृत्यु के बाद डोम की अनिवार्य उपस्थिति के मूल में वर्णाश्रम धर्म को हजारों वर्षों तक कायम और जिंदा रखने वाले ज्ञानमूलक (आध्यात्मिक) साम्यवाद का अवश्य हाथ रहा होगा। "शुनि चैव श्वपाके च पंडिताः समदर्शिनः"—लिखने वाला ज्ञानी वर्णाश्रम धर्म का विरोधी न था।

माँ विनम्रता की मूर्ति थीं। अड़ोस-पड़ोस की सासों की स्वेच्छाचारिता उन्हें सह्य न थी, किंतु इससे उनके सहानुभूतिपूर्ण व्यवहारों में कोई अंतर नहीं आया था। उनके विचारों में अत्यंत संतुलन ही उनकी अलौकिक लोकप्रियता का रहस्य था। व्यवहार की विश्वसनीयता एवं विद्वेषियों को परास्त करने वाली उनकी संदल-बसी हँसी कुछ ऐसी स्निग्ध थी कि अपने एकमात्र पुत्र पर अतिरिक्त अत्याचार होते देख कभी-कभार मिठास-पगा कोई व्यंग्य कर भी बैठतीं तो उससे न कोई तिलमिलाती थीं, न व्यथित होती थीं, क्योंकि उनकी चटपटी चोट किसी के पद और अधिकार को प्रभावित नहीं करती थी।

बहरहाल, हरिवंश का वंश बढ़कर परले सिरे पर पहुँच गया—रामानुग्रह से जानकीवल्लभ पर आ गया। काल के पथराए पपोटें में पल-भर को एक हलका-सा स्पंदन हुआ। जीवन-संगीत के शुद्ध राग में मंद्र सप्तक का पंचम स्वर तार सप्तक के पंचम पर चढ़ गया।

पंडित पिता की लौकिक प्रज्ञा धर्म और अर्थ का अनुवर्तन करती थी और

अलौकिक प्रज्ञा शास्त्रों का अनुसरण। अलौकिक प्रज्ञा के पीछे शास्त्रों को हाँककर वह लोक-मर्यादा का अतिक्रमण नहीं करना चाहते थे।

नहीं तो देखते कि उनके अपदार्थ पुत्र के अभाव में पृथ्वी का कोई भी पथ सूना न रहता; आकाश के ग्रह-नक्षत्रों की सतत गति में क्षण-भर के लिए भी शिथिलता न आती। और सबसे बड़ी बात यह कि घोर कष्ट से प्राप्त उनकी विद्या व्यंग्य न बनती और उनके निःश्रेयस के लिए आलोक के नित नए द्वार ही उद्घाटित करती। किंतु वेद-ब्राह्मण का दूसरा ही चक्कर है—

संपूर्ण मानव-जीवन यज्ञमय है : ब्रह्मयज्ञ, देवयज्ञ, मनुष्ययज्ञ, पितृयज्ञ और भूतयज्ञ—ये पाँच महायज्ञ हैं, जिन्हें आजीवन करते रहना है—शतपथ ब्राह्मण का वचन है।

तो लो, कर्म के देवता के हाथों यह जन्म अर्पित हुआ। इन यज्ञकर्मों के कर्त्ता का कुछ भी बिगाड़ संभव नहीं। ज्ञान के पूर्व कर्मकांड है। पहली सीढ़ी पर पाँव रखे बिना दूसरी के लिए कुलाँच मारना अनुचित है। निस्संदेह मन की आँखें खुलें; किंतु तन की आँखें बंद तो न हों!

तैत्तिरीय संहिता कहती है—'जायमानो वै ब्राह्मणस्त्रिभिः ऋणैः ऋणवान् जायते ...यज्ञेन देवेभ्यः प्रजया पितृभ्यः स्वाध्यायेन ऋषिभ्यः।

कि जन्म ग्रहण करते ही ब्राह्मण तीन ऋणों का ऋणी हो जाता है। वे तीन ऋण हैं—देवऋण, पितृऋण और ऋषिऋण। एक-एक से मुक्त हुए बिना उसकी खैर नहीं। एड़ा-बेड़ा नहीं चलता यहाँ।

यज्ञ करने पर देव-ऋण परिशोधित होता है, पुत्र उत्पन्न करने पर पितृ-ऋण से मुक्ति मिलती है। और स्वाध्याय ऋषि ऋण से छुटकारा दिलाता है।

पंडित पिता ने यों पितृ-ऋण से उद्धार पा लिया।

आज जब मुट्ठियों में बंद अंधकार दिशाओं में फैल गया है; ऊबड़-खाबड़ पथ पार करते बार-बार पाँवों में ठेस लगती है; आँखें होते हुए भी कुछ सुझाई नहीं देता और अँधेरे ने दूसरे सभी रंगों को ग्रस लिया है; जब यह सिर के ऊपर फैला-फैला, एकरस, मैला-मैला आकाश अपने अद्वैत रूप को मेरे मन में समोना चाहता है, तब एक ही अभिज्ञान दिलासा देता है; सामान्य रूप से ज्ञात को विशेष रूप से प्रत्यभिज्ञात कराता है कि मेरी उत्पत्ति निरर्थक नहीं; इसने मेरे परम पूज्य पिता को पितृ-ऋण से मुक्ति दिलाई है!

मेरी पथ-विपथ पर लड़खड़ाती हुई गति किसी शून्य देवायतन की अश्रांत प्रदक्षिणा है और जलता हुआ जीवन नीरव नीरांजना। कुछ भी तो व्यर्थ नहीं है।

लौकिक आनंद ब्रह्मानंद के समान है—क्योंकि वह उसी का अंश रूप होता है। अंश का ज्ञान होने पर पूर्ण के ज्ञान की ओर बढ़ने का मार्ग प्रशस्त हो जाता है। बुद्धिमान व्यक्ति सोचता है कि जब एक टुकड़ा ऐसा है तो पूरा का पूरा जाने कैसा होगा!

जो ऐसा नहीं सोचता, वह और कुछ भी हो सकता है, बुद्धिमान नहीं।

अंतःकरण की तीन वृत्तियाँ बताई गई हैं : शांत, घोर और मूढ़। शांत से तात्पर्य सात्त्विकी वृत्ति का है, घोर से राजसी वृत्ति का और मूढ़ से तामसी वृत्ति का।

वैराग्य, क्षमाशीलता और उदारता सात्त्विक वृत्ति के लक्षण हैं। तृष्णा, स्नेह, राग और लाभ राजसी वृत्ति के तथा सम्मोह, भय आदि तामस वृत्ति के लक्षण हैं।

ब्रह्म का चैतन्य स्वरूप इन तीनों ही वृत्तियों में प्रतिबिंबित होता है। हाँ, सात्त्विक वृत्ति में वह कुछ अनायास और कुछ अधिक स्पष्टता से प्रतिभासित होता है।

'हर गम मए-गुलरंग से थर्राता है,
आलामे-जहाँ का मुँह उतर जाता है।
लेकिन जिसे कहते हैं गमेइश्क ऐ जोश,
वो नशे में कुछ और भी बढ़ जाता है!'

एक चाँद की हजार परछाइयाँ हो सकती हैं। गँदले पानी में खूब साफ नहीं उभरतीं, साफ पानी में झलमल कर उठती हैं। ऐसे ही ब्रह्म का सत्, चित्, आनंद—समग्र स्वरूप राजस और तामस वृत्तियों में नहीं प्रतिफलित होता क्योंकि उनमें मलिनता अधिक और निर्मलता कम होती है। बस, थोड़ी-सी निर्मलता में केवल चैतन्य अंश प्रकाशित होता है, आनंद अंश नहीं। आनंद तो राग और भोग में डूब जाता है।

ऐसा होता है : आग में गर्मी होती है और बेहद चमक भी, मगर जब कैसा भी साफ़ पानी उस पर औटा-खौलाया जाता है तो उसमें आग की गर्मी ही गर्मी आती है, चमक नहीं। रज और तम भी अपने में चैतन्य मात्र को प्रतिबिंबित कर पाते हैं, आनंद को नहीं।

मगर जब वही आग पानी की जगह ईंधन को पकड़ती है तब गर्मी भी आती है और चमक भी। ठीक ऐसे ही सात्त्विक वृत्ति में ब्रह्म के चैतन्य और आनंद—दोनों अंश उद्‌भासित होते हैं।

यहाँ सत् की चर्चा कुछ यूँ ही-यूँ ही-सी होगी, क्योंकि मिट्टी-चट्टान जैसी वस्तुओं में ब्रह्म की सत्ता ही तो व्यक्त होती है, न चित् (चैतन्य) की अभिव्यक्ति होती है और न आनंद (परमसुख) की। रज और तम में सत्ता और चैतन्य—दोनों

अभिव्यक्ति पाते हैं, केवल सात्त्विक वृत्ति में ही सत्, चित् और आनंद—ब्रह्म के तीनों स्वभाव प्रतिबिंबित होते हैं, और वह भी कभी-कभी।

जब कामना घर-परिवार के लिए उमगती है तब इस राजस भाव में सुख की कोई संभावना नहीं। पहले तो यही द्वंद्व सालता है कि कामना सिद्ध होगी या नहीं, फिर कहीं सिद्धि मिल गई तो वह और-और के लिए धधकती रहती है—

'बुझै कि काम-अगिनि तुलसी कहु विषय-भोग बहु घी ते?'

और इस प्रकार अप्राप्त की प्राप्ति के लिए मन हर घड़ी अशांत रहता है, फिर—

'अशांतस्य कुतः सुखम्?'

सिद्धि नहीं मिली तो दूसरी मुसीबत आ पड़ी, दुःख बढ़ने लगा। अब उठते-बैठते, सोते-जागते असिद्धि चिकोटी काटने लगी। पल-भर भी चैन नहीं।

कौन रुकावट बना, किसने बाधा डाली, उस पर क्रोध होने लगा। गीता ने 'कामात् क्रोधोऽभिजायते' लिखकर इसी अनुभूति की पुष्टि की है। इस प्रकार प्रतिकूल आचरण करने वाले से द्वेष का होना भी स्वाभाविक है। अगर कैसे भी बदला लेना संभव न हुआ तो घोर तामस विषाद अंतःकरण को घेर लेता है।

सच तो यह कि क्रोध, द्वेष या विषाद की स्थिति में घोर दुःख होता है। उसमें सुख की तो संभावना भी व्यर्थ है।

काम-सुख महत् सुख है। प्रत्येक सुख में ब्रह्म प्रतिबिंबित है। यों राग महत्तर है, तो विराग महत्तम। अस्तु।

माया की प्रकृति विपरीत है। ब्रह्म का स्वरूप यदि सत्, चित् और आनंद है तो माया का असत्, जड़ और दुःख। खरगोश के सींग को असत्, काठ-पत्थर को जड़ और राजस, तामस प्रवृत्तियों को दुःख समझना चाहिए। विद्यारण्य जैसे महामुनि की विवृत अनुभूतियाँ तर्कातीत हैं।

पिताजी ने काल-क्रम से सात्त्विक प्रवृत्ति के सिर पर राजस, तामस भावों को चढ़ने की छूट दे दी। दूसरे संसारी लोगों की तरह दुखी बेल में सुख के फूल खिलाने चाहे; पर मरु-मरीचिका में किस मृग की प्यास बुझी है?

जीवित नवजातक पुत्र का मुँह पिता देख ले तो वह उऋण हो जाता है (उसके सिर से उतरकर उसका ऋण पुत्र के मत्थे चढ़ जाता है) और वह अमरता प्राप्त कर लेता है—

'ऋणमस्मिन् संनयत्यमृतत्वं च गच्छति
पिता पुत्रस्य जातस्य पश्येच्चेज्जीवतो मुखम्!'

अब ऐतरेय ब्राह्मण को क्या कहा जाए? मेरे लिए तो इसकी एक पंक्ति में प्रभात के अरुण अधर की मधुर मुसकान है और दूसरी में संध्या की काली-कजरारी आँखों के खारे आँसू।

पितृ-ऋण से मुक्ति एक बात है और अमृतत्व की प्राप्ति दूसरी। संभव है, एक वंश-क्रम के पीढ़ी-दर-पीढ़ी बने रहने पर अंत तक कोई न कोई नामलेवा रह जाता हो जिससे सिलसिले में एक प्रकार की संजीदगी बनी रहती हो और प्रलय काल तक नाम चला चलता हो और इस प्रकार अमरता (अमरत्व) प्राप्त करना हर बाल-बच्चेदार आदमी के लिए बाएँ हाथ का खेल होता हो!

किंतु कुपुत्र उत्पन्न करके अमृतत्व की प्राप्ति संदिग्ध है। ऐसे कितने राम, कृष्ण, बुद्ध होते हैं जो अपने पिता का नाम उजागर करते हैं? ये मुट्ठी-भर लोग तो प्रतिमान गढ़ने वाले ही होते हैं। यों सूर्य-चंद्रमा भी किसी के पुत्र हैं, होते हैं दूसरे ऐसे?

मैं सोचता हूँ, अमृतत्व की साधना क्या इस प्रकार नहीं हो सकती कि सुयोग्य पुत्र को सारे लौकिक उत्तरदायित्व सौंपकर पिता श्रेय की चिंता करे? संसार के अनित्य भोगों से वैराग्य हुए बिना न मनुष्य में अमृतत्व की इच्छा जगती है और न वह उसके लिए प्रयत्न करता है। इतना ही नहीं, उस इच्छा की उत्कटता की स्थिति में तो पुत्र-पौत्र की कामना भी कदाचित् ही होती हो!

'शतं चैका हृदयस्य नाड्यः
तासां मूर्धानमभिनिःसृतैका
तयोर्ध्वमायन्नमृतत्वमेति
विष्वङ्ङन्या उत्क्रमणे भवंति।'

—छांदोग्य

हृदय में एक सौ एक नाड़ियाँ हैं, उनमें से केवल एक कपाल की ओर निकली हुई है। यही सुषुम्णा है। इसी के द्वारा ऊपर उठकर मनुष्य अमृतत्व प्राप्त करता है। और सब नाड़ियाँ नाना योनियों में (फिर-फिर जन्म लेने के कारण) भटकाने वाली हैं।

सो जो हो, मैं वैसा सुयोग्य कभी न हुआ जिसे एक छोटा-सा भी दायित्व सौंपा जा सके। कल्पना की रंगीन उड़ानों ने मेरी कर्मठता को पंगु कर दिया। ऐसी किसी वरद शक्ति का सहारा न लिया जो कभी इत्तफाक से इस बंजर जमीन पर पाँव रखे और महसूस करे कि यह बंजरपन मेरी नाफरमानी के सबब है और करुणा कादंबिनी बरसे तो इसे सरसब्ज चमन में तबदील किया जा सकता है!

मैं अमृतत्व की चिंता अपने लिए नहीं, पिताजी के लिए करता हूँ कि वह ऐसा कैसा विश्वास पालते थे कि पुत्र में शील-स्वभाव एवं सदाचार का अभाव होने पर भी; अडिग आस्था, योग्यता और ईमानदारी के बिना भी वह पिता को भवसागर से पार उतारने में नौका का काम कर सकता है?

निरीहता, निर्दोषता और सचाई की विश्वसनीय करुण-प्रतिमा गोमाता है। निस्संदेह उसकी पूँछ पकड़कर वैतरणी पार की जा सकती है किंतु गोजाति में समानता होने पर भी बैल को वह दर्जा कहाँ दिया जाता है? पुत्र पुत्र में भी ऐसा ही अंतर है।

'मेरे सारे सुनहले सपने वीणा के तुनुक तारों की तरह टूट-बिखर गए, अब तो मर्मभेदी हाहाकार ही कलेजे को चीरकर बाहर निकल आता है!

'पाँवों में कितने काँटे चुभे, तन-बदन कितना क्षत-विक्षत हुआ, यह वेदना मन को हर घड़ी मथती रहती है!

'सभी प्रकार के सुखों से वंचित होकर, सबके प्रेम से मुँह मोड़कर माँ, मैंने तुममें लौ लगाई है! यह ठीक है कि मैं वक्त बिताकर आने का अपराधी हूँ, तभी तो तुम्हारे दरवाजे पर चुपचाप खड़ा हूँ!

'जब से तुममें मन लगाया, और कुछ अच्छा नहीं लगता। संसार सार-हीन प्रतीत होता है, धरती कारागार-जैसी दिखाई देती है, शून्य में डूबी-खोई रहने वाली दसों इंद्रियाँ बैरन बन गई हैं। माया का ठाट बचे-खुचे जीवन को तलवार के घाट उतारने पर उतारू हुआ दिखता है!

'यह अश्रु-सिक्त मनोवेदना का अर्घ्य मैं कितनी दूर से ढोए लिए आ रहा हूँ—...यह व्यर्थ जीवन का बोझ; मैं इसे तुम्हारे ही चरणों में अर्पित कर रहा हूँ। इसे स्वीकारो माँ! मैं तुम्हारा हूँ, तो लाख बार दुतकारने पर भी और कहाँ जाऊँगा?

'मैंने न कभी तुम्हारा मंत्र जपा न विधिपूर्वक पूजा ही की। संध्या-पूजा कौन करे? मैंने तो जब-तब अश्रु-गद्गद कंठ से माँ-माँ कहकर तुम्हें पुकारा ही पुकारा! तुमने कान न दिया, यह और बात है!

'यह ठीक है कि मैं वक्त बिताकर आने का अपराधी हूँ पर अब इस दरवाजे को छोड़कर जाऊँ तो कहाँ जाऊँ?'

—नए-नए दुःखों के स्वागत-गान के रूप में परमहंस ताराचरण की यह मर्म-गाथा मैं कब से माँ को सुनाता आ रहा हूँ। निर्जन की मर्मर ध्वनि शब्द की नित्यता का विश्वास दिलाती है। किसी के पथ पर बिछे हुए फूल मेरे अविरल अश्रुओं को धूल में नहीं सूखने देते।

'Endless tune of Eternal music swells within my breast,
Endless tune of Eternal song thrills my soul within.
Awake, arise and follow the clarion call of Eternity;
Awake, arise and sing the glory of Eternity.'

मैं आवर्तहीन वर्तमान में अतिशयित भविष्य की धुँधली-चमकीली लहरों का अपलक द्रष्टा हूँ!

जिस डाल में अभी फूल नहीं उगे, उसके फलों के पुष्ट बीज मुट्ठी में सुरक्षित हैं!

बाह्य सत्यों में व्यंजित जीवन के बिंब ही तो मेरे गीत हैं। हठीले पाँव इस छोर से उस छोर तक फैली कल्पना की अगम गहराइयाँ नापने की मचलन लिए; कर्तव्य की ऊँचाइयों को छूकर सुरीली झंकार उठाने की भावना उमगाते हुए हाथ; बादलों की झालर जिस इंद्रधनु के गिर्द झूल रही हो, उसकी सतरंगिनी तहों में अकंपित चाँद-सूरज-से संकल्पों का सौंदर्य ढूँढ़ती हुई दृष्टि; प्रात-पवन-सा हर मधु-गंधी वन-बाग की छवि पर छाए गगन में तैरता हुआ मन।

टूटे-फूटे या तोड़े-मरोड़े उजाड़-बीहड़ के असुंदर सत्य को अशिव दृश्य-पटों पर आँकना मेरा लक्ष्य नहीं।

मैं एक अनदेखी वास्तविकता हूँ जिसे एक ओर से युग से हारे हुओं की युग-युग की परंपरा और दूसरी ओर से फरेब से जीतने वालों के पुश्तैनी चहेते इतिहास ने ग्रसने के लिए राहु-केतु के स्वाँग रचे हैं; किंतु जो अपने अविकृत प्रतिबिंबों में ऊँची-से-ऊँची और नीची-से-नीची वृत्तियों की खरोंचों को यों सँजोए हुए है कि कौन जाने कभी पिछले दरवाजों से बेतहाशा बौखलाई आई तात्कालिक लोकप्रियता की करारी चोट खाए हुए कठोर भेजे की गाँठ किसी सामने की 'क्यू' में एक अरसे से खड़े की पोल-खोलक चोट से फिर अपनी जगह लौट आए!

ग्रे' के 'Full many a flower is born to blush unseen' का विश्वासी मैं नहीं।

मेरा मिट्टी का जिस्म मिट्टी में मिल भी जाए, मेरी रूह रोशनी की है। जोत जोत से मिलेगी ही।

तो क्या विनम्र और भद्र मरण मेरे जीवन के द्वार पर हाथ फैलाए खड़ा ही रहेगा?

हाँ, वह विनम्रता चरम स्वार्थ की और भद्रता निर्लज्ज उच्छृंखलता की विपर्यस्त प्रतिमा होगी। मेरा जीवन मुद्राएँ नहीं देखता, सत्य वैसा विनम्र होता भी नहीं।

तो क्या मेरा जीवन अपने मिथ्या अहंकार को ही सत्य की धृष्ट संज्ञा दिया

चाहता है?

नहीं, मिथ्या से इंतकाम लेते मेरे जीवन का सत्य घिसा है। मिथ्या को नकारने के क्रम में मेरे सत्य ने आत्मशक्ति अर्जित की है।

महार्णव भी मिथ्या हो और कर्णधार भी, ऐसा नहीं हो सकता। संसार निस्सार है या सारवान, वावदूक जन जानें, मैंने अपने लिए श्रेय चुना। प्रेय को मैंने कभी प्रश्रय नहीं दिया।

प्रेय ने बार-बार मेरे आगे अंधकार का अंबार लगाया। इधर मैंने आत्मदीप क्या जलाया, वह घबराकर पीछे हट गया। श्रेय ने अँधेरा दूर करने में बेशक मेरा हाथ बँटाया, दीप मैंने स्वयं जलाया था!

मैंने किसी के उपदेश से एक का परिहार और दूसरे को स्वीकार नहीं किया। कर्म की गाँठ मैंने खुद खोली थी!

अल्प में अतिशय का, समीप में सुदूर का, निरर्थक में अमूल्य का प्रकाश मुझे अचानक नहीं हुआ, मैंने बृहत् में अतिशय ढूँढ़ने का प्रयास नहीं किया, निकट को सुदूरवर्ती की ओर ले जाने वाले संतुलित प्रवाह का तट-भर माना।

एक छोटे-से शिशिर-कण से मैंने आकाश की व्यापकता मापी है; आकाश को मापने का कोई दूसरा आकाश-सा मानदंड नहीं ढूँढ़ा। एक हरे सुनहरे अँखुए में विशाल विटप की छवि-छाया देखी, विशाल विटप देखने कहीं नहीं गया।

ससीम धरती से असीम आसमान के समान, इंद्रियों से इंद्रियातीत का साक्षात्कार कोई चमत्कार नहीं, गम्य से गोपन की ओर मन की तीर्थयात्रा मात्र है। यह यात्रा पैदल ही होती है, अतः समय-सापेक्ष है। इस गहन विजन-यात्रा में आनंद न आए, तो थकान ही होगी; गीली लकड़ी जलाने से धुआँ ही होगा। गगन में घन और पवन में धूलि-कण लोक-व्यवहार के हेतु मान्य हैं, अन्यथा कहाँ आकाश और कहाँ मेघ! कहाँ हवा और कहाँ धूल!!

नयन-जल ने मेरा आत्म-तेज निखारा है। जो बुझ जाए वह तेज नहीं होता, डिबरी होती है। किसी की ईर्ष्या की आग से मेरी सतत साधना की आग और धधकी है। झुंड बाँधकर मँडराने वाले शलभ मेरे दीप को बुझाने नहीं आए थे!

मेरी बेल प्यार की मुस्कानों और दुलार के आँसुओं से कभी नहीं सींची गई; चढ़ी तो काँटों पर, मुरझाई तो वीराने में!

एक कमची को कमखाब पहनाओ तो कलाबत्तू के बेल-बूटे कम चमकेंगे, यह कमजोर पसलियाँ रू-रिआयत नहीं जानतीं, रूहानी ताकत दिखलाने को बेताब नजर आएँगी!

पिताश्री कहते थे : मैं आठ-दस महीने का हूँगा। कुछ ही दिन पहले बैठना और घुटनों के बल घिसटना सीखा था। गोशाला के छप्पर की मरम्मत हो रही थी और मैं नीचे जमीन पर बैठा अकेला खेल रहा था।

छप्पर पर थी धूप, मेरे गिर्द छाया सिमटती आ रही थी। मेरी ओर से धूप के चुपके-से खिसकने का अहसास माँ को हुआ तो वह कढ़ाई के सुई-धागे का बटुआ परे डाल मेरे गालों पर हाथ फिराने लगीं कि तभी उनकी नजर मेरी दाईं तर्जनी पर पड़ी जो किसी को छेड़ती-सी सामने की दीवार के बिल में घुसपैठ कर रही थी।

माँ को मानो काठ मार गया, वह गठरी बनकर मुझे सीने से चिपकाए बावरी-सी बिसूरने लगीं।

ताई ने कुछ ज्यादा तेज हवा बहाकर शोर मचाया : साँप! साँप!!

हाँ, मैं एक गेहुए सँपोले से खेल रहा था।

बिच्छू का भी मंतर न जानने वाले, साँप के बिल में हाथ डालने वाले शिशु के भाग्य का फैसला माँ को सुनाने लगे। माँ का नशा साँप के काटे का न था, पड़ोसियों की खुशी-बसी आँखों से छहरते जहर का था कि जिसके धुएँ से लिपटा अँधेरा मर्म के अंदर तक धँसता चला जा रहा था—मटमैला, कसैला और जाने कैसा-कैसा!

साँप के काटे की परख रखने वाले रामधन महतो आए : मच्छरों की-सी भनभनाहट माँ की संत्रस्त साँसें पीती रहीं। मंतर सुस्त हुए तो माँ में फुर्ती आई। उन्होंने मुझे खूब नहलाया, ताँबे के घड़े के ठंडे पानी से या नयन-घन की शीतल जल-धार से, कौन कहे?

महतो जी ने जाते-जाते चेतावनी दे दी थी : "सोने न पाए!"

इधर मैं ऐसी गाढ़ी नींद सोया कि सवेरा हो गया। माँ ग्रह-नक्षत्रों की दुआएँ दामन में भरती रहीं सारी रात; काठ के दीवट पर गीली मिट्टी से चिपकाया हुआ अंडी के तेल का दीया झिलमिलाता रहा सारी रात!

मेरे बुरे ग्रहों का, चुपके-से, माँ की आँख बचाकर, दम-बखुद अंदर आ धमकना नामुमकिन था। वह बंद दरवाजे की बारीक सूराखों की राह आती कमबख़्त कमजोर रोशनी पर भी तेज नजर डालकर जैसे उसके आने का सबब जान लेना चाहती थीं!

वह बड़ी हैरानी और तशवीश से कहा करतीं कि कैसे नादान लोग हैं, जरूरत से ज्यादा रोशनी चाहते हैं, मगर अँधेरी नहीं! अरे बाबा, देने वाला दानिशमंद है तो एक के चाहने पर दूसरा भी देगा। एक के बगैर दूसरा रह जो नहीं सकता। एक का दरवाजा दूसरे के कमरे में ही तो खुलता है!

अकसर ताई सीने में ठोड़ी गाड़कर और भवें उचकाकर पूछतीं :

"फिर तुम क्यों अपने दिए को हवा-बतास से ही नहीं, ऐसे-वैसे लोगों की नजर से भी बचाए-छुपाए चलती हो? किसी के पाँव की आहट मिली नहीं कि दरवाजा खटाक-से बंद कर लिया!"

"अहा दीदी!" माँ की आँखें पेशानी की ओर उठतीं—"बेटे की लंबी उमर और अपनी मौत—दोनों के लिए, रघुनाथ जी जानें, एक साथ ही प्रार्थना करती हूँ। एक मिल जाए तो दूसरी के मिलते देर न लगे। रात-भर की जागी और दोपहर की धूप खाई हुई की उतावली तुम भी न समझोगी दीदी, तो कोई दूसरा चिड़चिड़ा या चुटकीबाज भला क्योंकर समझेगा?"

ताई खिसियातीं :

"अनु, बेटे की लंबी उमर तो हर माँ माँगती है, मगर तुम्हारी इस सौत जैसी मौत की अगवानी मेरे पल्ले नहीं पड़ती। यों कहने-भर का बस है, मानना-न-मानना तुम्हारा काम है। जिंदगी के पथरीले पथ पर चलते सबके पाँव में छाले पड़ते हैं, कम ही खुशनसीब रूई के गद्दे पर पैर फैलाए पड़े होते हैं! सब सहना होता है जीने के लिए।"

"तुम जानती हो, आज जो तुम्हारा सुहाग है उसे बचाने के लिए एक समय, मैंने अपने सुहाग की बलि दी थी। तब चंद्रशेखर पेट में था। यहाँ क्या धरा था, मैं बिना बुलाए मैके चली गई। दिन-भर चिलचिलाती धूप में सिंकी, तब कहीं छाँह नसीब हुई।"

"मेरी उमर मेरे बेटे को लग जाए बस, इसीलिए तो अपनी मौत मनाती हूँ!"—माँ ने छलछलाती हँसी में कहा—"मगर सच पूछो तो मैं मरना कहाँ चाहती हूँ? अब तो इस भरे-पुरे घर में बेझिझक जिया जा सकता है। अलबत्ता एक जानलेवा संदेह मेरे मन में घर कर गया है कि मौत मेरी घात में है, वह मुझे जीने न देगी।"

एक शक्ति, जो भटकाती है, वह जीवन और मरण का फासला कभी कम करती, कभी बढ़ा देती है; एक शक्ति, जो तन को मन में और मन को आत्मा में समेटती जाती है, वह मुक्ति जानती है, जिजीविषा नहीं।

सिसृक्षा की वेदना और सृष्टि की परितृप्ति का समानांतर भोगा जाना असीम तथा अतिरिक्त संवेदना द्वारा ही संभव है; साँसों के धागे में अश्रु-कण गूँथकर गीतिमाल्य की रचना, शब्द-कौशल से ही संभव नहीं है। माँ में यों भी शब्द-कौशल नाम मात्र का ही था।

पिताजी की अर्थ-शक्ति समाप्त हो रही थी। वैसे उन्हें शाब्दिक अनुशासन का

सही भरोसा था। बार-बार कहते : बाहर गए बिना घर नहीं चलने का। जब छुट्टा खजाना था, तब की बात और थी। अब मुँह बढ़े, शब्द बढ़े; पर अर्थ कहाँ है?

और वह अर्थोपार्जन के लिए 'उदर-निमित्तं बहुकृतवेशम्'—कभी ज्योतिषी, कभी तांत्रिक, कभी कथावाचक और कभी कर्मकांडी बनकर छोटानागपुर के पलामू, हजारीबाग और राँची जिलों के जंगलों में भटकने लगे। साल-छह महीने में एक बार कभी ढेर सारे बर्तन, कपड़े और कुछ रुपए लेकर घर आते, महीने-दो महीने रहकर फिर वहीं लौट जाते थे।

इस बार घर लौटने लगे तो शारीरिक और आंतरिक आकांक्षाओं के घटाटोप में रास्ता भूल गए। वह पलामू जिले के बंदुआ गाँव से पाँकी बाजार की ओर आ रहे थे। अधबीच में अमानत नदी पार करनी थी जिसकी चौड़ाई सोन की तरह लगभग एक मील है। कार्तिक का महीना। मकर चाँदनी। आधी रात के दूधिया सन्नाटे में सवेरा होने का भ्रम हो गया। फिर क्या, एक मजदूर के माथे पर सारा सामान लादकर खुद टट्टू पर सवारी कसी और रवाना हो गए।

मुश्किल से छह मील का फासला तय हो पाया होगा कि अभी और एक पहर रात बाकी होने की सूचना किसी चकवा-चकवी के तीखे संलाप से मिली। क्वार की चिकनी चाँदनी यहाँ-वहाँ लुढ़कती-पुढ़कती महुए के पेड़ के नीचे सामने सँवरकर बैठ गई थी कि घोड़ा ठिठक गया, न एड़ियाने से जौ-भर आगे बढ़ा, न चाबुक रेतने से इंच-भर पीछे मुड़ा। हर मुमकिन कोशिश नाकामयाब रही। घोड़े के बराबर न चल सकने के कारण मजदूर कुछ पिछड़ गया था। और—

पिताजी की आँखें चुँधियाने लगीं : दरअसल वह चाँदनी की थिगली ही है, सफेद चमड़ी से मढ़ा हड्डियों का कोई ढाँचा नहीं? पूरब से जो हवा का एक झीना झोंका आया, वह उसका पल्लू नहीं उड़ा ले गया? अभी-अभी क्या उसके किरनीले केश नहीं लहर रहे?

तो···तो···?

अर्द्धलुप्त चेतना की आँखों में असंभावित भय-विस्मय अँजने लगा। छाती के भीतर बोझिल मन दृश्य से एकाकार होने के क्रम में उस क्षण की कीमत चुकाता रहा। जिज्ञासा जिसे आँखें फाड़-फाड़कर देख रही थी, भावातिरेक उससे आँखें बचाना चाह रहा था।

चाँदनी मदालस लोचन सामने स्थिर किए उठ खड़ी हुई। उसका मुखमंडल उमंग से भरा था, आकृति सुकुमार थी और चाल धीमी। वह ज्यों-ज्यों आगे बढ़ने लगी, टट्टू उलटा पीछे हटने लगा।

उसके होंठों पर हँसी छलछला रही थी। श्वेत पारदर्शी वस्त्रों का परिधान उसकी एक-एक पुष्ट रेखा को स्पष्ट कर रहा था। लगता था, उसकी प्रफुल्ल मुखाकृति आनंदातिरेक से विह्वल हो रही है और वह अभी या तो सरस संगीत में फूट पड़ेगी या वन्य निर्झर-सी अनसुनी हँसी में। किंतु···

टट्टू पीछे हटता रहा, वह आगे बढ़ती गई। उसकी धनुष-सी लंबी-नुकीली आँखें प्रभा झरती रहीं। देखने वाला रोमांचित, पसीने से लथपथ, किंतु अमित उत्सुकता से अनिमेष। फासला जो शुरू में था वह अब भी बरकरार था। देखने वाला जैसे इस दृश्य का जड़ द्रष्टा-भर था, चेतन सहभोक्ता नहीं।

उसकी पतली अंगयष्टि झाग-से सफेद वस्त्रों की लहर में तैरती-सी जान पड़ती। लचीली बाँहें हरसिंगार की टहनियों की तरह चाल की ताल-ताल पर विभिन्न मुद्राओं के संकेत प्रदर्शित करती प्रतीत होती थीं। रूप के उभार और निखार में कहीं अनोखापन खत्म होता नहीं दिखता था। ऐसा मालूम होता था जैसे प्रकाश के भँवर में शारीरिक अपूर्वता का साकार स्वप्न चक्कर काट रहा हो!

जैसे चाँदी के बादल किसी हरे-भरे पेड़ की फुनगी पर उतर आए हों कि पेड़ के तने से, डालों से, पत्र-स्तवकों से पारे का-सा धुआँ उठ-उठकर पूरे वातावरण पर फैल रहा हो, उसके रूप का स्फार ज्वार कभी-कभी कांति, दीप्ति और अक्लिष्ट आभा के बुदबुदों, झाग-झाग लहरों की उत्ताल उछाल से घोड़े के सफेद अयालों और रोओं तक को छूता हुआ जान पड़ता था, किंतु उस असह्य सन्नाटे में झिल्ली की एकरस झनझनाहट के अलावा और कुछ नहीं सुनाई देता था, न उसके पाँवों की धमक, न घोड़े की टाप, न अपना श्वास-उच्छ्वास। जैसे सब कुछ जम गया हो, केवल उसकी मंद-मथर गति कुछ दृश्यों को पीछे छोड़कर उसके निरंतर आगे बढ़ते रहने का आभास दे रही हो!

जिज्ञासा-भरी आँखें उस सम्मोहक आकृति से पल-भर भी नहीं हटना चाहती थीं और उसकी आबदार अधखुली आँखें घोड़े को यों घूर रही थीं जैसे वे पलक झपकना भूल गई हों! उलटे लौटते घोड़े ने कभी किसी आघात का अनुभव नहीं किया—जैसे समतल, सपाट भूमि पर ही अभ्यस्त गति से अस्खलित चलते रहना उसके स्वभाव में न हो, वह कहीं भी वैसा ही चलता रह सकता हो!

इस अद्भुत अनुभव की गहराई बेशक तब समझ में आई जब सही रास्ते से काफी दूर आगे निकल गए मजदूर से अचानक भेंट हो गई और उसने व्याकुल भाव से पूछा—"कहाँ चले गए थे मालिक?"

मालिक की तंद्रा टूटी तो कहीं कुछ न था। उन्होंने हाँफ-हाँफकर सारा किस्सा

सुना दिया, फिर घोड़े के उलटा चलते रहने पर ताज्जुब करने लगे कि यह सब अकल्पित अविश्वसनीय क्योंकर घटित हो गया!

मजदूर ने कहा—"नहीं तो, घोड़ा एकदम सीधा आया है, आप अलबत्ता पलट-पलटकर कुछ देख लेते थे।

फिर कान के पास मुँह ले जाकर धीरे से कहा—"उधर कब्रगाह है; रात में उस तरफ से कोई नहीं जाता।"

इस बार पिताजी अन्न-वस्त्र-बर्तन-भूमि और नकद रुपए कमाकर दिग्विजय की भावना से उन्मुक्त हो घर लौट रहे थे। अस्फुट अहंकार घोर अवहेलनापूर्वक सामने के अपदार्थों की उपेक्षा करता हुआ आगे बढ़ रहा था कि अब अदृश्य हुई चाँदनी के शांत और सौम्य रूप ने कुछ ऐसा कर दिया जैसे मणिकुट्टिम पर नंगी तलवार हाथ से छूटकर झनझना उठी हो; जैसे हर्षोत्फुल्ल दृष्टि की शीतलता पीकर किसी ने स्थिर और कठोर और तेज आँखों में अनोखा तीखापन भर दिया हो; जैसे फड़कते होंठों की मुसकान पोंछकर किसी ने उन्हें कठोर मुखाकृति के अनुरूप दृढ़ता से दबे रहने की सूखी शोख दे दी हो!

मजदूर ने कहा—"कुछ देर के लिए उतावली ठीक नहीं, सवेरा होने में अब घंटे-डेढ़ घंटे से ज्यादा की देर नहीं है। इसी इमली के दरख्त के नीचे घड़ी-भर पैर फैलाकर पड़े रहिए!"

पिताजी चिड़चिड़ा रहे थे, खिसियाकर बोले, "क्यों नहीं? मुझे क्या करना है? रात-भर, दिन-भर यहीं पड़े रहो! देख ही रहे हो, रास्ता कँटीला भी है, पथरीला भी। घोड़ा थम-थमकर चल पाता है। कोई ऐसी-वैसी बात हो जाए तो भाग खड़े होने में भी मुश्किल पड़ेगी। तुम्हारी अक्ल पर पत्थर पड़ गए हैं। कहते हो : नजर को धोखा हुआ है! मैं पूछता हूँ, तुम उधर गए नहीं, फिर इधर घोड़े को कौन लौटा लाया? मैं तो भटक गया था, जाने कहाँ जा रहा था, यहाँ तुम्हारे पास कैसे पहुँच गया?'

"आप नाराज न हों मालिक",—मजदूर ने खखारकर गला साफ करते हुए कहा—"घोड़ा खुद ही घूमकर ठीक रास्ते पर आ गया। यह तो महीने में दस बार बनुआँ से पाँकी जाता है। इसे रास्ता याद है। आपके एड़ियाने पर कुछ दूर दूसरी तरफ चला गया होगा, फिर जैसे ही इसे गलती का पता लगा, यह उलटे पाँव सही रास्ते पर चला आया।"

मजदूर की वाजिब बात तब हृदय में एक गहरी चुभन पैदा कर रही थी कि इसे मेरे अनुभव पर विश्वास नहीं हुआ। मैंने जो अलख लखा, उसे इसने दृष्टि-दोष प्रमाणित कर दिया।

तभी एकबारगी घोड़ा भड़का और इमली पर औंधे लटके बादुर, चमगादड़ चींचीं-चेंचें करते हुए चमड़े के पंख फड़फड़ाने लगे।

मजदूर ने देखा, इमली की फुनगी पर कोई परी बैठी है, उसे जिधर से देखो, सामने ताकती दिखाई देती है।

पिताजी गायत्री प्रत्यंगिरास्तोत्र और हनुमत्कवच को क्रम-क्रम से आजमा चुके, पर वह जरा टस से मस न हुई। पत्तियों की सरसराहट में खिलखिलाती हुई-सी जान पड़ती, जब भी वह हँसी ऊँची-नीची पहाड़ियों के पार से आती मालूम देती थी। गोल चेहरा, खरा गोरा रंग, बड़ी-बड़ी आँखें, लंबी बरौनियाँ, सीधी नाक, दमदिलासे के लिए यह अपरूप रूप क्या कम था जो धरती पर हरियाली बोने वाली के तन-बदन में ऐसा भयानक विषैला लेप चढ़ा दिया था कि देखते ही पूरा परिवेश बेहोश हो जाए!

मजदूर को जैसे साँप सूँघ गया हो, वह मुँह ढककर इमली के तने से टिका खड़ा था, पिताजी ने अंगौछा हटाकर मुँह उघाड़ा, फिर कंधे पकड़कर झकझोरा—"तुरंत चल पड़ो। यहाँ कब्रें ही कब्रें हैं—भूतखाने। यह इमली का दरख्त तो खास तौर पर प्रेतों का अड्डा दिखता है। जाने कब ये चमगादड़ जिन्न बन जाएँ।"

कहीं चौड़ी, कहीं सँकरी पगडंडी, पेड़ों की अंतहीन कतारें ही कतारें, झड़बेरियों की झुरमुटें, पौ फटने से पहले का भूरा कुहरा—मगर मजदूर ने हौसला दिखाया : "आप ठीक कहते हैं, चल पड़ना ही अच्छा रहेगा।"

मंत्र जपने और स्तोत्र-पाठ करने से जो बात न बनी,—क्योंकि वह जप और पाठ शुद्ध हृदय से न होकर त्रस्त और सद्यः फल के भिक्षुक हृदय से किए गए थे, —वह मजदूर के एक गुह्य संकेत से सिद्ध हो गई।

उसने सौ बार क्षमा माँगकर यह प्रस्ताव रखा कि मालिक आँख मूँदकर घोड़े पर बैठे रहें। वह माथे पर का बोझा एक हाथ से सँभाले रहेगा और दूसरे से घोड़े की लगाम थामकर आगे-आगे नंगा चलेगा, क्योंकि वह औरत (एक हजार जंगली गालियाँ देकर) यों वापस न जाएगी। उसे ऐसी बेशर्म औरतों से निबटना आता है!

इस समय घृणा सह लेने से बढ़कर और कोई आदर्शवादी आचरण उपयुक्त न होता। पिताजी राजी हो गए।

पहले तो वह औरत एक खास फासले पर रास्ता रोककर खड़ी हो गई थी और ताज्जुब यह कि कब और कैसे उस ऊँचे दरख्त की फुनगी से कूदी या उतरी थी, इसका घोड़े के अलावा किसी को एहसास न हुआ था, किंतु अत्यंत अशिष्ट गालियाँ बकता हुआ मजदूर नंगधड़ंग ज्यों-ज्यों आगे बढ़ने लगा, वह तेजी से पीछे हटने लगी।

अर्द्धमूढ़ असभ्य जंगली के जीवन में कमजोरियाँ थीं, वह ढोंगी न था। उसके जीवन का लक्ष्य विवेक-शून्य होने पर भी ऊँचा था। वह झूठी प्रशंसा पाने के लिए न कभी बात को बढ़ाता-चढ़ाता था, न अमीर बनने के लिए कभी चोरी-चमारी की थी। मालिक से बढ़कर अपने ईमान को भगवान् मानता था।

वह जिस तन्मयता से भजन गाता था, पिताजी का हृदय हिम-खंड की तरह पिघलने लगता था। वह गुमसुम सोचने लग जाते थे कि लक्ष-लक्ष गायत्री जप के पश्चात् भी उनमें ऐसी तन्मयता कहाँ है!

वह तो अनेक नामों से ईश्वर को यों पुकारता है जैसे कोई सगे-संबंधी को अनन्य आत्मीयता से आवाज देता हो!

जिसका विश्वास इतना पक्का हो; जिसकी दैवी धारणा रक्तज संबंध-जैसी हृदय की ऐसी समीपवर्तिनी हो, लोग उसे जाहिल कहते हैं!

और जो 'एकं सद् विप्रा बहुधा वदंति' घोटे हुआ हो; तोते की तरह सत्त्व, रज, तम के प्रतीक-रूप में ब्रह्मा, विष्णु, महेश को रटता रहा हो; किंतु जो समय पर शैव और शैव, वैष्णव और वैष्णव के उपभेदों को लेकर भी सिरफुटौवल पर उतारू हो जाता हो, उसे विद्वान् मानने की मूर्खता संभवतः सृष्टि के आरंभ से ही प्रचलित है।

न्याय और अन्याय का तराजू जिसके हाथ है; जो पलक झपकते डंडी मारता है, वह मूँछों पर चाहे जितना ताव दे, गलमुच्छे पर जितना हाथ फेरे, अजीब-अजीब तरह से नाक-मुँह सिकोड़कर चश्मे को जितनी बार साफ करे, वह वैसी निष्पाप आत्माओं के मुकाबले न जाति से, न कर्म से, कैसे भी ऊँचा नहीं है।

हाँ, उसकी शिक्षा-दीक्षा, उसके काल्पनिक उद्देश्य और लक्ष्य को ध्यान में रखकर उसकी अज्ञानांध या वृथा व्यामोह से तंद्रालस, झँपी जाती हुई आँखों में स्तरीय ऊँचाई की सरसों बस ऐसे ही फुलाई जा सकती है—

'प्रभु तरु-तर, कपि डार पर!'

कौन कहता है कि पांडित्य विभूति नहीं है? सहस्राब्दियों की विचारधारा को जो विशृंखल होने से बचाता है; जो आत्मा के अनुसंधानी सत्य युग को, धर्म, अर्थ और काम के उन्नेता त्रेता युग को और अर्थ तथा काम की संदिग्ध उच्चावचता के द्वापर युग को ही नहीं, धर्म, अर्थ, काम और मोक्ष के लिए पद-पद पर कलह करने वाला कलियुग को भी चैतन्य के चक्र-नेमि के क्रम से धारावाहिक विकास के रूप में तर्कों, युक्तियों और अनुभूतियों से एक नई अर्थवत्ता प्रदान करता है, वह पांडित्य अवहेलना के योग्य तो कदापि नहीं हो सकता, पर सरल सत्य की उपासना अवश्य ही

उससे मर्मस्पर्शिनी होती है। निर्मल विशुद्ध भावों से भरा हृदय कबीर का मगहर होता है, उसे पांडित्य और वैदग्ध्य से परिपूर्ण तुलसी की वाराणसी की परवाह नहीं होती।

विद्या ने सरलता को अंक लगाया, मगर उस अनभिप्रेत प्रेत की रूप-राशि टेढ़ी गाँस-सी विद्या के सीने में यों गँस गई जैसे ठस बुनावट वाले ताने में कोई गाँड़र की गाँठ।

मजदूर अपनी ही गाए जा रहा था कि कैसे सरपत के वन में सीटी-सी बजी; फिर सिसकारियाँ सुनाई दीं और फिर वह रफ्ता-रफ्ता रफूचक्कर हो गई।

पिताजी की प्रज्ञा जैसे जमीन की ढाल पर रपट गई। जैसे आतिशी शीशे से एक केंद्र में ढेर सारी किरणों का विकिरण किया गया हो! उस अंजुरी-भर अँजोरी को वह अपरिणामी समझ बैठे थे, उसका अंतर्धान होना अपडर बीतने का संकेत न था। जिस निर्लज्ज आचरण से उसे अहुटाया गया था, वह तब न होता जब वह आँख उठाने की स्थिति में होते।

पिताजी ने आसपास आँखों-आँखों टोह लेने की भरपूर कोशिश की, आखिरकार उस आकाश से बातें करने वाले को रात्रि-शेष की दिगंतव्यापिनी घोरतर कुज्झटिका में अक्लांत अग्रसर होते देख अपेक्षाकृत मृदु स्वर में कहा :

या देवी सर्वभूतेपुच्छायारूपेण संस्थिता
नमस्तस्यै नमस्तस्यै नमस्तस्यै नमो नमः।

पाँकी बाजार पहुँचने पर मजदूर ने दो सेर सत्तू लिया। एक सेर घोलकर घोड़े को पिलाया और उसे छाँदकर चरने के लिए छोड़ दिया और दूसरा सेर मोटे अँगोछे में स्वयं के लिए सानकर गोल-गोल लुगदे बनाए। एक लौंदा, एक लाल मिर्चा या दाँत से काटा हुआ आधा प्याज—इस क्रम से तीसेक पिंडियाँ बगैर चबाए लील गया। हाँ, एक लुगदी उस चितकबरे कुत्ते की ओर भी फेंक दी जो उसके पिछौरे पर दीठ गड़ाए तब से मगज पचा रहा था। छककर पानी पिया, जमीन पर अँगोछा डालकर पसर गया। नाक बजाकर दो घंटे सोया, फिर फेंटा बाँधकर लौटने के लिए तैयार हो गया।

रामधनी साहु ने उसे पिताजी को पाँकी तक पहुँचा देने के लिए ही भेजा था। आगे की व्यवस्था उन्हें स्वयं करनी थी। उसने झुककर पाँव छुए, और झटपट घोड़े के पुट्ठों पर हाथ फेरते हुए कहा :

'चल बेटा, बेर ढरते घर पहुँच जाना, हाँऽ, डरना मत, रास्ते में गीदड़ों से बढ़कर उस कमीनी के पीछा करने का अंदेशा है। अकबकाने की जरूरत नहीं, मैं भी एक

ही अकड़ैत हूँ!'

वह जमाना था जब दो सेर सत्तू दो आने में मिलता था। पिताजी ने उसे एक रुपया चलते वक्त देना चाहा। उसने हाथ जोड़कर मना कर दिया कि उसे रामधनी साहु ने एक दिन की पूरी मजदूरी दे दी है, वह उसी काम के लिए दुबारा मजदूरी कैसे ले सकता है? भगवान् के दरबार में वह क्या जवाब देगा?

क्या ऐसे कार्य-कलापों के पीछे कोई निश्चित विचार-प्रणाली होती है? यहाँ यह उल्लेख करना अनुचित होगा कि यह विचार-व्यवस्था उनके स्पंदनहीन मन में क्यों उत्तेजना नहीं पैदा करती, जो ऐसे एकांगी यथार्थ विचार की सार्थकता के प्रवर्त्तक होते हैं? इस अबोध संतोष के वास्तविक विश्लेषण और मूल्यांकन में क्या कोई शोषण का प्रच्छन्न प्रकार प्रकाशित नहीं होता? पृथ्वी पर समाज के न्यायोचित संगठन का आधार क्या यह एकपक्षीय धर्म हो सकता है?

मजदूर चला गया तो पिताजी देर-देर तक उसी के बारे में सोचते रहे। जिस बनिये की दुकान के बाहर महुए के पेड़ की छाँह में उनका खटोला पड़ा था और खाँची में भारी-भरकम सामान सहेजा हुआ था, उस पर से उनकी नजर जाने क्यों फिसल-फिसल जाती थी। बनियाइन ने आग्रहपूर्वक भोजन कराया और दुकान के एक कोने में ठहर जाने भर जगह बना दी। वहाँ आनन-फानन कथा का डौल भी बँध गया और महज सप्ताह-भर में आमदनी की रकम में कुछ इजाफा भी हो गया।

पाँकी से कोठी के रास्ते घर लौटने में दो रातें बितानी पड़ीं। एक रात ऐसे मेजबान के घर गुजरी जो अपने कमरे में मर्तबानों में तरह-तरह की मिठाइयाँ, नमकीन और अचार सजाकर रखे हुआ था, पर दरवाजे पर जो इनारा था, इत्तफाकन वह पाँच-सात पुरसा गहरा था और पिताजी ने पानी निकालने के लिए ज्यों ही अपना प्रयागी पीतल का लोटा डुबोया, उनके हाथ से रस्सी छूट गई, क्योंकि वह कुएँ की गहराई के हिसाब से लगभग दो हाथ छोटी थी। और काफी नीचे झुककर एक पुपली के सहारे रस्सी की कसर पूरी करने की पिताजी की बेहद नाकामयाब कोशिश पर घरवाला ठठाकर हँस पड़ा था, जो पास ही पुरवट पर पाँव टिकाए खड़ा था :

"पंडित जी, पानी भी हाथ न लगा और लोटा-डोरी से हाथ भी धोना पड़ा! मेरी मानिए तो झज्झर के पानी से हाथ-मुँह धो लीजिए। इसे हर रोज झकझोरकर, खूब झटके देकर धोया जाता है। पानी साफ है।"

'मुर्गियाँ? हाँ, सो तो हैं। मैं यों इन्हें रोजगार के लिए पालता हूँ मगर खुद खाता भी हूँ, झूठ क्यों बोलूँ? वैसे मैं सनातनी हिंदू हूँ—कायस्थ। पुरखे, सुनता हूँ, परहेज रखते थे, मैं न निभा सका।'

पिताजी ने उतरे स्वर में बताया कि उन्हें कोई भूख-प्यास नहीं है। मुंशी जी बेफिक्र रहें। ज्यों-त्यों रात गुजार लेने दें, सवेरा होने से कुछ पहले ही वह आगे निकल जाएँगे। किसी नदी-झरने में संध्या-पूजा करेंगे। उसके पहले अन्न-जल ग्रहण करना असंभव है।

घड़ी-भर रात बाकी रहते ही, पाँकी वाले नए मजदूर के साथ पिताजी आगे बढ़ गए। कुछ कदम चलने पर पीछे को मुँह फेरकर देखा, मजदूर हँसी रोकने की कोशिश में साँसों से एक अजब-सी सिहरन-भरी सीटी बजा रहा था। टोकने पर उसकी आवाज काँपने लगी। पिताजी के शांत और स्थिर मन में हलचल-सी मच गई : फिर कहीं कोई नई 'चाँदनी' तो नहीं चमकी! उस गैरमामूली घटना का प्रभाव भूरी-चितकबरी परछाइयों में उभरने लगा।

तभी मजदूर ने हकला-हकलाकर, हँसी-खुशी से फूले-फूले शब्दों में अपना अतिरिक्त आनंद अभिव्यक्त किया कि कैसे मकान-मालिक के सोने चले जाने के बाद वह हौले-हौले उठा और चाँदनी के हलके उजाले में एक-एक कड़ी पर पाँव रखकर इनारे में उतरा और हिम्मत से पानी में छलाँग लगा दी, फिर पाँवों से टटोलकर लोटा-डोरी निकाल लाया!

पिताजी उसके अजानपन पर पछताएँ या उसकी उल्लसित, आह्लादित भक्ति पर विस्मय प्रकट कर उसकी सराहना करें, नहीं समझ पाए।

उसे मुंशी पर गुस्सा आ गया था कि एक परदेशी की लुटिया डूब जाने पर वह भीतर ही भीतर खुश हुआ था। नहीं तो, निकलवाने की कोशिश करता। कम से कम इसके बारे में कुछ कहता ही।

अब बच्चा पछताएगा कि किसी उससे भी बड़े काँइएँ से काम पड़ा। वह उसके भी कान काट ले गया।

सीधा-सादा और शांत दिखने वाला वह मजदूर मुंशी की कंजूसी से उकताया न था। पिताजी के सो जाने के बाद मुंशी बाहर निकलकर बोला कि पंडित जी ने तो धर्म गँवाने से इनकार कर दिया, वह कहे तो रसोई उठने के बाद का जूठन उसे दे दिया जाए।

मजदूर ने आँखों में इतने आँसू भर लिए कि मुंशी घबरा गया, बोला :

"क्या बात है? रोते क्यों हो?"

मजदूर की सिसकियाँ बजगानी न थीं। उसने गंभीर मुद्रा बनाकर मुंशी की ओर दृष्टिपात न करते हुए कहा :

"मालिक भूखे सो गए, मैं भी अँतड़ियाँ सहलाकर रात बिता लूँगा। इससे तो

अच्छा था, हम किसी मुसलमान के दरवाजे सो जाते!"

मुंशी की कंजूसी को जहर-बुझा तीर-सा लगा। मजदूर बोलता रहा—"जूठन खाने में तो कोई हर्ज नहीं, मगर दरवाजे पर आए हुए को जूठन खिलाना…"

मुंशी ने कहा—"ठीक है, ठीक है; चिउड़ा खाने-खिलाने में तो कोई हर्ज नहीं? मैं चिउड़ा और गुड़ भेजे दे रहा हूँ, खाकर सोना।"

मजदूर ने बच्चों जैसी किलकारियाँ भरकर पिताजी को अँगोछे के छोर पर बँधी गाँठ दिखलाई कि कैसे धुँधली रोशनी में हलके-हलके पैर रखता हुआ मुंशी आया था और ये दाने डालकर खामोश खिसक गया था।

पिताजी ने उसकी धूर्तता की गहराई परखने के लिए उस रात की घटना दुहराई और वह भी रोमांचक स्वर में, कि जैसे वह स्वयं भयभीत हों!

बोला : वह तो एक तरह का जानवर होता है, जैसे गीदड़, भालू, बघेला!

कुछ लोग उसे भूत, प्रेत और चुड़ैल भी कहते हैं, लेकिन वह होता है जानवर।

डायन मरती है तो चुड़ैल हो जाती है; बाँभन मरता है तो गाय हो जाता है।

गाय जानवर है कि नहीं! फिर चुड़ैल और भूत-प्रेत जानवर क्यों नहीं?

पिताजी ने पूछा कि उसने कभी कोई चुड़ैल देखी है! वह हँसते-हँसते अधमरा-सा हो गया : "देखी है के मानी? सौ बार देखी है। वह मसान में रहती है, कब्रिस्तान में रहती है, पीपल और इमली के पेड़ों पर रहती है। एक रात मेरे घुटने पकड़कर खराब-खराब इशारे करने लगी तो मैंने धोती खोलकर फेंक दी, फिर तो ऐसे भागी कि कुछ न पूछिए।

"बचपन में ही बापू ने सिखा दिया था कि रास्ते में भालू दिखे तो दियासलाई की एक काठी जलाकर फेंको; गीदड़ दिखे तो डंडे से खदेड़ दो; बघेला दिखे तो पेड़ पर चढ़कर शोर मचाओ और चुड़ैल दिखे तो धोती खोलकर खड़े हो जाओ। फिर तो, ये सारे के सारे जानवर राह छोड़ देंगे।"

अब तक इंसान और जानवर का फर्क दूध-पानी की तरह साफ हो जाना था। ऐसा न हुआ तो इसलिए कि उस बागो-बहार सरापा हुस्न को इन जानवरनुमा आदमियों की गलत-सही झाड़बरदार विश्वासों से झाड़-बुहारकर फेंकवा देना दिल को गवारा न था।

जिसके वह खुद चश्मदीद गवाह थे और जिसकी हकीकत वेदों और पुराणों द्वारा पुनः पुनः प्रमाणित हुई है उसे इन झाँझिया जंगलियों की झाड़फूँक में उड़ा देना संभव है क्या?

इस बार का पाँच महीने का प्रवास उनके यायावर जीवन का कदाचित् अंतिम सुदीर्घ प्रवास था। पलामू, हजारीबाग और राँची के जंगल-पहाड़ दस साल उनकी परवरिश कर चुके थे और माँ का, हम दो भाई-बहनों के अलावा अब तीसरी और अंतिम संतान को जन्म देने का, समय भी समीप आ गया था।

हड्डियों के ढचर पर मढ़ी हुई चमड़ी और दो चमकीली बड़ी-बड़ी आँखें—अब माँ की संज्ञा के रूप में शेष थीं। पाँच महीने अनवरत अपार श्रम कर जो सामान पिताजी घर लाए थे, माँ ने बुरी तरह लड़खड़ाते हुए भी उन्हें सर-आँखों लिया।

एक छोटे-से खपरैल के आधे हिस्से में अपने जवान क्वारे बेटे चंद्रशेखर पाठक के साथ ताई रहती थीं। आधे मकान में सुबह-शाम झाड़ू-बुहारू, लिपाई-पुताई के अलावा ढेरों बरतन माँजना, खाना पकाना, दोनों वक्त नहा-धोकर ठाकुर जी की पूजा करना, बच्चों की देखभाल, धान कूटना, चक्की पीसना, गौओं की सेवा, सिलाई-बुनाई—ऐसे अनगिनत बेतरतीब कामों को आहिस्ता-आहिस्ता अंजाम देते रहना माँ का अतिव्यस्त दैनंदिन कार्यक्रम था।

'संतप्त होकर तृप्ति की खोज करते रहना; दुखी होकर रपटते पाँवों घिसटते रहना; पर सोचने और अनुभव करने से अधिक कहीं रुकना नहीं। अभी अधबनी परछाईं को अस्तित्व में आने के लिए नीली नसों के लाल लहू और अदृश्य में धँसी स्याह आँखों के सफेद आँसू के कण दरकार हैं!'

'अभी आत्म-प्रकाश के संकोच का वह क्षण कुछ दूर है, जब तेरे बुझे-बुझे-से व्यक्तित्व, धूमिल-सी सहनशीलता और मलिन-म्लान अस्तित्व का अंतिम रूप से मूल्यांकन होगा!'

बारह वर्ष पहले मैं इस घर में आई थी—न सास, न ससुर, न ननद, न देवरानी। दूध के दाँत ही तो टूटे थे जब इस सुनसान बियाबान में मैं रातोरात औरत हो गई थी। फिर दो बरस बीतते न बीतते एक बिटिया की माँ भी बन गई।

ले-देकर एक अधेड़ बेवा जेठानी ही इस घर में थीं जो मेरी सास भी थीं, ननद भी और देवरानी भी।

यह कैसा घर है? चंद्रशेखर लगभग तीस साल के हो गए, उनके ब्याह के लिए कहीं से एक नाई या ब्राह्मण नहीं आया।

सामने वाले घर का भी यही हाल है। दाई जी भारी शरीर की स्त्री हैं, पचास पार कर चुकी हैं। चंद्रशेखर की ही उमर के उनके बेटे शालिग्राम हैं, लेकिन शादी-ब्याह की कहीं चर्चा तक नहीं।

यह कैसा गाँव है? यहाँ साठ घर शाकद्वीपीय ब्राह्मणों के हैं। उनके आधे से

अधिक बाशिंदे क्वाँरे हैं। बुढ़ापे में जिनके कफन के लिए पीतांबरी मँगाई जाती है, जीते-जी उनके बदन पर कभी ब्याह का जोड़ा नहीं चढ़ता।

ऐसी क्या बात है? सब मजे में हैं। खूब खाते-पीते हैं। सब के घर-द्वार और थोड़े-बहुत खेत भी हैं। सब देखने में अच्छे और काफी हृष्ट-पुष्ट हैं। फिर इनका ब्याह क्यों नहीं होता?

और तो और, जब मेरी माँग में सिंदूर पड़ा तब मैं चौदह वर्ष की थी और ये थे तीस-इकतीस वर्ष के। मुझसे न किसी ने बहाने बनाए, न छुप-छुपकर चालें चलीं। मगर चौदह साल की उमर में मैं बेजोड़ विवाह का क्या अर्थ समझ सकती थी। माँ-बाप ने जिस राम के गले में वरमाला डालने को कहा, मैंने डाल दी। पीछे मालूम हुआ कि पंडित के घर रहकर मेरा भाई (विद्यापति मिश्र) कुछ लिख-पढ़ लेगा, यह लोभ मेरे माँ-बाप के मन में कहीं न कहीं था।

बाबूजी अपने बटुए की तनियाँ आप खोला-बंद किया करते थे। उनके पास क्या था, क्या नहीं, माँ भी नहीं जानती थीं। लगभग यही हाल माँ का था। वह भी भंडारघर के एक अँधेरे कोने में रखी काँसे की चित्तेदार बटलोई के भीतर लाल-पीले चीथड़ों में गठियाकर थोड़े-बहुत पैसे जोड़ा करती थीं। मेरी छोटी बहन चिट्टी और गावदी-सी थी। उसी के हाथों गाँठ लगवाती थीं। वह कुछ ज्यादा जानने की कोशिश करती तो घुड़ककर जी कच्चा कर देतीं। रोनी थी कि मुँह बाने और खीसें निपोरने में बेर न लाती। माँ कहतीं : उसका हाथ सगुनिया है! अवश्य इसका अर्थ यह नहीं कि वह जान-बूझकर मुझसे दुराव करती थीं।

सीधी बात यह कि उनके पास तिलक-दहेज देने-भर को पैसे न थे, इधर उमर अधिक होने पर भी यह बड़े विद्वान् थे। उन्हें तो सपने में भी इसका गुमान न होगा कि बेजोड़ ब्याह होने पर लड़की को क्या-क्या झेलना होता है!

मैंने जनम से लेकर कभी भी जब ऐश-आराम की जिंदगी बिताई ही न थी तो मुझे यहाँ क्या तकलीफ हो सकती थी! हाँ, माँ-बाप, भाई-बहन से बिछुड़ने के बाद अवश्य ऐसा न मिला जिससे जी खोलकर कोई बात की जा सके!

यह अजब गाँव है। यहाँ कोई किसी का नहीं है। डायनों की यहाँ भरमार है। घर-घर में दो-चार विधवाएँ हैं जो डायनों की भयानक वेश-भूषा धारण किए रहती हैं। इनके पाँव छुओ तो भी राख-भरी नजर से देखती हैं, न छुओ तब तो, बाप रे, उसी दिन बाल-बच्चे से हाथ धो लो!

उस रोज कुल-देवी की पूजा के बुलावे में गई थी, मुझे प्रसाद के शकरपारे में तीन सुइयाँ मिलीं। कलेजा धक-से रह गया। आकर जो बीमार हुई तो बीमारी अच्छा

होने का नाम ही न ले। वह तो रामदेव वैद्य जी आए जो जितने बड़े वैद्य उतने ही बड़े तांत्रिक भी हैं। इन्हीं ने सारा भेद खोलकर रख दिया। मैं जिसे सगी समझती थी; जिसके बीमार होने पर अपना घर बिसारकर उसी की खाट की पाटी पर रात-दिन एक कर देती थी, उसके मन में मैल! उसकी आँखों में खोट! हे भगवन्!

आखिर वह चाहती क्या है?—वैद्य जी ने तड़पकर बताया था कि मेरी मौत! वह मेरे घर को फूलते-फलते नहीं देख सकती। उसका खयाल है, मेरे जीते-जी यह घर न डूबेगा! एक दफा राख से लिथड़े हुए हाथ से मेरे माथे का पल्लू छूकर, पाँचों उँगलियों के कीचड़-सने निशान उगाते हुए असीसा था कि ईश्वर वह शुभ दिन शीघ्र दिखाए!

मैंने भरसक आश्चर्य प्रकट करते हुए पूछा—"कौन-सा शुभ दिन दीदी?"

तो उसने बड़ी लापरवाही से जमुहाई लेते हुए कहा था—"उसे तुम न देख सकोगी!"

कई बार चाहा, 'उन्हें' ये सारी बातें साफ-साफ बता दूँ; पर हिम्मत नहीं होती! कैसे गुस्सैल और बिगड़ैल हैं ये! क्या सभी पंडित ऐसे ही क्रोधी होते हैं?

पिछले साल मैं जिद पर उतर आई कि लड़की का ब्याह कराके रहूँगी! वह कहते, अभी बारह बरस भी पूरे नहीं हुए, जल्दी क्या है?

मैं कैसे कह सकती थी कि जल्दी है! आँखों के आँसू पलकें पीती रही हैं, अब वे प्यासी नहीं रहीं। मेरे आँसू छलक पड़े तो उसमें सारी पंडिताई बह जाएगी!

गाँव के जो लोग तिलक देने गए थे, कहते थे वर तो अच्छा है पर घर अच्छा नहीं है। बाईस कट्ठे का आँगन है और ओसारा एक भी नहीं। पानी बरसता हो तो भीगकर ही एक घर से दूसरे में जाया जा सकता है!

ऐसा घर इन्होंने चुना क्यों? कहने लगे, पुश्त दर पुश्त पंडित होते आए हैं, घराना नामी है! जगह-जमीन भी बहुत है! कई जिलों में चेले फैले हुए हैं, उनमें से कुछ तो राजाओं जैसे हैं!

शादी में देखा, लड़का वाकई बहुत सुंदर है। पर घर देखने का क्या उपाय है? अब जैसी रघुनाथ जी की इच्छा!

चलो, इस घर-आँगन में एक बड़ा यज्ञ तो और हो गया। मेरी शादी के बाद बस यही तो एक शादी हुई। भतीजे के माथे मौर न चढ़ा तो और कौन ब्याहने को बैठा था यहाँ?

आए हैं, तो मेरी हालत देखकर कठुआए-से हैं। हाँ, अंटा गुड़-गुड़ होने ही वाला है!

क्या करूँ, इस बार कभी कुछ अच्छा खाने-पीने की इच्छा ही न हुई। चुन्नी की रोटी, नमक-तेल, खटाई, लाल मिर्चें, यह सब खाकर और कैसा शरीर होता? जब गए थे, दो-तीन महीने का बच्चा था पेट में। जानकीवल्लभ के जन्म के बाद जाने क्यों मेरा शरीर भर गया था। इधर जो छीजना शुरू हुआ तो छीजता ही चला गया। भीतर ही भीतर कोई रोग मुझे खा रहा है।

यह तो कभी यहाँ रहते नहीं, कौन वैद्य को दिखलाता? चंद्रशेखर ने एक-दो बार गोलियाँ लाकर दीं तो उलटे पेट खराब रहने लगा। मैंने कहा—"अब रहने भी दो, मेरे मर्ज की कोई दवा ही नहीं!"

ऐसा नहीं कि मैं ऊँच-नीच सोचती ही न थी या अपने अस्तित्व के शत्रुओं को कोसती तो मेरा कोसा ऊपर-ऊपर चला जाता! दरअसल मेरा तेल जल चुका है, अब और बत्ती उकसाने की जरूरत नहीं।

मैके क्या गई, सत्य वचन बोलकर पीड़ा पहुँचाने वाले एक ज्योतिषी की भविष्यवाणी पर बलि हो गई। पहले भोजन माँगा। खाने पर बस बैठने ही जा रही थी, मैंने अपनी थाली धप-से उसके आगे डाल दी। माँ मना करती रहीं, किसी की एक न सुनी। पेट-भर खाकर डकार ली; मैं उसी से खुश हो गई। फिर उसने जड़ावर माँगा। पूरे जनानेखाने की तलाशी लेने पर एक ऐसी चादर मिली, जो किसी को दी जा सकती थी। लाकर दी तो उलट-पुलटकर देखता रहा। असीसा, मगर आवाज खिसियानी थी। फिर गाँजा पीने के लिए नकद पैसे माँगे। जी जल गया। मेरे इनकार करने पर तिनका—

"क्यों कंजूसी करती है माई? मुश्किल से सात-आठ साल इस धरती पर और रहेगी! तू इस दुनिया के लिए नहीं बनी, हर घड़ी उसी दुनिया का खयाल कर!"

बोला और चला गया। मुझे काठ-सा मार गया। देर तक चौखट से पीठ टिकाए गली की ओर देखती रही—जाने क्या?—जाने क्यों?

माँ ने झकझोरा—"क्या हुआ?"

"'कुछ नहीं!"—मैं सिटपिटाई-सी बोली। किसे कहती कि लोगों के हृदय में झाँक-झाँककर देखने वाले ने आज मुझे मेरी ही जिंदगी की झाँकी दिखला दी!

जिंदगी के मंदिर की सबसे निचली सीढ़ी मौत की कठिन शिला से बनी है, उस पर पाँव रखते वक्त अकसर ठेस-ठोकर लगने का अंदेशा रहता है। मैं मौत की सीढ़ी पर पैर रखकर जीवन के मंच पर चढ़ूँगी। असल की बराबरी नकल करेगी?

जयमंगल पाठक की पत्नी नाते में पतोहू और अवस्था में सगी सास के बराबर

हैं। मेरे ठीक पिछवाड़े उन्हीं का घर है। हर घड़ी घर में मांस-मछली के तलने-भूनने की गंध फैली रहती है। कहते हैं, उनकी कुलदेवी वाराही हैं और इसी आधार पर भुइयों के वराह देवता की पूजा करती हैं। अनंत की माँ का कहना है—डायन हैं।

ये कैसे ब्राह्मण हैं! मछली-मांस के बिना एक कौर नहीं उठाते। सुअर का खून कुलदेवता पर चढ़ाते हैं। कहते हैं, शक्ति की पूजा करने से शक्ति बढ़ती है! क्या घोर कठोर और जिह्वालोलुप हिंसक होना शक्ति की वृद्धि की पहचान है? तब तो जल्लाद और कसाई को ही सबसे अधिक शक्तिशाली समझना होगा!

भई, बुरा न मानना, मैं इस रक्त-रँगी पूजा में नहीं आ सकती!

फिर क्या? उसकी नाक से जूड़े तक फैली डेढ़ इंच चौड़ी सिंदूर की सड़क खून से लथपथ-सी डरावनी हो उठी। ठीक रुपए के रूप-रंग की टिकली टिकटिकी-सी, फाँसी लगाने की टिप्पस भिड़ाने लगी।

माँ का मन भिनभिना उठा। सोचा—

'रानी रूठेंगी, अपना सुहाग लेंगी,
क्या किसी का भाग लेंगी?'

फिर मैंने वाराणसी की विशालाक्षी, प्रयाग की ललिता, शाल-ग्राम की महादेवी या गया की मंगलागौरी की तो कोई आलोचना नहीं की?

अपनी जीभ की पूजा के लिए कभी कबूतर, कभी खरगोश, कभी बकरे की बलि चढ़ाने वाली, लाल-पीली होकर या आँख दिखाकर मुझे मेरे धर्म से नहीं डिगा सकती। राम ही साक्षात् धर्म हैं!

उसने कहा—

"चाची जी, अपना घर दूर से सूझता है! हमारे लेखे तो सब देवी-देवता बराबर हैं। वैसे हमारी देवी बड़ी जाग्रत देवी हैं। जो कोई उन्हें बलि नहीं देता, उसकी बलि वह अपने आप ले लेती हैं! आप बोल गईं! अब अगर अपनी मंशा पूरी करनी हो तो सामने मँड़ई में जाइए, मन्नत मानिए, मंदिर में मैया को बकरे की बलि दीजिए…"

माँ के चेहरे पर सौरंग हँसी बिखर फूट रही थी—

"मैं अपनी ही बलि दूँगी!"

"हे राम, तेरे स्नेह ने मन को क्यों रुखड़ा कर दिया? तेरे अनुराग का अमृत बरसा और मेरा अंतर बंजर बन गया, उसमें और किसी का भक्ति-बीज अंकुरता ही नहीं! तेरी पीड़ा, तेरी प्रीति—यही मेरे दुःख-सुख हैं। तूने जो व्यथा दी, उससे यह तुच्छ

जीवन तुलेगा? मैं उसे पाने सौ जन्म लूँ! बस यह बता दे कि क्या तुझ पर निछावर होने वाले हर प्राणी की यही दशा होती है? कहते हैं, तुझ-सा अनासक्त कोई नहीं! तुझे सर्व-सुंदरी सती सीता के लिए भी मोह न ग्रस सका, दूसरी ओर तू लक्ष्मण का त्याग न कर सका! तेरे कार्य-कलाप कैसे दुरूह हैं! तू ही मेरी उलझी सुलझाता रहा है।

'बार-बार माँगउँ कर जोरे
मन परिहरै चरन जनि भोरे!'

प्रत्येक द्विविधा, संशय और वितर्क के अँधियारे में तू ही मशाल-सा जलता दिखा है। मैंने तेरे ही बल सहज-सहज जीवन के उदास, मनहूस क्षणों का दुःख-दर्द पिया है।"

माँ ने कहा—"मैं अच्छी-भली तो हूँ, आप सकपकाए-से क्यों हैं?"

माँ

मेरी माँ का नाम अनुपमा था। खुलता गेहुँआ रंग, मझोले से कुछ ऊँचा कद, चौड़ा भरा मुँह,—मुँह पर शीतला के दो-चार चिह्न, धुले-धुले सपनों को सचाई की आँच दिखाने पर तुली, मन-मंदिर की खुली खिड़कियों-सी आँखें, भरे-पुरे शरीर पर अति साधारण वस्त्र और अल्प-मूल्य दो-एक आभूषण, प्रसन्न प्रकृति, निश्छल बोल—यही मेरी माँ थीं।

मैं चार बरस का हुआ नहीं कि वह चल बसीं। 'अपूर्णे पञ्चमे वर्षे वर्णयामि जगत्त्रयम्' वाली प्रतिभा यहाँ कहाँ थी? फिर भी न जाने किस प्रकार उनकी आकृति-प्रकृति का छायाभास मेरी स्मृति में है! तब बोलते फेफड़ी बँध जाती थी, कौन कुंडी खोलता? मेधा तो भला यह क्या होगी? हाँ, 'फिसल पड़े की हर गंगा' हो तो हो!

मेरी बड़ी बहन दुर्गावती (मान कुमारी) मुझसे प्रायः दस वर्ष बड़ी (माता-पिता की पहली संतान) हैं। उनके ब्याह के दूसरे साल माँ मरी थीं। गाँवों में बालविवाह की सनातन प्रथा न होती तो मेरी माँ अपनी किसी भी संतान को विवाहित न देख सकतीं। उनकी रूप-रेखा की एक किरन कदाचित् बहन के ब्याह के समय ही पहले-पहल मेरे श्यामल फलक पर प्रतिबिंबित हुई थी।

ब्याह के समय 'लावा-परछन' का आचार हमारी ओर प्रचलित है। लड़की के ब्याह में भाई यह नियम निभाता है। मैं अपने चचेरे भाई चंद्रशेखर की गोद में दुबका-सहमा, खील बिखेरकर—लाजांजलि देकर—उस मंगलमय कृत्य का सविधि संपादन कर रहा था कि हवन से अघाए अग्निदेवता की उच्छ्वसित धूमराशि से आकुल हो रो पड़ा। अनेक आपत्तियाँ सहकर भी टिकी रहने वाली चंद्रशेखर भाई की स्तंभ-सी आकृति अश्रु और उच्छ्वास की इस झोलदार झंझा में अडिग न रह सकी। ढहने लगी कि सात पर्दों के अंदर कार्यव्यस्त माँ लोक-व्यवहार का लिहाज न बचा सकीं; अपनी समस्त शक्ति से जैसे स्थिति को सँभालने सामने आ गईं। सबने दाँतों तले उँगली दबा ली। कुछ दाढ़ी पर हाथ रखे रह गए कि कैसे पगड़ी के सँभाले जो न सँभला उसे आँचल ने अपनी ओर खींचकर चुपा-छुपा लिया!

जीवन में सबको तरह-तरह के दुःख सहने पड़ते हैं, मुझे भी सहने पड़े। हँसते-हँसते हर कष्ट सह लेता, तो जो हँसने-हँसाने का कारोबार करते हैं, उनकी तरह जल्दी ही बड़ा हो जाता। पर मैंने तो कुदरत से रोनी तबीयत पाई थी, रो-रोकर वसंत को बरसात बनाता रहा।

जो खड्ड उछल-कूदकर पार किए जा सकते थे, मैंने उनमें गिरकर टखने तोड़ लिए। उन्हें आँसुओं से भर दिया। इतने आँसू किस आँचल से पुँछते? आतप में तपे; लू में लहके; सूखे में सूख गए।

मैं बचपन में और-और बच्चों के समान ही स्नान के नाम से नाक-भौं सिकोड़ने लगता था। माँ वात्सल्य की अतिशयता के कारण साधारणतया इस निष्ठुर कार्य में स्वयं प्रवृत्त न होतीं। इसके लिए पड़ोस के मथुरा भैया की माताजी साग्रह आमंत्रित की जाती थीं जो देखते ही देखते, कल-बल-छल से, रगड़-रगड़कर, मुझे नहला-धुला देती थीं। विश्वास करना चाहिए कि इस स्नान-समारोह में किसी साबुन-तौलिए की कल्पना भी नहीं की जाती थी। यह तो केवल जुलाहे के करघे के बुने खूब-खूब रुखड़े अँगोछे और नोक-मारे ठीकरे से ही सविधि संपन्न हो जाता था।

मैल वाले स्थान पर चिकना ठीकरा घिस-घिसा दिया जाता, फिर मोटे कपड़े से पूरी शक्ति लगाकर सारा बदन रगड़ देने पर, खट्टे से मँजे ताँबे के बरतन की तरह मैं चमकने लगता।

माँ वह दृश्य देख सकने में असमर्थ हो दूसरी ओर चली जातीं, तब दिशाकाश को कँपा देने वाले मेरे उस अरण्य-रोदन से झल्लाकर चाची अपने हाथ की सफाई और अच्छी तरह दिखलातीं।

धुल-पुँछकर जब मैं माँ के पास पहुँचता हूँगा तो रोते-रोते टेसू की तरह लाल हुए मेरे मुखड़े और आँसुओं से गीले शरीर को (शबनम से सजे कमल-दल या मोतियों-संग पोए पद्म-राग की अनुराग-भरी) स्फारित-स्फुरित दृष्टि से निहारकर क्या वह निरीह कृतज्ञता से चाची का उन्मुक्त हृदय न बाँध लेती होंगी कि कैसे उन्होंने उनके पत्थर-कोयले-से कठिन-काले लड़के को पिघलता अंगारा और धूल-धूल बदन को पानीदार बना दिया?

माँ के समय मेरा मकान आज की अपेक्षा भी छोटा था। कम से कम तब तक गोशाला का पृथक् निर्माण तो नहीं ही हुआ था। गायें दरवाजे पर बँधती थीं और साँझ-सकारे उन्हें दुहने साधो सिंह आया करते थे। सुबह-सबेरे मैं सोता होता था या रोता, कहना कठिन है; किंतु संध्या समय जब वह आते, माँ सांध्य-दीप जलाकर रसोईघर में दिपती होतीं अथवा आँगन में मुझे तारों की गिनती सिखलाती हुईं। साधो

सिंह से प्लुत स्वर में पुकारा मेरा नाम गायों के गलों में लय-ताल में बजती घंटियों की 'टुनटुन' बेध माँ के गगन-मन में गूँज जाता और वह ससंभ्रम दोहनी और बछड़ा बाँधने वाली चिकनी-सी रस्सी चौखट के इस पार रख जातीं। फिर एक-एक कर 'आऊँ माँ? आऊँ माँ?' पुकारते नन्हे-मुन्ने बछड़ों को खोलती जातीं। दो-दो, ढाई-ढाई सेर दूध देने वाली लगभग सात गायें दुही जाती थीं उन दिनों; किसुनियाँ, मुटरी, घुटरी, झमियाँ, ललमनियाँ आदि नाम थे उनके।

सबसे वरेण्य इस गो-दोहन-लीला की परिणति होती जब सजल बादल-से सघन-श्यामल मुख-मंडल पर दाँतों की बिजली चमकाते हुए साधो सिंह मुझे आसमान में उछालने के लिए लपकते और मैं पुरुष सिंह की भाँति आँचल में मुँह छिपाने के लिए ललककर, बछड़े की तरह ही, माँ के घुटनों से बँध जाता।

कभी-कभी माँ से बहुत-बहुत आश्वासन पाकर जब उनके निकट अज्ञान अपराधी के समान सिर झुकाकर खड़ा होता, वह मुझे सचमुच ही सिर-आँखों पर रख लेते; हवा के पालने पर हलरा-झुलाकर हँसाने का बहुविध प्रयत्न करते और अपनी मंद्र-सांद्र मृदंगसंगिनी ध्वनि में जैसे मेरी तोतली बोली से ताल-मेल बैठाते हुए गाने का उपक्रम करते—

'अच्युतं केशवं रामनारायणं
कृष्णदामोदरं वासुदेवं हरिम्।'

न अब वह तोतली बोली है, न वैसा सुमधुर सुर; फिर भी सभी कहते हैं—मेरा काव्य-गायन एक विशेषता रखता है। कविवर बच्चन ने कहा था—'तुम्हारा गला काट लेने लायक है!' महाकवि निराला आविष्ट हो मेरी सादी पदावली में अनेकशः हारमोनियम का स्वर भर चुके हैं! और, साहित्य-संगीत-कलाकोविद् प्रो० बिहारीलाल मिश्र—ऐसे कितने ही मित्रों की चित्रकर प्रशंसाएँ आए दिन बरसती रहती हैं; किंतु मैं जब कभी संस्कृत-प्राकृत, ब्रज-अवधी, उर्दू-बंगला या खड़ी बोली के ही अपने-पराए गीत गुनगुनाता हूँ, एक ऐसा चीख-सा तीखा, दर्द-सा सर्द और पीर-सा नीर-भरा अभाव भावनाओं पर छा जाता है जिसमें जाने कब की भूली 'अच्युतं केशवं' की तुतलाहट की आहट-सी मिलती रहती है मुझे! कम से कम मैं ऐसा ही समझता हूँ; कहता हूँ, यह अत्युक्ति हो सकती है।

मेरी यह ऐसी धारणा भी निराधार नहीं, मैंने सचमुच ही साहित्य अथवा दर्शन की भाँति संगीत की सांगोपांग शिक्षा नहीं प्राप्त की। संगीत मेरे मस्तिष्क का व्यायाम नहीं, अंतरंग का संगी है। मैं गलत से गलत बात की भी असलियत ढूँढ़ने का प्रयास करता हूँ, कभी-कभी सफल भी हो जाता हूँ; किंतु अपने प्राणों में चुपके समाए संगीत

का रहस्य न समझ सका। यह ठीक है कि जैसे बहुतेरे कवियों की निर्मर्याद कविताएँ मुझे काव्य-कला का उपहास मात्र प्रतीत होती हैं, वैसे ही मेरा स्वच्छंद संगीत भी एक रियाजी गायनाचार्य को संगीत-कला का गला घोंटना ही जान पड़ेगा!

साधो सिंह अब भी हैं, योग-क्षेम के विचार से पहले की अपेक्षा अत्यधिक अभ्युदयशील; फिर भी महर्षि वसिष्ठ के ब्रह्म-दंड से प्रताड़ित विश्वामित्र की भाँति 'धिग् बलं क्षत्रिय-बलं ब्रह्मतेजो महद् बलम्' की महिमा ग्राम्य सरलता से स्वीकार कर अपनी दूनी उमर और चौगुने आकार-प्रकार को, मुझे देखते ही, भूल जाते हैं, जब-जब दो-दो चार-चार वर्षों में जन्मभूमि के साक्षात्कार का अपरोक्ष सुख प्राप्त होता है मुझे!

मेरे पृथ्वी पर पधारने के पहले दो बहनें और एक भाई स्वर्ग सिधार चुके थे, अतः मुझे देवताओं के स्वर्ग से मनुष्य-शरीर में बुलाने के लिए माँ को कठोर तपस्या करनी पड़ी थी।

हिंदू-धर्म के अनुसार देव-देवियों के जितने भेद-उपभेद हो सकते हैं; माँ ने उन सबसे मुझे माँगने की व्याकुलता दरसाई थी, संभवतः इसीलिए कामजयी नारद के रूप-ज मोह से खिन्न विष्णु की भाँति उन सभी असहिष्णुओं के सम्मिलित षड्यंत्र से मैं माँ की 'अधीर सकाम साधना' की 'धीर निष्काम सिद्धि' की भाँति प्रकट हुआ।

मेरे पिताजी अनेक शास्त्रों के विद्वान् हैं, किंतु गँवई-गाँव की बुढ़िया ब्राह्मणियों के आगे उनकी विद्वत्ता की कीमत दो कौड़ी भी नहीं आँकी गई। पिताजी शास्त्रीय अनुशासन के अनुसार मेरी सद्यःस्फुट पाटल-पटल जिह्वा पर स्वर्ण शलाका से सरस्वती का बीज-मंत्र[1] लिखने की साध सँजोए ही रह गए, तब तक बूढ़ी दादियों

1. मेरे कुल-गोत्र के लगभग सभी लोग गौड़ीय वैष्णव-संप्रदाय में दीक्षित हैं। पिताश्री के गुरु नदिया के श्री अक्षयचंद्र भट्टाचार्य थे। मैं अपने गाँव की ओससिंची घास और गीली मिट्टी की गंध से मोहित संभवतः पहला धर्म-विप्लवी हूँ जिसने कैसी भी सांप्रदायिक दीक्षा लेने से साफ इनकार कर दिया।

और तब मेरे दीक्षागुरु भी पिताश्री ही रहे। मैंने उन्हीं से गायत्री और चिंतामणि—दोनों मंत्र प्राप्त किए थे।

संस्कार के रूप में मेरे उपनयन और विवाह एक साथ हुए थे जब मैंने अपने ही जीवन-वन में बारह वर्षों के पहले वनवास की अवधि पूरी कर ली थी।

जो जन्म के समय संभव न हुआ, वह अब हुआ। एक (चिंतामणि मंत्र) मिला चंद्रग्रहण की रात, उद्ग्रहण-स्नान तक एकासन पर जपने के लिए, मेरे उत्कट अनुरोध पर; दूसरा (गायत्री मंत्र) दिन के उजाले में, ढेर सारे गुरुजनों के समक्ष।

पिताश्री को चिंतामणि की प्रेरणा श्रीहर्ष से मिली थी, यह उन्होंने 'नैषधीय-चरितम्' पढ़ाते समय बताया था :

'अवामा वामार्द्धे सकलमुभयाकारघटनाद्
द्विधाभूतं रूपं भगवदभिधेयं भवति यत्।'

ने माँ को उलटा-सीधा समझा सूतिका-गृह की तात्कालिक स्वामिनी—चमारिन के हाथों मुझे, दो झंझी-चित्ती कौड़ियों के मोल, बेच दिया।

निश्चय ही उस समय ब्राह्मण को चमार के हाथों बेचकर जिस दो कौड़ी के ग्राम्य धर्म की रक्षा की गई थी वह 'आपद् धर्म' के अतिरिक्त कुछ न था; क्योंकि उस धर्म के मर्म में, कइयों को मारकर जीने के लिए मचलने वाले के दीर्घायु होने की कामना ही सन्निहित थी।

वही मैं अभी जीवित हूँ, चमार के हाथों बिका मेरा ब्राह्मणत्व भी मरा नहीं है।

माँ तो मुझे किसी भी दशा में जीवित देखना चाहती होंगी; किंतु मेरा जीवित रहना उन्होंने कहाँ देखा। देख पातीं तो मेरा प्रकृति के चक्र में पिसना, जटिल-कुटिल

मुझे पक्का समाधान मिला—'खंडनखंड-खाद्यम्' के शब्द-रंध्रों से छन-छनकर आने वाले आलोक में :

'मानापनोदनविनोदनते गिरीशे
भासेव संकुचितयोरुचितन्तदिन्दोः
भेत्तुं भवानिशचितं दुरितं भवानि
नम्रीभवानि घनमङ्घ्रिसरोजयोस्ते।'

मंत्रों का प्रभाव हो कि 'भुवनेश्वरी-सिद्धसारस्वत' स्तोत्र के सस्वर पाठ का, मैं अकल्पित रूप में, अचानक, कविता करने लगा। 'मेघदूतम्' पढ़ने पर 'बन्दीमन्दिरम्' लिखा :

कश्चिद्देशोद्धरणधृतधीः स्वाधिकाराय मत्त-
स्तारुण्यस्य स्फुरणसमये न्यस्तसौख्याभिलाषः
शीर्षोन्नत्यै नमितनयनो मुक्तये बद्धदेहः
कारागारे सुचिरवसतिं स्वेच्छया स्वीचकार।

'नैषधीयचरितम्' में अवगाहन करने के पश्चात् 'लीलापद्मम्' की रचना की :

राधांगाधाररागद्युतिनुतिभिरहो यन्महो नाध्यगच्छ-
न्नावापद्वा प्रवातैर्बहलपरिमलैः क्षालनादच्छलक्ष्मीम्
कालिन्द्याः कृष्णतृष्णं तटनिकटतमस्तोमसंक्रान्तकायं
बिच्छय्यं स्वार्थसार्थैर्विमलयतु मनस्तज्जलं कज्जलं मे।

'गीतगोविन्दम्' पढ़ने पर 'काकली' की कलध्वनि फूटी :

कुसुमास्तीर्णनिषण्णां
सततविषण्णां विभाव्य राधान्ताम्
अनुगोविन्दमधीरं
धीरस्मितमाह गोपिका काचित्—

वृन्दावने वादिता वंशी।
गता तदानीं दूरतरमहं
प्रावृषीव सखि, हंसी!

अब जो हो, तब बाल-सुलभ अकुंठित कंठ की यह ऐसी वचन-रचना सुनकर—'अधुन्वन् मूर्द्धानं नृपशुरथवाऽयं पशुपतिः' की स्थिति उत्पन्न हो जाती थी।

पथों पर धूल उड़ाते चलना ओंज सकती थीं?

तभी मैं अपने काव्यात्मक विकास-क्रम में कभी 'जीना भी एक कला है' का नारा बुलंद करता हूँ; कभी आधी रात की निविड़ निस्तब्धता में राग बिहाग में फूटता हूँ—

'मेरा जीवन बिखरे-बिखरे भावों का संगीत'

और कभी 'मैं भी जीता हूँ, जीना ही पड़ता है' की बेबसी भी जतलाता हूँ। बस, इसी तरह मैं अपने आपसे उलझता-सुलझता, सिसकता-किलकता जीवन-मरण के अमृत-हलाहल छलकाते अरुण-नील प्याले ढाले जा रहा हूँ।

दुनिया देखने-दिखाने के तमाशे करती है; करती रहती है। दुनिया वाले हर तमाशे में खुशी-खुशी शरीक होते हैं। जो जरूरत से ज्यादा भोले होते हैं, आप तमाशा बन जाते हैं। मेरी माँ ऐसी ही थीं।

उनकी अपेक्षा भी जिनके हृदय में मेरे लिए उत्कट वात्सल्य था, उन्हीं की ललकार अकसर कारगर हो जाती; भोली माँ पर उनकी आँकी-बाँकी बातों का प्रयोग भरसक निरर्थक न होने पाता। उस दिन सालिक चाचा की माँ ने उन्हें अदिति-अरुंधती की प्रभावशालिनी भाषा में, निःशस्त्र शास्त्रों के कान काटने वाली, एक सुपरीक्षित शिक्षा दी, जिसके अनुसार प्रसूतिगृह में ही मेरी नाक (काटी नहीं) बेधी जानी थी। माँ ने अपने मोम-से मन को घन बन जाने दिया, और तब 'दाई' (सालिक चाचा की माँ) ने दाएँ-बाएँ ताककर नाक के नवल-मृदुल दक्षिण पुट में कुछ यों बेदर्दी से सुई की नोक चुभो दी कि वह फूल की पंखुड़ियों की तरह मुलायम चमड़े की तीनों तहें पलक झपकते पार कर गई।

कंथा सीने का अभ्यास था उन्हें; मेरी माँ की ममता की गुदड़ी को अपनी पुरानी कथड़ी पर वह और किस तरह चस्पाँ कर पातीं भला!

मासूम बच्चे का खून सुई से न पिया गया, वह उनकी रूखी उँगलियाँ तर कर कुछ बूँदें टपका हथेली की प्यास बढ़ाने लगी। मेरी आँखों की पुतलियाँ उलट गईं; रोना-मचलना बंद हो गया और सिर उनके अकड़े घुटनों पर लुढ़क गया। फिर क्या, माँ रो-रोकर आकाश-पाताल एक करने लगीं; उनके मनसूबे ढहने लगे; लेकिन वह उस समय भी झपटकर मुझे उनकी गोद से न उठा सकीं—इतना आतंक, ऐसा अप्रतिहत प्रभाव था उनका!

सुनता हूँ, तीन बार इसी प्रकार वार किए गए मुझ पर, तब कहीं निशाना ठीक-ठीक बैठा। ग्राम्य कुरीतियों की रक्त-रंजित बलि-वेदी पर यह मैं पहली बार चढ़ाया गया था। फिर तो इतने आरोह-अवरोहों का अभ्यासी बना दिया गया कि

किसी निर्मम सत्य का निर्भय उद्घाटन करने के अपराध में यदि मुझे फाँसी के तख्ते पर लटकना पड़े तो भी किसी नए कष्ट, नए निष्पीड़न का कदाचित् ही अनुभव हो!

कुछ भी हो, पिताजी की ब्राह्म-कामना सर्वथा विफल नहीं हुई और कहना चाहिए कि मेरा विद्यार्थी-जीवन अपनी सीमाओं में असीम रहा। मैंने बहुत थोड़ी उम्र में ही 'गृह-त्यागी' होकर विद्यार्थी के पाँच लक्षणों में से एक को कुछ ऐसी दृढ़ता से अपना लिया कि आज तक 'समावर्तन' की नौबत नहीं आई। मुझे तो अपनी 'जन्मभूमि' इसी अर्थ में 'स्वर्गादपि गरीयसी' जान पड़ती है कि संभवतः वह मेरे जीवन में स्वर्ग से भी दूर है!

अपने इस चित्र-प्रवास का पूर्वाभास उन्हीं दिनों मैंने माँ को दे दिया था, मगर वह तो किसी दुरूह सौभाग्य का ऊहापोह करने वाली न थीं, भूलते-भूलते भूल गई होंगी सब!

छिले-लचीले बाँस के दोनों लचकते छोरों में एक-एक पिटारी लटकाए सँपेरे को देखकर या गंगाजली शीशियों वाला काँवर ढोते गंगोत्री के पंडे को देखकर, अथवा जन्मांतर के भाव-स्थिर संस्कार के कारण, एक दिन अपने आँगन में मैं कोई वैसा ही खेल खेल रहा था। मैं अपनी माप के एक हलके-से डंडे के दोनों तने किनारों पर कुछ-कुछ बाँधकर, दो सफेद पोटलियाँ लटकाए हुए पूरब से पच्छिम की तरफ बढ़ रहा था। माँ भंडारघर वाले ओसारे में बैठी बेल-बूटे काढ़ रही थीं। कभी-कभी उड़ती-उड़ती-सी नजर डाल आँखों में ही मुसकरा देती थीं। कुछ देर बाद, जब कपड़े के अकड़े जिस्म में चिकनी सुई चुभोते-चुभोते उँगलियाँ थक गईं, वह विहँसती हुई उठीं और मेरे प्रवास के मध्य-पथ में ममता की भाँति जड़ीभूत हो गईं। मैं उन्हें झकझोरकर आगे बढ़ना चाहता था और वह दोनों बाँहें फैलाकर मेरे भागते-से बचपन को जैसे फंदे में फँसाना चाहती थीं!

आज मैं सिसककर सोचता हूँ कि उस दिन मेरी ही जीत हुई थी; किंतु उस समय तो हँसकर अपनी हार ही स्वीकार कर ली थी मैंने!

उन्होंने मेरे कंधे का भार धरती माता के कंधे पर डालकर मुझे झटपट गले का अलंकार, नहीं-नहीं, कंधे का आभार बना लिया। फिर चुंबन के मुकुलित होंठों से हौले पूछा—"इस तरह कहाँ जा रहा था भला?"

और, मैंने छूटते ही गौरैये की तरह फुदककर कहा—"काछी!"

अब समझता हूँ कि उस समय 'काछी' का नाम सुन बाछें खिल गई होंगी माँ की—विद्वन्मयी परंपरा की ऋतंभरा कुलवधू की—सरस्वती-सदन की संकुचित लक्ष्मी की; परंतु माँ के स्वर्ग सिधारने के बहुत दिनों बाद जब मैं सचमुच ही काशी (पढ़ने

के लिए) गया, मुझे तीनों लोकों से न्यारी वह नगरी निरे भूतनाथ के त्रिशूलों पर ही टिकी दिखी।

मैं अनुभव करता हूँ कि ऐसी काशी के लिए वैसी माँ का मोह छोड़ना ज्ञानोदय का उषःकाल नहीं, दुर्भाग्य की भरी दोपहरी ही है; माँ की चिर-नवीन माया-ममता के आगे काशी काफी बासी है!

तभी माँ ने जैसे अचकचाकर पूछा था—

"मुझे छोड़कर?"

और, हाय रे! मेरे अभिमानी मन ने अपने भग्न भविष्य को आप सँवार-सँभाल लेने का हौसला कैसे जाहिर कर दिया था उसी क्षण—"हाँ।"

आज मैं सिर धुन-धुनकर, चीख-चीखकर, चिल्ला-चिल्लाकर अपनी गलती सुधार रहा हूँ—नहीं, नहीं, नहीं; लेकिन अब मेरी आवाज माँ तक—रूठी माँ के हठीले स्वर्ग तक नहीं पहुँच सकती।

मैं काशी से पलटकर, पीछे लौटकर, माँ को ढूँढ़ रहा हूँ; माँ काशी के आगे विस्तृत सुनील शून्य में, किसी अज्ञात पूर्णता की ओर बढ़कर मेरी बाट जोह रही हैं!

हाँ, माँ काबा-काशी की संकीर्णता की कायल न थीं; कदाचित् मेरी धार्मिकता के असांप्रदायिक होने का भी यही रहस्य है। मेरे लिए हिंदू देवता ही नहीं पुजते थे, अल्लाताला का दरवाजा भी खटखटाया जाता था। माँ के मरने के कितने ही दिनों बाद तक, करीमन की अम्माँ हर साल ताजिए के मौके पर बद्धी और मलीदा पहुँचा जाया करती थी। आज भी जमीला, शकीला, हमीदन, बाँदी वगैरह गाँव की गैर-हिंदू हमउम्र लड़कियाँ मुझे उसी उच्छ्वसित स्वर से 'भैया' कहकर पुकारती हैं; वैसे ही अकुंठित कंठ से, वर्षों बाद मिलने पर भी, कुशल-समाचार पूछती हैं। जब नोआखाली और पंजाब में हत्याकांड मचा था, मुझे बार-बार अब्दुल मियाँ, रमजान मियाँ वगैरह की याद आती थी, जो मेरे घर पर पूज्य पिताजी से यात्रा-मुहूर्त पूछने आते थे, आते होंगे; प्रत्येक मंगल-कृत्य में पंजिका बिचरवाना जिनका वसूल-सा हो गया था।

और तो और, दस-ग्यारह की उम्र तक, जब तक मैं गाँव की सीमा का स्वप्न में भी अतिक्रमण न कर सका था; उथले-छिछले नदी-नालों के पथरीले किनारों पर से ही गंगा-यमुना ऐसी नदियों के भौगोलिक नाम याद किए थे; 'शिवपहाड़ी' के इर्द-गिर्द हाथी की शक्ल-सूरत की काली चट्टानों के नुकीले हौदों पर बैठकर ही हिमालय-विंध्य ऐसे पहाड़ों की बड़ाई सुनी थी; सुबह-शाम घर-घर घूमकर साग-भाजी बेच जाने वाली कुंजड़िनें भी मुझे देखकर मेरी माँ की याद करते-करते अपने मैले-कुचैले आँचल के फटे-छोटे छोर से आँखें पोंछने लग जाती थीं।

उस साल मैं गर्मियों में काशी हिंदू विश्वविद्यालय से घर आया हुआ था। रोज की तरह झाड़-झंखाड़ पार करता हुआ जंगल-पहाड़ की ओर घूमने निकल गया था। शहर से गाँव लौटने पर लोग जैसी फैशनपरस्ती बरतते हैं—चुस्त-दुरुस्त, टिप-टाप, गाँव की ढीली-ढाली मटियाली सादगी को कोसते हुए, पलकों में शहर के सपाट यथार्थ का ख्वाब भरे, हर कदम खाले-खड्डों से खौफ खाते हुए; एक ही रूमाल से ऐनक और बूट पर छाई हुई गर्द साफ कर आजू-बाजू बचा चेहरे का भी पसीना पोंछ लेने वाले; घर के भीतर सड़ा-बुसा खाकर भी नकली रूह और सेंट से बाहर बसंत बगराते चलने वाले; मैं वैसा कतई न था।

फिर भी कंधे तक लहराते, लंबे घुँघराले घने काले केशों और अनावश्यक स्वच्छ वेश-भूषा ने मेरी छिपी-छिपी तुतलाती-सी नागरिकता को गुदगुदाते रहने में कोई कसर न उठा रखी थी, और तब, यह कहना जरा जँचता नहीं है कि जैसे अपनी सहज सुकुमारता के कारण असाधारण सुकुमारियों के बीच ही 'शेली' पुरुष-परुष प्रतीत होता था, उसी प्रकार मेरा वह स्वाँग भी मुझे निपट ग्रामीणों के निकट ही नागरिक घोषित कर सकता था, मुखर नागरिकों के पास तो मैं आज भी मूकभाष ग्रामीण ही हूँ।

उस समय गाँव की गर्द-गर्द गलियों में, हरे-भरे खेतों की सब्ज-जर्द मेड़ों पर, और पुराने कुएँ की नई जगत् पर भी मेरी विशेषता का सामान्य मूल्य आँका जाता था, और हाय रे! उसमें कलेजा फाड़ देने वाली बड़ी बात यह होती थी कि फटे कपड़ों से किसी-किसी भाँति अपना 'शील' जोड़ रखने वाले मुझे 'बाबू' कह उठते थे! निश्चय ही मैं संकोच से पानी-पानी हो जाता था; परंतु इससे बाबूपन की अंदरूनी रुखाई भीगती थोड़े थी!

तो मैं उस दिन नारायणपुर के रास्ते, डोमों की बस्ती के बीच से पलाशवन पार करता-करता मुख्तारगंज के करीब के पहाड़ी दर्रे से दूर-दूर भागा जा रहा था। जाने कितनी उदासी, उसाँस और उद्वेग से मेरा मन गढ़ा गया है, और जाने कहाँ अपने को उड़ाकर ले जाना चाहता हूँ मैं, जहाँ तन-मन दोनों सिमटकर एकाकार हो जाएँ!

संघर्ष सदा प्रकाश और अंधकार का ही होता है। मानकर चलते हैं कि प्रकाश उज्ज्वल है; अंधकार काला; कि प्रकाश जागरण है, अंधकार सुषुप्ति; कि प्रकाश गतिशील है, अंधकार जड़।

मेरा मन यह विभाजन नहीं मानता। मेरी समझ से प्रकाश नपा-तुला है, अंधकार अगम-अगोचर। यह अंधकार है जिससे प्रकाश उजागर होता है। अंधकार

अप्रमेय प्रकाश है।

अंधकार अव्याकृत है, यह उसकी व्यापकता और अगाधता की ओर सुस्पष्ट संकेत है। सृष्टि से पहले क्या था? प्रलय के बाद क्या रहेगा? अंधकार। प्रकाश स्थिरता या स्थायित्व की पहचान नहीं, गति का क्षणिक साक्षी है। गतिशीलता चेतना का विविक्त धर्म नहीं, जड़ अधिक गतिशील होता है। अंधे धृतराष्ट्र को अंधा संजय कुरुक्षेत्र का अधर्म-युद्ध दिखला रहा था। कृष्ण (अंधकार-प्रतीक) ने अर्जुन (उज्ज्वल–प्रकाश-प्रतीक) को धर्मयुद्ध का पाठ पढ़ाया था। नचिकेता–मूढ़, अज्ञानी के लिए गढ़ा हुआ शब्द है, जिसके माध्यम से ज्ञान का अजस्र निर्झर झरा।

एक हुआ हवा का पिछलगा। खूब मौज-मजे में रहा। उड़ते-उड़ते साधनों का उपयोग कर अपना प्रचार किया-कराया। सुयश का चस्का लगा तो धीमे-धीमे गंदी आदतों का भी आदी हो गया। अपने गलत कामों को सही सिद्ध करने के लिए पूरब-पच्छिम के तर्कों के ढेर पर लुढ़का किया। सब उसका लोहा मान गए। कहते हैं, वह निर्बंध अंधकार के ऊपर प्रचंड प्रकाश का झंडा फहराकर मर गया।

पड़ोसी उसका सौम्य, शांत, प्रकाश की खोज में अँधेरी गुफा में खोया रहा। अंतर्ध्वनि सुनने के लिए सन्नाटे में साँस साधे रहा। आत्म-साक्षात्कार के लिए सहज चपल दृष्टि को एकाग्र कर नाक की नोक पर टिकाए रहा। तभी झकुराते झंडे के नीचे खड़े लोगों ने एलान किया : अंधकूप! नीचे कहीं कुछ नहीं, जो है, यह झंडा है! झंडे के ऊपर के सिरे को झकझोरकर झक्की अंधड़ बड़बड़ाया–ऊपर भी अंधतमस, गहरा अँधेरा है। अंदेशे की कोई बात नहीं; जो है, यह झंडा है!

अब इसका क्या हो कि प्रशांत प्रकाश अँधेरे में ही दिखता है। वह निर्जन में ही मिलता है। जो झंडे के ऊपर-नीचे नहीं, वह कैसे सर्वव्यापी हो सकता है? फिर निर्जल नदी में पुल बाँधो, न बाँधो, क्या फर्क पड़ेगा?

मैं अँधेरे से बोल रहा हूँ–मेरा मन साफ है। मैं भेद-भरे प्रकाश के पास उसका भेद लेने नहीं आया। उसके झंडे पर आँसुओं के तार में पिरोए अपनी असफलता के कुछ फूल फेंककर घर लौट जाऊँगा। यह अँधेरा जिस झंडे के नीचे दबा पड़ा है, उसका शुक्रिया अदा करता है। यों यह गहरे न उतर गया होता तो ऊँचा झंडा कब का गिर चुका होता! नहीं, वह और कहीं गड़ता ही नहीं।

झड़बेर की झाड़ियों में लुके-दुबके खरगोश इस पार से उस पार चौकड़ी भरते निकल जाते; बुद्धि की बारीकी को पूँछ की मोटाई से फटकारती हुई लोमड़ियाँ पेड़ों की आड़

से ताक-झाँककर प्रकृति के उन्मुक्त प्रांगण में भी अपनी पीढ़ियों पुरानी भीरुता, बड़ी बेबस चुप्पी के भीतर से चिल्ला-चिल्लाकर जैसे, जब-तब जतला देतीं। मैं जब एक ऐसे निर्जन वन-भाग में पहुँचा, जहाँ तीतर की किरकोकों और बहुतेरे अनजाने वन-पंछियों का करुण-कोमल कलरव ही सुना जा सकता था, कुछ चौंकाता-सा विक्षुब्ध ललनाओं का सम्मिलित ललित स्वर पास के बाँसों में तैरते समीरण के स्वप्न के समान गूँज उठा।

दो-चार हजार बरस पीछे का जमाना होता; ऋषि-कन्याएँ चित्त-पावन तपोवन की आंतरिक शांति एवं अकलुष श्री की 'वृद्धि' करती होतीं तो जाने उस समय संस्कारी मन में कैसी भावनाएँ भरतीं, पर यहाँ तो मुझे उजाड़ पहाड़ और कँटीले झाड़-झंखाड़ के बीच धूल झाड़-झाड़कर चलना था, अपनी विकर्षक कुरूपता तथा कंचन-वंचित अकिंचनता का सम्यक् ज्ञान दुष्यंत की अनंत माया को अपने पास नहीं फटकने दे सकता था। यहाँ कैथे, करौंदे और झड़बेरी के वन में चंदन-लता की अमंद सुगंध और चंपे की निष्कंप चकमक की कल्पना लिए कौन आया था!

मैं जमीन से जा रहा था; आवाज आसमान से आ रही थी। चाहता था कि वह सर से 'सर्र' से गुजर जाए, मगर वह गुस्ताख दिल धड़काने की टोह में थी। आखिर मुठभेड़ हो ही गई, लेकिन वाह रे! जमीन को पाँव के नीचे से खिसकने का मौका भी न मिला और आवाज आसमान से उतरकर खुले-धुले अलफाज में बदल गई। मैं चौंकूँ, चीखूँ, चिल्लाऊँ, इसकी जरूरत ही न रही, वह सब की सब मेरे गाँव की, अड़ोस-पड़ोस की गैर-हिंदू बहनें और भांजियाँ-भतीजियाँ थीं जो ईंधन के लिए जंगल में आई हुई थीं। उनके कोलाहल के सूखे-पुराने शब्द मुझे देखकर नए गीले अर्थों में बदल गए—कोई गैर-जिम्मेदार आदमी गौर से सुनता तो उसे 'भैया', 'चाचा' के अलावा कुछ भी न सुनाई देता, मगर वह कह रही थीं कि गाँव के टुटपुँजिए जमींदार ने जंगल ठेके पर उठा दिया है, इस राज से नावाकिफ उन मासूमों ने पहले की तरह आज भी लकड़ियाँ काट-बटोर-बाँध ज्यों ही सर पर रखने की ठानी कि ठेकेदार के लठैत गोड़ाइत ने पकड़कर बोझे रोक लिए और हर बोझे के लिए दो-दो आने पैसे माँगे या फिर छोड़कर भाग जाने को कहा, इतना ही नहीं, जब नूरी दीदी गिड़गिड़ाकर बोझ सँभालने लगीं, उसने करीब आकर उनकी कलाई मरोड़ दी, जिससे दो-चार चूड़ियाँ चटककर चुभ गईं।

मैं तब अधिक से अधिक सत्रह-अठारह साल का था, उस शोख गोड़ाइत को तोलने की तबीयत हो गई, पॉकेट टटोलकर अंदाजा तो दस-पंद्रह बोझे छुड़वाने भर पैसे भी मालूम दिए, फिर क्या था, मैंने उन्हें लौट चलने के लिए शहजोर शब्दों में

उत्साहित किया। नूरी राह दिखाती आगे बढ़ी, मैं उन बहनों और भतीजियों की क्रोध-कुटिल भृकुटियाँ देखता और कंपित-स्खलित स्वर में जमींदार के दिवालिएपन की स्वार्थी आलोचना सुनता-सुनता पीछे-पीछे चला।

दुर्भाग्यवश मेरे बाँटे वीर और रौद्र रस नहीं पड़े। ढूँढ़-भालकर भी मैं अपने जीवन में उन रसों के अभिव्यंजन का अवसर न प्राप्त कर सका। नहीं तो, उतनी-उतनी अबलाओं के बीच बल-प्रदर्शन का वैसा सुयोग कोई भी सिनेमा-थिएटर का प्रेमी आधुनिक युवक यों ही नहीं टलने देता!

मैं अपने भीतरी दब्बूपन को ओजस्वी प्रखर वाक्प्रवाह में बहा सकता, तो भी नुकीले पत्थरों पर जूते फिसलाते चलने की कसरत किसी हद तक अंजाम पा जाती, मगर वहाँ उन मेहनतकशों के साथ परेड करने पर जो पसीने की बूँदें झलमलाने लगीं और दमे के मरीज की तरह साँस हाँफने लगी तो फिर उनके कहकहे लगाने पर चेहरे पर दौड़ती सुर्खी ही जोश के पाँव उखड़ने से रोक सकी।

ताकत को हर कदम अंदाजते-आजमाते रहने पर भी हिम्मत न हारा था और फतेह होने की हसरत लिए बढ़ता ही जा रहा था कि एकाएक बाईं तरफ वाले महुए के साए में खड़ी हो नूरी उँगली से लठैत की तरफ इशारा कर बोली—"वही है मुआ!"

ललाटपट्ट पर बिखरे मोतियों को रूमाल में बाँध, पॉकेट से पैसे निकाल गिनता-गिनता मैं लठैत के पास पहुँच गया—एक दफा बोझों पर निगाह गड़ाई, चौदह थे; उसे देखा—अकेला था।

उसी की खुशी बढ़ाती चौदह दुअन्नियाँ उसकी बँधी मुट्ठी में बंद हो जातीं, मगर उस मूर्ख ने झटपट मुँह खोल दिया—"पायँ लागूँ! काशी जी से कब आए? आपके बाबूजी से परसों भेंट हुई थी, दो-सेर अनंतमूल माँगे हुए हैं, बीफे को लेकर आऊँगा, आप अभी रहिएगा न?…"

प्रश्नों की फुलझड़ियाँ छूटती जा रही थीं, मेरा दम घुट रहा था। आखिर मैं पैसों की जगह आशीर्वाद न दे सका, लेकिन वह भी कट्टर लठैत निकला, उन लोगों को दो-चार आचार-विवर्जित विशेषणों से तर्जित कर बोझे उठा लेने की इजाजत दे दी। पैसे ले चुका होता तो मैं उन विशेषणों का मोल चुकाने पर उसे जरूर मजबूर कर सकता था, मगर तमाम नाते-रिश्ते जोड़ लेने पर भी अगर मैं पैसे जोड़ने का हठ करता तो वह यह समाचार रँगकर मेरे पिताजी के पास अनायास, अनंतमूल पहुँचाने से भी पहले, पहुँचा देता, जो काफी सफाइयों के बावजूद, रँगा का रँगा रह जाता और जिसकी रंगीनी से तंग आकर मुझे उलटे पाँव बनारस लौटना पड़ सकता था!

तब यह घटना ऐसी सहजता से घटित हुई थी कि इसकी कोई भी छाप मेरे

मन पर पड़ने वाली न थी; किंतु कृतज्ञता-ज्ञापन के सिलसिले में उन बहनों ने इसे कुछ इस प्रकार से प्रचारित किया कि उनकी बूढ़ी माँएँ इसका सीधा संबंध मेरी माँ से जोड़ने लगीं कि वैसी माँ का और कैसा लड़का होगा?

क्या ही अच्छा होता यदि मैं माँ के स्वभाव का आंशिक प्रतिनिधित्व भी करता होता, परंतु मेरी ठोड़ी में ही माँ की आकृति की एक हलकी-सी प्रतिकृति पाई जा सकती है, उनकी प्रकृति का तो लेश-विशेष भी मुझमें नहीं। उनकी सरल लोकप्रियता मेरी कुटिल आत्मवंचना में कहीं भी नहीं ढूँढ़ी जा सकती।

अवश्य स्वल्प-शिक्षित एवं ग्रामीण होने के कारण उनका लोक सीमित था, पर वह मेरी तरह हवा और बादल के पंखों से अपने अस्तित्व को चुपचाप उड़ने देने वाली तो हर्गिज न थीं, इसलिए बारह वर्षों के इन दो युगों के बीत जाने पर भी वहाँ आज तक किसी अन्य स्त्री को वह प्रियता न प्राप्त हो सकी; अपने गाँव में एक अद्भुत आदर्श नारी का वह रिक्त पद पुनः मर्यादित तथा महिमान्वित न हुआ।

जिनका जीवन गाँव के प्रत्येक वर्ण, प्रत्येक वर्ग के नर-नारी, बाल-वृद्ध को समान रूप से प्यारा था; जिनके मरण पर मनुष्य ने ही आँसू नहीं बहाए, गायों ने भी घास खाना छोड़ रँभा-रँभाकर अपनी विकलता व्यक्त की और जिनके द्वारा प्रतिदिन पंचोपचार पूजा प्राप्त करने वाली नर्मदेश्वर शिव की (पत्थर की) स्फटिकोज्ज्वल मूर्ति भी धुँधली या मैली ही नहीं हुई, एकबारगी काली पड़ गई थी, उन्हें भी जब-तब अकारण मेरे सहज-कोपन पिता के अतिरिक्त क्रोध का भाजन बनना पड़ता था; वह उनसे सदा भीत एवं आतंकित रहा करती थीं; यह भय और आतंक अंत तक, मृत्यु-तिथि तक, उनके साथ लगे रहे।

हैमलेट के पिता ने भूत बनकर भविष्य का निर्देश किया था,[1] शेक्सपियर के इस भूत की भाँति-भाँति प्रकार की मनोवैज्ञानिक व्याख्याएँ सुलभ हैं; मैकबेथ की प्रेतात्माओं[2] का भी यही हाल है। हिंदू-धर्मशास्त्रों में तो इन देव-योनियों का विविध-विध वर्णन मिलता है। मैंने स्वयं इन्हीं चर्म-चक्षुओं से कई बार इन अशरीरी अस्तित्वों के दर्शन किए हैं पर इस वैज्ञानिक युग को मैं अपने ज्ञानमूढ़ सत्य को

---

1. I am thy father's spirit;
Doom'd for a certain term to walk the night,

Let not the royal bed of Denmark be
A couch for luxury and damned incest.
—Act I, Scene V.

2. (Three witches & the Ghost of Banquo)
—Act I, Scene III & Act III, Scene IV.

सौ बार मिथ्या सिद्ध करने से भी कैसे रोक सकता हूँ?[1]

काकू के बेटे की बारात में पिताजी पालकी पर थे, मैं हाथी पर। पालकियाँ नदी पार कर चुकी थीं। घुड़सवार दाएँ-बाएँ झाड़ियाँ फलाँगते हुए चल रहे थे। हाथी पहाड़ की ढलान से अपनी मस्ती में उतर रहा था कि नीचे से एक दूसरा मतवाला हाथी

---

1. एक तार्किक महात्मा गांधी की अंतर्ध्वनि (inner voice) का उपहास करता है; इंद्रिय एवं बुद्धि के दायरे के बाहर चरम-तत्त्व के ज्ञान को कल्पनाशील मनुष्यों का मनोविनोद, ठोस यथार्थ से पलायन अथवा तर्कहीन रहस्यवादी भ्रम मात्र समझता है; जब भी महात्मा गांधी परम-तत्त्व का साक्षात्कार श्रद्धा के द्वारा ही संभव मानते हैं और श्रद्धा को बुद्धिविरोधिनी न कहकर बुद्धि से परे बताते हैं। वस्तुतः महात्मा गांधी ही क्यों, उपनिषद् भी यही कहती है–'नैषा तर्केण मतिरापनेया।'

'नायमात्मा प्रवचनेन लभ्यो
न मेधया न बहुता श्रुतेन
यमेवैष वृणुते तेन लभ्य
स्तस्यैष आत्मा विवृणुते तनूं स्वाम्।'

कि बुद्धि के ऊहापोह मात्र से आत्म-ज्ञान संभव नहीं है। यह आत्मा वेदों के अध्ययन, स्मरण या मनन से भी प्राप्त करने योग्य नहीं है, यह तो केवल आत्म-लाभ के लिए प्रार्थना करने वाले–निष्काम साधक को ही प्राप्त होती है; क्योंकि यह उसी के समक्ष अपना अनावृत्त स्वरूप प्रकट करती है!

और, वह निष्काम साधना श्रद्धा के बिना चल नहीं सकती। ऋग्वेद की एक ऋचा है–

'श्रद्धया ऽग्निः समिध्यते
श्रद्धया हूयते हविः
श्रद्धां भगस्य मूर्धनि
वचसा वेदयामसि।'

महात्मा गांधी ने श्रद्धा और बुद्धि (तर्क) की जो अविरोधिता उद्घोषित की है, वह उनकी वैयक्तिक अनुभूति से तो अनुप्रमाणित है ही, शास्त्रीय मर्यादा से अनुस्यूत भी है–

'सत्तर्कसश्रयेणाशु साधनैकपहो भवेत्
सत्तर्कजानेतां श्रद्धां प्राप्येह फलभाङ्नरः।'

महर्षि टॉलस्टॉय (Tolstoy) ने 'A congession' में अपने अंतर्द्वंद्वों का दार्शनिक विश्लेषण करते हुए जिस स्थिति पर पहुँचकर आत्म-तोष लाभ किया है, वह श्रद्धा की ही स्थिति है। उन्होंने स्वीकार किया है कि 'श्रद्धा एवं विश्वास द्वारा मिलने वाला उत्तर चाहे कितना भी तर्कहीन और विकृत क्यों न मालूम हो, किंतु उसमें ससीम के साथ असीम के संबंध की भूमिका होती है, जिसके बिना संभव नहीं है।

"जब से पृथ्वी पर मनुष्य का जन्म हुआ तब से जहाँ कहीं भी जीवन है, मनुष्य इस श्रद्धा के कारण ही जी सका है, और इस श्रद्धा की प्रधान रूपरेखा सब जगह मिलती है और सदा एक रहती है।…"

"श्रद्धा मानव-जीवन के प्रयोजन का वह ज्ञान है जिसके फलस्वरूप मनुष्य अपना नाश नहीं करता; बल्कि जीता है। श्रद्धा जीवन का बल है।"

निश्चय ही मेरे विचार के अनुसार यह श्रद्धा की सधीनपूर्ण व्याख्या नहीं है और उन दिनों आत्मघात की टोह में रहने के कारण टॉलस्टॉय ने जब प्रथम-प्रथम उससे जीवन की प्रेरणा अथवा आस्था प्राप्त की होगी तब उन्होंने श्रद्धा के सहारे जीवित रह सकने को ही एक रहस्य की तरह उद्घाटित किया होगा। परंतु वस्तुतः यह श्रद्धा की स्वीकृति का प्रथम चरण है, उसकी चरम परिणति तो कम से कम मुक्ति है। 'श्रद्धया विन्दतेऽमृतम्।'

खिसकते पत्थरों पर पाँव दाब-दाबकर तेज-तेज बढ़ता दिखाई दिया। जिन्होंने मेरे गाँव से देव जाने वाली गहरी हरी, सँकरी और चमकदार घाटी देखी होगी वही समझ सकते हैं कि जिस बरसाती पगडंडी से एक हाथी का सही-सलामत गुजर जाना मशक्कत से ही मुमकिन था, क्योंकि दोनों ओर खड़े पेड़ों की बेतरतीब फैली डालियाँ नाक-मुँह में घुसी पड़ती थीं, वहाँ एक ही समय एक हाथी का नीचे उतरना और दूसरे का ऊपर चढ़ना कैसे संभव था? ध्यान से देखा, ऊपर आने वाले हाथी के माथे पर कोई महावत न था। हाथी भीगा-भीगा, शायद नदी से नहाकर लौट रहा था और उस पर दीदी की शादी के समय वाली कुसुंभी रेशमी साड़ी पहने, मेरी माँ (जो सात-आठ साल पहले गुजर चुकी थीं) अपनी दोनों बाँहें फैलाकर मुझे व्याकुल भाव से निश्शब्द बुला रही थीं। उनके पद्म-पत्र से शिशिर-कण छहर रहे थे या दीये की लौ से तेल की बूँदें,—समझने का समय न था। मेरी उन्मत्त उछाल के लिए तरंगायित बाहुओं के बीच का प्रशांत आकाश पर्याप्त था। मैं सम्मोहित-सा किसी को कुछ कहे बिना ही उछलकर माँ की गोद में पहुँच गया। सोचा, साथ वाले झटपट इस हाथी को रोक देंगे और नीचे वाले हाथी पर नजर पड़ते ही सावधान हो जाएँगे; मुझे बुलाएँगे; पर यह सब कुछ न हुआ। हाथी उतरता-उतरता नदी में उतर गया। खुले में आने पर हौदे में मुझे न देख सबके देवता कूच कर गए। जिसे मेरे पिताजी की बोली की गोली पहले भी कभी लग चुकी थी, वह तो वहीं का वहीं अंटागुड़गुड़ होने लगा। दूसरे अंधे को अँधेरे में बहुत दूर की सूझी। वह नाम ले-लेकर आवाज देने लगा और उसकी आवाज तलहटी से पलटकर मुँह चिढ़ाने लगी। पिताजी ने बहुत मना किया था, पर वह चाभी-भरे प्लास्टिक के खिलौने-जैसे मुझ बचकाने के मुँह से धाराप्रवाह संस्कृत सुनवाकर बारात के तमाशबीनों को चमत्कृत करने के लिए लोभ से मुझे ले आया था। तब मैं बारह बरस का था। चढ़ाई चढ़कर वह वहाँ पहुँचा जहाँ मैं एक महुए के तने और डाल के बीच में पत्तों के झीने झुरमुट में बेसुध सोया पड़ा था। मुझे बड़ी

मैं जानता हूँ, भूतप्रेतों का साक्षात्कार आत्म-साक्षात्कार नहीं, किसी सीमा तक अविद्या का ही परिणाम है; (वैसे गीता में 'भूतानि यान्ति भूतेज्या' किंवा—'यो यो यां यां तनूं भक्तः श्रद्धयाऽर्चितुमिच्छति' लिखकर साँस लेने की गुंजाइश रहने दी गई है, फिर भी मैं कदर्थ करने का पक्षपाती नहीं हूँ।) इसलिए उन्हें देखकर कुछ खोया ही जा सकता है, पाया नहीं जा सकता। परंतु मैं तो यहाँ केवल कुछ ऐसे अतर्क्य, अबौद्धिक अस्तित्वों पर जोर देना चाह रहा हूँ जिनके संबंध में दिन-दहाड़े दावे के साथ कुछ भी नहीं कहा जा सकता, फिर भी जिन पर केवल इसीलिए एकांत अविश्वास नहीं किया जा सकता कि अविश्वास करने वाले ने उन्हें स्वयं अपनी आँखों नहीं देखा, क्योंकि ऐसी बहुत-सी बातें हैं जिन्हें स्वयं न जानकर भी मनुष्य मानने के लिए बाध्य है।

माँ को ऐसी ही कोई अगोचर अनिर्वचनीय छाया छूकर 'छूमंतर' कर सकने में सफल हुई थी, वैसे तो प्रकट रूप में उनका शरीरांत महामारी के कारण हुआ था।

मुश्किल से हाथी की मदद से उतारा गया। जहाँ था, वहाँ से गिर गया होता तो खड्डे में हड्डी-पसली एक हो गई होती। अब सोचता हूँ, कभी खिलाड़ी न रहा, कैसे डाल से चिपक गया था!

यों सब दिन मातृभाव में मन मगन रहा। उस घड़ी भी मैं उन्हीं के बारे में सोच रहा था कि जीजी के विवाह-मंडप में मिट्टी का हाथी देखकर उस पर चढ़ा देने को कहा था तो वह आँखों में अचानक उमड़ आया पानी पोंछकर भर्राए-से स्वर में बोली थीं—मेरा लाड़ला जल्दी ही असली हाथी पर चढ़ेगा।

आज उनका कहा सच हुआ था। उनका अभागा लाड़ला आज वाकई असली हाथी पर बैठा था। मैं उन्हें देखने को कह रहा था शून्य के अंतराल से, धौले बादलों की फाँक से, दाएँ-बाएँ फुनगियों तक फूले वनफूलों की आँख से कि वह यह मंजर न देखेंगी तो यूँ ही फूली-फूली फिरने से क्या फायदा? कभी उनकी तत्त्वभेदिनी दृष्टि भी भ्रम में पड़ सकती है! उन्हें स्वतः प्रमाणित करना होगा : निर्विकार प्यार में कैसी अमोघ शक्ति होती है! 'वाचमर्थोऽनुधावति' का क्या रहस्य है!!

पिताश्री पढ़ा रहे थे। दीवट पर अंडी के तेल का दीवा जल रहा था। पिताजी काठ की छोटी-सी चौकी पर बैठे थे, मैं जमीन पर ताड़ की चटाई पर था। रघुवंश के क्लिष्टतम श्लोकों में से एक—

'निद्रावशेन भवताऽप्यनवेक्षमाणा
पर्य्युत्सुकत्वमबला निशि खण्डितेव
लक्ष्मीर्विनोदयति येन दिगन्तलम्बी
सोऽपि त्वदाननरुचिं विजहाति चन्द्रः।'

की व्याख्या कर रहे थे। पचपन वर्ष के प्रौढ़ पिता भागते बचपन से कसकर चिपटे अपने तेरह साल के इकलौते के गले के नीचे इसे किसी भी प्रकार नहीं उतार पा रहे थे। 'भवता' में सप्तमी के अर्थ में तृतीया (प्रसितोत्सुकाभ्यां तृतीया च) विभक्ति है, बस, यह व्याकरण भर पल्ले पड़ रहा था; किंतु 'लक्ष्मी' और निद्रा में (Personification) होने से जो अर्थांतर (The goddess of beauty, finding you under the influence of sleep) प्रतीत होता है कि लक्ष्मी जब तुम्हें निद्रा (एक नई प्रियतमा) से अभिभूत पाती है तो 'खंडिता' नायिका की भाँति अपने को उपेक्षित और आहत (neglected and offended) अनुभव करती है, यह समझना असंभव हो

रहा था। मैं झुँझलाने वाला ही था कि 'साँप-साँप' चिल्लाते हुए पिताजी अँगनाई से भागकर गलियारे में दाखिल हो गए। उन्हें एक-दो बार साँप काट चुका था, अंत तक डर बना रहा था। गलियारे से हाँक मारी कि मुकाबले में डटे रहना ठीक नहीं, डग मारकर निकल आओ।

कहना न होगा, मैं भूल गया था; सिट्टी-पिट्टी गुम हो गई थी, फिर भी पिताजी की ललकार-भरी पुकार पर हँसी आ गई थी। जो वेदांत वृहदारण्यक पढ़कर न समझता कि बेटा बेटे के लिए प्यारा नहीं होता, अपने लिए होता है (न वा अरे पुत्रस्य कामाय पुत्रः प्रियो भवति, आत्मनस्तु कामाय पुत्रः प्रियो भवति), वह पलक झपकते समझ में आ गया था।

मरने के बाद माँ जहाँ लिटाई गई थीं, ईशान कोने में, तुलसी चौरे के बाएँ, ठीक वहीं एक हरहरा साँप सरकता दिखाई दिया। मैंने सीत्कार कर ताली बजाई, वह आँगन की नाली में घुस गया। बात आई-गई हो गई। अब तक पिताजी की पुकार पर एक-सी ही फितरत के कुछ पड़ोसी भाले-बर्छों के साथ चढ़ आए थे। मैं गुमसुम घुटनों में सिर दिए बैठा रहा। पिताजी आँख नीली-पीली करने लगे तो मेरी आँखें डबडबा आईं। मारने दौड़े तो मैं हँसकर रसोईघर के उस कोने की तरफ लपका, जहाँ पर बैठकर माँ कभी खाना पकाती थीं। पिताजी ठहरे जनम के आग के पुतले, उतने तमाशबीन इकट्ठे थे, सामने हँसिया पड़ा था, उठाया और दे मारा। आग बन गए थे कि उनके बुलाने पर बाहर न निकला; साँप का क्या हुआ, कुछ न बोला; पूछने पर उलटे हँसा; फिर कैसे न उनके कन्ने ढीले पड़ जाते! हँसिया मेरे सर की सीध में आ रहा था कि झटका लगा : माँ ने अपने हाथों खींचकर मुझे पास बैठा लिया था। काठ के उल्लुओं के होश उड़ गए थे, काटो तो खून नहीं, हँसिया की नोक मिट्टी की दीवार में डेढ़ इंच गहरे धँस गई थी। भीड़ छँटने पर अभी का अजूबा कह सुनाया तो पिताजी फफककर रो पड़े।

माँ मेरे जन्म के पहले कई महीने, पहर भर रात बाकी रहते, नदी-तट पर पहुँच जातीं, और स्नान कर चुकने पर, नदी की धारा में प्रातःकाल तक पूर्वाभिमुख खड़ी रहती थीं। सबेरा होने पर सूर्य को, आर्द्र वस्त्र से ही, अर्घ्य देकर घर लौटती थीं। यह क्रम स्वस्थ-अस्वस्थ, प्रत्येक अवस्था में एकरूप चलता था। उनके साथ नदी-तट जानेवालियों में दादी (सालिक चाची की माँ), सातो फूआ (उनकी लड़की) अथवा मेरी बड़ी बहन दुर्गावती होती थीं। वे सब किनारे पर बैठी झख मारा करतीं और माँ मंद-निस्पंद धार

में खड़ी-खड़ी तपस्या किया करती थीं।

मैं यह सोच-सोचकर प्रकाश न पा सकने वाले बिरवे की तरह कुम्हला जाता हूँ कि यदि वैसी कठोर तपश्चर्या मुझ-जैसा असफल पुत्र ही उत्पन्न कर सकता है तो भला चतुर संसार क्यों न उसे ढोंग या झूठ कहने का साहस करे? क्यों न उस शारीरिक उत्पीड़न को सरोष स्वर में आत्मघातिनी चेष्टा घोषित करे?

क्योंकि छूँछे ज्ञानार्जन का जहाँ तक प्रश्न है; निरर्थ-निष्फल वाग्वैभव के विस्तार-प्रसार की जो कला है; दिङ्मूढ़ प्रतिभा की उत्क्रांत प्रभा को प्रकाशित करने का जैसा अयोग्य आग्रह है, वह मेरे द्वारा संभव हुआ है; किंतु 'अर्थकरी च विद्या' न भी हो तो असंतुलित पांडित्य की अपेक्षा संतुलित मानवता कहीं अधिक मूल्यवान है, इस सत्य को मैं सहज ही नहीं भूल सकता। और इस तीस वर्ष की वयस तक में, छांदस आत्माभिव्यक्ति द्वारा चित्तवृत्तियों का संतुलन कर सकने योग्य निश्चिंतता के लिए किए गए संघर्ष की शृंखला ने मुझे और जो बनाया, मानव नहीं बनने दिया।

मैं अब तक के प्रयोगों और अनुभवों से यही समझ सका हूँ कि आचार-वर्जित विचार टेसू की तरह खूबसूरत दिखने पर भी खुशबू से दूर ही दूर रहता है। उससे दूसरों को चमत्कृत किया जा सकता है, प्रेरित और प्रभावित नहीं किया जा सकता और अपने को तो न चमत्कृत किया जा सकता है, न सम्मोहित; केवल ठगा जा सकता है, क्योंकि आत्म-वंचना (Self-deception) ही उसका एकमात्र फल है।

मिट्टी या काठ के घोड़े को घोड़ा कहकर बच्चे को बहलाया जाता है, लेकिन उस युक्ति से वह तभी तक बहलता है जब तक उसे वास्तविक घोड़े को देख सकने का सौभाग्य नहीं प्राप्त होता; एक बार चलते-फिरते घोड़े को देख लेने पर तो वह उसी के लिए मचलने लगता है। दरअसल सचाई तक पहुँचने की कल्पना माध्यम है। कोई कल्पना को ही सत्य सिद्ध करने में अपनी सारी शक्ति लगा दे तो उसे एक औसत दर्जे के बच्चे से भी गया-बीता समझना चाहिए।

जीवन गढ़ने के लिए शास्त्रों का निर्माण हुआ है, शास्त्र गढ़ने के लिए जीवन नहीं बनाया गया, क्योंकि स्वयं जीवन शास्त्रों से कहीं अधिक मूल्यवान है।

जिस शास्त्र ने जीवन न गढ़कर केवल वाणी का वितान तानने में सहायता दी, उसके अध्ययन-मनन में लगाया हुआ सारा समय व्यर्थ बर्बाद हुआ। साथ ही, अवसरोचित अनीति अनाचर की उदरम्भरि शिक्षा देने वाले शास्त्र ही नहीं हैं, इसे अलग से कहने की क्या आवश्यकता?

माँ की तपस्या को गौरव देना आवश्यक हो, तो मैं यह अवश्य स्वीकार कर सकता हूँ कि संभवतः उसी की प्रेरणा से मैं युग के तीन महान् तत्त्व-चिंतकों—डार्विन,

मार्क्स और फ्रायड के वैज्ञानिक दर्शनों में ही न रमा रहकर निष्कारण वेद-वेदांत के चिंतन-मनन में भी यौवन के अलसाए, खुमार-भरे दिनों को भरसक जगाए रहा! वर्तमान की विपत्ति से ही कमर तोड़कर न पड़ गया, भविष्य सुधारने के लिए ही खून-पसीना एक करते रहना भी पसंद न किया और जब-तब, विगत-अतीत के दिव्य भावों के गहन गोपन का मंथन कर अपने उथले-छिछले दिल को भरते रहने की भी थोड़ी-बहुत चेष्टा की। यों मेरी चेष्टा 'चेष्टा' के कठघरे को न पार कर सकी, यह तो पहले ही बता चुका हूँ।

तो किनारे पर बैठी हुई देवियाँ वह दृश्य चुपचाप देखती रहती थीं, तन्मय माँ की सुरहर के कंकड़-पत्थरों से फिसलकर कलकल करते झलमल जल में आँखें मूँदकर मौन-मूक, निश्चल-निस्पंद साधना नहीं, लगभग सौ गज की दूरी पर एक धुँधली-सी जटा-मुकुट-धारिणी आकृति को, जो निस्तब्ध मुद्रा से एक जरा-जर्जर योगी जान पड़ता था। उन लोगों की अन्यथा आशंका का कारण उसका अलक्षित आगमन था। माँ जब तक दातौन वगैरह करती रहतीं और उनका परस्पर संलाप चलता रहता, तब तक वह योगी वहाँ नहीं दिखलाई देता था, इसलिए उन प्रियदर्शिकाओं से इस आशय की अनेकानेक सूचनाएँ पाने पर भी माँ उसे कभी न देख पाईं। परंतु ज्यों ही वह पूर्वाभिमुख होकर धार में ध्यानस्थ होतीं, योगी अपने स्थान पर, वैसी ही योग-मुद्रा में बैठा दिखलाई देने लगता।

उसका आना कभी किसी ने नहीं लक्ष्य किया और उसका जाना तो भयानक कौतूहलोत्पादक था ही। ज्यों-ज्यों प्रकाश फूटता आता, उसके आसपास कुहरा जमा होता जाता। और सवेरा होते ही वह लापता हो जाता।

सातो फूआ की माँ इस बात को चाहे किसी रूप में, कितनी भी कतरब्योंत के साथ क्यों न सुनाएँ, माँ डरने के बजाय खिलखिलाकर हँस देतीं और कहतीं—किसी पुण्य के प्रताप से औढरदानी भगवान् शंकर साक्षात् उन्हें प्रतिदिन दर्शन दिया करते हैं, मगर माँ का कैसा प्रारब्ध है कि जब तक वह आँख नहीं मूँदतीं, नटराज योगिराज का आकार धारण ही नहीं करते।

योगी जिस स्थान पर प्रकट होता था, वह धोबियों का घाट है और उससे बिलकुल सटी श्मशान-भूमि है जहाँ गाँव के लोग गर्मियों की भरी दोपहरी में भूत-प्रेतों को जलकेलि करते और जाड़ों में (बेशक रात के सन्नाटे में) अधबुझी चिताओं के इर्द-गिर्द मंडलाकार बैठकर बदन सेंकते देखा करते हैं। इतना ही नहीं, उसी के करीब—सुरहर और बिकुई (दो पहाड़ी नदियों) के संगम-स्थल—कालीदह के किनारे, जहाँ दशहरे में बनने वाली काली की (दुर्गा ही नहीं, क्योंकि तब वहाँ काली और

दुर्गा में भेद नहीं भाँपा जाता या) प्रतिमा विसर्जित की जाती है, प्रेतों का अखाड़ा माना जाता है। लौंदा-ननई के कोइरियों के यहाँ से सत्यनारायण की पूजा करा बूढ़ी घोड़ी पर आधी रात को लौटे आते कुल्लुर पांडे की खुली खोपड़ी खुजलाकर एक प्रेतिन टोपी पहना गई थी, जट्टू चाचा की मिर्जई में घुसकर एक भूत ने ऐसा उत्पात मचाया कि वह उसे वहीं खोल, खाली बदन, सर पर पैर रख, पर बलीचक के गलियारे की तरफ भागे—ऐसी ढेर सारी कहानियों को सचाई की आँच चढ़ी काठ की हांडी मान लेने पर भी एक घटना भुलाए नहीं भूलती जिसका साक्षी किंवदंती या अंधविश्वास नहीं, स्वयं मैं हूँ।

प्रायः बीस वर्ष पहले पीरू कहार के घर उसी की जात की एक औरत आई थी। रँडुआ था, उसने उसे ब्याही की तरह रख लिया था। वह औरत उस समय गाँव की श्रेष्ठ सुंदरी कही जा सकती थी। कम से कम मैंने तब तक वैसी सरापा खूबसूरती नहीं देखी थी। लेकिन उसके स्वर्गीय रूप का नारकीय परिहास यह था कि उसे साफ-सुथरा खाना-पहनना शायद ही कभी नसीब हुआ होगा। पीरू की माँ बाबाजी के घर चौका-बर्तन कर पेट पालती थी।

एक दिन सास-पतोहू में कुछ ऐसी बकझक हुई कि वह कालीदह में डूबकर मर गई। मैं फुसफुसाकर घुटे-घुटे स्वर में बड़बड़ाया : सुंदरता मर गई! पिताजी के प्रताप और प्रहार से अंजर-पंजर ढीला रहता था। तो भी कैसी तीव्र रूप-पिपासा थी मुझमें, और कैसी ढलढल भावुकता भी कि उसके डूब मरने का समाचार जब कानों ने सुना, आँखों तले अँधेरा छा गया।

मैं बूढ़े महादेव के चबूतरे पर, नीम की छाँह में बैठा, कविकुलगुरु कालिदास का 'रघुवंशम्' पढ़ रहा था (पिताजी कहते थे : तीन 'पंद्रह सौ' पढ़ लेने पर गुरुमुख से फिर और कुछ नहीं पढ़ना पड़ता : पाणिनि के सूत्र 1500, 'अमरकोश' के श्लोक 1500 और 'रघुवंश' की कविताएँ 1500।), गाँव के स्त्री-पुरुष जब कायिक वाचिक दुःख-खेद प्रकट करते घटना-स्थल की ओर भाग रहे थे, मैं अज्ञात-अज्ञेय उत्ताप से दग्ध हो रहा था,—नीम का पेड़ जैसे तना ही शेष रह गया हो; टहनियों से एक-एक पत्ती झर गई हो; चबूतरा पिघलने लगा हो और जैसे बूढ़े महादेव की प्रतिमा एक बार फिर से पथरा गई हो!

मैं अनेकशः उसका जीवित शव ही देख चुका था, तमाशाइयों के साथ कालीदह के काले जल पर प्रकाशपिंड-से तैरते मृतक के शुभ्र शव को देखने न गया और उससे औचक भरकर अचानक रीते गाँव की विरूपता में, उसके अभिशप्त, तप्त अपरूप-रूप को आँसुओं से अभिषिक्त करता रहा।

आज शहर के किसी भी बौद्धिक को कल की वह बात अशुद्ध लगेगी, और वह फ्रायडियन सामर्थ्य से अंग्रेजी-बिंधी हिंदी में मेरे मानसिक पतन पर सारगर्भ भाषण करेगा, वह उस जंगली इलाके के गँवई गाँव में कौन करता।

एक दिन संध्या समय अपने साथी-संगियों से कुछ भी कहे-सुने बिना, मैं कालीदह की ओर निकल गया। पहुँचते-पहुँचते चाँद की किरणें फूटने लगीं। सुरहर की सूखी बालू पर सफेदी उमड़ने लगी। वहाँ किनारे पर खड़ा-खड़ा दूर-दूर घूर-घूरकर देखने लगा; पर गगन-गलित ललित ज्योत्स्ना के अतिरिक्त कहीं कुछ न दिखा। मेरे पहुँचते ही प्रेतों की उस अलका को जाने किस समुंदर ने लील लिया! भूतों की बस्ती की मस्ती कहाँ बिला गई!! पिशाचों का जमघट सूने मरघट में कैसे बदल गया!!!

मैं ठहाका मारकर हँस पड़ा। और पथरीले कगारों से टकराकर मेरी आवाज बाज की तरह सन्नाटे पर टूट पड़ी। फिर क्या था? एक-एक कर सारे रोंगटे खड़े हो गए; जिस्म का खून पानी हो गया और बर्फ से अकड़े हुए की तरह पैर जमीन में जकड़कर जड़ हो गए।

उसके बाद की दशा कल्पना से ही जानी जा सकती है, मैं घर से आधे मील के फासले पर था; आसपास टीलों और झाड़ों को छोड़कर आदमी की कोई बस्ती न थी; सड़े पानी और गड़ी मछलियों की गंध के सिवाय आदमी की गंध मुमकिन न थी; गला फाड़कर चिल्लाने की ताकत लौटने पर भी, पुकारकर किसी को नहीं पाया जा सकता था। मैं डुमरिया थाने की ओर जाने वाली कच्ची सड़क से सटकर नहीं, कोइरीडीह जाने वाली पगडंडी के करीब, बड़े बाबाजी के बगीचे वाले छोर पर पश्चिम की तरफ नजर गड़ाए खड़ा था। और, सबसे बड़ी बात, तब मेरी उमर महज ग्यारह-बारह की थी।

उस समय मैंने देखा, आँखें मीच-मीच, फाड़-फाड़कर देखा, वही रूपसी कमलमृणालों को मथकर वन्य करिणी की भाँति कालीदह के कज्जल जल से प्रकट हुई, जैसे निस्तल, नील सलिल से प्रज्वलित, परंतु शीतल, वाडवाग्नि की सजल ज्वाला; जैसे मेघ-मंडल में कौंधी अचपल सौदामिनी! उसके बाल गीले, फटी साड़ी बदन से सटी, जैसे विपर्यस्त प्रज्ञा से प्रस्फुटित रुचिर रचना की सतंद्र चंद्रिका, जैसे⋯, अकारण ही असाधारण रूप से खिले मुखमंडल पर अखंडित हँसी, अक्षत मुसकान की श्रीखंड-सी शीतल सुरभि!

मैं कभी पहले भी उससे नहीं बोला था; किसी स्त्री-मूर्ति को आँख उठाकर नहीं देखता था, सहसा बोल उठने का साहस तो आज तक नहीं सँजो पाया! लेकिन उस घड़ी क्या मैं बोल भी सकता था? मेरे मुँह में तो जैसे किसी ने कालीदह की एक

मुट्ठी बालू भर दी थी और आँखों में दो अंजलि जल भर दिया था!

जाने कब तक मैं उसका हँसता मुखड़ा रोती आँखों देखता रहा, कब घर लौटा, किस-किससे यह दर्द छिपाता रहा!

हाँ, दर्द ही तो! नारी-निरीक्षण में अक्षम होकर भी उसे मैंने देखा था, जीवित दशा में गर्म आँसुओं से गीली और मरने पर विषम हँसी से चमकीली।

दर्द नहीं तो और क्या, उसके प्रति उमगे-उमड़े मनोभाव न उस समय किसी से बतलाए जा सकते थे, न इस समय जतलाए जा सकते हैं! क्योंकि केवल समय बीता है, मैं मचलता बचपन खोकर दुर्गमतम यौवन-वन में रो रहा हूँ; किंतु उत्कर्ण, सानुनासिक समाज तो ऐसी बातों पर जैसे तब हँसता था, वैसे अब हँसता है।

तो यही वह अवसर था जब मैंने प्रथम-प्रथम एक प्रिय प्रेतात्मा के दिव्य दर्शन किए थे जिसे लाख-लाख भाषण-प्रवचन और ज्ञान-विज्ञान के बाद भी मैं भ्रम नहीं मान सकता, क्योंकि वह भ्रम नहीं, सत्य था; आप्त सत्य नहीं; अपरोक्ष सत्य था।

जो हो, माँ उस देवता-पितर-महायोगी को शंकर कहकर ही टालती रहीं, किंतु वह शिव-शंकर अंततोगत्वा भयंकर प्रलयंकर निकला। माँ सोई रहतीं तो कोई उनकी खाट उछालता, जमीन से दो गज ऊपर उठा देता। चाची, बहन वगैरह चारों ओर घबड़ाकर देखने लगतीं, लेकिन वहाँ जटिल योगी तो क्या, कहीं एक चुहिया भी नहीं दिखती। जहाँ सोतीं, वहाँ की छत पर 'धम्म-धम्म' किसी के सख्त पैर दाब-दाबकर चलने की-सी आहट मिलती, पर तलाशी लेने पर एकाध चींटा-चींटी के अलावा कोई सुदीर्घ जीव-जंतु नहीं पाया जाता। माँ को पूजा का पूरा-पूरा भरोसा था, उन उपद्रवों के बाद उन्होंने उसमें अधिक से अधिक समय देना शुरू कर दिया। लेकिन, मर्ज बढ़ता गया, ज्यों-ज्यों दवा की।

देवी-देवताओं की अहर्निश आराधना करने और भूत-प्रेतों पर अचल अविश्वास रखने पर भी माँ को अकाल काल-कवलित होना ही पड़ा।

मेरे पिताजी का क्रोध अपरिमेय है। वह क्षमा द्वारा उसे निरस्त करने में अक्षम हैं। दूसरी ओर उनसे अनन्य मेरी माताजी साक्षात् सरलता तथा शांति थीं, इसलिए उन्हें बहुत सहना पड़ता था, फिर वह चाहे रोकर सहें अथवा हँसकर। पिताजी के इस अनवस्थित, अतिरिक्त रोष-दोष से माँ का मन तिक्त नहीं हुआ था; उनके पर्यवस्थित, स्नेह में रत्ती-भर भी फर्क नहीं आया था। वह अपने ही उच्च चरित्र से ऊपर उठी हुई थीं। बस, सदा शुष्क ईंधन के संधान में सजग अग्निशर्मा से शंकित एवं आतंकित रहा करती थीं।

और अंतिम दिन, जब उन्हें हैजा हुआ, वह दोपहर तक यह भेद छुपाए रहीं।

शारीरिक शक्ति ने जब तक साथ दिया, वह उठ-उठकर कै-दस्त के दौरे को सामान्य अजीर्ण के उपद्रव की भाँति अपने-आप सँभालती रहीं। पिताजी को अपना यह हाल तभी बतला सकीं जब वह अत्यंत अशक्त हो, खाट पर, फिर कभी न उठने के लिए, लेट चुकी थीं।

घर में एकमात्र स्त्री ताई थीं जिन्हें माँ दीदी कहकर पुकारती थीं और जिनकी देखा-देखी हम सब भी उन्हें दीदी ही कहा करते थे। तब मेरे गाँव में न अस्पताल था और न कोई योग्य वैद्य। बेचारी माँ कपूर और पुदीने का अर्क पीते-पीते ही स्वर्ग सिधारीं।

वह साँझ कितनी भयानक थी! मेरे घर में जैसे आसमान का सारा अँधेरा भर गया था। पिताजी माँ के नाम संभवतः प्रथम बार अश्रु प्रवाहित कर रहे थे—मरने के बाद जलांजलि देनी ही थी, जैसे जीवन के अंतिम क्षण से ही अभ्यास करने लग गए थे, चूँकि पहली निवापांजलि थी, इसलिए उथली नदी के जल की नहीं, अगाध अंतःसमुद्र के ज्वार—नयन-पुलिनों को डुबोकर लहरा उठने वाले उफनाते ज्वार के अजस्र-सहस्र-वेग जल की थी।

तब मेरी बड़ी बहन लगभग बारह-तेरह की हो चुकी थीं। ताई उन्हें और मुझे साथ लेकर जल्दी-जल्दी चंडी-मंडप पहुँचीं और हम दोनों को देवी की गोद में डालकर भाँति-भाँति प्रकार की भिक्षाएँ माँगने लगीं, लेकिन वह देवी निर्विकार प्रस्तराकार ही बनी रहीं। 'विनय-प्रेम-बस भई भवानी, खसी माल मूरति मुसकानी' वाली रानी-भवानी न थीं वह! ताई ने वहाँ लगभग आधे घंटे की देर लगाई और हम दोनों के गलों में बद्धी की तरह मूँज की बटी एक-एक रस्सी बाँध दी, फिर मन्नत के मंतर बड़बड़ाती घर लौटीं, तब तक माँ तुलसी चौरे के पास लिटाई जा चुकी थीं; मुँह में तुलसीं-दल और गंगाजल पड़ चुका था और मेरी चार-पाँच महीने की नन्ही बहन सुमित्रा अंतिम बार माँ के आँचल में दुबक-सिमटकर झर-झर झरती आँखों से सूखा दूध पी रही थी।

मुझे दाई (सालिक चाचा की माँ) के आँगन में (जाने कैसे!) खेलने के लिए छोड़कर बाहर दरवाजे की कुंडी लगा दी गई। यों तो सातो बुआ (उनकी लाड़ली लड़की) अपने प्रत्येक प्रयत्न से मुझे चुपा रही थीं; वात्सल्य-विह्वल बाँहों में बाँधकर बहला रही थीं; लेकिन मैं तो उस समय असमय ढहते सपनों वाले अपने घर जाने के लिए शक्ति-भर मचल रहा था। आखिर मचलता-तड़पता, सिसकता-फफकता उनकी गोद में उसाँस भर लाश की तरह लुढ़क गया और माँ उस अंतिम दिन मुझे सोया ही छोड़, बिना पुकारे, बिना पास बुलाकर दुलराए, बिना चूमे, बिना आशीर्वाद

दिए चुपचाप श्मशान चली गईं! माँ श्मशान चली गईं या श्मशान स्वयं मेरे घर चला आया, इसे तो कोई भी उसी रोज की तरह सब दिन बेजार विसूरते मेरे घर-आँगन से पूछकर जान सकता है।

माँ का अभाव मेरे जीवन का वह भाव है जिससे मेरी प्रत्येक भावना ओतप्रोत है। परिपाटी के आलोचक जहाँ मेरी काव्य-कला को कोसते हुए ज्ञान छाँटना चाहते हैं वहाँ मेरी जीवन-ज्वलित अनुभूतियाँ आप छिटकने लगती हैं[1] और मैं तो कुछ ऐसा आँसुओं का अभ्यासी हो गया हूँ कि मुझे किसी ज्ञान-खान के घनीभूत अज्ञान पर भी झटपट हँसी नहीं आती!

आत्म-निर्माण काव्य-निर्माण से कम कठिन नहीं है, प्रत्युत मैं तो अपने अबाध अनुभव से यह कह सकता हूँ कि काव्य-निर्माण सबसे सरल है। नैसर्गिक प्रेरणाओं के प्रतिकूल जिन्हें किसी वाद, संप्रदाय अथवा विशिष्ट दिशा की अधीनता स्वीकार कर, प्रतिबद्ध होकर चलना पड़ता है, हो सकता है, उन्हें पारिभाषिक शब्दावलियों में अभ्यस्त होने में कुछ कठिनाई होती हो; किंतु जो सहज संवेदनाओं को, आत्मताप में द्रवित अनुभूतियों को वाणी देते हैं उन्हें क्यों श्रम करना पड़ता होगा? प्रत्युत उन्हें तो अनुभूतियों को प्रेषणीय बनाने का निविड़ सुख ही उपलब्ध होता है।

इसी प्रकार जिनका जीवन परिस्थितियों से ऊपर उठा, अथवा अनुकूल परिस्थितियाँ गढ़ता हुआ आगे बढ़ता है, उन्हें इस मिट्टी में सतत सुगंध, इस जल में चिर-निर्मलता, इस प्रकाश में सर्वत्र शक्ति, इस वायु में गुदगुदी लगाती हुई आयु, इस आकाश में अविरत विकास-विस्तार के ही दर्शन होते हैं; परंतु जिन्हें परिस्थितियाँ दबा-दबोचकर रखती हैं; जिन्हें पद-पद पर प्रतिकूल प्रेरणाएँ प्राप्त होती रहती हैं; जो दिन-भर उत्साह-उमंग सँजोते और साँझ को सांद्र-सघन तिमिर-राशि में बिखेर देते हैं; रात-भर नव-प्रभात का स्वर्णिम स्वप्न देखते और दिन की कठोर वास्तविकता में मंद-मलिन पड़ जाते हैं, उनके लिए जीवन गढ़ने की—आत्म-निर्माण करने की समस्या सबसे जटिल है। मैं ठीक इसी प्रकार का व्यक्ति हूँ। मैं काव्य की-सी सहजता में जीवन को न ढाल सका; मेरे लिए जीवन उतना सरल नहीं है जितना काव्य। यह स्वीकार करते मेरा कंठ वाष्प-गद्‌गद हो जाता है, घिग्घी बँध जाती है, बोल फिसलने-हकलाने लगते हैं कि कदाचित् मेरा जीवन काव्य नहीं है!

यह ठीक है कि मैंने प्रयत्नपूर्वक काव्य-निर्माण न करने पर भी उसके सिद्धांतों का अध्ययन किया; उसके शास्त्रों को पढ़ा और उसकी ऊँची-नीची, उथली-गहरी

1. जीवन अवसर का नाम नहीं!
उड़ें गगन में जलकण; यह उन्नति अंतिम परिणाम नहीं!

मोटी-बारीक समीक्षाओं को यथासाध्य हृदयंगम किया; ठीक उसी प्रकार जीवन-निर्माण के प्रति यथेष्ट सचेष्ट सावधान न रहने पर भी मेरे मानसिक संघर्ष में कभी कमी नहीं आई, मैं उचित-अनुचित का विवेक न खो बैठा—तर्क और शब्द-बल से अनुचित को उचित सिद्ध करने की क्षमता रखकर संतुष्ट न रह सका।

दुःख मेरे जीवन में सभी भाव-भावनाओं की अपेक्षा अधिक स्थायी है, प्रकृति के साथ हृदय और आत्मा का समन्वय न हो सकने के कारण बादवान खोलने, डाँड़ चलाने, पतवार सँभालने में मुझसे चूक नहीं हुई, बस, फेनस्फार ज्वार समझ शुष्क बालुका-राशि में नाव खेई गई। मेरे जीवन-काव्य का प्रधान रस करुण है; अन्यान्य रस समय-समय पर प्रकाशित और तिरोहित हो-होकर लाइट और शेड के संयोग से उसे ही उजागर करते रहे हैं। मेरा मन कहता है कि इस मरुभूमि में करुणा की स्रोतस्विनी सरस्वती का आकस्मिक अंतर्धान ही लक्ष्य करने योग्य है।

खेल-खेल में हमजोली लड़के-बच्चों में जब झगड़ा हो, कुसूरवारों की माँएँ खास तौर से अपने बेटों की तरफदारी करतीं और मैं साफ बेकुसूर रहने पर भी उकसाने, उलाहना पाने पर अपने गुस्सैल पिता से बुरी तरह पिट जाता, जबकि मुझे चुपाने वाली घंटों चीख चुकने के बाद की थकान ही होती। उस समय अपने आँसुओं के दुर्दिन में जैसे अनदेखे सपने का ही सहारा रहता—काश मेरे भी माँ होती!

'चौथ-चंदे' के मौके पर स्कूल के गुरु जी लोग 'चौथ-चौथ चंदा भादों मास' चिल्लाते बच्चों के साथ घर-घर घूम, उनकी सूम से सूम माँओं से भी कुछ न कुछ वसूला करते थे। धनी बच्चों की माँओं को बच्चे घेर-घेरकर देर-देर तक रिझाते-खिझाते। उस वक्त उन माँओं का उच्छ्‌वसित निछावर देखते ही बनता। लेकिन वही गुरु जी और बच्चे मेरे घर की तरफ से गुजरने वाली गली जैसे उड़कर पार कर जाते; मेरे दरवाजे की तरफ जरा नजर उठाकर ताकते भी नहीं। उस घड़ी मेरा कलेजा दो टूक हो जाता : काश मेरी माँ की अदृश्य आँखें यह दृश्य देख सकतीं।

किसी तीज-त्योहार के मौके पर अगर मैं किसी हमउम्र के घर पहुँच जाता तो स्त्रियाँ आपस में कानाफूसी शुरू कर देतीं कि मैं ख्वाहमख्वाह अकवान-पकवान के लोभ से ही ठीक मौके पर हाजिर हो जाता हूँ। और इतना ही नहीं, वह अपने घर के लड़के-बच्चों से बचा-खुचा कुछ जूठन-उच्छिष्ट इतनी ऐंठ के साथ मेरी हथेली पर रखकर झटपट हाथ खींच लेतीं जैसे जल्दी में जलता तवा छू जाने से चंपे की उँगलियाँ जल गई हों! और, उस घड़ी यदि मैं लेने से इनकार करता तो वे बड़े ताव से तमककर कहतीं—'यह कैसे लोगे, घर में माँ कढ़ाई चढ़ाए बैठी हैं न!' उस समय मैं अपने सुलगते-धुआँते घर को अंगारों-भरा नहीं तो और क्या समझता?

मैंने सात की उमर में अपर पास किया था; नौ की उमर तक प्यारी चरण सरकार की बनाई अँगरेजी की दो किताबें खतम कर, दसवें साल संस्कृत शुरू की थी और ग्यारह की उमर (सन् '27) में प्रथम श्रेणी में प्रथमा पास कर सरकारी स्कॉलरशिप भी पाई थी; सोलहवें साल (सन् '32) शास्त्री और महज अट्ठारह की उमर में (1934 ई०) बिहार-उड़ीसा भर में फर्स्ट होकर गोल्ड मेडल के साथ 'साहित्याचार्य' हुआ था। फिर इंटर तक अँगरेजी और बंगला पढ़ी, सर्वोत्तमता के साथ साहित्यरत्न (1935), वेदांतशास्त्री और वेदांताचार्य (1940-41 ई०) हुआ, दोनों में बहुमूल्य स्वर्णपदक प्राप्त किए; किंतु आह! इन सारी सफलताओं से घर में छलकने वाला कौन था! दूसरी ओर उसी गाँव में देखता कि पाँच साल फेल करने पर भी जिनका लड़का थर्ड डिवीजन में मैट्रिक पास होता, वह ढोल-ढाक बजवाकर धूमधाम से पूजा करतीं और अड़ोस-पड़ोस में अपने 'कुल-कमल' की बेमौके, बेवजह तारीफों के पुल बाँधतीं; एकदम असंभव, कैलास-से उज्ज्वल उसके प्रभविष्णु भविष्य की कमनीय कल्पनाएँ करती रहतीं, और, इधर मैं अपने उजले-रुपहले प्रमाणपत्रों और चमकीले-सजीले स्वर्ण-पदकों में मंद-मलिन भविष्य को अकेला ही देख-देखकर बिसूरा करता।

सन् '28 में बिना बाप-भाई की, मुझसे हर तरह बड़ी, चंद्रकला के साथ मेरा ब्याह हो गया। मैं जब तक गरीबी की अँधेरी धुंध में ज्यों-त्यों विद्या की किरण चुगता रहा, वह जिंदा रही। कॉलेज की नौकरी मिली और वह चल बसी। मैं उसके बिना-स्नेह के जलते दीये की पीली रोशनी सुर्ख आँखों देख-भर लेता था। मेरे अर्थहीन शब्द उसे निर्जल जलाते रहे। जब आशा का आखिरी सिरा भी जल गया, वह मेरे ही सूखे उच्छ्वास से बुझ गई। कोई नहीं जानता कि पीछे चलकर मैंने अपने अश्रु-स्वेद-रक्त से सनी जिंदगी की गाढ़ी कमाई क्यों कुत्ते-बिल्लियों को खिला दी?

आज मैं तीस बरस का तीव्र-तीक्ष्ण तरुण नहीं, तनहाई में बैठकर किस्मत को कोसते रहने वाला साठ साल का उदास-हताश बूढ़ा हूँ। मुझसे बड़ी उमर वाले मेरी बुजुर्गी का लोहा मानते हैं! समवयस्क सहयात्री मेरे सुदीर्घ जीवन के प्रौढ़ अनुभवों से लाभ उठाने की लालसा रखते हैं! और तभी मैं जब कभी निरुच्छ्वास नीरव नयनों से गगन की गहन नीलिमा में डूबकर होंठों में बुदबुदाता हूँ—

'दुःख यदि इतने दिए, दो शक्ति; मेरा मन न हारे!
पालने पौढ़ा मुझे माँ ने न हलराया, झुलाया,
धूलि-धूसर रह निरंतर मलिन अंतर, कठिन काया,
बाल्य से वात्सल्य का अनुभव किया न कभी, पढ़ा ही!
प्यार इस संसार में पाया नहीं, मन में गढ़ा ही!

कल्पनाओं में हँसा, जीवन जला घन-नयन-जल से,
और क्या संघर्ष! टकराई उमंग न कब अचल से?
सिंधु की मझधार में मधु-धार बरसाओ, मुझे क्या!
—किंतु अंतर्देव, कर फैला रहा आगे तुम्हारे—
दुःख कितने भी मुझे दो, ठानकर प्रण मन न हारे!'

काव्य के भीतर से अपने व्यक्तित्व की इतनी स्पष्ट अभिव्यक्ति को ईलियटपंथी सैद्धांतिक दृष्टि से वरेण्य नहीं मानते और कुछ 'हौं पतितन को टीकौ'—'मो सम कौन कुटिल, खल कामी'—ऐसे भावों का ऐसा हास्यास्पद साधारणीकरण करते हैं कि कोई भी, असाधारण कवि सहसा अपने सपनों को सामने रखने का साहस न करे। क्योंकि यह कोई आवश्यक नहीं कि वह कवि-रूप में जैसा असाधारण हो, साधारण मनुष्य के रूप में भी वैसा ही हो। ऐसी दशा में उसे 'बड़े मुँह छोटी बात' कहते संकोच होता है। उसे आशंका रहती है कि तब उसकी देखा-देखी, लोग 'छोटा मुँह बड़ी बात' कहने की भी हिमाकत कर सकते हैं जिसे वह अपने स्थापित व्यक्तित्व को दृष्टि में रखकर किसी भी प्रकार सह सकने के लिए तैयार नहीं। लोक प्रत्येक कलाकार के जीवन में यदि कबीर, सूर, तुलसी या टॉलस्टॉय, वेल्स, निराला की-सी एक अलौकिक रश्मि-राशि देखने की अपेक्षा करेगा तो उसे क्लाकलित असत्य किंवा अर्द्धसत्य ही हाथ लगेगा। कारण, महान् से महान् कलाकार भी महापुरुष होने का दावा नहीं करता, भले ही वह अपनी दिशा में, महापुरुषों से तनिक भी कम महत्त्वपूर्ण न हो! जीवन की अपेक्षा कला को महत्तर मानने का ही दंड है यह; किंतु इस दंड के सामने शीश झुकाना कला का मानदंड बदलने से कम कठिन प्रतीत होता है उसे!

वह जीवन को कला तक पहुँचने का माध्यम मानता है; कला-रूप सिद्धि प्राप्त करने के लिए जीवन साधन मात्र है उसके लिए!

सौभाग्यवश न मैं महापुरुष हूँ, और न महान् कलाकार, इसलिए मैं सुस्पष्ट ही, इनके ठीक विपरीत भावों से भरा हुआ हूँ—मैं जीवन को प्रत्यक्ष सत्य मानने के पक्ष में हूँ; मेरे विचार से कला का चरम उद्देश्य कला नहीं, जीवन ही होना चाहिए।

कला जीवन-सौंदर्य की प्रतीक समझी जाती है, किंतु जीवन की विरूपता-कुरूपता को भी उसे अपनाना पड़ता है; अपने में खपा लेना पड़ता है; क्योंकि अंततोगत्वा विरूपता-कुरूपता जीवन के व्यापक अस्तित्व के बाहर नहीं है। ऐसा न करने पर कला रूप-सौंदर्य के पीछे भागती-भागती जीवन से दूर—बहुत दूर जा पहुँचती है। जीवन हर्ष-विषाद, पाप-पुण्य, उत्थान-पतन—दोनों प्रतिक्रियाओं के साथ सत्य है, इसका एक पक्ष आदर्श और दूसरा यथार्थ तो महज इसलिए कहा जाता है कि इन

दोनों को समन्वित—सामंजस्यपूर्ण बनाना दुष्कर तथा दुर्लभ कला है। बहुत कम कलाकार—कालिदास, रवींद्रनाथ ऐसे ही इन्हें अन्विति देने में समर्थ हो सके हैं।

जो हो, मैं अपने जीवन से ही आत्म-कला—कविता को अनुप्रेरित मानता हूँ। मेरा जीवन जिन द्वंद्वों के साथ सत्य है उनका कभी साक्षात् और कभी परंपरित संबंध मेरी कला के साथ है ही। आदर्श और यथार्थ के चक्कर में मैं नहीं पड़ा, वाद का विवाद मुझे नहीं भाया, परंतु इसका यह अर्थ नहीं कि इस स्थिति पर मैं एकाएक पहुँच गया अथवा जिस पथ से शनैः-शनैः मैं यहाँ पहुँचा, उस पर मेरे तात्कालिक भावों का एक भी चिह्न अवशिष्ट नहीं।

वैसे मेरे काव्य में निराशा का स्वर प्रखर है[1], किंतु मैंने निराशा को कभी शक्ति के रूप में स्वीकार नहीं किया। मेरे अब तक के जीवन में दुःख का कुहरा कुछ ऐसी सघनता से छाया रहा कि उसकी छाया से अपने काव्य को बेदाग न बचा सका, बल्कि यह कहना चाहिए कि मैंने सचमुच ही 'अँसुवन-जल सींच-सींच काव्य-बेलि बोई!'

बचपन में औरों की देखा-देखी मुझे भी अच्छा पहनने-ओढ़ने का शौक था; किंतु उसकी पूर्ति के लिए मुझे तब तक प्रतीक्षा करनी थी, जब तक मैं स्वयं अर्जन करने की क्षमता न अर्जित कर लेता। ऐसे ही अच्छा खाने-पीने का लालच तो होश सँभालने के साथ ही पैदा हो गया था; मगर उसे अंजाम देने का एक ही रास्ता मुझे मालूम कराया गया था कि मैं खुद खाना पकाना सीख लूँ। ऐसे में साधना का स्वाद सिद्धि के आस्वाद से आगे निकल गया। जब कल्लोलों से आस्फालित बालू की बेला नियराई तब तरुण तरणी का डगमगाना, ऊभ-चूभ होना, अंग एड़कर चक्रवात के थपेड़े झेलना ही अच्छा लगने लगा था।

जहाँ मैंने एक दुःख के बाद दूसरे ढेर सारे दुःखों का आगमन रोकने योग्य प्रचंड पुरुषार्थ नहीं दिखलाया, वहाँ अनदेखे सुखों की लिप्सा भी मेरे मिटाए न मिटी, यों वेदना दिन-प्रतिदिन गहरी से गहरी होती गई। मैं सूखे मन से तट पर बैठा रहा, किंतु तन को तो मझधार में ही डूबने-उतराने दिया।[2]

---

1. फूले चमन से रूठकर
   बैठी विजन में, ठूँठ पर,
   है एक बुलबुल गा रही! कैसी उदासी छा रही!
2. मत मिलें मुझे मोती-दाने,
   मेरा श्रम कोई मत जाने;
   पर बीच-सिंधु से लौट चलूँ—
   कैसे लेकर सूनी गगरी!

कभी-कभी सोचता हूँ कि छल-छद्म से पद्म-पराग मैं बटोर सकता था; दूसरे जिस जादू से बबूल की डाल पर बेले के फूल खिला रहे थे, वह मैं भी सीख सकता था; त्रैलोक्य-विजयिनी निर्लज्जता का जाया अगस्त्य मेरे दुःखों का महासमुद्र सोख सकता था। जठराग्नि बुझाने के लिए धूल नहीं फाँकनी पड़ सकती थी अगर हवा की ओर पीठ कर खड़ा हो जाता! किंतु मैं अपने विश्वास के कुहासे में डूबा रह गया। दरिद्र माँ का, मुँह में लगा हुआ, कच्चा दूध मन के 'पक्का' बनने में जो बाधक बना तो बना ही रह गया। मैं सीधे दिन के लिए, घूम-घूमकर, सीढ़ी-सीढ़ी चढ़ने का ही विश्वासी बना रह गया!

तन को कभी आराम न करने दिया; मन को विराम नहीं लेने दिया; दोनों ने रूठकर मेरा साथ छोड़ दिया! इतने पर भी भवितव्यता की दुहाई देकर मैं अपने को निरीह, निर्दोष घोषित करने की कुचेष्टा न करूँगा। सच तो यह कि मैं अपने 'मैं' को क्षण-भर के लिए भी नहीं छोड़ना चाहता। वह अपनी सभी दुर्बलताओं के साथ मेरे सबसे अधिक निकट है। मैंने अपने को अपने ही हाथों बनाया-बिगाड़ा है, भले ही उन दोनों को उत्पन्न करने में परिस्थितियों का भी हाथ रहा हो! इसलिए मैंने आशा-निराशा, ध्वंस-निर्माण एवं जीवन-मरण को काव्य में यथारूप प्रतिफलित हो जाने दिया है। मैं जहाँ, जब, जिस रूप में सहजता से अभिव्यक्त हो सका हूँ, उसे ही अपनी सफल काव्य-कला समझता हूँ, भले ही वह किसी विशेष मानदंड के अनुसार निपट निस्सार और निष्फल हो!

तब इतना और कह सकता हूँ कि इस प्रकार सर्व-स्वीकार की-सी स्थिति में यदि मैं सब कहीं अपने को ही स्फुट और स्पष्ट रख सकने की चेष्टा करता रहा हूँ तो मैंने ज्ञात-अज्ञात भाव से मृत्यु के मध्य भी जीवन की ही जय-घोषणा की है!

जीवन की इकरुखी, इकहरी तसवीर का मैं कभी कायल न रहा; एक ही प्रशस्त पथ चुनकर उस पर आँख मूँदकर चलते रहना मुझे न भाया! मेरा मन बहुत्व और व्यापकता के लिए सदा-सर्वदा कुतूहलाक्रांत रहा। संभवतः प्राथमिक अवस्था में किसी से भी समुचित निरोध-विरोध न मिलने, और तीव्र जिज्ञासा जागरित हो चुकने पर केवल विरोधों का ही सामना करते रहने के कारण मैं उन्मन, उच्छृंखल और अभिमानी हो गया!

एक बार व्रत से च्युत हो जाने पर पुनः व्रत लेने की कल्पना चाहे जितनी मोहक हो, उसे निभाना, अशक्य नहीं, तो दुष्कर अवश्य है। लहसुन वाली डलिया में चाहे जितने चंपा-चमेली के फूल सजाओ, लहसुन की गंध नहीं जाती।

मैं किसी भूल-चूक पर पछताना नहीं चाहता, परंतु न चाहने पर भी पछताता

हूँ और पछता-पछताकर फिर-फिर वही भूलें दुहराता जाता हूँ। अब यह सोचना क्या कुछ जँचता है कि एक माँ के न रह सकने से जड़ में घुन लग गया और हजार बार सिंचने पर भी मैं अब फूल-फल नहीं सकता? परंतु वास्तविकता बेधती रहती है, मेरे दिल के घाव को कुरेदती रहती है और आए दिन अनदेखे भविष्य पर घोर निराशा की घनीभूत जयनिका डालकर निर्मम वर्तमान को बेचैन बनाए ही रहती है।

जो अतीत अब किसी भी मूल्य पर नहीं लौटाया जा सकता उसे भूल जाना ही व्यावहारिक बुद्धिमत्ता है, लेकिन हाय रे! उस अतीत के बंद मंदिर में तो मेरी माता की मूर्तिमती ममता है, मैं उसे कैसे भूल जाऊँ? सजल साधना के किस आर्द्र आकर्षण से सिहरकर भूल जाऊँ? शुष्क सिद्धि के किस अगर्व गर्व से फूलकर भूल जाऊँ?

उलटे मैं तो विश्वकवि की ऊँची टेर से अपने सुर-भूले उर के स्तर-स्तर को, प्राणों के रंध्र-रंध्र को भरता रहा हूँ :

"यदि किसी कारणवश इस बार—इस जीवन में तुम्हें देख सकना संभव न हुआ तो यह बात हमेशा-हमेशा मुझे याद रहे कि मैंने तुम्हें नहीं पाया। मैं इसे भूलकर भी न भूलूँ, उठते-बैठते, सोते-जागते, नींद और सपने में भी इसके लिए तड़पूँ, तलफूँ!

"संसार के बाजार में मैं जितने दिन बिताऊँ, अपने हाथ चाहे जितनी स्वर्ण-मुद्राओं से भर डालूँ, परंतु (उस एक अनमोल रत्न के बिना) मैंने वस्तुतः कुछ नहीं कमाया, यह बात मैं क्षण-भर के लिए भी न भूलूँ, नींद और सपने में भी चैन न पाऊँ, तड़पूँ, तलफूँ!

"यदि आलस्य के कारण मैं रास्ते के एक किनारे बैठ रहूँ या धूल पर ही लंबी तानकर खर्राटे भरने लगूँ तो भी यह बात मेरे मन में ज्यों की त्यों जमी रहे कि अभी तय करने के लिए सारा का सारा रास्ता बाकी पड़ा हुआ है! ऐसा न हो कि मैं उसे भूल जाऊँ; नहीं-नहीं, इसके लिए मैं सोते-जागते तड़पता रहूँ; तलफता रहूँ!

"चाहे जितनी किलकारियाँ भरूँ, हँसूँ, और घर में चैन की बंसी बजाऊँ; चाहे अपने घर को कितनी भी तैयारी से सजूँ-सजाऊँ; परंतु फिर भी यह दुःख मेरे दिल में हमेशा चिकोटी काटता रहे कि इस घर में तुम्हारा आना न हुआ! मैं इस कसक की सुध कभी न बिसराऊँ; उठते-बैठते, सोते-जागते इसी टीस से तड़पूँ; तलफूँ!"

कभी-कभी एक बड़ी मासूम मायूसी से घिरकर झिर-झिर तिरने लगती हैं सिसकियों के परों वाली मेरी भूली भावनाएँ निर्जन शून्य में निस्संबल, निराधार—

'दुःख-जलधि में डूब रहा मैं, पीर एक हो तो पहचानूँ!
काली-काली छाँह फैलती, किसकी बाँह इसे मैं मानूँ?

कब की जली हुई ये स्मृतियाँ लगीं सुलगने, लगीं धुआँने,
नगर-डगर में जो न कहीं भी, ये मचली हैं उसको पाने!
केवल एक भाव आता है—'जो कुछ है वह सब अभाव है!'
तत्त्व प्रकट होता न कहीं से, जो दिखता वह हाव-भाव है!
यह उलझन पहले न कभी थी, गगन नहीं था इतना नीला,
आज अचानक जकड़ गया है, जो बंधन कल तक था ढीला!'

पितृदेव

दीवारें धुएँ से धुँधली हो गई हैं। खिड़की के दरके हुए शीशे से चाँदनी झाँकती है, झुँझलाती है। जहाँ परछाईं भी सिमटती-सिकुड़ती, टुकड़े-टुकड़े होकर पहुँच पाती है, वहाँ उस स्वर-शून्य सदन में, वाणी के वीणादंड की भाँति जो धूमिल आलोकपिंड मिट्टी की दीवार से टिका हुआ है, निकट से निहारने पर जिसके आकार-प्रकार में अवयवों की संज्ञाहीनता नहीं, सजीवता के अतिरिक्त संयम का आभास मिलता है; दुर्दैव का वह साहसी प्रतिकार, दैन्य का वह कर्मठ अस्वीकार और उत्तरदायित्व का वह मौन चैतन्य मेरे व्यक्तिवाचक पिता की भाववाचक संज्ञा है। वैसे उनका नाम पंडित रामानुग्रह शर्मा है।

हमारी वंशानुगत उपाधि 'पाठक' है, किंतु मनुस्मृति के 'शर्म्मवद् ब्राह्मणस्य स्यात्' का विचार कर, पिताश्री अपने नाम के अंत में शर्मा जोड़ते थे। 'शास्त्री' होने के पहले मैं भी 'शर्मा' था, अब भी गाँव वाले मुझे 'शर्मा जी' कहकर पुकारते हैं, परंतु कालांतर में, मेरी परीक्षित उपाधि के आकर्षण ने सहज और समुचित दोनों उपाधियों—पाठक एवं शर्मा को छोड़ देने पर जैसे मुझे विवश कर दिया! निश्चय ही यह कोई विश्वरथ के विश्वामित्र होने जैसी घटना नहीं है और न इसे सुर्जकुमार तिवारी के सूर्यकांत त्रिपाठी 'निराला' अथवा गुसाईं दत्त पंत के सुमित्रानंदन पंत के रूप में परिवर्तित हो जाने का अर्थ-गौरव प्राप्त है;—फिर केदार पांडे से राहुल सांकृत्यायन तक के विकास का इतिहास भी इसमें नहीं है।

अवश्य यहाँ मेरी प्रकृति के एक पक्ष का अर्ध-विकच परिचय मिलता है कि मैं अपनी क्षमता से प्राप्त वस्तु के समक्ष उत्तराधिकार-स्वरूप प्राप्त किसी आप्त को भी बिना अनिवार्यता के, नहीं स्वीकार पाता। मैं यह नहीं मानता कि आत्मरक्षा के लिए कुल-क्रमागत कवच का व्यवहार किया ही जाना चाहिए।

मैं समझता हूँ, बहुत बचपन में कालिदास की यह पंक्ति मेरे उर में चुभ गई थी—'स्व-वीर्य्य-गुप्ता हि मनोः प्रसूतिः, कि मनु की संतान अपनी ही शक्ति को ढाल समझती है।' हाँ, इसके साथ यह भी भूलने की बात नहीं है कि ऐसी शिक्षा मुझे पिताजी से ही प्राप्त हुई थी! मैंने प्रायः 'शास्त्री' परीक्षा तक की शिक्षा उन्हीं से प्राप्त

की है। 'शास्त्री' हो चुकने पर उनसे अलग हो गया। तभी से (कुल-क्रमागत तथा उनकी)--पाठक और शर्मा, इन दोनों उपाधियों से भी विलग हो गया। और, अब तो 'निरुपाधि' रहकर ही 'ब्रह्म' का आनंद प्राप्त करने की आशा-अभिलाषा रखता हूँ।

ईश्वर की स्तुति का एक प्रचलित श्लोक है--

'त्वमेव माता च पिता त्वमेव
त्वमेव बंधुश्च सखा त्वमेव
त्वमेव विद्या द्रविणं त्वमेव
त्वमेव सर्वं मम देव-देव!'

यह श्लोक ईश्वर पर भली-भाँति संघटित होता है या नहीं, कहना कठिन है; किंतु मेरे और पिताजी के मध्य के विविध-विध संबंधों को निष्कपट भाव से प्रकट करने के लिए इस श्लोक का माध्यम अनिवार्य है। वह मेरे पिता ही नहीं, माता और पिता, बंधु और गुरु,--सब कुछ हैं। केवल 'सखा' के स्थान पर मैं 'गुरु' पद का प्रयोग करता हूँ; 'गुरुस्त्वमेव' कहना समुचित समझता हूँ। इसलिए नहीं कि उन्हें 'गुरु' का गौरव प्राप्त है बल्कि इसलिए कि वह मेरे साथ 'सखा' की सहृदयता नहीं बरतते, नहीं बरत सकते। हमारे आचार-विचार में आकाश-पाताल का-सा अंतर है न!

किंतु इस आकाश-पाताल के-से अंतर का यह अर्थ कदापि नहीं कि वह रूढ़िग्रस्त, दकियानूसी खयाल के या conservative है, और मैं समसामयिक, up-to-date या प्रगतिशील हूँ। नहीं, बल्कि बात बिलकुल उलटी है। वह तो आचार में अटल, विचारों में प्रौढ़,--अपने प्रकाश में संशयहीन हैं और मैं उच्छृंखल, ढुलमुलयतीम, अधकचरे विचारों के बीच से जैसे-तैसे अपनी साँसों के लिए राह-भर निकालता रहा हूँ।

माता की मृत्यु के पश्चात् मेरे लालन-पालन, अध्ययन-अध्यापन, निरीक्षण-परीक्षण के सकल कार्य उन्हें ही अपरिहार्य रूप में करने पड़े। वह क्षण-भर के लिए भी घर न छोड़ने पर विवश थे और घर में चुपचाप बैठे रहने पर कुटुंब के भरण-पोषण के उपयुक्त साधनों की संपन्नता संभव न थी। निश्चय ही उनकी विद्वत्ता लोकप्रिय थी; उन्हें किसी भी प्रकार की सहायता पहुँचाकर प्रसन्न होने वालों की संख्या अपेक्षाकृत अल्प न थी, फिर भी 'माँ-माँ' की रट लगाने वाले दो-दो बच्चों को अंडों की तरह सेकर घोंसले को आबाद रखना बस उन्हीं का काम था।

और, सबसे बड़ी बात, जिसकी महिमा न स्वीकारने पर योग-बल से सहस्रार

तक पहुँचा हुआ मन भी औंधे मुँह अतल-निस्तल, घन-निविड़, नीरंध्र अंधकार में गिरकर ही रहेगा; आज के समाज में, शिश्नोदर की समस्या को निर्लज्ज भाव से सुलझाते हुए विक्षुब्ध वातावरण में, जिस निश्चल-निश्छल हृदय को, त्याग-बलिदान के आन-बान-शान वाले संयम को उन्होंने प्रश्रय दिया, वह था दो मासूमों की डबडबाई आँखें देख प्रवृत्तियों की ओर से घनघोर रुखाई, पुनर्विवाह न करने की भीष्म प्रतिज्ञा, बच्चों के भविष्य-सुख की कल्पना का अपनी असह्य-अरुंतुद वर्तमान अनुभूतियों से विनिमय।

तब पिताजी की अवस्था चालीस के भीतर ही थी और उन्होंने गार्हस्थ्य धर्म में दीक्षित होकर तो अधिक से अधिक बारह वर्ष बिताए थे।

लोगों ने उन्हें तरह-तरह से समझाया-बुझाया, बड़े-बूढ़ों की कहानियाँ कह—'महाजनो येन गतः स पंथाः' का अनुसरण करने की धार्मिक, सामाजिक एवं व्यावहारिक शिक्षा दी; किंतु उन्होंने किसी की एक न सुनी और अपनी आस्था पर, व्रत तथा प्रतिज्ञा पर एकरस अचल-अटल रहे!

आज वैसा जीवन बिताते लगभग चालीस वर्ष व्यतीत हो गए, उन्होंने स्वप्न में भी सुख का मुख न देखा। वह त्रिकाल संध्या करते रहे, पर ईश्वर प्रतिक्षण एक न एक दुःख देकर उनके धैर्य की परीक्षा लेता रहा; वह व्रत-उपवास के द्वारा आत्म-शुद्धि कर अलौकिक आनंद के साक्षात्कार की प्रतीक्षा करते रहे, किंतु ईश्वर उन्हें लौकिक यंत्रणाएँ और दारुण पीड़ाएँ दे-देकर अपनी उद्वेगकर सामर्थ्य की सोदाहरण समीक्षा ही करता रहा, फिर भी पिताजी हैं कि उनका धार्मिक तत्त्व-ज्ञान, गृहस्थोचित स्वाभिमान और सबसे बढ़कर, आलोकमय आशावाद अब भी ज्यों का त्यों है।

माँ-बाप, बड़े भाई वगैरह के मर जाने के बाद उन्हें, एक के बाद एक, कितनी ही पारिवारिक मृत्युएँ देखनी पड़ीं। मेरे पैदा होने के पहले एक दुधमुँहे लड़के और दो मासूम लड़कियों को वह छाती फाड़कर गाड़ चुके थे, फिर मेरी माँ, ताऊ के लड़के और ताई का क्रम-क्रम से श्राद्ध किया, बड़े दामाद की मौत के दो ही दिनों बाद उनकी एकमात्र धरोहर, बहन मानकुमारी की गोद की सिमटी-सुगबुगाती-सी साध—सावित्री को धरती की पत्थर की छाती पर हमेशा के लिए सुलाया। उसके बाद अपनी सबसे प्यारी और अंतिम संतान सुमित्रा की मौत की बिजली सही और अभी-अभी घर की एकमात्र बहू को जलाकर, आँसुओं से उसकी चिता बुझाई!

जीजा की मौत से पहले की मृत्युओं का उन्होंने किस तरह सामना किया, ठीक-ठीक बता सकना कठिन है। कारण, तब मैं नादान बच्चा था, फिर जनम से

पहले और पीछे भी एक-एक कर घर की सभी भव्य विभूतियों को मटियामेट कर देने वाला ब्रह्म-राक्षस; भूखे भिखारी की भाँति किसी भी गली-कूचे से दुःख के दाने दोनों हाथों बीन लाने वाला पैदायशी अभागा, नहीं-नहीं, मैं पिताजी की उन मानसिक व्यथाओं, वेदनाओं का किसी भी प्रकार साक्षी नहीं हो सकता। फिर भी एक बार मैंने उनकी करुण चीत्कार सुनी है; मिट्टी के रोएँ-रोएँ को सिहरा देने वाला उनका बेजार बिलखना देखा है।

पिताजी जिस समय सावित्री का शव हथेलियों पर रखकर, मरे बछड़े वाली बूढ़ी गाय की तरह अंग-अंग के तंतु-तंतु पर पूरी ताकत लगा, रँभाते हुए, अपने घुमड़ते-घहराते स्वरों से आसमान के सूनेपन को भरते, ऊबड़-खाबड़ पगडंडियों पर डगमग पग धरते नदी के किनारे की ओर बढ़ रहे थे, उस समय बार-बार मुझे रोहित के कफन का टुकड़ा माँगते—शैव्या के विकल विलाप-प्रलाप से झनझनाते श्मशान में खड़े हरिश्चंद्र की याद आ रही थी। अभी राष्ट्रपिता की शवयात्रा चित्रपट पर देखकर सभ्य सुसंस्कृत लोगों के बीच आँखें मीचकर मैं अश्रु प्रवाहित करने लग गया था; किंतु गँवई-गाँव के कतिपय सजातीय सज्जनों से घिरे—नन्ही-सी मक्खन की पुतली को चट्टान की तरह काँपते हाथों से उठाए अपने पिता की वह असह्य दुःख-दर्द-भरी दशा देखकर मुझे काठ-सा मार गया था; उस समय चीरकर भी मेरी आँखों की कोरी कोर से आँसू की दो बूँदें नहीं निकाली जा सकती थीं!

सुमित्रा की अचानक मौत उनके छलनी हुए सीने पर सबसे गहरा निशाना था। उसे उन्होंने सभी संभव कष्ट झेलते हुए पाला था। उसकी प्रत्येक विदाई के अवसर पर वह फूट-फूटकर रोए थे। लेकिन उसकी मृत्यु के बाद जब वह, समाचार सुनाने से पहले, सांत्वना-प्रदान का विश्वास लिए मेरे पास आए, तो दिन-भर विश्व की नश्वरता आदि पर प्रवचन ही करते रहे। मैंने समझा, मुझे वेदांत का विद्यार्थी जान अपनी ओर से अनुकूल हवा बहा रहे हैं। फिर दूसरे दिन मेरे मलिन मन को यथासंभव ज्ञान के प्रकाश में लाकर, सात्त्विक भावुकता को शनैः-शनैः शांति के भीतर से सहिष्णु बनाकर, क्षीणतर स्वर में उन्होंने वह निर्मम-निष्ठुर सत्य प्रकट किया। सुनते ही आँखों तले अँधेरा छा गया; विपत्ति की इस अचानक आँधी में मेरा शास्त्रीय ज्ञान का दीपक, बिना झिलमिलाए, बुझ गया। अवश्य ही उनकी प्रशांत प्रज्ञा पूर्ववत् निश्चल-निष्कंप रही।

गए साल सावन के महीने में जब चंद्रकला (मेरी पत्नी) स्वर्ग सिधारी, मेरी अनुपस्थिति में उसकी अंत्येष्टि क्रिया उन्हें ही करनी पड़ी। मैं कई दिनों बाद घर पहुँचा था। उस अवसर पर भी मैंने देखा, वह धीरज न खो मुझे सांसारिक अच्छाई-

बुराई की शिक्षा दे रहे थे। हाँ, एक वैसा समय भी अवश्य आया था जब वह अपने को पूरी तरह न सँभाल सके थे। दसवें दिन, श्मशान-घाट के पास, पीपल के पेड़ के नीचे, पिंड दिए जा रहे थे—गाँव के बच्चे-बूढ़े आसपास बैठे हुए अपने-अपने ढंग से परिस्थिति की चर्चा कर रहे थे, मैं भी एक ओर घनघोर चिंता में डूबा, भीतर की छोटी-सकुचाई आँखों से बाहर दूर-दूर तक फैले अँधियारे को देख रहा था कि एक बार अचानक बाबूजी के सिसक उठने का आभास मिला। मैं सावधान हो गया। फिर ध्यान देने पर ज्ञात हुआ—पिंड देते समय जब-जब "चंद्रमुखी (उन्हें संभवतः असली नाम याद न था)-नाम्न्याः प्रेतायाः" कहना पड़ता था, उनका कंठ वाष्प-गद्‌गद हो जाता था।

यों तो आत्म-संयम, सहिष्णुता आदि ऐसे सर्व-सामान्य धर्म हैं कि जिनके अभाव में मनुष्य को मनुष्य कहलाने का ही अधिकार नहीं है; किंतु आधुनिक युग के साए में आए हुए मनुष्य ने इतनी चालाकी अच्छी तरह सीख ली है कि वह साफ-सुथरी भाषा से गिरे-गंदे भावों को, धुली-भड़कीली पोशाक से मैले-ओछे दिल को ढक रखने में कारगर हो जाता है। कतरनी की तरह चलती उसकी जबान ऐसी तेज और चोखी होती है कि वह अपने बड़प्पन की इमारत बुलंद रखने के लिए उस पर मनुष्यता की अनुकूल परिभाषा की सफेदी जल्दी-जल्दी फेर सकता है!

मेरे पिताजी ने अपनी विद्या और प्रतिभा की शक्तिमत्ता स्वीकार कर यदि नागरिक जीवन बिताया होता तो आज उनकी आर्थिक एवं सामाजिक स्थिति उच्चतर होती; किंतु तब उनका मानसिक विकास महत्तर होता या नहीं, कहा नहीं जा सकता, फिर भी उन्होंने जान-बूझकर 'महत्तर' के लिए 'वृहत्तर' या 'उच्चतर' का त्याग किया; ईश्वर-दर्शन की दुर्धर्ष लालसा लिए बाह्य रूक्षता से आँखें फेर अंतर्मुख होते गए, यह कहना मेरे लिए अति कठिन है। कारण, वस्तुतः अनतिक्रमणीय परिस्थितियाँ ही उन्हें सर्वसह, प्रशांत एवं सुदृढ़ बने रहने के लिए हमेशा बाध्य करती रहीं। उनकी प्रशंसा इसी अंश में की जा सकती है कि जब रोज-रोज दिल दहला देने वाली परिस्थितियाँ पैदा होती थीं, जिनसे अशांत, अधीर व्यक्ति को केवल आत्महत्या की ही प्रेरणा मिल सकती थी, तब उन्हीं विषम स्थितियों में जाने कैसे वह नित्य-नित्य आत्म-विकास करते गए!

उनके जीवन-संबंधी सिद्धांत को सूत्र-रूप में उपनिषद् की भाषा यों प्रकाशित कर सकती है—

'कुर्वन्नेवेह कर्माणि जिजीविषेच्छतं समाः!'

उन्हें अपने आसपास जो खर-पात मिलते गए, उन्हीं से, एक-एक तिनका चुन-चुनकर वह घोंसला बनाने में जुटे रहे। कितनी बार बेरहम आँधियों ने उनकी मेहनत मिट्टी में मिलाई, इसकी गिनती उनके लिए अत्यंत अनावश्यक रही। और, घोंसले का सामान सँजोकर उन्होंने ताजमहल बनाने का ख़्वाब तो कभी देखा ही नहीं।

कार्य करना अनिवार्य समझकर ही वह उसमें अलिप्त भाव से व्यस्त रहे और जैसे उनके मौन-मंद्र प्राण-यंत्र पर यही रागिनी छिड़ी रही—

'आमारे येन ना करि प्रचार
आमार आपन काजे
तोमारि इच्छा करो हे पूर्ण
आमार जीवन माझे।'

कुछ भी हो, आज बत्तीस की उमर में मैं उनकी सत्तर साल की सत्ता को जो भी महत्ता प्रदान कर सकता हूँ; जिस दृष्टि से उनके योग-क्षेम या लोक-संग्रह को देख और समझ सकता हूँ, वह तब तो किसी भी प्रकार संभव न था, इसलिए अभी वैसी सभी बातें छोड़कर मुझे उस ओर मन को मोड़ना है, जहाँ मैं चार-पाँच बरस का मातृहीन बालक लगभग चालीस वर्ष के प्रौढ़ पिता की गोद को टुकुर-टुकुर ताकता खड़ा हूँ, जिसमें चार-पाँच महीनों की बहन सुमित्रा रोते-रोते सो गई है और जिसकी नींद की ओर आँखों की कोर से इशारा कर पिताजी मुझे शांत रहने की मौन-मूक शिक्षा दे रहे हैं; मगर मैं जोर-जोर से समझ रहा हूँ कि उनकी व्यस्त गोद में अब मेरे लिए आमोद-प्रमोद की सुविधा संभव नहीं; मुझे और कहीं अपनी गुंजाइश के लायक जगह खोजनी चाहिए!

तब मैं दूनी सूनी आँखों से उदासी और मनहूसियत बरसाते सहमे-चौकन्ने-से मकान के कोने-कोने को ताक-झाँककर साँस साधे रह जाता। वहाँ कहाँ पाता मैं त्राता!

उसी समय पड़ोस की एक विधवा मुझे अपने घर उठा ले जाती; रूखे-सूखे बदन को चिकना-चुपड़ा बना मुझे चुचकारकर चूमती और अपने गोरे-गोरे गालों को आस्फालित कर मुझे भी चूमने को कहती। उस समय की वह अतिक्षीण स्मृति आज कितनी तीव्र और तीक्ष्ण लगती है!

उसके आँगन में एक अमरूद का पेड़ था, वह उसके तने के सहारे देर-देर तक उठंग कर मातृत्व से उमगते अपने गुलगुले वक्षःस्थल पर मुझे उछालती रहती और

जब कभी एकाध अमरूद का टुकड़ा दाँतों से ही छील-कुतरकर मेरे मुँह में डाल दिया करती। वैसे तो सहानुभूति दरसाने के विचार से कितनी ही स्त्रियाँ मेरे घर जुड़ती रहती थीं, पर उस अभागी विधवा की उमंग देखते ही बनती थी। वह दरवाजे पर या गली-कूचे में—जहाँ भी मुझे अकेला पाती, झट उठाकर अपने घर ले भागती और जी खोलकर प्यार किया करती। वह कभी-कभी मेरे कानों में बुदबुदाया करती थी कि माँ ने मरते समय मुझे अमानत की तरह उसी को सुपुर्द किया था;[1] मेरी देखभाल करने की जिम्मेदारी उसने माँ का सिर छूकर कुबूल की थी, मगर यह रहस्य मैं बाबूजी के आगे भूलकर भी प्रकट न करूँ, नहीं तो वह मुझे उसके पास हर्गिज न जाने देंगे; क्योंकि गाँव वाले उसे 'डायन' कहा करते हैं और बिना कुसूर, सिर्फ शक पर उसे हमेशा सताते रहते हैं; मिट्टी में घसीट-घसीटकर पीटा करते हैं, जब भी किसी के घर अचानक कोई बच्चा मर जाता है!

उसके कोई न था, भरी जवानी में पति परलोक सिधार गए थे, चलते-चलते उसकी गोद में एक दुधमुँहा छोड़ गए थे, वह भी, लाख-लाख प्यार पाने के बावजूद, माँ से मुँह मोड़कर पिता के ही पास चला गया था। गाँव वालों ने संवेदना प्रकट करने के स्थान पर यह प्रचारित कर रखा था कि उसने अपने पति और पुत्र की बलि चढ़ाकर 'डायन-विद्या' सीखी है!

पिटने पर जी भरकर रो लेती; गालियाँ सुनने पर भीतर ही भीतर कटकर रह जाती; मगर जब वह किसी का बच्चा कच्चा चबाती ही न थी, तो रुधिरधार के साथ भी, बलपूर्वक स्वीकार कराया हुआ अपराध कैसे उगल सकती थी?

माता का नाता न था। भाभी को—

'कुण्डले नैव जानामि नैव जानामि कंकणे
नूपुरावेव जानामि नित्यं पादाभिवन्दनात्'

के दृष्टिकोण से राम (=जानकीवल्लभ) नहीं, रामानुज देखते थे। ईश्वर ने ठूँठ को शाखाविहीन यों ही नहीं बनाया। भाभी तो क्या, स्त्रीमात्र से हीन गृह में मैं अनायास मर्यादा-पुरुषोत्तम बन गया; तब अधिक से अधिक भक्त लक्ष्मण बन सकता! यह

1. गाँव में जितनी 'डायनें' थीं, उनकी सेवा में माँ की ओर से कोई न कोई उपहार पहुँचता ही रहता था, यह रहस्य उनकी मृत्यु के पश्चात् प्रकट हुआ। माँ तो माँ, मेरा खयाल है, पिताजी से भी वह टैक्स वसूला जाता था। ओह! वात्सल्य, कैसा विवेक-विकल और आदर्शहीन प्रतीत होता है ऊपर से!

सो, उसकी कानों में कही जाने वाली बातें भी प्राणों को छूने वाली ही कही जा सकती हैं। वह डायन तो थी ही नहीं। हाँ, यदि डायन के नाते भी वह मेरी माँ की ममता प्राप्त कर सकी थी, तो भी माँ के उस सभय निर्णय और चाव-भरे चुनाव को मैं बहुत ही भाव-भरा समझता हूँ।

है कि किसी दुर्बल की वधू को भाभी कहकर कृत्रिम संतोष का अनुभव कर सकता था—पर माँ की समवयस्क उस भाभी का जिस मृत-वत्स पिता ने गला घोंट दिया था, उसकी क्रूर कापुरुषता किसी भी संभाव्य भाभी में मुझे अब तक दृष्टिगोचर होती है। नहीं-नहीं, मुझे उस मातृत्व-महिमा को भाभी कहने के लिए विवश न करे कोई।

उसके वैसे गोरे, गठीले बदन पर मैला-फटा कपड़ा फबता न था; लंबे बाल खुले, धूल-भरे या चीथड़े से बँधे रहने पर खूब खुलते न थे, फिर भी वह जिंदगी की यह सूरत कुबूल करने पर मजबूर थी।

सात की उमर आते-आते मैं अपर पास कर चुका था, इसलिए आठ-नौ की उमर तक तो उसे दुतकारने, विलज्जित करने की योग्यता प्राप्त कर ही चुका था। जब कभी मैं उजले-धुले कपड़े पहने होता और वह बालों में नौ मन धूल भरे, तो बड़ी मुश्किल से उसकी पकड़ में आता था, ऊपर से करारी फटकार भी बतला देता था। तब वह बलपूर्वक मेरा मुँह चूमकर तत्क्षण रो देती थी कि अगर मैं बड़ा होने पर अपनी कमाई से उसके लिए अच्छे खाने-कपड़े का बंदोबस्त कर सकूँगा तो वह क्योंकर राजा-बेटे की माँ होकर भिखारिन का बाना बनाए फिरेगी भला!

राजा बेटा!—हाँ, उसका बेटा आज तक राजा न हुआ, कभी होगा भी नहीं; वह राजा होने की राह कतराकर शुरू से ही चलता रहा है न! और नहीं तो, उसके देखते-देखते कितने ही पापड़ बेलने वाले भले लोगों की देह गर्द-बर्द कर कार पर उड़ने लगे; धर्मशाले के बरामदे में ठोढ़ी-घुटने जोड़-सिकोड़कर रात बिताने वाले पंचतल्ले पर रेडियो का एरियल फिट कराने लगे!

आज की मेरी उमर में तो वह खतम भी हो चुकी थी, मगर उसकी याद मेरे दिल-दिमाग में कुछ यों ताजा है कि आते-जाते अगर कहीं कोई वैसी ही धज दिख जाती है तो मैं एक दफा पूरी चौकसी से अपने को सँभाल लेता हूँ। भला अब यह कब संभव है कि फटी साड़ी में न समाते हुए किसी के रूप और मातृत्व को बचपन की कच्ची सचाई से निरखने का पक्का विश्वास दिलाकर मैं उपहास-योग्य न समझा जाऊँ?

मरने के कुछ ही दिन पहले उसके अंतिम दर्शन का दुर्भाग्य प्राप्त हुआ था मुझे। मैं अपने मन से उसके घर शायद उसी दिन पहले-पहल गया था। बैसाख-जेठ की लपट-भरी दोपहरी थी। बकरी का एक बच्चा मेरे ओसारे पर चढ़ आया था, उसी के साथ खेल रहा था। कुछ देर बाद वह छलाँग मारता भागा, मैं उसे खदेड़ता हुआ दौड़ा। और आनन-फानन वह उसी के झोंपड़े में घुस गया। तब वह गोबर से लीपी हुई जमीन पर ताड़ की चटाई डाल अस्त-व्यस्त सोई पड़ी थी। अचानक चौंककर जगी

तो मुझे झपटकर उठा लिया, और माथे का पसीना पोंछ ताबड़तोड़ दुलराने लगी। मैं तब वैसे दुलार के योग्य कदापि न था, फिर भी उसमें जाने कैसे सुख का अनुभव कर उसकी गोद में चुपचाप दुबका रहा। वह मेरे बिचके हुए मुँह पर बाँस का टूटा पंखा हौले-हौले झलती रही।

चाँद का गोला मुँह, कलंक की काली आँखें, सीकरों से सिक्त रश्मि-राशि-सी अंग-तरंग!—एक अनोखी ममता से मेरा विधुर शैशव मधुर हो रहा था। उस घड़ी मेरे नन्हे-से मन को वह बड़ी और कड़ी बात कितना कठिन आघात पहुँचा रही थी कि करुण वात्सल्य से हृदय का अमृत छलकाती उस-जैसी मृतवत्सा मातृमहिमा को लोग डायन कहते हैं! यद्यपि अब मैं सिसकियों के साथ इसका रहस्य स्वयं समझ गया हूँ कि क्यों उसे डायन ही कहा जाना चाहिए था। रहस्य कि अचानक अपने इकलौते बच्चे को खोकर जो उसकी अतृप्त वासना उत्कट-उन्मद, प्रगाढ़-प्रगल्भ हो गई थी, जिस कारण वह किसी भी स्वस्थ-सुंदर शिशु को प्यासी आँखों से निर्निमेष निहारने लगती थी; भूखी भावना से, झपटकर दामन में छुपा लेना चाहती थी, उसका वह अतिरिक्त मातृत्व संपूर्ण लोक-कोष के टकसाली शब्दों को चुनौती देने वाले 'डायन' विशेषण के बिना किस प्रकार विशिष्ट हो सकता? रहस्य कि सगी माँ से बढ़कर जो वह प्यार करती थी, वह उसके डायन होने का नहीं तो और किस बात का सुबूत था?

मैंने बड़े ही सादे ढंग से पूछा :

"तुम्हें सब डायन क्यों कहते हैं?"

और जैसे प्रतिकूल पवन में पाल बेसँभाल हो उठा हो; उलटी धार में खेते बाँहें थक-हार गई हों; पतवार फेंककर राहत की साँस ली गई हो; उसने तत्काल उत्तर दे दिया : "मिट्टी खाती हूँ न, इसीलिए!"

"मिट्टी खाती हो?"—आधे धड़ से उठ आँखों में करुण विस्मय और गुस्से की गंधहीन गुलाबी भरकर पूछा मैंने, फिर उसकी दाहिनी बाँह की घनी छाँह पा पहले की तरह ही अवसाद-भरी उत्सुकता लिए लुढ़क गया। 'हाँ' कहने के साथ उसकी आँखों से कई बूँद आँसू निकल मेरे माथे पर चू पड़े। कोई उस घड़ी टेढ़ी उँगलियों से हिलकोरकर भी मेरे मुँह से दो बोल नहीं काढ़ पाता।

मैं आज की तरह तब कैसे सोच पाया हूँगा कि अरी ओ गंगा, मुझे यह देखने की चाह ही कहाँ है कि क्यों तुम पहाड़ की बेटी और अग-जग के कूड़े-कचरे को साफ करती-करती आप गदली हुई जाती हो?

या कि तुम्हारी एकांत आत्मा अगम गगन की शून्य नीलिमा में टिमटिमाती

एकाकिनी तारिका की तरह उदासी की साँस ले रही है; संसार के एक छोर पर लहराते-गाते सिंधु की ध्वनि-प्रतिध्वनि की भाँति तुम्हारा स्वर अपने ही अनाहत हृदय की परिधि में बिलख रहा, पछाड़ खा रहा है, और तुम अपनी अखंड चेतन पावनता के साथ उन्मुक्त उषा के समान निरावरण एवं किरणाभरण हो!

या कि तुम्हारा जीवन दुराई दुनिया की पथराई डगर पर लड़खड़ाते पाँव सँभालने में ही व्यस्त रहा करता है और जैसे तुम्हारे पास इतना अवकाश नहीं कि तुम पल-भर तलवों की धूल झाड़ने के बहाने भी, किसी झाड़ के साए में खड़ी हो, अपने मरे सपनों से भरे दिल को देखो; अपने आपको जानो, मानो!

पता नहीं, कब तक मेरी आँखों पर गीली पट्टी बँधी रही और मेरा तन ठंडी लपटों में सिंकता रहा—कब तक मेरा मन सुलगते कुहरे की सलवटें निकालता रहा, कब तक मैं मौन रहा; मगर जब भी कभी बोला हूँगा, सबसे पहले मेरे मुँह से यही प्रश्न फूटा होगा—"तो तुम मिट्टी क्यों खाती हो?"

और मैं समझता हूँ, इसके बाद वह रोई न होगी, भर्राए स्वर में बोली ही होगी—

"पति और पुत्र के मर जाने के बाद जेठ-जेठानी ने मुझे घर से बाहर निकाल इसी झोंपड़े में बाकी बची जिंदगी गुजारने को कहा। मैंने अधीर होकर जीने-खाने की बात पूछी तो उन्होंने बड़ी रुखाई से जवाब दिया—"मिट्टी खोद-खोदकर खाना।"

"तब सब तरफ से निराश हो मैं किसी-किसी खेत से कभी चने की, कभी मटर, खेसारी, सरसों, बथुआ, मूली वगैरह की भाजियाँ खुटक-खुटककर लाने और उन्हें ज्यों-त्यों कच्चा-पका खाने लगी। कभी झाड़ियों से झड़बेर झाड़ लाती; कभी करौंदे, पियार, कंद या गाजर; इसी तरह लगभग बारहों मास फलाहार, एकादशी करते-धरते बिता देती।

"हाँ, तो जेठ-जेठानी की बात याद कर, कभी-कभी भूख लगने पर, गुस्से से तिलमिलाकर, मैं मिट्टी खा लेती थी, फिर एक तरह की लत सी हो गई। अरे, एक दिन तो मिट्टी मुझे खाएगी ही, फिर उससे क्या डरना? अभी मैं उसे खाती हूँ,—कुछ दिन ही तो और खा सकूँगी!"

फिर उसने मेरे दाँतों के बीच अपनी कानी उँगली उलझा, होंठों से गाल गुदगुदाकर कहा—"अब एक बात मैं भी पूछूँ।" उत्तर देने की तत्परता सँजोए बिना ही मैंने अपनी नयन-तारिका में उसका सुखद मुख प्रतिबिंबित हो जाने दिया।

उसने पूछा—"मेरे अलावा और कोई तुम्हें प्यार करता है?" और, अबोध मन ने उसके भाव का शोध किए बिना ही स्वीकृति-सूचक इंगित कर दिया। सच कहता हूँ, मेरे इस इंगित से वह तरंगित ही न हुई; उसके प्यार में ज्वार ही न आया, बल्कि

वह कुछ देखने एक पल को भरपूर ऊपर रुककर बूँद-बूँद निचुड़ी हुई-सी शिथिल, निश्चेष्ट और अगाध हो गई। उसकी दृष्टि की चमक में से निकल एक किरण काफी दूर तक जाती दिखी चक्करदार अँधेरे में!

वहाँ से लौटकर मैं एक-दो सप्ताह के लिए ज्वर-ग्रस्त हो शय्या-शायी हो गया, [शायद वह गहरी नींद की तरह शारीरिक आवश्यकता (Physiological necessity) थी जिसका अनुकूलतम (optimum) समय सबके लिए एक समान नहीं होता] उधर इसी बीच, उसे मुझ-जैसे निर्मम, अकृतज्ञ और जन्मजात अभागे से बचकर अपार्थिव लोक सिधार जाने का मनचीता मौका मिल गया। वह मिट्टी में न मिलकर विरज विशोक हो गई; उस चिरकिरणमयी पर धूल डालने वाले अवश्य गर्द हाथ झाड़ते हुए अभी मौजूद हैं!

अब वह नहीं, उसका झोंपड़ा भी नहीं है, किंतु विधाता का विधान उसके जेठ का दोमंजिला मकान भी सपाट मैदान बन गया है। अब आँगन में उसके गहन जीवन का सबसे बड़ा जानकार वह अमरूद का पेड़ अकेला खड़ा है। पेड़ ने खामोश रहकर उसकी सारी कहानियाँ सुनी थीं, और मैंने धप्पा मारकर, खोद-खोद, कुरेद-कुरेदकर भी बहुत ही थोड़ी। इसलिए सुनाने योग्य असली बातें वह तब से अब तक छुपाए हुए है, और जब-तब भागकर उसके पास जाने और कूदकर झुके तने पर बैठने वाला मैं छोटी-मोटी घटनाओं को भी हाँफ-हकलाकर जतलाए बिना न रह सका हूँ। इसका भी एक कारण है और वह यह नहीं कि उसने सर्वज्ञ होकर मौन रहने की साधना की है, और मैंने अल्पज्ञ होकर कल्पनाशील कलाकार बनने की। बल्कि असलियत यह है कि मेरी अपेक्षा वह संसार को अधिक गंभीरता से समझने वाला प्रतीत होता है। वह जानता है कि मिट्टी-पत्थर की छाती वाली इस धरती पर ऐसी-ऐसी कुर्बानियाँ रोज हुआ करती हैं, और चूँकि यह रोजमर्रा की एक अदना-सी घटना है, इसका कुछ भी मोल नहीं। मोल हो न हो, मैं ठहरा 'पुनर्विवक्षुः स्फुरितोत्तराधरः', सो इसकी चर्चा चलाकर ही रहा।

मैं यह नहीं मानता कि हकीकत को कीमत की आरजू होती है; सत्य सहानुभूति की अपेक्षा करता है। नहीं, यह जो अँधेरा उजाले पर हावी हो जाता है; यह जो दोस्ती और मुहब्बत के सीने में भोथी छुरी भोंक दी जाती है, उसकी तरफ से नजर फेर लेना मुझे कुछ जँचता नहीं है। महज इसी बुनियाद पर कि दुनिया में ऐसा हुआ किया है, हुआ करेगा; यही दुनिया की तारीफ है, इसे हर जुबान में, हर तरह, जाहिर करना जरूरी है।

मुझे तो कभी-कभी ऐसा मालूम पड़ता है कि सिर्फ यही जाहिर करने के लिए

इंसान को ऐसी साफ जबान दी गई है, वर्ना कत्ल होने के पहले क्या बकरी का बच्चा में-में नहीं करता? गला टिपने पर तोता टें-टें नहीं करता?

बलिदान या कुर्बानियाँ इसलिए जरूरी नहीं कि उनके आधार पर द्वंद्वात्मक इतिहास का निर्माण होगा, बल्कि जहाँ बेइंसाफी सिर उठाना चाहती हो, वहाँ, उसे बा-अदब झुका देने के लिए, कुर्बानी चाहिए ही! जहाँ झुठाई सचाई को चरका दे रही हो, शक्ति सौंदर्य का नाश कर रही हो, वहाँ बढ़कर कुर्बानी देना ही इंसान की जिंदगी का सबसे बड़ा मकसद होना चाहिए!

पिछली बार गाँव जाने पर देखा, वह पेड़ भी नए मकानात से घिर गया है। मैं मकान-मालिकों के आगे यह सारा किस्सा बयान कर वहाँ पहुँचने की इजाजत पा सकता था, परंतु न जाने क्यों, वैसा न कर सका। वहाँ जाने के लिए कभी किसी की इजाजत की जरूरत जो न हुई थी; मैं सब कहीं इजाजत लेने-देने का कायल जो न रहा, शायद यही सबब है कि ऐन मौके पर उन लोगों के आगे मेरी जबान न खुली, न खुली।…उस तक पहुँचने के लिए पंछी होने की बात तो मैं कभी सोच ही नहीं सकता, क्योंकि पंछी होकर मैं वहाँ आसानी से पहुँच तो सकता था, मगर आदमी के चोले का ज्यादा से ज्यादा फायदा उठाता हुआ, उस पेड़ को अब हमेशा-हमेशा के लिए अपने नयनमन में ही बसा लिया है; मैं स्वयं उसी पेड़ की तरह क्या उसकी ऐसी यादगार नहीं हूँ जिसे कहाँ-कहाँ झक मारनी पड़ी, क्या-क्या मुसीबतें देखनी पड़ीं, फिर तड़फड़ाकर रह जाना पड़ा परिस्थितियों की जकड़ में जड़ होकर?

माँ का प्यार क्या होता है भला? हाँ, इसके उष्ण स्नेह में तलकर शायद मेरा बचपन फूलता, शायद पकता, सो कुछ न हुआ। वैसे वह जल-भुन तो गया ही।[1]

---

1. बाललता की 'विधवा' कविता का इससे साक्षात् नहीं तो परंपरित संबंध अवश्य है। बूँदें भाप बनकर उड़ीं, आकाश में बादल बनीं, फिर परती धरती पर बरस गईं!

'वाग्जन्म-वैफल्यमसह्यशल्यं
गुणाद्भुते वस्तुनि मौनिता चेत्
खलत्वमल्पीयसि जल्पिते तु
तदस्तु बन्दिभ्रमभूमतैव!'

का यह रूप किसे प्रिय होगा?

(आँगन में खाट डालकर लेटा-लेटा अपने घर और आकाश की तुलनात्मक समीक्षा कर रहा था कि दोनों में कौन अधिक मौन, कौन अधिक सूना है। चार बरस की उमर में माँ से चिर-विछोह हुआ था, तब से पिताजी की पांडित्य-प्रतिभा से द्वार प्रायः श्रौत-स्मार्त स्वरों से मुखर रहा; किंतु द्वार के इस पार मंगल-कलरव का प्रवेश कदाचित् ही हुआ। हाँ, तो मैं—

काहू ने न तारे तिन्हें गंगा, तुम तारे,
औरु जेते तुम तारे, तेते नभ में न तारे हैं!

गुण के रूप में मैंने उससे क्या पाया, नहीं मालूम; मगर दोष उससे कम से कम दो जरूर पा लिए। आखिर इस दोष-गुणमय विश्व के लिए कहीं न कहीं से यह संबल चाहिए ही था!

संस्कृत में एक कहावत है—'संसर्गजा दोषगुणाः भवन्ति' कि दोष और गुण संसर्ग से उत्पन्न होते हैं। इसमें मेरी सूझ है कि व्याकरण के नियम के अनुसार यहाँ कवि को 'गुण-दोषाः' लिखना था; किंतु उसने 'दोष-गुणाः' लिखा है। ऐसा उसने व्याकरण के नियम का उल्लंघन कर अथवा छंद के अनुरोध से नहीं किया है। बल्कि वह एक बड़ा ही मनोवैज्ञानिक कवि था और ऐसा लिखकर उसने मन की अच्छी

की मनःस्थिति में न रहने पर भी टूटे तारों को जोड़ रहा था कि पड़ोस से ओस-भरी कुसुम-पंखुड़ियों की परिमल-लहरियाँ आईं; और मुझे तत्क्षण यह अनुभव करना कठिन हो गया कि अभी ओस से अधिक भीगा या परिमल से अधिक अधीर हुआ। पीछे मालूम हुआ कि सिसकियों के सहारे पड़ोसिन बाल-विधवा 'बिहाग' गुनगुना रही थी कि रात ही की भाँति वह भी आधी हो गई है!

'आत्माराम' शब्द को यदि पूरी निर्दयता से कदर्थित किया जाए तो वह मैं हूँ। फलतः मेरी यह मूक सहानुभूति 'बौद्धिक' कही जा सकती थी, किंतु कैसे कहूँ कि आज से दस बरस पहले तक काव्य के विशेषण के रूप में, मुझे यह शब्द किसी हिंस्र पशु का जबड़ा दिखता था। और, मेरी सहानुभूति काव्यानुभूति की तीव्रता प्राप्त किए बिना ही प्रस्तुत स्वरूप में ढल गई थी।)

विधवा

किसे सुनाऊँ करुण कथा?
उनके तो रिपु भी जग में हैं,
पर मेरा क्या कोई?
बैठ बबूल-डाल पर वन में—
काली कोयल रोई!
जगती जगती के उर में—
सुरसरि···क्या कोई गाता रे!
मैं कहती, इस पथ से भी···
कोई आता-जाता रे,
हँस-रो जिसे सुना सकती सब
अपने मन की मौन व्यथा!
किसे सुनाऊँ करुण कथा?
झुला साँस पर, सुला पलक पर,
व्यथा-बालिका पाली,
बड़ी मुखर, चंचल यह निकली,
छली गई मैं आली!
चली जाएगी छोड़ किसी दिन
यह भी, विधि की क्रीड़ा!
हो तब किसकी आस, न अपना
हृदय, न अपनी पीड़ा!

परख ही बतलाई है। उसने मन की गतिविधि को ठीक-ठीक समझकर लिखा है कि संसर्ग से जितनी जल्दी दोष उत्पन्न होता है, उतनी जल्दी गुण नहीं; इस मामले में दोष ही बड़ा ठहरता है; वही पहले प्रभावित करता है और इसलिए उसी का प्रथम उल्लेख उचित है।

जो हो, मैं तो यहाँ अपने अलोने मन की बात बता रहा हूँ। मैंने उस (psychopathic personality) से दो दोष ही सीखे थे; गुणों के संबंध में कुछ भी याद नहीं। प्रथम दोष था—झूठ बोलना।

वह मेरे घर कभी नहीं आती थी, नहीं आ सकती थी। शरद् बाबू की सहृदयता उस संकीर्ण ग्रामीण वातावरण में सहज ही नहीं पहुँच सकती थी, फलतः वह प्रत्येक गृह से उपेक्षित तथा निष्कासित थी। उसके लिए हर घर का दरवाजा बंद था।

सो उसने मुझे अपनी सौगंध के साथ सिखा रखा था कि मैं मरकर भी कभी कहीं यह रहस्य न प्रकट करूँगा अन्यथा उससे मेरा मिलना-जुलना तो असंभव हो ही जाएगा, मेरे बिना उसका जीना भी दुर्भर हो जाएगा। तब मुझे उसकी बात ही अधिक पसंद आई थी। झुठाई की शिक्षा देने वाली मेरी आचार्या स्वयं झूठ नहीं बोली थी। वह मुझे प्रेङ्खोलित अंतरंग की निष्कंप उमंगों के साथ, तन्मय होकर, प्यार करती थी, इसमें किसी शक-संदेह की संभावना नहीं।

हाय रे, प्यार का प्यासा मन! उसने मुझसे आनन-फानन हामी भरा ली थी। मैंने उसकी खातिर यह झूठ बोलना झटपट कुबूल कर लिया था। मगर क्या मैंने सचमुच उसी की खातिर झूठ को वरण किया था? अब मेरा मन कहता है, नहीं-नहीं,

---

धँसे अतल में कूल-कलंकिनी,
रामराज्य की प्रथित प्रथा?
किसे सुनाऊँ करुण-कथा?
मैं न बुझूँगी, अमर दीप की''
ज्वाला हूँ, बाला हूँ;
पल भर किसी कंठ से लगकर''
छिन्न हुई माला हूँ;
प्रखर धार में पड़ी तरी हूँ,
टूट गई पतवार;
मैं जाग्रत भारत की विधवा;
कुंठित असि की धार!
चिता-भूमि की कुसुमित लतिका''
लज्जित; सौरभ-भार वृथा!
किसे सुनाऊँ करुण कथा?

हजार बार नहीं। मैं स्वयं उसके प्यार का प्यासा था। यह हो सकता है कि माँ के मर जाने के बाद पहले-पहल ऐसी प्यास उसी ने जगाई हो। मगर मैंने अपनी ही सुविधा के लिए 'झूठ' को गले लगाया था, यह सच है; यही सच है।

दाई (दादी : सालिक चाचा की माँ) का प्यार प्रकट था। उन्हें प्यार का भंडार कहा जा सकता था। गाँव-भर के बच्चे बंदरों की तरह उनकी देह की लचती डालों में उलझे-झूलते होते थे। मैं जब घर से गायब रहता, सभी समझते : दाई के घर गया हूँगा; जब 'उसके' प्यार की गंगधार से सद्यःस्नात, सहज-निर्मल-गात लौटता तो भी समझते : दाई ने धो-पोंछकर चिकना-चुपड़ा बना दिया होगा। इस प्रकट रहस्य से बहुत बार तो झूठ बोलने की आवश्यकता ही न होती, और जब कभी होती, मैं बेफाँस गले से दाई के नाम की दुहाई दे लेता।

मैंने उससे महज पाक-साफ झुठाई की ही तालीम ली हो, यह बात नहीं, उससे तो मैंने मासूम मन को गुमराह बनाने का सबक भी सीखा था। बचपन का वह किमाकार संस्कार आगे चलकर मेरे अकिंचन मन को सब तरफ से घेरकर उन्मत्त-उन्मन बना देगा; मेरे जीवन के रंध्र-रंध्र में अनंत हाहाकार भर देगा, यह उस समय कौन सोच सकता था भला!

कहना न होगा, वह अनिंद्य सुंदरी थी। जब भी रूप और प्रेम में अभेद संबंध की संभावना नहीं; मुझे उसके मातृत्व का सौंदर्य ही सँजोना था; उसके अतिरिक्त विह्वल वात्सल्य को उसी के साथ भूल, भविष्य जीवन के अनुकूल अपने आपको सामने के साँचे में ढाल लेना भी अनुचित न होता; किंतु मैं तो कुछ ऐसे अमिट संस्कार से अभिभूत हो गया, और आगे चलकर कालिदास और टैगोर ने घृताहुति दे-देकर मेरे उस धुआँते-बुझते संस्कार को ऐसा धधकाया कि विश्व-भर के कवियों की शत-सहस्र सूक्तियों से ढकने, प्राचीन-नवीन दार्शनिकों के तर्क-वितर्क से मन का अनवरत मंथन करने पर भी मैं रूप की सीमा के भीतर से ही प्यार की कल्पना करने का अद्भुत अभ्यासी हो गया; और जिसका सबसे कुत्सित एवं कटु परिणाम यह हुआ कि वैसे अपूर्व-अद्भुत रूप का आभास न मिलने पर कोरे प्यार को कभी प्यार के रूप में हृदय में न उतार सका।

देव, वैद्यनाथधाम आदि अनेकानेक तीर्थ-स्थानों में मेरे मुंडन की मन्नतें मानी गई थीं जो माँ के मर जाने पर उधार ही रह गईं! उन दिनों मेरे माथे पर सुनहली जटाएँ थीं, (शायद नजर बचाने के लिए मुझे सोने-चाँदी के आभूषणों से अलग रखा गया था, यद्यपि मैं यह नहीं मानता कि ऐसी कोई मजबूरी न रहने पर भी मुझे सजाने की क्षमता घर में मौजूद थी) और पाँवों में लोहे के कड़े।

वे दिन दिगंबर रहने अथवा तेल से चिकट और गंधाते अस्रस्त वस्त्र धारण करने के थे। पिताजी तुलसी चौरे पर पूजा करते रहते और मैं पदावलि गा-गाकर नाचता रहता जिसकी धुन (प म प ध, पम प म ग) मेरे मस्तिष्क में अभी तक गूँजा करती है, किंतु 'गौरीशम्' के अतिरिक्त जिसका कोई भी शब्द अब नहीं याद आता।

उसी समय दाई मदाड़ी बनतीं और मुझे बंदर की तरह नचाया करतीं। उन दिनों चाहे उनके इशारे पर नाचना भाता भी हो, पर अब तो उस बाल्यकेलि को मैं रोष और आक्रोश के साथ ही याद कर पाता हूँ।

दाई कभी भूत-प्रेत की कहानियाँ सुनातीं तो उन्हें बेहद दिलचस्प और मजेदार बना देतीं। कालिदास की उपमाओं और श्रीहर्ष की उत्प्रेक्षाओं से परिचित होने के बहुत पहले मैं दाई की अत्युक्ति-अतिशयोक्तियों का कायल हो चुका था। अत्युक्ति-अतिशयोक्तियों को स्वभावोक्ति में परिणत कर उन्होंने अज्ञात रूप से 'अलंकार शास्त्र' में एक उद्‌भट क्रांति की थी।

एक दिन उन्होंने बताया कि कूटे जाने के लिए अपने आँगन और ओसारे पर फैलाए हुए धान में से कई मन ढो-ढोकर मैंने उनके घर में रख दिया था। कुटने पर जब प्रचुर परिमाण में चावल घटा तो माँ के होश फाख्ता हो गए, वह दौड़ी-दौड़ी उनके पास अपना रोना रोने पहुँचीं और मजदूरिनों को बुरा-भला कहने लगीं। फिर क्या था? वह हँसी की मूसलाधार वर्षा-सी करती हुई माँ को घर के कोने में खींच ले गईं और मेरी वैसी हरकत पर यकीन करने से साफ इनकार करने पर बुरी-बुरी कसमें खा-खाकर उन्हें खाकसार बनाने लगीं। जो कुछ हो, जीवन के अंतिम दिन तक मेरे घर से उनका संबंध अविच्छिन्न रहा।

मैं समझता हूँ, माँ की मौजूदगी में ही मेरा अक्षरारंभ हो गया होगा। कारण, जल्दी से जल्दी पंडित बना देने की व्याकुलता ने पिताजी को पाँचवें वर्ष तक की प्रतीक्षा कदापि न करने दी होगी। क्योंकि सात-आठ की उमर तक मैं अपर प्राइमरी पास कर चुका था, इसका प्रमाण मेरे पास अक्षुण्ण है, और पाँचवें वर्ष में अक्षरारंभ होने पर 'उन्नति के उस सोपान' पर सहसा आरूढ़ हो सकना रूढ़ कल्पना के परे प्रतीत होता है।

मुझे अच्छी तरह याद है, स्कूल में मैं सबसे भोंदू विद्यार्थी समझा जाता था। मेरा नाम कक्षा में अंतिम रहता था और मास्टर साहब मुझे अत्यंत उपेक्षा की दृष्टि से देखते थे। एक तो मेरी उमर बहुत छोटी, तिस पर सात-आठ साल तक मैं बुरी तरह तुतलाता था। 'क' को 'त' कहता था और संयुक्त वर्णों के उच्चारण के समय हकलाने और थर-थर काँपने लगता था। इसका परिणाम भी मुझे खूब ही भुगतना

पड़ता था। खजूर की छड़ी से पिटना रोजमर्रा में दाखिल हो गया था; फिर कान उमेठने और चाँटे जड़ने की तो बात ही क्या?

मेरी कक्षा में जो लड़का प्रथम होता था, वह (मास्टर साहब की ही जात का) कोइरी था। वह मुझसे कम से कम दस-बारह बरस बड़ा था। उसका नाम रामसागर महतो था शायद।

एक दिन मास्टर साहब ने मुझे इतना पीटा कि मेरी पीठ फट गई; लहू के धब्बे कुर्ते पर उग आए। किंतु उनके डर से मैंने पिताजी को कुछ न कहा। दूसरे दिन जाने किस प्रकार उन्होंने यह दृश्य देख लिया। फिर क्या था? आगबबूला हो गए, और ग्राम्य-भद्र विशेषणों से मास्टर साहब की संज्ञा को विभूषित करते हुए स्कूल तक चले गए। रास्ते में सहानुभूति के अश्रुत स्वर से मुझे उस निरर्थक पढ़ाई से बचा लेने का वचन भी देते रहे। स्कूल खुला था, लड़के और दूसरे शिक्षक उपस्थित थे, परंतु उस समय वहाँ मेरे मास्टर साहब मौजूद न थे। पिताजी शरत्-काल के बादल की तरह गरज-तरज कर घर लौट आए। खैर, मैं जैसे-तैसे अपर पास हुआ। यहीं मेरी स्कूली शिक्षा समाप्त हो गई।

मेरे उन मास्टर साहब का नाम बाबू युवराज सिंह है। वह अब भी शिक्षक हैं और अपनी निर्मम अनुशासनप्रियता के लिए पूर्ववत् प्रख्यात हैं।

स्कूली शिक्षा समाप्त करने के बाद मैं लगभग दो वर्षों तक अंग्रेजी पढ़ने के लिए 'नॉन मैट्रिक' बाबुओं के दरवाजे-दरवाजे मारा फिरा। दो-एक रीडरें खतम भी हुईं, मगर उस अंधेर में बिना पतवार की कश्ती खेना फिर संभव न हुआ।

गाँव के दो-एक रईसों ने पिताजी की गरीबी पर तरस खाकर मुझे अंग्रेजी न पढ़ाने की सलाह दी। पिताजी आत्मनिर्भर व्यक्ति नहीं हैं, इसलिए पराए लोगों की इस दुष्ट सम्मति का भी उन पर ठीक-ठीक प्रभाव पड़ा। उन्हें 'हौग-डौग' वाली अंग्रेजी का जरा भी गुमान न था, मुझे झटपट संस्कृत पढ़ाने की ठान ली। पिताजी के साथ मेरे निकटतर, सर्वांगीण संबंध का यहीं से सूत्रपात हुआ।

आज जब मैं इस भाषा और शिक्षा की थोड़ी-बहुत दूरी तय कर चुका हूँ; माधुर्य एवं तिक्तता का यथार्थ अनुभव कर अपने मानस को सर्वतोभावेन नीरस होने से किंचित् बचा सका हूँ, मुझे इसके विरुद्ध वाग्युद्ध करना नहीं भाता; किंतु इतने पर भी मैं यह कहना आवश्यक समझता हूँ कि मुँह बंद कर नाक से साँस लेते मुझे काफी कठिनाइयाँ झेलनी पड़ी हैं; आज के, विदेशी ढंग से सजे देशी बाजार में संस्कृत-विद्या का सौदा बहुत महँगा पड़ा है।

'गोमुख-व्याघ्र' के विपरीत पिताजी मेरे लिए सब दिन 'व्याघ्र-मुख गौ' रहे हैं।

नारियल की तरह उनका ऊपरी छिलका बड़ा कड़ा है। अवश्य ही मुझे सुस्वादु गिरी चखने का भी सौभाग्य प्राप्त होता रहा, परंतु यह बात भी कभी भूलने की नहीं है कि ऊपरी छिलका छीलते समय बार-बार हथेली लहूलुहान होती रही है।

उन्होंने मुझे इतना पीटा है; इतनी बार पीटा है और इतनी उग्र निर्दयता से पीटा है कि वह, अधिक से अधिक, मेरे लिए मान्य और श्रद्धेय ही बने रह गए हैं; लाख-लाख चेष्टाओं के बाद भी मैं उन्हें प्राणों का प्यार न अर्पित कर सका। उनका उद्देश्य अति पवित्र एवं महान् था; किंतु मेरे दुर्भाग्य के कारण उसका साधन उन्होंने क्रूर और कुत्सित पसंद किया था।

कोई भी सभ्य व्यक्ति जैसी गालियाँ जबान पर लाते हमेशा हिचकेगा, उनका प्रत्येक वाक्य में सन्निवेश किए बिना वह भरसक मुझसे वार्त्तालाप भी नहीं करते, और छोटे से छोटे अपराध के लिए जिस प्रकार मुँह बिगाड़कर तड़ातड़ हाथ चलाने लगते थे, उसे याद कर जब भी मैं हँसना चाहता हूँ, आँखें बरबस भर-भर आती हैं।

गालियाँ सुनते-सुनते मैं बहुत छोटी उमर में ही उस विद्या में पारंगत हो गया था और प्रायः निर्दोषों पर उसका सफल-असफल प्रयोग कर इस दिशा में अपने को तभी से 'योग्य पिता का योग्य पुत्र' सिद्ध करने लग गया था। परंतु पिटते रहने से, प्रथानुसार मेरी पीठ नहीं मजबूत हुई, उलटे, जैसे भय और आतंक से, वह पेट में सटती-सिमटती तदाकार हो गई। अवश्य ही पिताजी पेट की मार नहीं पसंद करते, इसलिए पेट-पीठ एक कर चुकने के बाद ही मैं उनके प्रिय प्रहार से छुटकारा पा सका। यों यह अवसर कहीं ब्याह-गौने के बाद आया।

'लघुकौमुदी' और 'अमर-कोष' से मेरी संस्कृत-शिक्षा का आरंभ हुआ। वह वसंत-पंचमी मुझे आज भी अच्छी तरह याद है, जब चंदन-चर्चित ललाट-तट में लाल गुलाल लगाकर मैं अपने साथी-संगियों में पेड़े-बताशे बाँट आया था। उस रोज मैं जिस खुशी से छलक रहा था उसकी तह में दबे दर्द को तो अब कहीं समझ पाया हूँ।

सूने आँगन के ईशान कोण में, तुलसी के बिरवे से सजे, उसी के पत्तों से गहरे हरे चौरे पर ताँबे और पीतल की दो-तीन कटोरियाँ पड़ी हुई हैं। किसी में घिसा चंदन और स्वच्छ अक्षत, किसी में फूल और किसी में प्रसाद। अक्षत चुगने को गौरैये और प्रसाद पर झपटने को कौवे बेताब हो रहे हैं। और उसी उपकरणशून्य, दर्शक-रहित, स्नेह-विहीन वातावरण में आठ-नौ वर्षों का हर्षोत्फुल्ल मैं अनजानते ही अपने भग्न-भविष्य की उथली नींव डाल रहा हूँ।

इस दृश्य की कारुणिकता तो पूरी गहराई से उस दिन समझ में आई जब मेरे मित्र प्रो० विद्यार्थी ने किसी प्रसंग में, व्यंग्य-वर्जित सहज स्वर में बतलाया कि

प्रोफेसर होने के बाद भी अंग्रेजी और हिंदी-संस्कृत के प्रोफेसरों में एक तारतम्य रह ही जाता है।

बात मुझे 'बावन तोले पाव रत्ती' सही जँची। निश्चय ही उन्होंने ज्ञान को नहीं, अर्थ और मान को महत्त्व दिया था; किंतु प्राक्तन पंडितों के समान आधुनिक संस्कृतज्ञ ज्ञान की गहराई का दावा भी कैसे कर सकते हैं? और, वैसा करने पर उन्हें पागल क्यों न करार दिया जाएगा? साथ ही, ज्ञान की एकांगिता या एकरसता के पक्ष में मेरा अपना ही मन गवाही नहीं देता; मैं इतनी संकीर्णता से स्वप्न में भी नहीं सोच सकता कि संस्कृत या हिंदी के विरल विद्वानों से अंग्रेजी के विरल विद्वान् कम ज्ञान रखते हैं। अस्तु,

'लघुकौमुदी' के सूत्र तो मैं कामचलाऊ ढंग से याद कर लेता था परंतु तोतली बोली होने के कारण 'अमर-कोष' के श्लोकों का सही-सही उच्चारण नहीं कर पाता था। पिताजी इस पर प्रहार शुरू कर देते थे, और मेरे लिए 'मरणं शरणं केवलमेकं' रह जाता था।

एक दिन उनके गुस्से का पारा आखिरी डिग्री पर पहुँच गया। उन्होंने निशाना साधकर इतने जोरों से मारा कि सामने के दो दाँत टूट गए। मुँह लहूलुहान हो गया। मैं किसी तरह आँगन में पड़ी चारपाई तक पहुँचकर ढेर हो गया। गाँव की स्त्रियाँ मेरा कातर क्रंदन सुन आतुर गति से आ-आकर इकट्ठी होने लगीं। कहते हैं, कुछ क्षण बाद मैं बेहोश हो गया था और पिताजी भी, स्थिति की असंभावित गंभीरता से परेशान हो, वहाँ आकर एक ओर खड़े हो गए थे। दाई ने उन्हें कड़ी फटकार बतलाई थी कि जिसे पाने के लिए अनुपमा ने जाने कितने व्रत रखे; उपवास किए, उस कृच्छ्र-प्राप्त एकमात्र पुत्र को, उसके मर जाने के बाद, घर में किसी चुपाने वाले की भी अनुपस्थिति में, ऐसी क्रूरता और निर्दयता से मारते-मारते मार डालने की यह रक्ताक्त प्रचेष्टा कितनी नृशंस और कैसी निष्ठुर है! पता नहीं, शास्त्रज्ञ पिताजी पर बिना पूछे ही दाई द्वारा बताई हुई बातों का कितना प्रभाव पड़ा; पर यह सत्य है कि उपर्युक्त घटना के बाद भी उनकी ताड़न-रागिनी पूरे आरोह-अवरोह और मीड़-मूर्च्छताओं-समेत यथासमय सुनाई देती रही।

जेठ की दोपहरी में सुरहर की जलती रेत पर से टाँग पकड़कर घसीटते हुए घर ले आना और रास्ते के काँटों से उलझते बदन पर तनिक क्रुद्ध दृष्टि भी न डालना, न नहाने पर पीटना और तैर-तैरकर नहाते देख अथाह पानी में डुबो-डुबोकर, आर्त स्वर से, फिर ऐसी हरकत न करने की भीष्म प्रतिज्ञा करवाना; पैसे खो जाने पर सूर्य-मंदिर में खींच ले जाकर मुझसे कसम खिलवाना आदि पिताजी के बाएँ हाथ

के खेल रहे, अलबत्ता दाहिना हाथ हमेशा मेरे सिर पर छाँह करता रहा; मेरे पालन-पोषण में जाग्रत, उद्यत और व्यस्त रहा।

उनकी विरस अभिभावकता के नित-नूतन निदर्शनों का संग्रह कदाचित् विश्व-साहित्य में 'रौद्र-वात्सल्य' नामक एक अपूर्व रस की उद्भावना करने की सामर्थ्य रखता, परंतु उस अप्रिय अतीत के गीत गाते मेरा स्वर बार-बार स्खलित-कुंठित होने लगता है। अब तो बस, मेरी बेबस सिसकियों का आभास मात्र मिल सकता है :

गाने की सहज शक्ति बाल्य-काल से ही मुझ पर अनुरक्ति दिखलाने लग गई थी, जब भी उसकी सीमा पर्याप्त संकीर्ण और संकुचित थी। जैसे कोयल बिना सिखाए गाती है तो केवल 'पंचम' में आलापती है; मोर महज षड्ज में कूकता है, मैं वंदना के छंद ही गाया करता था। और, 1924-25 में इस रूप में मेरी थोड़ी-बहुत ख्याति भी हो चुकी थी। रानीगंज में अपनी जातीय सभा का वार्षिक अधिवेशन हो रहा था, मुझे वंदना के पद गाने के लिए सविशेष आमंत्रित किया गया था, किंतु सभा में जाने योग्य कपड़े मेरे पास न थे। पिताजी को कपड़े बनवाने के लिए राजी भी किया तो उन्होंने दर्जी के पास पहुँचकर जिद ठान ली कि वह मेरे लिए अचकन-चपकन तो बनवा दे सकते हैं, मगर कुर्ता-कमीज हर्गिज नहीं, और अपने राम बचपन से ही जातीय पोशाक—मिर्जई-चपकन के खिलाफ थे। आखिर उन्होंने कुर्ता नहीं बनवाया और मैंने चपकन पहनकर सभा में शरीक होने की अपेक्षा न जाना बेहतर समझा। जो कपड़ा खरीदा गया था, वह अधिक से अधिक एक रुपए गज का रहा होगा, मगर वह महज मर्सराइज्ड होने के कारण मेरा मन मोहे हुए था। आखिर मैंने तब तक उतना कीमती कपड़ा पहना कहाँ था! हाँ, जब वह चपकन की सूरत में आ गया, मुझे उससे नफरत हो गई। उस रोज पिताजी पर मेरी आरजू-मिन्नत का कुछ भी असर न हुआ, वैसे उस अचकन का सदुपयोग कहीं दस-ग्यारह वर्षों के बाद 'सुमित्रा' के विवाह के शुभ अवसर पर किसी विशुद्ध ब्राह्मण-कुमार को पहनाकर किया गया।

साथी-संगियों के हठ करने पर मैं जुलाहे के करघे के बुने, दो-तीन आने गज के कपड़े का एक पुराना कुर्ता स्वयं सोडे से साफ कर सभा में जाने को तैयार हो गया। पिताजी पहले ही पहुँच चुके थे। उनके चले जाने के बाद ही मेरा विचार बदला था, मुझे सभा में सम्मिलित होने की बात उचित जँची थी। मगर दुर्भाग्य कभी अकेला नहीं आता। मेरे पास उस समय केवल तीन आने पैसे थे, और रानीगंज मेरे गाँव से कम से कम छह मील के फासले पर है। मैं उस पुराने कपड़े को खूब सँभालकर, रास्ते की गर्द बचाने की गरज से एक साथी के टट्टू पर रख गंजी पहने हुए ही चल

पड़ा। टट्टू पर हम दोनों ने सवारी कस रखी थी, फिर भी सभा में नियत समय पर पहुँचने की जल्दी थी, और हम सपासप उसकी गठीली देह पर चाबुक रेते जा रहे थे। आखिर उसने हारकर 'उच्चैश्रवा' की ऊँची चाल दिखलाई और हम रानीगंज की सीमा पर पहुँच गए। बड़ी खुशी हुई, लेकिन यह क्या? धोती के छोर से पसीना पोंछते न पोंछते ज्योंही मैं कुर्ते की ओर ललककर लपका कि धूप से मुरझाया मुँह पलाश के पत्ते की तरह सूख गया। आह, वह तो मेरी आँख बचाकर जाने कब, जाने किसके पास पहुँच चुका था! मेरा साथी मुझसे कम मायूस न हुआ, मुझे एक छतनार पेड़ की छाँह में छोड़कर, वह कुछ दूर पीछे, घोड़े को, कोड़े के जोर से, उड़ा ले गया, परंतु परिश्रम सदा सफल ही तो नहीं होता।

सभा-भवन में मैं उसी की एक धूल-धूल चादर ओढ़कर प्रविष्ट हुआ। देखा, पिताजी विद्वज्जनों के बीच शास्त्रीय आलाप-संलाप में तन्मय हो रहे हैं। क्षणभर बाद सभा की कार्यवाही शुरू हुई और मंगलगान के लिए मेरा नाम पुकारा गया। मैं पिताजी की बिजली-सी जलती विस्मय-भावना के साथ, फक चेहरे से, चारों ओर उड़ती-उड़ती खाली-खाली-सी नजर दौड़ाता हुआ, झुककर, मंच पर दंडायमान हुआ। मुझे देख इर्द-गिर्द बैठे हमउम्रों के होंठों पर खुशी की लहर-सी दौड़ गई। कुछ पोंगे एक-दूसरे को खोदकर मेरे बिखरे-बिखरे बाल, शुष्क-शीर्ण मुख और मैली चादर की पैवंद देखने-दिखाने लगे। गाते-गाते मैं भी जब-तब इधर-उधर देखकर लज्जा-मज्जित हलकी हँसी हँस देता था—रेशमी वस्त्रों, स्वर्णाभरणों और मान-गुमान के दूहों, खँडहरों को जैसे तेल के दीये की कालिख में टिमटिमाती जोत दिखा रहा होऊँ—"अजी, जी जुड़ा, आँखें भरकर देख भी लो, एक बच्चे का कच्चा हौसला, दिव्य दयनीयता!"

पिताजी परले सिरे के आग्रही हैं, अपने रंग में न रँगते देखकर ही मुझसे जरूरत से ज्यादा, खिंचे-खिंचे रहे। परंतु दुर्भाग्य ऐसा कि संभवतः पिछले जन्म से ही साथ लाए हुए मेरे घनीभूत संस्कार की 'काली कामरिया' पर वह कोई दूसरा रंग न चढ़ा सके।

वैसे तो बचपन के बहुतेरे दिन खाली पैर ही पार हुए और अपने खुरदुरे पैरों की लंबाई, बेडौलपन आदि की वाचिक आलोचना अधिक सुननी पड़ी; किंतु वर्ष में एकाध बार प्रायः चार-छह आने से आठ-दस आने तक के चमरौधे जूते जरूर खरीद दिए जाते थे। जीजी के कथनानुसार विगत-विस्मृत सुदूर अतीत काल में कदाचित् अंग्रेजी जूते पहनने का भी सौभाग्य प्राप्त हुआ था एक बार, परंतु इधर चेतना के अरुणोदय से,

पूर्व-वैदिक काल के ब्रह्मर्षियों के पदांकों का ही निःशंक अनुसरण करना पड़ा था; गाँव की गीली मिट्टी और जलती रेत पर समान रूप से अपने अचारुचरण-चिह्न अंकित करते हुए चलना पड़ा था।

जूते टूट न जाएँ, इस डर से कंकड़-पत्थर वाली ऊबड़-खाबड़ पगडंडियों के पास पहुँचते-पहुँचते उन्हें बाएँ हाथ में शक्ति के साथ सँभाल लेना पड़ता, किन्हीं बड़े आदमियों के घर जाते समय ही उन्हें अवश्य पहन लेने की शिक्षा प्राप्त हुई थी।

सो जाड़े और गर्मियों में भी मेरे तलवे बिवाइयों से भरे रहते, चंद्रमंडल से अमृत-बिंदु की भाँति उनसे भी रतनारे रुधिर-कण छहरते रहते। रात को अंडी के तेल में मोम पिघलाकर उन्हें बंद करता, फिर प्रातःकाल मरभुखों की भाँति उनका मुँह खुल जाता।

एक बार चमड़े का बाजार तेज हो गया और देहाती चमारों पर भी उसका प्रभाव पड़े बिना न रहा। कुलक्रम से जो घर कमाता था—उसका नाम पनुआँ था। बूढ़ा था, इसलिए मैं उसे पन्नू कहता था। अभी कुछ ही दिन पहले वह मरा है, मगर बहुत-बहुत दिनों बाद जब भी कभी मैं गाँव जाता था, वह मुझे देख स-संभ्रम झुककर प्रणाम करता और अपनी दबी बोली में कुशल-मंगल पूछता था।

तो, उस साल पन्नू भाई का उपहार कोई अभागा मार ले गया और मैं महीनों खाली पैर मारा-मारा फिरा। जूतों का दाम चढ़ गया था—एक रुपया तक हो गया था, और पिताजी अपने आदर्श से डिगने वाले जीव न थे।

फिर एक दिन दैन्य और दया का वह द्वंद्व अत्यंत दर्शनीय हो उठा जब उन्होंने, फिसफिसाते हुए, इस आशय की फरियाद एक बाबू को सुनाने को कहा। मैं बड़ी कठिनाई से तैयार हुआ और लगभग दो मील ताड़-ढाक का जंगल और गोड़े खेतों के चट्टान-जैसे ढेले पार कर उनके पास पहुँचा। किंतु अभ्यर्थनापूर्वक शुभागमन का कारण पूछे जाने पर, लज्जा और संकोच से, प्रयत्न करने पर भी उपक्रम-उपसंहार के योग्य शब्द न सूझे। सवाई जयसिंह जड़ हो गया। अब उस दिन की याद से जितनी हँसी आती है उतनी ही रुलाई भी। मुझे ठीक-ठीक याद है, मैंने कंकड़ीली भूमि की ओर देख नाखून से रेखा खींचते-खींचते कहा था, "जूते बनवाने आया हूँ।"[1]

गिरिंदर बाबू (अखौरी गिरींद्र नारायण) बड़े ही सभ्य और सहृदय व्यक्ति हैं, उन्होंने मेरी खंडित, त्रुटिपूर्ण अभिव्यक्ति का समुचित और संपूर्ण अभिप्राय समझ लिया। इतना ही नहीं, उन्होंने बड़ी तत्परता से, पैरों की नाप लेने के लिए तत्काल

---

1. Happy families are all alike; every unhappy family is unhappy in its own way.–Tolstoy : Ann Karenina

अपने चमार को बुलवाया और शीघ्र ही मेरे पास जूते भी भिजवा दिए। तब कितने ही दिनों बाद मेरे पदों ने त्राण पाया—और मैं किला फतह किए हुए आक्रमणकारी की तरह तनकर चल सका।

केतकी के 'मधुकर' जी से प्रोत्साहन पाकर मैं प्रथमा परीक्षा में प्रविष्ट हुआ था। यद्यपि मेरी अवस्था बहुत छोटी थी, योग्यता की कमी न थी, न परिश्रम ही कम किया था। परंतु देहात में परीक्षा का परिणाम मालूम करना कठिन था। पत्र लिखकर पूछा भी, तो उत्तर आने में बहुत विलंब हो गया। फिर क्या था, एक दिन, सवेरे, लगे पिताजी पीटने और भाँति-भाँति प्रकार से भर्त्सित करने।

ताड़ की जिस चटाई पर बैठकर 'सिद्धांत कौमुदी' पढ़ता था, उसके एक-एक रेशे को मैंने आँसुओं से सिक्त कर रखा था। उस समय उनकी बरछी-सी चुभीली उक्तियाँ सुनने और फूट-फूटकर रोने के अतिरक्त मैं क्या कर सकता था? इतने से मुँह मीठा करने के लिए मुसकाकर कहते हुए, एक कार्ड के साथ, राधे बाबू पधारे, उन्हें देख मैंने सकुचाकर झटपट आँसू पोंछ लिए और सहज मुद्रा में बैठने की चेष्टा की। कार्ड अंग्रेजी में लिखा था और उसके मजमून में से passed in the first division ही मेरी समझ में आने लायक था। किंतु उसे सुनने पर भी पिताजी प्रसन्नता प्रकट करने के बजाय उनसे तरह-तरह की जिरह करने लगे कि आखिर यह नाम सेंटर भर में मेरा ही क्यों होगा अथवा मेरे गाँव के नाम का दूसरा गाँव समूचे जिले में और क्यों न होगा?

यही मेरी प्रथम बार दी हुई परीक्षा और प्रथम बार लाई हुई प्रथम श्रेणी पर प्राप्त प्रोत्साहन था; प्ररोचक प्रशंसा थी। पिताजी ने राधे बाबू से की जाती हुई मेरी बड़ाई के पाँव ही नहीं जमने दिए; बधाई की बात आई-गई हो गई।

इसी प्रकार जिस दिन स्कॉलरशिप की सूचना मिली थी, उन्होंने महान् पुत्र-प्रताड़न-यज्ञ किया था, क्रोधाग्नि धधकाने के लिए आप सामिधेनी ऋचाएँ पढ़ी थीं, पड़ोस की कुछ संवेदनशील स्त्रियाँ अनामंत्रित ही यज्ञ-मंडप की शोभा बढ़ाने आ गई थीं। उस दिन मेरे द्वारा भी 'शुनःशेफ' का रूप सुचारु रूप से निरूपित हुआ था। यूप-बंधन तोड़कर मैं चुपचाप चलता बना था और सारा दिन बिना कुछ खाए-पिए ही, जंगल-पहाड़ में बिता दिया था। पसीने के साथ शरीर से सारी स्फूर्ति बह गई थी। जी में जाने क्या-क्या कह रहा था; कम से कम कर्मों को कोसना तो सीख ही गया था! वाल्मीकि होता तो एकांत कांतार में शशक-शिशु देखकर भी

चकित होने वाले अपने बालक-मन से विलाप करवाता–

'सत्यं बतेदं प्रवदंति लोके
नाकालमृत्युर्भवतीति संतः।'

संतों ने बिलकुल ठीक कहा है कि अकाल मृत्यु नहीं हुआ करती, अन्यथा मुझ-सा अपुण्य अथवा अल्प-पुण्य व्यक्ति इतनी भर्त्सनाओं का कालकूट पीकर यों ही नहीं जी सकता!

न जंगल में चीता खाता था, न पहाड़ से पाँव फिसलते थे; न नदी में डूबता था; न मार से मरता था, फिर किसी भी स्थिति में जिए जाने के सिवा और कोई ठिकाना भी था? कहते हैं, ग्रीस का एक डॉक्टर हेरोडिंकस रोगियों को खुली हवा में टहलाता और शरीर में मालिश करवाता था। इधर रोगियों को दुर्बल से दुर्बलतर करता जाता, उधर उनके पुट्ठों की ताकत बढ़ा कमजोरी को मार भगाने का प्रयोग किया करता। वैसे अपने ऐसे प्रयत्न में वह आशातीत सफल हुआ और अनेक दुर्बल रोगियों को दीर्घायु भी बना दिया था; परंतु उसके समकालीन यूनान के महान् दार्शनिक प्लेटो ने इस पर उसे करारी फटकार बताई थी कि वह अप्राकृतिक प्रणाली से व्यर्थ ही किसी की आयु-वृद्धि कर उसका दुःख-दर्द बढ़ा देता है। पता नहीं, प्लेटो पर मेरी परिस्थिति की क्या प्रतिक्रिया होती!

मार तो खैर, ज्यों-त्यों झिल भी जाती थी, पर उतने बेधक वाग्बाणों को ओंज सकना आसान न था।

उस समय की मेरी मनःस्थिति कविवर बिहारीलाल चक्रवर्ती की वाणी में व्यंजना पा गई है–

'सर्वदाइ हु-हु करे मन,
विश्व येन मरुर मतन;
चारिदिके झालाफाला,
उः कि ज्वलंत ज्वाला!
अग्निकुंडे पतंग पतन!'

मन सदा-सर्वदा हाहाकार करता रहता, हरा-भरा संसार मरुस्थल के समान जान पड़ता; चारों ओर घोर उत्पात-उपद्रव, ओह! कैसी ज्वलंत ज्वाला! अग्निकुंड में पड़े पतंग-सा अपने को जलता-झुलसता पाता।

तब मैं मेढक की तरह, कमल वाले तालाब में रहकर भी उसके सौंदर्य एवं

सुगंधि से अपरिचित ही था; क्योंकि सुख-दुःख के क्षणों में प्रकृति के पास-पास तो रहता था; किंतु मेरा सौंदर्य-बोध कुछ ऐसा तीक्ष्ण न था; प्रशांति की पिपासा इतनी तीव्र न थी कि मुझे भी लगता—"चलूँ किसी ऐसे निर्झर के किनारे, जिसकी उज्ज्वल जलधार उपलों पर विशीर्ण-विकीर्ण होती हुई—टूट-फूटकर फैलती हुई खूब-खूब फब रही हो; जिस अखंड प्रपात की प्रचंड ध्वनि-प्रतिध्वनियाँ वायु-वेग से चारों दिशाओं को व्याप्त किए हुए हों। वहीं किसी पेड़ की जल-कण-सिक्त, स्निग्ध-श्यामल, मसृण-कोमल तृण-राशि में अपनी देह गो-डुबोकर शव के समान बिना हिले-डोले, जल का कल-कल स्वर सुनता रहूँ।

"फिर जब हिरनियाँ—कहीं-कहीं से चौकड़ी भरती हुई आकार, विस्मयपूर्वक मुझे देख, मेरी उस दशा पर आठ-आठ आँसू बहाएँ, तब मैं भी धीरे-धीरे उठकर उनसे गले-गले मिलूँ जैसे मरते समय मिलने—अंतिम बिदा देने के लिए आए हुए मित्रों से भेंटा जाता है,

(आजु लौं जो न मिले तो कहा,
हम तो तुम्हरे सब भाँति कहावैं
मेरो उराहनो है कछु नाहिं,
सबैं फल आपने भाग को पावैं
जो हरिचंद भई सो भई,
अब प्रान चले चहैं तासों सुनावैं
प्यारे जू! है जग की यह रीति,
विदा के समै सब कंठ लगावैं!)

और उन्हें एक अद्‌भुत भावभरित दृष्टि से निहारता रह जाऊँ।"

हाँ, कुछ-कुछ ऐसा अवश्य सोचता हूँगा कि किसी ऐसे अनजान गाँव में चला जाता, जहाँ मेरा नाम-धाम किसी को भी मालूम न होता। गाँव के सीधे-सादे, भोले-भाले किसानों के बीच रहकर उन्हीं के रंग में रँग जाता। उन्हीं के संग डोलता, यहाँ-वहाँ नदी-नालों, बाग-बगीचों में घूमता फिरता।

खेतों-खलिहानों में सवेरे-सवेरे की सूखी हवा झर-झर बहती होती!

चारों ओर कैसा सुंदर-सुहावना दिखता, मेरा तो वहाँ हँसने-खेलने, खूब श्रम करने को जी चाहता और तब मैं अच्छा-खासा तंदुरुस्त और फुर्तीला भी हो जाता।

फिर बाँस की बाँसुरी बजा-बजाकर उन्हीं किसानों के साथ सरल ग्राम-गीत गाते रात कैसी हँसी-खुशी में बीत जाया करती?

मगर यह सब झोल ही झोल है। ग्यारह बरस की वयस में इतनी वयस्कता

कहाँ?—फिर मैं पलातक शिशु भी तो न था!

'But what 'was' I?
An infant crying in the night;
An infant crying for the light,
And with no language but a cry.'

बस रात में प्रभात के लिए मचलते हुए शिशु के पास no language but a cry भाषा-हीन क्रंदन ही एकमात्र संबल था।

गाँव के चारों ओर जंगल-पहाड़ तो थे, परंतु उनमें किसी ऋषि-महर्षि का आश्रम न था, जहाँ 'सत्यकाम' के समान, मैं सम्मानपूर्वक ज्ञान-दान का अधिकारी समझा जाता। अड़ोस-पड़ोस में जो दो-एक पंडित थे, वह भी पिताजी के आतंक से मुझे पढ़ाने से साफ इनकार कर देते थे। बिना पढ़े घर में रहा नहीं जा सकता था, और पिताजी बिना वचन-बेतस-प्रहार के, पढ़ाने की किसी दूसरी प्रणाली से परिचित न थे। परंतु सच तो यह कि परिचित होने पर भी वह शास्त्र की लीक से जौ भर भी हटने को तैयार न होते।

क्योंकि शास्त्र (!) में लिखा है--

'लालयेत् पञ्च वर्षाणि
दश वर्षाणि ताडयेत्
प्राप्ते तु षोडशे वर्षे
पुत्रं मित्रवदाचरेत्'

कि पाँच बरस की उमर तक लड़के को लाड़-प्यार करना चाहिए और दस बरस तक ताड़ित करना चाहिए, फिर सोलहवें वर्ष से उसके साथ मित्रवत् व्यवहार करना उचित है।

मैं तो अपनी सुविधा के लिए 'ताड़न' का अर्थ बदल भी सकता हूँ, परंतु मारने-पीटने के अलावा किसी साहित्यिक अर्थ से पिताजी का प्रयोजन सधने वाला न था। सो उन्हें श्लोक पढ़-पढ़कर मुझे पीटने की जैसे शास्त्रीय छूट मिली हुई थी।

श्लोक में एक और गूढ़ चमत्कार है, जो मेरी समझ में अब कहीं आ पाया है। 'दशवर्षाणि' में द्वितीया विभक्ति का प्रयोग 'नैरंतर्य' अर्थ में हुआ है। अतः पाणिनि के अनुशासन की रक्षा के लिए लड़के को दस वर्षों तक लगातार पिटना ही होगा। यदि उसने किसी तरह दो-एक दिन भी अभिभावक की आँख बचाकर, अपने को न पिटने दिया, तो फिर द्वितीया विभक्ति बंद; शास्त्र की मर्यादा नष्ट; श्लोक में

छंदोभंग—नहीं-नहीं, मेरी जरा-सी जान बचाने के लिए ऐसे विभ्राट की आवश्यकता नहीं।

फिर पिताजी महान् वैयाकरण, उन्हें पाणिनि से अदावट तो थी नहीं, शास्त्र की कठोर आज्ञा पर मेरी मासूम जिंदगी को तरजीह देने के लिए वह किसी भी तरह राजी नहीं किए जा सकते थे।

तब मैं प्रत्येक बार, मार और गालियों की बौछार के बाद, दिन-दिन भर निराहार रहने लगा। पिताजी लाख मनाएँ, गले के नीचे ग्रास उतारने का हौसला ही न हो! ठीक इसी समय दाई तशरीफ लातीं और अपने साथ खनखनाती हुई पीली-पकी पत्तियों के दल-बादल उड़ाए आतीं, जिनसे मेरे घर-आँगन में झर-झर करते पतझर की प्रतिमा ही सजीव हो उठती। फिर बजती हुई आवाज में बोलतीं—"चल उठ, कहीं बाप से भी रूठा जाता है? यही पढ़ता है? बाप गुस्सैल तो बेटा भी गुस्सैल—वाह रे!"

परंतु मैं तो 'उभय भाँति उर दारुण दाहू' की यंत्रणा झेलते हुए अपने जड़ जीवन पर सोचता-सोचता उससे विरक्त-सा हो चला था, सो मेरे विचारों की आँच में उनकी रूखी-सूखी पत्तियाँ जल-जलकर खाक हो जाती थीं।

जो कुछ हो, हठीले बचपन को रिझाने में उनका जरठ मातृत्व भी अपना जोड़ नहीं रखता था और वह मुझे दुराग्रह के उत्तुंग शृंग से फिसलाकर, वात्सल्य-विगलित वचन-रचना से बहला-फुसलाकर, किसी न किसी प्रकार खिलाकर ही छोड़ती थीं। अनुभूतियों के स्तूप का ही नाम तो दाई था, उन्होंने मेरे क्रोध के फणी से मणि निकाल लेने का मंत्र भली-भाँति मालूम कर लिया था और वह था कहानी सुनाना। उस सुखद आकर्षण से मेरे मलिन पांडु मुख पर जैसे क्षण-भर के लिए अस्त होते रवि की रक्तिम आभा दिखाई दे जाती।

मुझे कहानियाँ सुनाने वाली हमेशा के लिए चुप हो चुकी थी न! उस अतृप्त आकांक्षा की आंशिक पूर्ति की संभावना मात्र से मेरा रोषानल शांत हो जाता था और मैं पूरी निरीहता से खाने बैठ जाता था। आँख और कान दाई की ओर केंद्रित हो जाते, केवल हाथ और मुँह मिलकर भोजन की विडंबना पूरी कर देते थे। दाई की कहानी शुरू होती—

तुम्हारी ही तरह का एक पंडित था। वह काशी से पढ़कर लौटा तो दूर-दूर तक उसका नाम फैल गया। उसकी पंडिताई की ऐसी धाक जमी कि सब उसका लोहा मानने लगे। मगर उसके बाप की देह पर जूँ तक न रेंगी। वह उसे बात-बात में बनाया करते। इससे उसे बड़ी खीझ हुई। वह सोचता, मैंने कब इनके घी के घड़े लुढ़काए हैं जो इनकी आँखों में काँटों के समान खटकता रहता हूँ। सो उसने भी दिल का गुबार निकाल लेने की ठान ली। सोचा, खूसट सिड़ी हो गया है; फजूल की

बमचख मचाए रहता है, जिससे मेरी इज्जत मिट्टी में मिली जाती है; इसे मौत के घाट उतारना चाहिए। और जब एक रोज छुरी पर शान चढ़ाकर बुड्ढे का गला धड़ से अलग करने के लिए घर पहुँचा, वह खाने पर बैठे थे, माँ पंखा झल रही थी, वार्तालाप चल रहा था–

माता–'तुम भी कैसे हो जी? इधर तो तुम्हारे पुत्र की प्रशंसा में प्रति मुख मुखर है; उसकी कीर्ति-पताका आकाश में फहरा रही है और उधर तुम हो कि उसकी निंदा करते थकते ही नहीं; वह बेचारा तुम्हारे सामने सिर उठाकर चलने में भी संकुचित होता है।'

पिता–'ठीक है पगली, मैं क्या यह सब नहीं समझता? उसकी प्रशंसाएँ सुन-सुनकर हर्ष से मेरी छाती नहीं फूल उठती? उसकी अगाध विद्वत्ता का लोहा मन ही मन मैं नहीं मानता? परंतु मैं तो 'पिता' हूँ न! मुझे प्रत्येक स्थिति में कवच की भाँति उसकी रक्षा करनी होगी।'

माता–'तो फिर डाँटने-फटकारने से उसकी रक्षा होती है?'

पिता–'अवश्य होती है। प्रत्येक मनुष्य के गहन मन में चोर के समान छिपकर अभिमान बैठा रहता है। वह अवसर की घात में रहता है। तनिक असावधानी हुई नहीं कि उसने सर्वस्व मोचन किया। सो मेरी डाँट-फटकार सुनकर वह दुबका रहता है। बूढ़ा हूँ न!–बड़ी चौकसी से उस चोर की गतिविधि का निरीक्षण करता रहता हूँ। लड़का अभी युवक है–यह सब नहीं समझता। यौवन की मादकता उसे नहीं समझने देती। विद्या का अहंकार और यौवन का अंधकार! नहीं-नहीं, चोर को डाँटना ही पड़ेगा; खदेड़ना ही होगा! –समझीं? मैं अपनी आँखों अपने लड़के का सर्वनाश नहीं देख सकता।'

लड़का दीवार की आड़ से ये बातें सुन रहा था। उसके हाथ से छुरी कब की गिर चुकी थी। उसे काठ मार गया था। काटो तो बूँद-भर खून न निकले। फिर वह सँभला और छुरी उठाकर अपनी ही हत्या करने के लिए जल्दी-जल्दी बाहर चला गया।

जाते-जाते, वह एक निर्जन वन में पहुँचा और छुरी कलेजे में उतार देने पर उतारू हो गया, तभी एक मुनि ने अकस्मात् प्रकट होकर पीछे से उसका हाथ पकड़ लिया और कहा–

'यही तेरी पंडिताई है? इसी विद्या के बल अपने तपस्वी पिता से पंडित कहलाना चाहता था? वेद की ऋचा भूल गया? क्या लिखा है उसमें?

–'असुर्या नाम ते लोका अन्धेन तमसावृताः
तांस्ते प्रेत्याभिगच्छन्ति ये केचात्महनो जनाः!'

जा, घर लौट जा। पैर पकड़कर पिता से क्षमा माँग।'

पंडित ने बड़ी व्याकुलता व्यक्त की—'नहीं, महामुने, आत्म-विसर्जन के अतिरिक्त मेरे पाप का कोई प्रायश्चित्त नहीं। मुझे मरने दीजिए, कृपा कर मेरा हाथ छोड़ दीजिए।'

मुनि ने देखा, पंडित बड़ा हठी है। यह यों न मानेगा, इसे वेद से नहीं, लवेद से परास्त करना पड़ेगा। फिर कुछ गंभीर मुद्रा से खाँसकर बोले—'देख पंडित, मैंने योग-बल से तेरे पाप और उसके प्रायश्चित्त को समझ लिया। बोल, तैयार है?'

पंडित ने सिर झुकाकर मौन स्वीकृति दी।

मुनि ने कहा—'तुझे बारह वर्षों तक ससुराल में रहकर बकरी चरानी होगी!' 'बकरी' समझा?—वही—'अजामेकां लोहितशुक्लकृष्णाम्!'

पंडित वेद के इन मंत्रों से कुछ यों प्रभावित हुआ कि तत्काल ससुराल चला गया।

कहना न होगा, यह किस्सा सुनते-सुनते मेरा गुस्सा काफूर हो जाता और मैं पेट भरकर भोजन कर लेता। इस तरह जब-जब नाराज होता; फाका करता, तब-तब कोई न कोई जुगत लगाकर वह मुझे खिलाकर ही छोड़तीं और चलते-चलते यह किस्सा भी जरूर सुना दिया करतीं। कुछ रोज बाद उन्हें देखकर मैं यों ही खाने बैठ जाता था और इस किस्से की शुरुआत से पहले हाथ-मुँह धो चुकता था।

बाल-कल्पना की बिनखिले मुरझी फुलबगिया में भिनभिनाती मक्खियाँ उड़ाते सारा दिन पार करने की नहीं सोची थी। दहर आकाश की तीक्ष्ण किरणों से उन्मिषित अंतर्नेत्र आत्म-साक्षात्कार का प्रत्यय पाल सकते हैं। मैं जब-तब अँगनाई में तुलसी चौरे के पास (जहाँ शेष श्वास के समय माँ सोई थीं) माथा पकड़कर बैठता और उच्छ्वास छोड़ता हुआ सोचा करता था :

अब क्या होगा माँ? मकड़ी का जाला तुम्हें न बाँध सका। बहुत उड़े फिरते थे, अब कहीं पिताजी के पाँवों में जंजीर पड़ी है! जैसे चिड़िया अंडे सेती है, वह मुझे और सुमित्रा को से रहे हैं। कभी हम दोनों की किस्मत को कोसते हैं, कभी अपनी। हमें चुपाते आप रो पड़ते हैं।

मंदिर का द्वार बंद हो गया या मेरे जड़ित, कुंचित मन में अंधकार ही तुम्हारा आकार धारण कर, जमकर बैठ गया? धूप और चाँदनी की वहाँ पहुँच नहीं। पहले आँसुओं में तुम दिखती थीं, अब अँधेरा दिखता है। मुझसे हृदय का भार नहीं झिलता,

सिर झुकाए निश्वास का विष पी रहा हूँ। पेड़ से पत्ते झर रहे हैं; आकाश से ओस झर रही है; आँखों से आँसू झर रहे हैं।

चिरई चुरगती हुई अपने बच्चों से मिलने चली घोंसले की ओर, सुनो न माँ, घर-घर के बच्चों के नाम, बच्चे माँ को पुकार रहे हैं, माँएँ बच्चों को चुमकार रही हैं, झाड़-पोंछकर गोद में उठा रही हैं। मैं भी थका-माँदा हूँ, माँ, पिताजी सुमित्रा की देखभाल करने, तीन बार दूध पिलाकर खेल-खिलौनों से बहलाए रखने के लिए कहकर रात में खाने-पीने का जुगाड़ करने कहीं चले गए हैं। शाम हो गई, अब तक नहीं लौटे। घर झाँय-झाँय कर काटने दौड़ता है माँ!

किसी के माँ नहीं होती, ताई-चाची, बुआ-भाभी कोई तो घर में होती है। मैं किसे पुकारूँ माँ? वह सुनो, गायें रँभा रही हैं, तुम्हारी लाड़ली सूने आसमान में तुम्हें ढूँढ़ रही है। मैं उसे समझा रहा हूँ—अब माँ नहीं आएँगी। सुना है, मामा आएगा—चंदा मामा!

तुम आ जाओ माँ, तो मैं वे सारे श्लोक तुम्हें एक साँस में सुना दूँ जिन्हें सुनने के लिए तुम मचलती रहती थीं :

'सा ते भवतु सुप्रीता देवी शिखरवासिनी
उग्रेण तपसा लब्धो यया पशुपतिः पतिः।'

भूल गईं माँ—मैं 'पतिः पतिः' कहते समय लड़खड़ा जाता था तो तुम झपटकर मुझे कनियाँ चढ़ा लेती थीं; कलेजे से लगा लेती थीं!

दिन पर दिन बीतते गए। मैं वहीं का वहीं बैठा रह गया। गाँव के कितने ही लड़के अंग्रेजी पढ़कर यह-वह बन गए। पिताजी बोले : हम गरीब हैं, अंग्रेजी शिक्षा महँगी है, लाचारी समझो, संस्कृत पढ़ो, घर की विद्या है :

'ब्राह्मणेन निष्कारणं षडंगो वेदोऽध्येयो श्रेयश्च!'

सो, बालू पेरते बेर ढलने को आई; पसीना न चूता, आँसू न ढुलकते तो बालू बदनाम हो जाती, माँ!

कलेवर बदलने पर (कोई नहीं कहता था : बचूँगा) अभी बस, कलेदे-भर का डौल बैठा है।

इस बीच मेरे आँसुओं में नहा-धोकर सुमित्रा कुररी की तरह तुम्हारी ओर उड़

गई, माँ, मिली ही होगी? पिताजी ने सुखी-संपन्न घर में उसे भेजा था, वहाँ वेद-वेदांग की पूछ न हुई, महज गरीब घर की होने के सबब ही दासी से बदतर समझी गई, बिना दवा-दारू के मर गई।

मेरे दाएँ-बाएँ ऊपर-नीचे अँधेरा ही अँधेरा है। हाथ को हाथ नहीं सूझता, माँ। सब कहते हैं, यह अंधकार नहीं, अहंकार है! जब सब कहते हैं तो जरूर ही होगा, माँ, क्या सब कुछ पा लेने पर ही अहंकार होता है—सब खो बैठने पर नहीं होता?

तुम गईं, घर गया। तुम्हारी दुधमुँही धरोहर तुम्हें ही लौटा दी गई—कोई जतन-जुगत न काम आया माँ, सुमित्रा बहन तुम्हारी प्यारी हो गई। अपनी बहू को भी तो तुमने न देखा, देखतीं तो नैन जुड़ा जाते! हाँ माँ, चंद्रकला 'यथा नाम तथा गुणः' थी, लो, तुमसे मुँह दिखाई लेने वह भी चली गई। और बड़ी साध से तुमने जिसका अपने हाथों सुहाग-शृंगार किया था, वह जीजी कब की विधवा हो गई माँ...

अंधकार? नहीं-नहीं, मेरे अहंकार से सोने की लंका जलकर राख हो गई!

निष्क्रमण

'Tomorrow let my sun his beams display
Or in clouds hide them, I have lived to day.'

होली में मुहर्रमी सूरत बनाए फिर रहा था जैसे काले हिरनों के छौनों-से छलाँग मारते फिरते समवयस्कों को जादू मारकर सादा-सफेद मेढ़ा बना दिया गया हो!

सौंफ की सुगंध और काली मिर्च की लाल कड़वाहट दूध-चीनी से घुली-मिली भंग की हरी तरंग पर तैर रही थी; मन छिछले में डुबकियाँ लगा रहा था और चिकनी-हलकी पलकों पर सौ-सौ मन की नींद गुदगुदे तलवे फिसलाती आ-जा रही थी।

अब मैं पिताजी से प्रायः पच्चीस मील की दूरी पर रह गया था। कितनी कठिनाइयाँ आड़े आई थीं बिछड़ते समय! जब भी उन्मुक्ति की प्रबल कामना ले उन्हें फूँक मारकर उड़ा दिया था। किंतु अब, इस घड़ी तो जैसे कड़ी-कड़ी टूटी जा रही थी! जैसे बूँद-बूँद रस निचोड़ लेने पर सुकुल रसाल की गुठली पर छाया छिलका-छिलका ही शेष रह गया था।

अरे, पिताजी की वह इस्पाती, कठिन-कठोर आकृति पारिजात के पराग-राग से कैसे रँग गई? लौहशृंखला-सी झन-झन बजती वाणी में वीणा-वेणु का स्वन कहाँ से छन आया? और अब, जब मैं बत्तीसी की बिजलियाँ जला आषाढ़ की गड़गड़ाहट बरसाना चाहता हूँ, बिछड़ते वक्त की भाप-भरी धुंध में से उनकी आकाशी आँखों से ढुलकी गर्म बूँदें क्योंकर झलमल कर उठीं?

कहाँ वह अपने कच्चे घर की पाठशाला के मटमैले दरवाजे पर पढ़ने वाला दो दाँत का एक बालक और कहाँ यह पक्के रँगे बँगले के विद्यालय का एक 'होनहार विद्यार्थी!' यहाँ मुझे 'तू-तुम' कहकर कोई नहीं पुकारता! अध्यापक, मंत्री, सहाध्यायी—सब कहीं 'आप ही आप' सुनने को मिलता है। अगर कभी कोई नाम भी लेता है तो जी खोलकर 'जी' जोड़ देता है। फिर इन केसर की क्यारियों में मक्खियों की भिनभिनाहट क्यों? झिरझिर बहती वसंती बयार में फिर-फिर ऐसी जानलेवा उमस क्योंकर?

रे मन! गहरे नेह को ऊँचे मान से मापने की हौंस और पालेगा? मूरख, सुख

छोड़ सुविधाओं के पीछे बावरा हो रहा है!

—सोचते-सोचते बिछावन से उठ बैठा हूँ। सोए महल में मड़ैया के सपने जग गए हैं। पिछली जिंदगी के सारे उतार-चढ़ाव और मुड़ाव दिमाग पर नक्श हैं, चौदहवीं के चाँद का उजाला पड़ने पर अनुभूति के अणु-परमाणु तक झकमक-झकमक कर उठे हैं…

शरद्-हेमंत की संधि में सवेरे-सवेरे गउओं को खूँटों से खोलकर, साँपिन-सी बल खाई, खुरों और एड़ियों के लगातार प्रहार से बीच-बीच में छिली, उजली और दोनों किनारों पर शबनम से सजी सब्जा वाली पगडंडियों से, नंगे पाँव, होरिल, जित्तू-ऐसे बाल-दिलीपों के साथ मील-दो-मील चलकर, जंगली चरागाह में ढोरों से घिरे बाँसुरी बजाते चरवाहे के पास पहुँचाया करता था और लौटते समय कभी झाड़ियों से झड़बेर झाड़ लाता, कभी करौंदे तोड़ते समय दूध से सनी नन्ही-नन्ही उजली उँगलियों से बड़ी-बड़ी लाल बूँदें उगलवाता और कभी पियार (चिरौंजी) जेब में भरकर चाँद-से सफेद कपड़े में कलंक की कमी पूरी कर देता।

फिर, जैसे मेरे ही स्वागत के लिए उत्फुल्ल दृष्टि का बंदनवार सजाए खड़ी बड़ी बहन के आगे वह असार उपहार यों बिखेर देता जैसे जीवन-भर के संचित, सकल कर्मों के फल माँ के श्रीचरणों में समर्पित कर रहा होऊँ और माँ भी जैसे जीवन-वन के चुने शूल-फूलों को नहीं, प्रत्युत मेरे विनत ललाट-तट के श्रमकण, झुकी पलकों से झाँकते हुए अश्रु-बिंदु और फड़कते होंठों में उलझी अधबुझी मुसकान-भर निरख रही हों!

बरसात में बादलों पर बादल चढ़े आते, झमाझम पानी बरसता रहता; सुरहर की जोशीली जवानी तट के निकट के ऊँचे-ऊँचे पेड़ों की नरम-नरम फुनगियाँ चूम-चूमकर उन्हें न केवल झुमाती, बल्कि बहा ले जाने की बेकली दिखलाती, तब गायें खूँटों से बँधी की बँधी रह जातीं और मैं झड़ियों के झोंके झेलता हुआ सुरेश, गुप्तेश्वर आदि संगियों के संग हँसिया लिए गाँव के सिवाने से, मेड़-मेड़ फाँदकर, साँवाँ-गँभार ऐसी लहलहाई घास काट लाता, फिर बाछ-बाछ कर ग्रास बना अबोले भोले बछड़ों को खिलाता और अंत में सुसुआती-रँभाती गउओं के आगे पूरी की पूरी टोकरी ही उलट देता।

कभी पटसन सुलझा रस्सी बटता और उसमें अजब-सी गाँठें लगा, कौड़ियाँ पिरो बछड़े के गले का कंठा बनाता।

अरे, उस बार मेरी तनिक-सी बेबसी ने तो गजब ढा दिया था। तबीयत नासाज थी; अंग-प्रत्यंग में ऐसी ऐंठन मालूम देती थी जैसे कोई शृंखलित अस्थियों का क्रम

परिवर्तित कर रहा हो; जैसे नाड़ियों की नलिकाएँ नूतन रक्त के तीव्र संचार के लिए लौह यंत्रों से स्वच्छ की जा रही हों; जैसे···और इसी मजबूरी का फायदा उठा एक बछड़ा कूदता-फाँदता, माँ के पीछे भागता-भागता, जंगल में चला गया था। बारी-बारी से जाने वाले लड़कों में से एक—मनुआँ—मेरी लाचारी के सबब सारी गायें लेता गया था जिससे उस उत्सुक वत्स के लिए अतिरिक्त मातृ-भक्ति का सुयोग जुट गया था। किंतु जिस मातृ-भक्ति की चातकी पिपासा लिए मैंने गला रेतीला कर लिया है; जिस अभाव का दुर्वह भार सिर पर लादे मेरा अस्वस्थ चित्त चहुँओर चक्कर काटता चला है; जिसके अलक्ष्य आह्वान पर मेरे अत्युष्ण शोणित-कण प्राण-पाषाण से टकराते रहे हैं उसी की अतिशयता प्रदर्शित करने के लिए उस नादान बछड़े को मेरा सयाना बचपन कैसे छोड़ दे सकता था? सो कोई डेढ़ पहर दिन चढ़ते-चढ़ते, इस समाचार के मिलते ही, बहन के लाख मना करते रहने पर भी, मैं न केवल बिछावन छोड़ उठ खड़ा हुआ, बल्कि चिलचिलाती धूप में दैहिक ताप विलीन कर, भाई गोविंद पांडेय और भीष्मनारायण पांडेय के साथ उसे ढूँढ़ने निकल पड़ा। ढोर जंगल में, नाले के ढलाव में उतरकर तितर-बितर हो चुके थे। हमारी काफी करारी मेहनत-मशक्कत के बाद कहीं बछड़े का संधान संभव हुआ। हम अतुल आतप में तपकर क्षाम-श्याम मुख लिए लौटे आ रहे थे कि निश्चय ही किसी उद्दाम वाम-मार्गी श्वापद ने उस अप्रबुद्ध बौद्ध वत्स को अपनी उदर-दरी में सदा के लिए उतार लिया, तभी उसकी माँ की पहचानी हुई घंटी की चौंका देने वाली टुनटुन सुनाई पड़ी और हमारी हारी आँखें जैसे आशा के सहारे उसी ओर खिंच गईं।

पिता के हत्यारे नरसिंह के दर्शन से वैष्णव प्रह्लाद को हर्ष हुआ होगा? मैं तो अंधतामिस्र नरक में सोम-सौम्य रोमावली वाली कामधेनु के औचक मिल जाने पर भी कदाचित् उतना आनंदित न होऊँ! झपटकर झंझा के झोंके की तरह उसके पास पहुँच गया; सहस्राक्ष होकर झुरमुटों की फाँक-फाँक निहारने लगा और मेरा झौंरा-लाड़ला बछड़ा एक झूरे करौंदे की आड़ में दूब सूँघता दीख पड़ा। आह! मैंने किस उबलती ललक से उसे गोद में उठाया, हलराया और कलेजे से लगा लिया था!

फिर आँखें गड़ा-गड़ाकर उसका प्रत्यंग परखने लगा तो सब कहीं खरोंच ही खरोंच दिखलाई दी। चोखे पंजे की चुभन, जगह-जगह साफ उग आई थी, यहाँ तक कि 'कंठे' के इर्द-गिर्द भी लहू की ललाई, गेहुँए रोओं के गाढे पर्दे के बावजूद, छिपाए नहीं छिप रही थी। और···यह सोचकर तो मेरी आँखें फिर-फिर छलछला आती थीं कि जो कंठा उसके कंठ की शोभा बढ़ाने भर के लिए, काली गाँठों में उजली कौड़ियाँ गूँथ-पिरोकर, मैंने पहना दिया था, आज वह उसकी जान बचाने के सिलसिले में कैसे

दुष्यंत-कुमार भरत के मंत्र-पूत गंडे की भाँति मृत्युंजय कवच का काम कर गया!

रात पतली पड़ती जा रही है। आसमान सोए हुओं की साँसें सन्नाटे में समा नहीं पा रही हैं। अपनी ओर से मैं निद्रा-तंद्रा ऐसी अभ्यस्त अभिभाविकाओं के अधीन ही हूँ। मेरे स्थूल शरीर पर उनका तिमिर-प्रोत छायांचल छाया हुआ है, पर सूक्ष्म शरीर तब भी अनावृत एवं उन्मुक्त है। पलकों के बंद कपाट प्राण-प्रहरी के लिए खुले ही हुए हैं।

आकाश का बाह्य प्रकाश जैसे अपने ही अंतर के उच्छ्वास से बुझता जा रहा है। चाँदनी को भेंटने के लिए उमगते उर का उभार खोकर मिट्टी फिर अपने-आप में सिमटने लगी है। सामने के पेड़ की फुनगी से रुपहली बुंदकियों वाला तिमिर का तनोवा तनता आ रहा है। और ऐसे सारे अँधेरे कुहरे को तीर की तरह चीरकर चमकती, आँसुओं से डलबल पिताश्री की आँखें!

और बेर तो वे झड़बेर के झुरमुट से शेर की आँखों की भाँति बलतीं; पर इस घड़ी कैसी, मर्म में बिंधे मृग के दृग-सी करुण-कातर प्रतीत हो रही हैं!

उन्हें देखते ही अधूरी तसवीर की कितनी ही धुँधली रेखाएँ गंधक की आग की तरह भक-से जल उठीं। कितनी ही सम-विषम स्मृतियों की ऊँची-नीची जलधार पर परछाईं के चाँद की नाईं एक पिताजी ही अनेकानेक स्वरूपों में जगमग कर उठे!...

मैं तब भला यह कैसे जान सकता था कि भारत की आत्मा के कवि कालिदास शैव थे तभी उनके प्रत्येक नाटक का प्रारंभ शिव-स्वरूप के संस्मरण से हुआ है; कुमारसंभव में शिव का नायकत्व प्रतिष्ठित कर उनकी भावात्मक सत्ता को रूपवाणी दी गई है; तभी मेघदूत में जमकर महाकाल का वर्णन किया गया है और रघुवंश का उद्घाटन-समारोह जगत् के माता-पिता पार्वती-परमेश्वर की वंदना द्वारा प्रस्तुत हुआ है!

तब उस शुभ मुहूर्त का दिवा-स्वप्न भी कैसे देखा जा सकता था कि अमर कला-कृति 'कामायनी' के महाकवि प्रसाद से जब मिलूंगा तब शैवागम की चर्चा चलेगी; वह अपने पारिषद महारथियों के समक्ष मुझसे सुर-लय में 'शिव-तांडव' सुनेंगे; 'अभिज्ञान-शाकुंतलम्'—नामकरण में अभिज्ञान की सार्थकता 'प्रत्यभिज्ञा-दर्शन' के साथ संबद्ध कर मुझे बताएंगे कि दुष्यंत की मुद्रिका की प्राप्ति प्रतीकात्मक रूप में वर्णित हुई है, जिससे शकुंतला का प्रत्यभिज्ञान ही संपन्न हुआ है!

कि महामाहेश्वराचार्य अभिनवगुप्त के तंत्रालोक के अनुसार कश्मीर का शैवागम 'प्रत्यभिज्ञा-दर्शन' नाम से भी अभिहित होता है और स्वयं योगिराज शिव ने अद्वैत सिद्धांत का प्रतिष्ठापन करने के निमित्त इस मत का आविर्भाव कर दुर्वासा

ऋषि को प्रचारार्थ आदेश दिया था। कि दुर्वासा द्वारा शकुंतला को दिए गए शाप में भी इसी ओर संकेत जान पड़ता है।[1]

तो, इन समस्त सांप्रदायिक प्रपंचों से परे मेरा शैशव शैव था। विद्वान् पिता ने 'शिवमहिम्नः स्तोत्रम्'—ऐसी बड़ी से 'शिवतांडवम्'—ऐसी छोटी तक जाने कितनी स्तुतियाँ जिह्वाग्र करा दी थीं! पूजा का प्रारंभ भी उन्हीं के अनुकरण पर हुआ था; किंतु

---

1. वैसे सोमानंद द्वारा प्रत्यभिज्ञा-दर्शन को स्वतंत्र स्वरूप प्राप्त होता है और कल्लट के स्पंद-सिद्धांत से उसके सूक्ष्म भेद का स्पष्ट निर्देश किया जाता है। संक्षेप में, प्रत्यभिज्ञा-दर्शन जीवात्मा और परमात्मा के ऐक्य का प्रतिपादक है और उसके अनुसार मोक्ष का अर्थ पूर्णात्मा की प्राप्ति है।'''

"मैं ईश्वर ही हूँ, दूसरा कुछ नहीं",—इस प्रकार के साक्षात्कार को प्रत्यभिज्ञा कहते हैं। ऐसे प्रत्यभिज्ञा मात्र से अपरा सिद्धि और परा सिद्धि का लाभ होता है।

परा सिद्धि मुक्ति को कहते हैं। अपरा सिद्धि अभ्युदय अर्थात् स्वर्ग-लोक की प्राप्ति आदि है। इसके लिए चर्या, प्राणायाम आदि क्लेश या आयास करने की आवश्यकता नहीं।

जैसा साक्षात्कार होगा वैसी सिद्धि होगी। इस कारण सिद्धि में तारतम्य की—अपरा से परा तक बढ़ते चलने की—गुंजाइश रहती है।

लोग जो मिट्टी, डंडे या चाकू को घट का कारण कहते हैं वह कुछ जँचता नहीं है। कारण, न तो मिट्टी घड़ा गढ़ती है और न डंडा या चाक ही। यदि मृत्तिका आदि की परस्पर सापेक्षता से घट का निर्मातृत्व माना जाए तो फिर अपेक्षा किसके मानी जानी चाहिए? मृत्तिका के तो नहीं मान सकते, क्योंकि अपेक्षा चेतन धर्म है। ऐसे ही डंडे और चाक के भी नहीं मानी जा सकती, क्योंकि ये दोनों भी जड़ पदार्थ हैं। हाँ, यदि कुम्हार के मिट्टी आदि की अपेक्षा मानी जाए तो वह ठीक है और तब 'सापेक्ष' कुंभकार ही घट का कारण सिद्ध होगा।

ऐसी स्थिति में कर्म को जगत् का कारण नहीं मान सकते, क्योंकि कर्म भी अचेतन है। इतना ही नहीं, कर्म-सापेक्ष ईश्वर को भी (पूर्वोक्त मान्यता के अनुसार) जगत् का कारण मानने में कल्याण नहीं है। क्योंकि यदि जगदीश्वर जगत् के उत्पादन में कर्म का अवलंबन करता है तब तो वह भी पूर्ण स्वतंत्र नहीं सिद्ध होगा। क्योंकि पूर्ण स्वतंत्रता का अर्थ होता है—दूसरे का मुँह न जोहना; किसी भी दशा में दूसरे पर निर्भर न रहना; दूसरे का सहारा न लेना। इस कारण यही मानना सर्वथा समुचित एवं सुसंगत है कि निरपेक्ष ईश्वर अपनी इच्छा से ही आकाश आदि भावों से अन्वित जगत् का निर्माण करता है। (उसे न इसकी बाध्यता है और न इस कार्य के लिए किसी की अपेक्षा ही।)

और, परमेश्वर आकाश आदि भावों को अपने में उसी प्रकार अवभासित करता है जैसे दर्पण में परछाईं। क्योंकि यह सारा जड़-चेतनात्मक जगत् परमेश्वर की अपेक्षा से पृथग्भूत नहीं; किंतु उसके अंतर्गत ही है।

यद्यपि जीवन परस्पर भिन्न हैं और इसी प्रकार ज्ञान और ज्ञेय की विभिन्नता के कारण जगत् भी भिन्न है; किंतु तथापि परमेश्वर की अपेक्षा से कुछ भी भिन्न नहीं है। जैसे वृक्ष को देखें तो एक दिखता है और शाखाओं की गिनती करने पर अनेकता दिखती है—ऐसे ही एकत्व और नानात्व के कारण परमेश्वर भेदाभेद-युक्त सिद्ध होता है।

परमेश्वर का जीव-तादात्म्य (आत्मा और परमात्मा का ऐक्य) स्वानुभूति से, अनुमान द्वारा और शैवागम के प्रमाण से भी सिद्ध होता है।

परमेश्वर का स्वरूप प्रकाश, आनंद और स्वातंत्र्य—इस त्रिविध परमार्थ से युक्त मानते हैं। मम्मट ने'''नियति-कृत-नियम-रहिताम्' वाले पद्य में इसी ओर इंगित किया है।

तात्त्विक ज्ञान के संक्षेप ने कर्मकांड के प्रसार में क्रमशः परिणति प्राप्त कर ली थी और सुरभित सुमनों एवं अखंडित बिल्वपत्रों से सजी मेरी डलिया नास्तिक नयनों को भी अपनी रंगीनी से तत्काल आवर्जित कर सकने की क्षमता रखने लगी थी।

मैं तब अपने बूढ़े महादेव पर रामनामांकित बिल्वपत्र और फूल चढ़ाया करता था। ठंडा लोहा लहकता अंगारा हुआ चाहता था! यों तन को मन की ओट कर जलाना निष्काम न था। पिता ने प्रलोभन दिया था कि जल-बलकर भस्म का ढेर न हुआ तो तुड़-मुड़कर शिव-पिनाक पर सजने वाला राम-बाण अवश्य बनूँगा। अब प्रकाश किया, अकिंचनता के बघनखे ने तब घाव ही घाव किए थे। सो मृत्युंजय के चरणों में झुके-रुके मन में वह भावना बिंध गई थी; विद्युत-रेखा की भाँति पल-भर में मेघ-मेखला को छिन्न-भिन्न कर लक्ष्य पर पहुँच गई थी। तर्क-वितर्क त्यागकर अनिवार्य वेग से मन-प्राण उद्देश्य-साधन में प्रवृत्त हो गए थे। प्रात्यहिक कृत्य में अव्यवहित भाव से हृदयवृत्ति की वह समग्रता में एकाग्रता फिर कभी अनुभव में न आई।

गर्मियों के दिन थे। पिछली रात बेचैनी में बीती थी। तड़के उठकर फूल-बेलपत्र तोड़ने चला गया। गाँव के जमींदार अखौरी प्रयाग नारायण की बैठक से जुड़ी एक बेमरम्मत दीवार पर बेले की लतर फैली थी। बेल मढ़े चढ़े, इस गरज से गिन-गिनकर डलिया भरने लगा। बेले की सुगंध तो जग-जाहिर है, छितराई लतर में बेतरह खिले फूल कचपचिया के तारों की तरह झिलमिला रहे थे। उन्हें निहारते हुए बेतहाशा उँगलियाँ चलाना मुश्किल था। रूप और गंध के विरल संयोग में नयन-मन मुँदने लगते और ठंडी-ठंडी हवा जैसे खोई-खोई-सी साँसों के झुरमुट से भैरवी के छोटे-छोटे आलाप सरका लाती :

सा रे ग म प ध प—, ग म रे—सा……

+ + +

ग म प ध नी ध प, ग म म प प ध प, ग म रे सा!

तभी जैसे छिगुनी में शीशे की कनी चुभ गई हो, गुलाब का किधर से भी छिटककर आया हुआ कोई काँटा खुप गया हो या कि फिर सुरों की कठिन कोमलता ने ही डंक मारा हो, मैंने टिहुककर हाथ हटा लिया—साँप था? घबराहट में दीवार से कूद पड़ा। डलिया उलट गई। ओस-भींगी घास से जैसे जुगनू चिपक गए! मेरे अथक श्रम को, अब तक, तलाशने पर ऐसी ही सार्थकता मिली है। उस वक्त की बेचैनी को अरथाने वाले शब्द कहाँ, किस निःशब्द निर्गुण आकाश में, मिलेंगे?

चीख न सका कि कोई भागा आता : यह मुँह-अँधेरे कौन फुलबगिया में घुस आया! निशावसान की घोर कुंझटिका में कौन-सा आत्म-विभोर तारा टूट गिरा!

शिव-शिव! मुझे पीने लपका जहर मर गया! दरअसल वह जहर न था। लतर की पुरानी गाँठ पर उभरी कोई नुकीली टूँड़ी होगी जो कुंद सुई की विष-बुझी चुभन लिए छू गई थी, शिव का शृंगार-हार तो बड़ा प्यारा होता होगा!

बाबूजी को बोलता तो उन्हें मेरे अत्यंत भयकातर स्वर से सशंक सहानुभूति हर्गिज न होती, वह हिम-क्लिन्न आकाश, नक्षत्र-चंद्र और परिवेश की निस्तब्धता से मेरे दुस्साहस का तालमेल न बैठा सकने पर अँधेरा गहराने वाली डाँट ही पिलाते। परुष, दारुण, तीक्ष्ण और क्रूर दुर्वाक्य बोलते कभी तालू से जीभ न लगी उनके।

सच तो यह कि बूढ़े महादेव को अपने टुटरूँटूँ बच्चे की मुँह-अँधेरे फूल लोढ़ने की टेव छुड़ानी थी। अब और टिरफिस की गुंजाइश न थी। चींचपड़ करना मना था। मन मन गया। अनुभूति के हलक के नीचे उतरी वास्तविकता को मैं सत्य नहीं तो और क्या कहूँ!

डलिया फेंककर मंदिर में घुसा। बूढ़े महादेव अभी सोए पड़े थे। हड़बड़ाकर जगे। मैंने भीतर से किवाड़ बंद कर लिए। दोनों बाँहें गूँथकर ज्यों-त्यों अर्घ्य भींचा और फफक-फफककर रोने लगा। उस दिन उन्हें आँसुओं से ही नहलाया। उच्छ्वास-निश्वास के मंत्र पढ़े। घूमते माथे से परिक्रमा की। और, छूँछे हाथ में खाली डलिया उलटे लटकाए घर के सधे सन्नाटे में लौट आया।

पहले टूटे-फूटे, फिर अखौरी प्रयागनारायण द्वारा नए सिरे से बनवाए, जननी-जन्मभूमि के बूढ़े महादेव के बंद मंदिर में वर्ष-दो वर्ष से नियमित चलने वाली मेरी अच्युत अर्चा का अचानक उपसंहार हो गया।

पीछे पढ़ा :

'धन्याः खलु महात्मानो मुनयः संशितव्रताः
जितात्मानो महाभागा येषां न स्तः प्रियाप्रिये।'

कि धन्य हैं वे जितात्मा मुनि-महात्मा जिनके कुछ प्रिय-अप्रिय नहीं होता। चंचल जलराशि पर रवि-रश्मि-संपात हो कि अँधेरी झुकी-झुकी, जिन्हें दोनों में दिगंत तक अंतर नहीं प्रतिभात होता।

यहाँ तो छोटी-छोटी बातें, छोटे-छोटे काम, रीतता जा रहा जिंदगी का जाम। आँखों में झाग उफनता है, होंठ हैं कि सूखे और स्याह रहे आते हैं। दिल पिघलता है हिम-सा, जब माथे पर सूरज आग उगलता होता है।

गरीबी और मुफलिसी की भेंट चढ़े हुओं से थोड़ी-बहुत सहानुभूति किस्म की हरकत चलती है, मगर तकदीर के मारे हुओं के संजीदे सहारे उतना समय भी कहाँ से निकाल लाएँ? जब-तब उनके मुख्तसर, मगर चुभते हुए अलफाज, अलबत्ता, चकपकाए कानों की जकड़न खरोंच देते हैं : 'जिसको न माने बादशाह, वजीर क्या करे?'

हर ठोकर पर मुहर लग जाती है : यह सब तकदीर का खेल है!

बात पीनी पड़ती है। मुँह बाँधे बैठा रहना पड़ता है। सन्नाटे से तब भी आवाज आती है : यह सब तकदीर के मुँह फेर लेने से हुआ!

झुकी टहनी पर ऐंठा हुआ फूल तकदीर की तलाश में था कि हवा का एक हलका, झीना-सा झोंका आया और उसकी एक-एक पंखड़ी बिखेर गया।

गाँव वाले उन्हें 'बुढ़वा महादेव' कहते हैं और बकौल भवभूति—

'वृद्धास्ते न विचारणीयचरिताः।'

उतना रोने-धोने पर भी उन्होंने मुझे गाँव-निकाला दे ही दिया। मेरी माँ को मारने-भर से मन न भरा था, मुझे आनन-फानन बाप से बिछड़ा देने की ठान ली। वरदान का बाना बनाकर एक अभिशाप जीने के रास्ते में सफेद अँधेरे की तरह बढ़ आया था।

'प्रथमा' परीक्षा में प्रथम श्रेणी ही नहीं, दो वर्षों तक चार रुपए मासिक सरकारी छात्रवृत्ति भी मिली थी। मेरे दरवाजे पर जो शारदा संस्कृत पाठशाला थी, उसमें उच्चतर स्तर की पढ़ाई तो होती थी; किंतु परीक्षाओं की ओर से घोर उदासीन पिताजी ने उच्चतर परीक्षाएँ स्वयं दिलाने की सरकारी अनुमति नहीं प्राप्त की थी। परिशेष में दो वर्षों के वनवास के बदले छियानबे रुपल्लियाँ मिलने वाली थीं। कैसे उपक्रम का कैसा उपसंहार!

पिताजी केवल सत्रह रुपए महीने की आमदनी से पूरे परिवार की परवरिश करते थे। मेरे चले जाने पर कुछ तो बोझ हलका होता!

झूठ! सफेद झूठ!! असल बात यह कि जनम से ठुँकते-पिटते मैं काठ-कठोर हो चुका था, पिताजी के वाष्प-गद्गद कंठ पर विश्वास न हुआ, और मैंने एक दफा छाती पत्थर की करके घर छोड़ देने का फैसला मुकम्मिल रखा। और बारह बरस का नहीं, बारह बरस की उमर से जो वनवास शुरू हुआ, अब तक उसकी अवधि पूरी न हुई। क्या कभी होगी? कभी फूल-बेलपत्र से पुरानी डलिया भरकर, बुढ़वा महादेव से चिपटे साँप से लिपटकर कह सकूँगा : देखो तो, कौन आया है? तुमने उस दिन किसे

डराया था? तुम्हारे काटे का इलाज है! है न? किंतु अब बाहर-भीतर की हिलकोरें मुझे तुमसे जुदा न कर सकेंगी! मैंने सारे के सारे वैद्यनाथ, विश्वनाथ, महाकालनाथ देख लिए, सुना तुमने? तुम-सा कोई नहीं! तुम-सा कोई नहीं है नागनाथ!!

'कत चतुरानन मरि-मरि जाओत
न तुये आदि-अवसाना,
तोहे जनमि पुनि तोहे समाओत
सागर-लहरि-समाना!

मेरी कोई आकांक्षा कभी पूरी न हुई। छोटी से छोटी इच्छा विघ्न-निघ्न श्यामशिला से चंदन की मानिंद घिस-घिसकर पंकिल हुई; और फिर साँसों की सूखी भाप के संग उड़ गई। बुढ़वा महादेव की निगरानी में, मेरा बचपन कच्ची मिट्टी का ''एक अनगढ़ बौड़म-से साँचे में ढला; सख्त हुआ।

निविड़ कानन में एक तपोवन, तपोवन से सटा हुआ एक सजल सरोवर, सरोवर में भब-भब स्वर के साथ भरता हुआ एक उत्कट प्यासा घट, घट थामने वाला कोई हाथ कहीं नहीं दिखता, सब हास्य-कौतुक से देखते हैं : घट भर रहा है!

विषम लज्जा में अधोमुख मज्जित नहीं; मुख की शुचि-रुचि चूर्णकुंतलों के निर्बंध अंधकार के ऊपर, मंद किंतु सानंद, प्रवाहशील; जीव जीवन बन रहा है!

गर्मियों में गया शहर के आम आदमी फल्गु की रेत पर सोते हैं। मेरे गाँव के गरीब ब्राह्मण भी अकसर सुरहर की रेत पर स्व-निर्मित्त जलकुंड के करीब सोते थे। भजन-कीर्तन करने, किस्से-कहानियाँ सुनाने, झूठी शान बघारने, डींग हाँकने में रात आधी हो जाती थी। पिछले पहर जंगली हवा की थपकियों पर पलकें झपकती थीं। समान वय वालों का मैं अग्रणी होता। गाने-बजाने का शौक घुट्टियों में घुला था।

उस रात जब सब सो गए, पीपल की सूखी पत्तियाँ उड़-उड़कर मेरे मुँह-नाक में नाखून-कटी उँगलियों की छुअन चुभोने लगीं। अचकचाकर आँखें खोलीं तो जैसे आँखफोड़ टिड्डा पुतलियों में फड़फड़ाने लगा। सामने कुंड पर दो टॉर्च-सी आँखें जल रही थीं; काली माँ की-सी निकली जीभ पानी की सतह पर लपलपा रही थी। मेरा मन एक साथ अनेक स्तरों पर क्रियाशील हो उठा। यथार्थ को धुँधला कर देने वाली कल्पना आड़े न आई। लछुमन का कहा याद आया : रोने, चिल्लाने या भाग खड़े होने से शेर पीछा करता है और बख्शता नहीं है। निहत्थे सोए पड़े उठ भी जाते तो उसका बाल-बाँका न होता। मैं उसी पर आँखें गड़ाए उठा और चार कदम उलटा

चलकर बुढ़वा महादेव के मंदिर में घुस गया, भीतर से किवाड़ बंद कर घंटा बजाने लगा। सब जगे, हो-हल्ला मचा। किधर से भी निकल आए नौजवान डंडे वालों ने उसे खदेड़ दिया। नौजवान दून की हाँक रहे थे तो कुछ बूढ़ों ने व्यंग्य किया। लकड़बग्घा होगा! शेर होता तो···

मैं मंदिर के बाहर, औपचारिक घोषणा के बाद, आ गया था। मेरी हिम्मत की तारीफें होने लगीं, बुढ़वा महादेव के अनदेखे हाथों की सफाई का कोई कायल न हुआ। मुझे किसने होश में रखा, उलटा चलाया, मंदिर में बंद होने की सूझ दी, मैं जानता था, मैं···

स्मृति-पट पर जो तसवीरें उभरती हैं उनमें तरतीब ढूँढ़ना बेकार है। स्मृतियों का क्या, एक पर दूसरी चढ़ी आती हैं। दूसरी तरफ तसवीरों का कुछ अपना ही हिसाब-किताब है। उन्हें तोड़-मरोड़कर अलबम के साइज में छोटा-बड़ा करना पड़ता है। यह उलट-पलट जरूरी है। मेरी जिंदगी इतिहास की सड़क पकड़कर नहीं चली, आँकी-बाँकी पगडंडियों से घूम-घूमकर हौले-हौले सरकी है, राजमार्ग से कतराकर बीहड़ में रेंगी है···

जीजी के एक लड़की हुई थी। उसके पिता स्व० पंडित बदरीनाथ मिश्र चंदौत (अंबा, औरंगाबाद) के निवासी थे। शायद उन्नीसवें नक्षत्र का चक्कर था। मुझे बहुत गहरे में यह एहसास होता है कि लड़की दादा-दादी की नजर पर नहीं चढ़ी थी। पिता को देखना मना था। जीजी उसे ज्यों-त्यों लिए-दिए मेरे घर आ गई थीं। पिता ने उसका नाम राजराजेश्वरी रखा था, माता ने सावित्री।

सावित्री डेढ़ बरस की हो गई मगर उसे बैठना-उठना न आया। उसके हमउम्र दूसरे बच्चे छह महीने पहले से यह सब कर रहे थे। मान बहन मन्नतें मानते थकती न थीं, पस्तो के दौर में दूसरे भी हौसला बढ़ाने में नहीं चूकते थे। पर इस हलचल से कुछ बनता-बिगड़ता न था। बात अपनी जगह कायम थी। ऐसे में वह जब तक जगी रहती, इस-उस गोद में रहती, फिर निद्रा देवी की गोद में। गोरी-चिट्टी, मांसल, श्रुतियों तक विस्तृत पद्म-पत्र-से नेत्र, बंधुजीव-से रक्त ओष्ठ, रहस्यगान-सी गंभीर मुसकान, जो भी कोई उसे देखता, ललककर गोद में उठा लेता।

एक दिन जेठ की भरी दुपहरी में वह बाहर ले चलने के लिए मचलने लगी। मैं उसे कंधे पर लिटाए-लिटाए बुढ़वा महादेव के पास पहुँच गया। देखा, जलधरी सूखी थी। रहा न गया, सावित्री को पेट के बल लिटाकर झटपट जल भर लाने चला

गया। काम चुटकी बजाते होने का था, न हुआ तो इसलिए कि नदी सूखी थी, बालू हटाकर पानी निकालना पड़ा। भागा आया था, सो हाथ का घड़ा छलक रहा था, यहाँ आँखें छलक उठीं—सावित्री बूढ़े महादेव को पकड़कर खड़ी थी। मुझे हैरान देखकर हँसी, फिर हाथ छुड़ाकर बैठ गई। यह सब पलक झपकते हो गया। किस जादुई शक्ति ने शून्य को इतना बढ़ा दिया? इतना फैलाया कि मेरे मन को अपना बिंदु नहीं मिल रहा! विस्मय से जड़ीभूत चेतना कोरमकोर जड़ता में तबदील हो जाती तो भी एक बात होती। छलछलाए आँसू पोंछ मैंने बूढ़े महादेव से जो कहा था वह अब किसी से नहीं कह सकता क्योंकि इस घटना के महज महीने-भर बाद सावित्री सदा की नींद सो गई और उसका वह उठना-बैठना बस उसी दिन, उसी एक बार हुआ था। बूढ़े महादेव ने उसे किस मनहूस घड़ी में उठाया था कि वह उठ ही गई!

तब एक ही झटके में मेरी चतुराई टूट गई थी। मैं मान बहन के मन को महादेव की महिमा महसूस कराने में असफल रहा था। शिव का मंगलकारी रूप चौकस बौद्धिकता को सहलाकर संवेदनशील बनाता हो तो बनाए, अनुभव को उकसाने वाली सतेज उत्तेजना उसमें नहीं है, प्रमाणित हो गया था। श्रीहर्ष का व्यंग्य कुहर में कौंध गया :

'जनावनायोद्‌यमिनं जनार्दनं
क्षये जगज्जीवपिबं शिवं वदन्!'

'घर पलटते हैं वो हवा खाकर
और हम जख्म खा के आते हैं!'

जो अब बज रहा है, वह फागुनी मेले की अगवानी में अखौरी कृष्णचंद्र सहाय के अहाते में बजने वाला नगाड़ा नहीं है। क्या गंभीर नीरनिधि का निनाद प्राणों में अनाहत ही गूँज उठा है? क्या उस ऊर्मि-घूर्णित उत्ताल तार स्वर का सम्मोहन पीछा कर रहा है? मेरे सब संगी संगीत-रंगी आड़े नगाड़े पर तगड़ी चोट पड़ते ही अपने झोंपड़ों, झुग्गियों से निकल उसे घेरकर खड़े हो गए होंगे! सूर्यनारायण के सुंदर मंदिर से सुरहर के पथरीले किनारे तक ठठेरों की दुकानें सज रही होंगी! रेत पर कचनपुर के बड़े-बड़े बेरों की बहार होगी! पीपल की छैयाँ-तले झपसे हुए चनों के फलियों-लदे झाड़, गन्ने के रस, गुड़ और मिठाइयों का दौर होगा! फूले-फले करौंदी-कुंजों से रह-रहकर हवा के झकोरे आ रहे होंगे! कोमल-कोमल किसमिसी हरे सखुए के पत्तों पर

गुलगुले और गुलाबजामुन, फुलौरियाँ और जलेबियाँ हर जात के लड़के हिल-मिलकर उड़ा रहे होंगे!

दीदी को खटमिट्ठे बेर पसंद हैं, मुझे झड़बेरियों से झाड़ लाने कहती थीं! झड़बेरियाँ ही हमारे लिए नासिक के अंगूर और देहरादून के बेर हैं! एक रोज खजूर पर लतरे हरे-हरे वनकरैले तोड़कर ले गया था तो वह कितनी खुश हुई थीं! अब जब कचनपुर के बेर और हरे चने की फलियाँ लेकर बाबूजी घर पहुँचेंगे, तब क्या उन्हें मेरी याद आएगी? उनकी अचल पलकें एकदम नम हो जाएँगी?

हम घर-भर शिवरात्रि का उपवास और रतजगा करते थे। मंदिर-मंदिर में चहल-पहल, हर डगर रोशनी से जगर-मगर, शिवलिंग पर भाँग-धतूरे चढ़ाने के लिए मंदिर के भीतर-बाहर नर-नारियों के रेले, धक्का-मुक्की। जिल्लत और जहालत जैसी कोई चीज नहीं, आनंद-सिंधु की ओर जन-प्रवाह का स्वाभाविक बहाव, बेशुमार मिसालें कल्लोलों-सी कहकहों-भरी चढ़ाचढ़ी की।

उदयानंद ने रामनिरंजन से रात-भर के लिए ठेके पर दस रुपयों में दो शिवाले (बुढ़वा महादेव अखौरी प्रयागनारायण का, और अखौरी कृष्णचंद्र का सबसे बड़ा मंदिर, काले-मटमैले परेवों की लगातार उड़ान और कलश तक के गुटरगूँ-भरे बसेरों से जिसकी ऊँचाई आसमान छूती दिखती है) ले लिए और लो, सौ का मुनाफा हो गया। तीसी के तेल की टिकली-सी टिड़बिड़ंगी टिकरी देशी घी की बालूसाही के भाव बिक गई। जंगली इलाकों से आए हुओं में फूल कहकर बिके मुरादाबादी बरतन तिगुने दाम दे गए! भले-भले रात बीती, शिव जी की बारात विदा हुई।

पिताजी दिन में रुद्राभिषेक करते, मेरे कर्णकुहर में अब भी उन वैदिक स्वरों की प्रतिध्वनि गूँज रही है :

'ऊँ नमस्ते रुद्र मन्यवऽ
उतोतऽ इषवे नमः
बाहुभ्य मुत ते नमः
या ते रुद्र शिवा तनूरघोरा पापकाशिनी
तया नस्तन्न्वा शन्तमया गिरिशन्ताभिचाकशीहि!'

रात-रात भर पूजा-पाठ, मृत्युंजय-जप! हाँ, उपवास-कृश, शुष्क-शीर्ण मुख से मैं भी यहाँ-वहाँ देव-प्रतिमाओं पर अबीर-अबरक डालता फिरता। सवेरा होते ही जल्दी-जल्दी नहा-धोकर प्रसाद पर टूट पड़ता।

इस साल भी तो सब वैसा ही हुआ होगा। एक मेरे रहने न रहने से दुनिया

के मेले में भला क्या फर्क पड़ने वाला है? हाँ, बुढ़वा महादेव को कहीं अपने गोबर गणेश की कमी खली हो तो खली हो! देखो न, उस सौरंग आसमान से टूटकर मिट्टी का कच्चा घड़ा, बगैर टिरफिस किए, कैसे चूर-चूर हुआ जाता है!

और आज कीचड़-सनी सुबह से रंग-भरी शाम तक होली का हुड़दंग मचा होगा। कायस्थ जमींदार और उनके लाड़ले नए कपड़ों में सजकर शिवालय में आए होंगे! बच्चे-बूढ़े मिलकर होली-धमार गा रहे होंगे। मँजे हाथों मजीरे नई ही खनक पैदा कर रहे होंगे ठनकते ढोलक के साथ! अनंत शर्मा भी खूब हैं—चित्रकार, पेंटर, ढोलक-तबले बजाने वाले, खुशखत, खुशमिजाज और फिर पीयूषपाणि वैद्य! उनके रँगे पर्दे लहरें ले रहे होंगे! महाराज मिश्र का सहज सधा गला और अनंत शर्मा की संगत,—खूब रंग जमा होगा!

०	3	+	2
सा रे रे	ग—म म	प—प	—प ध ध
ग—म	प ध नि रे	सां नि	ध—प—

वहाँ था तो देखादेखी मेरा भी मन ललचता था : कभी मैं भी मलमल का नया कुर्ता पहनकर रंग-अबीर उड़ाता हुआ घर से निकलता, शिवालय पहुँचकर दीपचंदी ताल में काफी गाने के अलावा शिवमहिम्न और शिव-तांडव का सस्वर पाठ करता तो बड़े-बूढ़े असीसते, हमउम्रों में (भीड़ से हटकर) मेरा एक अपना ही रंग होता!

धत्तेरे की! 'चहिय अमिय जग जुरै न छाँछी!' गरीब के हौसलों पर किसी को भी हँसी आए बिना न रहे!

गहाँ (गोविंद विद्यालय, दधपा) की बात और है। यहाँ ब्राह्मण जमींदार हैं। गाँव वाले इसे करैले का नीम पर चढ़ना बताते हैं। कभी एक भाई कलक्टर हुए थे, अब एक डिप्टी कलक्टर हैं। समाज बाजे की तरह बज उठा है। आलीशान मकान, बँगला, नौकर-चाकर, एकदम साहबी ठाठ। मेरे गाँव वाले जमींदार इनके साहबी रंग-रूप और रोबीले ठाट-बाट के आगे वाकई कुछ नहीं।

मगर इस गाँव में कोई मठ-मंदिर नहीं है, न ही सर्व-वर्ण-समन्वय वाली धूमधाम। जो जहाँ हैं, तने-तने हैं। तभी परदेश की पहली होली पर जी जल रहा है। मैं अपने कमरे के एक कोने में बैठा हुआ कभी आँख खोलता-मूँदता, कभी पैर फैलाकर जम्हाई लेता हूँ। कभी-कभी नितांत अवज्ञा के साथ पीपल-बरगद की छाँह में शोरगुल कर खेलते हुए लड़कों पर आलस्यपूर्ण दृष्टि डाल लेता हूँ। उनके साथ खेलना लोगों को नापसंद होगा, कड़ाई के साथ मनाही की हुई थी।

पहली रात छात्रावास में पीतल की लुटिया में खिचड़ी पकाकर खाई थी। कुछ दिनों बाद भीतर चौके में खाने लगा। एक पाँत में चार किस्म का भोजन। गरीब के ग्लानि हो तो वह खुदकुशी कर ले। कहते हैं, 'जाति अपमाना' का जहर कुत्ते के जहर से भी बदतर होता है। होता होगा, अपने राम ठहरे संसार से अनभिज्ञ और अपरिणामदर्शी, ये इस विषम, किंतु निःशुल्क स्थिति में यथेष्ट आनंद और आत्म-संतोष का उपभोग कर रहे हैं, क्योंकि यहाँ के अध्यापक पंडित दामोदर जी मिश्र एक सौम्य-शांत आत्मतृप्त गुरु हैं जो हर जहर का असर खत्म कर देने वाला ज्ञानामृत पिलाते हैं :

'तृणादपि सुनीचेन तरोरपि सहिष्णुना'

मेरा गाँव यहाँ से महज चौदह कोस के फासले पर है। यहाँ की अँधेरी झुठलाने पिछली दीवाली पर मैं भागकर चला भी गया था—जंगल-पहाड़ फलांगता, थका-माँदा, धूल-धूल। सवेरे का निकला रात के सात बजते-बजते घर पहुँच गया था पैदल चौदह कोस चलकर। तब पिताजी सात-आठ साल की सुमित्रा के साथ दालान में कंडे की आग पर बाटी सेंक रहे थे, सुमित्रा चोखे के लिए आलू-बैगन के छिलके उतार रही थी और पूरे घर में बस, दो-एक मिट्टी के दीये झिलमिला रहे थे। यही इस घर की दीवाली थी!

मैं अचानक चरणों में झुका तो पिताजी चौंके ही, प्रसन्न नहीं हुए। सुमित्रा ने कहा : अभी कुछ देर पहले बाबूजी बता रहे थे कि तुम जहाँ हो वहाँ जगमग-जगमग रोशनी होगी; दीपक, पटाखे और फुलझड़ियाँ, क्या कुछ न होगा वहाँ! दिन में पुए, रात में बड़ियाँ—आज के दिन खूब मजेदार खाना पका होगा! यहाँ क्या? हमें कुछ बनाना आता ही नहीं। बाबूजी ने दिन में ओल तराशते वक्त हाथ काट लिया, अभी ज्यों-त्यों बाटी ठोंक रहे हैं!

उसका रुआँसा चेहरा अंदरूनी खुशी न छिपा सका कि क्या ही अच्छा हुआ, दीवाली पर मैं अपने घर आ गया : 'अपना घर फिर अपना घर है!'

बाबूजी सकपकाए-से थे कि अब क्या हो! फिर नजर नीची किए-किए बोले कि आ ही गए तो हाथ-पाँव धोकर खाने बैठो। आगे उनका रुख न पाने पर मैं भी सिटपिटाया-सा खड़ा था। अब खुश-खुश पाँव धोने चल दिया। पर यह क्या? घड़े से पानी निकालकर ज्योंही दाएँ पैर पर डाला कि बाएँ पैर के अँगूठे में ज्यों चिनगी चिपक गई। दरअसल बिच्छू ने डंक मारा था।

वह वहाँ कहाँ से फुदककर आ गया? मेरे पैर से कुचला भी कब होगा? इसकी

सोच-फिकर कोई करता इसके पहले ही उसका जहर पूरे पाँव में फैल गया। फिर क्या, रात रोते-धोते कटी—दुनिया की दीवाली की रात; जंगल-जंगल पैदल चलकर घर पर मेरे संग उतरी अमा की काली रात! मेरे ही कारण बाप-बेटी भी भूखे रह गए। कितना बुरा हूँ मैं!

मेरा ठौर-ठिकाना और भी कहीं हो सकता था। आलस कम करता और मेहनत ज्यादा तो हमेशा के लिए हो जा सकता था। पर ये जो दिन-भर घर झाड़ते-बुहारते लीपते-पोतते रहे थे। जल्दी-जल्दी चिराग जलाकर रसोई बनाने बैठ गए थे। शाम पूजा की तैयारी में ढल गई थी। मुँह में दो दाने भी नहीं पड़े थे। आह! मेरे अचानक आने ने उनकी थाली में रखा खाना खराब कर दिया! क्या गुजरी होगी उन पर?

मैं अपनी खोटी तकदीर के लिए खरी तदवीर ढूँढ़ता रह गया हूँ। कोई जुगत काम न आई। मैं डंके की चोट कहता हूँ : किसी कुचले बिच्छू ने डंक मुझे ही मारा है! मेरे ही जले जिस्म में अपना जहरीला काँटा धँसाया है!

दीवाली बिगाड़ चुका था, अब किस मुँह से रंग में भंग करने, होली पर घर जाता?

मैंने जब अपने छोटे-मोटे अरमान जलाकर और तमन्नाओं का खून कर होली मनाने की ठानी, तब भीतर से आवाज आई : अभी बहुतेरा वक्त है! ऐसी भी जल्दी क्या?

—सोच-सोचकर बदन की हड्डी दुखा ली थी। जब जगा, दिन बहुत निकल आया था।

'Now we are silent
And sing no songs anymore
Our pace grows heavy;
This is the night,
That was bound to come,
Give me your hand
Perhaps we still have a long way to go.'

निश्चित उद्देश्य के अभाव में भाव-भरे मन की और क्या गति होती? मेरे झिलमिलाते दीये की लौ कैसी भी हवा में भभक उठती, आलोक पिए-पिए नहीं रहा जाता था, किसी भी किस्म के अँधेरे में मैं उसे उँड़ेलना चाहता था।

दरअसल मैं इस ओर से कतई बेखबर था कि दियासलाई भीगी हो तो उसकी

सारी-की-सारी तीलियों के घिस-घिसा जाने पर भी जरा-सी चिनगारी नहीं निकाली जा सकती।

भाव अनुभव का एक मानसिक पहलू है जिसे प्रकाशित करने के लिए शब्द, स्वर, रेखा आदि के सहारे चाहिए। एक भाव को बाह्य अनुभव में आने के लिए दस भावों की लपेट में से सरकना पड़ता है, और इन दस भावों की सौ क्या, हजार ड्योढ़ियाँ हो सकती हैं। ऐसे में भाव-भरे मन पर नौ मन धूल डालने से भी क्या फर्क पड़ने वाला है! तो भी राह चलते गर्द उड़ाने वाले किसी की कोरी और मासूम नजर को गुमराह करने में अपनी कोई कोशिश उठा नहीं रखते।

मेरे दर्द की पहली लकीर गर्द में खिंची। तसवीर उभरी तो गर्द का भी एक रंग उजागर हुआ।

सेवार के ऊपर बहने वाले पानी में सेवार का रंग भले न घुले, ऊपर-ऊपर देखने वाले को एक झलक में झीनी झाईं धोखा दे ही जाती है।

घर की सीधी ढलान पार करते ही चक्करदार घाटियों की चढ़ाई शुरू हुई। एक, और एकमात्र अपने अभिभावक के कठोर अनुशासन से छुटकारा क्या मिला, जैसे एक कदम आगे बढ़ने की भी आजादी छिन गई।

मापों के तनाव से मेरी जमीन घिरी-घिरी रहती; खामखयाली की तसवीरों से आसमान भरा-भरा। मुझे मनचीते सफर के लिए शेखी और शोखी की भारी बैसाखियाँ ढोनी पड़ीं। लफ्फाजों की लंतरानियाँ हवा में गिरह लगाने की कोशिश करतीं, यह और है कि मेरी बदरंग बदगुमानी पर किसी का रंग न चढ़ पाता।

सिकत्तर की इज्जत कम न थी। यहाँ के चक्रव्यूह का मैं एकबारगी अभिमन्यु बनाया जा रहा हूँ—आए-दिन की बेहूदा बातचीत मैं उनके कानों तक पहुँचा देना चाहता था। तब एक पुजारी ने मना किया कि मैं कितना जबरदस्त अहमक हूँ कि साँप के मुँह में उँगली डालना चाहता हूँ; कि सिकत्तर की बदइखलाकी और बददयानती मशहूर है।

मैंने दिल में ठान लिया कि अब इस मामले में हाथ न डालूँगा।

विद्यालय के प्रधानाध्यापक पंडित दामोदर मिश्र के बल-बूते बेड़ा पार लगा। सारे संकट कट गए।

कामना में दोष चाहे जितने हों, एक गुण स्पष्ट है कि वह जड़ता से उठने में सहायता पहुँचाती है और अनेक अवरोधक शक्तियों से लोहा लेती है। ऐसा न हो तो वे शक्तियाँ कर्म को ही रोक दें।

गुरुदेव ने मुझे शांत उदासीनता में प्रभावपूर्ण कर्म का बीड़ा उठाने को कहा।

इस आचरण ने सदा के लिए मेरे अधिक्षिप्त मन से एक भारी आवरण उतार फेंका।

फिर मृगतृष्णा ने इधर-उधर नहीं भटकाया। जहाँ-तहाँ दौड़ाकर कभी व्यर्थ न थकाया, न तलवे काँटों से छिदवाए। उन्होंने कीचड़ में कमल की संभावना पर बल देकर, दिखावे की तड़क-भड़क से दूर, झूठे ठाठ को ठुकराकर, विडंबनाविहीन अंतर्लक्ष्य की ओर निश्शब्द बढ़ते चलने का गुरु-मंत्र दिया और मेरे तरल मन में यह विश्वास जमा दिया कि मैं दूसरों से भिन्न हूँ।

मेरे गाँव में इंद्रदेव साहू नामक एक सुनार थे। सुनारी के अलावा वह आसमान में बेलबूटे बनाने में सरेख़ थे। आसमान भी उनका अपना ही बनाया होता था जिसमें उन्हीं के हाथ की सफाई चाँद-सितारों में चमकती थी।

विप्रवेश में रहते थे। चोटी, चंदन, चादर (सिले कपड़े नहीं पहनते थे) और खड़ाऊँ उनकी अपनी पहचान बन गई थी।

मैं तब आठ-नौ का हूँगा, माथे पर छत्राकार घुँघराले बाल (चिकनी मिट्टी के धुले, सरसों के तेल से चिपके कि जिन पर कभी कंघी नहीं फिरती थी) पिताजी की देखादेखी सुरहर के पथरीले किनारे पर बैठकर रामरक्षा स्तोत्र का पाठ करता होता था। वह नहाते-धोते मुझे दिखलाकर लोगों से कहते थे : ऐसा लगता है, जैसे स्वयं बाल-रूप राम भगवान् राम की पूजा कर रहे हों!

बारह-तेरह बरस के एक लड़के को (तब जिसकी हसली-समेत सारी की सारी हड्डी-पसलियाँ पारदर्शिनी थीं और जिसकी पाँच सौ से भी अधिक मांसपेशियों को एक नजर में अलग-अलग देखा जा सकता था) रात-दिन एक कर सिद्धांतकौमुदी, मनुस्मृति, वाल्मीकि रामायण (सुंदरकांड), किरातार्जुनीय, स्वप्नवासवदत्तम् और वाग्भटालंकार-जैसे आधे दर्जन क्लिष्ट ग्रंथ अक्लिष्ट भाव से पढ़ाकर चौदहवें के आरंभ में साहित्य और पाणिनीय व्याकरण की मध्यगा परीक्षा पास करा देना ऋषिकल्प पंडित दामोदर मिश्र-जैसे धुनी आचार्य का ही काम था। वह कहते थे :

'मनो हि हेतुः सर्वेषामिन्द्रियाणां प्रवर्तने
शुभाशुभास्ववस्थासु तच्च मे सुव्यवस्थितम्'

कि भली-बुरी—सभी स्थितियों में इंद्रियों को प्रवर्तित करने वाला मन होता है, उसे ही ठीक ठौर दे दो। प्रार्थना करो :

'तन्मे मनः शिवसंकल्पमस्तु।'

स्वाध्याय को समर्पित मेरा जीवन कदाचित् विरल में विवेचित मन के अनन्य

अनुराग का ही परिणाम है कि जिसके प्राथमिक परिष्कार में आचार्यदेव के आदेश और उपदेश को शिरोधार्य करना मुख्य था। उनकी वाणी में ऐसा जाने क्या था जो मुझे सम्मोहित कर निस्पंद भाव में अवस्थित कर देता था और अविश्रांत अश्रुप्रवाह में मेरे तात्कालिक अभाव-अभियोग बह जाते थे।

वह कहते थे : कोटि-कोटि प्रयत्न करके भी तुम सबसे बड़े लक्ष्मीवान् नहीं हो सकते; किंतु ज्ञान की किसी एक शाखा में अलौकिक निपुणता-प्राप्त, अद्वितीय हो सकते हो; अपनी सतत साधना से समुदाय को अनिर्वचनीय भाव-रस में परिप्लावित कर सकते हो!

श्रवणमात्र से अंतःकरण को प्रभूत आनंद प्राप्त होता था। मैं किस दारुण दशा में प्राणधारण किए हुए था, स्वर्णिम स्वप्न-कौतूहल में सब भूल-बिसर जाता था। एक अनिर्वचनीय भाव का आविर्भाव होता था जो सर्व-शरीर में संचरित होकर क्रम-क्रम से सुख-दुःख के उच्छल अमिय-गरल में भावांतर उपस्थित कर देता था और मैं चित्रार्पित-सा निस्पंद-नयन वहीं-का-वहीं बैठा रह जाता था। अव्यवस्थित जीवन में भी जैसे कार्य-कारण की जिज्ञासा और नियमन की आकांक्षा छिपी हुई थी कि जिस कारण संसार के कड़वेपन की झार झेलकर भी उसके भीतर कोई मधुरता का स्रोत झाँकना चाहता था। कैसे घनघटा की छाँह छँटती और छटा के साथ धूप छिटकती है—समझना चाहता था कि अवश्य यह किसी न किसी नियम के अनुसार होता है; किसी न किसी कारण से होता है।

पक्के रोजगारी लोग थोड़े और मुनाफे के लिए नहीं अड़े खड़े रहते। अंटी में जितना कुछ सहेजना संभव होता है, कसकर गठियाते और आगे की राह तकते हैं।

मगर जिन्हें जिंदगी का धंधा नहीं करना आता, वह बहुत मुनाफे बटोरने का ख्वाब देखते रहते हैं और फिर दर्दनाक मुफलिसी में जिंदगी गुजारने पर मजबूर हो जाते हैं।

मैं कुछ इसी किस्म का था; हूँ।

कोई खोज-खबर लेने वाला न था; पैसों से खरीदी जाने वाली ऊँची और महँगी पढ़ाई की ओर मुड़ने वाले सारे रास्ते मुँद चुके थे, फिर भी आचार्य देव की अपूर्व शिक्षा के पूर्व बुद्धि कहीं रुकना नहीं जानती थी। मन उफनता रहता था :

'त्वरते कार्यकालो मे
अहश्चाप्यतिवर्तते।
प्रतिज्ञा च मया दत्ता
न स्थातव्यमिहान्तरे।'

मेरी तरफ से मन की दौड़ान बेजान न थी, जमाने की हवा उसे ठोस जमीन से उड़ाए फिरती थी। ऊपर से छोड़ देती, तो भी छुट्टी मिल जाती। यह सोचना तो बेशक बंद हो जाता कि डिग्री चाहे एक न हो, मगर मैं काफी कुछ लिख-पढ़ लूँ। यह भूल-भूल जाता था कि आधुनिक शिक्षा प्रदान करने वाला तब कहीं कोई दातव्य विद्यालय न था।

वह कहते :

अनिर्वेदः श्रियोमूलम्
अनिर्वेदः परं सुखम्
अनिर्वेदो हि सततं
सर्वार्थेषु प्रवर्तकः।

अंग्रेजी और बंगला की ओर रुझान था। चंदौत के जीजा जी के यहाँ ईश्वरचंद्र विद्यासागर की वर्ण-परिचय से लेकर विद्यासागर-चरित तक अनेक पुस्तकें थीं। मैंने 'शकुंतला' और 'सीतार वनवास' मनोयोग से पढ़कर बंगला-गद्य की श्री, सुंदरता और शक्ति की थोड़ी-बहुत पहचान पा ली थी। तीन वर्षों बाद कालिदास और भवभूति की भाषा में उनका मूल रूप, 'शास्त्री' की परीक्षा देते समय, पढ़ा था। कहना न होगा, विद्यासागर की ठोस नींव पर मेरा संस्कृत का हवाई महल खड़ा हुआ था।

मध्यमा देने गया था तो अंग्रेजी की कुछ छोटी-छोटी किताबें खरीद लाया था। एक मुट्ठी धूल उड़ाकर आप बेजान तिनके की तरह इधर-उधर डोलता फिरता था कि कौन जाने, वाकई कभी आँधी आ ही जाए!

वर्षों बाद बेकन और रस्किन पढ़ने का सौभाग्य प्राप्त हुआ। बेकन की—Some books are to be tasted, other to be swallowed, and some few to be chewed and digested पंक्तियों ने मेरी अव्याकृत अनुभूति को स्पष्ट अभिव्यक्ति दी। मैंने कालिदास और भवभूति पढ़ते समय स्वयं समझ लिया था कि यही हैं वे, जिन्हें आजीवन पढ़ते रहना होगा।

रस्किन ने पुस्तकों को दो भागों में बाँटते हुए क्या ही खूब कहा है :

For all books are divisible into two classes, the books of the hour, and the books of all time.

कनौतियाँ उठाने की जरूरत नहीं, समस्वभाव (like-natured) व्यक्ति समझ सकेंगे : कालिदास के कदमों से लगे रहने की बात निरी व्यक्तिगत है, कोई फार्मूला नहीं। तंगदस्त जिंदगी, कड़ाका बीतता रहा; कहाँ से रोज नई किताब आती? ताहम दिल और दिमाग का कहीं तो ठीहा होता, कालिदास ही सही! समर्थ समवयस्क

मंजिल मारने निकल गए, मैं कालिदास के साथ :

'लता-प्रतानोदग्रथितै स्स केशै
रधिज्यधन्वा विचचार दावम् ।'

केशों में बेलों के डोरे उलझाए जंगल-जंगल डोलता फिरा। कसी प्रत्यंचा वाला धनुष कहाँ, यहाँ तो धनुही का भी डौल बैठाना मुश्किल था, सो मेरे अहिंसक आदर्श पर भौंकने-झपटने वालों की कभी कमी न रही।

आंतरिक संकट का सफलतापूर्वक सामना करने के लिए जो आवश्यकताएँ हो सकती हैं उनमें स्वस्थ दृष्टिकोण और संकट के प्रत्येक स्तर पर लक्ष्य की संपूर्ति के अजेय उत्साह की प्राथमिकता होनी चाहिए--जैसे यही सबक लेने के लिए मुझे एक दिन अचानक स्वनामधन्य पंडित बलभद्रप्रसाद ज्योतिषी एम०ए०, एम०एल० के दर्शन हो गए। वह डॉ० राजेंद्र प्रसाद के साथ कलकत्ता विश्वविद्यालय के प्रथम श्रेणी में प्रथम होने वाले छात्र थे। अब गया में एडवोकेट थे। उनके शक्तिशाली व्यक्तित्व और प्रभावशाली वार्तालाप से मैं तत्क्षण अभिभूत हो गया था। इतने ऊँचे दर्जे का इंसान ऐसा सादा हो सकता है? किसी ऐरे-गैरे-नत्थूखैरे की भी भरपेट प्रशंसा करने का अवसर कभी हाथ से निकलने नहीं देता! उनकी मंशा मालूम करना मुश्किल था, छोटी-मोटी बातों के जरिए आम आदमी की अँतड़ियों में छिपाई समस्या का आविष्कार करने में उन्हें क्या मजा आता था, कौन कहे!

उनके दूध के धुले आँखों के कोए सुनहले फ्रेम के चश्मे के भीतर से खूब चमकते थे। उनका सोने का रंग किसी अनदेखे सुहागे के सहयोग से जैसे दमकता था। ईश्वर-प्रदत्त प्रतिभा को अपरिश्रांत साधना कैसी ज्योतिष्मती (radiant) बनाती है, पहली झलक में भाँपा जा सकता था। दाँतों से टॉर्च की-सी दूधिया रोशनी छनती थी--बोलते तो मुसकान घोलकर, मौन होने पर भी अनुगूँज में सदुक्ति-कर्णामृत-से झरते होते।

आज यहाँ (निराला निकेतन में) जैसी ठाकुरबाड़ी है, दधपा में थी। मैं केसर-कुंकुम का तिलक लगाए पूजा-पाठ करके लौट रहा था, वह जा रहे थे; अधबीच में हमारी पहली मुलाकात हुई। मैं उस ठिगने कद के किनारे तक लहरते प्रकाश-सागर को देखकर विस्मित हो रहा था, वह मेरे अकुंठ कंठ से क्लिष्ट श्लोकों का सुस्पष्ट सस्वर पाठ सुनकर ठहर गए थे। मैं तब भी इसकी पूरी एहतियात करता था कि स्वर या वर्ण के स्खलन या विपर्यय से रचनाकार की छीछालेदर न हो! कोई विशिष्ट शब्द या वाक्य भक्ति-प्रदर्शन के आवेश में मदहोश-सा न लड़खड़ाए; अपनी तरफ से

हेर-फेर या ऐसा ही कुछ न करना पड़े।

सच तो यह कि पाणिनीय व्याकरण में बगैर दखल के कोई शुद्ध संस्कृत लिखने-पढ़ने का दावा करे तो उससे बड़ा दुमदार मिलना मुश्किल है। वह अपनी अल्पज्ञता की झोंक में चीख-पुकार मचा सकता है, कीर्तिमानों के पीछे उनकी कीर्ति मिटाने के लिए लट्ठ लिए फिर सकता है, पर यह ध्रुव है कि वह कीचड़ फेंकने वाले हाथ से शुद्ध लिख नहीं सकता; मुँह में ऐसी-वैसी बातें रखने का मंसूबा बाँधकर शुद्ध बोल नहीं सकता।

खुले आसमान के नीचे ऐसी खुली दृष्टि, जिसकी ऊष्मा अंतर्मन में घुसकर पैदा हुई सीलन फाड़ दे, मैंने पहले नहीं देखी थी।

हलकी, खनक-भरी आवाज में फूटे : विद्यार्थी हैं?

मैंने सहमकर हामी भरी तो बोले : 'अभी क्या पाठ कर रहे थे?'

'गीता!'—मैंने कहा।

'क्यों?'

जैसे मैंने वैसी नजर नहीं देखी थी, ऐसा सवाल भी नहीं सुना था।

'गीता सुगीता कर्तव्या किमन्यैः शास्त्र-विस्तरैः?'—जवाब हो सकता था; पर वह क्या न जानते होंगे?

लाजवाब क्षितिज का निरीक्षण करने लगा।

सोचा, कड़ाके की धूप स्पंज की तरह उनका स्नेहार्द्र कौतुक सोख लेगी और वह हलके-हलके ठाकुरबाड़ी के ठंडे बरामदे की तरफ बढ़ जाएँगे, मगर वह वहीं खड़े रहे। तो क्या यह संभ्रांत महापुरुष झक्की स्वभाव के हैं? अभिजातों में ऐसी संवेदनशीलता दुर्लभ है!

उनकी रचनात्मक प्रकृति की विशालता का परिचय पहली बार मिल रहा था। वह चाहते थे कि अगर वाकई मैं इस तेरह-चौदह की उमर में गीता-धम्मपद पढ़ता हूँ तो ईश्वर करे, मुझे दुनिया की हवा न लगे; मैं ऐसी शिक्षा पाऊँ जिससे ज्ञान-चक्षु खुले; आत्मा के द्वार पर कोई दागदार पर्दा न लटकता रहे; संयम का आध्यात्मिक सुख पाऊँ! आज वह होते तो मैं घायल तमन्नाएँ लिए उन्हें दर्दीले कंठ से आवाज देता। तब यही कहा था :

'गीता-परीक्षा-समिति की परीक्षाएँ पास करने पर पारितोषिक के रूप में नकद रुपए मिलते हैं। मैं पिछले साल घोड़े पर चढ़कर औरंगाबाद परीक्षा देने गया था। प्रथमा प्रथम श्रेणी में पास हुआ तो रुपए मिले जिनसे मैंने तीन पुस्तकें खरीदीं—स्वप्नवासवदत्तम्, किरातार्जुनीयम् और वाग्भटालंकारः। इस बार मध्यमा की तैयारी

कर रहा हूँ। पूरी गीता मुखाग्र है। उलटने-पुलटने का अभ्यास चल रहा है। पूछता है—छठे अध्याय का छब्बीसवाँ, नवें का नवाँ और ग्यारहवें का बाईसवाँ श्लोक लिखो।'

मेरा उत्तर सुनकर वह न निरुत्तर हुए, न निष्प्रभ, ठठाकर हँस पड़े—'इस बार रुपए मिलेंगे तो उनका क्या कीजिएगा?'

'शायद आपको मेरी बात पर विश्वास न हुआ! मैं साहित्य और पाणिनीय व्याकरण की मध्यमा पास कर चुका हूँ, अब आचार्य की तैयारी करूँगा। पहले खंड के लिए छह पुस्तकें खरीदनी होंगी : नैषधीयचरितम्, शिशुपालवधम्, गीतगोविंदम्, रसमंजरी, अलंकारसर्वस्वम् और वृत्तरत्नाकरः।

उधर गीता की उत्तमा परीक्षा के लिए शांकरभाष्य, रामानुजभाष्य आदि अलग से खरीदने हैं।

'अभी रिजल्ट नहीं निकला, फिर कैसे कहा कि मध्यमा पास कर चुके हैं?' —उन्होंने ठोंकने-बजाने के अंदाज में पूछा।

मैं सिटपिटा गया। उतरे गले से सँभलकर कहा :

'पर्चे बेहद अच्छे हुए हैं। प्रथमा में स्कॉलरशिप मिली थी, इसी विश्वास से बोल दिया।'

'अच्छा, हम फिर मिलेंगे', कहते-मुसकराते वह ठाकुर-घर में चले गए।

वह मुलाकात अब भी आँखों में लगी है, अस्तित्व की छोटी परिधि में जब-तब गुलदाउदी-सी महक उठती है।

करुणा और तीक्ष्ण दृष्टि के प्रतीक ज्योतिषी जी से जब दूसरी बार मिला, वह प्रफुल्ल मुद्रा में थे। जाने क्यों, उनके उज्ज्वल अनुभवों और उचित उपदेशों से लाभान्वित होने के लिए लालायित हो उठा था। यों मैं सरल नियमों और प्राकृतिक जीवन का स्वतः अभ्यासी था और अपनी ओर से तंद्रा तथा आलस्य, प्रमाद और जड़ता को भरसक पास नहीं फटकने देता था।

मैं प्रसन्नमुख, अकलुष हृदय और सात्त्विक उत्साह से विकास और निखार के लिए उद्ग्रीव था, उनकी दृष्टि मेरे बालों के गुच्छों में उलझी थी। अपने खिचड़ी बालों पर उँगलियाँ फेरते हुए बोले : मैंने इन्हें आधे इंच से अधिक कभी नहीं बढ़ने दिया।

मैं कुछ मोहक और कर्णमधुर स्वर में जीवन-संगीत सुनने आया था, सिर झुकाकर अपना दोष कुबूल किया और धीमी, दीर्घ-श्वास-भरी आवाज में निवेदन किया कि मेरे पिताश्री भी इसी मत के हैं। इन आवारा बालों के लिए उन्होंने मेरी बहुत-बहुत लानत-मलामत की है, परंतु मैं हूँ कि उनसे पढ़ने के अलावा उनकी और

बातों पर कम ही ध्यान देता हूँ। क्या किसी की सारी बातें मानी जा सकती हैं?

'क्यों नहीं?'

—न थमने वाली बारिश की यह पहली बूँदाबाँदी थी। फिर वह तेज ही होती गई। वह कभी आँख फाड़ते तो लगता, मैं सारा का सारा निचुड़ गया, अब मुँह मोड़कर बैठ जाना चाहिए; और जब आँख सिकोड़कर कुछ कहते तो लगता, वह इंतजार कर रहे हैं, मुझे तसलीम कर लेनी चाहिए कि उनकी हर ख्वाहिश की जरूर कद्र करूँगा। मगर अफसोस कि—'I have sworn no false oath.' अपनी हथेलियों पर ठुड्डी टिकाए मैं अपने ही दिवास्वप्नों में खोया था, मेरी प्रतिक्रिया भिन्न होनी ही थी। कसमसाकर अँगराता-सा उठ खड़ा हुआ।

मेरी जिंदगी की गाड़ी को कीचड़ में लीक बनाकर चलना था, यह अचानक बह चली हवा और झिलमिला उठी रोशनी मेरा पथ कैसे पलटा देतीं?

गुरु गोविंद

'अज्ञान-तिमिरान्धस्य ज्ञानाञ्जनशलाकया
चक्षुरुन्मीलितं येन तस्मै श्रीगुरवे नमः।'

इमारत की बात चलती है, नींव की नहीं, कि जिस पर इमारत खड़ी होती है। शायद इसलिए कि इमारत के धौले-रँगीले कँगूरे दूर से दिख जाते हैं और नींव की अँधेरी गहराई करीब आने पर भी नहीं दिखती। आँखें कितना कम देखती हैं!

बड़े लाभ के लिए छोटे-छोटे स्वार्थ छोड़े जा सकते हैं, मगर जिन्होंने रोज-रोज की रोटियों के लिए बंजर में जौ बोए थे, उनकी खोज-खबर लेने क्यों कभी मन न अकुलाया? जिनके गौरव की गंध गली-कूचों में बिखेरता फिरा, उन्हें चेतना की परिनिष्ठित अनुभूति से ही क्यों जोड़े रहा? विश्वास को उच्छ्‌वास का स्वर क्यों न दिया?

यह कहते हुए शायद साँस भाप बनकर उड़ने लगे कि छत पर चहलकदमी करते वक्त सीढ़ियों की याद नहीं आती।

एक उखड़ी-उखड़ी-सी फुसफुसाती आवाज में यह भी कहा जा सकता है कि अब अपने को ही सर पर रखकर दर-दर की धूल फाँकता फिरता हूँ; फेरी लगाता हूँ कि बिकाऊ हूँ; पराया माल गोल कर बेचते झिझक नहीं होती! दूध-पानी-से घुले-मिले में दुधमुँहे को 'संत हंस' गुन से गह लेते हैं; पानी-पानी हुए पानीदार विकार का परिहार कर देते हैं! यूँ कोई कैसा भी संत या वसंत हो, पानी में से दूध निकालते छठी का दूध याद आने लगता है बच्चे को! सो जो हो...

होश लुटाने वाले को कोई होशियार नहीं कहता। यों भी मुझे न सीजर होना था न नेपोलियन; न शंकराचार्य न वल्लभाचार्य। जो गले के नीचे न उतरा उसे फू-फू करके फेंक दिया। मेरे कच्चे दिल-दिमाग में पक्का किताबी ज्ञान ठूँसने की किसे जल्दी थी? इतमीनान से सन् '24 में अपर पास करने का प्रमाण-पत्र मिल गया। सूरज न देखा तो क्या हुआ, मिट्टी का एक दीया तो जल ही गया! गंदगी निर्गंध न रही!

कभी कोई बेजा हरकत न करने पर भी निहायत दब्बू और कमजोर होने के

सबब ठुँकता रहता था। सच तो यह कि मैं अपने स्कूल की अनियारी आँखों में सुरहर की रेत की तरह ही रहा था। बिना रोशनी के जिंदा रहने का पहला कौशिक पाठ मैंने उसी गुफा में पढ़ा था; तबाही और बर्बादी को खोखलेपन की खोल बनाना वहीं सीखा था। यह भी अनजाने में ही जान गया था कि पूर्णता के लिए भटकना शुरू होने में अभी जितनी भी देर हो, उसे यहीं से शुरू होना है! जीवन-वन में कभी बहार आए न आए, पतझार के द्वार पर खाली झोली फैलाकर मुझे चुपचाप खड़ा नहीं रहना है!!

आज जिसकी डाल में घुन-सा लगा दिखता है, जिसके सुजात पात-पात पर मकड़ी के जाले फैले हुए हैं, वह पेड़ भी था तो पीपल-बरगद की जात का था, साग-भाजी की तरह तुरत पनपने वाला नहीं, न पुदीने की तरह किसी के जूठे गरारों से हुलसने वाला।

साधन मन-मुआफिक क्या, अत्यंत सीमित है। खामोश निगाहों ने धोखा न खाया हो तो धरती पाँव की छाँव में सिमट-सिकुड़कर छोटी हो गई है। दो दीवारों के बीच की फाँक-भर बची है। वासुदेव ने कैसी जगह तजबीजी जड़ जमाने के लिए! कहाँ पड़ोस की फुलबगिया में रोज खिलते-झुरते रंगारंग फूल, और कहाँ यह कभी हरियाता, कभी पियराता पौधा पीपल का, जो जब देखो तब, ऊपर-ऊपर ताकता रहता है—जाने क्यों? जाने क्या? जिसे तंग और सीलनभरी, गंधाती और अंधी जगह का जैसे एहसास ही नहीं होता! जैसे नीचे देखने को नीचा देखना समझता हो! झंझा के झोंके झेल लेता है, झुकता नहीं है! यूँ वह उस भली भूमि को भी कभी नहीं भूलता-बिसरता जिसने उसे अनछुए आकाश की चुनौती दी है और जो उसे एक दिन, आकाश के रंग बदलने पर, लोरियाँ

तुमसे चल तुममें ही पहुँचे
जितने रस, आनंद रहे!

देकर अपने अंक में निःशंक समेट लेगी!

टुकड़ों में होने वाली बातें और होती हैं। उनके कितने ही छोटे-बड़े हिस्सेदार होते हैं। किसी-किसी से संबंधों में एक नकली अपनापन होता है। कोई यहाँ-वहाँ से उठाया हुआ होता है जिससे बेझिझक नहीं बरता जा सकता। दूसरी ओर, अपने आपसे हुई बात में हो-हल्ला नहीं मचता, लगाव महसूस किया जाता है। अनुभूति दुहराई जाती है। उसमें निरुद्देश्य उत्साह होता है, जिसका चश्मदीद गवाह दूसरा नहीं होता। निष्क्रियता उसकी कोई परत नहीं होती; बारीक से बारीक नुक्ता उसकी

पहचान नहीं होता। इस तरह मैं बात और बात के बीच कोई दरार नहीं उभारता, उलटे, सँकरा ही सही, किसी पुल की तलाश करता हूँ जिससे जब कभी गुजरना मुमकिन हो, अपने एहसास की भी शिनाख्त हो!

जब सब हमजोली खेल-कूद में मगन रहते, मैं धोबियों के घाट के करीब मसान में तनहा बैठा होता। एक दफा ननिहाल में ढूँढ़ा जा रहा था तो आदतन चौरसिया टोले के पीछे नदी-किनारे, सुनसान मसान में झख मारता पाया गया।

दरअसल तनहाइयों में मैं हवा, पानी, पंख-पखेरू, रेत, काँटे, सूखे पत्ते और तिनके—सबसे जुड़ा होता था। सत्य-पथ पर स्थित निसर्ग-संतति-से सहज एक-एक पेड़-पौधे और पशु-पक्षी को उन्हीं की आँखों देखता रहता था। मैं उन्हें अपना दुखड़ा क्या सुनाता कि एक ही कुल में कोई वीर पैदा होता है, कोई कायर; एक ही वनस्पति की एक डाल फल-फूलों से लदी होती है, दूसरी बाँझ! उलटे मैं उन्हीं की निःशब्द पीड़ा पीता था जो मेरी व्यथा-कथा से कहीं तीखी होती थी। मनुष्य द्वारा उन पर किए जाने वाले आत्यंतिक अत्याचार देख-देखकर अनजानते ही मेरे मुँह से जंगल के सन्नाटे को चीरने वाली चीख निकल पड़ती थी : हे ईश्वर!

इस निःस्व विश्व में कोई अकुतोभय नहीं। ऊँची चोटियों वाले पहाड़ों को भी वज्र का भय है; सागर की अनथाही गहराइयों में जिंदगी बसर करने वाली मछलियों पर भी हत्यारे आँखें गड़ाए होते हैं!

पापबुद्धियों की कहाँ पहुँच नहीं है, निष्पाप मन भी उनसे मिठास की आस नहीं रख सकता।

मैंने अग्नि और सोम के समन्वय के पार्थिव सृष्टि की कथा कितने ही दिनों बाद सुनी; बुद्धिबल और विद्याबल से मनुष्य के सचराचर जगत् के स्वामी होने की अभिज्ञता और अधिक दिनों बाद प्राप्त की; किंतु स्वामी होना क्रूर तथा निर्मम उपभोक्ता होना है—स्वेच्छा से और यथेच्छ सबके पके और कच्चे मांस का भक्षक होना है, यह प्रज्वलित ज्ञान निगलते मेरी तो जीभ जल गई थी; हलक में फफोले निकल आए थे।

यह तो ठीक है कि चराचर विश्व-प्रकृति में श्वास-प्रश्वास आदि प्राणों की क्रियाओं वाले (प्राणी) श्रेष्ठ हैं; प्राणियों में बुद्धिजीवी श्रेष्ठ हैं और बुद्धिजीवियों में मनुष्य श्रेष्ठ है। यह गुह्य ज्ञान भी भगवान् वेदव्यास ने ही दिया है कि मनुष्य से श्रेष्ठ कोई नहीं है; कुछ भी नहीं है।

मगर मेरे फफोले तो तब फूटे जब मैंने ईश्वर को गुहारा कि मैं कब बड़ा होऊँगा? कब पूछने योग्य हूँगा मैं इस संपूर्ण सृष्टि के सर्वेसर्वा से—'न मानुषाच्छेष्ठतरं

हि किञ्चित्' से कि तुम जो अपने से कम ताकत वालों को बिना किसी कुसूर के मार-मारकर खाते जाते हो तो फिर तुम्हारे ही बीच का कोई शेरसिंह शर्मा तुम्हें निहत्था और कमजोर पाकर क्यों न मारेगा, वह भी महज इस बुनियाद पर कि वह तुमसे शहजोर है; तुम्हें मार सकता है, कानून खरीदकर नए निहत्थे के लिए कुंद छुरी पर शान चढ़ा सकता है?

तुम दूसरों को भी जिंदा रहने देकर क्यों नहीं जीना चाहते? 'जीवो जीवस्य जीवनम्'—जैसे वैज्ञानिक अज्ञान को क्यों नहीं थूक देते? क्यों तुम्हें कमजोरों और असहायों की जिंदगी में अपनी खौफनाक मौत दिखाई देती है?

गहन एकांत में भला वहाँ ऐसा कौन होता था जो मुझे ऐसी-वैसी बातें सोचने पर मजबूर करता था? बनपाखियों के पंखिल कलरव और छिछले जल के एकरस कलकल में मुझे किस करुण-कठोर का एहसास होता था? ऐसे ही लमहे बीत जाते डूबती शामों में गुमशुदा दरख्तों के सायों में। सन्नाटा तेज साँसों के काटे न कटता। याद आते हैं इर्द-गिर्द के वे चारु-चंद्र चेहरे, जिन्हें किसी की सुविधा-दुविधा से कुछ नहीं लेना-देना होता, उस घड़ी उस पार, बालू की बेला पर कबड्डी खेल रहे होते। खुराफातें कर रहे होते। खुशहाल जो थे वे :

'होनहार बिरवान को लगत पवन अनुकूल
बरसाए जल ग्रीष्म ऋतु, पतझड़ दे फल-फूल!'

जब-तब सर पर सरपत की कोई टहनी झुक आती, जैसे वनदेवी की नर्म-नाजुक उँगलियाँ सर सहला रही हों : ऐसे नहीं!

बुलबुल की शक्ल की हरी-हरी चिड़ियाँ पूँछ उठाकर पूछतीं : उदास क्यों हो?

'क्या किसी भरे-पुरे घर में सिर्फ खाते-खेलते उमर गुजार देने में ही जीवन की सार्थकता है? तुम यहाँ आते हो; अपने मन का सूनापन वन में निहारते हो; जल से खेलते कंकड़-पत्थरों पर पलकें टिकाते हो; दाँतों से घास के तिनके टूँगते-खुटकते हुए देर-देर तक हमारे बारे में सोचते रहते हो; हमारे सुख-दुःख के सत्य-तथ्य ईश्वर से पूछते हो; वह शांत-शून्य मौन रहकर तुम्हें निरुत्तर कर देता है; तुम उदास हो जाते हो और तुम्हारे निःशब्द क्रंदन में समय का स्वन डूब जाता है!

'याद है न, उस दिन तुमने एक अधमरे झींगुर को ठंडे पानी से छानकर महुए के पत्ते पर सुखाया था, वह अभी उड़ने के लिए घायल पंखों में भरपूर ताकत बटोर ही रहा था कि जाने किधर से एक जंगली काग आया और तुम्हारे बेतरह तड़प उठने के बावजूद उसे अपनी चोंच में दबोच ले गया? तुम्हारी निरुपाय आँखें फटी की फटी

रह गईं : तुम उसे सहानुभूति ही दे सके, उसके सहायक न हो सके—इसका दुःख तुम्हें खाए जा रहा था; किंतु नादान लड़के, तुम्हें अभी 'करमन की गति न्यारी' का तजुर्बा नहीं है। तुम शुभ अथवा अशुभ कर्म-भर कर सकते हो, उसके नतीजे को लेकर उधेड़बुन करना बेकार है! कर्म के भोग में किसी प्रकार की छूट मिलने वाली नहीं है!! यह तुम्हारी ही नहीं,—हम सबकी सामर्थ्य की सीमा है।

'पसीने से लथपथ, थककर चूर हुए बढ़ई पर पेड़ अपनी घनी-ठंडी छाँह डाले रहता है और वह उसकी जड़ पर कुल्हाड़ी चलता रहता है!

'हरी और गहरी चोट खाकर अधकटा पेड़ धराशायी होने की प्रतीक्षा में सर झुकाए खड़ा रहता है, कभी भी तो कातिल के हाथ से हथियार नहीं छूटता; निशाना नहीं चूकता। तुम घूरते हो, बिसूरते हो, लौट जाते हो।

'मनुष्य ने सिर्फ अपनी हिफाजत और तरक्की के लिए दुनिया-भर के धर्मशास्त्र लिख डाले हैं; पुराणों के बहाने नानी की कहानी गढ़ी है! मृगया उसका विनोद है! चिड़िए की जान जाती है, बच्चों को एक चालू खिलौना हाथ लगता है!

'सब कुछ जब ऐसा-वैसा लगता है; बच-बचाव की कहीं गुंजाइश नहीं दिखती, ये देवते, धर्म, संस्कृतियाँ, कलाएँ—सब के सब कुछ बात या बातों द्वारा मुट्ठी-भर लोगों का दिल बहलाते नजर आते हैं, बाकी का सारा माहौल उदास, निराश और खाली-खाली-सा लगता है, तब यहाँ सूने-सन्नाटे में आते हो, फिर भरी-भरी आँखें और भरा-भरा दिल लिए भारी कदमों लौट जाते हो! बस, यही हलकापन तो संसार है।'

—अनादि गुरु निर्जन वन था मेरा; माँ की गैरमौजूदगी में, आदिगुरु पिताश्री। मुझे उन्होंने बताया था कि मानव पर ही किसी का अस्तित्व बनता है कि 'वह' एक है, ये 'विप्र' हैं जो उसे इंद्र, मित्र, वरुण, अग्नि, सुपर्ण गरुड़, यम, मातरिश्वा आदि अनेक नामों से पुकारते हैं :

'इन्द्रं मित्रं वरुणम् अग्निमाहुः
अथो दिव्यः स सुपर्णो गरुत्मान्
एकं सद् विप्रा बहुधा वदन्ति,
अग्निं यमं मातरश्विानमाहुः!'

—**ऋग्वेद**

उन्हीं दिनों मेरे सब दिन दुखते जीवन को पूरी तरह प्रेरित और प्रभावित करने वाली, उच्छृंखल भावों के वेगवान प्रवाह को पक्के तटबंधों से बाँधे रखने वाली यह

सीख भी उन्होंने दी थी : कि कैसी भी कामना के चक्कर में पड़कर, किसी भी डर या लालच की गिरफ्त में आकर, या सिर्फ जान बचाने के लिए भी अपना धर्म नहीं छोड़ना चाहिए। सुख-दुःख आने-जाने वाले हैं, धर्म ही दृढ़ और टिकाऊ है; जीवात्मा नित्य है, इसके दूसरे कुल करण-कारण अनित्य :

'न जातु कामान्न भयान्न लोभात्
धर्मं त्यजेज्जीवितस्यापि हेतोः
धर्मो नित्यः सुख-दुःखे त्वनित्ये
जीवो नित्यो हेतुरस्य त्वनित्यः।'

—महाभारत

जीवन की भाग-दौड़ में ऐसे मुकाम भी आए जो मंजिल मालूम दिए; जहाँ से और आगे बढ़ना असंप्रज्ञात समाधि में डूबने के समान था, किंतु मैं वहाँ रुका न रह सका, मुड़कर नया रास्ता ढूँढ़ लिया और नए उत्साह से दूरी तय करने लगा और इसी प्रक्रिया से सदा ही, प्रत्येक अवसान को आरंभ में बदलता रहा। जीवन की निरंतरता की अनुभूति मुझे इसी प्रकार हुई थी, किसी से आत्मा की अमरता पर प्रवचन सुनकर हर्गिज नहीं। हाँ, पिताजी ने मुझे एक तूंबी और दी थी जिसके सहारे मैं भवसागर की लहरों के पीछे के थपेड़े, और थपेड़ों के आगे के भँवर बेझिझक पार करने की ऊर्जा प्राप्त करता रहा था।

यों भी जीवन कुछ अमरबेल तो है नहीं, वह इसी धरती से उगता है। जल से रस ग्रहण करता है, प्रकाश से विकास पाता है। उसे आकाश तक ऊँचा उठाने की सतत साधना असाधारण सरलता से ही संभव है। जानवरों जैसी चौकसी और फिलासफरों की-सी तर्कपूर्ण बकवास से जमीन चौरस हो जा सकती है, आसमान का आह्वान नहीं मिल सकता। आत्म-रक्षा हो सकती है, आत्म-प्रसार नहीं हो सकता।

एक ओर संसार-सागर की उत्तुंग तरंगें, किनारे पर 'यह डूबा वह मरा' का कर्ण-कटु कोलाहल; ब्रह्मदेव की विशुद्ध बुद्धि को भी गँदला करने वाला झाग; विष्णुदेव की बुलबुलों-डूबी सौभाग्य-लक्ष्मी को धूम्र-धूमिल करने वाली वाडवाग्नि और दूसरी ओर पितृदेव के आतप-तप से तेजस्विनी एक मंत्रमयी तूंबी :

'शक्नोतीहैव यः सोढुं प्राक् शरीरविमोक्षणात्
कामक्रोधोद्भवं वेगं स युक्तः स सुखी नरः।'

—गीता

कि देह छोड़ने के बाद नहीं, इसी देह से और इसी दुनिया में जो कामनाओं का उबाल सँभाल लेता और गुस्से की बौखलाहट बर्दाश्त कर जाता है, कोई योगी है तो वही, सुखी है तो वही।

मैं अक्षर-शिक्षा के नाते ही नहीं, 'अक्षर'-शिक्षा के नाते भी पिताजी को ही आदिगुरु मानता हूँ।

बीजांकुर भविष्य का संकेत होता है, उपलब्धि का प्रथम पुष्ट प्रमाण नहीं। रचना प्लैनिंग मात्र नहीं है, if executed adequately की शर्त हमेशा सर उठाए होती है। असह्य आतुरता के कातर क्षणों में जिस ज़माने-भर के आवारे को बिगड़कर धूल होना था उसके क्या अनादि गुरु और क्या आदिगुरु? अच्छी संगत नसीब न हुई; वन ने मेरा गहन मन ही नहीं पहचाना था, बेबस नस-नस पहचान ली थी मेरी, सो वह टालमटूल कर देता; जिम्मेदारी लेने से हिचकिचाता रहा। पिताजी पढ़ाते वक्त क्या-क्या कहकर थक जाते थे, (रुझान की परख जो वह नहीं रखते थे) कुछ याद नहीं। हाँ, धर्म की कोई भी बात याद हो जाती थी—मनु, याज्ञवल्क्य पढ़ने के बहुत पहले से। घर में भूत-प्रेत-बाधा का आतंक आए दिन बना ही रहता था; देव-देवियों की पूजा का आह्निक संभार मुझे भी जुटाना पड़ता था; सो वह मेरे संस्कार में पूरी तरह रच-पच गया था।

घर का सन्नाटा तोड़ कौन-से तुहिन-कण मेरी मातृ-तृषा धधकाते थे; कौन-सी दावाग्नि मेरे मरु-तरु को सींचती थी; अपनी अतिरिक्त उपेक्षा से किस कदर मेरा दिल बिलबिलाता था; आँखों में फूलों की मुस्कराहट न भर पाता तो कैसे काँटों की चुभन झेलती बेचैन बरौनियों की तुनुक तूलिका से कुछ उभरी, कुछ धँसी रेखाएँ खींचता रहता था; वस्तुओं का ठोसपन नयनों के किस अनबरसे भाव-घन से तरल करता रहता था—इस तरफ उनका मुतलक ध्यान न था। वह नहीं देखते थे कि—

'सो रही है घने दरख्तों पर
चाँदनी की थकी हुई आवाज!'

जाने क्यों, उन्हें इसका एहसास न था कि हर मामूली बिरवे को साँपों के घेराव से चंदन नहीं बनाया जा सकता; कि कहीं कीचड़ में धँसाकर रोपे हुए कलमी धान पंकज नहीं होते!

धूप से मेरी धुंध लिपटी रही है या वह धूप के तीखेपन के मुकाबले खड़ी होने के लिए बावरी है; बंद मन के अंदर सुलगती हुई धुआँ-धुआँ आग लपटें उठाना चाह रही है या अंधी गुफाओं में घुटकर ठंडी हो जाना,—इस ओर से वह आँखें मीचे हुए थे।

मेरी अधमुँदी-अधखुली मिचमिचाती आँखों में पस्ती है या मस्ती; अपनी एक अलग पहचान बनाने की तमन्ना बुदबुदाते होंठों में ही उलझकर रह जाती है (नहीं तो कौन कतरा है जो दरिया हो नहीं सकता?) या हरे बाँस की पियराई खपचियों-सी अनगढ़ पसलियों में कुछ टटोलती भी है?—अलगरज उन्हें यह सब जानने की गरज न थी। अलबत्ता जाहिरी तौर पर उनकी एक ख्वाहिश थी :

Let no man idle stand!

(2)

जैसे कल्पना का असाम्य (inaccurate imagination) कवि-कर्म को Sublime और ridiculous के झूले झुलाता है, जिससे रचना की गरिमा (elevation and dignity) नष्ट हो जाती है। उससे Work of persuasion भले सिद्ध हो जाए, संवेदना (Sympathy) जागरित नहीं होती। कुछ उसी प्रकार जीवन-कला भी वैषम्य का विद्रूप झेलने पर बाहर-भीतर से एक समान नहीं रह पाती। कला अगर कौशल बन जाए तो वाणी आत्मा की कला न रहे! प्रत्यक्ष और परोक्ष का विवेक नष्ट हो जाए तो नेपथ्य मंच पर आ विराजे और मंच यवनिका के जोर पर नेपथ्य में विलीन हो जाए! जीवन-कला जिस अनुपात से सँवरती है, जिन वर्णों के सामंजस्य से उजागर होती है, उसका बोध शील के अनुशीलन के बिना असंभव है। अनुशासन काव्य, कला एवं जीवन का प्राण है।

दत्तात्रेय अथवा श्रीमद्भागवत के अवधूत कवि के समान मेरे भी अनगिनत गुरु हैं। अतीत और वर्तमान के तीनों सप्तकों पर स्वर-संगति अन्यथा असंभव थी। मेरे रक्त में कृष्ण सर्प का-सा तरल गरल नहीं घुला है जिसे नष्ट करने के लिए आक का दूध पीने जैसी जानलेवा कोशिश करनी पड़े, न ही नर मादा बिच्छू की तरह वैसे अंडे पीठ पर ढोने पड़े हैं जो उसकी मृत्यु का पैगाम लेकर आए होते हैं। संवेदना को सजगता देने जो कटु-मधु अनुभव आए; दुहराई जाने पर जो गलतियाँ संत्रस्त कर गईं, ढेर सारी चित्तवृत्तियों की एकाग्रता जुगोने पर भी जब-तब जो एक स्पंदन अणु-अणु को उन्मन कर गया, पूर्णता के सतत संधान में, सुरधनुषी शून्य-से सिहरते जीवन का वह अटूट क्रम था। किसी निर्मम अँधेरे ने मेरी लजीली सुबह का गला नहीं घोंटा; दुपहर का तेज लील लेने की नादानी नहीं की; बस, शाम के झुटपुटे को दिलचस्प बनाने-भर मोरपंख पहन लिए!

मनु ने मना किया है, गुरु का नाम न लेना चाहिए। न लूँगा। किंतु क्या इतने से लाल-बुझक्कड़ों की 'झक्कड़-डैनी' पैनी प्रज्ञा मुझे बख्श देगी? बकौल बाबा

तुलसीदास जहाँ 'सुमति' (नानी) होंगी वहाँ 'संपत नाना' जरूर होंगे। सो जो सुमति के इकलौते—'कृपासिंधु नर रूप हरि' का प्रासंगिक अर्थ नजरअंदाज कर कराहते-से पंगु शब्दों को गिरिवर चढ़ाते और उस बीहड़ गहन से गोसाईं जी के गुरु बाबा नरहरि दास को खींचकर (अधबीच में) खड़ा कर देते हैं। या फिर 'विद्यावतां भागवते परीक्षा' के जो परीक्षित कृतविद्य 'इत्थमाराधिता…' की प्रशांत मूकता को वाचाल बनाकर ख्वाह-म-ख्वाह 'राधा' को श्रीमद्भागवत में ला बिठाते हैं, उनसे कहाँ क्या छिपा रह सकता है? उनके अनुसार राधा वेदव्यास (वोपदेव) की इष्ट देवी थीं (इष्ट देवी का नाम लेना कहाँ मना किया गया है?) और नरहरि दास जी तुलसीदास जी के गुरु थे कि जिनका नाम मनु के निर्देश—

'आत्मनाम गुरोर्नाम नामातिकृपणस्य च
श्रेयस्कामो न गृह्णीयाज्ज्येष्ठापत्यकलत्रयोः।'

के अनुसार लेना मना था! हाँ, मेरी अल्पमति में यह घहराता हुआ कुतर्क-सिंधु नहीं समाता। कारण, 'गुरु का नाम न लेना चाहिए' लिखने वाले ने गुरु के पहले अपना ही नाम लेने पर प्रतिबंध लगा दिया है, उसे तो तुलसीदास जी ने इतना जपा है कि रामचरितमानस जैसा प्रबंध-काव्य भी तुलसी-नामी चादर बन गया है, फिर गुरु के नाम की मुहर लग जाने से क्या बिगड़ने वाला था, उलटे चादर का रंग चटक हो जाता? एक कथावाचक ने याचक चातक की चोंच में स्वाती की जगह विशाखा की दो बूँदें छिड़क दी थीं कि मुँह से नाम लेना मना है, लिखना मना नहीं है। चातक चीखा : गुरु का नाम भी तो लिखना ही लिखना था। सूरदास जी ने—'श्री वल्लभनखचन्द्रछटा' लिखकर गुरु के गौरव को बेतहाशा परे नहीं घसीटा है! होने दो, मुझ पर जिनकी छाप पड़ी उनसे अपने आप को विमुख रखना कठिन है। मुझे खिंचाव-तनाव से परहेज नहीं है। मैं अपने ही माप से लघु-गुरु मापूँगा। मार्कण्डेय-स्मृति का एक श्लोकार्द्ध याद आ रहा है।

'ब्रह्मादयोऽपि निखिलाः किञ्चिज्ज्ञा एव केवलम्।' कि यहाँ ये ब्रह्मा आदि भी सर्वज्ञ कहाँ हैं? ऐसे में मन-मस्तिष्क को, रज्जब भरे हुए को भी, भूला नहीं जा सकता :

'सकल करम ताला भये जीव जड़्या ता माहिं
रज्जब गुरु-कुन्जी बिना कबहूँ छूटै नाहिं!'

यों इस युग में नाम्न-धाम क्या, फोटोग्राफ से टेप तक की पहचान आसान हो गई है, दिल की धड़कनें भी रेकॉर्डर में बंद की जा सकती हैं, फिर भी किस्मत

जुदा-जुदा होती ही है। मुफलिसी और बदनसीबी की वजह से मुझे ये वैज्ञानिक सुभीते नहीं मिले। बचपन का मेरा कोई फोटोग्राफ नहीं है। मेरा साविर बचपन साबिक दस्तूर अंगुश्तनुमाई से बचा रहा। पीछे, बहुत दिनों बाद, मेरी जो साफ और सुरीली आवाज दिल्ली से हैदराबाद डेकन तक बड़ी-बड़ी सभाओं और महफिलों में गूँजी; रेडियो के माध्यम ने जिसे देश-भर में फैला दिया उसकी, बचपने की मधुर साँस किन कठोर, कर्कश, और क्रूर-कटु दायरों में गुम हो गई! शायद सर्वोत्तम पर केवल स्रष्टा का ही अधिकार होता है। हर अनदेखा, अनसुना उसी का है!

'आमार अनागत, आमार अनाहत
तोमार वीणार तारे बाजिछे तारा
जानि हे जानि, ताओ होयनि हारा!'

दरअसल, काँच दर्पण बने तो कोई देखे! बनते-बनते दरक जाए, तो अपनी बला से, चूर-चूर हो जाए तो उसकी खोटी तकदीर! उससे किसी का क्या फर्क पड़ने वाला है? किस्मत किसी की मौरूसी जागीर तो होती नहीं :

'सर्वाशापरिपूरके जलधरे वर्षत्यपि प्रत्यहं
सूक्ष्मा एवं पतन्ति चातक-मुखे द्वित्राः पयोविन्दवः'

जिसके हिस्से में जो नपा-तुला पड़ा (allotted and apportioned) है उससे ज्यादा किसे मिलने वाला है? दिशाकाश को भरकर मेघ चाहे दिन-रात झड़ियाँ लगाए रहे, चातक की चोंच में चार बूँदें पड़ीं तो पड़ीं, न पड़ीं तो न पड़ीं।

किसी की गुनगुनाहट क्योंकर परिधि के पार पहुँचे, उसे अधबीच में सौ-सौ टूक करने वाले झकोरे और किस घड़ी का इंतजार करते होते हैं?

वन्य नद सुरहर के किनारे खड़े बड़े-बड़े पीपल, बरगद और पाकड़ के पेड़। उत्तर की तरफ से हौले-हौले आकर पहाड़ी नदी बिकुई का सुरहर से सुरम्य संगम। उस पार के जंगल-पहाड़ और उनके बहुरंगी पंख-पखेरू और हिरन-खरगोश-से सुदर्शन पशु कब और कैसे मेरे अत्यंत आत्मीय हो गए थे, मैं वैसी रेखा खींचकर ठीक-ठीक दिन-तिथि का लेखा-जोखा नहीं दे सकता जैसी पुख्ता लकीर खींचकर शहजोर स्वर में भारतेंदु ने अपने पदार्पण के साथ खड़ी बोली हिंदी की जन्मपत्री तैयार कर दी थी। 'समरथ के नहिं दोष गुसाईं।' भारतेंदु अपार ऐश्वर्य के वातावरण में जनमे-पले थे। कवींद्र रवींद्र की तरह उन्हें भी अपनी प्रखर प्रतिभा के प्रचार-प्रसार के लिए स्वयंभू संपादक महंतों के, बाहर से बंद, मंदिरों के दरवाजे खटखटाकर

ठंड-धूप-बारिश में इंतजार नहीं करना पड़ा था।

इधर प्रतिभा अभिशाप थी। सुर में सुर न मिला सकना विद्रोह था। अतः वह विजन वन में बिसूरने पर मजबूर थी। उसके श्वास-उच्छ्वास को वेणु-वन से अनुस्वन मिलता था; शीतल जल-तल से गर्म आँसू और पीपल-बरगद-पाकड़ की प्राकृत पंचवटी से मर्मर स्वर। वह जो आँख खुलते ही उसने अंधकार-प्रवाह देखा था, अब भी अविच्छिन्न है। आज अपने को प्रचलित करने की जो अप्रतिम चेतन-पद्धति सर्व-सुलभ है, वह वहाँ जड़ जंगल में कैसे प्राप्त हो सकती थी?

माँ के अभाव को इसी निविड़ निर्जनता ने भाव-रूप में अपरोक्ष अनुभूति का विषय बनाया था। एक अनिवार्य यात्रा-सी जिंदगी कितने ही पड़ावों, मुकामों और मंजिलों से गुजरती है। कभी धरती की जड़ता अपनी ओर खींचती है, कभी आकाश का प्रकाश अपनी ओर। कभी 'ठहरो' की रोबीली आवाज दिमाग चकरा देती है, कभी 'बढ़े चलो' की ललकार नसें ऐंठने लगती है। आखिरी चुप्पी तक धड़कते दिलों के पुल पार करने पड़ते हैं। धीमी ध्वनियाँ भी बिजली टूटने का आभास देती रहती हैं। घेरा जकड़ता जाता है जब मुक्ति की छटपटाहट पथराने लगती है। बहरहाल, आत्मीय जनों का अभाव एक प्राणवंत प्रभाव-सा सहज सहयोगी बन सकता है; अनगढ़ एकांत कमनीय कांत बन सकता है, इसकी अडिग आस्था उन्मन मन में उपजाने वालों को मित्र-सखा-सुहृद् से कहीं अधिक गुरु-रूप में ही ग्रहण करने की अभिलाषा होती है।

'…यह मेरी इक गाइ!
अब आज तैं आप-आगैं दई, लै आइए चराइ।
यह अति हरहाई, हटकत हूँ बहुत अमारग जाति'

—ऐसी अटपटी कार्रवाइयों से जो दुर्घटनाएँ संभावित थीं, उनका निराकरण करना, मेरी निरपराध असमर्थताओं के प्रति घातक उदासीनता की जगह तीव्र तत्परता दिखाना, प्रत्येक आतंक से निःशंक रखना, यह याद दिलाते रहना कि सागर की गहराई कहीं और है, मैं रेतीले किनारे पर खड़ा-भर हूँ—इस ज्वलंत सत्य की धगधगाती आग में जिन अनबूझे ठंडे छींटों ने मेरे फफोले फोड़े, काल के खुले डाढ़ से मुझे खींच लिया, वे ही गुरु थे, मेरे ऊदे बादलों वाली भारी शाम और मौसम की महक के हलके-फुलके गीत जो मुझ पर कभी हावी न हुए; मिट्टी-सने सुंदर पाँव जो मुझे कभी चंदन-चर्चित चरण न दिखे, जिंदगी में चलना जो मुझे केसर की क्यारियों में मचलना न लगा, वह सब केवल—

'गुरु पद रज मृदु मञ्जुल अञ्जन
नयन अमिय दृग-दोष-विभञ्जन।'

पिताश्री अक्षर-गुरु हुए। अक्षरारंभ से क्षर-अक्षर-विवेक तक उनकी वाणी में पुण्याभिषेक-क्रिया निष्पन्न होती रही। 'स्वधर्मे निधनं श्रेयः' को उनके दैनंदिन आचरण से निःशब्द सीखा जा सकता था। वह अलग से इसके उपदेशक न थे।

क्षण-क्षण की अर्थवत्ता पहचानने के सिलसिले में स्कूली पढ़ाई के दिनों के युवराज मास्टर के अलावा उनके अनुज (सभी गुणों से ज्येष्ठ, केवल अवस्था से कनिष्ठ) जगलाल महतो ('वह तो सही है बात जो महतो ने कही है'—के दृढ़-चरित्र उद्गाता) और अनुयायी अंछू राम के नाम अविस्मरणीय हैं।

पहाड़ी की तलहटी की मिट्टी में उगे अंगारों-से लहकते वनफूलों की तरह अनंत भैया के वर्ण-विन्यास और रंगीन चित्र बाल-मन पर अँक गए थे; महामहोपाध्याय पंडित रामावतार शर्मा के शिष्य सुधाकर भाई के प्रतिभापूर्ण प्रवचन, अंग्रेजी, संस्कृत और हिंदी में एक समान दखल—प्रकांड पांडित्य और दो टूक वाक् शैली से मेरा बाल्य बुरी तरह आक्रांत था। चंडी पंडित की तरह वह भी आते-जाते टोकते रहते थे। हिंदी अनुवाद से कालिदास पढ़ने वाले को समझाना संभव नहीं कि हम एक-एक शब्द की वाचिक और सांकेतिक सार्थकता पढ़ते थे, शब्द की सिद्धि से अर्थ के विस्तार तक पिताजी पढ़ाते थे और ठोंक-बजाकर देखते रहते थे।

एक दिन मैं घर से निकलकर तेज कदम जंगल की ओर चला जा रहा था। वह मेरे अजीबोगरीब सवालों के सर्वेक्षण का समय होता था। गुणात्मक वैशिष्ट्य का विश्लेषण करने वाली गंभीरता हो या हास्य-व्यंग्य के छींटे फेंककर स्थिति को सहज बनाने वाली सरलता—दिन डूबने तक की इस थोड़ी-सी रोशनी का मैं तनहा अँधेरा हुआ करता था। ऊब उठता था तब तक सिद्धांतकौमुदी, अमरकोष और रघुवंश की एकरस अचल त्रिवेणी में डुबकियाँ लगाते-लगाते। मेरे उन एकांत क्षणों को देखने-सुनने वाला तो वहाँ कोई नहीं होता था। वहाँ मेरी नसें चटकती थीं, पलकें नम होती थीं या दिनांत की किरणें छूकर लहक उठी हवाओं-संग मेरी निस्संगता ऊँची-ऊँची उड़ानें लेती थी, यह हथेलियों से चिपके रेतकणों के अलावा किसी को भी मालूम न था। जहे किस्मत, त्रिवेणी-अवगाहन के सचेत साक्षी चंडीदत्त पंडित और सुधारक शर्मा जी अलियार के गलियारे में खटोले डाले पड़े थे और मुझ पर नजर पड़ते ही झटपट उठ बैठे और प्रश्नों की बौछार से तनिक सूखते-से माथे को फिर तर कर दिया। यह उगलवा लेने पर कि मैं अभी कालिदास का श्लोक—

'उमावृषाङ्कौ शरजन्मना यथा,
यथा जयन्तेन शचीपुरन्दरौ
तथा नृपः सा च सुतेन मागधी
ननन्दतुस्तत्सदृशेन तत्समौ।'

[जैसे शंकर-पार्वती कार्तिकेय को और इंद्र-इंद्राणी जयंत को पाकर प्रसन्न हुए थे ठीक वैसे ही दिलीप और सुदक्षिणा भी रघु को पाकर परम प्रसन्न थे।] पढ़ रहा था, चंडी पंडित झपटे : 'तत्समौ' की व्युत्पत्ति? मैंने छूटते ही कहा :

सा च सा च = ते [पार्वती और इंद्राणी]
स च स च = तौ [शंकर और इंद्र]
ते च तौ च = तौ [पुंलिंग का एक शेष होने पर चारों के लिए एक शब्द 'तौ' रह गया।]
ताभ्यां समा = तत्समा [पार्वती और इंद्राणी के समान]
ताभ्यां समः = तत्समः [शंकर और इंद्र के समान]
तत्समा च तत्समश्च = तत्समौ [सुदक्षिणा और दिलीप]

सही जवाब मिलने पर ही आगे जाने की इजाजत मिली। मैं उतनी देर गंभीर संकट की हालत से गुजर रहा था। उनके सवाल पर सवाल सुनकर ऐसा महसूस होता जैसे इस बहस के कुछ जबरदस्त नतीजे जरूर निकलेंगे। उस घड़ी मुझे भाग निकलना ही बेहतरीन और मुनासिब मालूम दिया था।

सन् '28 में पहली बार विद्यार्जन के बहाने घर के बाहर निकला और प्रायः चार वर्षों तक दधपा, डालटनगंज और गया में रहा। दधपा में ऋषिकल्प आचार्य पंडित दामोदर मिश्र मेरे गुरु हुए। इनकी सरापा सादगी और पांडित्य की प्रखरता मुझे पद-पद पर मैगरा के पंडित गोपीनाथ पाठक की याद दिलाती रहती थी। भक्त के स्तर की भावार्द्रता गोपीनाथ पंडित जी में थी, कृष्ण कर्णामृत काव्य लिए वह हर आने-जाने वाले की पंडिताई की पड़ताल लिया करते थे, जरा-जर्जर (मेरे पिताश्री को बाल्यकाल में पढ़ाया था) हाथ काँप-काँप उठते, बिना दाँतों के होंठ स्थिर नहीं रह पाते; किंतु मुरली बजाते थे। जैसे तुलसी की माला फेरते उँगलियाँ लड़खड़ाती न थीं, ऐसे ही मुरली के रंध्रों पर भी वे चमत्कार दिखलाती थीं। मैगरा गाँव के कदाचित् वही आदिकवि थे। उस युग के पत्रों—रसिकमित्र, जाह्नवी, साहित्य-सरोवर आदि में प्रायः उनकी रचनाएँ छपती थीं। जब-तब मगही में बनाया हुआ अपना एक गीत—

'मुरलिया ले के का करबै हे नंदरानी!' गाते हुए आँसुओं में डूब जाते थे। सन् '28 में वह स्वर्गवासी हुए और उसी वर्ष उनके प्रतिरूप दामोदर पंडित जी के चरण मेरी

शरण हुए। त्याग और तपस्या के प्रतीक पंडित जी नैतिकता और आध्यात्मिकता के भी शिखरों पर थे। वैसे वह एक महान् वैयाकरण और उच्चकोटि के साहित्यिक थे।

गोविंद विद्यालय का निरीक्षण करने पंडित हरिशंकर पांडेय पधारने वाले थे, खुशखत और सुरीला होने के सबब उनका रचा अभिनंदन-पत्र मुझे ही लिखना और उसे गाकर सुनाना था। अब एक ही पंक्ति पूरी तरह याद है :

'इयं दीना छात्रभ्रमर-परिलीना कमलिनी
नितान्तं मालिन्यं प्रियतमबियोगाद्...'

मैं कवि और लेखक हूँगा, सन् '28 में यह भविष्यवाणी उन्होंने की थी। वह जैसे व्युत्पन्न थे, उनका अध्यापन जैसा निर्दोष, निराडंबर, 'टू द प्वाइंट' था, कोई भूल नहीं सकता था। दुर्भाग्य मुझे अन्यत्र भटका ले गया। उनके चरणों की छाया में बिताए हुए दो वर्ष पलक झपकते गुजर गए थे। मेरी मंद मति में 'तमप् ग्रहणं किं गगायां घोषः' फक्किका उन्हीं की प्रखर वाग्मिता की बदौलत प्रवेश पा सकी थी। गीता और रूप गोस्वामी का 'हंसदूत' मैंने स्वेच्छया उनसे पढ़कर काव्य के रस-भाव-जगत् में प्रवेश पाया था।

एक आँसुओं-बिंधी मुस्कान के साथ मैंने मजबूरन उनसे विदा माँगी थी, क्योंकि तब अपनी पसंद का कोई सवाल ही पैदा नहीं होना था।

सन् '30 के जुलाई महीने की उमस-भरी संध्या मुझे अब तक याद है जब मैं पंडित पुरुषोत्तम मिश्र के आह्वान पर डालटनगंज के संस्कृत महाविद्यालय में दाखिला लेने पहुँचा था। मैं पसीने से लथपथ था। जब-तब कोयल नदी की ओर से उसकी लोल हिलोरों-संग खेलकर हवा का एक झकोरा आता और उसकी हलकी-सी छुअन से सिहर-सिहर उठता था। यों मेरे पैरों तले की जमीन तभी खिसक गई थी जब मैंने चुँधिआई आँखों उनका ऐश्वर्य देखा था। हर्ष और उल्लास से मंजु गुंजरित उस वातावरण में मेरी उनींदी आँखें और अनुगूँजों में धुली साँसें सकुची-सहमी-सी अपने अजनबीपन का इजहार कर रही थीं। समझ में न आने वाली धुंध में डूबी-सी बौखलाहट मुझे ज्यों बेतरतीब बिखेर रही थी, जहाँ एहसास के हर टुकड़े पर कोई रेशमी परछाईं डोलती रहती थी। 'केसर-तिलक ललाटम्' महार्घ-कौशेयवासो वसानं' और 'तुन्दिल-सेठ-सेठानी-कृत-महाराव-घेरावम्' पूज्य पंडित जी को औचक देखकर भौचक रह गया था। दधपा में पंडित दामोदर मिश्र के रूप में यदि 'ज्ञान-विज्ञान-विग्रह' के दर्शन हुए थे तो यहाँ मैं पंडित पुरुषोत्तम मिश्र के रूप में 'माया-मनुष्यं हरिम्' देख रहा था।

अभी-अभी, महज दो महीने पहले, मेरी बड़ी बहन (दुर्गावती) जिस गाँव (चंदौत) में ब्याही हुई हैं उसी गाँव की एक बारात में, शास्त्रार्थ करते समय उन्हें धारा-प्रवाह संस्कृत बोलते देखकर अभिभूत हुआ था, वह भी पूर्वपक्ष से चौदह-पंद्रह वर्ष के मुझसे, 'एतत्संज्ञा-फलभूतविभक्तीतरसमभिव्याहारानपेक्षया लोकेऽर्थबोधकत्वम् अर्थवत्वम्' सुनकर परम प्रसन्न हुए थे।

हथेली पर ठुड्डी टिकाए, आँखें झुकाए-झुकाए मैं मायूसी के उस दौर से गुजर रहा था जिससे कभी मिर्जा गालिब गुजरे होंगे :

'खामोशी में निहाँ खूंगुश्ता लाखों आरजूएँ हैं
चिरागेमुर्दा हूँ मैं बेजबाँ गोरेगरीबाँ का।'

'पाँच रुपए मासिक छात्रवृत्ति के बतौर मिलेंगे', बस, इसी प्रलोभन की आँधी में उड़कर मैं यहाँ आ गिरा था। उलटे पाँव लौट आने की सोच रहा था कि उसी विद्यालय के द्वितीय अध्यापक पंडित रामप्रसाद मिश्र ने मुझे समझा-बुझाकर कुछ दिन रुक जाने को कहा। वह मुझे पिताजी वाले मनोयोग से शिशुपालवध पढ़ाने लगे। काव्य तथा दर्शन भारतीय अनुक्रम में एक समान अध्यात्म-विद्या में परिगणित होते हैं, पंडित जी के अध्यापन की परिशुद्ध सरणि ने इसे पद-पद पर प्रमाणित किया था। मेरी जेब खाली हो गई थी। उधर छात्रवृत्ति वाली परीक्षा सितंबर में होने वाली थी, पर चौबीस घंटे का एक मेरा दिन एक आने का होता था। अब उसकी भी गुंजाइश न थी। पेट का पता न था—गले के नीचे माघ की भाव-भरी भाषा—'हृदयमरिवधोदयादुदूढद्रढिम दधातु पुनः पुरन्दरस्य' उतरती तो थी, पचती न थी।

इस बीच प्रधान की, 'नैषधीय-चरितम्' की कुछ कक्षाओं में भी बैठा था। उनके पढ़ाने का लहजा 'सत्यनारायणं देवम्' वाला था। वह जब अकारण मुसकराकर और घनी भवों में बल पैदा कर—

'दिगङ्गनाङ्गावरणं रणाङ्गणे
यशःपटं तद्भटचातुरी तुरी।'

पढ़ा रहे थे, तब मैं घोर विकर्षण का भाव भरे हुए हाथ-पाँव गुमेठकर गहरी नींद में डूबा-सा चौंक उठा था, क्योंकि जाने क्यों, छात्र ठहाके लगा रहे थे।

महीने-भर बाद मैं पुनः पितृचरणों की छाँह में लौट आया :

'मेरौ मन अनत कहाँ सुख पावै?
जैसे उड़ि जहाज कौ पंछी,
फिरि जहाज पर आवै!'

पूज्य पिताश्री कभी अक्षर ब्रह्म पर माया का आवरण नहीं चढ़ने देते थे तभी उनसे कुमार संभव, मेघदूत, गीतगोविंद और रसमंजरी का उत्तान शृंगार पढ़ना संभव हुआ। पार्वती के अपरूप रूप-लावण्य पर योग और तप पोर-पोर ऊँचे होते रहते थे। यक्ष काम का मारा आश्रम-आश्रम भटक रहा था। काम स्वयं भी जलता है और आश्रयदाता को भी जलाकर ख़ाक कर देता है। जैसे भूने हुए धान बीज नहीं बन सकते वैसे ही ईश्वर को सर्वात्मना समर्पित काम काम नहीं रह जाता। कुछ इसी निरामिष सरणि से रस-क्षेत्र में व्रत-उपवास करने पर गीतगोविंद की पारणा हुई थी। इस इतनी-सी खाद के सहारे मेरी भूरी मिट्टी से कुछ हरा-हरा फूटने लगा और सन् '31 में मैं प्रथम श्रेणी में साहित्यशास्त्री का प्रथम खंड पास कर गया। पश्चिमी सभ्यता की आपाधापी और हलचल में बुरी तरह बहे जाते युग में मैं शांत, पावन मन से वन में पंचाग्नि जलाकर बुझती-धुआँती लकड़ियों पर लकड़ियाँ चुनता चला गया। कवि ईट्स के शब्दों में–'"'beauty like a lightened bow, a kind that is not natural in an age like this.' शास्त्री के द्वितीय खंड की तैयारी के लिए मैं गया आ गया। तब यहाँ पीपरपाती मोहल्ले में एक संस्कृत विद्यालय हुआ करता था। उसका नाम था शारदा-निवास विद्यालय। जैसे नील जल में कोई स्फटिक-द्वीप उभर आया हो! यही नाम था पिताश्री की उस छोटी-सी पाठशाला (शारदा संस्कृत पाठशाला, मैगरा, गया) का, जहाँ से मेरा चेतन संघर्ष शुरू हुआ था और जिसकी निर्धूम आग में मेरी घर-बाहर की सीमाएँ पिघल गई थीं। यहाँ स्वयं शारदा न सही, उनका निवास तो था।

'है देखा घर खुदा का, अब खुदा की शान देखेंगे।' कपास ओटना और सूत कातना शुरू हो गया था। हरे-पीले खेत, नीली छतरी के गोटे-से फुनगियों पर खिले फूल, गउओं के मुन्नों का ऋषभ स्वर, पहाड़ियों की बिछी चंदा की चाँदनी, तलहटियों में पेड़ों से छनती चितकबरी धूप, भाग-दौड़ में लोक-संपर्क के कटु-मधु अनुभव, पनघट पर खाली-भरी कलसियाँ, मंदिर के घंटा-निनाद, उपासना का सरल मौन,–और जाने किन-किन भरे-रीतों ने प्राणों में क्या कुछ छलका दिया था कि मैं संस्कृत में श्लोकों की रचना करने लग गया था। काव्य-प्रकर्ष के नाम पर कोरे कागज पर छिड़के बेतरतीब अनुस्वार-विसर्ग :

'जयति दुरितकृतकदनं मतितातिसदनं शिवायतनम्
कुञ्जरमञ्जुलवदनं हतमदमदनं महन्महः किमपि।'

स जयति रतिमिव नगपति-तनयां प्रणयागतां त्यक्त्वा
तपसा भृशं कृशान्तां कान्तां विदधान ईशानः।

मदनो गृहीतचापोऽरुणनयनाः सन्ति हन्त परपुष्टाः
मधुसूदने प्रयाते मुग्धे, न मधौ निकुञ्जमुपयाहि।'

तल्लीनता ऐसी कि लगता, एक दुर्निवार वेग अपने समग्र बल से अब एक नई आर्यासप्तशती मुझसे लिखवा लेगा। कवि प्रसाद के शब्दों में–

'स्मृति-सागर में पलक-चुलुक से बनता नहीं उलीचे
मानस-तरी भरी करुणा-जल होती ऊपर-नीचे।'

यहाँ गुरुदेव थे साहित्य-व्याकरण के अतिरिक्त ज्योतिष तथा धर्मशास्त्र के भी प्रखर प्रतिभावान् विद्वान् पंडित रमाप्रसाद मिश्र। सुवर्ण-वर्ण, प्रभामंडल से वलयित ज्योति-तप्त मुख-मंडल, विशाल व्यक्तित्व, सनातन के समर्थक, वल्लभ संप्रदाय के वैष्णव अथवा कृष्ण और काली में अभेद मानने वाली विशुद्ध बुद्धि के वशंवद स्मार्त। इस लंबे व्यवधान में विस्मृति की कुदरती धूल से संप्रदाय वाला संभ्रम ढक गया है। मैं हमेशा वहीं का वहीं खड़ा जो रह गया!

[I stood still and was a tree amid the wood,
Knowing the truth of things unseen before.]

इस-उस पगडंडी की परिक्रमा कर चौड़ी सड़क पर न पहुँच सका। धर्म यों जीवन-ज्योति बना, कोई भी संप्रदाय पल्ले न पड़ा। सांप्रदायिक संघर्ष को धर्म-समन्वय की खुली खिड़कियों से जब-तब ताका-झाँका। कोई भी टकराहट फिजूल-सी चीज होती है, मगर उसमें आपस की स्थितियों और संभावनाओं की समझदारी छिपी होती है। हम भविष्य टटोलते वर्तमान में लड़खड़ाएँ या अतीत में खो जाएँ? गए-गुजरे से उलझकर मन में कसैलापन पालें या जिंदगी में छंद ढूँढ़ें,–संघर्ष और समन्वय में प्रकाश तलाशें?'

मेरे स्थितप्रज्ञ पिता आत्यंतिक अकिंचनता के कारण अपनी परा-अपरा विद्या का वारिधि गाँव की दूर-दूर तक फैली रेत में सुखाते रहे और पंडित रमाप्रसाद जी समृद्ध आभिजात्य के कारण तलवारों का खेल खेलने कभी घर से बाहर मैदान में न निकले। शौकिया पढ़ाते थे और खूब पढ़ाते थे। कोई भी भावभीना श्लोक पहले उनके निर्मल विशाल नेत्रों से छलकता था, फिर कंठ से फूटता या जिह्वा से उच्चरित होता था। स्वयं संस्कृत और ब्रजभाषा में पूरी क्षमता से लिखते थे। हर तरह काशी के महामहोपाध्याय पंडित देवीप्रसाद कवि-चक्रवर्ती के समकक्ष और समानधर्मा थे। समकालीनों में 'रत्नाकर' के प्रेमी और पारखी थे। संस्कृति में कालिदास के अनन्य उपासक थे। उनके वचनामृत एवं वाग्धारा से सिक्त होने पर कालिदास विश्व-काव्य-

कानन में कल्पतरु की प्रीति-प्रतीति जगाते थे। काल का इतिहास लिखने ऋषि-मुनि अगम गुफाओं में रहते और कंद-मूल पर गुजर-बसर करते थे। कालिदास स्वयं कालप्रवाह में चिर-स्थिर संवेदनाओं के प्रामाणिक इतिहास हैं। एक प्रदीप्त-प्रबुद्ध मानव भावना-कल्पना एवं अनुभूति-लोकों की सतत यात्रा से जो उपलब्ध कर सकता है, उस राशीभूत उपलब्धि के एकाधार प्रकाश का नाम कालिदास है। उस सुख-स्पर्श प्रकाश के सान्निध्य से जिसके बदन में झुरझुरी नहीं पैदा होती; सबकी आँखें बचाकर अँधेरे-अँधेरे चलते वक्त ही क्यों, खुली-मुँदी रोशनियों के संधिरंध्र की छींट-भर में ही नहीं, उजाले-उजाले की सपाट जिंदगी में भी कभी पलकें नम नहीं हुईं, उस absolutely white (without the least shade of any other colour) ने क्यों कालिदास पढ़ा? बेशक यह मेरी खाम-खयाली है, आँखें मिचकाकर ऐंठे होंठों से किसी वीर बीभत्स की भर्त्सना करना मेरा उद्देश्य नहीं।

[Though all men say that I am mad
It is only that I am glad]

अधर पर जब कालिदास के बोल उतरते हैं तो इंतजार में पले सपने आत्मा का नशीला संगीत छेड़ने लगते हैं; मन की अनचीन्ही गहराइयों में आँसुओं से डलबल और उदासी से मुस्कराती छुटपुट छवियाँ तैरने लगती हैं। और बकौल हैमलेट—Let me not burst in ignorance.

उस समय गुरुदेव अपने एकमात्र पुत्र को रघुवंश पढ़ा रहे थे :

'गुरोः सदारस्य निपीड्य पादौ
समाप्य सान्ध्यं च विधिं दिलीपः
दोहावसाने पुनरेव दोग्ध्रीं
भेजे भुजोच्छिन्नरिपुर्निषण्णाम्।'

[अपने बाहुबल से सारे शत्रुओं का संहार कर चुकने वाले राजा दिलीप अरुंधती-समेत गुरु वसिष्ठ के चरण छूकर और समग्र सांध्य कृत्य समाप्त कर दूध दुह जाने के बाद बैठी हुई गऊ की सेवा में फिर से जुट गए।]

हम शास्त्री-आचार्य के छात्र भी शिखर की गूँज सुन चट्टानों-जैसे सिर धुन रहे थे कि तभी एक घटना घट गई। श्रीमान् ईश्वरीदत्त दौर्गादत्ति शास्त्री, जो उन दिनों बिहारोत्कल संस्कृत शिक्षा के सर्वेसर्वा थे, गया के अन्यान्य संस्कृत-विद्यालयों का निरीक्षण करते हुए औचक ही यहाँ तशरीफ ले आए। शब्दों के सपने टूट गए, एक सर्द सन्नाटा-सा छा गया।

शास्त्री जी संस्कृत बोलने में वाग्देवता के अवतार-से थे, रहने वाले गढ़वाल के थे। हिमगिरि की यह तुषार-शुभ्र मनुष्याकृति वाग्देवी का पुंवद् भाव प्रतीत होती थी। रूप और विद्या के उस जंगम संगम को देखते-सुनते टकटकी बँध जाती थी। अंग्रेजी, हिंदी और संस्कृत पर उनका समान अधिकार था। तीनों में धारा-प्रवाह बोलते तो Like many a voice of one delight की याद आती थी। हरारत में तेजी और बढ़ जाती थी। जैसे अँधेरे आसमान में चार तारे लहरीली रोशनी में दिप उठे हों; जमी बर्फ से लमहे टकराए हों और कुछ टुकड़े पथराई हवा में पर मार रहे हों!

गए साल डालटनगंज में मेरी उनसे एक छोटी-सी भेंट-मुलाकात और चौके में (जहाँ वह रेशमी रंगीन चादर पहने और ओढ़े हुए पतीली के उबलकर खौलते हुए पानी में अक्षत की तरह कई-कई बार के धोए चावल छोड़ रहे थे।) संस्कृत में थोड़ी बातचीत हो चुकी थी, नजर पड़ते ही पहचान लिया। फिर आदतन मंद-मंद मुसकराते हुए पूछा कि गुरुदेव अभी क्या पढ़ा रहे थे। बताया, तो हम सभी उच्च शिक्षार्थियों को लक्ष्य कर पूछ बैठे : इस श्लोक में कौन-सा रस है? यों तो मुक्तक की तरह प्रबंध-काव्य के किसी प्रसंग-विशेष से जुड़े एक अदद श्लोक में झटपट कोई रस बतला देना ऐसा आसान नहीं है, फिर भी फुलवारी के हर-एक फूल की—रूप, रस या गंध—किसी भी किस्म की एक अपनी पहचान होती ही है, सो एक साथी ने छूटते ही कहा : शांत रस।

मेरे बोल अधखुले होंठों में ही उलझकर रह गए। यों—

'आपसे हम गुजर गए कब के
क्या है, जाहिर में जो सफर न किया!'

वह युग लिखाई-पढ़ाई में सात्त्विक प्रतिस्पर्द्धा का था। जिस प्रतिभाशाली ने तात्कालिक उत्तर से चमत्कृत किया था, वह पहले ही दिन से मुझ पर हावी होने की कोशिश में था।

मैं चुप था क्योंकि मेरे विश्लेषण के अनुसार इसमें शांत रस नहीं हो सकता था। 'निर्वेद' के बिना 'शांत' नहीं हो सकता और इसमें निर्वेद के सर्वथा विपरीत, अनुराग वर्णित है। मेरी बुद्धि इसे अधिक से अधिक 'देवादिविषयक रति' होने के कारण 'भाव' मानने के पक्ष में थी। किंतु शास्त्री जी ने 'आम्' (हाँ) कहकर, कदाचित् उसे उत्साहित करने के लिए अर्द्ध-स्वीकृति दे दी। पूछा : सति शांते 'भुजोच्छिन्नरिपुंरिति नितान्तं, वीररसोचितं विशेषणं किमिति प्रत्तं कविगुरुणा?

इस अंकुश से मेरा साथी हाथी की तरह आँखें झपकाने लगा, उसके नथने समुद्र

मथने से मानो ध्वनि निकलाना भूल गए। मैंने मौका देखकर भाव वाली बात जीभतले दाब दी और पुरानी पहचान की विश्वसनीयता लिए बोल उठा :

'प्रभवति रिपुवर्गे कथमन्यथा शान्तिः स्यादास्वाद्‌या?'

गुरुदेव 'साधु-साधु' कहकर गंभीर हो गए; किंतु इस उत्तर से शास्त्री जी ऐसे उत्फुल्ल हुए कि दो-ढाई वर्षों बाद जब मेरा पहला संस्कृत गीतिकाव्य (काकली) प्रकाशित होने लगा, उन्होंने अपनी उदात्त अभिव्यक्ति से कौमारोचित मेरी सारी खामियों की परछाइयाँ रंगीन कर दीं :

जानकीवल्लभकवेः शिक्षाद्राक्षार्द्रमाधुरी
प्रतिमा ऽ प्रतिमाया वा प्रतिभायाः प्रतिष्ठिता ।1।
तन्मनस्स्तनयित्नोर्वा स्त्यानास्तनितसन्ततिः
तत्साधुतासमुद्रेकसुधादीधितिदीधितिः ।2।
साहिती-सरसीतीर्थस्नानपुण्यपुरस्कृतिः
सदादरसदाचारमन्दारमृदुमञ्जरी ।3।
सचेतश्चातकव्रातानन्दसन्दोहकन्दली
कर्तृकर्मण्यता कीर्तेः सौवर्णी का पताकिका ।4।
कान्ता कान्तिमती काम्या कविकोकिलकाकली
करोतु 'काकली' नित्यं कोविदानां कुतूहलम् ।5।

पटना] —ईश्वरीदत्त दौर्गादत्तिः
1.10.34] बिहारोत्कल संस्कृत शिक्षाध्यक्षः

[कवि जानकीवल्लभ की कृति को हम क्या कहें—उनकी साहित्य-शिक्षा की अंगूरी, ताजा मिठास या अप्रतिम प्रतिभा की प्रतिमा? उनके मन के भरे-भरे बादल की मंद्र-सांद्र ध्वनि या निर्मल शील के अमृत झरते चाँद की चाँदनी?

उन्होंने साहित्य-सरोवर में जो तीर्थस्थान किया है उस पुण्य का पुरस्कार कहें उनकी कमनीय कृति को या उनकी गुरुजनों के प्रति असीम आस्था और सदाचार रूपी (स्वर्गीय सुमन) मंदार की कोमल कोंपल?

पपीहों की मानिंद रस के प्यासे सहृदयों को अमंद आनंद प्रदान करने वाली कोई कंदली कहें इसे या रचनाकार की अनोखी लगन अथवा कीर्ति की स्वर्ण-पताका?

कवि कोकिल के प्राणों की यह काकली काव्य-कोविदों की उत्सुकता कायम रखे!]

इन दिनों हिंदी-साहित्य-साधना टीम वर्क है—लेखक, आलोचक, प्रकाशक, प्रचारक,—संयुक्त सहयोग से कॉफी-हाउस में स्तरीय साहित्य निर्माण की योजना बनाते और पुरस्कार-प्राप्ति तक त्रैलोक्य-विजयी साहस के नए प्रतिमान का निर्माण करते हैं। ऐसे में मुझ-जैसे 'अंडर ग्राउंड' रचनाकार पर कुछ थोड़े-से गिनती के लोग ही जब-तब बोले हैं। जहाँ बड़े-बड़ों का गुजर नहीं, वहाँ मेरी क्या गिनती हो सकती थी? मगर निराला, नलिन, शिवपूजन सहाय जैसी हस्तियाँ थीं जो विद्वानों और कवियों में मेरी गिनती कराने के लिए कुछ भी कह डालती थीं। उस दौर की शुरुआत बाद में हुई। संभवतः मेरी चेतना को झकझोरने वाले ईश्वरीदत्त दौर्गादत्ति ही पहले थे। उनके शब्दों से जी में जी आया था वर्ना मन में तो 'पोयटिक जर्म्स' रेंगते ही रहते थे।

हाँ, मन की गतिविधि पर काबू रखने के लिए मेरी साधना सतत जागरूक थी। जैसे-तैसे जिए जाने पर मजबूर लोगों से यहीं मैं भिन्न था। तभी अनुशंसा को आलोचना समझना मेरे लिए संभव न हुआ।

वेद-वेदांत पढ़ने के बाद बोध चाहे बढ़ा हो, पर सहज बुद्धि ने भी मुझे कभी सँकरी पगडंडियों पर नहीं भटकाया। 'शिवराज भूषण' पढ़ते समय मन ने मान लिया था कि अनछुए शिखर छू लेना मुमकिन न होने पर भी एक चट्टान से दूसरी चट्टान पर कूद-फाँद जारी रहनी चाहिए। भूषण ने ग्रंथ का आरंभ गणेश-गुणगान से किया है फिर दूसरा छप्पय आदिशक्ति की भक्ति में रचा है।

पंच देवों की पंचोपचार पूजा हमारा कुल-धर्म है। आपस में तसदीक करके चुप-चुप बातें हो सकती हैं; किंतु अनास्थावादियों की वितंडा का कोरे तर्कों से सामना करना कठिन है। तब बहस-मुबाहसे में मेरी एक ही गत होती है :

'आँखिन ते गिरे आँसू के बूँद
सुहास गयो उड़ हंस की नाईं।'

देवालय की नुकीली प्रस्तर प्रतिमाओं पर तलवार तेज कराने को बगावत कह सकते हैं, दानिशमंदी नहीं। 'श्रद्धावान् लभते ज्ञानम्।'

पंडित रमाप्रसाद जी पंक्तिपावन निरामिष वैष्णव थे सही; किंतु उन्हें स्मार्त विधि के अनुसार इतर देव-देवियों के स्तवन-भजन से परहेज न था :

'जगति यजन्ते चरणन्ते ये भृशं ते सदा
वाचा विजयन्ते देवगुरुमपि कालिके!'

जयपुर के भट्ट मथुरानाथ शास्त्री ने 'माधुरी' में स्वरचित संस्कृत घनाक्षरी-सवैये

छपाए थे। विद्वत्समाज पर हिंदी-छंदों में लिखे उन संस्कृत पद्यों का प्रचुर प्रभाव पड़ा था, गुरुदेव ने भी उसी से प्रेरित होकर काली की स्तुति में अनेक अलौकिक घनाक्षरियाँ लिखी थीं। 'बड़े मियाँ तो बड़े मियाँ, छोटे मियाँ सुभान अल्लाह' वाली कहावत मुझ पर लागू हुई थी। अयोध्या से निकलने वाले 'संस्कृतम्' में मैंने कितनी घनाक्षरियाँ और कितने ही सवैये छपा डाले थे :

'शयितं शयने तु सहैव मया
शयितासे श्मशाने, चितायामपि?'

को तब प्रशंसा भी प्राप्त हुई थी।

मैंने तो गुरुजनों के चरणचिह्नों पर चलने की ढिठाई-भर की थी, प्रकट परिणाम पर्याप्त उत्साहवर्द्धक था। गुरुदेव मुझे अच्छा श्रोता समझकर संस्कृत और ब्रजभाषा के अपने प्रत्येक नवनिर्माण से परिचित कराते रहते थे।

नायिकाभेद उस युग के प्रातिभ कवित्व का कनक-निकष-सा था। 'रसमंजरी' में तृतीय अनुशयाना नायिका का एक अनिंद्य सुंदर वर्णन पढ़ा था :

'समुपागतवति चैत्रे निपतति पत्रे लवंगलतिकायाः
सुदृशः कपोलपाली शिव-शिव ताली-दल-दयुतिं लेभे।'

कि ज्यों-ज्यों चैत नियराने लगा और लवंगलता की पत्तियाँ झर-झर झरने लगीं, त्यों-त्यों रूपसी के गुलाबी-चंपई गालों पर ताड़ के सूखे पत्ते का-सा रंग चढ़ने लगा।

एक दिन गुरुदेव ने इसी भाव पर अपना लिखा एक कवित्त सुनाया :

'सकल-कला-प्रवीण नागर, नवल जैसो
तैसो गुण-रूप-शील-राशि तू लसंत के
भाषत 'रमेश' रम्य रहसि रहस्य-योग,
वृंदावन-कूल-कुंज कालिंदी इकंत के
प्रीति-वश तोपै सदा रहत लुभाने प्रिय,
कौन हेतु ऐसो दुख दुसह दुरंत के
पियरे कपोल होत हियरे हमेश सोच,
नियरे लखत ज्यों-ज्यों वासर वसंत के।'

वस्तुतः उन्होंने इसे 'वासर वसंत के' समस्या की पूर्ति के रूप में रचा था। जाने क्यों मेरा मन कहता था कि इसका काव्योत्कर्ष संस्कृत पद्यातिशायी है। मुझे

भली-भाँति याद है, उस घड़ी वह केसरिया तिलक के नीचे अर्द्धचंद्राकार रोली का टीका लगाए हुए थे। बड़ी-बड़ी आबदार आँखें उठाकर जब यह छंद सुना रहे थे, मैं भक्ति और शृंगार का एकाधार साक्षात्कार कर रहा था। सुनने वाले हड़बड़ी में न हों तो मैं उन्हें रुक-झुककर बताऊँ कि शास्त्र की आँत दुहने से रस नहीं निकलता। कि भगोड़े उच्च विचारों की कैद नहीं कुबूलते; कि स्थिति-विशेष में भक्ति और शृंगार एक ही तत्त्व है। लीलाशुक की श्रीकृष्ण के संदर्भ में एक उक्ति याद आती है :

'शृंगाररससर्वस्वं शिखिपुच्छविभूषणम्
अंगीकृतनराकारमाश्रये भुवनाश्रयम्।'

'मन चंगा कठौते में गंगा।' साठ साल के परिणतप्रज्ञ गुरुदेव दो दाँत के एक शिष्य के असंप्रज्ञात हृदय में छवि, मधु, सुरभि भरने हेतु वाग्वादिनी की कलस्वन कच्छपी के तार झंकार रहे थे। तोतली तुकबंदियों ने सहाध्यायियों के बीच केवल मुझे यह सस्नेह समादर दिलाया था। ओपभरी दोपहरी में मैं उन्हें—

'नीलजलद जलमुज्ज्वलमानय
तारणितापमुदार निवारय।'

जैसे अपने अनगढ़ पद सस्वर सुनाता था, प्रतिध्वनि में उनकी कविता-कादंबिनी रूम-झूमकर बरसती थी।

कवित्त सुनकर मेरा ठिठकता-भागता मन जोखिम उठाकर सफर पूरा करने लगा। उच्छ्वसित गले से हकलाकर बोला : पूरा का पूरा खूब उतरा है! श्लोक की स्पिरिट तो पकड़ में है ही, चौथे चरण तक लाग-डाट, गमक और मीड़ की बहार देखते ही बनती है। मुझे इस जोड़-तोड़ का पद्माकर का एक कवित्त याद आ रहा है। उसमें भी संस्कृत की अभिव्यक्ति को नई शक्ति से गत्यात्मक स्वर-सौंदर्य में उभारा गया है। राजा भोज की उदारता को किसी दरबारी कवि ने उजागर किया है कि जिस मस्ती से भोज अपने हाथी लुटा रहे हैं, इन दिनों पार्वती गजानन को पूरी चौकसी से अपने आँचल में छिपाए रहती हैं :

'निजानपि गजान् भोजं ददानं प्रेक्ष्य पार्वती
गजेन्द्रवदनं पुत्रं रक्षत्यद्य पुनः पुनः।'

मैंने एक खिड़की की रंगीन काँच की चादर पर नजर ठहराकर कहा : पद्माकर ने इस भाव के विस्तार में अद्‌भुत प्रतिभा प्रदर्शित की है। कम से कम मुझे तो यह—

'पैरे जहाँई जहाँ वह बाल,
तहाँ-तहाँ ताल में होत त्रिवेनी।'

से भी बढ़कर लगता है :

'संपति सुमेर की कुबेर की जो पावैं कहूँ
तुरत लुटावत विलंब उर धारै ना
कहै पद्माकर सुहेमहाथ हाथिन के
हलके हजारन को वितर विचारै ना।
गज-गज बकस महीप रघुनाथ राउ
यों ही गज-धोखे कहूँ तोंहि देह डारै ना,
या ही डर गिरिजा गजानन को गोय रही
गिरि ते गरे ते निज गोद ते उतारै ना।'

सुदूर अतीत की कुछ धुँधली-सी सुखद स्मृतियाँ शेष हैं। मेरे छोटे मुँह की बड़ी बात से कविगुरु न विचलित हुए, न चमत्कृत, हाँ, और-और छात्रों क़ी ओर देखकर अट्टहास किया। हँसी अखरने वाली थी, जैसे खुद न कहकर कुछ गैरों से जड़ दिया हो। अब तो मैं घर में आग लगाकर आकाश की छाँव में पाँव जमाए हुए था। बल खाना पड़ रहा था। आत्मसम्मान कहता था : मुँह सी लो।

हँसी के दौरान उबले आँसू पोंछकर गुरुदेव ने खामोशी तोड़ी :

एक वैद्य रोगी को देखकर घर लौट रहा था। रास्ते में जलती चिता देखी तो झटाके से मरियल घोड़ी से कूद पड़ा और लड़खड़ाते-लड़खड़ाते भरपूर जोर से अपने को सँभाला। पीछे से रोगी का रिश्तेदार चला आ रहा था। वैद्य उसे कुछ और चूरन वगैरह देने घर लिवाए जा रहा था। उसे ही धधकती चिता दिखाकर प्यार से पूछा :

'क्यों भई, इसका इलाज करने न मैं गया था, न मेरा भाई, फिर यह किसके हाथ का चमत्कार है?'

मैं भी तुमसे कुछ ऐसा ही पूछना चाहता हूँ। मेरे पास तो तुम कादंबरी-वासवदत्ता पढ़ते हो फिर तुम्हें पद्माकर कहाँ मिले?

यहाँ जो 'धुकधुकी धरकी' की स्थिति थी, वह सहसा सँभल गई। धप्पा मारकर मैं कहीं से कुछ न लाया था; पैज पड़ गई थी कि कुछ सीखकर रहूँगा। बोला : दधपा के कलक्टर साहब (वह हमारी जाति के पहले कलक्टर थे) पंडित रमावंल्लभ मिश्र के दूसरे लड़के वसंतकुमार मिश्र को शेरो-शायरी का अजहद शौक था। मैं जिन दिनों दधपा में पढ़ रहा था, वह अकसर दुपहर का खाना खाने के बाद देव, बिहारी, पद्माकर की चुनिंदा चीजें न सिर्फ सुनाते थे, अकसर लिखवा भी देते थे। उन्हें

अंग्रेजी, उर्दू और ब्रजभाषा की अनगिनत कविताएँ याद थीं। पीछे मैंने उन्हें उनकी कृतियों से पढ़ा। मतिराम के रसराज और ललितललाम का अभी अवलोकन मात्र हुआ है। मन्नूलाल लाइब्रेरी की कृपा है।

डार-द्रुम-पालन बिछौना नव पल्लव के
सुमन छिंगूला सोहे तन छवि भारी दें

वाला कवित्त वसंत बाबू के मुँह से सुनकर याद कर लिया था। फिर बड़े परिश्रम से देव का शब्दरसायन हाथ लगा। उसके कतिपय छंद मन में बस गए :

'पूरन प्रीति हिये हिरकी, खिरकी खिरकीन फिरै फिरकी-सी'

'दीजिए दरस देव कीजिए संजोगिन सु
जोगिनि है बैठी हैं वियोगिन की अँखियाँ!'

'देव सुख साज व्रजराज महाराज आज
राधा जू के सदन सिधारे सुनियतु है।'

'जगद् विनोद' और 'गंगालहरी' ने मुझे तो पद्माकर की प्रतिभा का बंदी बना लिया!

गुरुदेव ने सुन भर लिया। बोले। 'रत्नाकर' पढ़ो :

'त्रसन नदीस लागै खसन गिरीस लागै
ईस लागै कसन फनीस कटितट में।'

पहले के कवियों में अनुप्रास के लोभ से निरर्थक और अनावश्यक शब्दों की बेतरह ठूँस-ठाँस है, रत्नाकर रत्नाकर ही हैं।

मैंने अपने छंदों में तत्सम शब्दों का प्रचुरता से प्रयोग किया है, उनका स्वरूप कहीं नहीं बदला। यहाँ तक कि भाषत को भाखत कहना भी मुझे गवारा न हुआ।

जाह्नवी, रसिकमित्र, साहित्यसरोवर आदि के अतिरिक्त उनकी समस्यापूर्तियाँ सनेही जी द्वारा संपादित 'सुकवि' में भी प्रकाशित होती थीं। एक बार उन्हीं की रम्य रचना के साथ 'हमारे हैं' समस्या की एक पूर्ति मैंने भी भेज दी—'निर्जन अयन ये क्या नयन हमारे हैं?' और दुर्भाग्यवश उस क्रीड़ा-कलरव को 'सुकवि में उत्तम स्थान मिल गया। छंद भूल गया, उसके प्रकाशन ने जो तूल पकड़ी थी, वह याद है। उन

दिनों गया से दो साप्ताहिक प्रकाशित होते थे—बाबूलाल गुप्त द्वारा संपादित 'गृहस्थ' और जगेश्वर प्रसाद 'खलिश' का 'नवभारत'। गया आते-आते मैं इनमें छपने लगा था। उधर प्रोत्साहन दे-देकर नरेंद्रनारायण सिंह लगातार मेरी अटपटी रचनाएँ पटना की 'शिक्षा' में छाप रहे थे। गुरुदेव के एक मुँहबोले कायस्थ वकील मित्र थे। उन्होंने सुराग लगाकर यह भेद मालूम कर लिया था कि एक रोज चोर रँगे हाथों पकड़ गया, 'गृहस्थ' के दीपावली अंक में मेरा एक छंद खूब सज-धजकर प्रथम पृष्ठ पर प्रकाशित हुआ था :

'गंदे गली-कूचे; पाँव इंदिरा रखें तो कहाँ?
कालिका पधारीं दीपमालिका निहारने!'

यह सब देख-सुनकर उन्होंने रंच-भर भी प्रसन्नता नहीं प्रकट की, रोष-आक्रोश भी कभी नहीं व्यक्त किया। और सब ज्यों का त्यों था, बस बदले-बदले-से नजर आते थे कि एक अजीब-सी तटस्थता उनके व्यवहार में आ गई थी। इधर मैं चाहता था कि मुझे निर्वाक् करके वही बोलें। मेरे लिखने न लिखने से क्या फर्क पड़ने वाला था, उनकी रस-सिद्धवाणी से परंपरा पुनरुज्जीवित होती। मुझ-जैसे लोक-भीरु और सहज लज्जालु शिष्य की नादानी से खीझकर उन्होंने 'सुकवि' में लिखना ही बंद कर दिया था।

मेरी उत्कट आकांक्षा को एक करारा धक्का लगा था। पर वह जन्मजात थी; संघटित पंचतत्त्वों की सहजात थी, अश्रुजल में भी जलजात बनी रही। पीछे चलकर इस घटना की आवृत्ति काशी में भी हुई थी। महामना मालवीय जी की पचहत्तरवीं वर्षगाँठ पर प्राच्यविद्याविभाग की ओर से जो अभिनंदन-पत्र प्रदान किया गया था, (संभव है वह अब भी संग्रहालय में सुरक्षित हो।) उसमें समिति की ओर से मुझे भी महामहोपाध्याय गुरुओं के श्रीचरणों के समीप बैठने की इजाजत मिली थी। (अभी कुछ ही दिन पहले महात्मा गांधी के शिवाजी हॉल में पदार्पण के अवसर पर मैंने एक पद्यबद्ध अभिनंदन-पत्र तैयार किया था जिसे कवि-चित्रकार ब्रह्मदेव शास्त्री ने मोतियों-जैसे अक्षरों में लिखकर फ्रेम किया था।) उसकी अंतिम कविता मेरी थी। जिन प्राध्यापकों की आमंत्रित रचनाएँ लौटा दी गई थीं, उन्होंने मुझ मासूम को कभी माफ न किया; अंत तक लाल-पीले होते रहे।

पंत पढ़ा था :

'कवि से रे किसका क्या दुराव?'

गलत पढ़ा था। एक बार पूज्यचरण कविगुरुओं की ओर से जो व्यंग्य-बौछार शुरू हुई, वह कभी न थमी। शुभेच्छु निंदकों और 'चिराग तले अँधेरा' आलोचकों की संख्या दिन-प्रतिदिन बढ़ती ही गई।

मैं उसी वर्ष बनारस चला गया।

(3)

मिथ्या को छोड़े बिना सत्य की अनुभूति नहीं हो सकती। अहंकार का अवरोध पूर्णत्व की प्राप्ति के पथ पर पहाड़ का-सा अवरोध है। उस दुर्लंघ्य को लाँघना साधारण साधना की सिद्धि नहीं है। 'सकल अहंकार हे आमार डुबाओ चोखेर जले'—प्रार्थना की जा सकती है, परंतु पूरा का पूरा पहाड़ पानी में नहीं डूब पाता। उसका कोई न कोई उपरला हिस्सा जल के तल पर तैरता-सा दिखता रहता है। 'तुम और मैं' में 'मैं' एक पार्टी है। उसका दावा है : 'मैं' नहीं तो 'तुम' नहीं! जो खुदी नहीं तो खुदा नहीं!!

धर्म-वासना से परिपक्व बुद्धि वाले 'तुम' के संधान में ध्यान-धारणा साधते हैं। 'तुम' दिखता नहीं, अनुभव किया जाता है। प्रतीति होने पर प्रीति होती है। 'तुम' से लगाव होने पर 'मैं' कमजोर होता है, मगर ऐसा लगाव हो कैसे? रश्मि-राशि को भी ग्रहण लगता है; खाँटी सोने को भी शाण का प्रमाण चाहिए!

'मैं' 'तुम' हो रहा है, इसे और भी समझें। साधना के सोपान पर सोपान पार करने वाले को भी छत से ऊँची टेर लगानी पड़ती है। बड़े-बड़ों ने ऐसा किया है। करना पड़ता है। नहीं तो 'मैं' 'तुम' हो गया, इसका आभास किसी को कैसे होगा? न होगा तो दूसरा कैसे प्रयास करेगा? दूसरा 'मैं' 'तुम' कैसे बनेगा? न बनेगा तो वह आहार-निद्रा में निमग्न पशु-पंछियों से भिन्न और श्रेष्ठ कैसे सिद्ध होगा?

पौर्वापर्य की मर्यादा तोड़कर अज्ञान जाता है तो बस, एक ही झटके में चला जाता है। व्याहत उक्तियों का प्रपंच छोड़कर एक बात समझ लेने की है कि कोई भी क्षण युग से कटा हुआ नहीं होता। आलोक से आहत क्षण से अनाहत क्षण अप्रभावित नहीं रहता। रत्नदीप ढक्कन को प्रकाशित कर सकता है तो ढक्कन के रूप में ही, प्रकाश के रूप में नहीं। चमकदार ढक्कन पर रीझकर न रुको, ढक्कन हटाकर प्रकाश के स्रोत से आँखें चार करो। कोई नितांत चरित्रहीन मूर्ख भी कभी ज्ञान की बात बोल सकता है। बात पर न जाओ। बोलने वाले को देखो। गुरु मिल जाएगा।

गुरु गोविंद बता देगा। गोविंद को तुम नहीं पहचानते, गुरु उससे जान-पहचान करा देगा। आगे तुम जानो, तुम्हारा काम जाने!

तुम चाहो तो गुरु को गोविंद से बड़ा मान सकते हो। यह गुरु की बलिहारी हो सकती है कि उसने तुम्हें गोविंद दिखा दिया। मगर तुम्हारा देखना यहीं नहीं रुक-थम जाता। गुरु और गोविंद को अलग-अलग देखना सीख गए तो जैसे सीखने का रास्ता खुल गया। मंजिल नहीं मिल गई। दोनों एक दिखें तो मंजिल करीब आई समझो। तुम भी अपना अलग अस्तित्व न महसूस करो, द्रष्टा और दृश्य एक हो जाएँ तो समझो, बात बन गई। यों यह यूँही-यूँही बनने वाली बात है नहीं। बात बनाने वाले बहुत मिलते हैं। जिनकी बन गई, उनका मिलना मुश्किल है। वही गुरु है।

मैं उस वयस में बनारस आया जो प्रेरित और प्रभावित होती है। जिस पर किसी की परछाईं उग-उभर सकती है। जिस उमर में सत्य के संधान के लिए जिस कोटि की अभिज्ञता आवश्यक है; जिन सिद्धांतों का अनुसरण और सत्संगों का प्रभाव आकांक्षित है उनका चुनाव करना अति कठिन होता है। सही-गलत की परख ऐसी आसान नहीं होती कि हलकी-फुलकी गलतियों का जोखिम उठाए बिना ही सत्य के संधान की लगन लग जाए!

सो, आलस्यवश तत्काल प्रचलित संशोधित सिद्धांतों की प्रगति की अवहेलना कर मैंने स्वेच्छया वंशानुगत रूढ़ियाँ स्वीकार कर लीं, क्योंकि वे मेरे संस्कार में भरपूर शामिल हो गई थीं। वही धर्म-कर्म, व्रत-त्योहार, पूजा-पाठ मैं करता रहा। आत्माश्रया शक्ति का आविर्भाव न होने से प्रार्थनाश्रया शक्ति का सहारा लेने लगा।

स्मार्त पद्धति से आह्निक क्रियाएँ संपन्न होती थीं। दाहिने कान पर यज्ञोपवीत चढ़ाकर दिन में उत्तराभिमुख होकर मल-मूत्र त्याग करता, रात्रि में दक्षिणाभिमुख होकर। बायाँ हाथ दस बार मिट्टी लगाकर मलता और इकट्ठे दोनों हाथ सात बार मिट्टी से मलता। बारह बार गरारे करता। भोजन करने के बाद सोलह बार। अपामार्ग (चिरचिरी), बेल, आक, गूलर, बेर आदि के दातौन छिगुनी के बराबर मोटे, और माप में बारह अंगुल के, इस्तेमाल करता। नदी में जिधर धारा बहती हो उधर मुँह कर, और तालाब, कूप और नल पर सूर्याभिमुख होकर स्नान करता। ओंकार और गायत्री मंत्र पढ़कर शिखा बाँधता। फिर संध्योपासना करता। संघर्षरत बाल्यकाल में जिन देवी-देवताओं के प्रति आस्था अंकुरित हुई थी उनके स्तव-पाठ करता। निराशा और अंधकार में वही मेरे अभिभावक रहते आए थे। यह श्रद्धा मुझे माता-पिता से विरासत में मिली थी। मेरा संघर्ष, संघर्ष में तीव्रता लाने के लिए न था, शांति के निमित्त था, ऐसी शांति के लिए जिसे जड़ता छू तक न गई हो और जो अनुक्षण चेतन आनंद और पावन हलकापन सिरजती हो।

अवश्य इस कर्म-कलाप में संतुलन की कमी थी। जप-तप में कालिक विभाजन

कभी न किया। घड़ी देखकर पूजा-पाठ अब भी मुझसे संभव नहीं। कभी दीर्घकालिक जप, स्तोत्र की हड्डी-पसली तोड़ डालता। कभी हाथ धोकर स्तव-पाठ के पीछे पड़ जाता तो प्राणायाम के चौथे आयाम की खैर न थी, नाक दाबते-दाबते नाकों दम हो जाता। वस्तुतः गायत्री और पितृ-प्रदत्त बीज-मंत्र के जप से ढेरों स्तुतियों के सस्वर पाठ में मुझे अधिक आनंद आता था। इसमें मेरी सांगीतिक तृषा को तात्कालिक तृप्ति मिलती थी। कुछ ऐसे ही अब तक हाथ-पाँव मारता आया था! साधना के निस्तब्ध सागर को हिलकोरता, साँसों के झकोरों से हिलोरें पैदा करता हुआ।

काशी मैं जिनके साथ गया था वह अपने दो लड़कों को अन्नपूर्णा मंदिर के ब्रह्मचर्याश्रम में भर्ती कराने गए थे। उनकी देख-रेख में बिताए हुए दिन वनवास के दिन-से थे। न वह हँसते थे, न लड़कों को हँसते देख सकते थे। अपने बेटों को मार-मारकर मलीदा बनाए रहते थे, मक्खियों-सी आँखें तरेरकर मेरी भी खोज-खबर लेने की हिमाकत करते थे।

यों पहले भी दो बार काशी की आँसुओं-भरी सांत्वना मेरे तप्त सप्तसिंधु को मिल चुकी थी कि दुःख दूर करने सुख कहीं से फूट न पड़ेगा; कि इच्छाशक्ति के साथ कर्म-शक्ति को जगाना जरूरी है। धीरज मनुष्य की एक अलग पहचान है। किसी महान् लक्ष्य की पूर्ति के लिए युगों और पीढ़ियों तक प्रयास करते रहना मनुष्येतर प्राणी के लिए असंभव है।

जीजा जी ने (पंडित बदरीनाथ मिश्र, चंदौत, अंबा, गया) मुझे पहली-पहली बार सन् '28 में काशी के दर्शन कराए थे। मैं तब असीघाट पर उनके दीक्षागुरु के घर पर ठहरा था।

जीजा के समवयस्क उनके एक लड़के थे। दोनों शाम ठंडाई छानने वाले हट्टे-कट्टे मस्त-मौला। गुरु महाराज के श्रीमुख से एक दिन ईश्वरवाद के समानांतर भाग्यवाद पर प्रवचन सुना था कि होनी को कोई नहीं टाल सकता और यह भी कि कोई लाख उपाय करे, न होने वाला कभी न होगा।

मेरे बाल-मन पर इसका अच्छा प्रभाव न हुआ। अन्याय और अत्याचार से टकराकर जब भी टूटने लगता हूँ, जीजा के गुरु महाराज जी याद आ जाते हैं। खलील-जिब्रान भी याद आता है, जो जीवन की अच्छाइयों में देवताओं को और बुराइयों में दानवों को देखता है क्योंकि वह उसे ईश्वरीय ज्ञान की कसौटी मानता है।

दूसरी बार सन् '30 में क्वींस-कॉलेज में परीक्षा देने आया था। अकिंचनता को कंचन की तलाश न होकर विद्या के निम्नतम तल की झलक पाने की ललक हो,—'किमाश्चर्य्यमतः परम्?'

अतीत ने तन को जकड़ रखा था। हर साँस लोहे के-से सख्त अँधेरे के साँचे से गुजरना होता। एक आँच थी जो साँचे को पिघलाना चाहती थी। वह पिघलता भी था? मायूसी में आठ-आठ आँसू बहाता रह जाता। कोह काटकर नहर निकालना फरहाद के बूते के तो बाहर न था, किंतु...

ईश्वर में विश्वास, उसकी व्यापकता और सर्वशक्तिमता में विश्वास ही सर्वोच्च संपदा है और उसकी विस्मृति सबसे बड़ी विपत्ति, इसे जान और मानकर भी ईश्वर की अनुकंपा पर अडिग आस्था रखते हुए कर्मारूढ़ होने की मेरी धूमिल आकांक्षा को हवा देने की आवश्यकता थी। वर्तमान की शुष्क भूमि से उड़कर भविष्य के सजल आकाश से जा लगना मेरा लक्ष्य न था। कर्म की गति कितनी भी गहन क्यों न हो, मानवीय अनुभूति के सहारे मैं उसमें प्रवेश पाना चाहता था। बुद्धि और तर्क मेरे चिंतन के आधार न थे। श्रम समाज को सामर्थ्य और पूर्णता की ओर ले जाता है, सुरुचि और संस्कृति का वही जन्मदाता है। मैं पीढ़ियों का निष्किंचन जन्मजात श्रमिक हूँ। श्रम कर्म-दर्शनमात्र नहीं है।

संस्कृत की (बिहार-उड़ीसा-बंगाल-उत्तर प्रदेश) परीक्षाओं में टॉपर होने या कई-कई गोल्डमेडल पाने से भी गधा घोड़ा कहाँ हुआ? अब भी सोचता हूँ :

'फैली-फैली यह रेत—जिंदगी है या निर्जल उज्ज्वलता!'

कला-साधना सौंदर्य-साधना है, मैं सुविधा जुटाने के लोभ में पड़कर सकर्मक क्रियाएँ जुटाने जा रहा था, मुझे इसमें दुविधा न थी। नैष्कर्म्य की कल्पना कभी दिङ्मूढ़ मति में नहीं आई थी। घटिया और नकली को सहेजकर हर्षोत्फुल्ल हो रहा था। फूल फल को पुकार रहा था जबकि वह उसी के भीतर था। नागफनी को नागमणि के सपने आ रहे थे।

श्रम करके संतुष्ट न था। जो होता उसकी खुशी, बेहतर होने के प्रयास में तबदील हो जाती। 'आत्मापहतपाप्मा' होना चाहता, 'स्वस्थ' देह तक पहुँच न थी। सपनों की इमारत के सुनहरे गुंबद मन पर मोहनी डालते, बरबस अपनी बुलंदी की तरफ खींचते; मगर करीब आने की हर कोशिश बेकार जाती। पाँव फिसल जाते; नजर लक्ष्य पर कायम नहीं रहती।

ऐसे में मुझे मिले अनिलवरण राय, जिन्होंने कर्म की सार्थकता फल-प्राप्ति में न बताकर कर्मण्यता में बताई; एक-एक कदम आगे बढ़ने के प्रयास में बताई। मैंने भी सोचा :

'दिल के बहलाने को गालिब यह खयाल अच्छा है!' जब फल नहीं मिलता,

तब उच्च विचार मिलते हैं। धन वाले भाग्यवान कहलाते हैं; निर्धन भगवान् की दुहाई देता है; अभाव में घुल-घुलकर मर जाने तक मुक्त हुआ मान लिया जाता है।

गँवई-गाँव का निपट अल्हड़-अनाड़ी, शहरी अदब-कायदे से कोसों दूर, दशाश्वमेध घाट पर गंगा नहाने आया था दूसरे नए परीक्षा देने वालों के साथ। तैराकी और घुड़सवारी का अजहद शौक। नव उज्ज्वल जलधार देखते ही छलाँग लगा दी। पाँवों के पास से जल उछला। चंद बूँदें, राम-नामी चादर ओढ़े, सीढ़ियों के करीब संध्योपासना करते हुए, एक अर्द्ध-वृद्ध ब्राह्मण पंडित पर पड़ीं और वह आग हो गए। छूटते ही मेरी माँ को गाली दी।

माँ को? 'स्त्रियः समस्ताः सकला जगत्सु' मानने वाले एक अबोध बालक की स्वर्गवासिनी माँ को? एकबारगी मेरा रोम-रोम जल उठा। गंगा का शीतल जल मानो घी का काम करने लगा। छह हाथ से पलटकर मुँह में भरे पानी की पिचकारी एक ओर छोड़ते हुए आमने-सामने महज पाँवों से तैरता-तैरता बोला :

'बूढ़े बाबा, कितने वर्षों से संध्योपासना करते आ रहे हैं आप?'

मैंने सब्र से काम लिया। बेहतरी इसी में थी। पंडित का चेहरा उदयाचल से अस्ताचल पर पहुँच गया। संकल्प सारे के सारे ध्वस्त-से हो गए, स्वर का आरोह-समारोह सहसा पस्त हो गया। कोटर में बैठी बिलखती आँखें पत्थर-सी सख्त हो गईं। बोला कुछ नहीं, आदतन मनके फेरता रहा। मैंने सखेद निवेदन किया :

'इस वंध्या संध्या के चक्कर में व्यर्थ ही बह गई आयु आपकी, आधी से भी अधिक, और हाय रे! सविता देवता ने आपकी प्रज्ञा पैनी नहीं की। आपकी करवट बदलती बुद्धि नटखट और निर्दोष में अंतर नहीं समझती। बाबाजी, विश्वास करें, मैंने अनदेखे-अनजाने यह अपराध किया। पंडे की छतरी की आड़ में अड़े बैठे आपको देखकर कदापि नहीं। मगर आपकी बुजुर्गी ने आनन-फानन मेरी माँ को गाली बक दी। मैं भी, विश्वास कीजिए, संध्या-पूजा करता हूँ, अभिवादनशील और वृद्धोपसेवी भी हूँ, बस और कुछ नहीं कह सकता।'

मैंने यह सब अनुत्तेजित स्वर में विशुद्ध संस्कृत में कहा था। पंडित टुकुर-टुकुर मेरा मुँह देखता रह गया था, शायद वह संस्कृत नहीं समझता था।

वहीं श्री अनिलवरण राय खड़े थे। मेरा संभाषण सुन रहे थे। लंबा तेजस्वी शरीर, गृहस्थ संन्यासियों जैसा वेश। मंद-मंद मुसकराते हुए सौम्य स्वर में बोले : 'ओवाह! की चोमत्कार!'

मैंने पहले अपने साथ आए हुओं को, प्रवाह से तट पर लौट आई हुई, अदम्य विश्वास, कुसुमित आशा और प्रण-पूर्ण संकल्पों-भरी दृष्टि से देखा, उनका Vacant look सह्य न हुआ तो फिर ऐसी घाटी में अपने को अकेला पाया जिसके आसपास कोई डगर ही न हो।

सरल संन्यासी जैसे तेजस्वी पुरुष अब भी सीढ़ियों पर खड़े मुसकरा रहे थे। मैंने अचानक, लपककर, उनके चरण छू लिए। लड़खड़ाती जीभ से बंगला में बोला—'क्षमा करें, आप श्री अनिलवरण राय महाशय तो नहीं?'

मेरी टूटी-फूटी बंगला ने उन्हें भी चौंका दिया—'तुम मुझे कैसे जानते हो?'

मेरा उत्साह बढ़ा :

'मैं तो आपको अनेक जन्मों से जानता हूँ। अभी-अभी आपकी छवि गीता अंक में देखी है, आपका अत्यंत चिंतनपूर्ण निबंध भी पढ़ा है!'

'इस उमर में गीता?'

'हाँ, पूरी की पूरी गीता मुखाग्र है, पूछ देखिए। मैंने गीता की प्रथमा और मध्यमा परीक्षाएँ प्रथम श्रेणी में पास कर ली हैं, पुरस्कार भी प्राप्त किए हैं।'

'चोमत्कार! विषय-वस्तु को बूझने की सुविधा, आई मीन, समग्र और प्रकृत दृष्टिभंगी से, कैसे प्राप्त हुई? असाधारण मनीषा और पांडित्य न होने से, विशेष भाव से, गीता समझना मुश्किल है। अच्छा, अवकाश हो तो चलो, चर्चा करेंगे।'

साथी कतराकर चल दिए। राय महाशय के साथ और कई लोग थे। एक मेरा समवयस्क भी था—देवेंद्र। खिंचा-खिंचा चला गया बंगाली टोला। राय महाशय दूसरे तल्ले पर एक प्रशस्त प्रकोष्ठ में ठहरे थे। पांडिचेरी से दो दिन आगे आए थे। गली-कूचों के कोलाहल के ऊपर यहाँ पर्याप्त परिमाण में शांति थी। मेरे अनेक अनगाए गीत जैसे निःशब्द नहा रहे थे; अनछेड़ी ध्वनियाँ प्रतिध्वनियों का प्रसाद पा रही थीं!

जिंदगी में पहली बार तश्तरी भरकर संदेश खाने को मिला था। नकली हँसी हँसा और निगल गया। फिर फूटा शास्त्र-विधि वाले उनके प्रबंध की प्रशस्ति में। कौन-सा कर्म या अकर्म है, कोई-सा भी कर्म किस विधि से कर्मयोग में उन्नीत हो जाता है, इसका विवेचन उस प्रबंध में था। मैं इस संबंध में श्री अरविंद के विचार उनके मुँह से सुनना चाहता था, क्योंकि कर्म की गति गहन ही क्यों न हो, मेरी तो वही गति है। इस उदास जीवन को और कैसे झेलूँ?

अंजलि में प्राण रखकर आर्द्र स्वर में मेरी घनी पुकार सुन वह पसीजे। फिर जैसे फूलों की घाटी महमह कर उठी :

'योगिराज श्री अरविंद ने परंपरा का अनुसरण नहीं किया। मानव जाति की सर्वांगीण उन्नति, विकास और पूर्णता के लिए ही उन्होंने योग साधा, अपने आत्मिक

उत्कर्ष के लिए नहीं। कर्म में, जीवन-संघर्ष में ही उनका सक्रिय योग देख पड़ता है। सच तो यह कि कर्म और योग उनके लिए पृथक् नहीं हैं। प्रत्युत 'योगः कर्मसु कौशलम्' के अनुसार उनकी दिव्य-दृष्टि में योग ही कर्म है और कर्म ही⋯'

अचकचाकर आँखें खोलीं तो देखा, सब साथी घोड़े बेचकर सो रहे हैं। मुफलिसी के एहसास-से तल्ख इस सवेरे-सवेरे के ख्वाब का रंगीन रुख पल्ले न पड़ रहा था। तो भी साथियों को झकझोरकर जगाया : 'सवेरा हो गया, चलो, गंगा नहाने चलें।'

इस तीसरी बार मैं (सन् '32 में) तीसरे साल आया था। मन की भटकन को कहीं पड़ाव नहीं मिल रहा था। काशी की प्यास जगाने वाले जीजा कुछ ही दिन पहले स्वर्ग सिधार चुके थे। स्वर्ग तो अकेले ही जाया जाता है। अलबत्ता मेरे साथ काशी जाने के लिए कुछ जानकार ढूँढ़ निकाले गए थे। आकाश के सजीव सपनों-से बादल मेरी आँखों में उतर आए थे, सद्यः विधवा हुई बहन आकाश के तारे तोड़ लाने का आशीर्वाद देने जो आई थीं! सन् '28 में मेरी शादी हुई थी, पाँचवें वर्ष इसी सन् '32 के मार्च महीने में गौना हुआ था। चंद्रकला को तीसरे दिन मायके वाले बुला ले गए थे। वह मुख्तसर-सी मुलाकात बेअसर रही थी। पढ़ने का शौक सनक की सीमा पर था। घर-आँगन नहीं सुहाते थे। संस्कृत साहित्य का अधिकांश हृदय के रक्त में घुल चुका था, हिंदी-अंग्रेजी का कामचलाऊ ज्ञान भी न था। कहते हैं, जहर पहले समुद्र के खारे जल में था, शंकर ने उसे गले लगाया तो उसने उनका कंठ काला कर दिया। मैंने भी ज्योंही काशी विश्वनाथ के दर्शन किए कि उसे मेरा स्वर जँच गया और वह सदा के लिए मेरी वाणी में बस गया। पतित-पावनी की परीक्षा लेने लगा, वह कभी पास न हुईं। कमजोर हड्डी-पसलियों का बोझ ओढ़े हुए जिस्म को इन्हीं छिदे-कटे तलवों का भरोसा था। धुँधली आस में छिपा प्रकाश मंजिल की झलक दिखाता रहता। सूरज की अनछुई चट्टानों में अनजानते उग आए बिरवे को अनबाँटे फूल-काँटे हवाओं के सख्त-नर्म हाथों उछाले-बिखेरे न जाते तो उनकी अपनी क्या गति होती! बेशक संगदिली का मुकाबला अजब-सी शै है; मगर मुफलिसी की तलब किसी बारीक से बारीक नुक्ते से भी मुलायम नहीं होती। ब्रह्मचर्याश्रम का माहौल एक शादीशुदा लड़के को मजाक मालूम देता था। गरीबी के मर्ज में मुबतिलों को खैराती दवाखाने के साइनबोर्ड ने अपनी तरफ खींच लिया था वर्ना वहाँ भी बेहद जद्दोजहद के बाद ही दो दाने नसीब होते थे। मैं फाकाकश इंसानों के बुझते शोले देख मुश्किल से खामोश रह पाता था। धर्म तेज है, धर्म आग है जो इंसान को गाढ़े में काम आता, अँधेरे में रोशनी दिखाता है। इन ब्रह्मचारियों में धधकती हुई तो क्या, धुआँती हुई

भी आग न थी। मुफलिसी के मारे बेचारे ब्रह्मचारी थे। मेरी आँखों में इनसे कहीं ज्यादा चमक थी। मैं इनके साथ गंगा नहाता, विश्वनाथ के दर्शन करता और पुरुष-सूक्त का पारायण भी। जब ये दो-दो दाने को दरवाजे-दरवाजे फिरते, मुझसे यह मंजर नहीं देखा जाता, क्योंकि ब्रह्मचारी के भैक्ष आचरण को तो हसबमामूल, मनु के जरिए, जानता था। यहाँ का हाल कुछ और था। जो ज्यादा माँग लाता, उसकी ज्यादा खातिरदारी होती। मेरे तो आप धज्जियाँ उड़ रही थीं। मैं क्या मजमून बाँधता, मगर मुझे यह किसी की नाक में सुतली पिरोना अच्छा नहीं लगता था। ब्रह्मचर्य की यह माँद, घुमंतू शांति की यह खोह, जीवन के निर्मल आकाश पर घुमड़ने वाले, चिरंतन अकिंचनता के कभी न बरसने वाले ये दल-बादल मुझे कुछ जँचते न थे। मैं कुछ क्षण लाइब्रेरियों की सैर को निकल पड़ता था। उस रोज एक शास्त्री जी मिल गए, जिनसे बातों-बातों में परिचय हो गया। उन्होंने उचित ही मेरे दृष्टिकोण को नास्तिकता से मंद-मलिन बतलाया। बोले :

"अग्निहोत्र के बिना वेदों का पढ़ना व्यर्थ होता है। प्रचुर परिमाण में दान किए बिना यज्ञ आदि क्रियाएँ नहीं बनतीं। भाव के बिना कोई सिद्धि नहीं होती। भाव (अनुराग) ही सर्वोपरि है।

काठ, पत्थर या मिट्टी की मूरत में देवता नहीं बसते। वह रहते हैं भाव में। भाव ही सब कुछ है।"

ब्रह्मचर्याश्रम तो एक ठिकाना-भर है। ब्रह्मवर्चस्व की प्राप्ति के लिए स्वयं निरंतर प्रयास करना पड़ता है। तेज का आवाहन करना पड़ता है राग-द्वेष-भरे मलिन मन में।

पास रहने से फूल की गंध मिट्टी में आ जाती है, मगर फूल में मिट्टी की गंध नहीं आती। संगति का प्रभाव स्वभाव के अनुसार पड़ता है।

प्रसाद जी की रचनाओं में मैंने 'स्वर्ग के खँडहर में' नामक कहानी सबसे पहले पढ़ी थी और प्रेमचंद जी की 'सुहाग का शव'। यहीं दोनों रहते हैं। दोनों की कितनी ही कृतियों ने मेरे स्थिर संस्कृत अंतर में हिंदी के लिए हलचल मचाई थी। निस्संदेह उनके दिव्य दर्शनों की उत्कट वासना, उन्हें निकट से निहारने की प्रबल आकांक्षा पिछले तीन-चार दिनों में लाइब्रेरियों में मिलने वाले दूसरे समकालीन साहित्य-प्रेमियों ने जगाई थी। ऐसे ही अनेक दिन निकल गए। मैंने छेड़-छेड़कर इनके संबंध में कामचलाऊ जानकारी हासिल कर ली।

अकेला ही सिर धुनता रह गया मैं। कभी कहीं यूँ ही जाता, तनहा घूमता-फिरता।

झोला-झपटा झाड़ने पर भी पाई-छदाम तक के लाले पड़ जाते तो किरणों में नहाता, हवा पीता, गम खाता, नींद लगने पर किसी नदी-तालाब के किनारे, बेल-बबूल की छाँव में पाँव फैलाकर सो रहता; मगर देखता वह जो मेरी आँखों को प्यारा लगता; सुनता वह जिसके लिए जनम से कान तरसते रहे; बोलता वही जो दिल-दिमाग की सहमति से सुर-लय में कंठ से कढ़ता। मगर कोई आसमान में उछाल ले तो कैसे? अधबीच में अटक गया। घास का तिनका सागर की तुंद मौजों को गवारा न हुआ, रेतीले किनारे पर फेंक दिया गया। आकाश के लिए मिट्टी पीटता रह गया। पगडंडी चोटियों की ओर न गई। पिछली तरफ की ढलान में लुढ़क गई।

बाल्यकाल से ही मैं महामहोपाध्याय पंडित देवीप्रसाद कविचक्रवर्ती से साहित्य और दर्शन पढ़ने का आकांक्षी अवश्य था, किंतु यहाँ आते-आते मालूम हो गया था कि अब वह नहीं रहे। उनका समस्पर्द्धी दूसरा नाम नहीं सुना था। बौद्धिकता के विकास में परंपरा को बहुत बड़ी बाधा बताने वाला तब तक कोई न मिला था, नहीं तो वह मेरी छिछली भावुकता, सूखी दार्शनिकता और अंधी परंपरा को एक ही ठोकर में ठिकाने लगा देता।

असमंजस में प्राण पड़े हुए थे। लिपि-कर्म-निर्मित के समान स्तब्ध और स्थिर हो गया था कि तब काशी-वास का पुण्य अरजने तो मैं यहाँ नहीं आया! मेरे कई दिन इसी गंभीर संकट की हालत से गुजरे। इसके जबर्दस्त नतीजे के बतौर प्रसाद और प्रेमचंद जैसी हिंदी की विभूतियों के दर्शन बेहतरीन और मुनासिब मालूम दिए, अब समझता हूँ, कुदरती तौर पर ही यह घटित हुआ था, जिसका दूरगामी परिणाम मेरा वर्तमान जीवन है। मैं ढेर सारी पाबंदियों का कायल था; दुनिया-भर की ज्यादतियाँ बर्दाश्त करता हुआ आया था। इनसे मिलकर एक ऐसी ताकत का एहसास हुआ जिससे आजादी और सुख-चैन की साँस नसीब होने की संभावना बढ़ चली। मन ने अपने मन में एक व्यवस्था स्थापित कर ली जिसमें सख्ती थी तो छूट भी थी; मनाही थी तो आजादी भी थी। खुल्लमखुल्ला यह पंडिताऊ जीवन-प्रणाली से भिन्न कोई और ही चीज थी। एक निःशब्द भविष्यवाणी जैसी निगूढ़ अंतर्ध्वनि भी थी कि चाहे जो भी लिखूँ-पढ़ूँ, तकदीर की आजमाइश हिंदी में होगी और ऊपर वाले ने जैसे अपना कानून जारी कर दिया।

कल हिंदू यूनिवर्सिटी की तरफ कुछ अता-पता लगाने, दाखिले का सुराग लगाने निकल गया था। इस मसले पर कुछ तरकीबें सुझाने वाले की तलाश में था कि होस्टल से खूब सजे-सँवरे, बेशकीमती पोशाक से लकदक दो शाहजादे निकलकर सड़क पर आते दिखे। मैं शहर में भटक गए एक जंगली-देहाती की परेशानियों से

घिरा-सा घरघराते स्वर में उनसे कुछ पूछ बैठा। मुझे पूछना था : यूनिवर्सिटी कब खुलेगी? मगर सकते में आ जाने से जबान लड़खड़ा गई। पूछा—"कॉलेज कब खुलेगी?"

लड़के ठठाकर हँस पड़े : "जब विद्यार्थियाँ आ जाएँगी।"

मैं कटकर रह गया। बलियाटिक या बिहारी बुद्धू का वह विप्र सुदामावेश मुड़-मुड़कर निहारते हुए वे तेजी से बोटैनिकल गार्डेन की तरफ बढ़ गए।

मेरी मूर्खता में उनकी बेपनाह दिलचस्पी की पुख्ता और साफ वजह से मैंने उसी क्षण अपने अधिक से अधिक समय और अपनी देवदत्त अतिरिक्त शक्ति का सदुपयोग हिंदी में लिखने-बोलने में करने का सुदृढ़ संकल्प ले लिया। अब प्रेमचंद और प्रसाद की प्रासंगिकता भर न रही, वे मेरे आदर्श में अनिवार्य हो गए। फिर क्या, उसी दिन प्रसाद जी से मिलने की ठान ली।

ग्रामीण संस्कार एवं आजन्म संस्कृत के परिवेश में रह आने के कारण यह संस्कार, जाने क्यों, बद्धमूल हो गया था कि विद्वान् संस्कृत के ही होते हैं। मेरे गाँव में एम०ए०, बी०ए० थे; किंतु वहाँ कोई उन्हें अंग्रेजी का विद्वान् नहीं कहता था। विद्वान् वही संस्कृत के पारदृश्वा कहे जाते थे जिनकी अगाध विद्वत्ता का कोई कागजी प्रमाण न था। प्रसाद जी की सुपरिष्कृत सांस्कृतिक भाषा ने मुझे विश्वस्त अतः आश्वस्त कर दिया था कि वह लिखते भले ही हिंदी में हों, किंतु विद्वान् संस्कृत के अवश्य हैं। जाऊँगा तो संस्कृत के पंडितों की तरह परिचय के पश्चात् कुछ पूछेंगे या अपनी ओर से सुनाने को कहेंगे तो मैं उन्हें शैव होने के कारण कालिदास का श्लोक न सुनाकर भवभूति का सुनाऊँगा और अपनी मौलिक सूझ-बूझ से चमत्कृत कर दूँगा।

कहते हैं, सिंह की गुफा में जाने पर गजमुक्ताएँ मिलती हैं, कैसे हो वहाँ जाना? क्या खाकर वह शक्ति हासिल होती मुझे? रोशनी अँधेरा खाती है, काजल उगलती है। मँगते को कुछ दे देना दान नहीं है।

उड़ती-उड़ती-सी नजर से, भीड़-भाड़ में, दूर-दूर से एक झलक पा लेना दर्शन पाना नहीं है। चित्रकूट के घाट पर संतों की भीड़ में एक तुलसीदास जी भी थे। वह बनारसी पंडों की तरह मंदाकिनी के किनारे बैठे-बैठे चंदन घिसा करते थे कि एक दिन राम रघुवीर ने लपककर उन्हीं के घिसे चंदन से तिलक कर लिया। अब कुछ ऐसा ही हो तो एक बात हो।

मेरे एक गाय थी। बेहद सफेद और मुलायम रोएँ थे उसके। नाम था सुधा। उसका बछड़ा लगभग साल-भर का हो गया था मगर वह छुटपन में भी कभी उसके नजर से ओझल होने पर न रँभाई। सुधा की माँ विदेशी नस्ल की एक लंबी-चौड़ी

और चितकबरी गाय थी। नाम था माधवी। माधवी ने सुधा के बाद मंजरी को जन्म दिया था। वह भी लगभग पाँच साल की हो गई थी, जब माधवी स्वर्ग सिधारी।

माधवी सिर्फ सुधा की ही माँ न थी, फिर सुधा खुद भी माँ बन चुकी थी। मगर उसकी मातृभक्ति ईश्वरचंद्र विद्यासागर की मातृभक्ति को भी बहुत पीछे छोड़ गई थी। माधवी को पल-भर के लिए भी उससे अलग किया जाता तो वह रँभाते-रँभाते जान देने पर उतारू हो जाती थी। वह अपनी माँ माधवी से अलग रह ही नहीं सकती थी। जिस रोज माधवी दुनिया से उठ गई, सुधा अचानक गिर पड़ी। दाना-पानी छोड़ दिया। दुनिया-भर की दवाएँ और मेरी अनन्य निष्ठा झुठला दी और झटपट माँ के पास चली गई।

किंतु एक गौरैया गरुड़ की उड़ान कहाँ पाए?

एक ओर विषैले सर्प की जीभ से छहरता हुआ गरल, दूसरी ओर चाँद से चूती हुई अमृत की बूँदें—शिव की यह शक्ति किस विधि उपलब्ध हो? कमी भास गई : कौआ मुँडेर पर बैठ भी जाए तो हंस कैसे हो जाएगा?

आँखों से आनंदाश्रु ढल रहे थे। प्रसाद से मिलना है। जिनकी पहली ही रचना पढ़कर वाणी विदग्धता की खोज में वन-वन भटकने लगी थी और अपनी वेश-भूषा बदलकर लड़खड़ाते कदमों ऊँची डालियों से नया मौसम उतार लाती थी। एक मुद्दत से जिस घड़ी का इंतजार था, खुली आँखों का वह निंदियारा सपना, बस, अब सचाई में जागने ही वाला था। मेरी खुशी शब्दों के माप-तौल की कायल हर्गिज न थी।

भक्तकवि कुंभनदास से राजा मानसिंह ने कुछ भी माँगने का फिर-फिर अनुरोध किया तो कुंभनदास ने यही माँगा—आप मेरे सामने से चले जाएँ। अकबर ने बुलवा भेजा तो सवारी ठुकरा दी, पैदल ही चल पड़े। कविता सुनाने का अनुरोध किया तो सुनाया :

'जिनके मुख देखे दुख उपजत तिनके करिए परी सलाम
कुंभनदास लाल गिरिधर बिनु और सबै बेकाम।'

भक्त सूरदास ने भी तो अकबर को कुछ ऐसा ही कहा था—

'नाहिंन रह्यौ मन में ठौर
नंदनंदन अछत कैसे आनिए उर और?'

मगर ये बे-सिर-पैर की बातें आधे रास्ते में क्यों याद आ रही हैं? मन जैसे रेत के समंदर में खड़ा हो, तन को लहरों का सन्नाटा खौला रहा हो! पसीने से तर-ब-तर

हो गया हूँ।

मैं जाने कितने युगों से नीरव चरणों से यों ही चलता आया था। शूलों ने पग-पग को रंगीन कर दिया था; अनझरे फूलों की गंध से मन बिंध गया था। खुशी थी कि चलता रहा था—स्थूल-सूक्ष्म का गहन अंतराल भेदकर चलता रहा था। इस यात्रा की इति कदाचित् अथ का ही एक पर्याय होगी। मैं तब भी चलता जो रहूँगा।

काशी एक पड़ाव है—मेरे स्वप्नों की निपट-निराली नगरी यहाँ, अंतर्जीवन अपने विकास के आकाश में अपनी ही साँसों के बूते उड़ान भरना चाहता है। ऊँचाई यों अमाप होती है। लक्ष्य ऊँचा हो। शून्य भेदने का हो। बस। कबीर ने भेदा था, प्रसाद भेदना चाहते हैं? तिमिर-कपाट आप नहीं खुलता, प्रकाश की नुकीली किरणों की कितनी ही चोटें सह लेता है! निरंतर अगणित प्रयास सिर तोड़ लेते हैं।

विनम्रता और मैत्री समतल की शोभा हैं, सिर ताने खड़े पहाड़ इस पर बर्फीली हँसी हँस देते हैं!

कोणार्क जाने के लिए पुरी जाना पड़ता है।

'Do your best, whether winning or losing it!'

प्रसाद जी से पूछूँगा, यूँ तो 'अतीतः पन्थानं तव च महिमा वाङ्मनसयोः;' किंतु आपकी अपनी दृष्टि में आपके लिखने का क्या उद्देश्य है? भारत के स्वर्ण अतीत का प्रत्यावर्तन या सांस्कृतिक जागरण या क्या?

मैं अपनी बेजार जिंदगी की खातिर उनसे कौन-सी सीख माँगूँगा? क्या यह—Teach me to win if I may; if I may not win, then, above all teach me to be a good loser?

काशी विश्वनाथ की सँकरी गली से नारियल बाजार तक की मंजिल काटे नहीं कट रही थी। कैसे-कैसे विचार मेरे जड़ व्यक्तित्व को चेतना की लहरों में फेंके दे रहे थे। धूमिल प्रकाश कहता : आकाश के पास निर्मल कुछ नहीं है। भुने दाने निगलता एक बच्चा कुचलते-कुचलते बचा। गंभीर नीरवता में निस्तब्ध उसकी अँसुआई आँखें मेरी कंस की चाल पर रीझकर रह गईं, खीझ हुई एक हमदम साँड़ को, वह सुदीर्घ श्वास छोड़ता हुआ आश्चर्य और आतुरता से मेरे करीब आया, फिर शायद बराबरी का न समझकर उसके न समझने से जोश का उफान थम गया। मुझे अपने उत्तुंग शृंग पर न उठा सका, न अपने बदन से चिपटा-चिपका सका, दिल में कसक-कचोट लिए हुए दूसरी तरफ मुड़ गया। मेरे आत्म-विश्वास की गाँठ दुहरी हो गई । मैं गर्व-स्फीत तेज कदम बढ़ चला। एक विंध्याकार पेट से नारियल बाजार का ठिकाना जानना चाहा तो उसने ठिकाने लगाने वाली नजर से मुझे घूरा। उसकी

साँस के स्पर्श से मेरी निरीहता काँप उठी। कुछ कठोर स्वर में समझाया। मेरे मुँह से 'हाँ' भी न निकला। उसके मोटे होंठों की हँसी जंग खाए तीर की तरह धँस गई थी। हृदय जैसे चिर रहा था।

बहरहाल, मैं सुँघनी की दूकान के सामने जमी बैठक में दाखिल हुआ। बोलने-बतलाने की तो नौबत न आई, बस मैं वहाँ उठने-बैठने के तौर-तरीके और उनके कपड़े-लत्ते देखकर ही लौट गया। उनके व्यक्तित्व की छाप क्या पड़ती, पहली ही नजर में, बेशक धाक जमी और खूब जमी मुझ पर।

रास्ते-रास्ते औंधी खोपड़ी के भाड़ में जो सूखे-गीले इरादे भूने थे, उन्हें सहेजकर संकटमोचन को चढ़ा आया। मंदिर के अंदर मूरत मुसकाई भी हो तो भीड़ ने मुझे रुला दिया। भक्तों से पटे हुए पथ पर एक किनारे खड़ा हो सकना आसान न था।

प्रेमचंद की भाषा उन दिनों की यू०पी० की चुस्त और मुहावरेदार भाषा थी, क्योंकि उनका विषय सामाजिक और सामयिक था। प्रसाद की भाषा अतीत के कलात्मक गीत की भाषा थी। भावना, कल्पना और अनुभूति की त्रिवेणी में लहरें लेती हुई। तब से अब तक निर्द्वंद्व भाव से द्वंद्वात्मक अध्यात्मवाद में पड़ा रहा—कोई मार्ग न मिला तो न मिला मुझे। मुचकी हथेली पर चकराए माथे का बोझ सँभाले कभी-कभार सफर को निकलता तो थकन लपेटे भारी डग 'खबरदार' कहकर लौटा देते। रक्त से लथपथ जटायु रावण के इस्पाती जिस्म पर चोंच चलाता रहा। यह क्या है—अतीत संगीत या मौजूदा जिंदगी? यही तो कथ्य है मेरा। लिखूँ चाहे 'गाथा', चाहे 'खामोश आवाज'।

गरीबों ने रोजे रखे तो दिन ही बड़े हो गए। एक नाचीज निकम्मे ठीकरे को ठोकरों ने मंदिर की सीढ़ियों तक उछाल दिया। अब तो एक अदद पाँव उसे मंदिर के अंदर ठेल-ढकेलकर नहीं पहुँचा सकता। यह घर के छप्पर के छेद से ऊपर देखने का परिणाम था। कौन हमसफर रहनुमा बनता! अपने अँधेरे की सिम्त लौट आया। अलबत्ता यहाँ अँगीठी सुलग रही थी।

कई दिनों की जब्ती के बाद हिंदू यूनिवर्सिटी के कॉलेज ऑफ ओरियंटल लर्निंग में दाखिला मिल गया! होस्टल में जो कमरा मिला उसके ठीक ऊपर संगीत की कक्षाएँ होती थीं। पिंड में ब्रह्मांड देखने की आदत बाबा आदम के जमाने से है। संगीत को साकार ब्रह्म मानने वालों में हूँ। मेरे हर अभाव का एक लयात्मक भाव है। जनम से गुनगुनाता हूँ। शिकंजों और पाबंदियों में रस संगीत में ही है। पानी मथने से घी निकलते यहीं देखा जाता है।

यहाँ का वातावरण बोझिल, जबदा हुआ और मनहूस-सा लग रहा था। एक

भी प्रिय या पहचाना चेहरा न था। चंदन-चोटी की भीड़ में तेजस्विता की एक झलक मिलने का भी सवाल नहीं पैदा होता था। एक अजब-सा धुआँ-धुआँ माहौल। बिलमे हुए लमहों में जिंदगी जैसे इस-उस किनारे फेंकी हुई लकड़ियों की तरह किसी आग के इंतजार में हो!

पंत की भाषा में—

'जलता मन मेघों का-सा घर
स्वप्नों की ज्वाला लिपटा कर!'

ऊपर से तभी मुझी-से किसी नौसिखुए की स्वर-लहरी ढुलककर आई :

दी ऽ ऽऽ न न दुख ह र न दे ऽ व
सं ऽ त न हि त का ऽ ऽऽऽ री, ऽऽ

और मेरी आँखों में एक लुभावना सपना तैर उठा। छह वर्षों तक तैरता ही रहा। जाने कितना पानी था! मुँह पर उत्तेजना नहीं, आँखें कूड़े का ढेर देखती रहीं। कान शोर-शराबे पीते रहे। जिंदगी का सपाट खाका पस्त पड़े के बदन पर खिंचता रहा। मैं विवश-सा खड़ा ताकता रह गया और छह साल धूल-गर्द-भरे भविष्य के गर्भ में विलीन हो गए। आँखों के तारे आँखों से ओझल हो गए। मैं ठगा-सा, लुटा-सा अपने आप में टटोलता हूँ, खोखल ही खोखल नजर आता है, समय का पंछी समय से पहले ही उड़ चुका है।

अब कब बहुरेंगे वे दिन! झूठी आस मेरी प्यास पर हावी होने से रही। स्मृतियों को कुरेदना बेकार है। मैंने जायका बदलने के लिए खट्टे-मीठे की कड़वाहट नहीं सही थी।

संस्कृत के गढ़ में रहकर ही शायद यह तीखा अनुभव हो सकता था कि अब संस्कृत के दिन नहीं रहे। जान पड़ता है, इसी जानकारी के लिए परिस्थिति ने मुझे काशी भेजा था। सब समझकर भी नासमझ बनने पर मजबूर था। अब भारी पलकें उठाकर, अतीत का हलकापन देखने से भी क्या! एक अलसाई-सी जिज्ञासा अस्पष्ट नियति से प्रत्यक्ष साक्षात्कार के लिए फिर भी मचलती रहती है।

परिक्रमा की निरंतरता में एक जन्म कुछ ऐसा घुमाव नहीं है कि चक्कर आ जाए। इस अनिर्वचनीय संसार में कब अधर्म और धूर्तता की पूजा न हुई? कब सच्चे गुणी जनों को एक क्लेश से दूसरे क्लेश का वरण न करना पड़ा? निराला ने कितना असह्य, अरुंतुद भोगकर यह ऐसा सच कहा है—

'मैं ही क्या? सब तो ऐसे ही छले गए!'

निर्बाध स्वच्छंदता मुक्ति नहीं है। जो धागा टूट गया उसे जोड़ा जा सकता तो संश्लिष्ट संसार में कहीं हाहाकार न होता। बिखराव को तरतीब में लगाकर एक नई गति नहीं पैदा की जा सकती। जिन्होंने कोई पते नहीं छोड़े, उन्हें कहाँ ढूँढ़ूँ? जिन ठंडे अंधड़ों ने मेरी हड्डियों में सुराख किए, भुस्स की जिन चिनगारियों ने मेरी त्वचा परत-दर-परत भून डाली; ज़िन लड़खड़ाते हुए मंदरों ने मेरा खुश्क खून मथकर मद निकाला, जिन अँधेरी सीढ़ियों ने टटोल-टटोलकर पाँव रखने पर भी मुझे ऊपर चढ़ने की इजाजत नहीं दी, नीचे, दुनियावी धरातल पर भी नहीं उतरने दिया; मुझे जहाँ का तहाँ देखकर अपनी व्यर्थता पर शोरगुल नहीं मचाया, निश्चिंतता की साँस ली, उनका आख्यान व्याख्या के योग्य नहीं।

शास्त्रीय ज्ञान अर्जित करने के लिए वह स्थान निरापद है। भाषा की विशुद्धि सीखी जा सकती थी, हाँ, वहाँ सुदीर्घ परंपरा के भीतर से अपने लिए कोई स्वतंत्र और सही राह निकालना कठिन था। मैंने इसी 'कठिन' की साधना की। साधना व्यर्थ हो गई। 'प्रचार' के प्रचुर साधनों के अभाव में 'प्रसार' की वायव्य प्रतीक्षा असंगत सिद्ध हुई। विपरीत परिस्थितियों ने प्रातिभ क्रांति से वंचित कर दिया। विपुलवपु लिफाफा जरूरी होता है, मजमून चाहे निरा कालक्षय करने वाला ही क्यों न हो! मेरे कोई लिफाफा था ही नहीं, मजमून उड़-उड़ गया। कोई किसी चौकस की होशियारी का शिकार हो गया, कोई सीलनभरी गीली जमीन में सड़-गल गया।

किसी एक विश्वविद्यालय के सारे के सारे प्राध्यापक गुरु होने का उचित गौरव रखते हैं, मैं सबके पूज्य चरणों के रेणु-कण के समान था भी; किंतु जिनकी तरुण-अरुण करुणा मेरे झूठे तने माथे पर हरदम बरसी, पहले उन्हीं की स्मृति-धारा में बहूँ।

महामना पंडित मदनमोहन मालवीय के दिव्य दर्शनों की आकांक्षा मुझसे भी अधिक मुझे काशी लाने वाले दोनों पंडितों को थी।

काजल का समंदर नहाकर अभी-अभी लाल सूरज निकला था। किरणें बुनने वाला नंगा था, हम गंगा नहाकर घाट पर अपने ऐसे-वैसे वस्त्र लपेट रहे थे। पंडे की मदद से दोनों पंडितों ने माथे पर विश्व-ब्रह्मांड के चंदन-चित्र आँके। मुझे तिलक न लगाया कि मैं पोंछ दूँगा। घाट के ऊपर की रोशनी दिखाई दे गई, मैंने टीका पोंछा न था, दोनों पंडितों में एक पहरा (औरंगाबाद) निवासी पंडित लक्ष्मण मिश्र काव्य-व्याकरण-तीर्थ थे। अनोखी सूझ-बूझ वाले, बड़े ही प्रतिभाशाली वाग्मी पंडित थे वह। देवघर के गुरुकुल में आचार्य रह चुके थे। दूसरे थे पंडित दामोदर मिश्र, जिनके दो लड़के अभी-अभी अन्नपूर्णा मंदिर के ब्रह्मचर्याश्रम में भरती हुए थे। दोनों अग्रगामी

होकर मेरे पथ-प्रदर्शक हो गए थे। हम जब मालवीय जी महाराज के बँगले पर हाजिर हुए, वह संध्या-पूजा से तुरत-तुरत उठे थे। परिचय के बाद श्रीमद्भागवत की चर्चा छिड़ गई। लक्ष्मण पंडित जी को प्रायः समग्र ग्रंथ कंठस्थ था। गोष्ठी जम गई। बाहर श्री युगलकिशोर जी विरला मिलने की प्रतीक्षा कर रहे थे, भीतर मालवीय जी महाराज भागवत की चर्चा में डूबे-खोए हुए थे। दर्शनीय दृश्य था। सहसा मेरी ओर मुखातिब हुए और मुझे श्रीमद्भागवत का कोई श्लोक सुनाने को कहा। मैंने मथानी में मथनिया से माखन बिलौती हुई यशोदा का चित्र सस्वर सुना दिया :

'क्षौमं वासः पृथुकटितटे बिभ्रती सूत्रनद्धं
पुत्रस्नेहस्नुतकुचयुगं जातकम्पञ्च सुभ्रूः
रज्ज्वाकर्षश्रमभुजचलत्कङ्कणौ कुण्डले च
स्विन्नं वक्त्रं कवर-विगलन्मालती निर्ममन्थ।'

[करधनी से कसा हुआ रेशमी लहँगा, दूध छलकाता उमगता आँचल। नेती खींचते खनकते कंगन और डोलते कुंडल। पसीने से भरा चेहरा। वेणी से खिसकते मालती के फूल। दही महती हुई माता यशोदा।]

मालवीय जी ने कुतूहल से पूछा कि यह क्यों अच्छा लगा है मुझे! मैंने रुआँसे स्वर में कहा : इस चित्र में माँ की छवि दिख जाती है! फिर आँसुओं में फूट पड़ा।

पल-भर सन्नाटा। आँखों-आँखों में प्रश्नोत्तरी हुई। लक्ष्मण पंडित जी ने बता दिया। इनके माँ नहीं हैं। बचपन में माँ को दही महते देखा था। हमारे हर घर में मथानी चलती है। यह एक घरेलू बल्कि हर की जानी, सुनी, देखी तसवीर तो है ही!

पूज्य महामना भावार्द्र हो उठे। उनका आग्रह बढ़ चला। मेरा हौसला बढ़ाते हुए विषयांतर पर आ गए।

तुम्हारे वहाँ के रामावतार जी थे एम०ए० भी, आचार्य भी, तुम यहाँ साहित्य पढ़ने आए हो तो दोनों डिग्रियाँ ले के जाना! मैंने देखा, तुम ले सकते हो!

हाँ, बिहार में जल्दी ब्याह हो जाता है, तुम न करना!

मैं रो पड़ा। लक्ष्मण पंडित जी ने बताया : पाँच बरस पहले, बारह की उमर में ही ब्याह हो चुका है, मेरे ही दामाद हैं।

मालवीय जी ने मुसकराकर अपने सेक्रेटरी त्रिलोचन पंत की तरफ ताका : It's a pity। अब तक वह मेरी तोते-जैसी बोली बड़े ध्यान से सुनते रहे थे। मेरी ओर तेज नजर से ताककर बोले :

It does n't matter. Don't worry.

मेरे बिखरे सपनों पर परिस्थिति हँस रही थी। यह नाटकीय व्यंग्य मेरे अंग-प्रत्यंग को झौंसे दे रहा था। टखने दुखने लगे थे। एकाएक उठकर महामना के चरणों पर सर रख दिया। उन्होंने असीसते हुए कहा : ऐसे नहीं, भागवत का और एक श्लोक सुनाकर जाओ।

भागवत तब मेरा कोई प्रिय ग्रंथ न था। पिताजी कथा कहते थे, सुनते-सुनते दिलचस्पी बढ़ी थी; बढ़ती गई थी। यों चतुर चितेरे ने मेरे ही सपाट ललाट पर तूलिका साधी थी। प्रात बनाने बैठा, तारों-भरी रात आँकी।

जहाँ मेरे साथ आए पंडितों ने 'चंदन-चर्चित नील-कलेवर, पीत-वसन वनमाली' के चरण असीम श्रद्धा के सुमनों से सजाए थे, मेरे धूमिल आँसुओं के कुछ कवोष्ण कण ही उन तक पहुँच पाए थे।

मैं ऐसा कुछ नहीं पढ़ना चाहता था जो मेरी रक्त-मज्जा में न घुल-मिल जाए। ऐसे ही मेरी हर साँस वह सौरभ बिखेरे, मैं चाहता था, जिसके खिले-अधखिले फूल मेरे मन के वन में हर पहर लहर रहे हों!

अंधेर यह कि अपना घर अँधेरा रहे, इसलिए मेरे आसपास कभी कोई दीप जला ही नहीं। मुझे अपने प्राण जलाने पड़े, मगर अँधेरे को नहीं स्वीकारा।

मैं शून्य हृदय को न नील निलय मान सकता था, न स्नेह के अभाव में निर्जन में जलकर बुझ जाने को निर्वाण-प्राप्ति। भागवत मेरे लिए भाषा की क्लिष्टता के कारण चुनौती न था, उसमें अव्यक्त के संबंध में व्यक्त विचार मेरे अबोध मन के लिए दुर्बोध थे। वह राम-रसायन न था। अतिरिक्त गति की जगह वह चेतना को विश्राम देता दिखता था।

फिर भी महामना का आदेश सिर आँखों पर। मैंने सस्वर सुनाया :

'मल्लानामशनिर्नृणां नरवरः स्त्रीणां स्मरो मूर्तिमान्
गोपानां स्वजनोऽसतां क्षितिभुजां शास्ता स्वपित्रोः शिशुः
मृत्युर्भोजपतेर्विराडविदुषां तत्त्वं परं योगिनां
वृष्णीनां परदेवतेति विदितो रंगं गतः साग्रजः।'

[कृष्ण जब बलराम के साथ कंस के दरबार में पहुँचे, तब 'जाकी रही भावना जैसी, प्रभु-मूरति देखी तिन तैसी।'

अखाड़ेबाज पहलवानों ने कहा : बदन नहीं, वज्र है। आसपास बैठे हुए बोले : कहने को हम भी आदमी हैं, मगर इनसे किसी का क्या मुकाबला! स्त्रियों की तो टकटकी ही बँध गई। ग्वालों को लगा : सोलह आने अपना आदमी है। दुष्ट राजे

दशहत में आ गए : यह रहा नहले पर दहला! माँ-बाप सहमे-ठिठके रहे : दो दाँत का बच्चा दरिंदों की दाढ़ में? कंस ने मन ही मन मान लिया : काल आ गया! ओछों ने चौंककर देखा : विराट्! योगियों की अंतर्दृष्टि खुल गई : यही तो है वह, जिसके ज्ञान-ध्यान में वयस बीत गई! और यदुवंशियों ने तय कर लिया : हमारा कुल-देवता आ गया!]

भदेसपन हो कि भोंड़ापन, श्लोकों के चुनाव में मेरी अपनी ही रुचि छलकी थी। मेरे अंतर की यांत्रिक जटिलता न वेणुगीत से शिथिल हुई थी, न भ्रमरगीत से कुसुम-सुकुमार। जो मुँह में आया, वह किसी विशिष्ट संदर्भ में प्रासंगिक भी हो उठा था। दाड़िम के दानों से चमकते हुए दाँत मुसकान में आशीष घोल रहे थे। मालवीय जी ने माथा छुआ, पीठ थपकी। ऐसे अवसर अनेक बार आए।

नंगे पाँवों पगडंडी पार कर ली थी, अब राजमार्ग पर तलवे छलनी हो रहे थे। बिना पत्र-पात्र के कपूर की लौ हथेली पर काँप रही थी।

पहला पाठ आजमगढ़ पंडित वामदेव मिश्र की कक्षा से आरंभ हुआ। ढाई गज की गाढ़े की मटमैली लुंगी पहने, घुटे सिर और खुले बदन में वह मुझे पहली नजर में स्वामी श्रद्धानंद जैसे दिखलाई दिए। बुलंद आवाज, पढ़ाने का ढंग बेहद साफ-सुथरा और सबसे बढ़कर खुशमिजाज, हँसते-हँसाते पढ़ाते।

कोर्स में काव्य-प्रकाश था, पढ़ाया जाता था काव्य-प्रदीप। मम्मट को पाणिनि कहें तो गोविंद ठक्कुर को पतंजलि कहना होगा। पतंजलि के बिना पाणिनि अधूरा; प्रदीप के बिना प्रकाश। कक्षा में बिहार का एक मात्र मैं ही था। पोज लेते वक्त कुमार मुझे भी देख लेते थे। अपनी शिनाख्त के लिए मैं बावरा हो उठा। उठकर पूछ बैठा : प्रकाश पर प्रदीप लिखने की प्रेरणा, संभव है, गोविंद ठक्कुर को ध्वन्यालोक पर लोचन से मिली हो; किंतु लोचन से आलोक का साक्षात्कार स्वाभाविक है। भले ही वह 'दिव्यं ददाभि ते चक्षुः' हो जिससे ईश्वरीय तेज तक देखा जा सकता है। प्रदीप से प्रकाश को अधिगत करने में तो वैसा स्वारस्य नहीं है। बेशक बिना आँख के रोशनी नहीं देखी जा सकती; मगर चिराग जलाकर प्रकाश देखने में क्या तुक है?

क्लास में सन्नाटा छा गया। अलग से मेरा परिचय पूछा गया। और कितनी ही बातें। पढ़ाई उस दिन न हो सकी।

विश्वविद्यालय छोड़ने तक मुझे उनके अमोघ आशीर्वचन सुनने को मिले थे। तब माइक प्रचलित न था। हजारों की भीड़ में उनकी बुलंद आवाज गूँजती थी। खूब तगड़े थे। त्रिकाल संध्या करते थे। इतने पर भी जब किसी ने आयु की अवधि बता दी, नर्वस हो गए। निरंतर महामृत्युंजय जपने लगे। न बच सके।

शुद्ध आचरण उनकी दृष्टि में संध्या और चंदन-वंदन था। प्रसन्न पद में नए अर्थ पिरोकर जब कभी अपना काव्य-कौतुक प्रस्तुत करता, वह मेरे शब्दार्थ-संदर्भ को साधु-साधु कहकर बढ़ावा देते थे। एक कवि-सम्मेलन में मेरा काव्य-पाठ सुनने के बाद खड़ाऊँ खटखटाते हुए चल दिए कि अब सम्मेलन में क्या धरा है! लंबे घुँघराले बालों के कारण मुझे भारतेंदु कहा करते थे—यों बेटम, सेटम उनका प्यारा संबोधन था सब के लिए।

'काकली' निकली तो उन्हीं के साथ चलकर महामना को समर्पित की। गुरुदेव वामदेव जी ने उस दिन जिन शब्दों में मेरा परिचय दिया था उसकी पात्रता मुझमें कभी न आई।

इतिहास और सामान्य वार्तालाप के कथ्य में कोई नवीनता न हो तो बंध की चारुता या अंदाजेबयाँ से आकर्षण उत्पन्न करते हैं, इसका श्रेय प्रवक्ता को जाता है। अपना दायरा तो अज्ञात से आलोकित और ज्ञात से धूमिल रहा है। मैं अपने प्राण-गान और मौन मर्म का कभी दावेदार न रहा। श्रुति वेद के लिए व्यवहार में आने वाला शब्द है, सभी जानते हैं। जब मनु के व्याख्याता कुल्लूक भट्ट से भेंट हुई तब जाना : 'वैदिकी तांत्रिकी चैव द्विविधा कीर्तिता श्रुतिः', कि श्रुति दो प्रकार की होती है वैदिक और तांत्रिक। जब संगीत की सुरसरि में अवगाहन किया तब श्रुति के स्वर-परक अर्थ से परिचित हुआ कि सप्तक के स्वरों के बीच-बीच में बहुत सारी सुरीली ध्वनियाँ हैं, उन्हें श्रुति कहते हैं। इनकी संख्या बाईस है : षड्ज, मध्यम और पञ्चम के चार-चार श्रुतियाँ हैं; निषाद और गांधार के दो-दो तथा ऋषभ और धैवत के तीन-तीन।

यह शब्द का अर्थ-विस्तार नहीं, अभिज्ञता के अदृश्य अवयवों का क्रमशः उद्घाटन है। मेरी प्रशस्ति में जो शब्द आकाश को भेंट किए गए थे, वे न निरर्थ थे, न संभावित अर्थों वाले थे, बस, शब्द थे। पीछे स्वयं मुझे कहीं-कहीं किसी दोपाए वसंत को 'शेली' और चौपाई चारण को 'कीट्स' बताते वक्त किसी ने टोका तो मैंने लपककर कहा : किसी अनाड़ी को 'शेली' कहना कहने की एक शैली-भर है। अब रही बात 'कीट्स' की तो वह तो हिंदी कीट का अंग्रेजी बहुवचन मात्र है।

जो हो, नित नई आस सँजोने वाले की प्यास स्वाती की चंद बूँदों से न मिटी, उसे मघा की झड़ियों का जो इंतजार था! सो किसी का आशीर्वाद सत्य न हुआ। तुमड़ी वीणा न बना।

कविचक्रवर्ती से पढ़ना बदा न था। हाँ, कवितार्किक-चक्रवर्ती पंडित महादेव शास्त्रों से जिसने प्रदीप-समेत काव्य-प्रकाश न पढ़ा, उसने काव्य-प्रकाश पढ़ा ही

नहीं। छह वर्ष इनके सान्निध्य में बीते। अलंकारशास्त्र लगभग सारा का सारा इन्हीं के श्रीचरणों में बैठकर अधिगत हुआ। निर्मल कीर्तिमंडल ने इनके आर्ष व्यक्तित्व को एक अनोखे आकर्षण से उजागर कर दिया था। साहित्य, व्याकरण, न्याय आदि के अनेक विद्वान् इनसे प्रतिदिन पढ़ने आते थे। इनकी सुधावधीरिणी वाणी और आत्मीयता से ओत-प्रोत व्यवहार जादू का-सा असर रखते थे। इनकी रसनाग्रनर्तकी विद्या और चिर उन्निद्र प्रज्ञा ने अनेक अवसरों पर मुझे चकित-चमत्कृत किया था।

विक्रम विश्वविद्यालय उज्जैन के हिंदी-विभगाध्यक्ष डॉ० राममूर्ति त्रिपाठी उनके भानजे हैं, हस्त-विन्यस्त-तत्त्व, संपूर्णानंदस्वभाव गुरुदेव की मुझ संशयाकृष्ट-चित्त, निर्वित्त अकिंचन पर कैसी अहेतुकी कृपा थी, उन्होंने बहुत कुछ अपनी आँखों देखा, अपने कानों सुना होगा।

मेरा जीवन भूलों-भरा है। मेरे मानसरोवर की लहरों पर बगुले घोंसले बनाकर बस गए; राजहंस किनाराकशी किए रहे। नाल-मृणाल-भोजी मछलियाँ मारते रहे, बलाका ने मेघ-मेदुर नभ देख आँखें मूँद लीं। गुरुदेव से आमरण अध्ययन की लालसा थी, पेट की लपेट में यहाँ-वहाँ मारा फिरा, बारह-बारह वर्षों में कभी दर्शनों का सौभाग्य प्राप्त होता था। मुझे देखते ही काव्य-प्रवाह में बह चलते। पिछली मुलाकात से उस दिन तक की उपलब्धियों से अवगत कराते। यह क्रम उनके संन्यासी होने (स्वामी महेश्वरानंद सरस्वती) के बाद भी चलता रहा। हिंदी में ढेर सारे भजन लिखे थे और मध्ययुगगंधी उन पदों में एक भी ऐसा न था जो स्तरीय न हो! संस्कृत में तो माघ, मयूर, मुरारि की याद दिलाने वाले श्लोक लिखते ही थे। उन्होंने नैयायिक शैली में रसगंगाधर की टीका लिखी थी। 'काशी की संस्कृति साधना' नामक खोजपूर्ण निबंध हिंदी में लिखा था। पूर्णास्तव आदि स्तुतियों के अतिरिक्त 'भारतशतकम्' नामक राष्ट्रीय काव्य की रचना की थी जिसे महामहोपाध्याय पंडित रामावतार शर्मा के 'मारुतिशतकम्' की अगली कड़ी कहा जा सकता है। नादपूर्ण ओजस्वी गाढ़-बंध, शब्दार्थालंकारों की सुमधुर झंकार और कथ्य में परंपरा से अप्राप्त का मौलिक गुंफन,—अद्‌भुत शैली थी उनकी। जिन्होंने उनके भाषण-संभाषण और शास्त्रार्थ सुने होंगे उन्हें उनकी वाग्मिता की सुदूरगामी प्रतिध्वनि 'भारतशतकम्' के श्लोकों में प्राप्त होगी। यहाँ मायूरी मूर्च्छना में अभिनल शब्दार्थ की संरचना सविशेष द्रष्टव्य है :

'शुक्तीनां मुक्तिकेव त्रिदशसरिदिव स्रोतसां निर्मलानां
क्षौद्री धारेव हृद्‌या सरससुमनसां वज्रकाष्ठेव भूमेः
रश्मीनामैन्दवाना ममृत विपुलतेवास्ति संभासमाना
प्राचीना दिव्यधामा दृढतममहिमा संस्कृतिर्भारतीया।'

मुझ पर लिखते हुए यों उन्होंने अत्यंतातिशयोक्ति के विराट पट को भी छोटा सिद्ध कर दिया है। मैं तो रात के उजेले-अँधेरे में अपने मंदगामी सपनों को अत्यंत क्लांत दृष्टि से नक्षत्र-मंडल में मंडल बाँधते देखता रहा था; किंतु गुरुदेव की आशंसा की परछाईं इतनी बड़ी हो गई है जिसमें मेरा निर्जन निःसंग अस्तित्व बौने दिन का अवसन्न प्रतिबिंब बनकर रह गया है। उन्होंने जाने क्यों मुझे विस्मय की दृष्टि से ही देखा :

'गोविन्दो गोनविन्दः कविरकविरसौ नीलकण्ठोऽपकण्ठः
क्षेमो न क्षेमपक्षो गलितमदभरः फल्गुबन्धः सुबन्धुः
सत्काव्योल्लासलीलाकलितकलकले 'काकली'-कोकिलेऽस्मिन्
द्राक्षामाधुर्यदीक्षाक्षममपि गणये पण्डितं पण्डमेव।'

जब पहले-पहल पढ़ा था, निर्मेघ नयनों को उबलते आँसुओं की यातना सहनी पड़ी थी। मन पर से मन-भर का एक बादल निकल गया था जिसकी सरसराहट से रोंगटे खड़े हो गए थे।

मैंने तब तक जयदेव, कालिदास, क्षेमेंद्र, सुबंधु और पंडितराज को तो पढ़ा था, नीलकंठ का नाम-भर सुना था। इस परंपरा में 'काकली' के बालकवि का नाम!

मैं उनकी अनंत दृष्टि और असीम सामर्थ्य को पहचानने की क्षमता नहीं रखता था। वह अज्ञात को आवाज देने वाली अनसुनी लय-लहरी जाने क्या कह गई! मैं तट पर छटपट करता रह गया। आशीर्वाद अव्याकृत रह गया।

चित्र में शबीब हू-ब-हू लग जाए तो उसे संस्कृत-परंपरा में विद्धचित्र कहते हैं। प्रतिच्छंदक या प्रतिकृति-चित्र भी प्रतिबिंब के पर्याय में प्रयुक्त होते हैं। अब कोई ऐसा मास्टर पेंटर नहीं दिखता जो उनका प्रतिबिंब प्रस्तुत करे। कृतियों में उनकी समग्रता नहीं उभरी है।

जीवन की राहें इतनी चौड़ी तो होती हैं जिनमें सुख-दुःख इकट्ठे चल सकें। सुख पुचकारकर गलाता है, दुःख फटकारकर पिघलाता है, दोनों अपनी अहमियत रखते हैं। मेरी उजाड़ और वीरान जिंदगी ने कम सब्जबाग नहीं देखे थे। चौराहों पर भीड़ जोड़ना मैंने नहीं सीखा था कि जिससे धूल सोना बनती है, किंतु मन की कहता हूँ : साहित्य-शास्त्र के गहन अध्ययन में मैंने बारह बरस अवश्य होमे थे जिन्होंने नावों पर सैर करने वालों के आमने-सामने मुझे मझधार में बाजुओं के जोर से तूफानी लहरें ओंजने का साहस दिया था। मेरे पाँवों के छाले देखने वालों ने अपने मधुवन के कुलिश-कठोर काँटे नहीं देखे। कठिनाइयाँ मंजिल की सीढ़ियाँ भी हैं। दीप से दीप

जलाने अँधेरे घेरे तोड़े हैं, मेरी ज्वाला में तुम कुंदन बनो। वक्त है कि किनारे-किनारे कश्ती चलाने वाले मझधार के मुकाबले पर आए हुए से मजमून मिलाते हैं। हकीकत की तेज धार किस्मत की कश्ती को कभी अपनी काट दिखाएगी।

वर्षों की कोशिशें बेकार गईं। उनके शास्त्रीय ज्ञान की थाह न मिली। अलबत्ता जब वह प्राच्य-विद्या-विभाग के प्राचार्य रह आने, अजस्र-सहस्र दुर्लभ उपाधियों से विभूषित और विद्वत्सामादृत होने के बावजूद सर्वस्वत्यागी संन्यासी हो गए तब सबके सब उन्हें निमेषनिःस्व नयनों से निहारते ही रह गए। अब कहीं शास्त्रानंद की सीमा मेरी समझ में आई। विचारों के सर्वोच्च शिखर पर विचरने-भर की छूट है, वहाँ बस्ती बसाना मना न भी हो, संभव नहीं कि विचार के चाहे जितने आयाम हों, है वह वायव्य ही। उसे भी जमीन की आरजू होती है कि जिंदगी जमीन से अलग नहीं।

इसी नश्वर समझे जाने वाले संसार में अमरता प्राप्त हो सकती है। वह न धन से सुलभ है, न संतान-वितान तानने से। एकमात्र त्याग ही क्षर को अक्षर और मरणधर्मा को अमर करने वाला है।

वाङ्मय ब्रह्म में ज्योतिर्निगूढ़ गुरुदेव ने आकाश से पृथ्वी पर उतरकर पार्थिव शरीर त्यागा। मन चंद्रमा में लीन हुआ; दृष्टि सूर्य पर टिकी रही, कलेवर बदल गया। मुक्ति कुछ भी हो, वह मुक्त हो गए।

इधर के वर्षों में उनके बार-बार साक्षात्कार से लाभान्वित हुआ था। पद-पदवी धन-यश जैसा लाभ नहीं।

'यं लब्ध्वा चापरं लाभं मन्यते नाधिकं ततः यस्मिंस्थितो न दुःखेन गुरुणापि विचाल्यते' वाले निर्जन पथ पर पाँव-पाँव चलने का। वह मुझे क्यों इतना मानते थे! नेत्रपयः प्रवाह से स्मृति-तर्पण के अतिरिक्त गुरु-ऋण से मैं किस विधि मुक्त हूँगा? इस युग में शास्त्र कोई नहीं पढ़ना चाहता। नोटों का पांडित्य सुपर पर्याप्त समझा जाता है।

श्री गुरुचरणों में जब अध्यापन समाप्त होने के बाद भी बैठा रह जाता था, काशी की निष्प्रतिद्वंद्व पंडित मंडली की चर्चा चल पड़ती थी। कोई ईख का पौधा घास से ढक जाने पर घुटने नहीं टेकता, दिन-प्रतिदिन, आसमान में सिर तानता ही चला जाता है, मैं सभी प्रकार के असह्य कष्टों से क्लिष्ट रहता था, विकास का कोई ऋजु-कुटिल पथ मुझे सूझता न था, पर बिना सिर उठाए जिसे देखना संभव ही न था, उसके लिए भी मन गगन की छत फाड़ने पर आमादा था। यह शून्य में चलाए शर का आपुंखशिख चुभना न था।

एक दिन महामहोपाध्याय पंडित देवीप्रसाद कविचक्रवर्ती के प्रसंग में ज्ञात

हुआ कि वह तो अकाल कालकवलित हो गए। उनके गुरु दामोदर शास्त्री अभी पूर्ण स्वस्थ हैं। फिर क्या, मेरी स्वभावलोला चेतना उनके दिव्य दर्शनों के निमित्त मचल उठी। यह अलक्षित बोध जाने कैसे था मेरे अस्थिर, उच्छ्वसित मानस में कि 'स्वल्पं तथायुर्बहवश्च विघ्नाः।' मैं आकाशदीप की निष्कंप ज्योति में उजलने, जलने निकल पड़ा। अनुभूति-तुला पर तुलने साक्षी विनायक से मनोबल माँगा, अक्षयवट की प्रदक्षिणा से दक्षिणामूर्ति से साक्षात्कार, काशी विश्वनाथ से संशयहीन प्रकाश और माता अन्नपूर्णा से निस्सार अशना-पिपासा पर विजय।

एक मन यह सब कर रहा था, दूसरे मन की कल्पना ऊँचे उठ-उठकर पछाड़ खा रही थी। कलेजा थामे चलने वाली धुकधुकी दिल हिला देती थी। दो-चार फाकों का तजुर्बा था, ठानी पूरी करने तक आराम करने की कसम थी। संतोष नियम-संयम से आता था, 'हारे को हरि नाम' से हर्गिज नहीं। किस्मत आजमाने निकला था कि बगैर किसी सिफारिशी खत के, अपने ही बलबूते, विश्व के इतने बड़े विद्वान् के दर्शनों का सौभाग्य प्राप्त हो सकता है या नहीं!

मैं जब मंजिले-मकसूद पर पहुँचा। दरबान ने अंदर जाने से मना कर दिया। खुद आबरू पैदा करने चला था, अलिफ में ही गड़बड़ हो गई। दरबान इंद्रायन का फल निकला। आरजू-मिन्नत की एक न चली। झिड़ककर कहा : 'विजिटिंग कार्ड' दो। मैंने तब तक इस जादुई लकड़ी का नाम भी न सुना था, ज्ञान बटोरने में क्या किफायत? दीन-भाव से कातर स्वर में पूछा : यह क्या होता है? उसने फटकारने के लहजे में कहा :

'वह सबसे नहीं मिलते—समझे? अपना नाम-पता लिखकर दो।'

'बाप रे!' मैंने मन ही मन सोचा; महापंडित के यहाँ ऐसा जाहिलजड्ड दरबान, उसका ठस्से से बोलना, रुखाई से बरतना!

मेरा क्या नाम? कौन-सा पता-ठिकाना! फिर भी ठीक उतरने के लिए कुछ लिखना ही था, लिखा :

'दुष्प्रापं प्राप्तुकामोऽयं निपीड्य चरणौ गुरोः
जानकीवल्लभः कश्चिद् द्वारि तिष्ठति वारितः।'

'कदा नु कार्पण्यमहार्णवेऽ तटे
निमज्जदुन्मज्जदिदं मदन्तरम्
त्वमुद्दिधीर्षुर्महसा महौजसा
विपक्षवेगेन समक्षमेष्यसि?'

और सचमुच ही वह सीढ़ियाँ चढ़ते ही मुझे मिल गए। किंतु यह क्या? किसी पंडित का 'साक्षान्मन्मथ-मन्मथः' रूप तो कभी मेरे माथे में समा ही नहीं सकता था। देवता को देखकर मैं निर्निमेष हो गया। बाँहों से समुद्र तैरकर आया था, पीयूष-मयूख-मुख देखकर थकन मिट गई। चरण शिरीष के फूलों का अभिमान चूर्ण कर रहे थे, डरते-डरते सिर रखा। बदन नहीं सोने में सुगंध। अंग-रंग सोने का, अंग-अंग से अमंद सुगंध की लपट उठ रही थी। चंपई रंग का कौशेय वसन, नीले मखमल का कामदार कंचुक, मरंद-लुब्ध अलि-मालाकार कुंतल-कलाप, केसर का तिलक, विशाल और आलोक-लोक-से नयन, वह अनन्य साधारण व्यक्तित्व की अवर्णनीय विभूति देखते ही बनती थी। लक्ष्मी-सरस्वती के जंगम संगम पर अपरूप रूप का ऐसा ऐश्वर्य टैगोर में था, पृथ्वीराज और प्रसाद में भी। मैंने पद-पद्मों से सर उठाकर बुदबुदाया :

'हरत्यघं सम्प्रति हेतुरेष्यतः
शुभस्य पूर्वाचरितैः कृतं शुभैः
शरीरभाजां भवदीयदर्शनं
व्यनक्ति कालत्रितयेऽपि योग्यताम्।'

उन्होंने तांबूलदर्पदलन दंत पंक्ति से कुमुद-कला छिटकाते हुए कहा : आप में प्रतिभा है। 'विपक्षवेगेन समक्षमेष्यसि' खूब है! जानते हैं न?

'बुद्धिस्तात्कालिकी ज्ञेया
मतिरागामिगोचरा
प्रज्ञा नवनवोन्मेषशालिनी
प्रतिभा मता!'

प्रसन्नमुद्रा में थे। हृदय-अनवद्य।

गद्य-पद्य का प्रवाह बह चला। वह सर्वतंत्र-स्वतंत्र थे। उनसे क्लिष्ट संस्कृत लिखने-बोलने वाला तब काशी में दूसरा न था। वह गौरांग महाप्रभु के देश—नदिया में बारह बरस रह चुके थे। बंगला भाषा पर अद्भुत अधिकार था। बात मुझसे हिंदी में कर रहे थे, संस्कृत के पंडितों से भिन्न ठेठ खड़ी बोली में। ब्रजभाषा उनकी मातृभाषा थी। ज्ञातव्य ऐसा कुछ न था जिस पर उनका अधिकार न हो!

कविचक्रवर्ती इनके शिष्य थे, उन्हें पहले महामहोपाध्याय की डिग्री मिल गई, फिर इनकी बारी आई। इन्होंने उपाधि लेने से इनकार कर दिया।

सनातन धर्म-विरोधी एक विशिष्ट वक्ता विद्वान् इनसे शास्त्रार्थ करने आए।

यह जैसी भाषा बोलते थे, बोले, और उससे कहा कि वह पहले इनकी कही दुहरा ले, फिर उत्तर दे। भाषा की क्लिष्टता के कारण कथ्य उसके गले के नीचे उतरा ही न था, गिड़गिड़ाया कि एक बार और कहें। इस दफा उनकी भाषा मध्य से लार सप्तक पर पहुँचकर स्वर-लीला का विपुल विस्तार प्रसारित करने लगी। वक्ता ठगा-सा मुँह ताकता रह गया। जब सर पर पाँव रखकर भागने लगा, बोले : काशी-वास करो, भाषा सीखो, आर्षवाणी और शास्त्रों की गहनता यों पल्ले पड़ने वाली नहीं है!

किसी भी शास्त्र की कोई भी पुस्तक वह हाथ में लेकर नहीं पढ़ाते थे। गवर्नमेंट संस्कृत कॉलेज, मुजफ्फरपुर में पढ़ाते समय, आठ वर्षों तक, मैंने भी यह कठिन साधना की थी। मगर क्या पिद्दी और क्या पिद्दी का शोरबा!

वह कहते थे कि जो स्व-पक्ष और पर-पक्ष को ठीक-ठीक नहीं समझता वह तो स्वयं संशय के समुद्र में लहरों के थपेड़े खाता रहता है, वह भला दूसरे को क्या पार उतारेगा?

'स्वपक्षान् परपक्षांश्च निःशेषेण न वेद यः
स स्वयं संशयाम्भोधौ निमज्जंस्तारयेत्कथम्?'

और निःसंशयता की स्थिति तक पहुँचने के पहले हर को अनचीन्ही धड़कन का एहसास होता है, दावेदार का लोग मखौल उड़ाते हैं; इस पर भी अपने मन-मस्तिष्क को निष्पक्ष तथा निर्दोष स्थिति में रखना होता है।

प्यास भटकाती है। जो खुद प्यासे हैं, दूसरे को अगर-मगर की डगर पर टहला देते हैं। थकन पड़ाव बन जाती है।

एक अकेले टॉल्सटॉय में उनका देश और उनका काल साकार हो गया है। फिर वह दूसरे देश और दूसरे काल में भी वैसे ही महान् कलाकार सिद्ध होंगे; किंतु संस्कृत अनुक्षण परिवर्तन के सुख-दुःख भोगते हुए भी जाने क्यों अपने समय से उदासीन रह आई है। जैसे शेक्सपियर तुलसीदास के समकालीन हैं, टॉल्सटॉय के समकालीन यहाँ कितने ही होंगे, कितनों ने अपने देश का नक्शा बदल देने वाला साहित्य लिखा? क्या प्रतिभा या पांडित्य के अभाव में ऐसा हुआ? नहीं, सौ बार नहीं। हाँ, अब जब सब के सब समकालीनता के मुद्दे पर सजग हो गए हैं, तब अलबत्ता बेचारी प्रतिभा का दिवाला निकल गया है, जिस कारण ऑफसैट पर छपने वाले बेहद सस्ते साहित्य का अंबार लग रहा है। अवश्य संस्कृत में सस्ता कभी कुछ न लिखा गया, प्रत्युत पांडित्य-प्रदर्शन के लिए ही प्रतिभा का कचूमर निकाला गया। हमारे गुरुदेव दामोदर शास्त्री जी भी उसके अपवाद न थे। एक शताब्दी का पांडित्य और वाग्वैदग्ध्य

उनमें समाहृत थे; किंतु युधिष्ठिर के राजसूय यज्ञ में कौन-कौन-से मंत्र पढ़े गए थे—इसका विवरण वह जिस अधिकार से प्रस्तुत कर सकते थे, उसी अधिकार से वह समसामयिक स्वातंत्र्य-संग्राम के योद्धाओं, उनके रोमांचक कार्य-कलापों—सतत संघर्षों, और मुक्ति के सफल-असफल प्रयासों के ब्यौरे नहीं पेश कर सकते थे, उससे उनका बहिरंतर नितांत अप्रभावित था। उस संदर्भ से वह कटे-कटे रहे थे। तभी उनकी अगाध विद्वत्ता का उतना लाभ भी देश न उठा सका जितना लोकमान्य तिलक के गीता-रहस्य से उठाया। वह विदग्धों के एक छोटे-से दायरे में अपनी विद्या से विद्योतित होते रहे; अपनी प्रतिभा की आग में कुंदन बने रहे।

तब की रंगीन सुबह और गुलनार शाम न मेरे पाँवों के नीचे की बेजार जमीन को भार ढोने देती थी, न अंबर को रंग बदलने के लिए लाचार पाती थी। धौले बादल भी छवि-जल-भरे होते थे, फुहियों वाले मोतियों की हाट सजाते।

अब हार्दिकता शब्दों की पेंग लगाने लगी, वक्त तेजी से गुजरने लगा था। मस्ती का छलकता जाम पीकर आधे मरे आधे जिए बोल डगमगाने लगे थे। मैंने कसमसाते-से स्वर में कहा :

संस्कृत की युगनिरपेक्ष सत्य सनातन परंपरा का उल्लंघन दुःसाहसपूर्वक मैंने किया है। पिछली शताब्दी में पश्चिम के कवियों ने जिस गीति-कविता का प्रवर्तन किया था और जो रवींद्रनाथ की अक्षय कीर्ति का कारण बनी, भारतीय भाषाओं में इन दिनों उसी का बोलबाला है। उसी समसामयिक सुर में मैंने सुर-भारती से कुछ नए प्राण-गान माँगे हैं :

'निनादय नवीनामये वाणि वीणाम्।'

'धिलसति विपिने बालबसंतः।'

'अधुना नयनयोर्नहि वारि।'

'कलयसि कोकिल, किमु कलममलम्?

'अयि सखि, शीतो वहति समीरः!'

'स्नेहे को न दहति निजदेहम्!'

—ऐसे कितने ही नए-नए लिरिकल पद मैंने लिखे हैं। 'ओड' या 'प्रतिगान' भी 'कल्लोलिनीं प्रति,' 'वनीं-प्रति,' 'प्रतिध्वनिम्प्रति' आदि शीर्षकों से रच डाले हैं। रवींद्रनाथ की 'उर्वशी' और 'रात्रे ओ प्रभाते' का 'विभावर्या विभाते च' संस्कृत रूपांतर

जिस तन्मयता से किया है, उसी से निराला की 'जुही की कली' (यूथिका-कलिका) का भी। मुक्त छंद भी लिखे हैं। मेरा इरादा इनमें से कुछ थोड़ी-सी क़विताओं को 'काकली' नाम देकर संकलित करने का है। कतिपय विद्वानों ने प्रोत्साहित किया है। आपसे शुभाशंसा पाने आया हूँ।

प्राचीन परिपाटी के पंडितों की प्रकृति के प्रतिकूल वह प्रसन्न हँसी हँसे। बोले : यह तो बहुत अच्छी बात है। आपका दृष्टिकोण प्रसारकामी है, परंपरा-विरोधी नहीं। पुराने विषयों को भी आपने नया रूप-रंग दिया है :

'अये कामये राम ते बाल-लीलाम्!'

वृंदावने वादिता वंशी!
गता तदानीं दूरतरमहं
प्रावृषीव सखि, हंसी!

अपूर्व है। गुरुवर श्री गंगाधर शास्त्री कहते थे :

'नाचान्तं यच्चिरत्नैरपरिचितचरं यच्च वाचाल-चेलै—
रौचित्यं यन्न मुञ्चेदपि च विरचयेद् यच्चमत्कारि चेतः
तादृक् प्रौढिप्रकर्षप्रणयिभणिति या सूयते काव्यरत्नं
पुण्यैः कस्याप्यगण्यैः परिणमति मुखे सा हि साहित्यरीतिः।'

फिर लेखनी उठाई और लिखते चले गए :

वाराणसेयविश्वविद्यालयेऽधीयानस्य ललितललामापराभिधस्य पण्डित-श्री-जानकीवल्लभशर्मणो हृदयतन्त्रीतोऽनुरणितां काकलीमाकलय्यानुकलमदसीय-कवनकलाकौशलाकलनोत्कर्णतायामुत्कं कर्णकरणं कथमपि कुण्ठामचीकर-च्चेतः। न किलाकाण्डकृतोऽयं कलकलो, न चापि कौतस्कुतीमाकाङ्क्षितु मुत्कण्ठते, किन्तु प्रचञ्चूर्य्यमाणप्रतनाप्रतनपारिपाट्यपटिमानमेकपदेऽननुपाल्यापि पद्धत्यन्तरपथिकीभूयापि सर्वपथीनतामजहती प्रकृता काकली नवकलेवरतया कामं नोऽजीहृषत्, सुतरामत्र विवक्षितानाख्यानमननुसूयुतां मा नाम प्रचीकटदिति कियदप्यवश्यं वक्तुं कामयामहे।

आस्थेयमेतन्ननु नवीनैरन्तेवसद्भिः कवयितुमिच्छद्भिर्व्युत्पित्सुभिश्चतुरस्रयद्भिश्च स्वां शेमुषीं यन्न पिष्टपेषणमाचरता फलेग्रहिता शक्यसौलभ्या किन्त्वभिनव-सरणिपरिचरणेनैव, नचेदमसम्भवीति बम्भ्रमणीयम्, यद्यपि चतुर्वर्गकलिताएव वर्णास्तथाऽप्येतैरेव रचनाचतुरिम्णा चतुर्वर्गतत्साक्षात्पारम्परीपरीतसुपरीतविपरीतसंपृक्त-परिस्थितिपरिपचेलिमवर्णविन्यासशैली-महिम्नानिरवधि वाक्य विधाः सन्ति स्म सन्ति

च पुरा किमन्यदुच्यतां, अन्ते च जगदीश्वरात्प्रार्थ्यते तत्कृपयाऽयं काकलीकोविदस्ता-वदेतद्देशीयां काकलीमाकर्णयतां चिरमौपकर्णिकीकुर्वन् दीर्घायुर्भूयादिति कृतमधिकेनेति शम्।

—गोस्वामी दामोदर शास्त्री
वसन्तपंचम्यां, वै० सं० 1991
काश्याम्।

महामहोपाध्याय पंडित रामावतार शर्मा और गोस्वामी दामोदर शास्त्री दोनों ही महामहोपाध्याय पंडित गंगाधर शास्त्री सी०आई०ई० के महान् साहित्यिक शिष्य थे। दोनों पर गुरुवर गंगाधर शास्त्री की शैली की गहरी छाप देखी जा सकती है। यों शर्मा जी ने अन्यान्य क्षेत्रों में भी अपरिमित कीर्ति अर्जित की थी, यह बात और है। भाषा पर अद्वितीय अधिकार की दृष्टि से, परमार्थदर्शन के वार्तिक और भाष्य में कुमारिल और पतंजलि की ऊँचाइयों तक पहुँच गए थे। गंगाधरी शैली का आंशिक प्रभाव उनके 'मारुतिशतकम्' तक ही सीमित था।

गोस्वामी दामोदर शास्त्री जी की, स्तरीय गद्य-पद्य के क्षेत्र में एक अपनी अननुकरणीय शैली थी जिसमें रस से कहीं अधिक वैदग्ध्य हुआ करता था। मैं तब भी उनसे चमत्कृत ही अधिक होता था।

जब उनके विश्ववंद्य पद-पद्मों पर सिर रखकर मैं चलने को हुआ, पाँच संभ्रांत महिलाएँ एक साथ अंदर आ गईं, जो संभवतः उनकी सांप्रदायिक शिष्याएँ थीं। सब वासंती वसन में थीं। अब कहीं स्मरण हुआ कि आज वसंत पंचमी है। वसंत वसंती चोलों में उजागर हो रहा था। पाँच थीं, पंचमी साकार हो उठी थी। उनके आगुल्फ उन्मुक्त घन-श्यामल केश-कलाप जब गोस्वामी जी के गौर चरणों पर फैल गए, मुझे कुवलयानंद का आनिंद्य पद्य याद आ गया था :

'अमरीकबरी भारभ्रमरीमुखरी कृतम्
दूरीकरोतु दुरितं गौरीचरण पंकजम्!'

आध्यात्मिक उन्नयन-विहीन हमारी अध्यात्म चर्चा यदि कालक्षेप का नशीला विषय न होकर वास्तविक होती तो विद्वान् ईर्ष्यालु न होते; तत्त्वचिंतन उन्हें नुक्तचीं भर न बनाता। गंगाधर शास्त्री, गोस्वामी दामोदर शास्त्री, रामावतार शर्मा, पंडितराज जगन्नाथ-जैसे कविर्मनीषी पर समाप्त समझी जाने वाली संस्कृत परंपरा को आगे, बहुत आगे बढ़ाने वाले माने जाते। अब भला इनके समान कौन होने वाला है। हाँ,

डिग्रियों की कनकैया उड़ाने वाले ऊपर ताककर अपना तागा अवश्य कस सकते हैं। इस कुलाचल से टकराने पर निर्जीव संस्कृत-पाषाणी से सौ-सौ स्रोत फूट निकलेंगे।

महामहोपाध्याय पंडित बालकृष्ण मिश्र से 'रसगंगाधर' पढ़ता था। मैंने गोस्वामी जी के दर्शनों की चर्चा की तो वह उनके अलौकिक वाग्वैभव के साथ लौकिक वैभव की भी चर्चा करने लगे कि अब तक उन्होंने लगभग दस लाख रु० का सिर्फ सेंट-एसेंस इस्तेमाल किया होगा। ऐसा शौकीन पंडित पहले कभी न हुआ होगा।

वस्तु का उत्कर्ष बताने के लिए असंभाव्य वचन बोलने में मिश्र जी का कोई जोड़ न था। साँसों से समुद्र की उत्तुंग तरंगों का बढ़ जाना, उससे अंदर के पहाड़ों की चोटियों का लगातार टकराना और फिर उससे गाढ़ी नींद में डूबे हुए विष्णु भगवान् का बुलबुलों पर उतराना उनके गोरोचन रोचक वर्णनों में अनायास सम्मिलित हो जाता था। अस्तु,

उन दिनों अंकुर-अंकुर में पवन-तरंग-संग अपने कंपित करों का स्पर्श-कौशल ढूँढ़ने निकलता और आलोक-कला कोविदों की अतिशय-विश्वस्त प्रशस्तियों की गुदगुदी लिए लौट आता।

याद आते वे पल-छिन जब स्वेद-भरे चेहरे से अँधेरा उजलाता मिट्टी की परतें तोड़ता होता था। कंकड़ बीनकर भुरभुरी मिट्टी के थाले में एक बूँद आँसू का बीज डालता और लगन-मगन मुसकान के छींटे देता जाता था। अभी बिरवा दो पत्ते का हुआ नहीं कि देखने वाले उसमें रंगारंग फूल और अमी-भरे फल देखने लगे और मेरी बागवानी की सराहना में क्या-क्या न कहने लगे! अभी उस दिन हमारे इतिहास के मान्य प्राध्यापक प्रो० सीताराम जयराम जोशी, एम०ए० साहित्यशास्त्राचार्य की वरदानी दृष्टि से चंदन-चर्चित अर्चियाँ निकलीं : अपनी कक्षा में मुझे उनका सर्वाधिक स्नेह मेरी काव्यवीणा में छिड़ी किसी मनहर रागिनी के कारण प्राप्त न हुआ था। चेतना पर पड़े झीने आवरण से उन्हें मेरे अनोखेपन का आभास भी नहीं मिल गया था। मेरे मन में सुलगते अंगारों का धुआँ भी उनका अनदेखा था। 'काकली' जतनबर महल्ले के लक्ष्मीनारायण प्रेस में छप रही थी। उनका आवास रास्ते में होने से आते-जाते दर्शन होते रहते थे। प्रेस भी मराठी लोगों का था और वहाँ दोनों ओर मराठियों की ही घनी बस्ती थी। एक दिन मैं संझा के झुटपुटे में अपने ही अँधेरे की मोटी तहों में दबा हुआ प्रेस जा रहा था कि जोशी जी की आठेक साल की बिटिया ने दरवाजे से आवाज दी। जोशी जी पास ही खड़े थे—लाल-काले-पीले टीके से केशों तक अंकित माथा। अत्यंत स्वच्छ वस्त्र। बोले : विशेष पूजा थी आज, प्रसाद खाकर जाओ। फिर एक बार में एक के हिसाब से श्रीखंड तक अनेक स्वादिष्ट डिशें आ

गईं। सारा श्रम उनकी लड़कियों ने किया। मैं तब वहाँ छात्र मात्र न रहा, जोशी जी ने आदेश दिया कि एक कविता गाकर सुनाऊँ। मैंने भीम पलासी (नि सा म, म ग, प म, ग, म ग रे सा) गुनगुनाकर कविता सुना दी :

0	2	×	3
प-ग़-	रे सा नि सा	म-म	प-ग़
वृ न् दा व	ने ऽ वा ऽ	दि ऽ ता ऽ	वं ऽ शी ऽ
प नि सां ग़ं	रें-सां-	सां नी नी	ध म प
वृ न् दा ऽ	ऽ व ने ऽ	वा दि ता ऽ	वं ऽ शी
प-प प	म प ग म	प-नी नी	सां-सां सं
ग ता ऽ त	दा ऽ नी म्	दू ऽ र त	र म ह म्
नी-सां गं	रे-सां-	सां-नी नी	ध म प
प्रा ऽ वृ षी	व स खि हं	सी ऽ	ऽऽऽऽ

बच्चियों की तन्मयता देखकर माता सरस्वती के दो वरदानों की याद आ गई :

'संगीतमथ साहित्यं सरस्वत्याः स्तनद्वयम् एकमापातमधुरमन्यदालोचनामृतम।' बच्चियों ने आपात मधुर पिया, पिता ने आलोचनामृत। मेरे तुषार-जले फूल महक उठे। विश्राम और संग्राम के द्वंद्व ढहाकर समग्रता में जीवन-प्रवाह बह चला। बालू के दूह पर हंसों की पाँत सज गई।

जब स्वर की फुहियों से वातावरण भीग रहा था, एक सूखा-सा सवाल सामने आया कि और क्या लिख रहा हूँ इन दिनों? मैंने चिहुँककर बताया था कि आपने अपने संस्कृत साहित्य के इतिहास में एक बहुत बड़ी हस्ती को नजरअंदाज कर दिया है। मैंने गायकवाड़ की लाइब्रेरी में दो अद्भुत ग्रंथ ढूँढ़ निकाले हैं—उषाहरण और कुंदमाला। दूसरी रचना दिङ्नाग की है। उन्होंने मेरी अनुसंधानप्रियता पर ढेर सारी बातें कहीं। शिष्य के लिए सब गुरु वैसे शब्द भरसक प्रयोग में नहीं लाते। उनके चेहरे पर अनंत शांति विराजती थी। मन में ऐसी निर्जनता-सी छाई रहती थी कि उनका व्यवहार एकालाप-सा प्रतीत होता था। उनकी मृदु-मंद स्वर वाली स्निग्ध

आशंसा अब तक असीम विस्मय के क्षणों में गूँजती रहती है। मैं उनकी आशा के अनुरूप अपना साँचा न तलाश सका। अमंगल पर विजय पाने में ही सबके सब मांगलिक शब्द चुक गए। समुद्र के अंतर्मुद्रित मलिन जंबाल जाल मोतियों के सपने न सच कर सके। किरणें खिड़कियों के काँच चमकाकर ठंडी हो गईं। शीतल ताप से अँधियारा न जला। आलोक की आँखमिचौनी से हिमानी का हृदय विगलित होता है, शिलान्यास में दबी चेतना सुगबुगाती भी नहीं है। कुहरे को हरा-पीला कर देने भर की शक्ति मेरे बंद मंदिर में भक्ति-भाव नहीं पाती। मुझे यज्ञ-कुंड का अंगारा बनाकर बेदी के आसपास की समिधा और कुश के दायरे में नहीं रखा जा सकता। क्या मैं एक भटकती हुई आत्मा हूँ जिसे कैसे भी ठंडे-गरम शरीर का संधान हो? क्या मैं भूरे मेघों और पीली चाँदनी में बिखरा हुआ एक मुट्ठी मन-प्राण भर हूँ जिसे आत्म प्रत्यय के चुंबक की चिरंतन प्रतीक्षा हो?

पंडित बदरीनाथ शुक्ल (जो बाद में संस्कृत विश्वविद्यालय के कुलपति तक हुए) मेरे सर्वाधिक समकालीन थे। एक चंद्रग्रहण के अवसर पर हम गंगा-स्नान से लौटते समय विश्वनाथ मंदिर से विश्वविद्यालय तक शिवमहिम्न, शिवतांडव आदि अनेकानेक स्तुतियों का सस्वर पाठ करते हुए लौटे थे। महामहोपाध्याय पंडित बालकृष्ण मिश्र के वह पट्ट शिष्य थे। उन दिनों उन्हीं से नव्य न्याय पढ़ रहे थे। उस उपवास, स्नान और स्तोत्र के माहौल में उनसे मालूम हुआ कि इस समय मिश्र जी से बड़ा सकल शास्त्रों का बड़ा विद्वान् समग्र भारत में कोई दूसरा नहीं है। यों मिश्र जी तब वेदांत की गद्दी पर थे। उनके क्लास में छात्रों से कहीं अधिक संन्यासी दिखलाई देते थे। एक दिन मैं दुस्साहस कर बैठा। कोई क्लास जमा हुआ था जब मैं चुपके-से घुसकर एक कोने में बैठ गया। संन्यासियों और भस्म-चंदन धारी प्रौढ़ छात्रों में एकमात्र मैं ही कंधे तक लहराते घुँघराले बालों वाला विद्यार्थी था। एक दफा सबने देखा, पाठ विघ्नित हुआ।

मैं समझता था, वहाँ 'अवच्छेदकता-प्रकारता' या 'अवच्छेदकवाच्छिन्न' चल रहा होगा अथवा 'ब्रह्म सत्यं जगन्मिथ्या की' तूती बोल रही होगी किंतु मेरे भरे नयनों में मरे सपने तैरने लगे, पियराई धूप कुंदन बन गई; साँस ताजा हवा पीकर हलकी हो गई; मन प्रकोष्ठ-गगन का ध्रुवतारा बन गया, जब सुना :

'कथय कलावति, केयं तव नयनतरङ्गिणी-रीतिः
अज्ञाः प्रयान्ति पारं विज्ञा विज्ञाय मज्जन्ति।'

[अरी ओ कलावती, बता तो सही अपनी झील-जैसी आँखों की करामात! अरी,

क्या कयामत है कि पाँव पटकने वाले तो तुरत-फुरत पार उतर जाते हैं और जिन्हें तैराकी में उस्तादी हासिल है, वह ख्वाह-म-ख्वाह डूब-डूब जाते हैं!]

'यही भाव शायद तेवर बदलकर—

'अनबूड़े बूड़े, तिरे जे बूड़े सब अंग!'

में उजागर हुआ है।'

—मैं बीच में ही बोल उठा। शिष्य निष्प्रभ हो गए, गुरुदेव की दंत-कांति से चटक चाँदनी फैल गई। लंबा कद, बेहद दुबला, मगर सीधा शरीर, श्याम वर्ण, स्वच्छ धोती, चंदन की खड़ाऊँ, खुले बदन पर सफेद-कश्मीरी पशमीने की चादर। वीणा के क्वणन-स्वन के समान मधुर स्वर।

गुरुदेव 'रसगंगाधर' में अप्पयदीक्षित का खंडन पढ़ाते हुए निःशेषच्युत''के परिष्कार और खनकते हुए उपबृंहण में उक्त श्लोक सुना रहे थे। साधु-संन्यासियों के बीमार दिलों को जैसे बफारा लग रहा था।

एक महान् तार्किक और वेदांती का यह विलास-कला-कुतूहली रूप अत्यंत विस्मयोत्पादक था। कदाचित् उनकी निःशब्द कक्षा में किसी वन-पाखी का अचानक पंख फड़फड़ाना उनके लिए भी एक नया अनुभव हो!

मेरे छद्म-वेश के अभ्यंतर में प्रवेश करती-सी उनकी पैनी दृष्टि जैसे बालू के बगूले में उच्छल जल-तरंग ढूँढ़ रही थी। बोले : नाम?

नाम नहीं, मैंने कहा; अब होगा। पूरा प्रकोष्ठ कौतुकाक्रांत हो उठा। मेरी बदतमीजी किसी को क्यों पसंद होती? गुरुदेव अनमने-से एक और उदाहरण देने लगे :

'हत्वा लोचनविशिखैर्गत्वा कतिचित्पदानि पद्माक्षी
जीवति युवा न वाऽयं शिव-शिव भूयो विलोकयति।'

[जिस रास्ते से कोई एक सुंदरी गुजर रही थी, उसी से एक सुंदर भी कहीं जा रहा था। सुंदरी ने सुंदर को नैन-बाण चलाकर घायल कर दिया, नहीं, अपनी तरफ से उसे मार ही डाला। फिर जाने क्या हुआ कि दो-चार कदम आगे चलकर ठिठक गई। यकायक खयाल आया कि जवान वाकई मर गया होगा या अभी छटपटा ही रहा होगा! और लो, वह मुड़-मुड़कर उसे फिर देख रही है!]

आदतन मैं फिर बोल गया—'पद्माक्षी' से 'तीक्ष्णाक्षी' विशेषण कहीं अधिक साभिप्राय होता। कमल-सी आँखों वाली की आँखें ग्राम्य अभिव्यक्ति के उपयुक्त

तीर-बरछी-भालों में क्योंकर बदल गई?

अब के मुझ पर उनकी नजर टिक गई।

कोऽभवान्? अवितथं सुस्पष्टञ्च व्याहरतु।

अब प्रहेलिका से काम चलने वाला न था। बताया : छात्रोऽत्रत्य एव। द्वित्रैराचार्य्यैर्बहुधा विनिवारितोऽपि भवद्वचनामृतं पिपासुरिहोपस्थितः। विघ्नितः किमाचष्टे, साधिक्षेपं पृष्टः किं ब्रूते, अज्ञातकुलशीलमनुशीलयितुं सकृदपि प्रयतते न वेत्यक्षिलक्ष्यीकर्तुमहो प्रकाश्यं नीतं महीयः साहसिक्यं खलु मया। संप्रति मनोरथो नैजं लक्ष्यमवाप्तः। श्रममपनयितुं नान्यत्र गन्तुमना; इतः परं मौनी स्थास्यामीति प्रतिजाने।

गुरुदेव ठठाकर हँसे। आवास पर आने को कहा। उनके लड़के लेखदत्त मेरे समवयस्क और सुहृद् जैसे थे। पहुँचने पर उन्हीं ने मेरा अंतरंग परिचय दिया। बात बन गई।

'कुलं पवित्रं जननी कृतार्था' वाला श्लोक पढ़कर गुरुवर ने मुझे बहुत रुलाया। फिर विरुदावली, आर्यासप्तशती (व्यंगार्थप्रकाशिका के साथ) और अपनी काव्यरचना 'लक्ष्मीश्वरोपायनम्' भेंटकर अमोघ आशीर्वचनों से अभिषिक्त किया। मैं तब से उनकी रसगंगाधर-कक्षा का नियमित छात्र हो गया।

वह उम्र उच्च आकांक्षाओं की न थी। मैं अधिक से अधिक महान् विद्वानों के संपर्क में रहकर अपनी चिर-रीती गागर को ही याद रखना चाहता था। यह प्रतिभा है, यह मनीषा है, यह वैदुष्य है, यह काष्ठागत सदाचार है, इसे मैं स्वानुभव से साफ-साफ समझने की हौंस रखता था। जब दुर्गम सुगम हो जाता था तब नंगे पाँवों की विवाइयाँ दुखती न थीं। यही उपलब्धि थी। जैसे कलम की ठोकर से रचना की तीव्रता कम नहीं होती, इस अप्रासंगिक विद्याध्ययन के दूरगामी दुरंत परिणाम की चिंता से 'मनन-जलधि के अंतस्तल' में प्रवेश करने का क्लेश असह्य नहीं होता था। वह व्यतीत नहीं, जिसका आह्वान मेरे प्राण सदा सुनते हैं। वह मुझमें रसी-बसी वस्तु अप्रस्तुत होने से रही।

पलकों पर सपनों का मेला लगा रहता है, साँसें बाँसों का वन ढूँढ़ती हैं। आँखें नदी-किनारे निरर्थ-खिले काँस के फूलों को व्यर्थ ही अपने आँसुओं से तर कर देती हैं। और गीत फूट पड़ता है :

ऐसे में कैसे कोई—
बाँधे आँखों की पाँखें!
जाने कब स्वन वन जाएँ
साँसें बाँसों के वन में!!

एक दिन श्री लक्ष्मीनारायण सिंह 'सुधांशु' आए। उनके साथ नीतीश्वरप्रसाद सिंह भी थे। तब ये दोनों वहाँ के छात्र ही थे। 'सुधांशु' जी बालकृष्ण मिश्र जी पर कोई लेख 'गंगा' में छपाना चाहते थे। पर मिश्र जी की अगाध विद्वत्ता तो किसी मेरु-मंदर से ही मापी जा सकती थी; उनके काव्य की शास्त्रीय समीक्षा भी वैसी ही दुरूह थी, फिर यह कार्य किस विधि हो? सुधांशु जी हिंदी से एम०ए० कर रहे थे। अंग्रेजी की अच्छी जानकारी रखते थे। यहाँ संस्कृत विद्या की विवेचना की बात थी। गुरुदेव ने यह भार मुझे सौंपा कि दुरवगाह सुप्रतर हो जाएगा।

रात-दिन के अनवरत परिश्रम से लेख तैयार कर दे दिया। वह 'गंगा' में छप भी गया। मेरा नाम नदारद, आंशिक सहायक के रूप में भी मुझे नहीं याद किया गया। यों नाँव-गाँव वाला परिचयात्मक भाग ही उनका लिखा हुआ था। सुधांशु जी की कठोर कृपा से पहली बार परिचित हुआ। अब भी 'गंगा' की फाइल में वह लेख सुरक्षित मिल जाएगा, उसके साथ ही मेरी सत्रह साल की उमर की साहित्यिक सेंसिबिलिटी का एक कुहरीला आभास भी।

प्रथम दर्शन के दिन कक्षा में जो अनायास मेरे मुँह से निकल पड़ा था : नाम नहीं, वह सच ही था, वही सच था।

'काकली' पढ़कर उन्होंने लिखा था :

साहित्याचार्य्यपदवीनवीकृतोत्साहसमेधमानप्रतिभाविभासितश्रीललितलला-मनामकविकोकिलकृतां काकलीमाकलयन् अमंदमानंदमनुविंदामि। यस्मादिह गीतिकानिशमनसमनंतरं वालिशानामपि मनःप्रमोदपयोनिधौ निमज्जति, किमुत सत्काव्यानुसंधानसमासादितरसशालिनाम्? विषयसमुदयोऽपि पदकदंबकमिव कोमलतया कांततां क्वापि स्तोकतोऽपि नातिशेते, स्थालीपुलाकन्यायेन निदर्शयामि यथा "अये कामये राम! ते बाललीलाम्" इति इह किंविधः शब्दाभिधेययोर्मधुरिमा? इत्यत्र मानसमेव मानतामश्नुते सहृदयानाम्। नचास्मिन् अधमकाव्यत्वसंशयो मनसि मनागपि समुन्मिषति, आलम्बनाभिरामरामरतिरूपभावोहि निर्मातृसमवेताभिप्रायविषयभावं भजते, कविविवक्षितव्य-ङ्ग्यविधुरीकृतशब्दार्थोभयमेव तदित्यालंकारिकाणामनुमतम्।

सपदिरत्यादिस्थायिभावोपहितविगलितावरण-सच्चिदानंदाभिव्यञ्जकतया तदावश्यकत्वं विदुषां विदितमेवेति न विफलता निर्माणस्य। पद्यमपि सुन्दरं प्रकृत्यैव दुष्करं भवति, तत्राऽप्युपजीव्यतयाऽन्त्यानुप्रासमाश्रयन्ती गीतिः सापीदृशी; अतएव क्वचन यतिसंघातधीरताविघातकतया वा गत्यंतरविरहेण वा प्रसज्यमानोऽपि यतिभंगा न मे हृदि वेदनामातनोति। किमधिकम् इदमीयकवनयोग्यतां कालोचितामालोच्य सुदृढं विश्वसिमि यदयं साहित्यानुशीलनाहितविशदविवेकेन कविकुलकमनीयकीर्तिकीर्तितः काश्यपीतले न विलंबेन भविष्यतीति।

—श्री बालकृष्ण मिश्रः

24-8-34

मकड़ी के जाले की मानिंद जिंदगी ऊँची छत से नीचे लटकती और झाड़ू वाले उसका सफाया कर अपने हाथ की सफाई दिखलाते! जैसे कमजोर दीवारों की थकन को नजरअंदाज कर छत टँगी रहती है, अपनी आस्था की चरमराहट अनसुनी कर वह पसीना पोंछती रहती थी, अश्रु-स्नान के बाद हलकी हँसी से नयन अँगोछती रहती थी।

धुँधली रोशनी में दूब पर बैठता, पेड़ों के लंबे साये अपनी लपेट में ले लेते। बरसात की अँधेरी राहों में जुगनू जलाके बैठा रहता। झिल्ली की गूँजती अदाएँ नींद चुरा ले जातीं। कसमसाते-से बोल फूटते :

कैसी उदासी छा रही!

हर निवाला निगलते गले में खरास होती। साँसों की नाव के मस्तूल खुलते भी तो वृत्ताकार स्याही-सफेदी कहीं नहीं नजर आती। बिजलियों की कौंध से आँधियों के पंख झुलस जाते; सागर गगन चढ़ जाता, मन-मरु दो-दो बूँदों को तरसता। अपनी-अपनी लौ सँभालते सारे के सारे दियने तारे गिनते रहे। मिट्टी पर अमर न मिले। ऊपर कालिदास की काली थीं, मैंने कालिदास के स्वरों और शब्दों (श्यामलादंडक) में उन्हें गुहारा :

'श्रवणहरणदक्षिणक्वाणया वीणया किन्नरैर्गीयसे।
यक्षगन्धर्वसिद्धांगनामण्डलैरर्च्यसे।
सर्वसौभाग्यवाञ्छावतीभिर्वधूभिस्सुराणां कण्ठमूलोल्लसद्वर्णराजित्रयं
कोमलश्यामलोदारपक्षद्वयं
तुण्डशोभातिदूरी भवत्किंशुकं तं शुकं लालयंती
परिक्रीडसे।...'

उन दिनों प्राच्यविक्ष्याविभाग के प्राचार्य थे महामहोपाध्याय पंडित प्रमथनाथ

तर्कभूषण भट्टाचार्य। मैं उनकी रत्नप्रसू लेखनी और सुधास्यंदिनी वाणी—दोनों से अभिभूत था। आमप्रत्यय से सुरभित और मधुमय वेद-वेदांत-पर प्रवचन सुनने मैं एकनिष्ठ चित्त से उनके स्वच्छ कक्ष में बहुधा बैठता था। वह तार्किक से वेदांती हुए थे, बौद्धिक से सत्यधर्मा, आत्मनिष्ठ। आरंभ से ही मैं आता-जाता रहा हूँ इसकी व्यक्तिगत अभिज्ञता उन्हें थी, क्योंकि ईशावास्त कठ, मांडूस्य आदि उपनिषदों के स्वाध्याय में आई अड़चनें मैं उन्हीं से दूर करता था। ऑफिस का सारा काम घाणेकर करते थे। वह अपने कक्ष में प्रायः अकेले ही बैठे होते थे। इस अनुरक्त भक्त पर उनकी महती कृपा थी। उनके चरणों में बैठने से उस समय के विद्वत्संघ और रसज्ञसंसदों में मेरा अनायास प्रवेश हो गया था। म०म० अन्नदाचरण तर्कचूड़ामणि मेरे संस्कृत लिरिक स्व-संपादित 'सूर्योदयः' में छापने लगे थे। अनुकूलचंद्र चक्रवर्ती के साथ यात्रा, अभिनय, आवृत्ति, संगीत-समारोहों में सम्मिलित होने लगा था। उस काल के सर्वप्रकार के साहित्यिक और सांगीतिक प्रसंग मेरे नख-दर्पण के समान हैं। कॉलेज की पढ़ाई और सांग्रामिक शास्त्रार्थ से साहित्यिकों की रसगोष्ठी और निष्ठावान विद्वन्मंडली की ओर मेरा भी खूब बेशी टान था। यों तो विद्विष्टों और उदासीनों की संख्या अब से तनिक भी कम तब न थी। छोटे मुँह की बड़ी बात विद्वेषियों को निष्प्रभ, जर्जर उर पर कठोर आघात पहुँचाती थी; किंतु उनका दुर्भाग्य कि विद्वन्मंडली का दुर्लभ स्नेह मुझे प्राप्त था। हिंदी में श्रुति-स्मृति-साहित्य अधिक आदृत नहीं है इस कारण मैं प्रभूत परिमाण में उस युग के अनेक अप्रस्तुत अनुभवों का विवरण प्रस्तुत न कर अपने प्रति उनके हार्दिक भावों का अनन्य साधारण अवदानमात्र उद्धृत कर रहा हूँ :

महामहोपाध्यायः
श्रीमान् पण्डितप्रमथनाथतर्कभूषण-भट्टाचार्यः
प्रिंसिपल, दी कॉलेज ऑफ ओरियंटल लर्निंग
हिंदू यूनिवर्सिटी बनारस

14-9-34

साहित्याचार्य्यस्य श्रीमतो जानकीवल्लभशर्म्मणः 'काकली' नामक गीतिकाव्यं विलोक्य महान् खलु संतोषस्समधिगतो मया। अस्य नवोदितस्य कवेःपदलालित्यं, प्राकृतसौंदर्यवर्णना-पाटवं रसभावादिप्रकटनकुशलता च, सहृदयानां प्रमोदभरं नितरां जनयिष्यंतीति मे सुदृढो विश्वासः। अस्य चिरायुषः कवितासेवाव्रतं सर्वथा साफल्यमुपैतु, इति श्रीवाग्देवीचरणाम्बुजयोः प्रार्थनं ममेति।

श्रीप्रमथनाथतर्कभूषणशर्म्मणः।

अब उन अनचीन्हे चेहरों की बारी थी जो सुबह के कुहरे में कभी न फूटे थे। जो इतने करीब होने के कारण आँखों से ओझल थे। ये दोनों अगड़धत्त वैयाकरण होस्टल के वार्डन थे। हमारे वार्ड के पंडित अंबिका प्रसाद उपाध्याय और पूरे होस्टल के चारुचंद्र के पिता पंडित कालीप्रसाद मिश्र। पं० कालीप्रसाद जी डील-डौल वाले, चंदन-चौबंदी-साफा-अंग्रेजी जूतों में खूब फबते थे। अंबिका प्रसाद जी प्रभावशून्य, सायान्य स्वास्थ्य के हस्वकाय, साफा-चपकन-चंदन-चोटीधारी पंडित थे। पढ़ने को मैंने क्या-क्या न पढ़ा था, मेरी रुचि उच्चतर व्याकरण के अध्ययन की ओर न थी। यत्र-तत्र मेरे आर्ष प्रयोगों का यही रहस्य है। भर्तृहरि और पतंजलि मुझे रुचते थे, साहित्य में पारगामिता के लिए वैयाकरणभूषण का अध्ययन आवश्यक है। बिना वेदांत में गहरी पैठ के रस-बोध नहीं होता। इतने सारे शास्त्रों पर अधिकार सितारों की मेहरबानी के बगैर मुमकिन नहीं और मैं अपने सूने आसमान में सौ चाँद न उगा सका। लक्ष्य मिलने पर राहें छूट जाती हैं। समंदर की हयात सूरज पी जाता है। और लो, मेरा चाँद शबनम बन गया है। काम करने की कसम कभी न खाई, अपने खेत से मिट्टी भी खोद ला सकता हूँ। फटे चीथड़े भी चल सकते हैं, मुझे कभी अपड़ों-कपड़ों का शौक न हुआ। मगर किसी से कुछ माँगने जाना, आशीर्वाद भी, मेरे बेचैन मन को गवारा न हुआ। माँगने पर आमादा हो सकता तो जाने क्या-क्या मिल जाता। हाँ, मंगते मंगनीराम से कम तो हर्गिज नहीं, मगर वाह रे मगरूर मुफलिसी, पहाड़ से ढोंके गिरें तो गिरें, सर हाजिर है, ढोंकों की पीठ का बोझ बनूँ, खाहिश नहीं। दर के सामने से एक-एक को गुजरता देख रहा हूँ, चींटियों का जुलूस कहीं खत्म होने पर नहीं आता।

चारुचंद्र मचलता चलता था होस्टल के बरामदे-बरामदे। अपनी ही साँसें बीनते हुए मेरे नील निर्जन की तरफ सरका तो ताज्जुब हुआ। कंधों पर धौल जमाकर बोला : 'चलो, पिताजी बुला रहे हैं!'

कसी शिराओं वाले उसके सिकंदरी व्यक्तित्व में अद्भुत आकर्षण था। छोटी-मोटी दोस्ती भी थी। उसके पिताजी के आमने-सामने किंतु कभी खड़ा न हुआ था। उनकी एकाध कक्षा में जरूर बैठा था, वैयाकरणभूषण पढ़ाते वक्त, फिर भी वह मुझे पहचानते थे, नहीं कहा जा सकता। कोई चूक नहीं हुई मुझसे, अनजानते भी। फिर…?

अब ज्यादा बनो मत। ढलानों पर दौड़ना-फिसलना नहीं है। पंडित-मंडली जमी है। किसी ने तुम्हारा नाम लिया, मुझे बुला लाने को बोला गया। जवाबदेही की फिक्र न होती तो कहता : चलो, पिक्चर चलें। कहने का मकसद यह कि बदनामी का

खौफ उसे हो जो नेकनामी के पीछे पागल हो। अपने राम को न ऊधो से लेना, न माधो को देना। बहरहाल चलना है, चलो।

छात्रावास के प्रधानाध्यक्ष के सारस्वत प्रकोष्ठ में पहली बार, बुलाने पर, जा रहा था, मन ही मन मंत्र पढ़ने लगा :

'ओ३म् यत्प्रज्ञानमुतचेतोधृतिश्च
यज्ज्योतिरन्तरमृतं प्रजासु
यस्मान्नऽऋते किंचन कर्म क्रियते
तन्मे मनः शिवसंकल्पमस्तु।'

[जो मन सामान्य और विशेष का जनक है; सभी इंदियों को सक्रिय रखता है, आत्माराम है और जिसकी सहायता के बिना कुछ किया ही नहीं जा सकता, उसका संकल्प मंगलमय हो!]

पहुँचने पर सूनृतवचनों से स्वागत हुआ। चरणस्पर्श करते समय देव-दुंदुभि के निर्घोष-जैसे गंभीर स्वर आशीर्वचनों में निनादित हुए। फिर समाधान-निरपेक्ष प्रश्नों की प्रतीक्षा में था कि भूमि को भूमा की व्यापकता देने वाली हँसी सुनाई दी। पंडित कालीप्रसाद जी मिश्र ने कहा : 'भारती' में प्रकाशित हुए आज तुम्हारे कतिपय अनवद्य पद्य पढ़ने को मिले। अद्‌भुत गति है :

'आलि, कालिदासस्य कलेयम्!
किं कलयेयं किं कलयेयम्?
श्रव्यं लोचनरोचनकाव्यम्,
दृश्यं प्राणाज्जलिपुटपेयम्।
किं कलयेयम्? किं कलयेयम्?'

'तिमिर, विलोकय रक्तालोकम्
मधुकरकुलमिव रक्ताशोकम्'

यह सब तो 'गाङ्ग वारि मनोहारि' है; किंतु तुम्हारा तीसरा पद्य—

'इन्दिन्दिर, निन्दसि मकरन्दम्!'

शंका उपजाता है। 'इन्दिन्दिर' का क्या अर्थ है?

मैंने अत्यंत संकोच, भय और झिझक-भरे स्वर में कहा : इन्दिन्दिर भौरे का एक कम प्रचलित नाम है।

मेरा डर अकारण और निरर्थक था। विषाद की एक छाया मेरे चेहरे पर हर घड़ी छाई रहती थी, आँखों से उदासी झाँकती रहती थी, और कभी-कभार मुसकराहट के भार से सूखे फीके होंठ काँपकर रह भर जाते थे। सन् '40 में बेनीपुरी जी ने जो मेरा शब्द-चित्र आँका था, उसमें भी मेरे हवा में लटके ऐसे ही ऊटपटांग अस्तित्व का आभास है।

सीधी-सहमी निगाहों उनकी ओर ताका तो तीनों हँस पड़े। बोले : हम तीनों जने वैयाकरण हैं, उपाध्याय जी को भट्टि, माघ भी कंठ है, परंतु 'इन्दिन्दिर' जैसे सुंदर शब्द से हमारा परिचय न था।

मैं क्या कह सकता था। काव्य पढ़ते रहने के कारण मैं 'इंदीवर' (कमल) के साथ ही 'इन्दिन्दिर' (भ्रमर) से परिचित हो गया था।

मैं मुँह खोलकर बेढंगेपन और नासमझी का इजहार नहीं करना चाहता था। कोई निर्वचन पूछ बैठता तो?

हमारे दोनों वार्डनों के अलावा गले में फाँसी के फंदे की तरह चादर लटकाए और चौड़े माथे पर टेननिकलर तिलक लगाए हुए जो विद्वान् वैयाकरण बैठे थे, उन्हें मैंने यूँ ही उड़ती दृष्टि से दो-एक बार देख-भर लिया था। 'पहचानता नहीं था अभी नामवर को मैं।' उन्हीं का संकेत आक्रमणात्मक था कि मैं कुछ सुनाऊँ। 'इन्दिन्दिर' के बहाने बुलाना ही खास मकसद था। एक दफा मेरे दिल में आया था कि कहीं औघट घाट पर घट न फोड़ना पड़े! दरअसल वह मुझमें गहरी दिलचस्पी ले रहे थे। सुनाना पड़ा तो टैगोर की 'रात्रे ओ प्रभाते' कविता मूल बंगला में सुनाकर उसका अपना संस्कृत अनुगायन 'विभावर्य्या विभाते च' का सस्वर पाठ किया। उनकी अजहद खुशी मुझे और-और सुनाने के लिए झँझोड़ती। मैं रुक-रुककर खिसियाना-सा शुरू हो जाता।

मेरी 'कल्लोलिनीम्प्रति' कविता में उन लोगों ने काफी उछाल पैदा की और जब मेरी बन आई, मैंने 'काकली' पर उनके विचार झपट लिए।

संस्कृत में आधुनिक गद्य-शैली के प्रवर्तक 'सुप्रभातम्' (संस्कृत के लिए यह नया चौंकाने वाला नाम 'गुड-मॉर्निंग' का रूपांतर था। महामहोपाध्याय पंडित रामावतार शर्मा की अनोखी सूझ का कौन कायल न था! मुझे सारस्वत जी ने बताया तो मैंने भट्टि का श्लोक पढ़ दिया : 'रात्रिर्गमिष्यति भविज्यति सुप्रभातम्') के सुप्रसिद्ध संपादक श्री केदारनाथ शर्मा सारस्वत ने सार्वभौम भूमिका लिखी और 'सूर्य्योदयः' के श्री विंध्येश्वरी प्रसाद शास्त्री ने मार्मिक उद्‌गार प्रकट किया और तब तीन-साढ़े तीन सौ पृष्ठों की 'काकली' की पांडुलिपि पूरी तरह तैयार हो गई। अब

अहम सवाल सामने आया कि परंपरा-प्रिय संस्कृत में नवयुग का आवाहन करने वाली एक सीमांत-मौलिक रचना का प्रकाशन कैसे हो! टीका-टिप्पणी छापने वाले घाटे का सौदा नहीं कर सकते थे। 'सबसे बड़ा रुपैया' गाने से दिल को सुकून मयस्सर होने वाला न था। देवव्रत त्रिवेदी ने सौ रुपए दिए; पंडित लक्ष्मण मिश्र ने इक्यावन और थोड़ी-बहुत मदद संगी-साथियों ने की। फिर भी यह रकम इतनी छोटी थी कि छितवन-सी छितराई हुई कामना छिपकली की शक्ल में उजागर हुई। एक के पीछे एक का अटूट सिलसिला एक झटके में टूट गया। एक-दूसरे की बराबर दूरी पर चलने वाले विचारों का काफिला अचानक गुमराह हो गया। सुनकर सराहने वालों की थाह मिल गई थी। शब्दों का थोक या खुदरा व्यापार करने वाले खुद भी अर्थ को निरर्थ समझते हों, ऐसी बात न थी। मेरी अनर्थ-स्थिति की सामर्थ्य भी उन्हें पसंद आई। अलबत्ता मेरा चेहरा रूखा और सख्त पड़ गया। मैं दुआ-सलाम करना भूल गया। मेरी रही-सही उम्मीद भी तब दम तोड़ बैठी जब देखा, वंदना के छंद पल्ले पड़ते हैं, मर्म-व्यथा की प्रेषणीयता नित-नूतन कौतुकपूर्ण स्वल्प-परिचित माध्यम से साध्य नहीं।

निर्जन निभृत में गूँजने वाला आत्मपरक गीतिकाव्य का संगीत गीतगोविंद का भी द्वारवर्ती नहीं हो सकता था; किंतु एक अकेली मेरी मेधा के मध्य से उसका साफ-सुथरा रूप स्फुट नहीं हो पाता था। उसका स्वाद-वैचित्र्य रसवाद के दायरे में नहीं आता था। मुझे जहाँ तक याद है, छायावाद का खुलासा तब तक हिंदी में भी नहीं हुआ था। बस, समसामयिक को आधुनिक कहकर काम चलाया जा रहा था। सो जो हो, वह मेरा निज का स्वर था, संस्कृत में छायावादी काव्योदय की प्रथम रश्मि थी, इस रूप में संवर्द्धना प्राप्त करने योग्य व्यक्तित्व न था इस धरती के मरु-भाग में उतरे पाखी के सुर का; क्षुत्क्षाम कलकंठ की कंठ में अटकी 'काकली' का। वेदना का गीतोच्छ्वास, एकांत में अपने मन की बात का अपने छंद में स्वतः स्फुरण स्वगत ही रह गया। उससे समाज, देश और विश्व का क्या भला होने वाला था? वह न 'काव्यं यशसेऽर्थकृते' का सामान्य उदाहरण हुआ न 'सदयः परनिर्वृतये' का विशेष। संस्कृत-हिंदी की दो-चार पत्र-पत्रिकाओं में टाँय-टाँय फिस होकर रह गया। मैं ऊबड़-खाबड़ रास्ते पर सुस्ती और मुलायमियत से चल रहा था, ऐसे कहीं मंजिल मिलती है?

कोई भी तात्कालिक पदचंत्वर ईहाभृग ताबड़तोड़ बता सकता है कि मुझे मंजिल नहीं मिली। वास्तविकता यह नहीं है। मैंने अपने अंतरंग सुर को आजन्म नहीं साधा। किसी इंदिरा-मंदिर में ताताथेई करना अपने वश का रोग न था; सरस्वती-सदन में परा-अपरा विद्याओं की मनुष्याकृति पाषाणप्रतिमाएँ पुजने को

मिलती थीं, यह अंतर्विरोध मनश्चक्षु के समक्ष सदा कौंधता रहा। साधना दोलायित चित्त से नहीं होती। असंतोष और अतृप्ति ने मुझे पीछे छूटे किनारे से पुकारा। मैंने इसी मनःस्थिति में 'बंदीमंदिरम्' नामक एक खंडकाव्य लिखा। शैली कालिदास की (मेघदूत वाली) अपनाई, कहानी आसपास के समसामयिक जीवन से ली।

कोई एक तरुण देश-भक्ति के आवेश में गुलामी की जंजीरें तोड़ने वाली हरकतों के सबब जेल में डाल दिया गया। उसकी इस, लंबी-चौड़ी दुनिया में, बस, एक छोटी बहन भर है। वह अभी वयःसंधि में है। जिसके लिए जेल गया उस माँ (भारतमाता) से कहीं अधिक वह अपनी बहन के बारे में सोचता रहता है कि अब वह कहाँ, किस प्रकार रह रही होगी। उसका तो अपना कोई नहीं है। देश और समाज पर मरने वाले का साथ कौन भरी-पूरी गृहस्थी वाला दे!

यों भी अपने-पराए उसे सिरफिरा ही समझते हैं : माँ की बेड़ियाँ काटने चला था, खुद बेड़ियों में जकड़ गया।

उसकी बहन दाने-दाने की मोहताज होकर मर रही है मगर किसी के आगे हाथ नहीं फैलाती। बीमार होकर बगैर दवा-दारू के एक रोज वाकई दम तोड़ देती है। उसे मुतलक खबर नहीं होती।

वह क्रूर कारागार में कठिनतम श्रम कर शत्रुओं का दिल पिघलाता रह जाता है। उसकी आँखों का नीला रंग मेघ-मेदुर गगन-सरीखा हो गया दिखता है। फड़कते होंठों पर अभूतपूर्व की आकांक्षा झलक मारती रहती है। वह गर्द-गुबार-भरे फर्श और मकड़ी के लटके मोटे जाले को घूरता-भर नहीं है, साफ भी करता रहता है। उसकी सुदृढ़ आस्था संकल्प शक्ति की सर्जनात्मकता में से फूटती है : बंदी-मंदिर में ही स्वतंत्रता जन्म ग्रहण करती है। इस प्रकार—

'कश्चिद्देशोद्धरणधृतधीस्स्वाधिकाराय मत्त
स्तारुण्यस्य स्फुरणसमये न्यस्तभोगाभिलाषः
शीर्षोन्नत्यै नमितनयनो मुक्तये बद्धदेहः
कारागारे सुचिरवसतिं स्वेच्छया स्वीचकार'

से आरंभ होने वाला 'बंदीमंदिरम्' जीवन और जगत् के एक ही विशिष्ट खंड में स्वेच्छया सीमित रहकर, वैविध्यपूर्ण भाव-सौंदर्य की सृष्टि में तन्मय रहा है। कवि के रागपूर्ण गहन 'अहम्' के अकुंठित, अविघटित और मुखर स्तरों को उद्भावना उजागर करती रही है। नई आत्मचेतना की दीप्ति उथली-गहरी तहों पर एक-सी प्रक्षिप्त हुई है।

'पृथ्वि, क्षत्रं नरपतिपतिं किम्परित्यज्य पूर्व
म्लेच्छान् व्रीड़ाविरहितमहोवक्षसाऽऽश्लिष्य शेषे?
नित्यश्यामे, सजलजलदश्यामरामाभिरामे,
गौरैस्तेऽयं विलसनसुखे कोऽस्त्यपूर्वो विडम्वः?'

... ...

'त्वामुद्धर्तुं जल, कृतमतिःश्यामतामेति मेघ
स्त्वं स्वच्छंदं पुनरपि पतस्येव देवस्य देशात्।'

—जैसे विश्वात्मा की मानवेतर प्रकृति से संलाप के समय कूटस्थ संकल्पशक्ति का आंशिक आविर्भाव होता है तो—

'बीभत्सन्ते त्रिदशविसराः पत्रपुष्पोपहाराद्
यज्ञे हिंसामृत इति भयं स्युर्दुरापा दयुवेश्याः
स्वर्गं नृत्यन्नयनपशवः प्रेण्यमाणा पुरस्ता
दासन्ते सर लघुतरं साध्वनेनाध्वनेति।'

—जैसे व्यंग्य-विदग्ध वाक्प्रवाह में नई आत्मचेतना की विभूति का बोधसंश्लिष्ट सौंदर्य नए शक्ति-स्रोत को प्रकाशित करता है।

अस्तु, 'स्वातन्त्र्य-श्रीर्निवसति सदा मन्दबंदीगृहेषु।'—पंक्ति के साथ एक सौ इक्यावन श्लोकों की आमूलचूल मौलिक (बंदीमंदिरम्) रचना समाप्त हुई। यह सब तब हुआ जब मेरा क्लैसिक, रोमैंटिक और लिरिकल की विभाजक रेखाओं से घनिष्ठ संपर्क न था। जब हुआ, तब जाना, 'बंदीमंदिरम्' में यथास्थान तीनों तत्त्वों का अनजानते समावेश हो गया है। प्रज्ञा और भाव की सबलता एक अलग रंग रखती है।

मैं तब यह कहाँ जानता था कि वस्तुस्पर्शिनी प्रतिभा को वस्तुओं के अंतर्संबंधों और अंतर्विरोधों की भी गहरी परख होनी चाहिए अन्यथा दृष्टिसंपन्न रचना संभव नहीं है, और यह भी कि रचनाकार की दृष्टि जितनी बारीक, पैनी और तलस्पर्शिनी होगी, उसका रचना-संसार भी उतना ही विराट और युगांतरकारी होगा। वह तो नव वय के अलियों का गुंजन-युग था। विद्यार्थी-जीवन में न बहुमूल्य अनुभूति प्राप्त होती है, न अनुरूप अभिव्यक्ति के निमित्त विकसित शिल्प-बोध होता है। उस सुकुमार 'नवं वयः' में—

स्वर्गं नृत्यंन्नयनपशवः प्रेष्यमाणाः पुरस्ता
दाशंसंते सर लघुतरं साध्वनेनाध्वनेति!

—जैसा संस्कृत भाषा का 'गद्‌गद्‌नदद्रोदावरीवारि-प्रवाह' किसी भी महामहोपाध्याय को वत्सल बना देता था और मन फूला-फूला फिरता था। 'निज कवित्त केहि लाग न नीका' के विपरीत मुझे 'जे परभनिति सुनत हरषाहीं' वाले लोग ही अधिक मिले थे।

बहरहाल, यह जगजाहिर है कि मेरी बेदमागी में एक बाँकपन भी था। जानता था कि मैं अपने को दुनिया से समेटकर एक लथ में लीन कर सकता था। गुमसुम रहना मेरा स्वभाव था। इन्हीं दिनों निराला मिले और आखिरी साँस तक सर पर साया किए रहे। जब पहले-पहल 'बंदीमंदिरम्' सुना तो आनंदातिरेक से एक अजीब ताजगी से भर गए। प्रकाशन का प्रस्ताव आने पर बोले : जेल जाना होगा। पिताश्री से पूछ देखो। पिताजी को जानता था। पूछना नामुनासिब मालूम दिया। फिर क्या? प्रकाशन की बात आई-गई हो गई।

गीत लिखे तो लीक से हटकर ताजे-टटके। काव्य लिखा तो घिसी-पिटी परंपरा से अलग-थलग एक अत्यंत समसामयिक विषय पर। प्रस्तुति में सामाजिक, आर्थिक, राजनीतिक दबावों को वैसे ही शब्दों में बाँधा, जैसे इतिहास, दर्शन और मनोविज्ञान को।

मेरी शायरी की यह खसूसियत संस्कृत को रास न आई। मुश्किल अलफाज इस्तेमाल किए गए थे, उसे एक अच्छी स्टाइल मानकर सराहा गया। मजमून की नावेल्टी के लिए नई राय नहीं कायम की गई। मैंने टुकड़ों में उसे यहाँ-वहाँ छपाकर देख लिया था।

निराला ने कहा :

न प्रेस न प्लेटफॉर्म, संस्कृत में मेहनत बेकार जाएगी। अंग्रेजी और बंगला की गहरी जानकारी राह देगी। कोशिश कर देखो। संस्कृत को हिंदी के करीब लाने की जरूरत महसूस की जा रही है। निहायत सलीके से इस रास्ते भी तुम दूर-दूर निकल सकते हो।

वैसे निराला प्रथम दर्शन में ही अपने देवोपम व्यक्तित्व, व्यवहार-विचार-चारुता और उत्कट वात्सल्य के कारण मेरे गुरु-गोविंद हो चुके थे। मैंने धैर्य-धुरे के सहारे शिश्व-पथ पर बढ़ते हुए उनके आत्म-रथ को सूक्ष्मेक्षिका समर्पित कर दी थी। उनमें कभी परमहंस देव दिखते, कभी विवेकानंद। संध्या समय हरसिंगार के खिलने और सुबह-सवेरे तक झड़ जाने से सर्जना का कौन-सा उद्देश्य सिद्ध होता है, मैं समझ गया था। मैंने धीरज का यह पठार अपनी आँखों न देखा होता तो श्रेय-प्रेय, मुनि-महात्मा, रामकृष्ण-विवेकानंद आदि मेरे लिए उच्च-उदात्त शब्द भर लेते, उनके आवेग और उच्छ्‌वास, मौन और मुखरता से मेरे सहज बहाव को भले ही आघात

पहुँचता पर लक्ष्य की ओर मोड़ने की, दीये की लौ को ऊर्ध्वमुख रखने की सामर्थ्य उनमें न होती; तृष्णा का पहाड़ काटकर मुझे प्रबल की दुर्बलता कौन दिखाता? कौन उपल और उत्पल को एकरूप साधना सिखाता कि सुख में हृदय उत्पल की तरह दल पर दल खोले, दुःख की घड़ियों में उसे महाशैल के शिला-संघात-सा कर्कश होना होगा : 'मेरा अंतर वज्र-कठोर!'

"लगे जो उपल पद, हुए उत्पल ज्ञात!"

कौन कहता :

"कैसे काज ह्वै हैं! हाय, बात सब बूड़ि जैहें!"

—कादरता, ऐसी कभी, भूलि हूँ न करिए।

...'काहू के न जाय पाँव परिए!'

न कभी स्तिमित-गंभीर तेज, न अनभिव्यक्त तमस्तोम अपनी लपेट में लेने पाए, कंचन पहचानो, कटक अंगद, केयूर, नुपूर की चौंध में न आओ!

साधना करो शब्द की, अर्थ की, भाषा की, साहित्य की, तन की, मन की। केवल कठोर श्रम। सुख-सुविधा के लिए आत्म-हनन नहीं!

निस्संदेह निराला ने समसामयिक वास्तविकता को उसकी संपूर्ण ग्रंथिलता के साथ समझने की सीख मुझे नहीं दी। वास्तविकता के उद्घाटन से कृति में विश्वसनीयता का चुंबकीय आकर्षण पैदा होता है। आसपास की जिंदगी की सही पड़ताल के बगैर सर्जनात्मक अंतर्दृष्टि नहीं विकसित हो सकती।

'अप्सरा' से 'अलका' को अलग करके मुझे स्वयं उथले और सतही ढंग से कुछ-कुछ समझने पर मजबूर होना पड़ा था। एक बार बोध को केंद्रित करने के क्रम में उनसे दिशा निर्देश की आशा की थी; किंतु उन्होंने टका-सा जवाब दे दिया था कि जिंदगी में खुद कभी किसी से कोई ऐसी-वैसी सीख नहीं ली, यही वह मुझे देते हैं। दिशा की तलाश लाजमी थी। निराला मेरे सवाल का पेचीदापन टाल गए।

बात सन् '35 के आसपास की है। तब मार्क्सवाद रचना का कोई मुद्दा न था। 'कामायनी' प्रकाशित नहीं हुई थी। जिए-मरे गीतों का गर्दोगुबार उड़ाता हुआ कारवाँ पत्र-पत्रिकाओं पर से गुजर रहा था। उसमें शामिल होने के अलावा कोई चारा न था। पंत प्रसिद्धि के शिखर पर थे। बच्चन और दिनकर कवि-सम्मेलनों को वह आकर्षण दे रहे थे जिसमें आगे चलकर काका हाथरसी और उनके हमसफर 'कवियों' को बेपनाह कामयाबी मिली। मुझे कुछ सुझाई न देता था। गीत लिखने लगा, गाने लगा, छपने लगा, फिर भी कभी चर्चा का विषय न बना। भाव-भाषा के क्षेत्र में जितने भी प्रयोग किए, पेशेवर आलोचना की चिलचिलाती धूप ने सबको छायावाद कर दिया।

यों किन्हीं दो आलोचकों ने छायावाद के बारे में कभी एक-सा स्थिर और आरपार दिखने वाला विचार नहीं दिया। अकसर उन्हें जो न रुचा, उसे 'छायावाद' कहकर छुट्टी पा ली। छायावाद के कथ्य और शिल्प के एकमात्र व्याख्याता पंत थे और समर्थक शांतिप्रिय द्विवेदी तथा नंददुलारे वाजपेयी। बाकी के स्वनामधन्य आलोचक आदतन पक्ष-विपक्ष में कुछ न कुछ लिखते रहते थे, जो छायावाद की प्रभावी संक्रमणशीलता या जीवंत युगचेतना को प्रमाणित-भर करता था। उस वाग्विलास से गाड़ी एक डग भी आगे बढ़ती न थी।

तथाकथित राष्ट्रवादी कवियों का एक दल—

'वह तेरी हड्डी पर किसान
वह तेरी पसली पर किसान!'

लिख अवश्य रहा था, वह अरुण, मधुमय छायावाद की तलछट तक ही पहुँच पाता था। कारण इस अननुभूत यथार्थ से गुँथने की कड़ी मेहनत और चीखते-से शब्दों के चिरे जिस्म से ढुलकते पसीने को कविता के अलावा कुछ भी कहा जा सकता था। हाँ, 'बीती विभावरी जाग री' के मुकाबले वह युगीन यथार्थ के बेशक करीब था। द्विवेदी-युग के ध्वंसावशेष अब भी अनपढ़ जनता और सत्ता की महत्ता से निःस्वार्थ समर्थित होते हैं। मगर इसमें दो मत नहीं कि यह है धूप के सपने पर यथार्थवादी सफेद बादलों का हावी होना ही।

प्रसाद और प्रेमचंद से कुछ छोटी-मोटी मुलाकातें हो चुकी थीं। यथार्थ साथी होकर भी सृजन के क्षणों में ये दो सीमांत होते थे। निराला ये दोनों पहलू बचा जाते थे। दोनों के समानांतर थे। गद्य में, पद्य में समाभ्यस्त। कफन की भाषा ज्यादा जोरदार है या चतुरी चमार की, कहना कठिन है।

निराला मेरी चिंताधारा के विराम बन गए। मन मान गया : रामकृष्ण-विवेकानंद को पाने योग्य मेरा तप या ताप न था। रामतीर्थ मेरे औघट घाट को तीर्थ नहीं बना सकते थे। हलचल थी जो क्षिप्रता में ठहर गई थी। मेरी निष्क्रिय निष्कामता सतत साधना का बाना बनाए चल रही थी। स्वच्छंदता को छंद की खोज थी, अहंकार नमस्कार हुआ चाहता था। साँसों से गुँथे-गुँथे-से क्षण किसी विश्वास-शिला की रुपहली छाया में विश्राम ढूँढ़ रहे थे। निराला मिले।

प्रतिध्वनि मन की गहनता में गूँज उठी। रेत की खेती लहलहा उठी। दारुण अकिंचनता की कंचन काया चेतना की जड़ दृष्टि में कौंध गई। चिन्मय का मृण्मय रूप आस्था पर स्थित हो गया। पातंजल योग और श्रीमद्भागवत में पहुँचे हुए पुरुष

की जो रूपरेखा बताई थी, देखा और प्रतीति हो गई। मैंने निस्तब्ध निस्पंद चित्त से निष्पलक निहारा:, छहों रागों से नभ भर गया, रागिनियों की अलंकार-झंकार दिशाओं की श्रुति-सुधा बन गई; काल के निंदियारे पाँव मौन में नृत्य-तत्त्व समोने लगे, देश के अनंत अवकाश को उन हालात का जायजा लेना पड़ा जिनसे मेरी मौजों को दो-चार होना पड़ा था। निराला मिले थे।

तब से कुछ ऐसा हुआ कि मेरे तमाम टूटे-बिखरे शब्दों में एक अजब-सा जुड़ाव आने लगा; चीख-से तीखे बोल सुरों में ढलने लगे; इर्द-गिर्द की जकड़न में गति-सी आने लगी; हड्डियों के ढच्चर में सहेजी नई-पुरानी पुस्तकें परिंदों की तरह पन्नों के पंख फैला प्राणों में उड़ान भरने लगीं, सूखी आँखों का पानी शिराओं में दौड़ने वाला रक्त बन गया।

आवर्जनाएँ अपने आप हटने लगीं; एक फूँक से दीवाल की धूल झड़ गई और मटमैले रंग में नीलिमा घुल गई; आसमानी रोशनी में विराट हँसी-खुशी की सौम्यता झलकियाँ दिखाने लगी। जिस ओर जाता, गाता-गुनगुनाता हुआ जाता; मन चंदन और अंगारे से नित नया नाता जोड़ता। भूख भगदड़ न मचाती, न ही प्यास रेत में भटकाती। हँसी हर मोड़ की निर्जनता गुंजाती, सिसकियाँ हर साँस मौसम बदलने का एहसास जगातीं।

मैं मन के उस माहौल की याद करता हूँ तो अभिनव गुप्त के 'तंत्रालोक' की एक कारिका याद आ जाती है जिसमें उन्होंने बताया है कि मोक्ष स्वतंत्र आत्मा के अतिरिक्त तुच्छ या महान् कुछ भी नहीं है, इसलिए उसका अलग से नाम लेना ही बेकार है।

संभवतः यहाँ अभिनव गुप्त का यह अभिप्राय हो कि तुच्छ बंधन हो सकता है, मोक्ष भला वह क्या होगा? और ऐसा कौन महान् होगा जो स्वतंत्र आत्मा से बढ़-चढ़कर हो।

'स्वतन्त्रात्मातिरिक्तस्तु तुच्छोऽ तुच्छोऽपि कश्चन
न मोक्षो नाम तन्नास्य पृथङ् नामापि गृह्यते।'

निराला के स्वरूप में मेरे मन का अवस्थान बहुत कुछ ऐसा ही था। अँधेरा किधर से भी फूट, फैल, छा सकता है, सूरज को पूरब ही चाहिए। यह सूर्य भी पूर्व में ही उगा था, घूमता-घूमता इधर आ गया था। मेरे सपनों को बहलाने यह जो सत्य आया वह माया के साम्राज्य से निर्वासित सत्य था। मेरे सपने भी अँधेरी आँखों की निद्रा से जगे हुए थे। प्राण अश्रुस्रोत नहा आए थे, कान वेदना की बीन सुन चुके

थे। मैं जो बाँसुरी बजाता था, उसका बाँस स्वयं चलकर घने वन से ढूँढ़ लाया था, जिस यंत्र से उसे छेदा था, वह भी मंत्र-पूत था। धैवत-निषाद की पहचान न होती तो फूँकता क्या था? हाँ, उन सुरों पर अपनी मुहर लगाकर सही करने का रिस्क निराला ने लिया। दृग-मग पर तनहा आँसू चला किया था, अब उड़ते निमिषों को मूँद-मूँद, खोल-खोल आँखें धूप-दीप जलाती थीं : हर पग निराला के उत्पल उपलों में उगे दिखते थे, ज्योतिर्वलय से निर्धूम धधकते पावक के प्रबुद्ध शावक।

हवा थी, नाव बह चली। नील नीरधि की उत्तुंग तरंगों के ऊपर छोटी-सी चिरैया फुदकने लगी। बदली-बदली-सी बोली-ठोली लगती ठस्से वालों को। मैंने हरे बाँस के छिदे हृदय की टेर गीतों में बाँधी और काँटे झाड़-झाड़कर नंगे पाँवों की पीर झुठलाई।

'मेरा नाम पुकार रहे तुम
अपना नाम छिपाने को!
... ...
मैं जब-जब जिस पथ से चलता
दीप तुम्हारा दिखता जलता;
मेरी राह दिखा देते तुम,
अपना धाम छिपाने को!

और

'विश्व तुम्हारी माया!
ज्योतिर्मय, यह अंधकार छाया
कि तुम्हारी छाया?
... ...
तोड़-तोड़कर प्रस्तर के स्तर
झरता जीवन-निर्झर झर-झर;
मरण यहाँ पाने को जीवन
शरण तुम्हारी आया!'

निराला-दर्शन के तुरंत बाद के मेरे इन गीतों में प्राणों की पुकार छालों और बिवाइयों की पीर पर हावी हुई है। ये मेरी निष्क्रिय प्रपत्ति के बंद छंद नहीं हैं, सतत गतिशील शील के अनुशीलन के ही सजल स्वर हैं।

स्कंद पुराण में गुरु के बारे में कुछ ब्यौरे मिले थे :

'गुरवो निर्मलाः शान्ताः साधवो मितभाषिणः
कामक्रोधविनिर्मुक्ताः सदाचारा जितेन्द्रियाः'

निराला पर ये किस हद तक लागू होते थे, जानकारी न थी। हाँ, उन्हें दुःख ने दृढ़ता दी थी। दरिद्रता ने मन को माँजकर हीनता हर ली थी। आघातों ने निर्मल आत्मा की ज्वलित अग्नि पर जमी राख उड़ा दी थी। उनकी आँखें बहुत कुछ कहती थीं। कहती थीं कि निराला निविड़ निस्तब्धता में भी निष्क्रिय न रहे, शक्ति की तीव्रता उन्हें स्वेद नहीं सुखाने देती। यह भी कहती थीं कि ऐसे-वैसे आँधी-तूफान अपनी चुनौतियों पर झुक-झुक जाते थे, कैसे भी उनकी स्थितप्रज्ञता पर आँच आना असंभव था। उनकी मंद-मंथर गति ज्वालामुखी पार कर चुकी थी। उनके परिधूसर वसन काषाय के कायल न थे। भोगांध युग की दृष्टि में कौंध पैदा करने हेतु कभी-कभार काषाय पर भी अपने गौरव का रंग चढ़ा देते थे। वह स्वयं अर्णव के कर्णधार थे, तरणि-तरी से हारे ने सहारे नहीं चाहे थे, उनका जीवन प्रलोभन के सारे उपकरण पार कर चुका था। जब मैंने उन्हें देखा, उनकी उन्निद्र आँखों में डूबकर देखा तब वह एकांतमति अग्नि-सदृश दुर्द्धर्ष और समुद्र के तुल्य दुस्तर थे।

उन आँखों में और एक भाव था कि इतने कितने श्रम-कण गूँथकर मैंने जो तार हार तैयार किया वह उस गले तक नहीं पहुँचा। बटमारों ने आधे रास्ते उसे लूटकर कौड़ियों के मोल बेच दिया। मैं दिल-दिमाग के स्वेद-मौक्तिक लुटाकर निकम्मा-सा सड़कों पर पत्थर तोड़ रहा हूँ। कला के सयासी कलाबाज मेरे तोड़े पत्थरों को खुरदरा और नुकीला और खतरनाक बताते हैं। वह मेरी नाकामयाबी पर कीचड़ उछालते हैं, मगर पत्थर पर कीचड़? कुछ छींटे उनकी बगलों वाली सफेदी पर पड़ते हैं, तो पलटकर लाल-पीले होने लगते हैं। मार खाने गर भी बेचारे कीचड़-लिथड़े हाथों की महरूम जिंदादिली पर मुझे हँसी ही आती है।

एक बार 'ऋग्वेद' पढ़ते समय मेरा मन चिहुँक उठा था। नाम और रूप एक दूसरे पर निर्भर हैं, जानता था। नाम याद करो, रूप सामने खड़ा हो जाएगा; रूप देखो, नाम याद आ जाएगा।

'देखिअहिं रूप नाम आधीना
रूप-ज्ञान नहिं नाम-विहीना!'

तुलसीदास जी ने मेरी जीभ के देहरी-द्वार पर राम-नाम का मणि-दीप जाने कब जला दिया था जो उस दिन ऋग्वेद की झंझा में बुझने-बुझने हो गया था। अग्नि की स्तुति संबंधी एक ऋचा थी :

'सुप्रके तैदर्युभिरग्निर्वितिष्ठन्
उशद्भिर्वर्णैरभि राममस्थात्!'

बारह बरस साहित्य-व्याकरण में माथा मारता रहा था, कहीं राम का अर्थ अंधकार नहीं पढ़ा था। ऋचा में उसका अर्थ नैशांधकार ही है जिसे अग्निदेव अपने स्वच्छ-कमनीय दीप्त तेज से दबोचे हुए हैं।

राम का यह अनर्थकारी अर्थ हलक के नीचे उतरता ही न था।

ऐसे ही 'निराला' का यह मलिन, श्रम-जर्जर, अस्त-व्यस्त, थका-माँदा चेहरा गंदे कपड़ों से उघड़ा धीरोदात्त आत्मलीन डूबा-खोया-सा रूप पहली बार देखने वाले को चकरा देने वाला था।

समुद्र का सहज उल्लास संसार को स्वीकार नहीं है, वह उसे चाँद से जोड़ देता है। निराला का यह शिव रूप ऐच्छिक है। साहित्य की अदृष्ट पूर्व और विश्वविस्मयकारी ऐश्वर्य-श्री का निर्माता स्वेच्छया अकिंचन है, क्योंकि उस पुण्योज्ज्वल निर्मल चित्त ने गुणों के अर्जन की स्पृहा की, धन की कदापि नहीं; योग से मन को स्थिर किया, भोग में नहीं भटकाया; रजोगुण के त्याग में अभिरुचि दिखाई, कामनाओं में रुचि न ली!

मैंने इस किमाकार विराट् रूप-दर्शन को आजन्म अर्जित अखंड पुण्यों का एक ही परिणत फल माना। आमरण इसी भावदशा में बने रहने का कठोर व्रत लिया। न्याय वर्त्म में वर्तन के लिए 'महाजनो येन गतः स पन्थाः को ही महत्त्व दिया। ज्ञान और कर्म में उनसे भिन्न होकर भी भाव में उनकी तेजस्विता का ही लोहा माना। वैसा दूसरा न देखा, अतः उन्हें अद्वितीय कहा। वह निरे आध्यात्मिक पुरुष न थे, जीवन, जगत् और तत्त्व के सर्वांगीण द्रष्टा थे। उनका ज्ञान विज्ञान-विरोधी न था। लक्ष्यहीन जीवन में भी अनुशासनप्रियता पाई जाती है, वह तो—

'जानता हूँ, नदी-झरने
जो मुझे थे, पार करने—
कर चुका हूँ!'

होकर आत्मानुशासित थे। कभी सस्ते मनोरंजन की ओर न झुके। भूख-प्यास की स्थूलता में न भूले। जीवन कर्म है, सस्ता मनोरंजन उसे निरर्थकता की ओर भटका ले जाता है। मैं तो जनम से जानता था, निराला की मर्यादित गंभीरता ने सही कर दी।

गीतिका छप गई। निराला चले गए। मेरा पूजा-पाठ चालू हो गया। प्रसाद जी

से 'श्यामला दंडक' का प्रसाद मिला था, निराला से 'काली कर्पूर' की प्रज्वलित सुगंध। पहले ही कुछ कम न था, बढ़ोतरी हुई तो साधना की अवधि बढ़ी। होस्टल वाले मेरे कमरे के ठीक आमने-सामने एक छोटा-सा शिव मंदिर था। अपने बूढ़े महादेव यहाँ तरुण-अरुण रूप में विराज रहे थे। मैं प्रायः अश्रु-अर्घ्य चढ़ा पाता था, त्रिगुणात्मक मन के बिल्व-पत्र, मनोरथों के फूल। स्तोत्र रत्नाकर मुँह में रेत भर देता था।

शून्य, स्पर्श, नाद, ध्वनि, बिंदु, शक्ति, बीज और अक्षर—अनाहत के आठ भेद बताए गए हैं। मेरी 'साधना' शून्य से ऊपर न उठी थी। प्राणायाम के क्रमिक विकास में या तो अपना ही रूप दिखता था या फिर कुछ भी नहीं। 'गीतिका' के मंत्र-गीत गा-गा उठता था :

'पावन करो नयन!'

'मन चंचल न करो!
तुम्हें खोजता मैं निर्जन में
भटकें जब धन जीवन-वन में,
भेद गहन तम मनोगगन में
ज्योतिर्मयि, उतरो!'

किंतु मन किसी एक लय से बँधता न था। 'भूखे भजन' वाली उक्ति डंक मारती रहती थी। मैं तब शास्त्राचार्य के छठे वर्ष में पहुँच चुका था।

अचानक 'भों-भों' स्वर्ग सिधार गई। ऐसी शरीफ कुतिया किसी ने न देखी होगी। उसकी बोली में विश्व-वेदना घुल गई थी। रसना-लोलुपता उसे छू तक न गई थी। उसका निरीह जीवन मेरी कठोर दशा को द्रवित कर एक साँचा देता था : साँच को आँच क्या! ज्यों-त्यों संतुष्ट रहकर कर्म-कौशल सिखलाता था : मनस्वी सत्यार्थी गणयति न दुःखं, न च सुखम्।

अत्यंत करुण स्वर से चार बार पुकारकर चल बसी। मैं सारे शास्त्र भूल गया। कुछ भी अच्छा न लगता था। उसे मैं जितना खिलाता था, जिलाना उतने से संभव नहीं। मेरी सहजन्मा अकिंचकता की वह सीमा थी, सहज स्नेह की नहीं। वह मुझे छोड़कर जाती न थी; किसी और का दिया खाती न थी।

माथा-पच्ची कच्ची पगडंडी दिखाती थी, चलना लिखा था राजमार्ग से। कहीं अलक्ष्य में फेर-बदल कतर-ब्यौंत का सिलसिला चल रहा था। दुश्चरित्रों के

मुखारविंद से चारित्रिक उन्नयन की सुगंध उड़ती थी और पूरे परिवेश में फैल जाती थी। महामना के माहात्म्य से धर्म की ध्वजा चोटियों पर फहराती थी। स्वर्ग-नरक, इहलोक-परलोक, प्रवृत्ति-निवृत्ति, मोक्ष-बंधन, माया-ब्रह्म की बातें आम तौर पर प्रचलित थीं। समस्याओं और संघर्षों का मुकाबला करने की शिक्षा भिक्षा के बतौर भी नहीं मिलती थी। दुःख-कष्टों से मुक्त एक अलौकिक जीवन की झाँकी कपिल, कणाद, गौतम, पतंजलि, जैमिनि और व्यास के नामों की मुहर लगाकर दिखाई जाती थी। ईश्वर, परलोक और जन्मांतर में समाधान पाना शंकाओं की नियति थी। जो गले नहीं उतरता था उस काँटे को चबाने-निगलने के लिए ऊँची नस्ल के ऊँटों के पास अभ्यास भी किया, पर आर्थिक दंशन से मुक्ति न मिली। परलोक का सुख पाने के लोभ से इस लोक के दुःखों को कभी न झुठलाया।

मैं केवल चलते जाने का कायल न था, गंतव्य को पहचानकर एक-एक पग बढ़ाना चाहता था। मेरे जप-तप जड़ न थे, उनकी शक्ति अभी अप्रकाशित थी। मुझे किसी भी रंग का अंधकार स्वीकार न था, उजले दीये जलाते रहना शौकिया मुतलक न था। जिंदगी कुआड़ी, आड़ी, विआड़ी लयों में चल रही थी मगर मुझमें सम-समय की पहचान तब भी बाकी थी। अपने 'न-कुछ-पन' का तीखा अहसास था, दूसरों की असीमता में अपनी अतिरिक्त भक्ति का भी। फिसलन-भरा मन अनेक जन्मों तक फैली अस्त-व्यस्त स्मृतियों के घोंघे रेत पर फैलाकर जड़ हो जाता था, चेतना का समुद्र थपेड़े मार-मारकर भी मोतियों के सपनों से चमकती सीपियाँ आँखें उसे न दिखा पाता था। कुहरे से घिरी धूप न ऊपर, न नीचे—जलन-ढके ठंडे मंदिर में बंद थी।

ऐसे में एक दिन कुमार केदारनाथ सिंह 'सरोज' ने खिले मुखड़े पर खुलती मुसकान लंबे बालों में उलझाकर कहा :

राहुल जी मास्को से आ गए हैं, कल सवेरे सारनाथ चलना है—पैदल। पिकनिक का सामान साथ रहेगा!

'राहुल' नाम न नया था, न अजीबोगरीब, सैकड़ों वक्त सुना और गुना गया था। फिर भी मैं एक-ब-एक चौंक पड़ा। बीते दिनों के आधे-अधूरे, उलझे-पुलझे, गुँथे-पोए, कितने ही गड्डमड्ड विचार अंदर ही अंदर आचार-संहिता लाँघ गए। जिंदगी पर पड़ी वक्त की परतें अपने आप उतर गईं। अतीत सजल संगीत समेटकर, वर्तमान इनसान बन गया। भारत का सनातन मन मास्को देखने चल पड़ा।

विश्व-वेदना से आप्लावित करुणा-वरुणालय नयन, निर्मोह किंतु सबल चारु चेष्टाएँ, दृप्त प्रदीप्त विशाल भाल, शाल-प्रांशु, काषाण में रतनारे अंगारों-सा प्रज्वलित व्यक्तित्व, आलोक-वयलित वदन-मंडल, विद्युद्दाम दाड़िम दंतपंक्ति—महापंडित राहुल

सांकृत्यायन मूलगंध कुटी के प्रवेशद्वार पर दिखे और मैंने तेज-तेज चलकर उनके अरुण चरणों पर श्यामल कुंतल से आस्कंध आवेष्टित सिर रख दिया। पहली दृष्टि में वह मुझे साक्षात् सिद्धार्थ दिखलाई दिए थे किंतु जब मैं अभय वर की अंतःप्रतीक्षा में हूँगा तब वह एक ऐसी मामूली-सी बात बोले, जिसने जोम में आकर मुझे प्रणत, प्रपन्न से एक अजब अजनबी बना दिया।

उन्होंने पूछा था कि इस बाल-जाल को सुलझाने-सँवारने में मैं कितना वक्त बरबाद करता हूँ? ऐसे गाढ़े वक्त मैं ब्रह्मास्त्र (संस्कृत) का प्रयोग करता था। बोला :

'कालं कलयितुं नालम्, समयं गमयामि प्रायो न ततोऽधिकं, पूर्वजैर्मे छान्दोग्यैरारण्यकैयावानवितथमनायि।'

भाषा ने जान बचाई। उनका स्वर सहज हो गया। फिर ऐसा ऊटपटाँग सवाल न पूछा। 'सरोज' ने मेरा इतिहास-भूगोल ही नहीं बताया, रोजमर्रा की जिंदगी के हालात से भी उन्हें वाकिफ कराया और वह यह कहने में भी न चूका कि अभी कुछ ही रोज पहले 'निराला' इन्हें ढूँढ़ते हुए होस्टल में आए थे।

निराला के नाम ने उनके मन का माहौल ही बदल दिया। किसिम-किसिम की बातें बह चलीं, एक भी बात छाँटने-छोड़ने लायक नहीं। हाँ, यहाँ वे अप्रासंगिक हैं। स्याम के दो तरुण-भिक्षु खिंचे चले आए। उनके अभिवादन के बाद एक नई जिंदगी शुरू हुई। सरोज ने बताया कि अभी घंटे-भर भदंत आनंद कौसल्यायन जी ने इन्हें 'बुद्धचरित' पढ़कर अर्थ समझाया है। 'बुद्धचरित' और 'सौंदरनंद' शास्त्री जी की प्रिय पुस्तकें हैं, खूब रस लेकर सुनते रहे। सरोज बौद्ध होने वाला था, राहुल जी के प्रवास से लौटने की आशा में ठहरा था। मैं भीतर से बुझा-बुझा ऊपर से समय और संयोग की प्रतीक्षा में सिकुड़ा-सिकुड़ा-सा रह रहा था। धर्म-परिवर्तन मेरा समाधान न था। 'स्वधर्मे निधनं श्रेयः परधर्मो भयावहः—मेरी ठोस और विश्वसनीय मनःस्थिति थी, इसमें ढेर सारे खतरों के बावजूद कुछ नए, कुछ चौंकाने वाले को शामिल नहीं किया जा सकता था।

मैंने निर्दोष जिज्ञासा के स्वर में महापंडित से पूछा कि मेरे अनीश्वरवादी दार्शनिक साथी आर्यदर्शन को पलायनवादी प्रसिद्ध करते हैं। कहते हैं कि ईश्वर, परलोक और जन्मांतर की कल्पना कोरी और छूँछी हैं। इस जीवन के दुःख-कष्टों को इसी जीवन में दूर करने के सामूहिक प्रयास का उपदेश हिंदू-धर्म में नहीं है। इसे गौतम बुद्ध ने लक्ष्य किया था, मार्गदर्शन भी।

बुद्ध-जातक और बोधिसत्त्वावदान कल्पलतिका—(दोनों मैंने बंगला में पढ़ी हैं) के साक्ष्य में बौद्ध धर्म में पुनर्जन्म प्रमाणित होता है; ये मंदिर बुद्ध को भगवान् मानने

के प्रत्यक्ष प्रमाण हैं; इसी जन्म में दुःख-कष्टों से छुटकारा पाना कठोर और अनुशासित जीवन अपनाकर, अर्हत बनकर, निर्वाण प्राप्त करने पर ही संभव है। अर्थात् दुःख की सहज स्वीकृति में से दुःख निवृत्ति की अनुभूति होती है। ऐसे में नया क्या हुआ? आयु को यज्ञ बनाने या योग-तप द्वारा पाँचों (अविद्या, अस्मिता, राग, द्वेष और अभिनिवेश) क्लेशों से (मैत्री, मुदिता, करुणा, उपेक्षा की दृष्टि अपनाकर) मुक्ति पाने की सरणि पूर्वजों द्वारा क्षुण्ण हैं। क्या बौद्ध धर्म निवृत्तिपरक नहीं है? वह हममें गीता की तरह जीवन-संग्राम में उतरने की प्रेरणा देता है?

राहुल जी मुस्कराए : बौद्ध धर्म फिर भी प्रगतिशील है। वह वर्णाश्रम वाली व्यवस्था पर चोट करता है। मानव-मानव की समानता का पाठ पढ़ाता है। ऊँच-नीच का भेद न मानकर सबको पवित्र जीवन बिताने का आमंत्रण देता है। प्रत्येक बात को तर्क की कसौटी पर कसने की छूट देता है।

मैंने विनम्र कौतुकवश फिर एक प्रश्न किया :

जाति-भेद के विपरीत सर्व-समानता का सम्मान प्रदान करने वाले इस महान् धर्म को उपेक्षित वर्ग के लोगों ने भी सामूहिक रूप में क्यों नहीं स्वीकार किया? हिंदू धर्म की कठोर शृंखला तोड़कर उन्होंने क्यों नहीं इस मुक्तिमार्ग को अपना लिया? मुट्ठी-भर हिंदू तो बौद्ध ही क्यों, मुसलमान और ईसाई भी होते रहे हैं?

मध्यवर्तियों के बनाए शिकंजे तोड़े जा सकते हैं। क्षेपक रूप में चिपके दकियानूसी रिवाजों में फेरबदल मुमकिन है। मूल तत्त्व को किन्हीं गुँथे, जकड़े हाथों, साँस फुलाने पर भी, टस से मस नहीं किया जा सकता। यही सनातन है। भगवान् बुद्ध ने भी सबको दुःख, अनात्म, क्षणभंगुर बताता है; किंतु सनातन को नहीं नकारा है। धम्मपद में उन्होंने जिंदगी के सर चढ़ा जहर उतारते हुए दुविधा और दहशत का होश दुरुस्त करते हुए बताया है कि वैर से वैर का अंत नहीं होता, निर्वैर होने से ही उसका संशोधन संभव है—यही सनातन धर्म है।

निर्द्वंद्व होने का अभियान नया नहीं है। द्वंद्व की शुरुआत बहुत पुरानी बात है। निर्वैर होकर ही निर्द्वंद्व हुआ जा सकता है, यह सत्य-सनातन किसी के काटे न कटेगा! अशोक, मिनांदर, कनिष्क, हर्षवर्द्धन—सबने आजमाया था।

मेरी मुखर जिज्ञासा उनकी शांति का शिकार हो रही थी। सरोज की नरम-गरम उँगलियों की पोरें मेरी हथेली पर टिक गई थीं। राहुल जी दूसरी ओर देख रहे थे। मैं ऐसा मोटा-मुशटंडा न था कि अपनी उँगलियों के चंगुल में उसके साफ दिल में काई-से जमे धर्म-परिवर्तन के पक्के इरादे को ले लेता! बस, दो उँगलियाँ पकड़कर इशारतन कहा : चलो, चलें…

मोटर से दो संभ्रांत महिलाएँ उतर रही थीं। किसी संस्था की ओर से उनके अभिनंदन की तैयारी हो रही थी, डेट लेने आई थीं।

मैंने और अधिक झुककर चरण छुए। उन्होंने कहा : 'बुद्ध के बाद मार्क्स ने दुनिया को समानता की दृष्टि दी है। मौका निकालकर पढ़ो, सनातन कुछ नहीं है। बुद्ध-वचन भी नहीं।'

सुमन वात्स्यायन आ गए थे। हम उन्हीं के साथ हो लिए। उन्होंने 'धर्मदूत' के कुछ अंक दिए; भदंत आनंद कौसल्यायन की ताजा छपकर आई पुस्तक 'बुद्ध-वचन' की एक प्रति भी दी। दिन स्तूप-चैत्य-मंदिर में बिताकर शाम को बुद्ध के बुद्धू भक्त होस्टल के अपने-अपने घोंसले में लौट आए। 'बुद्ध-वचन' को हाथ लगाते ही महापंडित से धर्मदूत का कहा मन को मथता रहा : बुद्ध वचन भी दरअसल इस वक्त इस्पात तेजाब बन रहा था। अंधे को गंधक की गंध लग रही थी।

ऐसे ही हर अकड़ते जवाब से मेरे सवाल लड़ते रहे। अनास्था और निराशा के तो पाँव नहीं जमने दिए; किंतु विवेक के सुनिश्चित स्रोत के अभाव में गीतों की रेत कम जम पाई। झुटपुटे में अकेले-अकेले के बढ़ते हुए कदम थमे-थमे-से दिखे।

मंदिर के अंदर अंधकार से लिपटा हुआ प्रकाश का इंतजार कर रहा था। धूल-कीचड़ वाले रास्ते यहाँ से रास्ते के पहाड़ की तंग दरारों-जैसे दिखलाई देते थे! सवाल मुँह के लिए निवालों-जैसे का था या जिसका पुनर्जन्म होना मना है उस आत्मा के अँधेरे चेहरे के दीदार का? सख्त ओस जिनसे ढुलकती न थी उन पर-कटे परिंदों-सी आँखों के लिए ऊँची उड़ान की गुदगुदी लिए पाँखों का या मन के गहन अंतर से बेबुनियाद, पालनों की तरह झूलती सीढ़ियाँ चढ़ती हुई आकांक्षा के डगमग पगों के लिए एक ठोस पाए का?—विवेचन के झाड़-झंखाड़ और सायों-भरे वन में अटकना असंभव था। मेरे 'कासमोपौलिटन' मंसूबे मंसूर की तरह बियाबान में बबूल की काँटों-गुँथी शाख से लटक रहे थे। मशहूर शख्सियत के ग्लैमर में मेरी शामोसहर की शफक खिलती-फूलती न थी। हू का आलम था।

What poor an insrument
May do a noble deed!

दिल में दाग, अनुराग का अंग-राग, उद्दीप्त शक्ति का क्षार धारे आग्नेय विराग, कलुष-कल्मष को उड़ा देने वाला उष्ण उच्छ्वास, दावाग्नि को दग्ध करने वाला पल्लव-वलयित हरित तरु-सा विराट् विश्वास, तुषार-वर्षी अंधकार-स्पर्शी अहंकार, उद्दंड शिलाखंडों को बालू की बेला की भाँति बहा ले जाने वाला प्राणों का उद्दाम आवेग, अधम अपदार्थ की पाप-ताप-जली आलोचना को उदात्त स्वर-संचार नकारता-

झुठलाता हुआ अंबरचर असीम संगीत, अजस्र अश्रु-विरल हास्य के भित्ति-हीन चित्र पर पड़ता अरुण आकांक्षा, तरुण तृष्णा एवं करुण कामना का स्वर्णवर्णी ताम्रपर्णी प्रकाश, प्रलय-पयोधि से निकली पृथिवी की उर्वर पंकिलता को पंकज-प्रदीप-मालिका में परिवर्तित करने वाला पारदर्शी पृथुल परिमल-प्रकाश--तब क्या था मेरा जीवन? झंझा बदनसीबी को क्यों झकझोर रही थी? भीड़-भरी सड़क में ऐसी क्या कमी थी कि निःशब्द कोलाहल मेरे गहन एकांत को अपशकुनों के दर्द में डुबो देता था? ऊँची उछाल वाले समुंदर की अछूती गहराई को किसने चुनौती दी थी कि वह मेरे मन में दफन हुए आँसुओं को बिलोने साँसों के सड़े धागे इस्तेमाल कर रहा था? पतझर पेड़ों को बदरंग बनाता है, फूल-पत्तियों को तो मार ही डालता है, मुझसे भला कब की अदावत थी उसकी जो उसने वसंत को बरगलाकर तभी से अपना अनुचर बना लिया और मुझे सहचर? वसंत पीछा करता रहा पतझर का, मेरा भी! जीना पड़ा पतझड़ के कब्रिस्तान में टपटप टपकी इमली की पत्तियों का आहत मर्मर स्वर सुनते हुए अँधेरे में लाल-पीले होते वसंत को बड़ी बेबसी से महसूस करते हुए! क्योंकि फूल खिलते हैं, मुरझ-सूखकर झर जाते हैं। मगर यह मुड़-मुड़कर देखना तो मानो आबेहयात पिए प्यास का पर्व होता है, कभी नहीं खत्म होता। और इस तरह अपनी ज्वलंत चिरदुर्लभता पर वसंत मुसकरा पड़ता है। उसे यकीन नहीं आता, जिस रोज पतझर पलटकर देखना बंद कर देगा, उसी रोज उसका खात्मा हो जाएगा। अमर पतझर! अनंत वसंत!

आँखों की वीरानी में तभी एक हरी पत्ती लहराई। शिव पर कोई नर्गिस का एक गुच्छा चढ़ा गया था, मैंने झटपट उठा लिया :

—'न हि स्वात्मारामं विषयमृगतृष्णा भ्रमयति।' मेरे अंदर कोई बुझी हुई ज्योति अचानक जल उठी; एक तीखी चीख सन्नाटे में घुटकर रह गई :

'हाँ, मैं आत्माराम हूँ, मुझे फूलों के रूप-रस-गंध-स्पर्श चल-विचल करने में असमर्थ हैं! तूने क्यों हाथ लपका दिया? ये तो जल्दी ही सूख जाएँगे, इनकी गंध दिगंत में उड़ जाएगी, तू इनका क्या करेगा? फल मिलने में देर हुई तो फूल ही उठा लिए! आवर्जना का अर्जन! यह उठा लेना क्या पाना है? माना, मन घोड़ा है, तो क्या उसे मनमाने ढंग से भागने दोगे? बता कि अधिक शक्ति उसे बेतहाशा भगाने में है या मनचाही राह ले चलने में? मनमानी न करने देने में? यही शक्ति-साधना है। शक्ति के बिना शिव नहीं मिलता। बेनियाज और लापरवाह एक ही नहीं होता।

'अच्छा जा, फूलों का गुच्छा सँभालकर रखना।'

आँखों का प्रकाश पियरा रहा था। साँझ गहरा गई थी। आवाज मंदिर में गूँजी

थी या मेरे मन-मंदिर में? आहिस्ता-आहिस्ता लोग आने लगे थे। मेरा कमरा कहकहों से भरा था, जब मैंने खाली दिल और भारी कदमों से प्रवेश किया। कमरे की सफेदी फुफकारती-सी हँसी से धुलकर और उजली हो गई थी। किसी के बोल तोलने का निराला ढंग था। शब्द पंख फड़काकर कानों में घुस रहे थे। बंद-बंद-से एहसास खुल-खुल पड़ते थे।

मुझी-से मजलूम फटेहाल संगी-साथी हाथी की तरह चिंघाड़कर खुशियाँ जाहिर कर रहे थे : रायगढ़ जाने के लिए मैंने हामी जो भर दी थी।

देव-वाणी मन की गुफा में गूँज रही थी : 'फल मिलने में देर हुई तो फूल ही उठा लिए?'

देह बालू की भीत की तरह भहरा रही थी। प्राण पुकार रहे हैं :

'तन्मे मनः शिवसंकल्पमस्तु।'

मैं गाता हूँ

मेरा जीवन-संगीत 'केदारा' के स्वरों की वक्रता लिए हुए है। वह सहसा षड्ज से मध्यम पर पहुँच गया है। ऋषभ और गांधार अधबीच में ही कैसे छूट गए—यह कभी सचेष्ट होकर नहीं देखा-भाला गया।

जन्म गया जिले के एक जंगली इलाके में हुआ। शिक्षा-दीक्षा पुराने ढंग की, थोड़ी-सी हुई। घोर दरिद्रता के कारण आधुनिकता के अहाते तक भी न पहुँच पाया। इक्कीस बरस की उम्र से नौकरी की गाड़ी में जुत गया।

लीला ऐसी कि एक मामूली धोती-कुर्ता-चप्पल वाले को उसकी पहली नौकरी जगर-मगर राजदरबार में एक 'रूलिंग चीफ' के आमने-सामने ले गई। औरों से पृथक् उसके सिर पर काले-घुँघराले केशों की घनी झाड़ी-भर थी। छायावाद के प्राथमिक कवि श्री मुकुटधर पांडेय उसका परिचय उदात्त स्वरों में दे रहे थे। वही उसे काशी से ढूँढ़ लाए थे। उसकी सर्वोपरि विशेषता यह बताई जा रही थी कि वह संस्कृत और हिंदी में एक समान धाराप्रवाह बोल सकता है और समान अधिकार से ही दोनों भाषाओं में गद्य-पद्य लिख सकता है। तब महाराज को एक ऐसे ही व्यक्ति की खोज थी। उनके चेहरे पर 'जिन ढूँढ़ा तिन पाइयाँ' की खुशी खिल उठी थी। फिर मुकुटधर जी ने उसके काव्य-पाठ की विशेषता पर अतिशयोक्ति की छटा छिटकाई थी : 'संस्कृत श्लोकों के झंकारपूर्ण उच्चारण के साथ ऐसा प्रिय पाठ तो उन्होंने और कहीं सुना ही नहीं।' इस बार महाराज आदेश दे बैठे थे और उसे अपने कुछ श्लोक गाकर सुनाने पड़े थे।[1]

रायगढ़ में मुकुटधर जी के अतिरिक्त उनके बड़े भाई पं० लोचनप्रसाद पांडेय,

---

1. जब श्री मुकुटधर पांडेय हिंदू विश्वविद्यालय के प्राच्यविद्याविभाग के प्राचार्य महामहोपाध्याय पंडित वालकृष्ण मिश्र से मिले थे, उन्होंने मुझसे मेरे वे ही श्लोक उन्हें सुनवाए थे, जो उन्हीं दिनों अखिल भारतीय संस्कृत कवि सम्मेलन में स्वर्णपदक के साथ सर्वोत्तम घोषित हुए थे। श्लोक 'मुनीनामपि मनः' समस्या की पूर्ति के रूप में रचे गए थे। जिस उत्साह और आतुरता से वे सुने गए थे, महामहोपाध्याय महोदय बताते हुए मेरे स्वर-भरे अदम्य विश्वास का औचित्य सिद्ध कर रहे थे और मेरे निरे वर्णचमत्कार को सार्थकता प्रदान कर निश्चित विकास के लिए उन्हें आश्वस्त भी कर रहे थे।

डॉ० बलदेव प्रसाद मिश्र, श्री आनंदमोहन वाजपेयी आदि उनके समर्थक-अभिभावक थे। साहित्य के उस समर्पित अध्येता को नाट्य एवं संगीत की ओर मुड़ जाना पड़ा, क्योंकि उसे एक अभिनव नाट्य-शास्त्र की रचना करने को कहा गया था जिसमें भारत भर में प्रचलित आधुनिक नृत्यों के साथ भरत नाट्यम्, कथकली, मणिपुर, कत्थक आदि के ब्यौरे शास्त्रीय ढंग से प्रस्तुत करने थे। और तब नौ रसों के मनन में मगन रहने वाले मन को दस थाटों के चक्कर में पड़ते हुए जैसे चक्कर आने लगा था!

विवशता थी कि साहित्य संगीत से छनकर निकले। किसी भी राग-रागिनी में गीत लिखने के लिए तैयार रहना था। पहली ही मुलाकात में गुनगुनाए थे :

'जब जरा गर्दन झुकाई, देख ली!'

फिर उसे इसका संस्कृत में भावानुवाद करने को कहा। उसने तुरत कर भी दिया :

अभी पंडित जी मेरे रागबोध और रसबोध पर सुने हुए शब्दों को महाराज के सम्मुख सुरधनु-अनुरंजित कर कुछ ऐसे प्रमाणित कर रहे थे कि जैसे महामहोपाध्याय जी ने अपने प्राणवंत शब्द शून्य में नहीं फेंके थे। कविता को मेरी नियति बनाने वाले वही श्लोक मैंने सुनाए थे।

गीतों के अतिरिक्त भावनृत्य के लिए मैंने कुछ गत्यात्मक प्रबंधों की भी रचना की थी—प्रवत्स्यत्पतिकाप्रबन्धः, दिवसाभिसारिकाप्रबन्धः आदि, जिनमें विभिन्न मुद्राओं द्वारा गति-सौंदर्य प्रदर्शित करने का संकेत होता था :

विरहाधिवितप्तविग्रहान्
　　　　य इहासीन्निखिलां निशामपि
हिमयन् परिरम्भडम्बरै
　　　　र्दयितानां, शिशिरोऽप्यगादसौ।
छलयन्नलिमालि मालिकां
　　　　कलिकानां दलयन्नयम्पुनः
ललयंश्च मनांसि मानिनां
　　　　कलयन् किञ्चिदुपागतो मधुः।
दहन्नहन्यतितात्रं चैत्रे मित्रोऽभ्युदेति, परम्
अहमिव किमिति दिनान्ते श्रान्तेयं दृश्यते संन्ध्या!
चलयन्नयमपि सकलं
　　　　दलं क्षणेनैव वाति लतिकायाः
हृदयं जडयन् जवनः
　　　　कालिन्दीकूलखेलनः पवनः।

—प्रवत्स्यत्पतिकाप्रबन्धः दम

यमुनापुलिनाभिमुखं शृङ्गाटकसङ्पुिङ्गनिलयस्य
अवतीर्य्य मन्दमन्दं प्रासादात्काऽपि कामिनी चलिता।
　　　　कुरुते चरणन्यासं सरणौ कुतुकेन चिन्तलन्त्यनिशम्
　　　　रमते जलखेलाया मनो निदाघस्य सान्ध्यवेलायाम्।

'प्रतिग्रीवाभङ्ग नयनसुखसंग जनयति!'

किंतु उन्होंने जिस अंदाज में गुनगुनाकर कहा था, उन्हें इसकी अपेक्षा थी कि जिससे कहा जा रहा है, वह जाने : चौदह मात्राओं की दीपचंदी ताल में बोल बँधे हैं।

इसलिए अनुवादक को अनुगायक बनकर अपना श्लोक इमन कल्याण में गाना पड़ा था। और महाराज के नेत्र विस्फुरित हो रहे थे : मैं गाता हूँ!

जहाँ अच्छन महाराज, शंभू महाराज जैसे बड़े-बड़े नर्तक दरबार में रहते या आते-जाते रहते थे, वहाँ कुछ अच्छे गवैये भी आते-जाते थे। एक रात एक ने ठुमरी गाई : 'बाँके नैना रसीले ने जादू कियो।' गायक के हाव-भाव से सारा दरबार झूम-झूम उठा, मगर मेरी शामत आ गई। महाराज बोले—'इसे इसी लय में संस्कृत में कहिए।'

'बंकनयनेन मे मानसं मोहितम्।'

छूटते ही कहा, तो खुशी से बल्लियों उछल पड़े। इस तरह मेरा जीवन-साहित्य संगीत में ढलता गया; जीवन-संगीत साहित्य में सिमटता रहा। मैं गाता हूँ!

रोना-गाना किसे नहीं आता? मैं जाने क्यों, बचपन से ही गाने में रस लेने लगा था। क्या गाता था, यह जानना कठिन था! एक बार गाँव की पाठशाला में जिला बोर्ड के चेयरमैन के आने पर "अच्युतं केशवं रामनारायणं कृष्ण-दामोदरं वासुदेवं हरिम्!"

हरितस्सम्प्रति परितः पांश्ववगुण्ठनवृताः, नवीनेयम्—
लोकं लोध्रं ललना स्फुटवदना सुस्मितं तनुते।
नन्दनवनेऽप्यलभ्यं लब्ध्वा विकसितशिरीषसौरभ्यम्
अन्धो गन्धवहस्तां चञ्चलहस्तां पलायितः स्पृष्ट्वा।
प्रतिपदमुन्मदनयना निरीक्षते साऽयनान्तरालमपि—
रविकरमुदितावयवा सन्तप्ता पांसुला धरा कीदृक्!
संसर्गस्यैव गुणो भवति जनश्रुतिरियं सम्यक्
कालिन्दीकूलस्थाः कथमथ कृष्णास्तमालतरव इमे!
तेजोमयस्य दाहकवृत्तेश्श्यामा च शीतला यमुना,
सूर्य्यस्यापि विचार्य्य सदृशरुचिर्नात्मजा बभूवेति!
कल्लोलध्वनिरेषोऽध्वनि यमुनायास्समाह्वयति सर्वम्
—'किमु धरया सह तपसे, विहरस्व तुषारधारया सह मे!'
एवं विचारयन्ती गौरी शुक्लाम्बरा समेत्य तटम्
गङ्गेव साङ्गभङ्गिर्यमुनासङ्गं मनाग्लेभे।

—दिवसाभिसारिकाप्रबन्धः

गाया था तो उन्होंने न केवल मौखिक प्रशंसा की थी, प्रत्युत नकद इनाम देते हुए निरीक्षण-पुस्तिका में भी उसका उल्लेख किया था। अब बता सकता हूँ, मैंने पहाड़ी रागिनी की धुन अपनाई थी :

ध़ ध़ सा रे। ग ग ग ग।
ग रे सा रे। ग रे सा ध़।
सा रे ग ग। ग ग ग रे।
ग रे सा रे। ग रे सा ध़।

किंतु तब 'पहाड़ी' कैसे कंठ में आ बसी थी और वह भी ऐन गाते वक्त? आगे चलकर इन्हीं स्वरों में मैंने अपना गीत बाँधा था : रुक गई नाव जिस ठौर स्वयं, माझी, उसको मझधार न कह!—मैं गाता हूँ।

काशी विश्वविद्यालय के जिस छात्रावास में मैं रहता था, उसके ठीक ऊपर के तल्ले पर संगीत-विद्यालय था। मेरा एक साथी मालकोश सीखने के नाम पर

'सा ग म ध नि सां
सां नि ध म ग सा—'

स्वर साधते समय इतना चिल्लाता था कि उसके तार सप्तक का षड्ज अब तक कर्ण-कुहरों में उत्पात मचाता जान पड़ता है। उसके कारण संगीत-कला की विशेषता—स्वरों के एकीकरण और सुव्यवस्था का अनुपात प्रकट कर ध्वनिविशेष से प्रभावित करने की क्षमता—झूठी प्रतीत होती थी। मैं स्वयं सीखने की सुविधा न पा सका। शास्त्रीय शैली सतत अभ्यास से ही अधिगत होती है। जिसे वादी-संवादी स्वरों का परिज्ञान नहीं है, वह विसंवादी स्वरों से कैसे बच सकता है?

प्रसाद जी सुर में गुनगुना सकते थे, गाते न थे। उनके नाटकों में जो गीत आए हैं, वे उनके संगीत-ज्ञान के परिचायक हैं अवश्य, उनके गायक होने के नहीं। सन् 32 से 36 के दरम्यान, मैंने उनके कितने ही काव्य-पाठ सुने, गाते नहीं देखा कभी।

निराला गाते थे; नवीन गाते थे। ये न गाते होते तो 'काव्यं गीते न हन्यते' की सौगंध, मैं कभी नहीं कहता कि मैं गाता हूँ। कहता कि रोता हूँ। चीखता हूँ, चिल्लाता हूँ! कहता कि भाट हूँ, भाँड़ हूँ, काव्य-गायक नहीं हूँ।

सूर और रवींद्र की भाँति निराला भी संगीत की लहरें गूँथते थे। जब बहार में : 'फिर सँवार सितार लो' या दरबारी कान्हड़ा में : 'दे, मैं करूँ वरण!' गाते थे तो जयदेव से अब तक के कवि-गायकों की परंपरा मुखर हो उठती थी। स्वयं न गाने

पर भी महादेवी, प्रभात और वियोगी ने स्वर-ताल-निबद्ध गीत लिखे हैं। भारतीय विद्याभवन, बंबई के एक जलसे में महादेवी जी को सुनाने के लिए कहा गया तो उन्होंने 'माइक' पर मेरा नाम घोषित कर दिया और अपने कुछ चुने हुए गीत मेरी ओर बढ़ा दिए। मुझे आकस्मिक रूप में उन्हें सुनाना पड़ा। संभवतः देश, छायानट और इमन में मैंने गाया था।

निराला की हीरक-जयंती कलकत्ता में मनाई गई थी। वहाँ मैंने पहले निराला के ही दो-तीन गीत सुनाए थे : 'नूपुर के सुर मंद रहे', 'लाज लगे तो आओ' आदि। महादेवी जी अध्यक्षा थीं! सम्मेलन में तो खूब तालियाँ गड़गड़ाईं, किंतु सुबह-सुबह निराला जी ने बाजा उठाया और उन्हीं गीतों को अपनी रुचि की बंदिश में गाकर सुनाया। कहना न होगा, आकाश-पाताल का अंतर फिर भी नपा-तुला होता है! महादेवी जी के स्वयं न गाने ने बंबई में मुझे प्रोत्साहित किया और निराला जी के स्वयं गाने ने कलकत्ते में मेरी कलई खोलकर रख दी। गया के एक सम्मेलन में मैंने महाकवि प्रभात के भी दो-एक गीत गाए थे। यों मैं आज भी बिलावल गुनगुनाता हूँ तो पंत जी के गीत : 'लो, जग की डाली-डाली पर जागीं नवजीवन की कलियाँ।'

सा सा ध प। म ग म रे।
ग म प ग। म रे सा सा।
ग ग म रे। प प नि नि।
। । । ।
सा सा रे सा। नि ध प प।

का ही पहले स्मरण होता है, फिर अपने गीत का :

'पावस की ऋतु प्यारी-प्यारी
भरे-भरे दृग, भारी-भारी!'

तो···मैं गाता हूँ। क्या गाता हूँ? कैसे गाता हूँ? अब यह न पूछिए। मेरा गला और चाहे जैसा हो, सुरीला नहीं है। मैं बहकते स्वरों को कवित्व से ढकता हूँ; लड़खड़ाते भावों को स्वरों का सहारा देता हूँ। एक बार किसी ने झुंझलाकर लिखा था; अपने प्रखर कंठ को यथासंभव सचाई से मुखर कर शब्दों में छेड़ा था कि मैं कवि नहीं, गायक हूँ!

कवि नहीं हूँ, यह सच है; गायक हूँ, यह सरासर झूठ है।

उन दिनों पं० वाचस्पति पाठक के नवाबगंज वाले मकान से सटे हुए एक दूसरे मकान में निराला जी ठहरे हुए थे। एक दिन संध्या समय प्रसाद जी पधारे। मैं तब तक उनके करीब आ चुका था। उन्होंने छूटते ही संस्कृत-साहित्य की संगीतात्मकता का प्रसंग छेड़ दिया। मुझे श्यामलादंडक का वरदान मिला, बदले में मुझसे शिवतांडव सुना गया। निराला जी कुछ देर तक मुसकराते रहे, फिर ताल देने लगे। ताल पर स्वर रुकता था तो एक अजीब-सी लहर पैदा होती थी। अरे! मैं तो सुरों को ही सर्वस्व माने बैठा था, मगर यह ताल तो [हाँ, यदि सुर को देश मानें तो ताल को काल कहना होगा; देश-काल की अन्विति स्वर-ताल की ही अन्विति है।] उनमें भी प्राण प्रतिष्ठित करने वाली है; यह तो मनु की पथ-प्रदर्शिका कामायनी है, इसके आघात-अनाघात से परिचय करना होगा। पहले त्रिताले से भेंट हुई। तीन भरी और एक खाली के बीच में बराबर बँटी हुई सोलह मात्राएँ कैसी प्यारी लगती थीं! तो क्या मैं अपने अधिकांश गीत त्रिताले में गाता था? त्रिताल विलंबित में ही तो जबलपुर छावनी में उस ऐंग्लो-इंडियन परिवार को मैंने सुनाया था। महाकवि पं० केशवप्रसाद पाठक गीत की कड़ी-कड़ी का अंग्रेजी अनुवाद करते हुए यति पर ताली लगाना भी नहीं भूलते थे। कितना गहरा ज्ञान था उन्हें संगीत का और गला भी कैसा दर्दीला! 'तीर-तरंग' में वह गीत संकलित है :

मेरी पीर तुम्हें अति प्यारी।
|
नि रे ग म प। प ध नि सां।
|
रे सां नि ध। प म प प।
ऐसी प्रीत-रीत पर जाऊँ
|
सां सां नि ध। प प ग म।
प प रे ग। नि रे सा सा।
मैं तो बार-बार बलिहारी!
|
नि रे ग म। प ध नि सां।
रे सां नि ध। प म प प।

पीछे मैं इसे वृंदावनी सारंग में गाने लगा था :

नि़ सा रे म। प नि़ प म।
प म रे सा। रे रे सा सा।
नि प नि़ नि़। सा सा सा सा।
रेम पम रे सा। रे रे सा सा।

म म म म। प प प प।
नि़ नि़ प म। रे रे सा सा।

त्रिताले के बाद इकताले की बारी आई। बारह मात्राओं की इस ताल में मुझे ध्रुपद की गंभीरता मिली। मैंने इसका प्रयोग अपने प्रथम प्रसिद्ध गीत में किया। गीत है : 'विश्व तुम्हारी माया!'

प नि। ध नि। म प।
विऽ। श्व तु। म्हाऽ।
ग प। रे रे। सा सा।
री ऽ। मा ऽ। या ऽ।

फिर धीरे-धीरे चौताला, झपताल, रूपक, सूल, धमार, आड़ाचौताला आदि तालों में अनेकानेक गीतों की रचना करने का अवसर आया। सपाट सुरों में मेरे गीतों का अंतरा गाना बहुत कठिन है। मेरे विषम मात्राओं वाले अंतरे जितना सुरों में बोलते हैं, उतना ही शब्दों में। तालों का चुनाव ऐसा हो कि कवित्व न काँपे!

अब तालों का कमाल देखिए कि मुझे नृत्यगीतों की रचना करते समय न केवल कठिनाई न हुई, वरन् नई-नई बंदिशों की प्रेरणा भी मिली।

सन् '36 से '39 के बीच मैंने संस्कृत और हिंदी में ऐसे कितने ही तांडव और लास्य लिख डाले थे जिन्हें फिर परिवर्तित परिस्थितियों में दुहराना संभव न हुआ। रायगढ़ के सांगीतिक परिवेश में गीत, नृत्य, वाद्य को व्यावहारिक रूप में देखने के अनेक अवसर उपलब्ध हुए। 'राजनर्तकी' में साधना बोस जब 'मुष्टिक स्वस्तिक', 'नलिनी पक्षकोश', 'पल्लव', 'हंसपक्ष' आदि मुद्राएँ प्रदर्शित कर रही थी; 'परदेसी' में जब नृत्यांगना पद्मिनी 'वक्षःस्वस्तिक', 'तलपुष्पपुट', प्रेंखोलितक, ऊर्ध्वजानु, ललित, कुंचित आदि 'करणों' के प्रयोग कर रही थी तो सिनेमाहॉल में अँधेरे-अँधेरे मुझे रायगढ़ के सुनहरे दिन याद आ रहे थे।

और फिर रायगढ़ से अलग होने पर अज्ञातवास के अभिप्राय से जब गंगा पार कर मुजफ्फरपुर आया तो यहाँ भी आठ वर्षों तक मुझे एक ऐसे साहित्य-संगीत-कला-कोविद के सान्निध्य में रहने का सौभाग्य प्राप्त हुआ जिसके यहाँ पं० डी०वी०

पलुस्कर, पं० ओंकारनाथ ठाकुर, पं० विनायक नारायण पटवर्द्धन, पं० नारायण राव व्यास, उदय शंकर, उस्ताद अल्लाउद्दीन खाँ, सहगल, राम मराठे, कुमार गंधर्व आदि को निकट से देखने-सुनने के फिर-फिर सुयोग जुटते रहते।

यों जब (जुलाई '39 में) मैं मुजफ्फरपुर आया था तब मेरे संस्कृत गीतों का एक संकलन 'काकली' और आधुनिक हिंदी गीतों का एक संग्रह 'रूप-अरूप' प्रकाशित हो चुके थे। दोनों में मैंने संगीत को अनेक बार गीत-कला में अध्याहृत किया, संगीत को गीत का विषय बनाया था। किंतु मेरी अकिंचनता ने उन्हें समुचित रूप में नहीं प्रसारित होने दिया। रवींद्रनाथ का सौभाग्य गाता था :

आई नो नाट हाउ दाउ सिंगेस्ट माइ मास्टर!

मेरे मालिक! मैं नहीं जानता, तू कैसे गाता है!

इधर मेरी जन्मजात अकिंचनता रोदन-राग छेड़ती थी :

ग म प प	ध—प म	ग म रे—	सा——
			—
गा ऽ य क	गा ऽ य सि	गु रु गा ऽ	नं ऽ ऽ ऽ
०	3	×	2
नि सा ग म	प ———	ध घ प म	ग म रे—
०		—	
वा ऽ द य	से ऽ ऽ ऽ	पे ऽणु म	दी ऽ नं ऽ
०	3	×	2
ग म प प	ध घ प म	ग म ग रे	ग म प-
	——	—	—
क थ य सि	क थ म यि	मा ऽ म पि	ल पि तुं ऽ
०	3	×	2
घ ध प म	- ग म म	रे—सा—	
— —	- - - -		
ल लि त रा	ऽ ग गु ण	ही ऽ नं ऽ	ऽ ऽ ऽ ऽ

—काकली

दर्शन मेरा दूसरा विषय (अभिरुचि का) था। बुद्ध भाते थे। जिसने जनम से दुःख ही दुःख देखा हो, उसे समरसता क्या खाक जँचती! 'सर्व दुःखम्' ही सौ फीसदी ठीक मालूम देता था। यह कह सकता हूँ कि मन यहीं रुकता न था। वह दुःख का कारण जानता था। उसे मेटने का भौतिक उपाय था अर्थ-संचय··किंतु यह उसके संस्कार में न था। बनियापन उसके बस का रोग न था। तो फिर वह क्या करता? रोता? नहीं, वह गाता था! दुःख से पीड़ित होने पर गुनगुनाता : सा··ऩि रे सा··, ऩि ध़ नि सा··, रे सा··, ऩि रे ग··, रे सा·· ऩि रे ग म ग··, पम··, ग··, ध प म ग··, नि ध प म ग··, सानि धपमग··, रेग··, प·· रे··सा··, ऩि रे सा··। दुःखनिरोध की विह्वलता में गा उठता।

रिक्त निरंतर मेरा अंतर।
अपनी ही शुचि रुचि से दो तुम
निर्मल परिमल सुमधुर मधु भर!!

—रूप-अरूप

ध नि ध प	प म म ग	प रे ग रे	ऩि रे सा सा
० .	3	×	2
ऩि ऩि रे रे	ग ग म म	प नि ध नि	म ध प प।
ध नि ध प	प म म ग	प रे ग रे	ऩि रे सा सा।

['मेरा अंतर सूना-सूना, हैं मेरी आँखें भरी-भरी,'—वाली मेरी
तब की माँ सूर्मियत को सदा आदिकवि की याद आती थी—
पाद-बद्धोऽक्षर-समस्तन्त्रीलय-समन्वितः
शोकार्तस्य प्रवृत्तो मे
श्लोको भवतु नान्यथा।]

पंचम, गांधार और मंद्र निषाद में ऋषभ पर स्वर लौटता और हर बार मेरा रुआँसा गला भर आता। अश्रु-कणों को गान बनाना सहज है! पर प्रसंग अभी संगीत-संबंधी बिंबों का था! तो अंतरे की ओर बढ़ूँ—

बहु छिद्रों से भरा, हरा पर
मेरा जीवन-वेणु सरलतर

भर दो अपना अविनश्वर स्वर—
मेरे देव! सत्य, शिव, सुंदर!

प प ग ग । प प ध प। सां सां सां सां। नि रें सां सां
नि नि रें रें। गं रें सां सां। नि ध नि सां। नि ध प प

सां सां नि ध। प प म ग। रे ग प रे। ग रे सा सा
भ र दो ऽ। अ प ना ऽ। अ वि न ऽ। श्व र स्व र

इन स्वरों में मेरी सीधी और हरी जिंदगी की बाँसुरी बज उठती थी या उसके छिद्र ही उजागर होते थे? कौन जाने! मैं तो जीवन-देवता से प्रार्थना-भर कर सकता था कि वह अपना ही अविनश्वर सत्य, शिव, सुंदर स्वर भरकर मेरी हरी बाँसुरी सुरीली कर दे!

इस प्रकार प्रार्थना के क्रम में दुःख-निरोध के अष्टांग-मार्ग को साष्टांग प्रणिपातपूर्वक छोड़ देना पड़ता। यहाँ किसे श्रावक, प्रत्यगू-बुद्ध तथा बोधिसत्त्व बनने की पड़ी थी? मैं तो गाने लगा था—

"नाच रही स्वर-सिहर-शरीरा।
मैं न सही, मेरी बेसुध
वाणी ही आज बनी है मीरा!
गरल पिया इसने भर प्याला,
कहती : उत्कट हुआ उजाला!
भूली पगली मोती-माला,
लाई उठा धूल-सा हीरा?"

—रूप-अरूप

मोतियों का हार भूलकर जो उठा लाई वह धूल-राख हो या हीरा-कोयला, क्या फर्क पड़ता है? दुःख गाना दुखड़ा रोना नहीं है।

तभी मैंने दुनिया से कहा :

"तू मेरा दुःख जान न सकती!
संभव, सुख के अश्रु समझ ले,
समझ कभी दुख-गान न सकती!!"

—तीर-तरंग

म म प नि	ध प ध म	पध पम ग रेसा	रे म प प
तू ऽ मे ऽ	रा ऽ दुख	जाऽ ऽ ऽ न न ऽ	स क ती ऽ
ध ध ध ध	नि ध प प	धम पध मप	ग ग ग ग
०	3	+	2
रे रे सा सा	रे म प प	गं गं रें सां	निसांसां ध प
०	3	+	2

डॉक्टर रामकुमार वर्मा की 'चंद्रकिरण' नामक काव्य-पुस्तिका 'चक्रधर पुरस्कार' की प्रतिद्वंद्विता में आई हुई थी। निर्णायकों में एक मैं भी था। उसके पूर्व 'अंचल' की मधूलिका के समय भी मैं था, अवश्य उस वर्ष पुरस्कार शिलाकारी को मिला था। इस बार डॉ० वर्मा को बहुमत प्राप्त हुआ। कुछ दिनों बाद वह पुरस्कार लेने रायगढ़ पधारे और मेरे बँगले की बगल में डॉ० बलदेवप्रसाद मिश्र के घर पर ठहरे। वहीं उन्हें अत्यंत निकट से निरखा-परखा। यों पहले काशी विश्वविद्यालय के 'आर्ट्स कॉलेज हॉल' में वर्मा-त्रयी (श्रीमती महादेवी वर्मा, श्री भगवतीचरण वर्मा और श्री रामकुमार वर्मा) को एक साथ सुन चुका था। महादेवी जी कुछ यों होंठों में बुदबुदाई थीं कि साँस साधने पर भी कुछ नहीं सुनाई पड़ा था। भगवती बाबू ने 'नूरजहाँ की कब्र पर' नामक अपनी सुप्रसिद्ध कविता अपने खास अंदाज—पेटेंट तरन्नुम में सुनाई थी और श्री रामकुमार वर्मा (तब वह डॉक्टर न थे) 'ये गजरे तारों वाले' सुनाकर छा गए थे। मैं अब क्या हूँ जो तब होता! उस दिन वर्मा जी पूरे मूड में थे। अपनी कई नई रचनाएँ सुनाकर मन-प्राणों को पुलकित किया; निराला, पंत और महादेवी का कैरिकेचर कर हँसाया भी। यह बात संभवतः 37-38 की है। उस पुरस्कार-प्रदान के दूसरे-तीसरे दिन अखिल भारतीय संगीत-सम्मेलन हुआ जिसके प्रारंभिक मंगल-गान के लिए महाराज ने मुझे आदेश दिया था। मैं पसोपेश में पड़ा। उतने बड़े-बड़े तंबूरों, बाजों और तबलों से सजे मंच पर गाने की कौन कहे, हकलाना भी संभव न था। पर महाराज के आदेश का क्या होता? मैंने जैसे-तैसे एक गीत रचा—

यह सँवार-सितार आया!
शारदे, झंकार दे सब तार,
तेरे द्वार आया।

—रूप-अरूप

और उसे धड़कते दिल से गा भी दिया। ठीक याद नहीं कि सात मात्राओं

1 2 3 4 5 6 7

के रूपक (धिन नग, धिन नग, तिन तिन नग) या छह मात्राओं के दादरे

1 2 3 4 5 6

(धा धिन् ना, धा तिन् ना) में से किसमें मेरे स्वर ठहरे थे। वाद्य की कैद न थी;

\+ o

जहाँ बेसुरा हुआ हूँगा, गायकों ने गलती से कवि मान लिया होगा; कोमल निषाद का सम्यक् उच्चारण न हुआ होगा, तो कवियों के आक्रोश ने कवित्व के छूँछेपन को नौसिखिए गायक के आरोप से भर दिया होगा। रूपक की बंदिश कुछ ऐसी रही होगी :—नि़सा रेम रे। सानि सां। नि् ध़। नि़ नि़ नि़। सा सा। सा सा।

\+ 2 3 + 2 3

और दादरे की—

सा ग प। सां म ध। धग रे ग। मध प मगरेसा।[1]

\+ o + o

स्वर-सौरभ से अनचीन्ही लिपि पढ़ी जा सकती है, इसे मेरे सपनों का बचपना समझा जा सकता है। पुरस्कृत मैं हुआ एक थान कौशेय वस्त्र से, किंतु दरबार के संगीताचार्य भूषण जी का अनगूँजा स्नेह अब भी अधमुँदी पलकों से छलक जाता है।

इस संगीत-सम्मेलन में एक अनहोनी हो गई। मैंने पहली बार अपरूप रूप देखा। शारदीया उषा की ज्योति देखी, मध्याह्न की ज्वाला नहीं, यह सच है। शांतिनिकेतन की एक छात्रा आई थी—दीप्ति सान्याल। उसने 'उर्वशी-मानभंग' को अपनी लोल-कल्लोल-सी अंग-भंगिमाओं से साकार किया था। रवि बाबू ने जैसे उसी का शब्द-चित्र आँका था।

"सुरसभातले जबे नृत्य करो पुलके उल्लसि
हे विलोल-हिल्लोल उर्वशी!
छन्दे छन्दे नाचि उठे सिन्धुमाझे तरंगेर दल;
शस्यशीर्षे शिहरिया काँपि उठे धरार अञ्चल,
तव स्तनहार हते नभस्तले खसि पड़े तारा,

---

1. जैसे सागर का कोलाहल आकाश में उनींदी साँसें ले रहा हो, मेरे अनंत शून्य में उजला झाग फैलाती लहर उठी, मीनार की तरह ऊँची। उसकी उछलती चमक में मेरी धुंध गहरे धँस-उतरकर अदृश्य हो गई।

अकस्मात् पुरुषेर वक्षोमाझे चित्त आत्महारा
नाचे रक्तधारा!"

इसकी निविड़ अनुभूति मुझे दीप्ति के भाव-नृत्य के स्वर्ण क्षणों में हुई। उसकी चंपक उँगलियों की नीरव-मुखर मुद्राएँ, आत्म-विस्मृत अस्तित्व की डगमगाती अभिव्यक्ति-सी लौ उठाती पदगति, कला की पिपासा को अमृत पिलाती-सी अधरों पर छिटकी स्मित-चाँदनी, पलकों की पायल की दिगंत तक निःशब्द गूँजती प्रतिध्वनि! हजारों अजन्मे सपनों के घोंसले—वे नयन—माधवी की बाल वल्लरियों के गुच्छों-से पुरबी के स्वरों की डोर से, बँधे-बँधे-से थे।

मैंने प्राणों की परिधि के हर कोने से उसकी रूपश्री देखी—लाज की ललाई लिए गोधूलि से उषा की लहरीली चहक तक। अज्ञात दूरी में से होकर आत्मस्वीकृति की संवेदना के किनारे पहुँचा। उसकी आँखों का निर्मल काजल नीलिमा का गहरा सूनापन भर गया; उसकी आत्मा की ज्योति मिट्टी के पसीने को मोतियों का मूल्य समझा गई।

कितने ही दिनों तक उसकी अकलुष परछाइयाँ पीछा करती रहीं। उसकी अकल्पित रूप-कला गले की फाँस बनी रही। हर घड़ी एक तनाव, एक द्वंद्व तन-मन को मथते रहे। क्या वह आँसुओं की अनपोई लड़ी थी? क्या वह अकुंठ बैकुंठी हँसी की सुरसरि थी?

आखिर एक रात वह भी आई जब रूप-वेदना-संज्ञा-संस्कार विज्ञान के मनन ने रूप को अरूप में बदल दिया; पिघलते अँधेरे की आरण्यक निस्तब्धता भंग कर वनांत की ओर उड़े जाते सारसों के समरस संगीत को कंठ चुरा लाया।

सा ऩि ध़ नि सा, मग्, म ध नि्, सां सां, नि् ध, म ग्, म ग्, रे सा। सां, ऩि ध, सां, म ध ऩि ध, म, ग् रे, सा।

सा¨, रे सा¨, ऩि ध् सा¨, मग्¨, म ध¨, मग्, म ग् रे सा¨।

कैसे बंद रखूँ चल लोचन, प्रित अति सुंदर हे ऽऽऽऽऽ
कैसे विकल कलश में भर लूँ, सकल समुंदर हे ऽऽऽऽऽ

त्रिताल की सोलह मात्राएँ, छह स्वरों के आलाप से पूरी कर वागीश्वरी स्वरित हो उठी। रूप-वेदना आहत होकर अनाहत उदात्त संवेदना में बदलती चली गई।

रे सा, ऩि ध़ ऩि सा मग्, म ध नि् ध, मग्, म ग् रे सा·······।

मर्मर कर उठते तरु-पल्लव सुन उसका रव हे ऽऽऽऽऽ
बदल-बदल वह रूप-रंग चलता निव नव-नव हे ऽऽऽऽऽ

नि़ ध़ नि़ सा म˙˙, म ग्, ध म ग्, नि् नि् ध म˙ग्˙˙, सां नि ध म ग्, रे सां नि् ध म ध नि् ध, म ग, ध म ग्, म ग् रे सा˙˙˙˙ ।

कह, कैसे अपना घर भर लूँ, वह सब का धन हे ऽऽऽऽऽ

कैसे रोक रखूँ, जब सब का वह अनिकेतन हे ऽऽऽऽऽ

चिंता श्याम बन गई। सुर नहीं, सुरों की सौगंध, चिंता चिता नहीं, सजल श्याम हो गई।

०	3	+	2
सां सां नि़ नि़।	ध म प ध।	ग़ ग़ रे सा।	रे रे सा सा
कै ऽ से ऽ	बं ऽ द र	खूं ऽ च ल	लो ऽ च न
सा सा ध़ नि़।	सा सा म म।	म ध नि़ ध।	ग ग रे सा।
प्रि य अ ति	सुं ऽ द र।	हे ऽ ऽ ऽ	ऽ ऽ ऽ ऽ

वेद? ना! वेदना का उन्नयन! रूप असीम होकर अरूप हो गया। 'रूप-अरूप' नाम की प्रेरणा यहीं से मिली। पहले उसका नाम तनिमा—नीलिमा था। तभी मैंने अन्यत्र गाया—

दुख को सुमुख बनाओ, गाओ!
काली घटा छँटेगी कैसे?
रिमझिम-रिमझिम स्वर बरसाओ!

—उत्पलदल

ध ध प प।	रे ग म गप।	ग म रे सा।	सा रे सा सा
सा सा ग ग।	म रे सा सा।	सा सा रे सा।	सा सा ध प
प प रे रे।	रे ग ग प।	गंप म रे सा।	सा रे ना सा
०	3	×	2

पंक से पंकज तक उठने में मन को कई मंजिलें तय करनी पड़ीं। कभी बेचैनी और कभी मायूसी ने घेरा—

चल रहे साँस के तीक्ष्ण तीर।

०	+	०	+
ग् म।	ध प नि् ध्।	म-गरे	सारे—गम गरे सा
सा सा	+		

तपती जो भूमि तवा-सी है,
तपने दो, मन नभ-वासी है,
तनु तन भी यदि त्रिकुटी कुटीर,—
रहने दो, प्राण प्रवासी है!
हो उषा-उदय, ढलने को तो
नक्षत्र कभी से है अधीर!

—रूप-अरूप

o + o +
प म। प सां सां सां। सां सां नि। सां गं रें गं।

सां-सां रेंसा। नि् ध ध ध। नि् ध म म। धनि रेंसां नि़ ध।

प-प म। प सां--सां। सां सां सांनि्। सा गं सा गं।
सां-सां रेंसां। नि ध ध ध। नि ध म म। निसां रेंसां नि ध

प- प प। मग पम ग् रे। रे गूरे सा सा रेम-पनि् धानि्
प— प म। प गं ग रें। रें सां सां रें। सां नि ध नि ध

नि़ प ग़ म।

कभी ज्योति-पंख फड़काकर किरण-विहंगनी अँधियारे के इस किनारे उतरने को हुई तो मरण-वरण प्राणों की वीणा पर भैरवी चिहुँक उठी :

नाविक, अभी सवेरा है!

2
सा सा ग़ म। प नि़ध़ प म। ग़ ग़ सा रे। नि़ रे़ सा सा।

\+ + +

सभी ओर दिखता कुहरा ही;
तू बैठा, ज्यों थक कर राही!
सुनता हूँ, उस ओर सभी का—
होता रैन बसेरा है।

—रूप-अरूप

चित्र-फलक फाड़ते समय जैसे बदली फट गई और बदली हुई बदली से अंतिम बार दो बूँदें ढुलक पड़ीं;

कितना निरोध, कितना विरोध,
मुझ-जैसे कैसे हैं बेबस!
तुम स्वप्न-समान समझ सकते;
घेरे सच को है यहाँ तमस!
है रोक, कहूँ कैसे कुछ भी,
सुन रहा, तुम रहे हो पुकार!
पर मैं कैसे वह चलूँ बंधु,
मेरे जीवन की क्षीण धार!!

—रूप-अरूप

(म)—रेसा। -रे सानि सा। म म ग प। -प म' प
ध नि सां रें। -सां ध प प। म प धप म। -म पध मप
म -रे सा। -रे सानि़ सा। म -ग प। -प म'प धप

o o o

'हाँ' और 'ना' के दोहरेपन के लिए भाव और अभाव के द्वंद्व ने माथे की भुरभुरी मिट्टी में बामी खड़ी कर ली जिसे दीमक-गीतों ने मर-मरकर आबाद किया। ऐसे ही पीले-चुचके गीतों से 'रूप-अरूप' भरा-पुरा है। चेतन-अचेतन ने अलग कपाल-क्रिया की। जो चेतन में दबा, वह अचेतन में उभरा। ऊँट के पेट में कई थैलियाँ होती हैं, सुना था; किंतु अपने मन और अंतर्मन के बहुरूपिएपन ने जो-जो करिश्मे दिखलाए, उनका बखान कर चिरकीं को शर्मिंदा करना ठीक नहीं। मैं सिरहाने की तरफ गीता रखकर सोता, मगर सपने गीत गोविंद के ही आते; पायताने की तरफ भुस्स-भरी बोरसी होती जो ठंडी काली रातों में सुर्ख शोलों-सी चमकती।

जाड़े में खूब तड़के उठकर घूमने निकल जाता—दूर जंगल-पहाड़ में किसी आँवले के पेड़-तले सुस्ताता, पके-पके फल गिलहरी की तरह कुतर-कुतरकर खाता, फिर झरने का पानी पीता और थोड़ा दम लेकर गेस्ट हाउस लौट आता। सीधी सड़क पर घूमता होता तो डॉ० बलदेव प्रसाद मिश्र से अकसर मुलाकात हो जाती। वह उन दिनों 'तुलसी-दर्शन' लिख रहे थे। छेड़कर नीति और आदर्श पर प्रवचन सुनता, मगर

निछक्के में सब भूल जाता। यह और है कि मैं न हारा, न भटका, न गुमराह हुआ। पल-स्तर बखेरने वालों की कहीं कमी न थी। कभी हत्थे चढ़ता तो इधर की कसर उधर निकाल लेते। एक रात की बात है। भूरे और चितकबरे बादलों से आकाश रंग जमाता-सा जान पड़ता था। बिजली के दिल की जलन जब-तब रुद्र ताल में चमक उठती थी। दैन्य-दुःख-जर्जर केंचुल उतारकर मणिमंडित नाग गुंजलक फैलाकर पवन पी रहा था। बादलों की भाग-दौड़ में इक्के-दुक्के तारे सृजन-क्षण-से काँप रहे थे। प्रफुल्ल पद्मासन में तन सधा हुआ, मन सुर-लय में लीन और नयन शून्य निहारते हुए बेचैन-से :

'मेघेर परे मेघ जमेछे आंधार करे आसे,
आमाय केन वसिये राखो एका द्वारेर पाशे!'

कि अचानक रिमझिम बूँदें बरसने लगीं। समस्त वातावरण अयुत ध्वनियों से निनादित होने लगा। मैं इन दिनों तांडव और लास्य ही लिखा करता था, अतः माहेश्वर सूत्रों की याद आई जो तांडव करने के बाद भगवान् शंकर के ढक्का (ढोल, ढाक) निनाद से प्रतिध्वनित हुए थे : *नृत्यावसाने नटराजराजो ननाद ढक्कां नव पञ्चवारम्।* संस्कृत में लिखने का आग्रह था। अतः सिद्धांत-कौमुदी के साये माथे के खँडहर में भटकते रहते थे। कहाँ यह रिमझिम-रिमझिम और कहाँ 'अइउण् ऋलृक्'—मगर इस घड़ी मुझे दोनों एक ही लय में गूँजते जान पड़ते! कभी मालूम होता 'कहरवा' बज रहा है :

+	2
धा गे न ति	न क धि न
रि म झि म	रि म झि म
अ इ उ ण्	ऋ ऽ लृ क्

कभी एकताला :

+	०	2	०	3	4
धी धी	धा त्रक	तू ना	क त्ता	धी त्रक	धी ना
अइ उण्	ऋ लृक्	ए ओङ्	ऐ औच्	हय वरट्	लण्
रिमझिम	रिमझिम	रुन झुन	रुनझुन	छुनकिट	तच्छुम

नाद-समुद्र उमड़ पड़ा। तृण, तरु, पवन स्वप्नमय हो उठे। अब जिस सूत्र की ओर ध्यान जाता, वह लय-ताल निबद्ध दीखता। 'तस् थस् थ मिपां तान्तं तामः'

में मुझे विद्युन्माला (मो मो गो गो विद्युन्माला) छंद सुनाई देने लगा;

+ 2

धा धिं धिं धा। धा धिं धिं धा (त्रिताल) की गूँज सुनाई देने लगी। पाणिनि साक्षात् नादब्रह्म प्रतीत होने लगे और कालिदास, टैगोर और निराला नाद-समुद्र में खिले नीलकमल। प्रकृति हे, मैं तो सतत गतिशील चेतना के प्रवाह का तिनका हो रहा था। सीध बाँधना चाहता, वक्र रूप का राग उभरने लगता; आकाश बाँधने का इरादा करता, जमीन पकड़ लेता।

अजंता-एलोरा की यात्रा पर था। गुजरात की एक तरुणी को तीन दिनों तक 'काली राजकुमारी' की रेखानुकृति में डूबी-खोई देख चकरा गया था। बंबई के किसी कला-महाविद्यालय की छात्रा थी वह। गोल्डेन फ्रेम के चश्मे के भीतर उसकी मदालसा दृष्टि कितनी-कितनी देर तक निस्पंद रहती थी। बातचीत के सिलसिले में उसने कहा था : भाई साब, मुझे विश्व-प्रकृति में रेखाएँ ही रेखाएँ दिखलाई देती हैं!

सुमन की बात उस दिन तो नहीं, किंतु आज, इस घड़ी, कुछ-कुछ समझ में आ रही थी। यह सुर का ऐश्वर्य न था, लय का प्रलय-प्लावन था। कालिदास कोई मेघदूत छान लाते, टैगोर कोई वर्षामंगल, निराला किसी 'बादल राग' में नया जन्म लेते, मैं मगर समुंदर में लुटिया डुबो रहा था :

'मेघ-रन्ध्र में मन्द्र सान्द्र ध्वनि—
द्रिम—द्रिम—द्रिम उन्मद मृदंग की!
भाद्र—समुद्र—रुद्र—रव—रशना
नाच रही कस दस-दिशि-वसना
रिमझिम-रिमझिम, रुनझुन-रुनझुन
छुनकिट तच्छुम, रनरन-रुनरुन,
छुम-छुम छननन, झननन-झुनझुन
मुक्तकेश सरका श्यामाम्बर!
हरित-सस्य-अञ्चल चञ्चलतर!!
ताल-ताल पर उच्छल-उच्छल—
चल जल छल-छल टलमल टलमल,
कुलकुल—कुलकुल, कलकल-कलकल,
प्रति-पदगति नति जल-तरंग की!
तड़ित् भंगिमा अंग-अंग की!!'

—मेघगीत

कल्पना के निचोड़ की शहद शब्दों के चषक में लबालब भर जाए यह क्या सुगम साधना से संभव है? मेरी अंतर्गंध का उन्माद इस तिमिर में प्रकाशित न हुआ तो क्या हुआ? यह नाद और मौन का—गगन और मन का संघर्ष था। नए सपने नए प्रश्न छेड़ रहे थे···

'छप-छप छप-छप छोटी नाव रही चल,
अंधकार का उमड़ा पारावार,
खड़ा-खड़ा क्या सोच रहा है राही,
फैल रहा झञ्झा का हाहाकार!
रात और होती तट पर टिकने की,
आज पार से आई विकल पुकार!
तप्त गगन को सप्त सुरों से भरकर
मेघ गा रहे मंगल मेघ-मल्हार।।'

—मेघगीत

सा, रेरे, सा, मम, रेप, म, रे, सा, रेसा,
धप़, ध़सा, सारेसा, मम, परे, रेप, धप,
मम, रे, सा, सा, रे, मम, प, मप, धप, परे,
प, मप, धप, मम, रेप, मप, म, रे, प, म, रे, सा।

छायावाद के आदिकवि साहित्यवाचस्पति पंडित मुकुटधर पांडेय के यहाँ प्रीतिभोज आयोजित था। राजा चक्रधर सिंह, उनकी कवयित्री बड़ी रानी, बड़ी राजकुमारी, डॉ० बलदेवप्रसाद मिश्र और मैं एक शाही कार में महानदी के किनारे पहुँचे। महानदी पार कर पांडेय जी के गाँव बालपुर पहुँचना था।

महानदी सिहावा की पहाड़ी से निकली है और कांकेर से बहकर रायपुर जिले के दक्खिन-पच्छिम की ओर निकल जाती है, उधर उत्तर-पूरब में रायपुर, बिलासपुर जिले की सीमा बनाती है। पांडेय जी का गाँव संभवतः बिलासपुर जिले में है।

मैं वर्षों से काशी में रह रहा था, कैसी-कैसी नावें देखी थीं। थोड़ा-बहुत तैराकी का भी शौक था। मगर यहाँ जैसी अनगढ़ 'डोंगी' देखी, मेरे तो देवता कूच कर गए। फिर भी मेरे डर और सकपकाहट को लक्ष्य करने वाला कहाँ कौन था? इधर हरी झाड़ियों की तरह फैला हुआ, छोटे-बड़े पेड़ों का जंगल; फूले-फूले पौधों की तेज और तीखी गंध; अनजोती जमीन की लंबी परतें; ढलानों का नंगापन ढके हुए गहरी हरी घास, उधर सामने दृष्टि के अंतिम बिंदु तक सिंधु-सा फैला महानदी का चौड़ा पाट

और फिर जलपखेरुओं के घोंसले-सी किनारे से बँधी यह आदिम युग की, मनु की, नाव!

सारा वातावरण सीलन-भरा-सा भीगा-भीगा, सूरज की किरणें भूरी-भूरी, नुकीले बादल-सा मेरा गीला, कुहरीला व्यक्तित्व जैसे अपने आप में सिकुड़ता जा रहा था। लक्ष्मी का पलड़ा सब दिन भारी रहा है और सरस्वती का हलका। नाव 'एक बटा दो' की शक्ल में डगमग करती बढ़ चली। राजा-रानी के सामने कुछ कायरों ने बड़ी मर्दानगी दिखलाई। धाँय-धाँय बंदूक दागकर किलोल करते हुए जलपंछियों को भून दिया। नदी की जड़ धार चेतन हो आई; स्याही सुर्खी में बदल गई।

मेरा शरीर नाव पर हिचकोले खा रहा था; मगर उन्मुक्त आत्मा कहीं दूर, बहुत दूर, झील की ओर उड़ती चली गई थी। अनगिनत नए संवेदनों से मन सनसना रहा था। सीलन-भरी ठंडक फेफड़ों में घुसी जाती थी, जिसे पीला-पीला आसमान नई भावना की गरमाई देने में असमर्थ था। बुद्ध और ईसा अहिंसा की सीख देते-देते हिंसा की भेंट हो गए। जिस खेत में बंदूक जनमती है, उसकी सिंचाई आँसुओं से नहीं होती। वेदना और करुणा जौहर-व्रत ले लें और शक्ति के चँवर न झलें, ऐसा हो सकता है क्या?

वाल्मीकि ने चकई के आँसू रामायण के कंपित करों से पोंछे थे। अँधेरे में मँडराती हुई मेरी आत्मा सफेदपोश बहेलियों के प्रति आक्रोश से भरी हुई थी। जयचंद के एक दरबारी कवि की उक्ति याद आ रही थी :

'अबलस्वकुलाशिनो झषान् निजनीडद्रुमपीडिनः खगान्
अनवद्यतृणार्दिनो मृगान् मृगयाघाय न भूभुजां घ्नताम्'

'कि बड़ी मछलियाँ छोटी मछलियों को निगल जाती हैं, इसलिए उनका शिकार करने में कोई पाप नहीं है।'

'कि ये पंछी जिस पेड़ पर घोंसले बनाते हैं, उसका बहुत बुरा हाल हो जाता है। एक ओर तो ये डाल, तने पर गंदगी फैलाते हैं, दूसरी ओर उसके फलों का भी सफाया कर डालते हैं। इसलिए इन्हें मारने में हिचकिचाना उचित नहीं।'

'कि हिरने निर्दोष घास को रौंदते भी हैं और चर भी जाते हैं। आखिर घास के भी प्राण होते हैं, वह सुख-दुःख का अनुभव करती है, फिर उस घास के शिकारी हिरनों का वध करना क्यों राजाओं के योग्य व्यवहार नहीं है?'

द्विवेदी-युग के सुप्रसिद्ध पुरातत्त्व-वेत्ता कवि पंडित लोचनप्रसाद जी पांडेय और उनके एक दूसरे भाई और मुकुटधर जी—सब के सब विद्वान् और कवि। इन अत्यंत

सहृदय व्यक्तियों के संपर्क में दिन जल्दी-जल्दी ढल गया।[1] मेरा स्मृतियों की धुंध में घुटता हुआ मन भी धीरे-धीरे सहज हो गया। मेरे दुःखों को अपने घोंसले में सेने वाली शाम आ गई। मैं अपने सपनों को चकनाचूर होते देखने का अभ्यस्त हो गया था।

डाकबँगले में मैं अकेला ही रहता था। काफी रात गए कविवर बंदेअली फातमी आए। यह उस निष्प्राण देशी राज्य में काव्य और अपने उज्ज्वल चरित्र से प्राण फूँकने के अपराधी समझे जाते थे, जहाँ कोशे (रेशमी कपड़े) के कई-कई हथकरघे थे, ये खादी के कपड़े पहनते थे। इन्हें बार-बार 'टौर्चर' का पुरस्कार मिलता रहता था। जाने क्यों, इनकी मुझ पर बहुत कृपा थी। भाई किशोरीमोहन त्रिपाठी और बंदेअली फातमी तब रायगढ़ के प्रमुख कवि थे। किशोरीमोहन जी के बड़े भाई नीलमणि त्रिपाठी संगीत के अच्छे ज्ञाता थे। यही कभी-कभी मेरी एकरसता में नई उमंग-तरंगें पिरो जाते थे। समय बीतते देर नहीं लगती। अभी दो साल पहले किशोरीमोहन जी के लड़के श्री प्रभातकुमार त्रिपाठी एम०ए० ने सागर विश्वविद्यालय में मुझ पर 'थीसिस' लिखकर 'सबमिट' की थी। तब वह दो दाँत का बच्चा रहा होगा या होगा भी नहीं।

तो उस रात काफी देर तक कविवर फातमी सुनते-सुनाते रहे। दिन-भर 'अंडर ग्राउंड' रहते और जब कभी आते, रात के सन्नाटे में ही। मैं उनके भीतर के तेजस्वी मानव को अपनी श्रद्धा अर्पित करता हुआ कहता—आपने जिसे तप से पाया है, उसकी महिमा मेरी बिकी हुई वाणी क्या बखानेगी!

फातमी जी चले गए; मगर उनकी सौम्य गंभीर आकृति और तेज नजर की मुसकराहट ने मेरे अंतर को एक गहरी संवेदना में जकड़ लिया था। वह शूलों-बिंधी फूल की मुसकान किसी दरबारी-सरकारी कवि के नकली चेहरे को कब मयस्सर होगी!

मेरा वह धुँधला और निर्जीव एकांत उन शहीद और घायल जलपंछियों के कातर क्रंदन से फिर भर गया।

और, क्रंदन-भरा मन भला कब चैन लेने देता! जफर याद आए :

'तीर तेरा जिसके सीने से गुजर कर जाएगा,
आप जाएगा गुजर पर दिल में घर कर जाएगा!'

निराला के साहचर्य से 'केदारा' का मैं भी कायल रहा हूँ। पड़ा-पड़ा गुनगुनाने लगा :

---

1. यों मेरा 'काकली' का संस्कृत-गीत—निनादय नवीनामये वाणि वीणाम्—राग खमाज, ताल झपताल में प्रस्तुत था—

ता
थि

सा म मे प ध प नि ध सां
सां नि ध प म प ध प मे ग रे सा।
सा, म, म, म, प, म, म, पम, रे सा। ममम, प, धप, ग, म, प
नि ध प, धम, म, प, म, म, रे सा।

'मेरी शिथिल, मंद, गति ही क्यों?
गिरि, वन, सिंधु-धार भी देखो!'

पीले पत्तों में वसंत के—
लाल प्रवालों का दल सोता,
काले, जड़, पाषाणों में—
रहता उज्ज्वल जीवन का सोता,
आँखों का खारा जल ही क्यों?
उर का मधुर प्यार भी देखो!'

सा, ममम, प, धप, निध, सांनि, रेंसां, निधप, म, धपम, रेसा।
।
पप, सां, सारेंसा, निधप, मेपध, पम, सां, निधपम, धपम, म रेसा।

'बरसा कर अपना सारा रस
निःस्व हो गई नीरद-माला
वन-वन रंग, रुचि, मधु, सौरभ भर
कलियों ने खुद को खो डाला,
ऊपर सूनी डाली ही क्यों?
नीचे हरसिंगार भी देखो!'

निनिधप, धपम, रेंसांनिध, पधपम, मंमंरेंसां, रेरेंसा, निधप,
।
सांनिधपम, धपम, पम, गप, मेपधप, सां, रेंसां, मंमंरेंसां
रेंसांनिधपम, मप, धपम, रेसा।

'नभ के शून्य नयन भर आएँ,
तो अवनी का ताप भला रे!
शीतल हो जो हृदय किसी का,
तो जल में ले मुझे जला रे!

सोने का तपना ही क्यों?
तुम अपना कंठहार भी देखो!'

—रूप-अरूप

इस प्रकार सुख-दुःख की महफिल में दिल जलाकर रोशनी की तमन्ना पूरी हुई।

मनुष्य अपनी चेतना की आँधी से वेदना की घन-घटा को उड़ाने का, छाँटने का आयासी है। वह सूक्ष्म होकर समझता है, स्थूल होकर भोगता है। यही उसकी नियति है।

भारत की लायन सर्कस कंपनी में काम करने वाला एक रशियन परिवार यहाँ रायगढ़ के गेस्ट हाउस में, लगभग हफ्ते-भर से टिका हुआ है। परिवार में माता-पिता और दो लड़के हैं। लड़के बस लड़के हैं, मेरी ही उम्र के, मगर उनकी तनख्वाह है साढ़े बारह सौ रुपए। अपने राम अभी सौ रुपल्लियों तक भी नहीं पहुँचे।

मैंने माँ का मुँह नहीं देखा, दिन-भर उसी गोर्की के देश की माँ को देखता रहता था। ऐसी क्रियाशील, नियमित और परिश्रमी थी वह कि भारतीय माताओं के प्रति मेरी अतिरिक्त ममता को संशय के हिंडोले झुलाया करती थी।

लड़कों का अनूठा स्वास्थ्य और अवयवों का अद्भुत गठन रायगढ़ की जनता को खेल में बहा लाता था। कोई लड़की अपने अंग-प्रत्यंग का प्रदर्शन कर उनसे अधिक आकर्षक नहीं सिद्ध होती थी। मेरे पीले-पिचके गालों और धँसी-धँसी आँखों को देखकर माँ को विश्वास ही नहीं होता था कि मैं उसके बड़े लड़के का हमउम्र हूँ। और खेल के वक्त जब उसके लड़के जान पर खेलते होते थे, मैंने उसकी आँखों में जो देखा था, वह और कहीं नहीं देखा।

यहाँ का खेल खत्म हो गया। आज (26-7-38 को) यह परिवार खड़गपुर चला गया।

इस समय मैं उसके सूने कमरे में घूम-घूमकर दंड-बैठक लगा रहा था; उसके व्यायाम ने जैसे कमरे का आयाम बढ़ा दिया था। छोटा भाई पंजा लड़ाकर म्याऊँ के मुँह में चूहे की तरह मेरे हाथ को मुर्दा बना देता था। बड़ा कहता : कैसे आलसी हो तुम! कसरत क्यों नहीं करते? मेरी आँखें भर आतीं : भाई जान, मेरे कोई माँ नहीं है। माँ तौलिये से हाथ पोंछती हुई बढ़ आती और ठोड़ी पकड़कर कहती : मैं जो हूँ! मैं जो हूँ!!

दंड पेलते वक्त पेशानी पसीने से तरबतर हो रही थी तो आँखें भी छलछलाई

हुई थीं, अचानक छोटा भाई (उसका गज-भर लंबा रूसी नाम याद न रहा) आकर खड़ा हो गया। काटो तो खून नहीं, जैसे चोरी करते वक्त रँगे हाथों पकड़ा गया होऊँ! लपककर पलंगपोश से आँसू और पसीना पोंछ, नकली हँसी से गालों के गढ़े भरकर खामोश खड़ा हो गया। वह बोला :

'माँ ने मिजाजपुरसी के लिए भेजा है। बड़ा आ रहा था, मैंने कहा, मैं ही आदाब बजा लाऊँ।'

'मेरे भाई, आए तो माँ के भेजने पर आए! क्या सभी देशों के भाई एक-से होते हैं, जैसे सब देशों की माँएँ एक-सी होती हैं?'

—बर-जस्ता यह कहकर मैंने मुसकराने की कोशिश की। सोचा, उसने मेरा व्यंग्य नहीं समझा। मगर वह तो अव्वल दर्जे का काइयाँ निकला। बोला :

'मैं जो आया, भाई को नहीं आने दिया, यह कुछ भी नहीं?'

इस बार मैं रुआँसा हो आया। मुझे सहसा साथी सरोज याद आ गया। आत्महत्या करने के केवल दो दिन पहले आधी रात को मिलने आया था। होस्टल में सन्नाटा छाया हुआ था। मैं 'देवदास' देखकर लौटा था। नींद हराम हो गई थी। लेटा-लेटा 'फार फ्रोम द मैडिंग क्राउड' पढ़ रहा था कि दरवाजा खटखटाया गया। खोलकर देखता हूँ तो कुमार केदारनाथ सिंह 'सरोज'। मेरे कमरे में तीन और छात्र थे—बलिया, गोरखपुर और आजमगढ़ के। वे मेरे पास बड़े-बड़े लोगों (निराला, आचार्य नंददुलारे वाजपेयी, पद्मनाभ आचार्य, शांति प्रिय जी द्विवेदी आदि) को प्रायः आते देख मुझसे घोर घृणा करते थे। वे आदर्श छात्र थे। अभी सरोज को अचानक आया देखकर जितनी प्रसन्नता हुई, उनकी बजती नाकों से उतना ही डर भी लगा। मैं सरोज को लिए-लिए बाहर निकल आया। दूधिया चाँदनी छिटकी थी। फील्ड के किनारे बरगद का बड़ा बूढ़ा पेड़ खड़ा था जिसकी ठंडी छाँव में बैठकर स्व० महामहोपाध्याय पंडित रामावतार शर्मा जी पढ़ाया करते थे। हम दोनों ने वहीं बैठकर इतमीनान की साँस ली। सरोज जानता था, मैं अवस्था में सबसे छोटा होने के कारण साथी छात्रों से बहुत डरता था। फिर उसे मेरे तकब्बुर का भी एहसास था।

पूछा : 'इतनी रात गए कैसे यह जहमत...?'

सरोज ने अँगड़ाई ली : 'जहमत की एक ही कही। यह कुछ नहीं कि जी उचटता है तो यहीं आता हूँ?'

सरोज लंका हर गोविंद लॉज में रहता था, मैं रूइया होस्टल में। मील-भर का भी फासला न था। मगर भेंट कभी छठे-छमाहे ही होती थी, वह भी बेवक्त, बेमौके। वह हमेशा खोया-खोया रहता था।

अभी यह उत्तर मुझे निरुत्तर कर देने के लिए पर्याप्त था। मैं पत्तों की फाँक से छनती चाँदनी से उसके मासूम चेहरे पर बनती-मिटती नक्काशियाँ देखता रह गया।

वह बोला : 'पहले, 'काकली' सुनी थी। इधर दो दिन हर जुबान पर आपकी ही चर्चा रही। परसों शाम को मैं शायद यहाँ न रहूँगा। आप पर एक कविता लिखी है। अभी-अभी पूरी हुई है। सुनाने आया हूँ।' 'मुझ पर कविता! अभी तो मेरी किरण गगन से उतरी भी नहीं। उर के सारे सुर बिखर-बिखर जाते हैं, कोई गीत नहीं सँवर पाता। मेरी ज्वाला ने मुझे अभी जलाया ही है, निखारा कहाँ है? मुझ पर कविता?' सरोज ने कहा—'हाँ, 'काकली' के कवि के प्रति, मैंने अपना हार्दिक उद्‌गार प्रकट किया है। दो दिन पहले अखिल भारतवर्षीय स्तर पर आपने प्रतिद्वंद्विता जीती है; प्रथम पुरस्कार और स्वर्णपदक प्राप्त किए हैं। फिर निर्णायक भी कैसे-कैसे—काशी के महामहोपाध्याय पंडित बालकृष्ण मिश्र, पटना के महामहोपाध्याय पंडित हरिहरकृपालु द्विवेदी, पंजाब की प्रख्यात विदुषी यमुना शास्त्री! आप जब काव्यपाठ कर रहे थे, तब समुदय श्रोता या विद्वान् मंडली ही नहीं, आपके गुरुदेव भी झूम रहे थे। साहित्य-विभाग के अध्यक्ष पंडित वामदेव जी मिश्र तो जब्त भी न कर सके, निर्णय की घोषणा के पूर्व ही चुनौती देने लगे—अब आए कोई मुकाबले में! सब देख-सुनकर हजारों के साथ मेरी भी बाछें खिल रही थीं। मुझसे उमड़-घुमड़कर बिन बरसे रह जाना न बन पड़ा। मैं एक कविता में फूट पड़ा :

'पूछती है कोकिला :
कवि, मैं तुम्हारे गीत गाऊँ?
कल्प की पथधूलिका में
खो गए हैं गीत मेरे,
विश्व के उन्नत श्रवण
सुनते नहीं संगीत मेरे,
था कभी मेरी सुरीली
तान में जादू निराला
और था स्वर स्वप्न-सा,
वे दिन गए हैं बीत मेरे!
... ...
मैं सुप्त थी निज नीड़ में
कर बंद पलकों में व्यथा,

थी स्वप्न-सी सुधि आ रही
वह स्नेह-सिंचित-सी कथा,
मैंने सुना, जग की मधुरिमा
को स्वरों में बाँधकर—
था एक गायक गा रहा,
वह तुम न थे तो कौन था?'

दोनों समवयस्क थे; पर इस घड़ी मेरी संकुचित पलकें झपकना भी भूल गई थीं। एक ही ध्वनि मन-गगन में गूँज रही थी :

'मैंने सुना, जग की मधुरिमा
को स्वरों में बाँध कर—
था एक गायक गा रहा,
वह तुम न थे तो कौन था?'

कोई कह सकता था : यही अंतिम भेंट थी? मौत की छत पर यह आखिरी दफा जिंदगी की बारिश हो रही थी? प्रेरणा की एक ऐसी नाजुक डोर आज ही कटने वाली थी? दो दिन बाद कविकुमार सरोज की क्षत-विक्षत लाश ही बोटैनिकल गार्डन के एक अँधेरे कमरे में देखने को मिलेगी?

कुमार 'सरोज' गया जिले का, टिकारी के आसपास का रहने वाला एक धनाढ्य भूमिहार परिवार का इकलौता था। वह दो सौ मासिक खर्च कर पढ़ रहा था, मैं दस रुपए। उसकी काव्य-प्रतिभा की तुलना में मेरा पलड़ा हलका होने के कारण ही ऊँचा दिखता था। रूप-रंग, विद्या-बुद्धि, धन-दौलत—सब कुछ में वह बढ़ा-चढ़ा था। फिर भी हम हमरा ही थे। हमारा सफर आसान न था। मंजिल की दूरी मालूम न थी। उसके शौक और हँसी को गले लगाकर डँसने वाले सँपोले उसके गिर्द रेंगते रहते थे। मेरी गरीबी और रुखाई जाने क्यों, उसे भाती थी। वह ऐसे ही जब-तब साँप-बिच्छुओं की नजर बचाकर तनहा मिलने आ जाता था। आज आखिरी बार आया था।

मैंने झेंप मिटाने के लिए बात बदली : अच्छा, कुछ और सुनाओ, इधर क्या-क्या लिख रहे हो?

"सुनिएगा?"

"अरे भई, शेषनाग से कान उधार लेकर सुनूँगा। सुनाओ तो सही।"

"किंतु दो बजने वाले हैं, आज सोना नहीं है क्या?"

"अब सोने-चाँदी को गोली मारो। काम की बात करो। कला की प्यास सोने की खान या रुपहले ज्ञान से नहीं बुझती।"

सरोज ने सुनाना शुरू किया। उसकी पहली कविता का शीर्षक था : अतीत, वर्तमान और भविष्य। उन्हीं दिनों 'सरस्वती' के मुखपृष्ठ पर निराला की एक महान् कविता छपी थी—'सम्राट् एडवर्ड अष्टम के प्रति।' उसकी प्रारंभिक पंक्तियाँ थीं :

'वीक्षण अराल;
बज रहे जहाँ जीवन के स्वर भर छंद-ताल
मौन में मंद्र;'

'सरोज' पर इस छंद के मंद्र आवर्त ने गहरा असर डाला था। वैसे वह सरापा मौलिक था। कविता थी—

'स्फीत प्रवाल,
हिमशैल-शिला पर श्वेत सुधाकर-किरण-जाल!
जलधार विमल—
राका-अनुरञ्जित सर-सज्जित
नव श्वेतोत्पल!
प्रतिपल उज्ज्वल!!
... ...
पर उस आनंद-भरे वन में
उस अंतरिक्ष के अंगण में
फूलों के गजरे गए बिखर,
अपने दृग में आँसू भरकर।
विधुमुख वसुधा का हुआ म्लान
पर इससे क्या?
फिर आने वाला एक
स्वप्न-सुंदर विहान!
कुंठित होना मत वर्तमान!
... ...
मेरे भविष्य का स्वर्ण स्वप्न—
मैं चपल हृदय कल्पना-
कलित उल्लास, मग्न—

आई फिर अभिसारिका उषा,—
अपने प्रियतम के लिए गूँथ
मणि-माणिक की मालिका उषा,
मधु-मदिर नयन, पुलकित तन-मन,
सौंदर्य-सुमन-बालिका उषा,
वह सद्यस्नात जलसिक्त अलक
शीतल निशात से लिप्त पलक
आ रही भरे कुछ अनाघ्रात,
अञ्जलि में, शेफालिका उषा!
विहगों का स्वन—
जिन चरण-नूपुरों का शिंजन
गाती गुनगुन…'

अब मेरी बारी आई। टालमटोल करने से उसका संकल्प दृढ़ ही होता गया। खुद सपाट सुनाकर मुझे तरन्नुम की याद दिला रहा था। 'अतीत और वर्तमान' पर कुछ पंक्तियाँ मैंने भी लिखी थीं, भविष्य तक दृष्टि मेरी नहीं फैली थी। सरोज ने जिस वस्तु को सुगंध से लहालोट कर दिया था, मैंने उसे काँटों में घसीटा था :

'रेणु-पिञ्जरित कुञ्चित कुन्तल
रेशम श्याम सघन था,
स्वर्ण-सलिल में मंद-मंद—
खिलता अरविन्द वदन था,
अस्फुट रदन, वचन-विरचन-श्रम-
लोल कपोल, विलोचन,
गीत-मधुर मेरा अतीत क्या,
सस्मित बाल मदन था!'

3

। ।
सां नि ध प मग नग म धृ रें रें सां सां मं सांनि धूप मेग मग

× 2

म ग रे सा नि सा म म मग मनि ध रें सांनि धप मग रेसा

म ग म ध सां - रें सां रें रें सां—सां सां नि ध

म म गं मं गं रें सां—ध सां रें सां सांनि धप मग मग

'लाल प्रवाल-पालने पर
सौरभ की सेज हरी थी,
झुला रही हँस उसे वसंती
धीर समीर-परी थी,
मेरा शैशव मुँह में मोती—
भरे लुटाता दृग से,
रजत धार में भार-हीन,
तिरती लघु स्वर्णतरी थी!

अग-जग क्षीर-सिंधु लहराता,
विकसित शत-शत शतदल;
भृंग-कलंक अंक में ले
शारद राका-शशि झलमल,
विषम किशोर समवयस्कों के
संग, विपिन नंदन से—
बजा वेणु था मुग्ध देखता—
दुग्ध-धवल निर्मल तल!

शिलाखंड पर नभमंडल से
उतर विराजा वन में,
भृकुटि बंक, शंकाकुल लोचन,
सपुलक कंपन तन में,

क्षितिज-छोर की ओर, कभी—
अपने अभिनव पथ का अथ,
परख रहा मन का परिवर्तन
वर्तमान क्षण-क्षण में!'

—रूप-अरूप

जैसे मीयाद पूरी हुई और रिहाई का इंतजार बेसब्री से कर रहा होऊँ, मैंने एक अपराधी की दृष्टि से 'सरोज' को देखा। वह हँस रहा था : 'साक्षात् जयदेव के मुँह से गीतगोविंद सुनने का आनंद आया!' मैं भी हँस पड़ा : 'उद्धव के समान श्रोता सौभाग्य से प्राप्त होते हैं!'

दरअसल यह वैयक्तिक विषाद का निर्वैयक्तिक आनंद में विलयन मात्र है। यथार्थ की तीक्ष्णता या तथ्य के दंशन से शुतुरमुर्गी बचाव यह नहीं है। प्रतिक्रियाओं के विभेद के सारे कारण कलाकृति की पूरी-अधूरी त्रुटियों में ही नहीं ढूँढ़े जाने चाहिए। यह निस्सार-मधुर शब्दावली खड़ी बोली में पहले कब प्रयुक्त हुई थी?

तब मैं भी अधिक-से-अधिक यही मंसूबे बाँधता था कि खड़ी बोली में जयदेव-सा पद्य और पंडितराज-सा गद्य लिखूँगा। अब मन की वह निर्मलता खोती जा रही है; दिल पर दाग पड़ते जा रहे हैं। धूप कहती है : छाँव की तलाश छोड़ो; चाँदनी कहती है : तारे गिनने की आदत अच्छी नहीं!

दो किशोर हृदय तब एक-सा आवाहन सुन रहे थे; एक-से स्वप्न सँजो रहे थे, यह जानकर इंतजार में पथराई हुई आँखें पानी-पानी होने लगती थीं। बातों-बातों में मैंने बताया था कि आए दिन अनुवाद का उन्माद मन को बेचैन किए रहता है, मैंने टैगोर के 'रात्रे ओ प्रभाते' का संस्कृत-अनुवाद 'विभावर्यां विभाते च' प्रकाशित करा दिया है और अब 'शेली' के 'स्काइलार्क' का हिंदी अनुवाद तैयार कर रहा हूँ। 'हैल, टू दी ब्लेद स्पिरिट बर्ड दाउ नेवर वर्ट' अब मेरी कलम से :

'स्वागतम् ओ मुदित आत्मा, स्वागतम्;
विहग रूप धरे अरे, तुम कौन हो?'

में बदल रहा है तो संकोची सरोज ने भी गहरे उतरकर जैसे साँसों के दरिए के दो कण होंठों से लगाए और वड्र्सवर्थ के 'डैफोडिल्स' का अपना अनुवाद सुनाया।

'गिरि-पथ पर छाने वाले एकाकी घन-सा मैं घूम-घूम
देखूँ, प्रभात के पवन-प्रकंपित लहराते मृदु झूम-झूम—

सरिता-तट पर शृंगारित-कल थे अरुण, सुनहले, रक्त कमल!
पय-पथ पर उगने वाले तारों-सी उनकी संख्या अपार—
तटिनी के तट पर विस्तृत थी यह अंतहीन उनकी कतार
भावना-भरे, झुक-झूम रहे—करते सुंदरता का प्रसार
वे अरुण कमल कितने हजार!
वह नृत्य देखकर थी लज्जित
रवि-कर-चुंबित सरिता-तरंग कवि को होगा उपलब्ध कहाँ
ऐसा आनंदित अन्य संग? देखा मैंने वह अमर रास—
भूला अंतर के विपुल भाव—ऐसा उपकूलों का प्रभाव।
एकांत शांत, जब कभी काटता हूँ प्रतप्त जीवन के क्षण,
नयनों के सम्मुख हो उठता है वह सुकुमार कुसुम-नर्तन,
धर कमल-कली के कंपित कर यह हृदय नाच उठता सत्वर!'

मैंने कहा : मैं तो संस्कृत की निविड़ एकरसता में कुछ संधि-रंध्र बनाने के अभिप्राय से अंग्रेजी-बंगला को उलट-पलट भर देता हूँ, किंतु तुम्हारे अनुवाद में हिंदी का अपना मौलिक तेज है।

लक्ष्य न मिला तो समझो, समय का सदुपयोग न हुआ। दिमाग में कुछ उलटे-सीधे विचार कस गए, वक्त के इशारे पल्ले न पड़े। गति दिशा ढूँढ़ती रही, अनगिनत स्वेद-कण पलकों पर टँग गए। कीमत देकर इकबारगी बेकार ज्वार खरीदता रहा।

स्वयं को जलाए बिना तटस्थ सत्य नहीं उजलता। मन उघड़ता है तो तन की पकड़ में आते छटपटाने लगता है। भूले-बिसरे को लपेट लाता है अकारण। जीवन अतिरिक्त-अनावश्यक और पकड़ के बाहर पीछे छूटे हुओं को कतारों में सजाने, स्थिर शून्य में सहेजने लगता है। मन उबासी लेता उठता है, बेफिक्री से नहीं, तसल्ली न मिलने के सबब। कुछ घायल, कुछ लहूलुहान इरादों को शाबाशी देता है, ऐलान करता है कि जाती मामलात को ऊलजलूल तरीके से सुलझाना बंद करो। एक तरफ की आवाज ऐसी पुरजोर नहीं होती कि आसमान की सिसकियाँ थम जाएँ, धरती को उजाड़ने वाले दरिंदे दिमागी तबाही की आखिरी हँसी बंद कर दें, बेकुसूर ख्वाहिशों को कड़वाहट का सामना न करना पड़े।

मन बेतहाशा भागता पीछे की तरफ। मैं मगर जंगल-जंगल झाड़ी-झरने न

देखकर इनकी निगूढ़ नियति पढ़ता था। इनकी नियति और अपनी नियति एक ही धागे में पोई हुई दिखती थी जो! झरना किसलिए झर रहा है? कहाँ पहुँचने की जल्दी में ऐसा तेज रौ है? पेड़ क्योंकर फले-फूले-से हैं? मैंने क्या महज पेट पालने के लिए ही यह वनवास स्वीकारा है? फिर ऐसा अनचाहा काम करने की प्रेरणा कहाँ से आती है? वेदना क्या तपस्या का ही एक और नाम है? वश नहीं है फिर मोह क्यों होता है अपने आप से?⋯

तभी 'डौका-डौकी' के युग्म गीत से घाटी गूँज उठती। मैं अकसर रायगढ़ से यशपुर जाने वाले जंगल की राह दूर-दूर निकल जाया करता था। तो क्या मन के किसी खोखले कोने में काँटे की तरह यश की ही कामना पल रही थी? संघर्ष-पथ पर आभ्यंतर शक्तियों को निःस्वार्थता में केंद्रित करने की सामर्थ्य मुझे नहीं प्राप्त होगी?

काश कि मैं सुकांत की बोली में बोल सकता :

'सकालेर एक - टुकरो रोद्दुर
एक-टुकरो सोनार चेयेओ मने हय दामी
घर छेड़े आमरा एदिके ओदिके याइ
एक - टुकरो रोद्दुरेर तृष्णाय।'

मैं मगर जहाँ हूँ, यहाँ, गरम कपड़े मिल सकते हैं, बुद्धि का जाड्य दूर करने वाला एक टुकड़ा धूप का मिलना मुश्किल है। सोच के सम-विषम स्तर सहज और जटिल की भूलभुलैया में समवेदना भूल गए हैं बावजूद इसके कि मैं पतझड़ की झंझा के थपेड़ों में अड़ा खड़ा रहा हूँ।

मुझसे बुरी किसी की किस्मत क्या होगी? वाल्मीकि-व्यास पढ़ूँ या कालिदास-भवभूति, भाग्य-चक्र से बच-बचाव का कोई प्रशस्त पथ पाना संभव न हुआ। अध्ययन-मनन के अंतस्तल से निकलकर जब मुकुटधर जी के साथ चल पड़ा था, तब मन ही मन श्रीहर्ष गुनगुना रहा था कि जैसे हवा तिनके को उड़ा ले जाती है, होनी मानव-मन को भी वैसे ही अवश कर देती, अनुगत बना लेती है :

'अवश्यभव्येष्वनवग्रहग्रहा
यया दिशा धावति वेधसः स्पृहा
तृणेन वान्येव तयाऽनुगम्यते
जनस्य चिन्तेन भृशावशात्मना।'

और यहाँ हरे वेणुवन से जब चित्त उचटता, शृंखला की कड़ियाँ तोड़कर भाग

खड़े होने को मन मचलता, तब भवभूति नीरवता में बज उठते थे :

'को नाम पाकाभिमुखस्य जन्तो
द्वाराणि दैवस्य पिधातुमीष्टे?'

ओस चाटने से प्यास न बुझती तो समुद्र का खयाल आता। खारा पानी प्यास बुझाएगा? भागने और टिकने का द्वंद्व, हार का डर और जूझने की ताकत न बटोर सकने का दुःख, आलस्य, प्रमाद—सब बड़ी बेदर्दी से हल्ला बोल देते तो गेस्ट हाउस की सीध में, विश्वनाथ मुकर्जी के घर चला जाता। श्री 'म'-कथित रामकृष्णकथामृत पहली बार वहीं देखा था। देखा था तो फिर देखता ही रह गया था। श्री दिलीपकुमार राय के ग्रंथ 'तीर्थकर' में उसकी प्रामाणिकता की पड़ताल पढ़ी थी। मेरी निजी लड़ाई में कोई और कंधे से कंधा भिड़ाने वाला न था। रामकृष्ण की आँखों से आँखें मिलाईं तो वे वहाँ से न हटीं। पिछले दिनों रवींद्र-साहित्य-सरोवर का मीन बना रहा था। उठते-बैठते, सोते-जागते वही 'आवार आह्वान'? वही 'येते नाइ दिबो?' परिणाम—'अश्रु अकारण करे विसर्जन बालिका।' मन रण-विरत होने लगता; खड्ग-कवच ढीले-ढाले बदन से खिंचकर परे तनते, सुस्त तत्परता उन्हें तनिक न सुहाती। मैं अपने थमे-सहमे अस्तित्व को किस माप से मापता?

कहीं पढ़ा था, कलाकार की अंतर्निहित अपरिमित (Infinity) और स्वतंत्रता (Individuality) की सम-स्तर निर्मिति कला कहलाती है, फिर इस मधुवर्षिणी वाणी (श्री रामकृष्ण कथामृत) में ऐसा कौन-सा Aesthetic Emotion था, जो प्रतिक्षण प्रतीति कराता था कि यह रवींद्रनाथ की 'अच्छोद सरसी' नहीं, लहर-लहर ऊपर उठता हुआ समुद्र है। अपनी ही ज्योति का सर्वतोमुख आमुख है; निरस्त-कुहक, अपहृतावरण अमरण आत्मगीत की आलापित टेक है। शरीर में डेरा डाले अशरीरी व्याधों से अनुक्षण आहन्यमान प्राणों के महारण्य में प्रज्वलित अमर प्रदीप है जिसके स्निग्ध-विदग्ध प्रकाश में प्राणों के परित्राण का अनुसंधान किया जा सकता है; मानव के बहुआयामी चित्र-चरित्र पर पवित्र प्रकाश फेंकता, हवा के हाथों को स्तब्ध कर ऊर्ध्वमुख मयूख-प्ररोहों में खिलखिलाता हुआ सहस्रदल कमल है; आत्म-अनात्म के विवेक से सहज साक्षात्कार के लिए प्यार-भरी पुकार है; ईश्वररूपी बिंब और जीव-रूपी प्रतिबिंब में भेद उत्पन्न करने वाले अज्ञान का आत्यंतिक नाश करने वाला प्रेम-प्रकाश है। यह बिना रस्सी का बंधन, बिना कीचड़ में लिथड़े का कलंक, ऊपर देखने वाले का अतट-प्रपात, सूर्य के परिवेश के समान उज्ज्वल बादल-दल—मेरा जीवन इसे—केवल इसे ही तो प्रत्येक भाव-अभाव की दृप्त दयनीय दशाओं में ढूँढ़ता रहा था।

'खूब व्याकुल हये कँादले ताँके देखा याय। माग-छेलेर जन्य लोके एक घटि काँदे, टाकार जन्य लोके केंद्रे भासिये देव, किंतु ईश्वरेर जन्य के काँदछे?'

—पढ़ते-पढ़ते आँसुओं की झड़ियाँ बँध गई थीं। यह ठीक के करीब था या नहीं? दूर से देखी जाने वाली यह हरकत क्यों तो आवाज के पहले अनुगूँज पैदा करती थी।

आदमी अपना अस्तित्व प्रमाणित करने के लिए कैसे-कैसे शोर, कैसे-कैसे गुलगपाड़े में खो जाता है, मगर ऐसा सवाब-अंदेश तो कहीं देखा-सुना न था। यह कोई बेफिक्री से हल की जाने वाली पहेली न थी, आसमान की ऊँचाई पर, निरे शून्य में चहलकदमी न थी, एक अजब-सा खिंचाव था; मटमैले पानी से साफ-सुथरे किनारे की तरफ बढ़ चढ़ने के लिए एक पुरजोर धक्का था। मैं अंधकार के फर्श पर चैन की नींद न सो सका, सजग प्रकाश के आसपास चहलकदमी करता रहा।

अपने बयान की ताईद में एक नजारा पेश करूँ। जो दौलत के मजे लेते नजर आते थे, मुझे जंजीरों में जकड़े दिखते थे। मैं जिस मुफलिसी की निगरानी में परवरिश पा रहा था, मेरी जिंदगी जिसके अख्तियार में थी उसे नफरत और हिकारत की नजर से देखना मेरे लिए नामुमकिन था क्योंकि उसके एवज में मुझे आजादी की नसीहत हासिल होती थी। मुझे अपनी जिद्द पर कायम देखकर लोग-बाग ताज्जुब करते थे। यह किस किस्म की आजादी है।

और मैं इस खब्त को पूरा करने में लगा था। बहरहाल, मेरी खिदमत खराद पर चढ़कर सुडौल बनती गई। मातहती मायूसी के मुकाबले सब्र देती और हिम्मत बढ़ाती रही। आखिर यह मातहती वफादार मुफलिसी की ही तो थी!

उस रोज मैं गुजराती खाना खाकर मुँह में पान रखते-रखते कोहरे से घिरे सिरफिरे रास्ते से लौट रहा था मत्तगयंद छंद में। पीक थूकने झुका तो देखा एक गेरुआधारी साधु मेरा पीछा कर रहा है। डार्बिन ने सावधान न कर दिया होता तो एक झटका-सा लगता। मेरे ऊपर अपार कृपा कर परमहंसदेव ने मेरे दुलमुल विचारों को स्थिर और स्थायी, पैना और प्रभावशाली बनाने किसी सुयोग्य शिष्य को तो नहीं भेज दिया! साधु मेरी परछाईं में छिपा-छिपा क्यों चल रहा था? गेस्ट हाउस पहुँचकर मैं ज्यों ही कमरे में घुसने लगा, वह बोला, 'तीस रुपयों का सवाल है बाबा!'

सौ रुपल्लियाँ पाने वाले के पास अब तीस ही बच रहे थे। महीना खत्म हो रहा था। महाराज बाहर गए हुए थे। गिड़गिड़ाकर कहा :

'क्षमा कीजिए। किसी बड़े के द्वारे पधारिए। पड़ोस में बड़े दीवान साहब हैं, न हो, उन्हीं से माँग देखिए।'

'मुझे महाराज या दीवान बहादुर का द्वार न दिखा। जानता हूँ तीस ही हैं तेरे पास। दे दे। भला होगा।'

'भला जब होगा, तब होगा। अभी तो बहुत बुरा हाल हो जाएगा मेरा, परदेश में जो हूँ।'

'कहता तो हूँ, हाल-बेहाल न होगा। तो ले लूँ?'

इस दूध-शरीकी भाई की चुटकुलेबाजी की मिसाल न थी। माथा ठनका। इसे कैसे मालूम हुआ अभी तीस ही रुपए हैं मेरे पास? फिर यह दे दे की जगह 'ले लूँ' क्यों बोला। यह कमरे में न था, बरामदे में न था, बाहर नीचे खड़ा था। फिर इसकी जबान से यह फुलझड़ी क्योंकर झड़ी; ले लूँ? इसकी रसीली बात के स्वाद के सामने खाना मिट्टी मालूम देने लगा था। पीरजादे नाजुक-मिजाज मालूम देते थे। महीने के रहे और बाकी दिन मैं उनकी दुआओं से गुजार लूँगा। अभी इंतजार का एक-एक लमहा बहुत भारी पड़ रहा था। मुनाफे का इमकान हो तो मुस्तकिल कारोबार को बढ़ाने का रिस्क लेना आसान है। मुझे इल्म नहीं कि मुनाफे का खब्त क्या होता है।

अलबत्ता बेमौके रवि बाबू की 'कृपण' कविता याद आ रही थी :

'आमाय किंतु दाओगो वले वाड़िए दिल हात!'
'तोमाय के न दिइनि अमार सकल शून्य करे!'

ऊँचाई की पथरीली सीढ़ियों पर टिके पाँव काँप रहे थे। आज अलस्सुबह क्या अपना ही चेहरा देखा था टूटे शीशे में? फाकाकशी दावत देने आई है—उसकी सेहत और संजीदगी न देख। दर गुजर कर दे। तुझे अपने ऊपर गुस्सा क्यों नहीं आता? उसके मुताल्लिक कुछ दरयाफ्त क्यों नहीं करता—कौन है? क्या है? फिर गिले के अंदाज में साफ-साफ अपना इरादा जाहिर कर दे।

काँटा खुशबू की कसम खा रहा था। मुँह की साँस नाक की सूराख में फँस गई थी। मैंने बिजली से चिरे आकाश के हताश स्वर में कहा : ले लीजिए।

कहा, मगर पॉकेट के अंदर अपने तीनों नोटों को मुट्ठी में सख्ती से भींचे हुए था। और लो, नोट गायब हो गए। निस्बतन कम मर्तबे के फकीर और साधु कितनी बड़ी तादाद में देखे थे मैंने, उनके मुकाबले में यह एक अदद अदना-सा दिखने वाला आदमी वाकई कयामत का फितना निकला। बजाहिर घबराहट में तरक्की पाई हुई मेरी अक्ल और तंगनजरी से बुझी-बुझी-सी मेरी शक्ल पर तरस खाकर साधु हँसा—अब वहाँ क्या खोज रहा है? ये रहे तेरे नोट।

बहरहाल, विष-बुझी हँसी तीर की तरह मेरे निर्वाक् उर को चीरती मुझे

असीसती चली गई और मैं खीस निपोरे उसे ताकता ही रह गया।

रायगढ़ में ऐसे और चमत्कार हुए थे। एक रोज उतरे दिल से मैंने एक तुकबंदी भी की थी :

'मेरा जग-जीवन भार हुआ!
सब ओर फिरा मारा-मारा,
थर-थर उर, कितनी खर धारा!
मेरे जीवन का ध्रुवतारा—
दीखा न कहीं, लाचार हुआ!
सुनने को तो सुन लेते सब
हर शूल-फूल चुन लेते सब
वह जाल स्वयं बुन लेते सब
जिससे जग कारागार हुआ!
मेरे कहने के क्या मानी?
दुनिया सब दिन से दीवानी,
उसको वह कहती है पानी,
जिसमें जल-जल मैं क्षार हुआ!'

जैसे होश का केंचुल झड़ गया हो, फालशई रोशनी में चमक बढ़ गई। रवि बाबू ने याद दिलाया—

'आजिके चाँद उठवे प्रथम राते, नदीर पारे नारिकेलेर वने
देवालयेर विजन आंगिनाते पड़वे आलो गाछेर छाया सने
दखिन हावा उठवे हठात् वेगे आसवे जोयार संगे तारि छुटे
बाँधा तरी ढेउयेंर दोला लेगे घटेर परे मरणे माथा कुटे'

कहीं पढ़ा था कि जिंदगी कुदरत की देन है, मगर ढंग-समेत जीना आदमी की अपनी अक्लमंदी से ही मुमकिन है।

Life is the gift of nature but beautiful living is the gift of wisdom. थोड़ा-बहुत लिख-पढ़ लेने से क्या होता है, मुझे कभी जीने का ढंग तो आया नहीं। मेरे लिए अश्वघोष का 'तरंस्तरंगेष्विव राजहंसः' जितना सटीक है, शेक्सपियर का वाष्प-प्रकाश भी उतना ही मौजूँ—

'This common body
Like to a vagabond flog upon the stream,
Goes to and back, lakeying the verying tide
To rot itself with motion.'

वैसे, पैसे मुझे मिल गए थे। अवश्य अप्रत्याशित नहीं, गाढ़ी कमाई के। मेरा कोई काम रुका न था। पर यह मन का दिगंतर की ओर अगोचर अभियान न था। इस प्रकाशवर्षी अंधकार में, मैं शांत न था।

दशहरा सर पर था। मैं ज्यों-त्यों गला छुड़ाना चाहता था, फर्ज का फंदा सख्ती से कसता जाता था।

वक्त पर कपड़े घर पहुँचने चाहिए, नकद लाजमी है। वैसे कपड़े बदरंग दीखेंगे। कोई न पहनेगा।

अभी कल तक निकम्मा था। कोई घुड़कियाँ जमाने वाला न था। अब चार महीने पूरे होने को आए नौकरी करते। अब न भेजूँगा तो घर वालों की सर्द आहें गरमाने पड़ोसी गाली बकेगा–

'बड़ा आया राजकवि की दुम लगाने वाला! बारह बरस की उमर में चौपाया हो गया था, खबर न थी!'

सुमित्रा का गौना लेने आए थे। सबके सामने मेरा मनीऑर्डर पहुँचा। पिताजी कहते थे–सिर ऊँचा हो गया था उनका। थोड़ी सहूलियत भी हो गई थी।

तब से चार महीने बीत गए। बला से अपनी तंगदस्ती रहेगी। भारी-भरकम डील कोई न कोई डौल बाँध लेगा।

और वाकई डौल बँध गया। महाराज का बुलावा आया। बोले : आपके सभी तांडव और लास्य सराहे गए। डॉ० बलदेवप्रसाद मिश्र (दीवान साहब) तो तारीफ करते थकते न थे। अब शरद पूर्णिमा को आपसे राधालास्य सुनूँगा।

मैं चुप।

हर दफा उनके मुँह से बात बाहर आने-भर की देर होती थी, मैं हँसकर हामी भर देता था। आज की फिकर किसी तरह कम होने को ही नहीं आती थी। वह मुझे घूर रहे थे, शायद मेरा चेहरा रुआँसा हो आया था। उन्हें कभी यह मंजर देखने का इत्तफाक न हुआ था। तपाक से पूछा–"कोई खास बात है क्या?"

इस बार मैंने कोमल सुर में कठोर सत्य कह डाला–

I am as true is truth's simplicity
And simpler than the infancy of true

उनका कंदर्प-दर्प-दलन सौंदर्य निःसार तुषार-सा भाप-भाप दिखने लगा। मेरी गैरिकवसना कविता का शुष्क स्रोत पुरंदरपुर के स्वर्ण सौध सरीखे उनके भड़कीले भवन कदापि न थे। उनका चेहरा रुआँसा हो गया मेरे घर-परिवार की दारुण दशा पर करुणा-कादंबिनी बरसते। मेरे मानस-रस के बालुई किनारे पर पाँव टिकाना आसान न था। अग्रिम राशि से मुट्ठी पीछे भरी, पहले आँखें ही भरी थीं। विप्र सुदामा की कहानी पुरानी नहीं पड़ने पाती। अनबिकी सच्चाई हर बार उसे पुख्तगी दे जाती है—

'मेरे जान मेरे तुम कान्ह हौ जगतसिंह,
तेरे जान तेरो यह विप्र हौं सुदामा हौं!'

—पद्माकर

कोमल सुकुमार एवं श्रुति-मधुर पदावली में ढला 'राधालास्यम्' मेरी एक यादगार रचना सिद्ध हुआ। गठन की दृष्टि से बिहारी के दोहे, देव के कवित्त और मतिराम के सवैये अद्वितीय माने जाते हैं। मैंने भाषा-सौष्ठव तथा आलंकारिता को प्राथमिकता दी किंतु राग-रागिनियों और ग़ज़ल-ठुमरी से लेकर संस्कृत के सभी छंदों में रचना करने के कारण किसी एक ढंग पर अपना रंग उजागर न हुआ। मेरी साधना की यह सबसे बड़ी ट्रैजेडी है।

[*सकलि तोमार इच्छा,*
इच्छामयी तारा तुमि,
तोमार कर्म तुमि कोरो मां,
लोके वले कर्त्ता आमि!]

कितने चौराहों, कितने पथ-संकेत प्रकाश को पीठ दिखाकर अजाने शिखर पर नजर टिकाने की घड़ी उड़ी जा रही थी। टोलियों में बँटकर अपनी-अपनी गप्पें ठोकने वालों से कोई केंद्रीय विचार नहीं प्रसारित होता। मेरी हैरत रंगी आँखें एक उसी चेहरे को नहीं पकड़ पातीं जो अँधियारा जलाने वाली आग उगलता है, अँधियारे को उजागर करने वाली झिलमिली मुसकान नहीं खिलाता। मेरे सिर पर झाड़फानूस लटक रहे थे, पुतलियों में धुआँ भरा हुआ था। फाके न करने पर भी यह गुजारा ही गुजारा था क्योंकि मन-प्राण भूखे थे, आत्मा भूखी थी। उस रोज ऐसा हुआ कि 'आर्थिक खतरों के किनारे पर लटकती हुई जिंदगी बसर करने वाली' जाति की एक बुढ़िया लाठी टेक-टेककर एक-एक कदम आगे बढ़ रही थी कि उसी कौम के एक नटखट लड़के ने उसे धक्का दे दिया। वह बुरी तरह घिसट गई। उसके हाथ की गठरी सुर्खी-चूने के ढेर पर बिखर गई। लड़का अपना कुसूर छिपाने भाग खड़ा हुआ। बुढ़िया

बड़बड़ाती हुई चावल का एक-एक दाना चुनने बैठ गई। मेरी आँखें फटी की फटी रह गईं। एक बड़े सवाल का दर्द भोगता हुआ मैं आत्मा की भूख-प्यास झुठलाने वाले इस दृश्य से आगे बढ़ने लगा। शाम का अँधेरा गहराने लगा था। सो लौटा कोई डेढ़-दो घंटे बाद। देखा, दिन के उजाले में भी बुढ़िया की बुझी-बुझी-सी जो आँखें कोई समर्थ सहारा ढूँढ़ रही थीं, वह इस झुटपुटे में भी उसी एकतान तन्मयता से दाने चुन-बीन रही थीं।

उस रात फिर खाना-पीना न हुआ। एक पद-दलित की जीवन-ज्योति पर आध्यात्मिक शेड चढ़ाते हुए हाथ काँप जाता था। छोटा दिमाग यह उलझन सुलझा नहीं पाता था। मैं रो-रोकर गाने लगा कि माँ मेरा दुर्बल मन यह भवयंत्रणा सहने में असमर्थ है—

'निःश्वास पवन, वहिछे सघन,
कि जानि कखन रहे ना रहे
जलबिंब ये मन जल मध्ये भासे,
तृणाग्रे तुषार गो शृंगे।'

उत्तुंग-तरंगों से आकाश और भँवर-आवर्त्तों से पाताल तल को चूमने वाला सागर जब किनारा खोजता है, गहराइयों को उलीचने और ऊँचाइयों को बिखेरने के लिए, तब मेरे धीरज की धूल साँसों से उड़ने लगी हो तो आश्चर्य ही क्या?

यह अतिरिक्त एकांत साधना की दुहाई फेरता नजर आता था। प्रचार का विचार होता तो पैसे भी ऐंठे जा सकते थे। इक्कीस साल के बालयोगी के मुँह से वेद-वेदांत सुनकर किस आते-जाते के पाँव पल-भर को न ठिठक जाते?

शास्त्रों के शस्त्र चलाना आसान था। इस वीभत्स व्यापार से मलिन मन की उत्कट उच्छृंखलता को सुरक्षित रखा जा सकता था, किंतु वेतन के आग्नेय चमत्कार (Terrorism) का पतंग बनना मन को गवारा न था। असल से रुचि होने से नकल के नियंत्रण में रहना संभव ही न था। कमलाकांत के शब्द याद आते थे—'मन, भेवेछ कपट भक्ति करे श्यामा माँ के पावे।' कपट भक्ति से अपने मन की माँ को मनाना मेरी सहज शक्ति के बाहर था। चक्षु के समक्ष सुंदर का उद्घाटन मन को चंचल करने पर तुल जाता तो मैं आँखें बंद कर अंतर के निभृत गोपन में सुंदरतर का संधान करता था। रात-रात-भर यह क्रिया चलती रहती थी जब महाराज रायगढ़ के बाहर गए होते थे। यों तो दरबार के संगीत-संभार में रतजगा करना पड़ता था। सोना तो दरकिनार, ऊँघना भी मना था। इसी कारण मुझे नंदनवन रेगिस्तान नजर आता था।

रचना के समान ही उसका आस्वादन भी सरस होना चाहिए। रतजगे में झपकती पलकों की जो झलक मिलती थी, उसमें से रस निचोड़ना, बस, अभ्यास-साध्य था।

मन की भीतरी स्थितियों को प्रकाश में लाकर सुख-दुःख को झंकृत करने वाले अनेक संस्कार गीत में साकार होते हैं। गीत स्वर के साथ लय, पद और शैली की अपेक्षा करते हैं। दूसरी ओर–

The poet's eye, in a fine frenzy rolling
Doth glance from heaven to earth, from
earth to heaven.
And, as imagination bodies forth
The forms of things unknown, the poet's pen
Turn them to shapes, and gives to airy nothing
A local habitation and a name

–*Shakespeare*

अनाम, अरूप को नाम-रूप में जागरित करने वाली कवि की रचना-प्रक्रिया वायव्य को स्पर्श-योग्य बनाने पर बल देती है। मैं परंपरा और प्रगति, गेयधर्मता तथा काव्यधर्मता के अंतराल पर सेतुबंध में प्रवृत्त होता था। समय के तात्कालिक बिंदु तक के संदर्भ-प्रसंग अंतरंग का संग छोड़ते वक्त छटपटा उठते।

रुक गई नाव जिस ठौर स्वयं
माझी, उसको मझधार न कह
कायर जो बैठे, आह भरे,
तूफानों की परवाह करे,
हाँ, तट तक जो पहुँचा न सका,
चाहे उसको तू ज्वार न कह!

0	3	+	2
सा ध प ध	म प ग म	साऽग म	ध प मऽ
सां-ध नि	ध प म-	सा ग-म	ध नि सा

शब्द और स्वर निर्वैर हैं, देखकर होंठों पर स्मित-रेखा खिंच उठती। भाषा और नाद का तुल्य-बल प्रभाव मुझी पर पड़ता है या विशिष्ट श्रोताओं पर भी, इसकी परीक्षा

नीलमणि त्रिपाठी द्वारा प्रमाण-पत्र मिलने पर ही होती। मेरे उच्चारण में स्वर व्यंजन के प्रत्येक अवयव की ध्वनि स्पष्ट और पुष्ट है, वह कहते तो इस द्व्यर्थक अभिमत पर भी मति मतवाली हो उठती।

साधना में संगीत सर्वाधिक सहायक होता। केवल कर्मों को कोसकर मैं; वह सन्नाटा नहीं पी सकता था। हरिबंधु देवता से कहता था कि ऋत की रागात्मक अभिव्यक्ति अति कठिन है। मानवीय मनोरचना का दोष ही मान लें इसे कि कवि उन्मुक्त विवेक को छंद का बंधन देता है, विराग को राग में गाता है, ऋतु और सत्य को रस में डूबा देखना चाहता है, एक किरण में सात रंगों की झाँकी लेता है।

रायगढ़ के मुख्तसर-से पड़ाव में बंग-संगीत और बंगला-साहित्य का रसास्वादन प्रचुर परिमाण में हुआ। रामकृष्ण-विवेकानंद-साहित्य के अतिरिक्त रवींद्र-साहित्य, बंकिम और शरद का समग्र कृतित्व मेरे अध्ययन का एक प्रगल्भ पक्ष था। जी जमाने का प्रयास पसीना बहाता था, पोंछता न था। 'अश्रु अकारण कोरे विसर्जन बालिका' की तीव्र तरलता जाने कहाँ बहा ले जाना चाहती थी!

मानस-मंथन की इक्कीसवीं रात मैंने रायगढ़ छोड़ दिया।

अजंता की ओर

'Tune the music to the heart,
Sing the joy with thanks, and so the sorrow,
Though devotion needs not art,
Some time of the poor the rich may borrow.'

इक्के-दुक्के उजले-धुले बादलों के टुकड़े नील-झील के किनारे फुदकते हुए मेमनों-सरीखे दीख रहे थे। कुछ ही देर पहले बूँदाबाँदी हुई थी। तब आकाश क्या था, दूध के लिए मचलते हुए बच्चे का आँसुओं-भरा चेहरा था और अब वह दूध पीकर, होंठों और गालों पर मीठी मुसकान छिटकाए हुए उसके तृप्ति-दीप्त मुखमंडल से होड़ कर रहा था। और ऐसे सुहाने आसमान की सुरमई छाँह में खड़ी होकर निर्जल कंठ तथा सजल दृष्टि से छाया मुझे विदा दे रही थीं। और मैं सोच रहा था–

'They that are rich in words, in words discover
That they are poor in that which makes a lover.'

मगर जब मुँह खोलना पड़ा तब इससे अधिक कुछ भी कह सकना मुमकिन न हुआ–

'A beggar that is dumb, you know,
May challenge double pity'

ई० सन् उन्नीस सौ छप्पन से अक्तूबर महीने की छठी तारीख। दूज का चाँद उगते-उगते ढल चुका था। भीतर और बाहर एक अजीब-सी खामोशी छाई हुई थी। बाहर का दबाव भीतर के तनाव को पूरी ताकत से तोड़ने पर तुला था, फिर भी जाने क्या अपने को ढीलना नहीं चाहता था और मैं पास को दूर-दूर और दूर को पास-पास देख, झटका-सा खाकर जैसे, निकल पड़ा सुदूर दक्षिण–हैदराबाद के लिए।

स्टेशन पर चहल-पहल थी। मुजफ्फरपुर का प्लेटफॉर्म अनजबी की नवीनता खो चुकने के कारण मेरे लिए आकर्षण-विकर्षण से परे हो चुका था। मैं पहुँचा और आत्मस्थ हो गया। गाड़ी का लेट होना रोजमर्रा की एक अदना-सी बात हो चुकने के बाद भी चौंकाता क्या? मैं अपनी भावनाओं में सिमटता चला गया। गंगा की

लहरों पर पद्मासन जमाकर तैरने में मुझे बड़ा मजा आता है; इस घड़ी भी भावना की कुछ वैसी ही लोल हिलोर उठ रही थी और मन झूम रहा था; झीम रहा था, पैगें भर रहा था—

'चित, संचित कर दान!
तू सर्वस्व लुटाता जाता,
जग पाता है गान!'[1]

गीत पूरा करते-करते गाड़ी में बैठ गया। गाड़ी कितनी देर रुकी, कैसी सीटी दी, कब चल पड़ी, पता न लगा। मैं भावावेश में था; कहीं जा रहा था—जैसे स्वप्न-यात्रा कर रहा होऊँ!

उद्वेगों और उच्छ्वासों की लड़ियाँ पिरोते-पिरोते अब ऐसा विश्वास हो चला है कि रंगों का गहराना या फीका पड़ना जिस अर्थ का संकेत करता है वह निरर्थक-सा है। मैंने समुद्र के किनारे से लहरों को टकराते देखा है—एक लहर किनारे को चूमकर चुपचाप लौट पड़ती है; दूसरी उसे झकझोर देती है; तीसरी चट्टानों पर पछाड़ खाकर गिरती और समस्त वातावरण को आंदोलित कर देती है। ये लहरें एक-जैसी नहीं होतीं पर समुद्र एक-जैसा ही होता है। उसके अंतस्तल को चल-विचल करने वाली लहरें बाहरी प्रभावों के कारण भी विभिन्न प्रतिक्रियाएँ उत्पन्न करती हैं। आँधी और मलयानिल के झकोरे मन को दो प्रकार के संकल्प देते हैं—दोनों अपने में पूर्ण हैं।

सवेरा स्टीमर पर हुआ। गंगा के अंगों की गोराई अभी निखरी न थी। शरद् की

---

1. चित, संचित कर दान!
तू सर्वस्व लुटाता जाता,
जग पाता है गान!
तेरा क्या, सागर से लेता,
नभ उलीच धरती को देता!
तू अरूप बादल का रूपक,
सन-सन नाव पवन में खेता!
तू सादा ही सुंदर, मत कर—
रंगों का अभिमान!
जिसे छिपाया, छिन जाएगा,
कौन माँगने ऋण आएगा?
तू उदारता का उदाहरण,
हरण करेगा क्या भला मरण!
तू रीता ही भरा, कि तेरा—
धरें ऋद्धियाँ ध्यान!

आभा उभार पर थी, पर पावस का रस अब भी शेष था। जवानी में भी बचपना अच्छा लगता है, मगर सबका नहीं। गंगा-जल का यह ऊपर का काषाय रंग और भीतर की निर्मलता मैं बहुत देर तक पीता रहा। बाहर बरसाती आवेग और भीतर शरद् की सौम्यता—काश, यही मेरा रूपक होता!

रात अधखुली पलकों में बीत चुकी थी, पर चेहरे पर इस घड़ी प्रभात का निस्तंद्र आलोक देखा जा सकता था। सच तो यह कि जिसमें सोया ही न गया हो वह कैसी रात? और आह! मैं आज तक के जीवन में कितना कम सोया हूँ!

पटना पहुँचने पर मालूम हुआ, ग्यारह अक्तूबर को आकाशवाणी के हैदराबाद केंद्र से प्रसारित होने वाले कवि-सम्मेलन में बिहार से मैं अकेला सम्मिलित हो रहा हूँ। राह लंबी,—राहगीर अकेला, क्षणभर को सन्नाटे में आ गया। फिर सुना, सर्वश्री उदयशंकर भट्ट, भगवतीचरण वर्मा, नरेंद्र शर्मा आदि कविगण उसमें भाग ले रहे हैं। अब कहीं जी में जी आया। ऊखल में साफ किए हुए चावल की तरह दाँतों के कोने होंठों से झाँकने लगे कि जिन पर मैं कोंढ़े के ही रंग की कत्थे-चूने की पर्त हमेशा जमाता रहता हूँ। इनसे-उनसे मिलते-जुलते दिन मलिन हो गया। आठ-नौ बजे रात 'टाटा-एक्सप्रेस' से गया जाने की ठहरी थी। खुले में निकला तो चाँद सर पर सवार! मुझे अपने बिलौटे याद आ गए। कल इस वक्त मैं राजा और रूपा को गोद में लिए-लिए उँगलियों से कोंच-कोंचकर चाँद दिखला रहा था; चित्रा और रूही मेरे पाँवों में उलझ-उलझ, लिपट-लिपटकर चलती हुईं पंजों के नीचे आते-आते रही थीं। वे इस घड़ी मिऊँ और म्याऊँ की ध्वनि-प्रतिध्वनियों से वातावरण को गुंजरित कर रही होंगी और मैं यहाँ चाँद से नसीहत ले रहा था—

'चलने वाले निकल गए हैं
जो ठहरे जरा, कुचल गए हैं!'

गया आ गया। स्टेशन पर एक धुँधली-सी सफेदी छाई हुई। आसमान में अँधेरा गहराया हुआ और तारे जल चुके चाँद की चिनगारियों की तरह जगमगाते हुए। ठंडी हवा बह-बहकर जैसे मुझसे कह रही हो—

'नई चितेरी चाह तुम्हारी!
पल-छिन के चलचित्र बनाती,
उथलाती है थाह तुम्हारी!'[1]

---

1. नई चितेरी चाह तुम्हारी!
पल-छिन के चल-चित्र बनाती,

कुश्ता और विस्मिल दोनों ही किस्म के कीड़ों से वेटिंग रूम भर चुका था। मगर रोशनी का सहारा लिए बगैर तो 'सूरसागर' ही लिखा जा सकता था! खैर, ब्रह्मवेला में जैसे-तैसे मेरा गीत भी पूरा हुआ। तभी 'बांबे मेल' की आगमनी बजी और मैंने झटपट एक बर्थ पर अपना होल्डाल फैला दिया।

'सैर कर दुनिया की गाफिल' कहने वाला जरूर ही जिंदादिल रहा होगा। हाँ, बगैर जिंदादिल हुए इस कामकाजू दुनिया में सैर-सपाटे के लिए भला कौन वक्त निकाल सकता है! क्योंकि और जो हो दास मलूका के चेले जिंदादिल नहीं हो सकते।

अफसोस! कि मैं सैलानी तबीयत का आदमी नहीं हूँ; मुझे सैर-सपाटे से कतई नफरत है! जिंदगी-भर तो कुएँ का पानी पिया—बहते नीर का स्वाद मैं क्या जानूँ? कभी इत्तफाक न हुआ तो किसी होली-दीवाली के मौके पर मुलाहजा फरमाइए, हजारों हँसते चेहरों के बीच मेरी मायूस और मुहर्रमी सूरत दूर ही से साफ नजर आ जाएगी।

मगर तो भी जिंदगी है जो कभी चैन नहीं लेने देती और मुझे ख्वाह-म-ख्वाह दुनिया की खाक छाननी पड़ती है। ऋषि-महर्षियों के गोरखधंधे से अलग तंग आ गया हूँ। वेद आदेश देता है—'चरैवेति चरैवेति'! गौतम का उपदेश है—'चरथ

उथलाती है थाह तुम्हारी!
जो न भोग पाए, अतीत की—
स्मृति वह बनती कड़ी गीत की!
या कि कल्पना अपने मन के—
ही भविष्य-मधुमास-शीत की!
छोड़ चलो अपनापन, ऐसी—
दिखती कहीं न राह तुम्हारी!
धूप सुनहली, छाया धुँधली,
रूप निरखती काली पुतली!
स्याह-सफेद यहाँ क्या कुछ हो,
सिलने ही को दुनिया मचली!
छूट जाय आसक्ति, खुले कुछ—
भेद, मिटे तब दाह तुम्हारी!
जितने लोग कि उतनी चाहत,
पाए कैसे कोई राहत!
अपने मन की सभी ढूँढ़ते,
तुम-से यहाँ सभी हैं आहत!
मनमानी चलती न मौत से
वाह-वाह! क्या आद तुम्हारी!

भिक्खवे चारिकं बहुजन-हिताय बहुजन-सुखाय'। निराला कहते हैं—'मैं रहूँगा न गृह के भीतर'! रवि बाबू की ललकार है—'एकला चल रे'! अब आप ही बताइए, इतनी-इतनी पुकारें अनसुनी करने की शक्ति है मुझमें? मैं तो कहता हूँ—नहीं बाबा, सौ बार नहीं हैं!

तो फिर चलना ही होगा…

ओस-कणों के मोतियों से जड़े कुहरे के भूरे-मटमैले घूँघट से कढ़ते हुए उषा के मुख की सुषमा अधखुली खिड़कियों से जब-तब दिख जाती जिससे बाह्य प्रकृति अपनी आकर्षक चुभन के साथ अंतर में उतर आती थी। बाहर और भीतर के बीच फैले दुराव-भरे सन्नाटे को गाड़ी का यंत्र-संगीत चीरता जाता था। सचमुच ही संगीत जड़-चेतन के शिलीभूत भेद को भी सप्राण स्वरों से मोम की भाँति पिघला देता है। संगीत एक अछोर फैलाव-सा है जिसमें हर तरह का दुराव डूब जाता है।

मेरी दृष्टि सामने मखमली खोल में से खुलते हुए तंबूरे पर पड़ी। दृष्टि की चमक तंबूरे वाले की अधमुँदी पलकों पर फिर-फिर फैली। उनकी आँखें कभी उझकीं, कभी झुकीं। छोटे-छोटे स्टेशनों की पीली-पीली बत्तियाँ बेतहाशा पीछे की ओर भाग रही थीं। सुबह की नम हवा मन को रोमिल बना रही थी। भीतरी वातावरण का निस्पंद, बाहर उड़े जाते क्षणों को अपने में मूँद लेने के लिए जैसे जागरण में गुंजित हो उठा। गीत और संगीत में आदान-प्रदान होने लगा। तटस्थता के तट कटने लगे। सब एक ही प्रवाह में बह चले। इस बार हारिल-तोते जैसे पंछियों का एक झुंड चहकता हुआ एंजिन के ऊपर से निकल गया। वह सजल कलरव रेल की झिक-झिक में न बेमेल लगा, न खोया। मुझे विश्वास हो गया, धूमिल तथ्य से निर्मल सत्य न केवल ऊँचा उठा होता है, कुश की नोक की तरह छूते ही पार कर जाने की तीक्ष्णता भी रखता है। मिट्टी अपने भारी-भरकमपन के साथ नीचे रह जाती है, उसकी मोटी आवाज भी सतह से ऊपर नहीं उठ पाती।

अब के निराधार टँगे बंदनवार-सी सारस की रोर भरी पाँत पूरब से पश्चिम की ओर बढ़ती चली गई। वह आसमान के जिस ललौंहे-नीले रंग के हिस्से को छोड़ती जाती, वह कुहरा-भरा-सा दुहरा सूना लगने लगता था। तब सुंदरता की यह परख खरी जान पड़ी कि जिसके पास से श्री खिसक जाती है, वह जन्मजात श्री-हीन से कहीं अधिक असुंदर दीखता है।

पेड़ों की कतारें लाइन के दोनों छोरों को छाँह देती चल रही थीं। हाँ, चल रही थीं, अपना सहज स्थावरपन झटककर जंगमपन अपनाती हुईं। सोन का लंबा पुल पार करते समय समग्र वातावरण निनादित हो उठा। चाय का प्याला छलका पड़ता

था। इसी समय गायक महाशय के साथ वालें ने हाथ फैलाकर उँगलियाँ चटकाईं। लगभग सभी उँगलियों में किस्म-किस्म की मुंदरियाँ थीं जो एक साथ चमक उठीं। एक मैं हूँ कि आज तक लोहे की भी अँगूठी नहीं पहनी। उनका मुँह कुछ पोपला-सा था, मगर बातें गीत-संगीत की कह रहे थे—वजनदार, पूरे दानिशमंद की तरह। मुझे गीत-संगीत के उनके अर्थ से एतराज था। मैंने कहा, "गायक गीत को स्वरों से जानता है, गीतकार शब्दों से, यही बुनियादी फर्क है, इसीलिए दोनों दो तरह से रस देते-लेते हैं। गायक के यहाँ गीत का अर्थ गायकी है, कवि गेय पद से तात्पर्य रखता है।" दोनों की दिलचस्पी बढ़ी—सम्मिलित स्वर से प्रस्ताव आया कि संगीत के बारे में मैं कुछ शास्त्रीय ढंग से कहूँ। मैंने भरसक आनाकानी की, अपनी घनीभूत अज्ञता की दुहाई दी, पर बात कुछ बनी नहीं। तब अत्यंत संक्षेप में निवेदन किया—

"निःशंक शाङ्र्गदेव के अनुसार, गीत, वाद्य तथा नृत्य को 'संगीत' कहते हैं। इसे 'तौर्यत्रिक' भी कहा जाता है। रागात्मक स्वर-संदर्भ को 'गीत' कहते हैं, अतः गीत तथा संगीत को पर्यायवाची शब्द नहीं मानना चाहिए। अवश्य नृत्य वाद्य का अनुवर्तन करता है और वाद्य गीत का। इस प्रकार गीत की प्रधानता प्रत्यक्ष है। कदाचित् इसीलिए संगीत के पर्याय के रूप में उसका प्रचलन हुआ है; किंतु गीत और संगीत एक ही नहीं हैं।

" संगीत के दो प्रकार हैं—शास्त्रीय संगीत और लोक संगीत। शास्त्रीय संगीत को 'मार्ग' और लोक संगीत को 'देशी' कहा जाता है। 'मार्ग' का अर्थ है अनुसंधान किया हुआ। ब्रह्मादि देवताओं ने चारों वेदों से अनुसंधान कर उसका स्वरूप निर्धारित किया और भरत आदि मुनियों ने उसका प्रयोग किया, अतः उसका नाम 'मार्ग' पड़ा। और विभिन्न प्रदेशों तथा जनपदों में बसने वाले लोगों ने अपनी-अपनी रुचि के अनुसार जिस मोहक गायन, वादन और नर्तन का आविष्कार किया—उसे 'देशी' कहा गया।

" पहले बताया जा चुका है कि नृत्य को गीत और वाद्य दोनों की अपेक्षा है और वाद्य को भी गीत की ही अर्थात् गीत के बिना न वाद्य का कोई प्रयोजन सधता है और न अंग-भंगिमाओं का प्रदर्शन ही किया जा सकता है कि जिसे 'नृत्य' कहते हैं। अतः संगीत-कला में गीत की प्रधानता स्वतः सिद्ध है। कहते हैं, ब्रह्मा ने सामवेद से 'गीत' का संग्रह किया था। सप्त स्वर सामवेद में भी हैं। निश्चय ही वहाँ उनके नाम निषाद, ऋषभ, गांधार आदि न होकर उत्कृष्ट, प्रथम, द्वितीय आदि हैं।

" गीत से भगवान् शंकर प्रसन्न होते हैं। बाँसुरी की धुन पर मोहित होने वाले विष्णु-रूप श्रीकृष्ण की कथा सर्वविदित है। स्वयं ब्रह्मा साम-गान में निरत हैं और

सरस्वती वीणा बजाने में तन्मय। ऐसे में और-और देवताओं, यक्ष-नाग-गंधर्व-किन्नरों या दानव-मानवों के विषय में क्या कुछ कहा जाए?

" पालने में पड़ा चीखता हुआ बच्चा भी जिस गीत-रूपी अमृत का पान कर किलकारियाँ भरने लगता है, घास खाने वाला पशु—हिरन का छौना जिस संगीत पर अपने प्राण निछावर कर देता है, उस गीत की महिमा कौन बखान सकता है? वह तो धर्म, अर्थ, काम, मोक्ष—सबका एक ही साधन है।

" यह तो हुआ, पर लगे हाथों आपको यह भी बताऊँ कि गीत को काव्य-रस का विघातक मानने की भी एक परंपरा है; 'काव्यं गीतेन हन्यते' बहुत पुरानी उक्ति है। नई चाहिए तो एजरा पाउंड से सुनिए :

> "'That music begins to atrophy when it departs too far from the dance, that poetry begins to atrophy when it gets too far from music, but this must not be taken as implying that all good music is dance music ar all poetry."

मेरी लंबी बातों ने रास्ते को छोटा बना दिया। मुगलसराय आ गया। मगही पान के बीड़ों के साथ हम अलग हुए। उन्हें बनारस जाना था। 'बांबे मेल' मिर्जापुर की तरफ से निकल जाती है।

(2)

मुगलसराय से जबलपुर तक की यात्रा आलोक से अंधकार की ओर हुई। दिन की चमक सतना की सतह पर दम तोड़ चुकी थी। तब शरद् की जुन्हाई छाई जिसे बादलों ने सूँड़ घुमा-घुमाकर पी लिया। फिर अधकार की एक-एक तह सरकाकर दिवालोक में निरखी-परखी छवियों की परछाइयाँ देखने लगा—रेलवे-लाइन के दोनों किनारे काँस के गुच्छ-गुच्छ पुष्पों से कैसी सुंदरता बिखेर रहे थे! धान के हरे समुद्र-जैसे दूर-दूर तक फैले हुए खेतों में हवा कैसी लहर-सी उठा रही थी! छितवन की फूलों से लदी हुई डालियाँ किस तरह धरती पर चुंबन-सी सिहरन-भरी छाँह फैलाए हुए थीं! नदियों के सफेद रेतीले टीलों पर बैठे हुए जल-पंछी कैसे सुहावने लग रहे थे! और, उस ठौर दो तरुणियाँ इर्द-गिर्द ढेर के ढेर कपड़े फैलाए हुए पत्थर् की पटिया पर कितनी जल्दी-जल्दी हाथ चला रही थीं। उनके खुले केश खुली पीठ पर करीने से छहर रहे थे जैसे काले मखमल की ओढ़नी हो और उनके गोरे-गोरे घुटने छिछले पानी के भीतर हंस की तरह तैर रहे थे। तब मैं लिख रहा था—

'जीवन के ये गान प्राण के, प्राणों के!
चिर-विनीत अभिमान प्रीति-प्रतिमानों के!!'[1]

और मेरा लिखना कितनी ही देर के लिए रुक गया था क्योंकि उनके सिर पर साया करने वाले बूढ़े बरगद की फुनगियाँ हौले-हौले हिल रही थीं और उस डोलती हुई छाँह को वृत्ताकार सुनहली धूप नयनतारा बना रही थी।

मेरी जगह वड्र्सवर्थ होता तो एक नई लूसी, सालीटरी रीपर या डैफोडिल्स लिख डालता, मगर मेरी कलम थम गई सो थम गई। ऐसे न सही, वैसे, जब सब ओर अँधेरा छा गया; कुछ भी सुझाई न देने लगा तब कहीं अपने में लौटा, लेटा, गुनगुनाया और 'प्राण-गान' पूरा किया।

तब जबलपुर का नया स्टेशन बन रहा था। बन क्या रहा था, लगभग बन चुका था। गाड़ी खड़ी हुई तो मैं सीढ़ियों की परवा किए बगैर कूद पड़ा। सामने बुकस्टाल पर सेठ गोविंददास जी खड़े थे। सेठ जी कुछ ही दिन पहले मुजफ्फरपुर पधारे थे और उनकी स्वागत-गोष्ठी में मेरा भी एक छोटा-मोटा भाषण हुआ था। मुझे श्री परमानंद जी केजरीवाल ने बताया था कि सेठ जी मेरी 'प्रतिभा और पांडित्य' से अभिभूत हो बोले थे कि मैं मुजफ्फरपुर जैसी छोटी जगह में कैसे पड़ा हुआ हूँ। सो ऐसे सेठ जी

---

1. जीवन के ये गान प्राण के, प्राणों के!
चिर-विनीत अभिमान प्रीति-प्रतिमानों के!!
अंतर्मन के आँसू जो कण-कण छलके,
जिनसे मेरे रहस और गोपन झलके,
घनीभूत वेदना आदि-अवसानों की,
पारदर्शि दर्पण अर्जन-प्रतिदानों के!
जो स्मृतियाँ जग को कुरेदती आई हैं,
जो भूलें युग ने युग-युग दुहराई हैं,
जो अरूपता सौष्ठव-छवि बन आई है,
सहज आकलन उन परिचित-अनजानों के!
तिल-तिल जल आलोक लुटाती दीप-शिखा,
बूँद-बूँद का संचय, अमिट अदृष्ट-लिखा,
इन शूलों की चुभन, सुरभि उन फूलों की,
बिंब और प्रतिबिंब शाप-वरदानों के!
हार-जीत की डगर पार करने निकली
श्रद्धा तर्क-वितर्कों से जो गई छली
द्वंद्वों से निर्द्वंद्व मुक्ति-रत शत साधन
मुखर मौन संगीत-निलय लय-तानों के!

से, औचक दिख जाने पर, मिलने के लिए ललक उठना स्वाभाविक ही था और मैं उनकी ओर तेज कदम लपका भी, मगर हाय-हाय! अकल्पित उन्नति के हास-परिहास-भरे आकाश में नहुष की तरह उछालना तो दरकिनार, सौ छोटे-बड़े नाटकों के लेखक सेठ जी ने मुझे देख जो नाटकीय मुद्राएँ प्रदर्शित कीं, वे मुझे अजंता-एलोरा में भी कहीं देखने को न मिलीं। धत्तेरे की?

राग और विराग से मेरा अंतर्मन कुछ ऐसा उलझा-गुँथा हुआ है कि गुंथन में सुलझाव से अधिक आकर्षण प्रतिभासित होता है। सेठ जी से दो बातें कर चुका ही था कि एंजिन ने सीटी बजा दी। कंपार्टमेंट में लौटा तो मेरे बिस्तर के छोर पर एक मरियल-सी लड़की बैठी दिखी। मुझे देख तपाक-से उठ खड़ी हुई और बड़ी सादगी से हाथ जोड़, भोलेपन से 'नमस्ते' कह फिर बैठ गई। मैं उसके बराबर बैठा तो पहाड़ और चुहिया का दृश्य उपस्थित हो गया। फिर चुहिया चोखे-चमकीले दाँतों से खामोशी कुतरने लगी—

"आप शास्त्री जी हैं शायद?"

"जी, शायद नहीं, सोलह आने!"

"गए साल मैंने आपको अंचल जी के साथ देखा था!"

"जी, हो सकता है! मैं अकसर जबलपुर आता हूँ। मेरे यहाँ पर बहुत-से मित्र हैं—महाकवि केशवप्रसाद जी पाठक, श्री भवानीप्रसाद तिवारी, श्री नर्मदा प्रसाद खरे, श्री रमेशचंद्र मिश्र आदि। और, अंचल जी का तो मैं काव्य-पथ का सहयात्री-सा हूँ। यों उन्होंने बड़ी ख्याति अर्जित की है और मैं परिस्थितियों का मारा अपनी ही सीमाओं में सिमटकर रह गया हूँ।"

"तब तो आपको यह जानकर बहुत ही दुःख होगा कि पाठक जी इस दुनिया से कूच कर गए।"

"सच?"

"और नहीं तो क्या!"

मैं निर्वाक् हो गया। आँसुओं के ज्वार को खुश्क हँसी में जज्ब कर बोला—

'मेरी तामीर में मुजरिम है यह सूरत खराबी की
हयूला बर्केखरमन का है खूनेगर्म दिहकां का!'

मगर उनकी कविता अमर है, उसे बाद वाले मरकर भी न मार सकेंगे—

'बेनिशां हो लूँ तो फिर नामोनिशां पैदा करूँ।'

" अब से कोई तीन-चार साल पहले मुझे पाठक जी से मिलने का इत्तफाक हुआ था। मेरे साथ डॉ० रमेशचंद्र मिश्र थे। वह उनके पुराने मुलाकातियों में थे। उस रोज उन्होंने अपने और ज्यादा जरूरी कामों को मुलतब रखा और मुझे उनके घर लिवा ले गए।

" हम सुबह नौ-दस बजे के दरम्यान उनकी जियारत के लिए हाजिर हुए तब पाठक जी···

" क्षमा कीजिएगा आपको मेरे नाम से भ्रम हुआ है (उसका नाम कुमारी शकीला कुरेशी था)। वैसे मैं हिंदी की छात्रा हूँ और विशुद्ध हिंदी मुझे प्रिय है। विश्वास कीजिए, मुझे उर्दू की वर्णमाला भी नहीं आती!"

मैं लज्जित होने का अभिनय कर बोला : "थोड़ी देर में उर्दू का शब्दकोश यों भी समाप्त हो जाता और मैं शकीला से प्रमीला की भाँति ही बोलने लग जाता। फिर भी आपने मध्य धार में निमज्जित होने के पूर्व मेरा उद्धार कर मुझे चिर-कृतज्ञ बना लिया। धन्यवाद।"

इस बदले हुए टोन पर वह हँसी तो उस पर एक अजब-सी चाँदनी छा गई। उसकी तसवीर की एक-एक लकीर उभरने लगी। किसी खोल के अंदर घुटता हुआ उसका व्यक्तित्व जैसे खोल के टुकड़े-टुकड़े कर बाहर निकल आने को बेताब हो उठा। उसकी आँखों में रात की ओस और प्रभात की खुशी एक ही साथ चमक उठीं। बोली—"हाँ, तो आप पाठक जी के दर्शनार्थ उपस्थित हुए। फिर क्या हुआ?"

"हुआ यह कि अनायास उनके चरणों का स्पर्श प्राप्त हो गया। मेरा नाम उनके लिए अपरिचित न था, बड़े स्नेह से मिले। उस समय वह कविवर श्री रामानुजलाल जी श्रीवास्तव के साथ कदाचित् काव्य-चर्चा में ही निरत थे।"

मैं रुक गया कि देखूँ बेतकल्लुफी क्या रंग ला रही है और खामोशी क्या इजहार करेगी!

"तो गद्य से आरंभ हुआ और पद्य में परिणति हुई—यही न?"

"हाँ, किंतु मुझे सर्वाधिक प्रभावित किया उनके उस धीर-प्रशांत व्यक्तित्व ने कि जिसके स्तर-स्तर में लहराने वाला अधीरता और अशांति का सागर क्रमशः सूखता और कुछ सैकत-चिह्न छोड़ता चला गया हो! वह मुझे जीवन की भूमि पर टपक पड़े पंख-कटे पक्षी के समान जान पड़े।"

और उनका वह गीत तो आज तक मेरे प्राणों के आकाश में उच्छ्वास के बादल उमड़ाया करता है—

'कौन गाता?
सहज स्वर-संगम, हृदय के बोल मानो घुल रहे हैं,
शब्द, जिनके अर्थ पहली बार जैसे खुल रहे हैं,
दूर रहकर पास का यह जोड़ता है कौन नाता?
कौन गाता?

हे चिरंतन, ठहर कुछ क्षण, शिथिल कर ये मर्म-बंधन,
देख लूँ भर-भर नयन जन, वन, सुमन, उडुगन, किरन, धन,
जानता, अभिसार का चिर-मिलन-पथ मुझको बुलाता!
कौन गाता?'

इसे सस्वर सुनाते समय मेरी आँखें भर-भर आई थीं और कंठ की भाप से घुटते-से कुछ शब्द पिघल-ढल गए थे। भाप की गर्म अनगिन तहों में लिपटे हुए, चुप्पियों के नम फासले कम होते गए। हमारी बिचली दीवार कब ढह गई, अलग से किसी ने न जाना। हम सगे भाई-बहन-से लगने लगे। यों साहिल और दरिया वाला बुनियादी फर्क मेरे मजमून से कैसे मिटता? तभी मैंने खुश होकर देखा कि उसकी पलकों से कपोलों तक की जमीन मेरे उमड़ाए बादल तर कर चुके थे। बोली, "याद हो और कष्ट भी न हो तो कुछ और सुनाइए न, मैं तो तालाब की मेढ़की बनी रही, आप दूर-सुदूर से आकर उस सरोज की सुगंध पीते रहे, छककर पीते रहे।" मैंने जहाँ-तहाँ से चार कड़ियाँ सुनाईं—

'जल रहा है दीप अपना!
आह छलिया, यह न चाहा था, तुझे पर छल रहा हूँ,
कब अनल में जल रहा, आलोक ही में पल रहा हूँ,
ज्योति-पथ में सत्य होने जा रहा है एक सपना?
जल रहा है दीप अपना!

आज सुषमा की किरन मेरा सुगम-पथ जोहती-सी
कह गई मेरे स्फुलिंगों पर ठहरकर झूलती-सी,
रूप हो या राग-आभा को सुहाता आग, तपना!
जल रहा है दीप अपना!

रंग ऋतुपति की तरंगें जिस सुमन में भर न पाईं,

छोड़ काँटों में गया है वह उन्हीं की एक झाईं,
साधना, संयम उन्हें सिखला गए बढ़ना-पनपना!
जल रहा है दीप अपना!'

बोलने की रौ में कहा—"He uses words as precisely as a scientist or philosopher should use them. He does not use them to produce blurred impressionist effects, nor to create a personal language of his own isolated from the general prosaic use of language. There is no short cut to explain what these poems mean. They must be read line by line, and only thus can we understand what they say."

8 अक्तूबर, 1956 की रात में हम ये बातें कह रहे थे और अभी कुल पाँच रोज पहले 3 अक्तूबर, 1956 को छिंदवाड़ा सैनेटोरियम में गैलपिंग टी०बी० से महाकवि पाठक की मृत्यु हुई थी। सो लाख कोशिश करने पर भी वातावरण की उदासी कटती न थी। उलटे मुझे पाठक जी के कुछ सोज-भरे शेर याद आ रहे थे—

'चाहा था जो शबाब से साजेहयात में
ले लूँगा राज मौत से कुश्ते-गुबार में!
जीना आसां है सभी जीते हैं,
मरना इक इम्तेहान है प्यारे!
कैसे छोड़ेंगे ये जमीं अपनी,
इस पे इक आसमान है प्यारे!

उफ जो दुनिया से गुजर जाता है
उसकी दुनिया को चाह होती है
फर्श जो आस्मां से टकरा दे
अर्श को उसकी चाह होती है।'

हरी घास की सुनहरी फुनगियों पर झलमल करती ओस की बूँदें, उगते सूरज की रतनारी किरनों से, सूखते देखा था और अभी नरसिंहपुर में रेलवे कैंटीन का बेयरा जब चाय-नाश्ते का ट्रे रख गया तो उसके रुआँसे चेहरे से फूटती हुई हँसी भी देखी। हँसी का सबब जब मालूम हुआ, मैं भी हँस पड़ा। दरअसल दस-ग्यारह बजे रात में आठ स्लाइस, दो वेजिटेबल चाप और चाय का बड़ा-सा पौट बेतुका और अटपटा लगने वाला था। बात यह थी कि जबलपुर में सेठ जी से गहन वार्तालाप में मैं मगन

हो गया और इधर गाड़ी अब खुली तब खुली। जब अपने में लौटा, पान-भर पा सका। हाँ, बगल के कंपार्टमेंट से निकले आते बेयरों को बेलाग तरीके पर जोर देकर जरा नागवार होने लायक ऊँची आवाज में ऑर्डर कर दिया था। तब न शकीला मिली थी, न पाठक जी की मृत्यु की अरुंतुद सूचना और तभी यहाँ वह भोजन और जलपान की मध्यवर्ती वस्तु प्रस्तुत हुई थी। शकीला खाकर आई थी, सो बड़ी मानमनौती के बाद दो स्लाइस और एक चाय के लिए यह व्यंग्य करती-करती राजी हुई थी कि तब तो मैं उतना भूखा-प्यासा रह ही जाऊँगा। मुझे सवेरे G.T. पकड़ने के लिए इटारसी उतर जाना था, वह खंडवा जा रही थी—उसी के आसपास कहीं उसका घर था। बोली, 'आपके साथ अजंता तक चली चलती, पर घर पर पिताजी अस्वस्थ हैं और मैं विवश हूँ।' मैंने उससे विदा लेते हुए कहा—'अब मैं अकेला कहाँ जा रहा हूँ?'

इटारसी में स्टेशन के बिलकुल करीब वाले होटल में बाकी रात गुजारने गया। डायरी खोली तो आज वाले पेज पर उसके घर और जबलपुर के पते लिखे दिखे। जैसे बातचीत के दरम्यान, मैंने कभी उसका नाम न पूछा तो उसने खुद बतला दिया था, वैसे ही वह अपनी तरफ से खत-किताबत का दरवाजा भी खोल गई थी जिसकी नौबत कभी न आई। सवेरा हुआ। जाने क्यों मेरे दिमाग में शेक्सपियर की ये पंक्तियाँ कौंध गईं—

'Though other things grow fair against the sun,
Yet fruits that blossom first will first be ripe.
Content theyself a while. By the mass, 'tis morning;
Pleasure and action make the hours seem short.'

(3)

इटारसी से हैदराबाद पूरे चौबीस घंटों में पहुँचा। ग्रैंड ट्रंक पर चढ़ते समय अपनी तरफ का एक भी आदमी नहीं दीख पड़ा। हैदराबाद वाली बॉगी पेशावरी पठानों जैसे डीलडौल वाले सभ्य मुसलमानों से ठसाठस भरी थी। एक दफा बचपन में दिल्ली से लाहौर जाते वक्त ठीक इसी स्थिति का सामना करना पड़ा था। मेरे गाँव में बहुत मुसलमान हैं। उनके साथ भाईचारा चलता है। मेरी तो खूब ही गँठती है। फिर भी मैं डर गया था। डरने की बात ही थी। हिंदू-मुस्लिम संस्कृतियों में जो बुनियादी फर्क है उसे तंगनजरी या नअस्सुब कहकर नहीं नजरअंदाज किया जा सकता; वह बनावटी स्पीचों से नहीं झुठलाया जा सकता। अकयलियत और अक्सरियत पर लेक्चर पिलाना एक बात है, आबेहयात पीना दूसरी। पर कबीर जिंदगी-भर हिंदू-मुसलमानों को उनकी कल्पित संकीर्णता, थोथी कट्टरता और हठधर्मी के लिए फटकारते रहे मगर

जब मरे तो उनकी लाश को दफनाएँ या जलाएँ, इस पर फिर गर्मागर्म बहस हुई और किसी तरह फिफ्टी-फिफ्टी पर दोनों को राजी किया गया। यह तो महज एक नजीर है जिसे महात्मा गांधी के शहीद होने तक हजारों बार ताजगी मिली है मगर इंसानियत का दर्जा हासिल किए बगैर जिसका कभी खात्मा नहीं हो सकता। और इंसानियत? बकौल गालिब—

'बस कि दुश्वार है हर काम का आसां होना
आदमी को भी मयस्सर नहीं इन्सां होना!'

धार्मिक और सांस्कृतिक एकताओं पर बकने वालों में कितने हैं जो बुद्ध, ईसा मुहम्मद और गांधी की नजर और हकीकत को इंसानियत में बदलने की तमन्ना और ताकत रखते हैं। 'पर-उपदेश-कुशल बहुतेरे!' मगर वह बचपने की बात थी।

इस दफा खौफ खाना तो दूर, मैं बढ़कर उनसे मिला। उनमें दो-एक ही थे जो उर्दू बोल सकते थे—बाकी दक्खिनी हिंदी, मराठी या तेलगू-जैसी कोई जबान इस्तेमाल करते थे जो मेरे लिए गूँगे का गुड़ थी। मैंने गालिब, मीर, नजीर के ढेरों अशआर सुना डाले। नजीर का रंग जमा। हम जल्दी-जल्दी जंगल-पहाड़ पार कर रहे थे। दिलकश नजारा था। मुँह से एकाएक निकल पड़ा :

'जिस सिम्त नजर कर देखे हैं,
उस दिलवर की फुलवारी है।
कहीं सब्जी की हरियाली है,
कहीं फूलों की गुलकारी है।'

'हर आन हँसी, हर आन खुशी
हर वक्त अमीरी है बाबा,
फिर आशिक मस्त फकीर हुए;
फिर क्या दिलगीरी है बाबा!'

मुझे, जैसे सूफियाना नशा चढ़ा हो, कतरे में दरिया नजर आ रहा था और यह भी कि दरिया में फना हो जाना ही इशरते कतरा है। मैं जनून में क्या-कुछ बक रहा था, दुहराना नामुमकिन है :

तनहा न उसे अपने दिले तंग में पहचान,
हर बाग में, हर दश्त में, हर संग में पहचान!

हर आन में, हर बात में, हर ढंग में पहचान,
आशिक है तो दिलवर को हर रंग में पहचान!

नागपुर में बड़े-बड़े कार्डबोर्ड, तख्ती और पेंटिंग के साजोसामान से लैस एक चित्रकार चढ़े। बातचीत का ढंग बदल गया। अपनी वेशभूषा तथा भाषा से वह महाराष्ट्रीय प्रतीत हुए। अपने आपमें बंद रहने वाला मेरा मंद मन किसी भी प्रदीप्त प्रतिभा की लौ से सहसा बल उठता है। तब मैं अपनी सीमाएँ भूल जाता हूँ और वृत्ताकार फैले हुए अंधकार से जूझने लगता हूँ। इस समय भी ऐसा ही हुआ। रूपभेदाः प्रमाणानि भावलावण्ययोजनम् सादृश्यं वर्णिका भंग इति चित्रं षडङ्गकम्—से शुरू हो गया। नंदलाल बसु ने—छंद (Rythm), प्रमाण (Proportion) और ऐक्य (Identity) की साधना में सिद्धि-प्राप्ति को चित्रकला की आरंभिक अनिवार्यता बतलाया है, इस ओर (indicate) चित्र के साथ काव्य तथा संगीत पर बातें होती रहीं, रंग गहराते ही प्रश्नों की झड़ियाँ लग गईं :

"चित्र, संगीत तथा काव्य में आप किसे सर्वश्रेष्ठ मानते हैं?"

"काव्य को।"

"क्यों?"

"काव्य सकल कलाओं को आत्मसात् कर लेने की क्षमता रखता है। महादेवी की कविता एकांगिता के कारण चित्र-कला से आंशिक सहायता की अभिलाषा रखती है। किंतु निराला का काव्य सार्वभौम होने के कारण चित्रकला की अपेक्षा नहीं रखता, प्रत्युत उसे ही शिरकत करने की प्रेरणा प्रदान करता है। देखिए :

'शून्य मंदिर में बनूँगी, आज मैं प्रतिमा तुम्हारी!'

महादेवी के इस 'तुम्हारी' का क्या अर्थ है? यदि यह आध्यात्मिक है अतः ईश्वर की ओर संकेत करता है, तो फिर उसका मंदिर शून्य क्यों है? यदि यह कवयित्री का मन-मंदिर है जो अन्य प्रकार के भावों से शून्य है तो फिर यह इकबाली अहंकार कैसा? इसमें खुदी की पूजा क्योंकर? विश्व का मंदिर तो शून्य हो ही नहीं सकता और उसमें अकेली महादेवी की पूजा भी नहीं हो सकती, अतः यह पंक्ति अस्पष्ट या रहस्यमय है। इसे तूलिका रंग-रेखाओं से उजागर कर दे तो इसकी अर्थवत्ता बढ़ जाएगी। दूसरी ओर निराला के व्यंजक प्रकाश-से गीत हैं :

'वे किसान की नई बहू की आँखें!
ज्यों हरीतिमा में बैठे दो—

विहग बंद कर पांखें!'

'वह तोड़ती पत्थर!
श्याम तन, भर बँधा यौवन;
नत नयन, प्रिय-कर्म-रत मन,
गुरु हथौड़ा हाथ, करती बार-बार प्रहार—
सामने तरु-मालिका अट्टालिका प्राकार।'

एक-एक रेखा स्पष्ट और पुष्ट है। अखंड प्राणवान रूप काव्य भी है; चित्र और संगीत भी[1] अंततोगत्वा 'सत्यं शिवं सुंदरम्' चित्रकला का भी आदर्श है जिसका वर्गीकरण कृति, प्रतिकृति तथा अभिव्यक्ति कहकर किया जाता है। सौंदर्य-प्रधान रचना को कृति, सत्य (प्रकृति) प्रधान को प्रतिकृति तथा शिव-तत्त्व (लोक-कल्याण—धार्मिक, सम्माजिक, राजनीतिक) प्रधान को अभिव्यक्ति कहा जाता है।

" भारत केवल सौंदर्योपासक कभी न रहा और न प्राकृतिक अथवा सांसारिक वस्तुओं की नकलों में ही उसका मन रमा। भारतीय कला रोमन कलाओं की भाँति 'शिवम्' की अभिव्यक्ति में सार्थक हुई है। रोम की शिव-परक कला पर वर्तमान इटली की भौतिक-सत्य-प्रधान चित्रकला विजयिनी हुई; किंतु भारत अब भी शिवं की अभिव्यक्ति का विश्वासी है। सामाजिक अभ्युत्थान से आध्यात्मिक आनंदातिरेक तक इसका प्रसार है। सौंदर्य, आकृति तथा सौष्ठव को उसने साधन ही माना, साध्य नहीं। कारण है कि भारतीय चित्रों में 'एनाटमी' को कभी प्रधानता नहीं मिली। भारतीय चित्रकला सिंबालिकल आर्ट या प्रतीकात्मक कला का सर्वोच्च निदर्शन प्रस्तुत करती है।

---

1. वस्तुतः निराला की वचनरचना का सर्वातिशायी गुण अखंडता (integrity) है। हम उनके किसी भाव को समग्रता से पृथक् नहीं कर सकते। कला और विज्ञान, धर्म और राजनीति, नीति और दर्शन उनमें एक ही ताने-बाने में बुन गए हैं। सबका सबसे कैसे तालमेल बैठा है, इस तत्त्व को ढूँढ़ निकालना कोई हँसी-खेल नहीं, जीवनव्यापिनी साधना की सिद्धि है। इतना होने पर हम निराला की कला समग्रता पर कुछ ठीक-ठीक कह सकने की स्थिति में होंगे। यीसिसनुमा बासी बकवास के बारे में तो कुछ भी कहना बेकार है। अस्तु।

   निष्कर्ष यह कि समग्रता का बोध कलामात्र का लक्ष्य है; कामशास्त्र और ललितविस्तार और शुक्रनीति तो कलाओं के नाम-धाम भर बताते हैं। यहाँ मैं कवि कीट्स की अभिव्यक्ति दुहराऊँ तो साहसपूर्वक कह सकने की स्थिति में होऊँगा कि मुझे शक है, निराला की मानवीय तथा दिव्यकलाओं के सहज संगम को अब तक किसी भी प्रवक्ता ने कामचलाऊ ढंग से भी (tolerably understood) समझा है! रेले ने जिसे gigantic filamented structure कहा है वह मिल्टन से कहीं अधिक निराला की महत्तम काव्य-संरचना के उपयुक्त है।

" भारतीय विचारधारा अहंकार को हेय समझती है। उसके अनुसार अहंकार का आत्यंतिक अभाव हुए बिना मुक्ति का द्वार बंद रहता है, उस मुक्ति का जिसे प्राप्त करना उसका परम-चरम लक्ष्य होता है। भारतीय भावधारा के अनुरूप वाणी है :

'आमार माथा नत करे दाओ
हे तोमार चरण धूलार तले
सकल अहंकार हे आमार
डुबाओ चोखेर जले!'

और पश्चिमी विचारों की उत्तेजना की प्रतिध्वनि है :

'खुदी को कर बुलंद इतना
कि हर तकदीर के पहले
खुदा बंदे से खुद पूछे,
बता, तेरी रजा क्या है!'

धर्म तथा ईश्वर की स्वीकृति में भावना पथ तथा लक्ष्य पा लेती है, बुद्धि नहीं। भारतीय कला एक सीमा तक आध्यात्मिकता से प्रभावित रही है; किंतु इसका यह अर्थ नहीं कि यहाँ आत्मानुभूति की अभिव्यंजना हुई ही नहीं।"

"क्या पाश्चात्य कला विवेचक इससे सहमत हैं?"

"नहीं। हाँ।"

"अर्थात्?"

"जैसे सर जॉर्ज बर्डउड हैं, उन्होंने 'विक्टोरिया अलबर्ट संग्रहालय' की एक पुस्तिका में लिखा है—पौराणिक देवी-देवताओं की मूर्तियों के विकट और विलक्षण रूप कला के विकास के लिए सर्वथा अयोग्य हैं और इसीलिए भारत में चित्रकला और मूर्तिकला ललित कला के रूप में अज्ञात हैं।" Westmacott ने कहा है—'भारतीय मूर्तिकला से कला के इतिहास के अध्ययन में कुछ सहायता नहीं मिलती है और इसकी हीनता इसे ललितकला की कक्षा से पृथक् कर देती है।' निश्चय ही हेवेल और कुमार स्वामी ने इस स्तर के प्रलापों का खंडन किया है, तभी मैंने कहा—नहीं...हाँ!

"सच तो यह कि भारत की आत्मा और जीवन को समझे बिना पौरस्त्य तथा पाश्चात्य पारखी यहाँ की कला के साथ न्याय नहीं कर सकते। मैं इस युग में अवनींद्रनाथ टैगोर तथा नंदलाल बोस की कृतियों को भारत की चित्रात्मा का प्रतीक

मानता हूँ।"

सुबह से पाव-आध सेर दूध की खोज में था; किंतु चने और मूँगफली के फेरी वाले ही लगभग हर स्टेशन पर मिले। साँझ का धुँधलका छाने लगा। वन वीथियों और खेतों के पर-पार से टिमटिमाती हुई रोशनी गाँव के धुएँ के फंदे में फँस प्रोषितपतिका की आँखों की तरह ऊपर-ऊपर चमक उठती थी। सरकंडे की फुनगियों को हिलाकर इठलाने वाली हवा नाज-भरी बालियों से झुके धान के खेतों में खो जाती थी। उजले फूलों से लदी हरी-हरी बेलें झीनी-झीनी अँधियारी में कैसी प्यारी लग रही थीं!

वर्धा स्टेशन आया। चित्रकार मित्र उतर गए। बापू की तपोभूमि में दूध ढूँढ़ने लगा। ढूँढ़ता-ढूँढ़ता थक गया। थकान मेटने के लिए चाय पीनी पड़ी। सहयात्रियों ने विस्मय-विस्फारित नेत्रों में घूरा—आश्चर्य है, कैसे यहां दूध नहीं मिल रहा? प्रतिदिन प्रत्येक क्षण मिलता है यहाँ तो!

उसके वर्षों के संचित अनुभव को इस क्षण पर न्यौछावर करते हुए एक धचका-सा लगा। ऐसा लगा, जैसे इस संध्या के रंग, रक्त रस, रक्त को चूसकर बाहर घूरे-से इकट्ठे अँधियारे पर किसी ने कूड़े-करकट की तरह फेंक दिया हो। मैंने खिड़कियों से तारे गिनने शुरू किए।

पुरानी चीजों से नई मजबूत चीज बनाने की हसरत लिए दिन-भर की देखी निसर्ग की छवियों के सहारे एक गीत की रचना करने लगा। रचना (creation) और अनुकरण (imitation) निसर्ग का एक ही अवदान नहीं है। धरती पर स्वर्गीय सौंदर्य की झलक मिलने पर स्मृति से सादृश्य उत्पन्न करने का प्रयत्न रचना है।

'श्वेत शतदल पर सुशोभित अरुण चरणों में
नील अंबर हरित धरती-संग मैं नत हूँ!'

साँझ की साँस झाँझ-सी बज रही थी। और अवदात गात लिए रातरानी निर्झर के चंचल जल-तल पर स्वप्निल ऊर्मियाँ जगाती हुई मंथर गति से विचर रही थी। चंद्र-किरणें अगवानी में नृत्य-रत थीं। पेड़ों की छाँहें बाँहें फैलाए हुए-सी दोनों ओर से ललक-भरा आमंत्रण भेज रही थीं। लहरीली नीली सतह पर आसमान उतरता-सा दीख रहा था। और चाँदनी का चक्रवाल! दिगंतव्यापी पावस के जले बादलों का क्षार-जैसे जमता गया हो, ठँसा पड़ा हो—पर्त-दर-पर्त, रजत-गिरि-शिखरों-सा ऊर्ध्वमुख—ऊपर की ओर उठता-सा।

हिलती कोंपल की परछाईं से बिस्तुइया की तरह पलकों से तंद्रा भाग गई थी।

टौंसिल का पेसेंट होकर भी खुले गले से सन-सन पवन का संगीत पी रहा था। मन-प्राणों पर एक नशा-सा छाता जा रहा था जिस कारण सब कुछ असाधारण प्रतीत होता था। नर-नारियों के अजनबी चेहरे युग-युग के जाने-पहचाने-से लगते और किसी का अशरीरी कोमल स्पर्श समस्त वातावरण की आत्मा में फैलता-सा लगता था। मैं कहाँ उड़ चलने को पर तोल रहा था; पता नहीं, पर जिस लचीली डाल की तुनुक फुनगी पर बैठा था वह एक हलकी-सी पेंग से आसमान-जमीन का कुलाबा मिला रही थी, इसमें संदेह नहीं। उस घड़ी बड़ी से बड़ी बात भी हलकी-फुलकी लगती—शायद इसीलिए चाँदनी चुप थी!

शीतल प्रकाश श्वास-उच्छ्वासों में समाता गया और मैं ऊँघता-जमुहाई लेता जाने कब सो गया। जब जगा, सिकंदराबाद में गाड़ी खड़ी थी। तलाशने पर मालूम हुआ—अगला स्टेशन हैदराबाद है। हड़बड़ाकर उठ बैठा। छह की रात में मुजफ्फरपुर छोड़ा था, दस के प्रभात में हैदराबाद पहुँच रहा था। प्रसन्नता आँखों में कुम्हलाने लगी। मैं एक-एक वस्तु को दूनी स्पृहा से देखने के लिए प्रस्तुत हो गया। झीलों, तालाबों और कमलों के इस नगर की सुंदरता में मेरी चिरसंचित कल्पनाओं को ललित अनुभूतियों का स्वरूप प्राप्त हो रहा था।

हैदराबाद के प्लेटफॉर्म पर हँसता हुआ उतरा—कविवर श्रीवारनासि राममूर्ति 'रेणु' सामने खड़े थे। हम पहले नागपुर में, राष्ट्रभाषा-प्रचार-समिति, वर्धा के एक वार्षिक अधिवेशन पर मिल चुके थे। मिलते ही आत्मीय हो गए थे— साहित्य, संगीत और कला-संबंधी दृष्टिकोण के अतिरिक्त हमारे जीवन-दर्शन में भी अप्रत्याशित समता थी। उस समय (12-11-53) उन्होंने मुझे 'किन्नेरसानि-गीत' भेंट किया था। आधुनिक तेलगू साहित्य जगत् के कवि-सम्राट् श्री विश्वनाथ सत्यनारायण की इस रचना ने मुझे भाव-विभोर कर दिया था। 'किन्नेरा' का गोदावरी में मिलना जिस भंगिमा से हुआ है कि वह 'वनों को, ज्योत्स्ना-विलसित मैदानों को, झाड़झंखाड़ को, दुर्गम पर्वतों को लाँघती, व्याघ्रपदचिह्नों में अपने चरणचिह्न मिलाती, पथरीले झरने और अनेक पथांतर पार करती हुई गोदावरी में मिलती है, उसके काव्य-संगीत और 'रेणु' जी के स्वर-निनाद ने मुझे निराला के—"फिर क्या? पवन, उपवन, सर, सरित, गहन गिरि कानन पार कर पहुँचा" (जुही की कली) के सौंदर्यलोक में पहुँचा दिया था। क्या? निराला के ही निनाद में उन्होंने पढ़कर सुनाया था।

हम गले-गले मिले। वह रेडियो स्टेशन की कार ले आए थे, मुझे वहाँ के एक साहित्यिक (!) सेठ के बँगले में ठहराया गया।

कुछ काल प्रमत्त हँसी ने वातावरण का हृदय कुरेदा—मैंने जीवन की रंगीन

कल्पनाओं में डूबते-उतराते हुए कुछ नए मुख देखे, आशा और विश्वास के नए ताने-बाने बुनती हुई कुछ नई भाषाएँ सुनीं जो मेरी सस्मित अबोधता पर धुँधली दीप्ति फैला रही थीं। बंबई में मालाबार हिल के-से सुहाने दृश्य बँगले के चहुँ ओर तुरत-तुरत उगे सूर्य के आलोक-तूर्य से निनादित हो रहे थे। पंछियों का कलरव आसपास के नर-नारियों की बोलियों में घुल गया था—एक अनचखा माधुर्य-सा बरस रहा था जिससे मेरे लहरीले केशों में नए कर्ल्स बन रहे थे; बदन में थकान की जगह तनाव महसूस हो रहा था; खोई अँगड़ाइयों की नई-नई परछाइयाँ उभर रही थीं और मैं सिमटने के बजाय बिखर-सा रहा था।

(4)

दक्षिणापथ का अपभ्रंश डेकन है। हैदराबाद राज्य फ्रांस या यूनाइटेड किंगडम के बराबर है। यहाँ की आबादी मुख्यतः हिंदुओं की है। वे मराठी, कन्नड़ और तेलगू बोलते हैं। हिंदी-भाषी अधिकतर बाहर के हैं पर अब यहाँ वालों में भी राष्ट्रभाषा हिंदी के प्रति गहरी उत्सुकता है। बाहरी विवादों के बावजूद वे हिंदी सीख रहे हैं और उर्दू की लहर मुसलमानी दायरे के बाहर भी है।

हैदराबाद मूसी नदी के किनारे बसा है। इस राज्य के संस्थापक ने सन् 1591 में चारमीनार नामक एक इमारत खड़ी की थी जो इस नगर की अन्यतम सुषमाओं में से है। अभिनेता पी० जयराज, संगीत-निर्देशक शंकर और अभिनेत्री वहीदा रहमान और चित्रा यहीं के हैं। मेरे मित्रों ने चारमीनार के करीब ही चित्रा का मकान बतलाया था। हैदराबाद की अधिकतर इमारतें पत्थर की हैं। यहाँ काले और भूरे रंग के पत्थरों से बनी इमारतों का कलात्मक रूप देखते ही बनता है। और यह तो सर्वविदित है कि वस्तुतः अजंता-एलोरा की गुफाएँ सख्त चट्टानें खोदकर बनाई गई हैं। यहाँ का प्राकृतिक परिवेष्टन ही पथरीला है। कदाचित् इसीलिए इतनी झीलें हैं, तालाब हैं और अमराइयों की खुशबू-बसी हरियाली है। पत्थर हो या पत्थर जैसा दिल वाला, इनसान की लगन है जो उसे पानी-पानी किए बिना नहीं मानती। बंजरों में बेल-बूटे उगाना तो वह बेमेल तरीकों से भी जान गई है।

उत्तर भारत की हार-जीत से दक्षिण भारत बहुत कम प्रभावित हुआ है। मुहम्मद गौरी के आक्रमणों से उत्तर भारत का हिंदुत्व कंपित तथा आतंकित हो उठा था; किंतु दक्षिण के राज्यों पर उसका कुछ भी असर नहीं हुआ था। आज भी दक्षिण के हिंदुओं में हिंदुत्व के प्रति उत्तर भारत के समन्वयवादियों से कहीं अधिक निष्ठा है। उनकी वेश-भूषा, खान-पान, रहन-सहन सबमें आकर्षक पवित्रता पाई जाती है। आज संध्या

समय निजाम-सागर और बागेआम देखता-देखता सिकंदराबाद पहुँच गया। मैंने सोचा—'दीपक और उससे प्रकाश्य वस्तुओं में विषमता होनी चाहिए। दीपक आसमान का हो, जमीन का, वस्तुएँ अपनी जगह हैं।'

साहित्यिक (!) सेठ जीवन जी के अतिरिक्त रेणु जी आदि कतिपय कवि-मित्र भी साथ थे। गल्प-गंगा में डुबकियाँ लगाई जा रही थीं। चाय की चुस्कियाँ चल रही थीं; सिगरेट के सुगंधित धुएँ के छल्ले बनाए जा रहे थे। हँसी का फव्वारा छूट रहा था; मगर मेरा मन उदास था। मैं नजारों से, बहारों से, चमन से, आबशारों से किसी का पता पूछने में मशगूल था। फूलों की मुसकान हो या शबनम की गमगीन तान, दिन की सफेदी हो या रात की सियाही—सबमें से बेरोक बही जाती अपनी जिंदगी का कच्चा सूत पकड़े कहीं दूर चलता चला जा रहा था; चला जा रहा था।

सेठ जी अपने मैले दाँत निकालकर हँस रहे थे। जब-तब कुछ उद्धरण बोलते जो अकसर अशुद्ध होते थे। कवि-मित्र अपनी-अपनी कविताओं की कुछ टूटी कड़ियाँ सुना देते थे। इस ढब-ढब बजती हुई खोखली जमीन से मेरा मन बेसहारा होकर बार-बार उस उन्मुक्त गगन में उड़ जाने के लिए तड़फड़ा उठता था जिसमें फूलों से लदी शाखों पर आँखों के खंजन खेल रहे हों; साँवले गदबदे बच्चों और चिट्टी-चिट्टी बच्चियों का चहकता हुआ दल ढीठ और शरमीली निगाहों से बौरों पर भौरों की पाँत सजा देता हो और जहाँ...

कार तैयार थी। हम जल्द ही वापस आ गए। मैं तब सुबह-शाम कसरत करता था; हवाखोरी के लिए मील-दो मील पैदल चलता था। फिर क्या था, सवेरे स्टेशन से रात सिकंदराबाद तक कितनी ही सांस्कृतिक दृष्टियों ने मुझे निराला समझकर निहारा। शहर में शोहरत हो गई, निराला जी तशरीफ लाए हैं। राम, नल, कर्ण, अर्जुन, सिकंदर, विक्रमादित्य आदि को मैंने महान् अभिनेता पृथ्वीराज के माध्यम से देखा था। मुझे दुःख हुआ, निराला को देखने का यह कैसा गलत माध्यम अपनाया गया था! संतोष था कि आग को धुआँ नहीं गंदा करता; दीये की लौ को कालिख नहीं लगती; चाँद पर आकाश का रंग नहीं चढ़ता। अपने को निःशेषभाव से दिए बिना कोई और जो हो जाए, निराला नहीं हो सकता।

सेठ जी की पत्नी पंजाबिन, रसोई में हाथ बँटाने वाली मराठिन, खाने वाले बिहार, उत्तर प्रदेश और आंध्र के—डाइनिंग टेबल पर मजा आ गया। विभिन्न रुचियों की खिचड़ी पकती रही। सेठ जी घोर वनस्पतिवादी, चोकर, गुड़, चने पर घंटों तकरीर करने वाले, पत्नी अप-टू-डेट, स्वादिष्ट खाने की शौकीन, सो खूब ठंडा-गरम चला।

फिर सेठ जी के अधूरे, अधकचरे और अछूते विचारों का चर्वण करता-करता

सो गया। दूसरे दिन रेणु जी के घर दावत थी। घर क्या था—देवालय था। बाहर-भीतर देवत्व विराज रहा था। मैं सहम-सहमकर पाँव बढ़ाता था, बच्चे मुसकान के उज्ज्वल अक्षरों में लिखे 'स्वागतम्'-से दिखे। भीतर साक्षात् अन्नपूर्णा-सी उनकी पत्नी ने दिव्य प्रणाम की स्वरित मुद्रा शून्य में अंकित की। वह अपनी अभिव्यक्ति की शक्ति से पूर्ण आश्वस्त होकर विश्वस्त स्वर में जो बोलती थीं, उसमें रेणु जी की मध्यवर्तिता अनिवार्य थी। मैं एक बार उनके मुख पर, एक बार रेणु जी के सुखद सस्मित स्वर पर ध्यान देता था और अपने आप पर खीझ उठता था। मेरे दिल में गुबारों का तूफान द्रुत वेग से उभरता : दक्षिण वालों को राष्ट्रभाषा का मूल्य समझना चाहिए और उत्तर के राष्ट्रभाषियों को आबेहयात कहकर उन्हें जहर छहरती स्पीच-भर पिलानी चाहिए! रेणु जी के उतने नन्हे बच्चे माँ-बाप से तेलगू में और मुझसे थोड़ी अंग्रेजी और थोड़ी राष्ट्रभाषा में हँसते-हँसते बोल लेते थे, मेरे कर्तव्य की इतिश्री तो वहीं समझ लेनी चाहिए जहाँ मैं भाषा सीखने की असमर्थता पर दाँत निपोरकर रह जाता हूँ। बीस साल से मुजफ्फरपुर में हूँ, अपनी मगही भूल गया; मगर यहाँ की बज्जिका मैथिली-भोजपुरी-मिली बोली न सीख सका। सीखने की इच्छा ही न हुई। तब मैं बकर-बकर मुँह ताकूँ या टुकुर-टुकुर, ताबुज क्या है?

काशी विश्वविद्यालय में मेरे होस्टल के एक साथी थे—प्रभाकर त्रिवेदी। उन्हें सिक्कों पर इस्तेमाल की जाने वाली सारी लिपियाँ सीखने का शौक था। मैं उनके साथ ही रहता था, पर मुझ पर संसर्गज दोष-गुण का प्रभाव नहीं पड़ा। मैं अपनी शत-सहस्र त्रुटियों में इसे सर्वप्रमुख स्थान देता यदि मुझे नाट्यसम्राट् पृथ्वीराज जी ने यह न बताया होता कि एक बार जब वह पेरिस गए थे, वहाँ कोई अंतर्राष्ट्रीय प्रदर्शनी का ख्यातिप्राप्त चित्र दिखलाया जा रहा था और उन्हें advance booking की बात न मालूम होने पर भी जाने कैसे एकाएक उसे देखने की सूझी थी। अब-तब में चित्र शुरू होने वाला था। ब्लैक की कहीं गुंजाइश न थी, फेयर का वक्त काफी पहले गुजर चुका था। देखने का इरादा अंदर ही अंदर पक्का हो चुका था! अनजानी अड़चनें बाहर के सारे रास्ते मूँद चुकी थीं। वहाँ उर्दू और अंग्रेजी में भी कोई फर्क न था क्योंकि कोई भी उनकी जबान समझना नहीं चाहता था। ऐसे में उन्हें अपनी अभिनयकला की याद आई। उन्होंने अंगभंगिमाओं द्वारा पूरी कहानी कह सुनाई। फिर क्या था, मैनेजर उन्हें बाइज्जत अंदर ले गया और उन्हें ऊँचे से ऊँचे दर्जे में बैठा दिया।

आप हहास न करें—धूल का गुब्बारा आकाश में भी सुरीले पखेरू से होड़ नहीं कर सकता। दुर्बलता मेरा बल है, विनय नय। मेरी दीवाल काई से चिकनी है, यों

खुरचने पर इमारत के भरभराने का अंदेशा नहीं है।

साफगोई को हमेशा मैं शक की निगाह से देखता हूँ। बात यह है कि मैं जिस जमाने में पैदा हुआ हूँ, उसमें इकहरा व्यक्तित्व कहीं अज्ञान की गहरी गुफाओं में लाश की मानिंद ही पड़ा पाया जा सकता है। सो मैं अपनी नासमझी को कफन की-सी सफेद हँसी से ढककर परख रखने वाले की गहराई से उतराते-उफनते-से शब्दों में तेलगू की गरिमा, उसकी संस्कृतनिष्ठता आदि पर बकता रहा।

एक बकवास बंद हुई, दूसरी शुरू। अब मुझे स्टेशन-डाइरेक्टर से मिलाया जा रहा था। स्टेशन-डाइरेक्टर का व्यक्तित्व डॉ० रामविलास शर्मा से मिलता-जुलता था। डॉ० शर्मा सन् '36 से मेरे मित्र हैं। उनसे की जाने वाली बातों पर कभी चिकनाई चढ़ाने की नौबत नहीं आई। सो, उनके हमशक्ल होने के सबब मैंने स्टेशन-डाइरेक्टर से भी कुछ वैसी ही बेतकल्लुफी बरती। दिल की खिड़की खुली नहीं कि सारे वातावरण में धूप की दमक और गरमाई भर आई।

रेणु जी ने हुंकार लगाई। शब्द-सागर से कीमती शब्द छान-छानकर मेरे बारे में बोले जाने लगे। मैंने देखा, आनंद का तारुण्य सहसा शैशव में बदल गया। वह फर्श पर घुटनों के बल रेंगने लगा। तब जैसे कुबड़ी की रीढ़ कृष्ण ने सीधी की थी, मैंने उसे बाजुओं में जोर लगाकर ताना—"तनिक मेरी तो सुनिए, यह शब्दवेधी बाण किसी और पर चलाइएगा! विद्वत्ता को 'मास्क' में से न देखिए। सोचिए न, विद्वान् या तो मैं हिंदी का हो सकता था या संस्कृत का; किंतु दुर्भाग्य ऐसा कि हिंदी वालों ने मुझे संस्कृत का माना और संस्कृत वालों ने हिंदी का। अब आप ही बताइए, शंकराचार्य के देश में मेरे इस सूत्र का भी भाष्य किया जाना चाहिए क्या?"

पंडिताई तो पंडिताई, उसकी चर्चा भी बोझिल होती है। तनिक भी तनाव कम न हुआ। आखिर विदूषक होने के लिए जॉनीवाकर की सूरत भी तो चाहिए।

अब मैंने चींचपड़ करना मुनासिब समझा। मेरा मन उस प्रशस्त व्याख्यान की लय पर बुरी तरह ऊपर-नीचे नाचता रहा। एस०डी० को प्रपाणक रस पिलाया गया कि मैं साहित्य-संगीत-कला प्रवीण हूँ; मेरे गीतों के स्तर-स्तर में आनंद और करुणा की दार्शनिक लाहौलबला कूवत। इतनी तारीफें पहले सुनने को मिलतीं तो सँवरता भी! शील और शालीनता न सही, थोड़ी सभ्यता और शिष्टता ही सीख लेता कि किस प्रकार आँखें मूँदकर शरीर में गुदगुदी का अनुभव करते हुए अपनी प्रशस्ति सुनी जाती है! अब यह सब मुझे व्यंग्य के समान जान पड़ता है।

'जिंदगी अपनी जब इस शक्ल से गुजरी यारब,
हम भी क्या याद रखेंगे कि खुदा रखते थे!'

अचानक खटाक-खटाक की ध्वनियाँ मेरे मायूस विचारों से टकराने लगीं। फिर मलाई का झाग उठाने वाली हँसी के हिलकोरों से विकृत मुख भी अनुकृति के योग्य बनने लगे। मैं पान की पीक थूकने के बहाने महज गज-भर के फासले पर सहूलियत के लिए पड़ी असलियत को उठा लाया। यहाँ आगंतुक और स्थानीय साहित्यिकों को चाय पर बुलाया गया था। सरदार करतार सिंह दुग्गल, डॉ० रामनिरंजन पांडेय, कवयित्री शैलबाला आदि से बिजली के पंखे के नीचे उड़ती-उड़ती निगाहें जमा-जमाकर मिला।

शाम के मटमैले, नीले, पीले, ऊदे रंग के आसमान के साए में एक भेदभरी मुसकान लिए हम रात के कवि-सम्मेलन तक के लिए बिछड़े। मैं काँपते होंठों में उलझे उद्गार खामोश हवा में बिखेरता हुआ बढ़ गया—

By what dim shore of the ink-black river, by what far edge of the frowning forest, through what mazy depth of gloom art thou threading thy course to come to me, my friend?

डॉक्टर आर्येन्द्र शर्मा की अध्यक्षता में निजाम हॉल में कवि-सम्मेलन आयोजित हुआ। कविवर श्री भगवतीचरण वर्मा ने आरंभ किया। अनंतर मैं बुलाया गया। काव्य-पाठ के पूर्व अनाउंसर ने मेरी साहित्य-साधना का चमत्कृत कर देने वाला परिचय दिया। रेडियो-कवि-सम्मेलन के लिए यह नया अनुभव था। रेणु जी ने दक्षिण को उत्तर से घनिष्ठ रूप से परिचित कराने के लिए ही यह प्रयोग किया था। जो हो, मेरे काव्य-पाठ ने जन-समुद्र को कल्लोलित कर दिया। मैं फिर-फिर बुलाया जाने लगा। हद हो गई कि अध्यक्ष के पढ़ने के बाद भी मुझे दो-तीन गीत सुनाकर श्रोताओं के अनुरोध की रक्षा करनी पड़ी।

एक ओर चंपई अंग-रंग, तरंगमय अरुणाभ मुखमंडल; कजरारे नयनों के मद-भरे डोरे, संगीतभरी जवानी की कुंकुम-घुली अँगड़ाइयाँ और थिरकती हुई उमंगें; दूसरी ओर आसमान की बेताबियाँ परखती हुई निगाहें, तितलीमार्का मूँछें, पोपले खगोल कपोल, चेचक-मेचक चेहरे, 'वेलकम' का साइनबोर्ड लटकाए मटकती हुई गर्दनें—क्या ही दिलकश और दिलफरेब नजारा था!

इन्हीं के बीच से आँखें मींचकर बाहर निकल आया। टिड्डियों का दल छँटता रहा, बेधने वाला तीर अनबिंधा तरकश में लौट गया।

ढलती रात तक वर्मा जी से विविध विषयों पर बातें होती रहीं, फिर जाने कब नींद आ गई। यों तो प्रतिवर्ष एक-दो बार दिल्ली, कलकत्ता, बंबई, नागपुर, इंदौर, जयपुर, लखनऊ, इलाहाबाद, पटना आदि स्थानों में से कहीं न कहीं वर्मा जी से भेंट

होती ही रहती थी; पर जयपुर के बाद दूसरी बार इस हैदराबाद में ही हम एक साथ ठहरे थे। उनके साहचर्य में कई दिनों तक जिस अलौकिक आनंद की अनुभूति हुई, उसे वाणी देने की क्षमता मुझमें नहीं है। वर्मा जी एक ही साथ कवि, कहानीकार, उपन्यासकार, नाटककार, निबंधलेखक और विचारक हैं। उनकी स्पष्ट प्रांजल भाषा उनके पुष्ट व्यक्तित्व की प्रतीकात्मा है, वह अपने विचारों के प्रति सुदृढ़ आस्थावान् हैं, तभी उनमें इतना सुलझाव और लचीलापन है। वह कितने अच्छे वक्ता हैं, इसका परिचय आगामी दिनों में प्राप्त हुआ।

सुबह की सुनहली किरणें मेरे लिए प्रसिद्धि और प्रियता का मुखर संदेश लाईं। पत्रों और मित्रों के घेरे के बाहर भी मैं चर्चा का विषय बन गया।

वर्मा जी को सोया छोड़ जब प्रातर्भ्रमण के लिए निकला तब तक अच्छी-खासी मित्र-मंडली इकट्‌ठी हो गई। कैमरे वाले कॉलेज़ के छात्रों का उत्साह देखते ही बनता था। रास्ते में ऐसा एक भी दर्शनीय दृश्य न छूटने पाया जिसे पृष्ठभूमि बना भिन्न-भिन्न मुद्राओं में मेरे चित्र न उठाए गए।

परेवे के पंखों-से रंगभरे गगन के नीचे, सरोवर में मंद पवन से लहराते पद्म-वन के किनारे, टेढ़े-मेढ़े खजूर के तने के सहारे उसके पंखे-से खुले सूचिमुख पत्रों की फाँक से झाँकती हुई ताम्रवर्ण किरणों की झिलमिलाहट में मैं 'चित्रित' किया गया।

मेरे प्राण ऐसे ही प्रयोजनहीन स्थान में निस्तंद्र होते हैं। फल की अपेक्षा फूल उन्हें अधिक तृप्ति देते हैं। फलों के बोझ से टूटते पेड़ मेरे लिए कम कौतुक के विषय हैं, फूलों के लघु भार से लचती हुई टहनियाँ अधिक।

लौटकर देखा, कुछ बालिकाएँ अपने विद्यालय के लिए बुलावा देने आई हैं। धूल और घास पर चलकर आया था। चेहरे पर पसीना, गला खुश्क, थकान से बदन टूटता हुआ—पसोपेश में पड़ गया। इतने में साइंस कॉलेज, उस्मानिया यूनिवर्सिटी तथा दक्षिण भारत हिंदी प्रचार सभा के प्रतिनिधियों का शुभागमन हुआ। रेकॉर्डिंग से लिए रेडियो स्टेशन की कार आकर लग गई।

कोई लाख बने, अपनी उपयोगिता पर ठंडे पानी वाले कुएँ या छायादार पेड़ की तरह निर्लेप रहना कठिन है। मुझ-से निठल्ले-निकम्मे की भी इतने लोगों को जरूरत है, यह खयाल आते ही मन दूने उत्साह से उमड़ पड़ा। फूल मैं बबूल का ही होऊँ, मगर मेरी सुगंध भी दक्षिणी पवन में मिल रही है, इस उत्साह ने मुझमें शत-शत संयोगियों के हास-परिहास और शत-शत वियोगियों के उच्छ्वास-निश्वास भर दिए। कहते हैं, चंदन के संसर्ग से विषैले पेड़ भी सौरभमय हो उठते हैं और मैं चंदनवन

वाले दक्षिण में भ्रमण कर रहा था।

रेडियो स्टेशन में गद्य और पद्य दोनों की पृथक्-पृथक् रेकॉर्डिंग थी। आधुनिक हिंदी कविता पर बोलते हुए पंत जी की कुछ पंक्तियाँ 'केदारा' में कढ़ गई थीं—

'अंधकार की गुहा-सरीखी
इन आँखों से डरता है मन!'

सुना, रेकॉर्डिस्ट मेरी धुन गुनगुना रहा था। कविता वाले रेकॉर्ड में अपनी 'बाँसुरी' को रागेश्वरी में गाकर आज उसके चौथे प्रकार का आविष्कार किया।

उधर बालिका विद्यालय से आरंभ हुआ। साइंस कॉलेज के बाद यूनिवर्सिटी में अभिनंदन-पत्र प्राप्त किया। फिर हिंदी-प्रचार सभा में अच्छा-खासा आमोद-प्रमोद रहा। संध्या समय कवयित्री शैलबाला के घर चाय-जलपान कर डेरा लौटा।

दिन-भर कूकता रहा—कौन जाने, किसी के हिए में हूक उठी या नहीं!

अगली सुबह कसरत के बाद घूमने निकला तो घास-फूस के बने झोंपड़ों के बीच से टेढ़ी-मेढ़ी सरकती हुई पगडंडियाँ पार करता हुआ कहाँ से कहाँ पहुँच गया! हर झोंपड़े की देहरी लिपी हुई थी और अल्पना से चौक पुरा हुआ था। सद्यःस्नाता-सा टटकापन लिए हुए क्वाँरियाँ और रंगीन कपड़ों में गृहिणियाँ ऐसी आँखों से मुझ अजनबी की मंद गति निरखती थीं जिनमें मर्म की कामनाएँ मर्मर करती रहती हैं; अधजले सपनों की चिनगारियाँ छिटकती रहती हैं और अंधकार का व्यूह भेदकर अनचीन्हा प्रकाश अपने लिए नया आकाश सिरजता रहता है।

धरती की धूल पर हरी-पीली परछाइयाँ लोट रही थीं जिनके दामन में टँके-से शबनम के मोती झलमल कर रहे थे। उन पर पाँव रखते हुए कत्थक और कथकली की लोच-लचक अपने आप आ जाती थी। और वह पगडंडी की सीध में और दाएँ-बाएँ खड़े झोंपड़ों में एक हलकी-सी हँसी को हिलकोर उठा देती थी जो बड़े-बूढ़ों के किवाड़ चरमरा देने पर घुटी-घुटी-सी जब-तब दरार से बाहर आ जाती थी। अनगढ़ और गठीले, मूँछउठान और शरमीले नौजवान बाहर खाट की पाटी पर झुककर बीड़ी धौंक रहे थे; एक बच्चा चटाई डालकर किताब की रंग-बिरंगी तसवीरें देख रहा था, उसके करीब ही खुले टखनों वाले कितने ही नन्हे-मुन्ने खेल रहे थे। आज के मौन भ्रमण में मैं आनंद को भुज-भर भेंटकर जैसा पुलकित हो रहा था। धरती के हृदय-रक्त से रँगी ऐसी प्रभात-सुषमा आज कैसी चिदाकाश-वासिनी दृष्टि से देख रहा था!

टी-पार्टी और काव्य-पाठ के लिए आज प्रयत्नपूर्वक अपने को तैयार करना

पड़ा। निजाम कॉलेज में स्पीचों की तपती जमीन पर गीत बरसाए। कविवर श्री भगवतीचरण वर्मा ने आज के काव्य-पाठ की अत्यधिक प्रशंसा की। मैं उसे छायानट, जैजैवंती और मालकोश की प्रशंसा समझकर प्रसन्न हुआ। अजंता-संपादक श्री वंशीधर जी विद्यालंकार के यहाँ चाय की चुस्कियों के साथ सांध्यगोष्ठी जमी। उनकी कलाकार पुत्री उषा के चित्रों को भगवती बाबू ने सरस भाषा में संवर्धित किया। फिर देर तक काव्य-पाठ का क्रम चलता रहा। वंशीधर जी ने उद्‌गार प्रकट किया कि 'मेरे गीतों में अतुल शालीनता और स्वर में विरल शांति विराजती है।' हैदराबाद की राशि-राशि स्मृतियों में हृदय को छूने वाली एक यह उक्ति भी है।

रात के विवेकी एकांत में मैं दिन-भर की घटनाएँ नए-नए परिवेशों में दुहराया करता था। प्रायः दिन की भरी अंजलि रात में खाली हो आती थी—कुछ नए दिन का प्रसाद बटोरने के लालच से, कुछ अर्जित सुख के छुईमुईपन के कारण, जो संचय की कल्पना मात्र से पीला पड़ जाता था; सूखकर खड़खड़ाने लगता था; झड़ पड़ता था।

रविवार, चौदह अक्तूबर, विजयादशमी। आज सवेरे से ही स्नेहियों का दल उमड़ने वाला है, इसका आभास कल के सरस आकाश ने चोरी-चोरी दे दिया था, सो मैं घड़ी-भर रात रहते अनदेखे क्षितिज की ओर टहलने चला गया।

आज मेरा मन शाख-शाख पर खिले सुमन देख खिलता न था। बढ़ चलने का चाव हवा से हिल-मिलकर एक नया प्रभाव ग्रहण कर रहा था। सड़क के किनारे की पीली-पीली बत्तियाँ अब लड़खड़ाने लगी थीं—रात-भर खड़ी-खड़ी जलती जो रही थीं! सूरज खुद अपना कारोबार सँभालने आ रहा था। उसे कमजोर मददगारों की क्या जरूरत थी!

मैं क्या देखता—ढलते चाँद का बुझा-बुझा चेहरा और उनींदी बेख्वाब काँपती-सी निगाहें? ख्वाबीदा ऐवानों के ऊँघते-से गुंबदों के ऊपर महबूब हवाओं में किरनीली हँसी बिखेरता हुआ सूरज और उसकी गुलाब की पंखड़ियों पर लाल शराब ढालती हुई तेज और रंगीन नजर? मैं क्या देखता?

चुपचाप चलता रहा, चलता रहा—आगे और आगे कि अचानक एक बिहारी भाई मिले जो वर्षों से दक्षिण में हिंदी-प्रचार का कार्य करते हैं और वहीं एक केरल की लड़की से ब्याह भी कर लिया है। उनका नाम श्री तेजनारायण लाल है। वह एक अच्छे कवि भी हैं। बड़े स्नेह से मुझे अपने घर लिवा ले गए। वहाँ 'अपलम्' के जलपान के साथ, बिना मुँह धोए ही, चाय पी। उनकी केरलीय पत्नी से क्षण-भर नमस्कार-चमत्कार हुआ। फिर सात बजते-बजते डेरे वापस आ गया। यहाँ एक

अच्छा-खासा हुजूम जमा था। हैदराबाद के अन्यतम श्रेष्ठ फोटोग्राफर दल-बल के साथ पहुँचे हुए थे। भगवती बाबू होस्ट से खिंचे-खिंचे-से रहते थे। उनके साथ फोटो उठवाने के लिए तैयार न हुए। ले-देकर मैं ही परेशान किया गया। जल्दी-जल्दी नहा-धोकर कोई आधे दर्जन पोज दिए, फिर साहित्य-चर्चा में डूब गया।

आज सालारजंग म्यूजियम जाने की बात थी। सारा दिन देश-विदेश की भाँति-भाँति की वस्तुएँ देखते बीता। डायमंड रूम की झाँकी अनोखी थी। नूरजहाँ और जहाँगीर की मणि-माणिक्य-जड़ी कटारें, तलवारें, स्फटिक की कलाकृतियाँ—सब हैरतअंगेज थीं। बाहर संगमरमर की एक बुर्के वाली प्रतिमा पर टकटकी बँधी रह गई थी। यहाँ तो जैसे आँखों को बेचैन करने की ही साजिश थी! शस्त्रागार के भयावने दृश्य, ईश्वर न करे, कभी स्वप्न में भी साकार हों! आह! मनुष्य ने मनुष्य का अस्तित्व मेटने के लिए कैसे-कैसे नृशंस प्रयत्न किए हैं किंतु मनुष्य है जो आगे बढ़ता ही गया है! 'है बात कुछ कि हस्ती मिटती नहीं हमारी।'

शाम की तमाम खुशियाँ झुटपुटे में डूब गईं। वर्मा जी पेटी सँभालते, बिस्तर बाँधते रहे। चार रोज तक मेरे गीतों में सोज और साज समोकर आज वह लखनऊ के लिए रवाना हो रहे थे। हम उन्हें स्टेशन छोड़ने गए। जाते-जाते वह अपनी सद्यःप्रकाशित 'त्रिपथगा' की एक प्रति भेंट कर गए। मेरी अबुझ पिपासा की बुझन की यह भींगी हुई कोशिश दिल की हर चिनगारी को सुलगाने लगी। मैं कार में इस तरह निढाल था कि जैसे मेरी गूँज उसी के पहिये के नीचे दबकर दम तोड़ चुकी हो!

कविवर भ्रमर के घर के सामने गाड़ी रुकी। खाने-पीने का इंतजाम था। किस्म-किस्म के किस्सों, लतीफों और कहकहों के बीच भोजन का सिलसिला चला। उसी दरम्यान फिल्म 'चोरी-चोरी' के रिलीज होने की खबर मिली। मेरी बाछें खिल गईं। दिल बल्लियों उछलने लगा और दिमाग की आग भाप की शक्ल में पिघलकर पानी बन गई। मैंने चेहरे पर तरह-तरह की लकीरें खींचते हुए कहा—"दशहरे में बीस गुनी बुलंदी आ जाएगी; एक दफा चलकर तो देखिए।" और रेणु जी की रहबरी में हमारा कारवाँ चल पड़ा—चोरी-चोरी।

सिर्फ आड़ी-तिरछी रेखाएँ खींचने वाला चित्रकार नहीं हो सकता, लेकिन ऊँचे से ऊँचा चित्रकार भी आड़ी-तिरछी रेखाएँ खींचता है। रेखाओं द्वारा आकृतियाँ आँकता है—आकृतियाँ अरूप भावनाओं की भी हो सकती हैं; भावनाहीन रूपों की भी। दोनों के चाहक होते हैं—रुचि-भेद से।

पेट न भरने पर भी आँखें भरती हैं। आँखें भरना पेट भरना नहीं है। पानी पीने को न मिले तो लहू का घूँट भी पीना पड़ता है।

सबके साथ मैं अकेला था। किसी अनजाने-अनचीन्हे की सुधि की डोर मुझे कहीं दूर खींचे लिए जा रही थी। किसी की दूधिया हँसी चाँदनी बनकर मन पर छा रही थी।

अचानक किसी ने बाँहें उछालीं। उचककर बगल में आ बैठा। चंदन-चर्चित ललाट, चमकती हुई आँखें, स्मितपूर्व अभिभाषण, यह धज, यह ढंग—मैं इसे पहचानता हूँ! हाँ, आज ही सवेरे यह हजरत मेरे डेरे पधारे थे अपनी काव्य-कला पर सम्मति माँगने। कैसी वितृष्णा-सी हो आई, मैं सोए हुए बच्चे की तरह चिहुँककर तनिक परे सरक गया। चाँदनी में से धुआँ-सा उठने लगा। रेत के टीले की तरह उभरे भाव भहराने लगे। मगर यह स्थिति देर तक न रही। मेरा गंतव्य और मंतव्य जान वह शीघ्र ही उतर गए। और इस तरह मेरी नजर पर चढ़ गए। लेकिन यह क्या? यह महाशय यहाँ कैसे आ धमके! और यह कैसा इंद्रजाल! वह तो हम सबके लिए स्पेशल क्लास के टिकट खरीदकर गेट पर खड़े हैं! शो शुरू हो रहा था। हमें भौंचक होने की भी फुर्सत न मिली। चुपचाप फिल्म देखने लगे। मगर हँसी के गुब्बारे उड़ाने वाली तसवीर को कोई कब तक चुपचाप देख सकता था?

लौटते समय प्रश्नों की बौछार का सामना करना पड़ा। सच कहूँ, मुझे खुले सिर सावन की झड़ियाँ खेलने का मजा मिला—

"राजकपूर के बारे में आपका क्या खयाल है?"

" यही कि वह मोती का बेटा जवाहर है। सर्वतोमुखी प्रतिभा का महान् कलाकार। फिल्मी आकाश का मंगलतारा।

" मैंने राज को पहले-पहल 'वाल्मीकि' में देखा था, फिर 'जेलयात्रा', 'नीलकमल' आदि में। इन चित्रों में वह मुझे पृथ्वीराज जी के तप का मधुर फल दीख पड़ा था। किंतु जब 'सुनहरे दिन', 'दास्तान'—ऐसी तसवीरें देखीं तो मुझे राज में पृथ्वीराज के न आजमाए हुए कुछ अति नवीन नाट्य-प्रयोगों के भी दर्शन हुए और मैंने राज की सर्वतोमुखी प्रतिभा का लोहा मान लिया। फिर 'अंदाज' में दिलीप कुमार की अभिनय-कला को हर कदम पीछे छोड़ने वाली उसकी विशिष्ट प्रतिभा देखी और फिर 'आग', 'आवारा', 'आह', 'श्री चार सौ बीस' और 'जागते रहो' में उसकी ऊर्ध्वमुखी नाट्यकला के खुलते-खिलते हुए रजत-स्वर्ण-शिखर देखे और आज मैं उसे उन्मुक्त हृदय से नई पीढ़ी का सर्वश्रेष्ठ कलाकार स्वीकार करता हूँ।"

यहाँ तो भाँति-भाँति की खोपड़ियाँ इकट्ठी थीं। किसी ने मेरे उद्गार मुँह फुलाकर, आँखें तरेरते हुए सुने, किसी ने बगल वाले को धीमा-सा धक्का देते हुए। किसी के अंग-अंग को मेरा उद्घोष जैसे उमेठने लगा। किसी के होंठ फड़फड़ाकर

रह गए। किष्किंधाकांडी मुखमंडल के मेरे एक सुंदर मित्र को राजकपूर की विद्युन्मय मुद्राओं और तरंगमय अंग-भंगियों से डार्विन के बताए अपने पुरखे की याद आती है। केवल एक व्यक्ति ने अपने भावाकुल मस्तिष्क में उष्ण उच्छ्वास की नीरवता भरकर कहा—"आपने मेरे मुँह की बात छीन ली। मैं भी राजकपूर की चतुरस्र प्रतिभा को दुःखांतनायक दिलीपकुमार की एकरसता से श्रेष्ठतर मानता हूँ। 'पापी' में दुहरे व्यक्तित्व की उसकी सुपर्ब ऐक्टिंग देख मैं तो दंग रह गया था। वह ट्रैजडी और कॉमेडी का एक-सा सफल कलाकार है। 'आह' के अंतिम दृश्यों की याद कीजिए न ''न सहगल पुराने 'देवदास' में, न दिलीप नए 'देवदास' में वह गहराई दे सके।"

एक ने अपनी छोटी-छोटी आँखें मिचमिचाईं और बिजली के खंभे के गिर्द जमी भूरी धुंध में एक अजब अंदाज से कुछ देखते हुए पूछा—"काव्य क्या है?"

"संस्कृत की बंजर धरती पर मोती की खेती उगाने वालों की हिंदी में कमी नहीं है। बाबू गुलाबराय से लेकर डॉ० रामविलास शर्मा तक ने इस सिलसिले में पंडितराज की प्रख्यात परिभाषा उद्धृत की है और रमणीयता का अर्थ—'क्षणे-क्षणे यन्नवतामुपैति' बताया है। हिंदी में बिच्छू का मंतर न जानने वाले भी साँप के बिल में बेधड़क हाथ डालते हैं और तब आप मुझसे अरस्तू से लेकर टी०एस० इलियट तक के मत मजे में सुन सकते हैं। अगर आप ठीक-ठीक अंग्रेजी नहीं जानते तो मेरी ही तरह आपको भी यह सब समझने में दिक्कत न होगी।"

फिर मैंने किटकिटाते हुए दाँतों और काँपते हुए होंठों से जल्दी-जल्दी अरस्तू का अनुकरण किया—

Poetry is to be defined as an art, the fundamental principle of which is imitation that imitation being through the medium of language.

अब जिसकी बरबादियों के मशवरे आसमानों में हैं, शेक्सपियर की उस कल्पना को नाम-रूप दें—

An imagination bodies forth
The form of things unknown, the poet's pen
Turn them to shapes, and gives to airy nothing
A local habitation and a name.

यों बकौल इकबाल, 'धरा क्या है भला अहदेकुहन की दास्तानों में,' फिर भी शेली की कल्पना की यह रसात्मक अभिव्यक्ति देखें—

Poetry in a general sense may be defined to be the expression of the imagination, poetry is ever accompanied with pleasure.

डॉक्टर जॉनसन, जो हसीनों की अदाओं पर दिल को फिदा करते रहे मगर

जिन्होंने कभी इस आईने में अपनी अदा देखने की जहमत न की, देखिए काव्य के संबंध में किस प्रकार बिखरे-बिखरे विचार व्यक्त करते हैं। कहते हैं–

Poetry is metrical composition.

फिर फरमाते हैं–

Its essence is invention.

और मिल्टन की आलोचना करते हुए, उस मिल्टन की जिसने काव्य के विषय में गोलमटोल ढंग से यह कहकर अपना पल्ला झाड़ लिया है कि Poetry must be simple, sensuous and passonate, उन्होंने लिखा है–Poetry is the art of uniting pleasure with truth, by calling imagination to the help of reason.

अभी इन गंधहीन सुंदर सुमनों को पिरोने में स्मृति की सुई की नोक-सी तीक्ष्णता उलझी ही थी कि इनकी बात काटकर 'चंदन-तिलक-ललाट' ने सरल जिज्ञासा की भाषा में पूछा : "क्षमा कीजिएगा, ब्रह्म जगत् का उपादान कारण है या निमित्त कारण?"

"दोनों।"

"कैसे?"

"जैसे कुंभकार (मृत्तिका, चक्र, चीवर आदि के सहारे) घट का निर्माण करता है वैसे ही ब्रह्म इस जगत् का। अतः अनुमान तथा शास्त्रीय प्रमाणों से यह सिद्ध होता है कि ब्रह्म इस 'जग-रचना विचित्र' का निमित्त कारण है। ऐसे ही यह भी सिद्ध होता है कि वही इसका उपादान कारण भी है। ब्रह्म इस जगत् के अणु-अणु में व्याप्त है, यह ईशावास्योपनिषद्, गीता आदि में सुस्पष्ट लिखा हुआ है। समवायिकारण का लक्षण है–'यत्समवेतं कार्यमुत्पद्यते तत्समवायि कारणम्।' तंतुओं का संयोग हुए बिना कपड़ा नहीं बुना जा सकता। अतः पट तंतुमय ही होगा, घट मृण्मय ही होगा और ठीक उसी प्रकार इस जगत् को भी ब्रह्ममय ही समझना चाहिए।

"जाहिद, शराब पीने दे मस्जिद में बैठकर, या वह जगह बता दे जहाँ पर खुदा न हो"–इसी अंदाज से कहा हुआ लगता है।

प्रश्नों की ज्योत्स्ना में मेरी उत्तर-तरी झिर-झिर तिर ही रही थी कि बूँदाबाँदी-सी शुरू हो गई–

"अच्छा जी, नर्गिस के लिए आप क्या कहते हैं?"

"यही कि उसे यह बुलंदी राजकपूर ने बख्शी है! वैसे वह दिलीप कुमार की तरह एकरस कलाकार होती!"

“निराला और पंत में कौन बड़ा है?”

“निराला।”

“आपको सेब ज्यादा पसंद है या नारंगी?”

“खट्टे अंगूर।” (कहकहा)

अचानक एक चौंका देने वाली चरमराहट सुनाई पड़ी। हम चौकन्ने हो दाएँ-बाएँ देखने लगे। बहस की गर्मी तुरंत ठंडी पड़ गई। बीच सड़क पर खड़ा एक बेगुनाह गधा दोमंजिली बस के नीचे आ गया था। उष्ण रक्त की धार बह चली। सड़क का पत्थर का कलेजा तर हो गया। काले टायरों पर सुर्खी चढ़ गई। गधे की लाश लोटती रही। बस हवा हो गई। मैं एक दोपाये गधे की तरह हक्का-बक्का रह गया। काश! मेरी मूक प्रार्थना उसके कटे पैर जोड़ सकती! मेरा उत्तप्त उच्छ्वास उसकी तड़पती हुई काया पर छाया बनकर छा सकता!! मेरे निरर्थक अश्रु उसके निर्दोष रक्त-प्रवाह को शहादत की सार्थकता प्रदान कर सकते!!!

बिस्तर पर अपनी असमर्थता को पछाड़ने की आखिरी कोशिश करता-करता ढह गया। प्राणों के अंतरिक्ष में कोई अनसुनी रागिनी बजती रही। विश्व के मानचित्र पर एक विचित्र अंधकार तार-तार होकर बिखरता गया।

आज की सुबह का कैसा सजल रूप था, उसमें कौन-सा रसस्रोत उमड़ रहा था, आज की हवा के झोंकों में किस अलका के अलकों की गंध उड़-उड़कर आ रही थी, आज की प्रथम किरण का स्पर्श हृदय के किस तार को उल्लास और आवेग से झनझना रहा था, यह सब कह सकना कठिन था। आज मेरा अंतर जैसे बाहर से डर रहा था। कछुए की तरह मैं अपने अवयवों को समेटता अपने ही अंतर्मन में धँसता जा रहा था। मैं जिस चमनजार में घूम रहा था उसमें इस घड़ी कुछ परेवे रंग-बिरंगे पंख खनखनाते, गुटर-गूँ करते हुए नाच रहे थे; सारिकाएँ चहक रही थीं; गौरैये फुदक रहे थे, और खंजन गगन के अधखुले नयनों में अंजन आँज रहे थे; मगर मैं मौन और उन्मन था। कल मैं अलस्सुबह यहाँ से चला जो जाने वाला था! फिर कौन कह सकता है, कब मेरे प्राणों की क्रीड़ाकुल पंछी को ऐसा मधुवन मिलेगा कि जिस उद्दीप्त विजन में उसकी लालसा केसर-सी रेणुओं से लिपटी लपट-से सुरों में फूट पड़ेगी! कि जब किसी अचेतन सुख में डूबी हुई मेरी बेसुध व्याकुलता के चल चरणों में मंजरियों की मंजीर अनिल-लोल लताओं के पल्लव-करताल के साथ बज उठेगी!! कि जब किरण-परिधानवती प्रभाती की अपनी ही छवि-छाया में कवरी-से झर-झर झरते परिमलतरल मुकुल-कुसुमों में मेरे अंतर्मुखर भाव-भ्रमर मनुहार-सरीखी अनसुनी गुनगुनाहट भर सकेंगे!!!

अरे, ओ परेवो! मैं तुम्हारे प्यारे संकेतों को सहज ही सहेजे जा रहा हूँ! ओ हरित तरुओ! ललित लतिकाओ! मैं तुम्हारी ठंडी छाँओं को अपने उत्तप्त अंतर में समेटे जा रहा हूँ। ओ ताल-तलैयो! तुम्हारे निर्मल जल और पद्मपत्र को मैं अपने चिर-विरस मानस में समोए जा रहा हूँ। अरे ओ खिले-अधखिले फूलो! तुम्हारी पंखड़ी-पंखड़ी की सुगंध मैं अपने विकल प्राणों के स्तर-स्तर में बसाए जा रहा हूँ। द्वेष, दंभ और दुःख अथवा अविश्वास, अदयता और उपेक्षा के वातावरण में घुट-घुटकर जब मेरा मन मौन होने लगेगा, तब मैं तुम्हारी प्रीति-प्रतीति की सजल स्मृतियों की खिड़कियाँ खोलकर गाऊँगा। मैं कहता हूँ न, दक्षिण-पवन के सुरभित स्रोत में मुझे तुम्हारी अंतर्ध्वनित समवेदना मिल जाएगी! जब मेरा जीवन रेतीले टीले की तरह ऊपर उठकर भी भीतर से सूखा और खोखला होने लगेगा, तब मैं तरुओं की तरह अंतर्मुख मूल-प्ररोहों से धरती का रस खींचूँगा और तुम फूलों की तरह आकाश में अपना हास-उच्छ्वास बिखेरूँगा!

हाय रे, इन हौले-हौले हिलती हुई टहनियों, दल-पर-दल खोलते हुए फूलों, रीते-खुले में स्वर-सरगम साधते हुए सुंदर विहंगों को मैं ऐसा निर्मम और गर्वीला उत्तर कैसे दूँ!—अरे, ओ बावरो! तुमने यह अटपटा प्रश्न क्यों पूछा कि मैं किस ओर—कहाँ जा रहा हूँ?

मैं उस ओर—वहाँ जा रहा हूँ जहाँ तुम्हारी नश्वर वास्तविकता को कला ने अमर कल्पना बना दिया है! जहाँ तुम पतझड़ और वसंत में एक-से आनंदमय दीखते हो; जहाँ के फूलों में मधु-मकरंद का तो समुंदर लहराता है मगर तिमिरवरण संध्या के अवसाद-भरे अंचल में जिनके झड़ पड़ने की विभीषिका सदा के लिए समाप्त हो गई है! जहाँ तुम्हारी पार्थिव रूप-रेखाओं में कलाकार की आत्मा के रक्त-रंग अलौकिक आलोक की तरंग उठाते रहते हैं! जहाँ का अंधकार बहुरंगी है, जहाँ का मौन अगणित ध्वनि-प्रतिध्वनियों की वीणा है, जहाँ के बादल किरण-रणित परछाइयाँ डालते हैं और जहाँ का आकाश प्रकाश की ठोस भूमि-सा हवा में उड़ते हुओं को मंद-पद उतरने का नीलाभ आमंत्रण देता है! मैं जा रहा हूँ—अजंता की ओर, अपरूप रूप से भावश्री की ओर, शरीर की क्षण-भंगुरता से आत्मा की शाश्वतिकता की ओर, भोग के कोलाहल से विराग के निभृत राग की ओर, थोथे तथ्य से सरल सत्य और उससे सदाशिव तथा चिर-सुंदर की ओर।

(5)

सोलह अक्तूबर को, प्रातःकाल पाँच बजे औरंगाबाद के लिए रवाना हो गया। क्या

कुछ देकर और क्या कुछ लेकर मैं हैदराबाद से विदा हुआ, इसका लेखा-जोखा लेना न उस दिन संभव था, न आज है। रवि बाबू ने एक गीत में ऐसी स्थिति का अर्थ-गौरव- भरा एक संक्षिप्त किंतु पूर्ण शब्द-चित्र अंकित किया है—

'तोमार वीणाय गान छिलो!
आमार डालाय फूल छिलो गो फूल छिलो!!'

अपनी व्याकुलता की वंशी में मैं इससे और गहरी टेर क्या लगा सकता हूँ?

झंझा के झोंके झेलने की विधि एक है, प्यार की नरमाई और गरमाई की अनुभूति की प्रक्रिया दूसरी। अपने अंतर-प्रांतर में स्वप्नों की सुकुमार ज्वाला सजाए फिरने वाले की मस्ती किसी मद्यप के छलकते पैमाने से न मापी जानी चाहिए!

कल जब रंजित विजन में प्रकृति-प्रिया से उन्मत्त संलाप कर रहा था, कुछ संतुलित नूतन मित्रों से घिरकर भ्रमर जी के घर लौट जाना पड़ा। वहाँ उत्साही स्वदेश-भक्त श्री गुप्ता जी से भेंट हुई जो उनकी निश्चल सहृदयता के कारण सद्यः मित्रता में परिवर्तित हो गई। इस समय उन्हीं के साथ भोजन करने तथा उन्हीं की कार से गोलकुंडा जाने और उस्मान सागर की सैर करने की बात तय पाई। मेरे उच्छल उत्साह का क्या कहना! मैं तो अभी-अभी गुनगुना रहा था—

'जीवन नवजीवन-मद-माता!
जोड़ रहा है अनचीन्हों से
अनजाना, मनमाना नाता!
यह निर्झर, यह पर्वतमाला,
सस्मित-आनन कानन-बाला,
पथरीला पथ, अथक पथिक यह—
बढ़ता जाता! बढ़ता जाता!
खिल-खिल हँसी बिखेर रहा है,
हुलस बाँसुरी टेर रहा है,
शिला हिलाता स्वर-कंपन से,
कालिय का फन झूम झुकाता!'

गोलकुंडा के रास्ते में इस बार की अतिव्यस्त यात्रा में न देखे गए स्थानों (वरंगल फोर्ट के मुख्य द्वार, हनुमाकोंडा के सहस्रस्तंभ मंदिर, औंधा के जगन्नाथ मंदिर आदि) की इतिवृत्तात्मक तथा अलंकृत चर्चा होती रही—"हनुमाकोंडा को दकन

में चालुक्यन वास्तुशिल्प का समृद्धतम निदर्शन माना जाता है। मुख्य द्वार के स्तंभ पर उत्कीर्ण एक लेख के अनुसार उसका निर्माण तैलंग के महाराजा प्रताप रुद्रदेव ने 1162 ए०डी० में कराया था। मंदिर में शिव, विष्णु तथा सूर्य की एक ही आयाम की मूर्तियाँ हैं। एक वर्तुल और विशाल हॉल में ये मूर्तियाँ स्थापित हैं। मंदिर के सामने एक बहुत बड़ा मंडप है जिसमें तीन सौ खंभे हैं और हर खंभा उत्कृष्टतर कलाकृति का नमूना है। यों कुल मिलाकर उस मंदिर में एक हजार खंभे हैं। चोल, चालुक्य और राष्ट्रकूटों के युग की स्थापत्य-कला और मूर्तिकला के अवशेष तुंगभद्रा नदी के उत्तर किनारे पर बसे हुए आलमपुर के मंदिरों में भक्त महाकवि पोतना की भूमि वरंगल से तीस मील दूर रामप्पा के मंदिर में, वरंगल के किले के भग्नावशेषों में, नल गुंडे के मंदिर में और अन्य कई स्थानों पर प्रचुर मात्रा में मिलते हैं। ये मंदिर अपने-अपने काल की कला के लगभग वैसे ही सुंदर आदर्श प्रदर्शित करते हैं जिस प्रकार मैसूर राज्य में बेलूर और हलबीड होयसाला काल की कला को प्रस्तुत करते हैं।

" हैदराबाद से बीस मील की दूरी पर पटनचरू जैन-काल का एक विख्यात स्थान है। यहाँ पर पार्श्वनाथ की चौदह फुट ऊँची एक बड़ी मनोहर मूर्ति मिली है। रायपुर जिले में मलखेड़ और कोप्पल और आदिलाबाद जिले में माहूर भी महत्त्वपूर्ण स्थान हैं। यहाँ पत्थर और पीतल की बहुत-सी जैन-मूर्तियाँ मिली हैं।

" हैदराबाद से चालीस मील की दूरी पर कुलपाक में विख्यात जैन-मंदिर है। यहाँ बंबई और गुजरात से श्वेतांबर जैन-यात्री दर्शन के लिए आते हैं। इसी प्रकार उस्मानाबाद से बीड़ जाने वाली सड़क पर, कुंतल गिरि पर सुप्रसिद्ध जैन-मंदिर है जहाँ दिगंबर जैन मुनि और यात्री बड़ी संख्या में आते हैं।"

गोलकुंडा किले के करीब कार आ पहुँची थी। आँकी-बाँकी और सँकरी सड़कों से वह धूल और पेट्रोल का धुआँ उड़ाती जाती थी। धूल, धूप और धुएँ के बीच और-और किलों को स्मृति-पथ में उतारा जा रहा था जो हैदराबाद रियासत की शान समझे जाते हैं। देवगिरि (दौलताबाद), यादगिरि, वरंगल, मुदगल, बिदर, परंडा (उस्मानाबाद), नलदुर्ग, कल्याणी (बिदर जिला)—ऐसे किलों को मानस के सुवर्ण-कमलों की अंजलि भेंट करता हुआ गोलकुंडा किले के फाटक पर साथियों-समेत उतर पड़ा।

बहमनी सल्तनत के पाँच प्रांतों में गोलकुंडा अन्यतम है। इमादशाही (बेरार), निजामशाही (अहमद नगर), आदिलशाही (बीजापुर), बरीदशाही (बिदर) और कुतुबशाही (गोलकुंडा)—यही पाँचों प्रांतों के नाम हैं।

गोलकुंडा राज्य की स्वतंत्र स्थापना बहमनी सल्तनत के अंत में 1518 ई० में हुई थी। इस राज्य का पहला राजा काकत्य था जिसका केंद्र वरंगल था। यह राज्य

गोदावरी से कृष्णा, बंगोपसागर तक फैला हुआ था। इसका अंतिम राजा मुहम्मद कुली कुतुबशाह था जिसका 1611 ई० तक राज्य रहा। कुतुबशाही वंश के इतिहास में इसका राज्य-काल स्वर्णयुग कहलाता था। अंत में 1687 ई० में औरंगजेब ने युद्ध करके इन राज्य-सूत्रों को दखला लिया था।

गोलकुंडा दुर्ग और नए क़िले की दीवार बहुत ही मजबूत है। बाहरी दीवार की लंबाई पाँच मील और बालाहिसार के प्राचीर का घेरा डेढ़ मील है। गोलकुंडा दुर्ग में 9 दरवाजे, 52 खिड़कियाँ और 87 बुर्ज हैं। प्रसिद्ध-प्रसिद्ध बुर्जों और दरवाजों के नाम भी हैं। पाँच मील दीवार की तरफ एक खंदक है और दुर्ग के दक्षिण-पूर्व की ओर, जहाँ औरंगजेब की फौज को आठ महीने रुकना पड़ा था, दुहरी सुरंग है। प्राचीर के भीतर चौड़ा चबूतरा है जिस पर थोड़े-थोड़े फासले पर बुर्ज बने हुए हैं। कहते हैं, हर बुर्ज पर पहरेदार रहा करते थे और गश्त लगाने वाले घुड़सवार रात-दिन नियत समय पर गश्त लगाकर एक पहरे से दूसरे पहरे तक की जाँच-पड़ताल करते थे। हर बुर्ज और चबूतरे पर जगह-जगह तोपें रखी रहती थीं। अब भी सैकड़ों तोपें और गोले पड़े हुए हैं।

बालाहिसार के सामने जो एक अर्धवर्तुल दीवार है उस पर युद्ध के समय सेना कंगूरों की आड़ से शत्रुओं की सेना की रोकथाम करती थी।

बालाहिसार के फाटक में घुसते ही एक अजीब-सी तिलस्मी किस्म की चीज देखने को मिलती है। सीढ़ियों के रूबरू दरमियानी कमान के नीचे ताली बजाई जाए तो एक थर्राती हुई आवाज आती है। यह आवाज बालाहिसार के सबसे ऊँचे मुकाम पर, यानी दरवाजे-आम के मकान पर, पहुँचती है जो जमीन से 400 फीट ऊँचा और बालाहिसार गेट से साढ़े चार फर्लांग के फासले पर है। प्राचीन वास्तुकला का यह एक ऐसा नमूना है जो आज भी अचंभे में डाल देने वाला है। बालाहिसार एक पहाड़ी हिस्सा है। गेट से बारादरी तक 360 सीढ़ियाँ हैं। इसकी ऊँचाई जमीन से 400 और समुद्र की सतह से 2000 फीट है। इसका घेरा लगभग डेढ़ मील का है। इसमें कई प्रकार की इमारतें हैं—कुतुबशाही राजाओं के महल, कुएँ, पानी के खजाने, बारूद के कोठे, मंदिर, मसजिदें, रामदास का बंदीगृह, जलाशय आदि। महलों का तो खैर कहना ही क्या, मगर मुझे दूसरी-दूसरी चीजें ज्यादा अच्छी लगीं। हम ज्योंही भीतर प्रवेश करते हैं, हमें दरवाजे से दाहिनी ओर एक स्नानगृह दिखाई देता है जिसमें गर्म पानी और ठंडे पानी का हौज हैं। इन हौजों में मिट्टी के नल लगे हुए हैं। गंदे पानी को निकालने के लिए नालियाँ बनी हुई हैं। कहते हैं, यह स्नानगृह हरम की बेगमों के लिए था।

इसे देखते ही दिल्ली, आगरा और जयपुर के किलों की याद हरी हो गई। पहली-पहली बार जब मेरी हसरत-भरी निगाहें उठी थीं तो उनकी उदास और मायूस आँखों से टकराकर इसी तरह झुक-झुक गई थीं। कभी यहाँ प्यार की मस्ती से वे छलकती होंगी, आज इन धूल-भरी गैलों में जहाँ कहीं आँसू की दो बूँदें पड़ती हैं वहीं से एक घुटती-घुटती-सी उमस उघड़ पड़ती है।

बाबली कलाँ-सीढ़ियों के दाहिनी ओर कुछ दूरी पर एक चबूतरा है और एक झरने वाला बड़ा-सा कुआँ। इसके एक कोने में नक्काशी का काम किया हुआ एक पत्थर लगा हुआ है जिस पर तालाब से पानी छोड़ा जाता था। इसके करीब दो बरांडे हैं जहाँ बैठकर बादशाह झरने के दृश्य देखते और मन को रिझाते थे। झील में खिले हुए कमल-सरीखे मुखड़े उनकी आँखों में झूमने लगते थे जिन पर कभी गेसुओं के बादल लरजते थे; कभी तबस्सुम की बिजलियाँ कौंधती थीं।

कुएँ से कुछ हटकर एक नहर है जो सीढ़ियों से पाँच मील की दूरी से खोदकर लाई गई है। यह नहर कुतुबशाही महलों को पानी पहुँचाती थी। इस नहर से पहले हौजें भरी जातीं फिर मोटों की मदद से पानी टंकियों में भरा जाता था। 300 फीट की ऊँचाई तक पानी को ले जाकर एक खजाना तैयार किया गया है। वहाँ से पानी मिट्टी के नलों द्वारा जगह-जगह भेजा जाता था। हौजों में फव्वारे भी लगे हुए थे। जल-व्यवस्था का यह शिल्प देखने ही योग्य है।

सीढ़ियों के मध्य भाग में पूर्व की ओर रामदास का बंदीगृह है। रामदास का वास्तविक नाम गोपन्ना था, वह अक्कना और मादना के समकालीन थे। पहले कुतुबशाही इलाके के तहसीलदार थे फिर भद्राचलम् मंदिर के संस्थापक के रूप में भक्तों और महात्माओं की कोटि में आ गए थे। यही वह स्थान है जहाँ उन्हें फिर आजीवन बंदी बनाकर रखा गया था। यहीं उन्होंने भक्ति की लहर-पर-लहर उठाते हुए सजल काव्यों की सृष्टि की थी। आज भी इसमें भक्त महाकवि की मूर्तियाँ विराजमान हैं।

जब पहाड़ पर चढ़ने की बारी आई तब सब मुझे अजीब-सी नजर से देखने लगे। उन्हें क्या खबर कि मैं जंगल-पहाड़ में ही पैदा हुआ हूँ, और चूहे की तरह एक साँस में पहाड़ की ऊँचाई को चूम लेने का हौसला रखता हूँ। खैर, हम भले-भले ऊपर पहुँचे। चमगादड़ों की बीट की बदबू से घुटते-से खँडहर का कोना-कोना छान डाला। फिर एक देवी-मंडप (यल्लमा देवी के मंदिर) के नीचे साँस साधी। ताँबे और लोहे की बड़ी-बड़ी तोपों का मुआयना किया। संत महाकवि रामदास की गुफा को प्रणाम किया और रेणु जी से उनके जीवन की पागल कर देने वाली कहानियाँ सुनता-सुनता

उतर आया।

हाँ, जब हम ऊपर चक्कर काट रहे थे, तब एक मित्र ने बड़ी शालीनता के साथ कहा—

"आचार्य जी, आज इस समय इस ऊँचाई पर क्या अनुभव कर रहे हैं?"

मैं हँसा—"यही कि ऊँचाई भी कैसी सतही होती है!"

"मेरा एक आग्रह मानेंगे?—आप यहाँ कोई ऐसी बात कहें, जो जीवन-भर मन में गूँजती रहे!"

मैं फिर हँसा—"उसके साथ मेरी स्मृति जो लिपटी रहेगी! मैं चाहता हूँ, यह संकट कट जाए!''तो मैं आपको स्वामी विवेकानंद की एक वाणी सुनाता हूँ, हो सके तो श्रवण के अनंतर मनन और निदिध्यासन तक मन को बढ़ने देंगे—इस चर्या के लिए एक जीवन बहुत लंबा समय नहीं है! स्वामी जी ने कहा है—

> 'All expansion is life, all contraction is death. All love is expansion, all selfishness is contraction. Love is therefore the only law of life. He who loves lives, he who is selfish is dying. Therefore love for love's sake because it is the only law of life, just as you breathe to live. This is the secret of selfless love, selfless action, and the rest.'

गोलकुंडा अपने किले और मकबरों के अलावा एक दूसरी वजह से भी मेरे लिए दर्शनीय रहा। वह दक्खिनी हिंदी के सुप्रसिद्ध कवि और गद्यकार मुल्ला वजही की जन्मभूमि जो है! मुझे उनकी तीन उपलब्ध कृतियों के बारे में थोड़ी-बहुत जानकारी है और 'सबरस' तो पढ़ा भी है। 'कुतुबमुश्तरी' और 'ताजुल हकायक' दो और उनकी प्रामाणिक रचनाएँ हैं। 'कुतुबमुश्तरी' में गोलकुंडा के इब्राहिम कुली कुतुबशाह के शहजादे मुहम्मद कुली कुतुबशाह की जवानी का बड़ा ही दिलचस्प वर्णन है। 'कुतुबमुश्तरी' का निर्माण सन् 1610 ई० में और 'सबरस' का सन् 1636 में हुआ था। हिंदी-उर्दू के गद्य का इतिहास वजही तक जाता है!

कार उस्मान सागर की ओर चली। रास्ते भर दाएँ-बाएँ पड़ने वाले मकबरों (प्रेमावती, तारावती, भाग्यवती के महलों) के बारे में प्रेम-शृंगार, ओज-चोज की सरस-विनोदपूर्ण बातें होती रहीं। मैं भावुक होता तो बातों से ही पेट भर जाता, मगर मुझे भूख लग रही थी। सोच रहा था, इतनी-सी पहाड़ी पर चढ़ने-उतरने से अगर ऐसी तेज भूख लग सकती है तो बेचारे तेन सिंह का क्या हाल होता होगा!

उस्मान-सागर-ब्रिज से सटा हुआ एक टी-स्टाल था, वहीं जल्दी-जल्दी थोड़ा-बहुत ठंडा-गर्म चला, फिर हम झील के किनारे-किनारे घूमने लगे। पिकनिक के लिए आया हुआ तरुण बालिकाओं का एक दल प्रशांत जल में लहर उठाने का खेल खेल रहा था। रंग-बिरंगे फ्राक, गरारे और सलवार तलवार की तरह मायूसी और मनहूसियत की गर्दनों पर चल रहे थे। रास्ते-भर जर्द-जर्द फूलों की बहार थी, यहाँ आसमान कैसे-कैसे रंग बदल रहा था! ऐसे में सहसा सूर की सुधि ही आई–

सुक-सारद-से करत बिचारा
नारद से पावहिं नहिं पारा
अबरन, बरन सुरति नहिं धारै
गोपिनि के सो बदन निहारै!

उस पार 'चेतना का उज्ज्वल वरदान अभिलाषा के अनंत सपने जगाता' रहा, इस पार हम जमकर शिलीभूत सत्य बने रहे। सौंदर्य-शास्त्र का प्रसंग छिड़ा–शिलर, कैंट, हीगेल, मूलर, हर्बर्ट, शोपेन हावर, रीड, स्पेंसर, क्रोचे आदि के मत-मतांतर पर विचार-विनिमय हुआ। फिर मुझसे कोई 'दार्शनिक गीत' (!) सुनाने के लिए कहा गया। अब दोनों किनारे मिलने-से लगे। झील 'कल-कल' करती रही : हम 'खल-खल' हँसते रहे।

रेणु जी मूड में आए तो तेलगू के महाकवि पोतना, वेमना, त्यागराज, क्षेत्रय्या आदि के काव्य-खंड का (दक्षिणी संगीत का संपूर्ण आनंद प्रदान करते हुए) सस्वर पाठ कर छिछली-सी झील को भक्ति और ज्ञान की गहरी गंगा में बदल दिया। बाहर-भीतर के समस्त वातावरण पर महाकवि पोतना का निर्मल स्वाभिमान छा गया–

"बाल रसाल-तरु की नई कोंपल-सी कोमल अपनी काव्य-कन्या का हाथ किसी लंपट के हाथ में देकर उसके टुकड़ों पर ख़ुद पलना या अपनी लुगाई और बाल-बच्चों को पालना भी किसी सच्चे कवि का जीवन हो सकता है क्या?"[1]

और, पद्मनाभ के पाद-पद्मों की स्मृति-सुधा से छका हुआ मेरा मन किसी ऐसे-वैसे का आश्रय ग्रहण करे क्या?

"मंदार के मकरंद का पान करने वाला भौंरा किस पागलपन में पड़कर धतूरे की ओर भागे? निर्मल मंदाकिनी की हिलोर-हिडोर पर पैगें भरने वाला राजहंस

---

1. बाल रसाल-साल-नवपल्लव-कोमल-काव्य-कनकन् गूलल किञ्चि यप्पडप कूडु भुजिंचुट कन्न सत्कबुल हाव्विकुलैन नेमि गहनान्तर सीमल गंदमूल गौ छालि कुलैन नेमि निजदार सुतोदर पोष्णभर्थमै!

छिछले-गंदे गड्ढों की खोज में निकले? ललित आम्र की स्वर्ण-ताम्र मंजरियाँ चखकर आनंद से उन्मत्त हो वन-उपवन की पंचम स्वर से निनादित करने वाली कोयल करील-कुंज की कँटीली याद में बिसूरे? और, शरद पूनो की झाग-सी सफेद चाँदनी का चाव पालने वाली चकोरी मौत-से सर्द कुहरे को ललचाई हुई नजर से देखे?"[1]

मैं यह सब सुन-सुनकर आत्म-विभोर हो रहा था। दिक्-चक्रवाल में हर्ष-विषाद के सुरधनु निकल रहे थे। गले के गिर्द जमे वाष्प की कठोरता फोड़कर अबोले बोल नहीं कढ़ पाते थे।

रात में रेणु जी के यहाँ ही स्नान-भोजन हुआ। मेरे अनुरंजन के निमित्त एक संगीत-गोष्ठी आयोजित थी। वीणा के तारों पर अपनी 'बाँसुरी' सुनी; 'जय-जयवंती' में 'मेरे उर में तेरे नूपुर की झंकार' निखार पर थी। जैसे कोई आत्मा की तनहाइयों में मुलायम उँगलियों से गुदगुदी लगा रहा हो; जैसे आलस्य से सिकुड़ी हुई शिराओं में लालसा की उत्तप्त लालिमा तन गई हो; जैसे...लेकिन नहीं; मेरे अंतर का स्तर-स्तर उन ऊर्मिल स्वरों से बस गया। पुनर्मिलन की अभ्यर्थना के साथ कृतज्ञता से बोझिल बिदाई ली। मेरे जनम-जनम के फेरे!

रात-भर छत पर चहलकदमी करता रहा। मन की गति अति तीव्र थी, पाँव ठाँव-कुठाँव का विवेक करते चलते थे। फलस्वरूप संतुलन संभव न हुआ। भाग-दौड़ में मैं मन का साथ दे रहा था। ऐसा प्रतीत होता था, जैसे सब्ज समंदर में तैर रहा होऊँ और उसकी नीली-नीली लहरें मुझे बाँहों में भरकर उस क्षितिज की ओर ले जाना चाहती हों, जहाँ फूलों का सुवास आकाश बन गया हो और उनके रूप की झीनी रंगीनी उमंग-भरी धरती। स्नेह की जलन से मेरा अहंकार भस्माकार हो गया था जिसके हलके अस्तित्व में, छा जाने की क्षमता के परमाणु, मिल गए थे। सूक्ष्म, किंतु चंचल स्वर-तंतुओं में उलझा हुआ अंतर विह्वल था, जाने किस अनजाने का अनसुना गान रात उनींदी रागिनी में बज रहा था—तारों के तारों पर! धीरे-धीरे चाँद-तारों से टँका अंबर चेतना पर फैलने लगा और मैं एक नए गीत में सिमटने—

जीवन-वन में उन्मद शरद उतर आई!
मन-गहर भर छिटकी चेतना-जुन्हाई!!

---

1. मन्दार-मकरन्द माधुर्य मुनदेलु मधुपंबु बोउने मदन मुलकु? निर्मल मन्दाकिनी वाचिकल दूगु रायंच जनुने तरंगिणुलुकु? ललित रसाल पल्लव खादियै चोकु कोइल सेरुने कुटज मुलकु? पूर्णेन्दु चन्द्रिका स्फुटित चकोर कंबसगुने सान्दुनीहारि मुलकु? अम्बुजोदरु दिव्य पादारविन्द चिन्तनामृत पान विशेष मत्त चित्त मेरीति नितरम्बु जोर नेचुं?

—तेलगू भागवत में प्रह्लाद की उक्ति

ऐसा आलोक, लोक—
वीतराग, वीतशोक;
स्वप्नों की घटा घेर सत्य-छटा छाई!
ऐसा आभास, पाश—
काट रहा चंद्र-हास!
मुक्त गगन-ओर धरा मुक्तवेग धाई!
ऐसा उर निर्विकार,
सुनता सुर बार-बार—
सार का प्रसार स्वयं, कैसी उकताई!
ऐसा निर्मल अञ्जन,
अपने चपल दृग-खंजन!
मेरी आत्मा तेरे लिए क्या न लाई!

अचानक चिंतन का तार टूट गया। गाड़ी की स्वर-गति सुनाई देने लगी। इस घड़ी वह फकीराबाद और बासर के बीच गोदावरी का पुल पार कर रही थी। आजू-बाजू वाले दो दिलचस्प मुसलमान मुसाफिरों ने निजामाबाद उतरते वक्त मुझे भी जबरदस्ती उतारकर चाय पिलाई; सिगरेट का एक पैकेट भेंट किया। दिन ढलते तक ऐसे दोस्तों की गिनती बढ़ती गई। फिर मुझे गाढ़ी नींद आ गई और औरंगाबाद स्टेशन के शोरगुल से ही वह टूटी। कोई दस बजे रात, वहाँ की कांग्रेस कमेटी के प्रधान श्री शंभुदयाल जी शर्मा के घर पहुँचा। हैदराबाद से एक परिचय-पत्र साथ लेता आया था; एक कविवर मधुप जी ने डाक द्वारा पहले ही भेज दिया था। मुझे उनका आतिथ्य कभी न भूलेगा। रात-भर फर्श पर बिछे मोटे गद्दे पर अपने कमजोर जिस्म की एक-एक धड़कन गिनता हुआ खामोश लेटा रहा।

अजंता का पहला सवेरा मादकता और व्याकुलता के पड़ाव में—तुरत-तुरत फूटती कोंपलों, चहकती कलियों और उड़ती-सी गंधों में से आया। ठहरी-ठहरी-सी सड़कों से तड़के बढ़ चलने की पुकार आई। मैं मुँदी आँखें मलता हुआ अचकचाकर उठ बैठा। नए ब्लेड से दाढ़ी बनाई। एक भी खूँटी छूटने न पाए, इसका खास खयाल रखा। मिनटों में नहा-धोकर तैयार हो गया। पचास इंच चौड़ी नई धोती का बंगाली कोंछा, घुटनों से बालिश्त-भर नीचे फहराता टेढ़े गले वाला क्रीमी कलर का कुर्ता, कंधे से लटकता हुआ कैमरा, हलके नारंगी रंग के मोजे, बादामी रंग के जूते, आँखों पर गहरे रंग का गॉगेल, कंधे तक लहराते सुवासित केश, मुँह में जर्दाशुदा पान के आठ

बीड़े, हाथ में ('मेन ऑफ आर्ट', 'मॉडर्न आर्ट, 'फेमस आर्टिस्ट्स एंड देयर मॉडेल्स' आदि पुस्तकों के प्रख्यात प्रणेता थामस क्रावन की) 'ग्रीक आर्ट' नामक पुस्तक—इसी बाने में झूमता हुआ बस-स्टैंड पहुँचा। अजंता की बस, बस खुलने ही वाली थी। सारी सीटें भरी हुईं। गॉगेल हटा देने पर भी धुँधलापन छँटता नजर नहीं आता था कि मेरी नुमाइशी वेश-भूषा से खिंचकर कंडक्टर ने खुद खड़े रहकर मुझे, सबसे आगे, अपनी सीट पर तशरीफ रखने को कहा। ऐसा खुशमिजाज जिंदादिल इनसान था वह कि बस कुछ न पूछिए, वह भीड़भाड़ का 'काट खाने' वाला अकेलापन किसी खुशहाल पंछी की चहक में बदल गया। तब न मेरा दिल दर्द का दरिया रहा, न मुफलिस का चिराग। जी में आया—जिंदगी की पोशीदगी को चींथकर फेंक दूँ! सहमी ख्वाहिशों को बेपर्द कर दूँ! और घुटती-सी तमन्नाओं को बेनकाब! मैं चीख-चीखकर पूछना शुरू कर दूँ—अरे ओ दुनिया वालो! तुम अपने फूटे आईने में मेरी हस्ती को चूर-चूर कर क्यों देखना चाहते हो? मगर मेरी आँखें किताब के पन्ने पर तैर गईं—

When old age shall this generation waste
Thou shall remain, in midst of order woe
Than ours, a friend to man, to whom they say'st :
"Beauty is truth, truth beauty–that is all
Ye know on earth, and all ye need to know."

मन के गहन गगन की छाती चीरती हुई भावना की विहंगिनी उड़ चली। कैसी निःशब्द पीड़ा-सी फैलाती हुई हवा बहने लगी। किसी का सस्मित मुखमंडल अपरिचय के अवगुंठन में झपककर छिप गया। मेरा स्वर अटपटे-से आवेष्टन में भटकने लगा। बस खुल गई।

प्रस्थान-काल में शुभ दृष्टि के लिए पलकें उठाईं तो किसी चंद्रमुखी के मुख के बजाय सूर्य-मुखी के फूल दिखे; नीम और बरगद की टहनियाँ दिखीं और दिखीं अमरूद की टुच्ची ढोंड़ियाँ। मेरी रेतीली धमनी में हरा रुधिर दौड़ने लगा। मैं जल्दी-जल्दी लिखता गया—

सूर्यमुखी का फूल झुका है मेरी ओर!
छाँह नीम की बाएँ, दाएँ बरगद की,
गँदले जल में चार बत्तखें तैर रहीं;
बरद बँधे हैं जड़ से, टहनी हिलती है,
मेरी आँखें दुनिया की कर सैर रहीं!

खपरैलों पर घियातरोई की बेलें,
पीले फूलों वाले फहरे उनके छोर।

इमली के पेड़ों के बीचोबीच सड़क,
बढ़ती जाती बस मेरे वश के बाहर;
फस्ल बाजरे की औ' जौ की लहर रही,
हवा अजंता की आती है हहर-हहर;
पुल के पार बकरियाँ लड़की चरा रही,
इधर भगाए आते हैं कुछ लड़के ढोर।

जनता के युग में मन कहता सकुचाता—
श्रमिक नारियों के तन-बदन अजंता के,
इनमें श्रमकण अधिक, बुतों से भेद यही,
और धड़कनें-करतब रूप-नियंता के।
रात अजंता की तो छाई सदियों से,
कब प्रभात आएगा जनता का चितचोर।

सिल्लोड स्टैंड पर बस रुक गई। मैंने उतरकर शरद के बेदर्द बादलों पर नज़र टिकाए हुए अँगड़ाई ली। उँगलियाँ चटकाईं। दाएँ-बाएँ झटके देकर गर्दन सीधी की। धूल की इकहरी पर्त जमकर चेहरे की दूनी रौनक बढ़ा रही थी। ज्यों ही पान की दुकान की तरफ लपका, कंडक्टर ने सिगरेट और चाय भिजवा दी। मैं उसकी मेहमान-नवाजी पर दंग था।

खुश्क और चिकनी हँसी-मुस्कराहटों के साथ बस फिर चली। वादियों, खेतों और नदी-नालों को जल्दी-जल्दी पार करती हुई, लक्ष्य के निकट आए हुओं को उतारती और नए-नए मुसाफिर उठाती हुई, बढ़ती गई, बढ़ती गई।

यहाँ के जर्रे-जर्रे में मुझे कोहेनूर दिख रहा था। नीलिमा की तह में पड़े सितारों के दाग हवा की सतह पर उभर आए थे। सड़ा-बुसा खाकर, होंठ चाटकर, जिगर का खून पीकर ताजगी उपजाने वाले, सरापा तृप्ति और तृष्णा गढ़ने वाले चित्रकारों और मूर्तिकारों की कल्पित मूर्तियाँ मुझे आसपास बुत बने खड़े अनगढ़ गठीले लोगों में सुस्पष्ट दृष्टिगोचर हो रही थीं। ज्यों-ज्यों अजंता के निकट पहुँचता जाता, त्यों-त्यों मेरा मन दूर-सुदूर अतीत काल के धुँधले अंतरिक्ष में खोता जाता था।

सचमुच ही भारतीय सभ्यता, संस्कृति और कला-कौशल के चरम उन्नयन का

वह विस्मृत व्यतीत कितना महान् रहा होगा जब हमारा जीवन-दर्शन धर्म को केंद्रित करता था और दार्शनिक दीप्ति की निष्कंपता में हमारा जीवन विविध माध्यमों से अनुरूप अभिव्यक्ति प्राप्त करता था। क्या साहित्य, क्या संगीत और क्या अन्यान्य कलाएँ, सर्वत्र धर्म की ज्योति जगमगाती थी; जीवन का सौंदर्य-गृहधर्म प्रदीप से उद्भासित था। धर्म का विशाल बट-विटप अर्थ और काम को अपनी घनी ठंडी छाया में विश्राम करते देख मुक्ति के ऊर्ध्व गगन में फुनगियाँ फैलाता जाता था। काव्य-रसों के रंग-रूप ही नहीं निर्धारित हुए थे, उनके अधिष्ठाता देवताओं का भी सम्यक् संधान कर लिया गया था। राग-रागनियों के ध्यान-प्रणाम में देव-देवियों की अंतःप्रकृति भी स्वरूप पा गई थी। चित्रकला की षडंगयोजना, मूर्तिकला में नाट्यकला की चतुर्विध अभिनयों-समेत मुद्राएँ, नटराज की धातु-प्रतिमा, वास्तुकला की आत्मा के मंदर-मंदिर—सब अंतःसौंदर्य से विरज आनंद का अमृत छलकाते हैं।

प्रत्येक देश की प्रतिभा अपनी विशेषता रखती है, यही कारण है कि आत्माभिव्यक्ति के इतने प्रकार हैं; सौंदर्य-सृष्टि में इतनी विविधता है। ग्रीक कलाकार सुगठित अवयवों को प्रमुखता देते थे; आकृतिगत स्वाभाविकता को सुदृढ़ मांसपेशियों के सहज चढ़ाव-उतार के साथ तराशते थे—'कामायनी' में मनु की आकृति आँकते समय कदाचित् प्रसाद जी भी ग्रीक-कला से ही उत्प्रेरित हुए थे;—किंतु भारतीय कलाकार की दृष्टि में केवल शारीरिक पूर्णता का कोई अर्थ न था। वह अंतर्जीवन की आध्यात्मिक अभिव्यक्ति का साधक था। उसकी अभिव्यक्ति में भी निस्सीमता होती थी। वह निस्पंद प्रशांत मुद्राओं में असीम शक्ति, असीम तितिक्षा अभिव्यक्ति करता था—ऐसी शक्ति जो असीम दुःखों में से प्राप्त होती थी और अशेष विघ्नों को विजित करती थी; ऐसी तितिक्षा जो कर्तव्य की दृढ़ता से उपलब्ध होती थी और मन को मंगल-भवन बनाती थी।

एक छोटा-सा बिल्ली का बच्चा तेज से तेज रफ्तार में उड़ी जाती हुई बस के सामने से बाल-बाल बचकर निकल गया। थोड़ी देर के लिए मेरी साँस रुक-सी गई। शिल्प और कला की बातें काफूर हो गईं। मुझे अपने राजा, रोमी, रूपा आदि की याद हो आई। कैसे वे बच्चे इस घड़ी फालशे की छाँह में अपनी-अपनी पूँछ से, किसी लुढ़कते हुए आलू या आँवले से पोलो खेल रहे होंगे और उनकी शरारतें देख-देखकर छाया की भौंहों में बल पड़ रहे होंगे और ठहरी-ठहरी-सी नजर जैसे झटका खा-खाकर कुएँ की जगत तक फैल रही होगी⋯तभी बेला-चमेली के झुरमुट से, कनेर के कुंज से या मौलसिरी की फुनगी से 'मिऊँ-मिऊँ' का भावार्द्र स्वर सुनाई पड़ा होगा और आंतरिक हँसी ने सारी चिंताएँ भुला दी होंगी।

कंडक्टर ने मुझे खामोश बैठे रहने की नेक सलाह देकर पूरी की पूरी बस खाली कर दी; बचे-खुचे मुसाफिर भी उतर गए।

मगर मेरी गज-भर की जीभ दम ले जब तो! मैंने चौंककर देखा—यह अजंता का बस-स्टैंड था—वीरान, बदरंग और मनहूस!

दिले नाकाम थक के बैठ गया
जब नजर आई मंजिले मकसूद!

हाय रे, क्या एक मुद्दत से मुझे इसी अजंता का इंतजार था? यहाँ तो न कहीं हवा चल रही है, न कली खिल रही है! वर्षों से पलकों में जो सपना पल रहा था वह पथरीली सड़क की थकी धूल में जैसे बिखरकर रह गया। मगर मेरी यह ऐसी बात जो धरी न उठाई जाती, बस आगे बढ़ाकर ले गई।

चक्करदार घाटियों में पेट्रोल का धुआँ नकली बादल बनकर छाने लगा। बघौल के झरने पर दुपहर के सूरज की किरनें कौंध-कौंधकर आँखों में चकाचौंध भरने लगीं। जाने-अनजाने पेड़-पौधों की शाख-शाख में रंग-बिरंगे फूलों के बंदनवार-से तनने लगे और सबसे बढ़कर मन में एक ऐसे पावन प्रकाश की शीतलता छाने लगी जिससे यह विश्वास दिपकर दमक उठा कि मैं किसी महान् कलातीर्थ की परिक्रमा कर रहा हूँ!

घूमती-घूमती गाड़ी गुफाओं वाली पहाड़ी की सीढ़ियों से सटकर खड़ी हो गई। कंडक्टर अलमस्ती का आलम साथ लिए उतरा और हाथ मिलाकर शाम तक के लिए विदा माँग ली।

मैं गर्द-बर्द; सत्तर-पचहत्तर मील एक ही जगह बैठा-बैठा थक गया था। इधर-उधर नजर दौड़ाई तो बघौर नदी की चंद्रहार-सी धार झलमलाई। झोंके से उसी ओर बढ़ गया। रास्ते के दोनों ओर जलगाँव की कई-कई बसें खड़ी थीं। लड़के-लड़कियों का झुंड जंगल में मंगल मना रहा था। चंद कदमों का फासला था। नदी की रेत पर पोर्टफोलियो, कैमरा, चश्मा, घड़ी, मोजे उतारकर इतमीनान से हाथ-पाँव धोए। फिर थोड़ा पानी पीकर उठा और हवा में अकड़ी बाँहें उछालीं और सस्वर अँगड़ाई ली।

तभी चौंककर झाऊ की ओट से खिलखिलाहट सुनी। लगा, दर्द के पर्दे से कोई रागिनी फूटी! मुड़कर देखा—छहों ऋतुओं के फूल इकट्ठे खिले थे। सौरभ के घने कोहरे के नीचे छह लड़कियों की एक छोटी-सी टोली डोली। सूरज चाँद बन गया।

सब सूट में थीं। सोचा, धोती-कुर्ते वाले के बेढंगेपन पर हँसी होंगी। झिलमिलाती आँखों पर जल्दी-जल्दी पानी झोंकने लगा। इस बार की सफाई कुछ और

ही रंग लाई। थोड़ी ही दूर पर हीरे की तरह चमकता हुआ कुछ दीख पड़ा। मंगते को जैसे कारूँ का खजाना हाथ लग गया हो, मैं नाक की सीध में दौड़ पड़ा और झपटकर उसे उठा लिया। फिर उलट-पुलटकर, भाँति-भाँति की मुद्राओं में देर-देर तक देखता रहा। तभी उस टोली की एक लड़की बॉव हेयर झटकती हुई आई और रँगे होंठों से मक्खन की नरमाई और चिकनाई बिछलाकर बोली—"क्या है?"

"पत्थर!"—मैंने कहा।

"पत्थर?"—तर्वे झाग का जाल बुनती-सी हँसी में फूट पड़ी।

"इसे आप ही रखिए न!"—अदृश्य की शून्य परिधि को निरखता हुआ मैं बोला।

"और आप?" तर्वे के मुँह की बात छीनकर शालिनी ने बीन फूँकी—

"दूसरा ढूँढ़ लेंगे!"

"हाँ,"—मैंने कहा—"असली-नकली का चक्कर न हो तो चमकीले पत्थरों की क्या कमी?"

इस बार गद्य-पद्यात्मक हँसी की आँधी-सी उठ गई जिसमें सूखी पत्तियाँ उड़ चलीं और किनारे के साल की डाल रसालस-सी झुक-झुक पड़ी!

बंबई के किसी बालिका-महाविद्यालय की इन बालिकाओं से जान-पहचान बड़े वेग से बढ़ी और मेरा हलका-फुलका नाम भारी-भरकम उपाधि में खो-सा गया। उनका वयस का उल्लास खेलता, मैं उसे सर झुकाकर झेलता था।

"मेरा नाम माधवी है"—तर्वे खुली घाटी में धुली किरण छिटकाती हुई बोली—"आपको कैसे मालूम हुआ?"

मैं मोतियों-भरी सीप-सी शालिनी की आँखों में देखने लगा।

"और मेरा नाम शालिनी दवे है, यह आपको किसने बताया?"—गुंजित कुंज में सन्नाटा-सा फैलाते हुए शालिनी ने पूछा।

मैं नलिनी के जूड़े में आकाश-कुसुम-से बेडंठल खिले फूल गिनने लगा। रेशमी पल फिसलने लगे।

बात अनबूझी न रही। ऐसा ठहाका लगा कि नमक-मिर्च के रंग के बँधे केशों वाली एक अभिभाविका भागी-भागी आई और लड़कियों को मीठी झिड़कियों के सहारे किनारे लिवा ले गई। वहाँ कुछ देर वह मोटी साँवरी साँझ-सी झाँवरी मुख-मुद्रा बनाए दोपहरी की हँसी हँसने की कोशिश करती इकहरी-दुहरी होती रही।

तर्वे और दवे ने शिक्षिकाओं से कुछ खुसुर-पुसुर की। चौड़े मुँह, चिपटी नाक और फूले हुए गालों वाली काली विद्या में 'सर्वशुक्ला सरस्वती' निकली। शालिनी

दीये की लौ-सी लहकती उँगलियाँ नचा-नचा और माधवी हरसिंगार की डार-सी लचती बाँहें हिला-हिलाकर दूसरी अधेड़ की तीक्ष्ण अनुभूति को श्लक्ष्ण बनाती रही। हम हँसते-हँसते गुफाओं की ओर बढ़ चले।

माधवी और शालिनी के रूप और रंग में होड़-सी मची थी।

एक ऐसा उनींदा हृदय, जिसे उसकी मीठी मुसकान आहिस्ता-आहिस्ता मस्ती के हिलकोरे दे-देकर झुला रही हो; एक ऐसी गुलाबी लौ, जिसे जब-तब गहरा जाने वाली साँस जैसे चिलमन में से झिलमिला देती हो; एक ऐसी शबनमी चितवन, जो देखने वाले की लालची निगाहों पर पलकों की ओट से हलके-हलके संदल-बसे छींटे दे रही हो; एक ऐसी सुगंध, जो पछवा हवा के मुलायम पंखों पर तिरकर आई हो; एक ऐसा अनसुना सुर, जो प्राणों की वीणा के बारीक तारों से अनजानते ही छन आया हो—यह थी माधवी तर्वे। चलती तो लगता, बादलों की झील में चाँद का हंस तैर रहा है; रुकती तो लगता, आकाश का उच्छ्वास धरती पर थम गया है। बोलती तो लगता—आधी रात के सन्नाटे में पपीहा पुकार रहा है; और चुप होती तो लगता, सामने झर-झर झरता झरना कण-कण जमकर गीली बालू बन गया है!

किरन-सी पतली, हवा-सी हलकी और पहले प्यार की धड़कन-सी रंगीन! गुच्छ-गुच्छ केश जैसे चितवन की छाँह; गुँथी-गुँथी उँगलियाँ जैसे चंपे की पंखड़ियाँ!

शालिनी रंग-बिरंगे फूलों का गुलदस्ता थी। उसके सुनहले काले केश गोधूलि के किरनीले अँधेरे की तरह धूप-से रूप पर छाए हुए थे। टेसू के गुच्छों-से रेशमी फीते शिरीष के फूलों-से कानों के गिर्द चमक रहे थे। चेहरे पर पसीना झलमलाता तो लगता, फूल के गाभों में मकरंदबिंदु भर आए! अधर पर स्मित-छवि छिटकाती हुई दाँतों की पाँत प्रवाल की लाल लड़ी में पोए मोतियों-सी सुलगती!

"आप पहले भी कभी अजंता आए थे?" माधवी ने पूछा।

"क्यों नहीं? अब तक शत-सहस्र बार आ चुका हूँगा। यों पहली बार सन् '34 में आया था, रवि बाबू के साथ!"

"क्या कहते हैं आप?"—शालिनी चौंकी।

"ठीक ही तो कहता हूँ। उन्हीं दिनों मैं उनके संस्पर्श में आया था—साहित्य के माध्यम से। रात-दिन उन्हीं की भावनाओं में खोया रहता; उन्हीं की कल्पनाओं की उड़ान भरता और उन्हीं की अनुभूतियों में डूबता-उतराता रहता था। यों कहूँ, रवि की प्रभा की परत के नीचे मेरी प्रतिभा के अंकुर फूट रहे थे। कालिदास को हलक के नीचे उतारने पर जो नशा सर चढ़ा था, रवि की धूप में वह मानो रूप-रंग पाने लगा था। एक दिन पढ़ा—"जगतेर मध्ये सर्वश्रेष्ठ सम्राट् अशोक, आपनार ये

कथागुलिके चिरकालेर श्रुतिगोचर करिते चाहियाछिलेन ताहादिगके तिनि पाहाड़ेर गाये खुदिया दियाछिलेन। पहाड़ कालाकालेर कोनो विचार ना करिया तांहार भाषा वहन करिया आसियाछे।"

" साँची—भरहुत की कौन कहे, तब तक मैं सारनाथ भी नहीं गया था; अपने पड़ोसी बोधगया का मंदिर तक नहीं देखा था। पर मेरा मर्म रवि के तीक्ष्ण किरणवाणों से कुछ इस तरह बिंध गया था कि मुझे कितने ही स्तंभों, चैत्यों और गुफाओं की स्वप्न-यात्रा करनी पड़ी। 'प्रवासी' और 'मॉडर्न रिव्यू' की फाइलें उलट-पुलटकर, अवनींद्रनाथ, गगनेंद्रनाथ और रवींद्रनाथ के चित्र देखने पड़े; नंदलाल वसु और उनके शिष्यों से मिलना पड़ा और उसी क्रम में प्रथम-प्रथम अजंता की आत्मा का मानस प्रत्यक्ष हुआ। यहाँ स-शरीर आने का तो कोई उपाय ही न था। कारण, दस-पंद्रह रुपए मासिक व्यय पर तो मेरी पढ़ाई-लिखाई चल रही थी। रूखी-सूखी रोटियाँ; तख़्त पर एक चिकनी चटाई; मोटी-झोटी खुरदुरी खादी, छह आने की फुटपाथ पर बिकने वाली चप्पल—काशी विश्वविद्यालय में पूरे छह वर्ष बस इसी अशन-वसन के साथ बिताए थे।

" पर ब्रह्मदेव विद्याभ्यास के साथ चित्रकला का भी अभ्यास कर रहे थे जिस कारण अजंता, एलोरा, गांधार, माथुर, राजपूत अथवा बंगाल की आधुनिक शैलियों की अर्चा-चर्चा चलती रही।"

"यह ब्रह्मदेव कौन हैं?"

" वह एक सिद्ध साधक हैं। उन्होंने महादेवी वर्मा की भाँति साहित्य और चित्र-कला में एक-सा प्रकर्ष प्राप्त किया है। वह मूलतः दार्शनिक हैं, अतः उनके साहित्य में सर्वत्र एक रहस्यमय शिशिर प्रकाश फैला हुआ है। वह न भौचक करता है, न झकझोरता है; बल्कि मानसिक उत्ताप को सुधा-सिक्त आत्मिक शांति प्रदान करता है। उनकी भाषा प्राण-सिंधु के किनारे पहुँची भावनाओं-भरी तरी-सी विश्वस्त है; उनके भाव कल्प-कलोलों को निस्तल बनाती अनुभूतियों के बिंब-प्रतीक हैं। क्रंदन, कारा-संगीत, संध्या आदि उनके पद्य-काव्यों के नाम हैं और निशीथ, आँसू भरी धरती तथा उदीची गद्य-काव्यों के। नील अंगार कहानी-संग्रह हैं। हिंदी के अलावा वह अंग्रेजी, बंगला और उर्दू में भी लिखते हैं। अंग्रेजी में उनकी कविता-पुस्तकें हैं 'टीयर्स ऑफ अर्थ', और 'मेलोडी ऑफ नाइट' और बंगला में नाटक है—'विसर्जन' और उर्दू नज्मों का दीवान—'मज़ार'।

" मूर्ति-कला में पारंगत है, भित्ति-चित्र, तैल-चित्र के अतिरिक्त स्केच, सिलहटी, वुडकट आदि में भी एक-सी दक्षता प्राप्त की है और सर्वोपरि विशेषता यह

है कि वह विविध संप्रदायों की सफल अनुकृति में ही नहीं चुक गए हैं। उनकी तीव्र अंतर्दृष्टि और तीक्ष्ण आत्माभिव्यक्ति बताती हैं कि वह एक मौलिक कलाकार हैं, ऐसे मौलिक जिसे प्रकृति और परंपरा की गहरी पहचान है। तभी उनके चित्र सप्राण और गतिमान हैं। उनमें अनुपात है, संतुलन है और सामंजस्य है। साधन के साथ सामग्री और सामग्री के साथ शिल्प का अद्भुत समुच्चय है। पाश्चात्य शैलियों के गहन अध्ययन के पश्चात् कदाचित् उनकी भारतीय आंतरिकता और निखर गई है। रूप-भेद, प्रमाण, भाव, लावण्य-योजना, सादृश्य और वर्णिका-भंग—भारतीय चित्र-कला के ये षडंग या भाव—वस्तु और शैली की विविधता का समन्वित सौंदर्य—उनके चित्रों में सुलभ है। उनके चित्र भावात्मक अधिक हैं; किंतु उनके भी कतिपय प्रकार और कोटियाँ हैं। गहन मनोभावों के रूपांकन और आकृतिगत प्रतिक्रियाओं से मनःस्थितियों के अभिव्यंजन में उनकी मनोवैज्ञानिक सूझ-बूझ का सुस्पष्ट प्रमाण मिलता है और दार्शनिक चित्रों में जहाँ प्राकृतिक प्रतीकों या रंग-विपर्ययों के सहारे किसी अदृश्य-अस्पृश्य का प्राणवंत अंकन है, वहाँ मणि-दीप की शीतल ज्वाला की भाँति कलाकार की स्वोपलब्ध प्रशांति प्रदीप्त है…।"

"अच्छा जी," तर्वे ने कहा—"आपकी स्वप्न-यात्रा, मानस-यात्रा, प्रेरणा और प्रभाव तो मैं समझ गई। अब यह बताइए कि अजंता की वास्तविकता से भी आप थोड़ा-बहुत परिचित हैं या नहीं?"

"वास्तविकता?" मैंने भवों में बल देकर कहा—"अर्थात् उसके इतिहास और भूगोल से? हाँ, कुछ उलटा-सीधा तो जानता ही हूँ।"

"जैसे?"—तर्वे मुसकराई! उसकी आँखों के कोए जैसे चंदन से सिंच गए। उज्ज्वलता धुलकर और उजली हो गई।

"यही कि अजंता की, पहाड़ों को काट-खोदकर बनाई हुई, गुफाएँ लगभग बारह सौ वर्षों तक डकन के जंगलों में छिपी रहीं और तब कहीं सन् 1829 में अचानक प्रकट हुईं।"

"बारह सौ वर्षों तक?"—शालिनी के विस्मय-विस्फारित नयनों में आकाश का प्रकाश भर गया।

"हाँ," मैंने कहा—"सुप्रसिद्ध चीनी यात्री फाहियान पाँचवीं शताब्दी के पूर्वार्द्ध में भारत आया था और वह डकन के तत्कालीन महाराज पुलकेशी की सहायता से अजंता के दर्शन कर सका था।" उसने अजंता के प्रसंग में लिखा है—There is a country named Dakshina where there is monastery dedicated to the Buddha, and which has been hewn out from a large hill of rock.

फिर सातवीं शताब्दी के मध्यभाग में हुएनश्वांग (yuan chwange) भारत आया और दूर-दूर तक घूमा। उसके अनुसार दक्षिण में अनेक विहार थे जिनमें हजारों-हजार बौद्ध भिक्षु रहा करते थे। उसने लिखा है कि पहाड़ को खोखला-पोपला बनाकर चैत्य और विहार उरेहे जाते थे जहाँ हर साल चौमासा बिताने के लिए भिक्षु आया करते थे।

"इस प्रकार सातवीं शताब्दी तक तो अजंता को दर्शनीय बौद्ध-कला-तीर्थ के रूप में ऐतिहासिक महत्त्व प्राप्त था ही, फिर बारह सौ वर्षों तक निष्क्रिय अंधकार में तिरोहित रहने के बाद सहसा उन्नीसवीं शताब्दी के तृतीय दशक में वह प्रकट होता है।"

"किंतु इतनी तीव्र गति से फिर इसे विश्वव्यापी ख्याति कैसे प्राप्त हो गई?"—माधवी अपनी सुबोध जिज्ञासा के प्रति समर्पित-सी बोली।

"वह समय ईस्ट इंडिया कंपनी के शासन का था। मध्य-युग के सामाजिक, राजनीतिक एवं सांस्कृतिक आदर्श बदल रहे थे और आधुनिक युग सामाजिक समता, राजनीतिक एकता तथा सांस्कृतिक अनुसंधान-प्रियता आदि के साथ उभरता आ रहा था। इस प्रकार पुनर्जागरण के उत्साह-भरे वातावरण में अजंता का पुनर्जन्म हुआ। प्रायः एक दशक में ही यह भारत से यूरोप तक कला-चर्चा का सबसे नया विषय बन गया। फिर यूरोप के गुणग्राही कला-वेत्ताओं का ध्यान इस ओर आकृष्ट हुआ नहीं कि यह सारे संसार में प्रसिद्ध हो गया।"

बेला अपनी सबल चपलता की अवहेलना-सी करती हुई बोली—"ऐसी कलात्मक गुफाएँ हिंदुस्तान के अलावा और कहीं नहीं हैं क्या?"

"हैं क्यों नहीं, कुछ पुरातत्त्वविदों के अनुसार तो इस स्थापत्य की जन्मभूमि ही इजिप्ट और एसीरिया है! किंतु यह निश्चित है कि इस कला ने परिपूर्णता यहीं प्राप्त की। यहाँ के कलाकारों ने ठोस चट्टानों को अपनी कल्पना के अनुसार पोपला बनाया है, प्राकृतिक गुफाओं से मूर्तियाँ नहीं उरेही हैं; चित्र नहीं आँके हैं। सच तो यह कि वास्तुकला, मूर्तिकला और चित्रकला की त्रिवेणी अजंता ही है, यह विशेषता और कहीं नहीं।"

"अच्छा," तर्वे ने बात बदली—"क्या इन सारे चैत्यों और विहारों का निर्माण एक ही समय में हुआ होगा?"

" नहीं, किसी भी प्रकार नहीं। इनका निर्माण शताब्दियों का फल है। कहते हैं—ई०पू० दूसरी शताब्दी से सातवीं शताब्दी तक यह क्रम चला है। फिर भी यह नौ सौ वर्षों की अवधि एक-सी कर्मशील शायद ही रही होगी। हाँ, मौर्य और कुषाण दो महान् सम्राटों के युगों ने इस कला-तीर्थ को अवश्य पूरी लगन से सजाया-सँवारा

है। धर्म की भाषा में हीनयान और महायान संप्रदायों ने इस पर अपनी-अपनी उपलब्धि के ऐश्वर्य की अमिट छाप छोड़ी है।

" अशोक का साम्राज्य-काल 273 ई०पू० से 232 ई०पू० है। 262 ई०पू० में उसने कलिंग पर विजय प्राप्त की थी। यही उसका अंतिम युद्ध था। इसी के बाद वह बौद्ध-धर्म में दीक्षित हुआ था। तब बौद्ध-धर्म दो संप्रदायों में नहीं बँटा था। अशोककालीन स्थविरवाद को ही महायानियों ने हीनयान की संज्ञा प्रदान की।

" ई० सन् की पहली शताब्दी के आसपास कुषाणवंशी कनिष्क का राज्य पूर्वी तुर्किस्तान से लेकर अफगानिस्तान, कश्मीर, काशगर, पंजाब, मध्यदेश, राजपूताना और सिंध तक फैला हुआ था। वह महान् योद्धा था। कहते हैं; कनिष्क को भी अशोक की भाँति युद्ध में रक्तपात देखकर ही ग्लानि हुई थी और वह अनुतप्त होकर बौद्ध-धर्म में दीक्षित हुआ था। फिर जैसे अशोक ने पाटलिपुत्र में बौद्ध भिक्षुओं की (तृतीय) संगीति बुलाई थी वैसी ही संगीति (चतुर्थ) कनिष्क ने कुंडलवन, कश्मीर में बुलाई थी। अशोक ने प्रथम-द्वितीय संगीतियों की शंकाओं का निराकरण और भगवान् बुद्ध के वचनों, सिद्धांतों और उपदेशों को संगृहीत करवाया था कि जिसके बाद स्थविरवाद, थेरयान या हीनयान सुप्रतिष्ठित हुआ था। और कनिष्क ने अश्वघोष-जैसे महान् कवि और दार्शनिक की देख-रेख और बसुमित्र की अध्यक्षता में जब बौद्ध-धर्म तथा दर्शन की नए सिरे से मीमांसा करवाई, तब महायान का आविर्भाव हुआ। अजंता में वास्तु, मूर्ति तथा चित्रकलाओं की त्रिवेणी ही नहीं, हीनयान-महायान संप्रदायों का संगम भी है।

" अशोक के समय तक बौद्ध मूर्तिपूजक न थे। कमल का फूल, चक्र, चरण, पादुका आदि को ही भगवान् बुद्ध का प्रतीक माना जाता था। चैत्य की पूजा पहले से प्रचलित थी, स्तूपों में भी भगवान् बुद्ध की अस्थियाँ ही पूजित होती थीं।

" मौर्यकाल की प्रस्तर मूर्तियों में महात्मा बुद्ध की मूर्तियाँ तो हैं; किंतु भगवान् बुद्ध की नहीं। फिर उनके जीवन के मुख्य चरित्रों को भी प्रतीक-रूप में ही अंकित करने का प्रयास किया गया है। कहते हैं—सिंह, हाथी, वृषभ, अश्व और बोधिवृक्ष ही उन चरित्रों के मुख्य संकेत हैं। ई०पू० तीसरी शताब्दी के सारनाथ वाले स्तंभ में ये सारे प्रतीक खुदे हुए हैं।

" वस्तुतः बुद्ध का वह उपदेश ही उनके अनुयायियों को बुद्ध-पूजक होने से रोकता था जिसमें यह कहा गया था कि निर्वाण का साक्षात्कार तुममें से प्रत्येक को स्वयं करना होगा; कि तुम स्वयं अपने लिए दीपक हो, धर्म तुम्हारा एकमात्र दीप है, दूसरे का आश्रय व्यर्थ है—

'तुम्हें हि किच्चं आतप्पम् अक्खातारो तथागता।'

काम तुम्हें ही करना है। तथागत तो आख्याता (दिग्दर्शक) भर हैं।

'परीक्ष्य भिक्षवो ग्राह्यं मद्वचो न तु गौरवात्।'

हे भिक्षुओ, भलीभाँति परखकर ही मेरे वचन स्वीकारना, इस गौरव से तो कदापि नहीं कि वे वचन मेरे हैं।

'अत्तदीपा होत।'

अपना दीपक आप बनो।

" जन्म-मरण के बंधन से मुक्ति पाने के लिए प्रत्येक व्यक्ति को स्वयं सदाचारी होना पड़ेगा; निर्धारित नियमों का स्वयं ही कठोरता से पालन करना पड़ेगा। स्वयं प्रयत्न किए बिना कोई भी व्यक्ति निर्वाण नहीं प्राप्त कर सकता।

" बुद्ध द्वारा निश्चित इस ध्येय का अनुवर्तन करने वाले उन्हें अधिक से अधिक एक महापुरुष मानते थे, अलौकिक आलोकमय देवता नहीं कि जिसकी कृपा से संयम और सदाचार के बिना भी अर्हत् पद प्राप्त हो जाए! यही कारण है कि हीनयान संप्रदाय वाले प्रतीक-पूजा के पक्ष में थे, उन्हें बुद्ध की मानवीय मूर्ति की पूजा से एतराज था। दूसरी ओर महायान संप्रदाय वाले थे जो भगवान् की प्रशस्त प्रस्तर प्रतिमा की आवश्यकता का अनुभव इसलिए करते थे कि सामान्य से सामान्य व्यक्ति भी स्थूल रूप में भगवान् की प्रतिमा का साक्षात्कार करता रहेगा तो क्रमशः उसका चित्त समाहित और विशुद्ध होता जाएगा और एक दिन वह अपने को निर्वाण के लिए तैयार देख सकेगा। फलतः कुषाण-शासन-काल में बुद्ध की मूर्तियों का निर्माण गांधार शैली में होने लगा। "

"यह गांधार शैली क्या है?"—नदी किनारे के जंगली फूलों को अचंभे से देखती हुई तर्वे बोली। उसके मखमली तलवे जल-तल को बेचैन कर रहे थे और चपल जल उन्हें गुदगुदी लगाता हुआ रुकता-रुकता-सा आगे बढ़ रहा था।

मैंने कहा—"आजकल जैसे बांबे स्कूल ऑफ आर्ट्स, बंगाल स्कूल ऑफ आर्ट्स या पटना स्कूल ऑफ आर्ट्स हैं, वैसे ही प्राचीन काल में गांधार शैली, मथुरा शैली आदि चित्र-शिल्प की शैलियाँ विकसित हुई थीं। भारत की उत्तर-पश्चिमी सीमा पर पेशावर से अफगानिस्तान तक का भू-भाग 'गंधार' कहलाता था। उसकी राजधानी 'पेशावर' थी। शकों, कुषाणों के समय गंधार अपने देश का बहुत ही महत्त्वपूर्ण प्रदेश था। सिकंदर के बाद यूनानियों ने भी यहाँ राज्य किया था। कुछ यहीं बस गए थे और यहाँ के धर्म में दीक्षित और कला में निष्णात हो गए थे। हिंदी के महान् नाटककार श्री जयशंकर प्रसाद ने अपने 'चंद्रगुप्त' नाटक में इसका संकेत किया

है। अस्तु, जो यूनानी भारतीय धर्म और कला से अनुप्राणित हुए थे वे अपने देश के धर्म या कला को भूल नहीं गए थे। उन्हीं लोगों ने यूनानी कला की शारीरिक सौंदर्य-रचना और भारतीय कला के आध्यात्मिक उद्वेग के सम्मिश्रण से एक नई शैली को जन्म दिया जो बौद्ध-कला के इतिहास में गांधार शैली के नाम से विख्यात है।"

" फाहियान ने मंजुश्री, मैत्रेय और अवलोकितेश्वर की चर्चा की है और हुएनश्वांग ने हारीति, पद्मपाणि, वैश्रवण यम, शाक्य, बुद्ध और बोधिसत्व का उल्लेख किया है।

" यों तो–अशोक के पूर्व भी मूर्तियाँ बनती थीं, भले ही उनमें कलात्मक कोमलता का अभाव होता था, क्योंकि तब तक अनुपात का सूक्ष्म आकलन संभव न था। संक्षेप में, गांधार शैली ईरानी, यूनानी और भारतीय परंपरा के संयोग से बनी। सच तो यह कि यूनान और वेक्ट्रिया से मूर्तिकारों ने कुषाणों के आदेश से भगवान् बुद्ध की सुंदर, सुडौल प्रशस्त प्रतिमाएँ अपने परिवेश के अनुरूप निर्मित की होंगी, जिनका अनुकरण और संशोधन भारतीय कलाकारों ने पीछे चलकर किया होगा। तक्षशिला में गांधार-कला की बाह्य-सौंदर्य-प्रधान मूर्तियाँ मिली हैं जो स्वात नदी की घाटी में पाए जाने वाले सलेटी रंग के पत्थर से बनी हुई हैं। कहते हैं–बुद्ध की ऐसी पहली प्रतिमा कनिष्क के समय में बनाई गई। ज्यों-ज्यों महायान का प्रचार बढ़ता गया त्यों-त्यों प्रतिमाओं की भी बाढ़ आती गई। तब बुद्ध तो बुद्ध, अमिताभ, अवलोकितेश्वर, अक्षोभ्य, अमोधसिद्धि, वैरोचन, रत्नसंभव, मंजुश्री, मैत्रेय आदि अनेकानेक बोधिसत्वों की भी दिव्य प्रतिमाएँ गढ़ी जाने लगीं। "

"बड़ों के मुँह लगना है तो बुरी बात," तर्वे मुसकराई, "मगर बेला इस फिक्र में डूबी हुई है कि दिल्लगी-दिल्लगी में अपनी बराबरवालियों की तरह आपसे भी कोई ऐसी-वैसी बात…।"

"अरे हाँ!" मैं बेला को जासूस नजर से देखता-देखता खड़ा हो गया। उसकी घनी पलकें हिम-शुभ्र कपोलों पर झुक गईं, लगा, जैसे मानसरोवर पर नील नीरद की छाँह डोल गई!

दरअसल बातचीत के दरम्यान एक दफा बेला बोली थी कि वे सब पिकनिक के मूड में दिल बहलाव के लिए निकली थीं मगर यहाँ तो फरिश्तों के पर जल रहे हैं!

बात बावन तोले पावरत्ती ठीक थी। मगर तर्वे को कोई छेड़ने से रोके तब तो!

हम चले। महज चार सीढ़ियाँ तय की होंगी कि तर्वे ने फिर छेड़ा–

"भारत के बाहर भी यह बुद्ध-धर्म बँटकर ही पहुँचा क्या? फिर विशेष आदर

किसे मिला—हीनयान को या महायान को?"

मैंने कहा—"क्या काँटों में घसीटती हो!"

बेला बोली—"ऐसा भी क्या? आप भी मुझ नादान के एक मासूम मजाक से तिलमिला उठे?"

"नहीं-नहीं, यह बात नहीं," मैंने कहा, "दरअसल उधार लिए हुए घी से जलता हुआ चिराग आँधियों में कब तक झिलमिलाए! मैंने उसे यों बुझने नहीं दिया कि वह अपने पीछे दुर्गंध, धुआँ, कालिख और अंधकार छोड़ जाएगा।"

अब बेला आड़े आकर सुबुकने लगी—"नहीं जी, आपके अलफाज तो वीरानों और बंजरों में भटकती हुई उदास-खामोश रूहों को भी ममता के दामन में समेट लेते हैं।"

मैं ठठाकर हँस पड़ा—

'मैं चमन में क्या गया गोया दबिस्तां खुल गया
बुलबुलें सुनकर मेरे नाले गजलख्वां हो गईं!'

तर्वे और करीब आ गई—"तो अब मुशायरा होगा!"

"नहीं तो"—मैंने कहा—"बौद्ध धर्म की बाबत कुछ पूछ रही थीं न? हाँ, तो बौद्ध धर्म के दोनों रूप विदेशों में समादृत हुए। हीनयान—सिंहल, स्याम, बर्मा और कंबोज में प्रचलित हुआ और तिब्बत, चीन, जापान, कोरिया तथा मंगोलिया में—महायान।"

"अशोक के समय हीनयान वाला बौद्ध धर्म ही बाहर गया था। महेंद्र और संघमित्रा ने उसे ही सिंहल पहुँचाया था जो क्रमशः स्याम, बर्मा और कंबोज तक फैल गया था। कनिष्क के समय महायान तिब्बत की राह चीन, जापान पहुँचा था।"

अब हम समतल पर आ गए थे। सीढ़ियाँ चढ़ते-उतरते समय लगातार बोलते रहने के कारण साँसों में थोड़ी-सी अस्वाभाविकता आ गई थी। बेला शालिनी के कानों में कुछ कहने के लिए झुकी तो वनफूलों पर भौंरों की पाँत-सी सज गई। अधखुली पीठ पर उसके सुवासित केश-गुच्छ झोंके खाने लगे।

हीनयान संप्रदाय ने अनलंकृत वास्तुकला खड़ी की थी; किंतु महायान संप्रदाय सौंदर्य के शिखर पर शिखर गढ़ता गया। उसके शिल्प में समृद्ध बिंब और प्रतीक भरे पड़े हैं। कलात्मक प्रेरणाओं और अभिव्यक्तियों के अपार द्वार खोल दिए थे महायान ने। बौद्ध स्थापत्यकला, मूर्तिकला और चित्रकला के क्रमिक विकास का संपूर्ण इतिहास एक अकेले अजंता प्रस्तुत करता है।

अजंता में उनतीस गुफाएँ हैं। चार चैत्य और बाकी विहार। ये गुफाएँ पश्चिम

से पूरब की ओर लगभग एक-तिहाई मील तक अर्धचंद्राकार फैलती चली गई हैं। पहली गुफा पश्चिमी छोर पर और अंतिम (उनतीसवीं) गुफा पूर्वी छोर पर है। आठ, नौ, दस, बारह और तेरह—ये पाँच गुफाएँ हीनयान-कालीन हैं। शेष महायान के अभ्युत्थान के समय की। इस प्रकार बौद्ध धर्म के दोनों रूपों का प्रतिनिधित्व करने वाले इन चैत्यों और विहारों को निर्माण-क्रम से दो वर्गों में विभक्त किया सकता है—

हीनयान-कालीन (ई०पू० दूसरी शताब्दी तक)

चैत्य—नवीं और दसवीं गुफाएँ।

विहार—आठवीं, बारहवीं और तेरहवीं गुफाएँ महायान-कालीन (ई० 450 से 642 तक)।

चैत्य—उन्नीसवीं और छब्बीसवीं गुफाएँ।

विहार—शेष उन्नीसों गुफाएँ।

महायान के अभ्युदय-कालीन चूड़ांत उत्कर्ष-प्रकर्ष के अन्यतम निदर्शन के रूप में उन्नीसवें और छब्बीसवें नं० के चैत्य और पहले तथा सोलहवें नं० के विहार सर्वथा अवलोकनीय हैं।

उन्नीसवें नं० का चैत्य बहुत बड़ा तो नहीं है पर आकर्षण में अवश्य अद्वितीय है। सौभाग्यवश काल की क्रूरता के कम से कम चिह्न उस पर अंकित हैं जिस कारण वह चट्टान खोदकर खड़े किए जाने वाले तत्कालीन स्थापत्य का एक ज्वलंत दृष्टांत प्रस्तुत करता है। इस चैत्य का बाह्य 38 फीट ऊँचा और 32 फीट चौड़ा है, और आभ्यंतर 46 फीट ऊँचा और 24 फीट चौड़ा है। सामने दो खंभे हैं और भीतर पंद्रह। शानदार छत स्तूप के ऊपर छत्र, नक्काशी, बड़ी-सी सामने खुली खिड़की, महराव के मोड़ पर यक्ष की विशाल मूर्ति—और वह सब पहाड़ को तराशकर बौद्ध वास्तुकला की विजय वैजयंती फहराते हुए। सारा स्तूप एक पर एक आकर्षक मूर्तियों से भरा पड़ा है जिसके कलात्मक वैभव का शब्द-चित्र आँकना दंभ मात्र होगा। उदाहरण के लिए उस नाग सम्राट् की मूर्ति को लें, उसके साथ उसकी रानी और एक चेरी है और उसके सिर की रक्षा-सा करता हुआ छत्राकार सात फन फैलाए हुए एक महानाग है। प्रोफेसर वोगेल (Vogel) का कहना है—

> The Nagas or snake demons who, as water spirites and bringers of rain, had specialo importance for the tillers of the soil. They are usually portaryed as hybrid creatures, partly human, partly reptile; but Buddhist art both in India and Java represents them as a rule in human shape with

> a hood of snake heads, which encircles the head like an aureole.

गुफा से कुछ मुसाफिर निकल रहे थे। गाइड लेक्चर पिलाए जा रहा था। मेरा भी जी उकताने लगा था। पेशानी पर पसीना झलझला रहा था कि जाने कब बेला मेरी पीठ से सटकर खड़ी हो गई। हवा जैसे ठिठक गई। जिस्म के अंदर पसीना बहने लगा। उसने खूब लंबी साँस ली, जैसे दिल की गहराइयों से कुछ उलीचना चाह रही हो! जैसे जिंदगी के परिंदे को वह घिरा-घिरा आसमान कफस नजर आता हो! जैसे दिल के टूट जाने पर भी दो नाते बाकी रह गए हों—एक साँस की डोर, दूसरा प्यार का बंधन! उसने आहिस्ते से आवाज दी—"आपका दम नहीं घुट रहा? यह मद्धिम रोशनी, यह भीड़भाड़, यह कशमकश! क्या अब भी निकलने का इरादा नहीं?"

गुफ्तगू के दौर में अगर मेरा भी दिल उभरा तो उसकी क्या खता, वह उसी का उभारा जो था। बोला—"क्या खूब! निकलने की भी एक ही कही! 'निकलना जिनकी किस्मत में नहीं, अरमां वो हैं दिल में'।" फिर हाथ मलते-मलते कहा—

"मैं तो खुद 'सकूनो सब्र का दामन छुटा जाता है हाथों से' की कैफियत में डूबा हुआ हूँ। जिस्म का खून खुश्क होता जा रहा है। मगर करूँ क्या? एक दफा यह सफरमैना की पलटन हटे भी!"

बेला ने इस मर्तबा इतमीनान की साँस ली।

मैं बेअख्तियार बड़बड़ा रहा था—

"जल्ल तू, जलाल तू, साहबे कमाल तू, आई बला को टाल तू!"

खैर, रंगारंग तसवीरें भी गायब हो गईं, हड्डियों के ढचर पर मढ़ी फहराती हुई कमीजें भी। इस ऊटपटाँग-सी मुसीबत के टलते ही बेला की बौखलाहट खिलखिलाहट में बदल गई। बोली—"देखीं आपने अपनी शेरोशायरी की जीती-जागती तसवीरें?—वो दमकते हुए रुखसार; सुर्ख होंठों पर तबस्सुम की छाँव, मखमली बाँहों के झूले!…"

शालिनी ने कहा—"क्यों नहीं?"

> Sweet, be not proud of those two eyes
> Which starlike sparkle in their skies;
> Nor be you proud, that you can see
> All hearts your captives, yours yet free.

मैंने दरवाजे की तरफ दुबारा एक उचकती हुई निगाह डाली, फिर दिल में खुशी और मसर्रत की एक अजीब लहर-सी उठी।

छब्बीसवें नं० का चैत्य स्थापत्य शिल्प में उन्नीसवें नं० के चैत्य से मिलता-जुलता है। अंतर है तो यही कि यह अजंता के सभी चैत्यों से बड़ा है—आकार की दृष्टि से भी, प्रकार की दृष्टि से भी। इसके निर्माण-काल में अजंता केवल बौद्ध-भिक्षुओं का अखाड़ा ही नहीं, बौद्ध-कलाओं का विद्यापीठ भी रहा होगा। बहुतेरे पुण्यात्मा उपकारियों ने इन चैत्यों और विहारों को excavate करने में सहायता पहुँचाई होगी जिससे अधिक से अधिक शिष्य शिल्पियों का सहयोग संभव हुआ होगा। इस भव्य और आकर्षक चैत्य हॉल के पास की गुफा से एक बड़े आकार के आँगन और दो छोटे-छोटे चैत्यों तक पहुँचते हैं। राजदरबार-जैसे उस आँगन के चहुँओर के चौखटों पर की संगतराशी देखते ही बनती है।

यह चैत्य पहाड़ को 68 फीट गहरा खोदकर बनाया गया है। यह 36 फीट चौड़ा और 31 फीट ऊँचा है। इसमें 26 स्तंभ हैं जिनकी ऊँचाई 12 फीट है। स्तंभों के पीछे की दीवारें अद्भुत रूप से अलंकृत हैं।

स्तूप के शिखर पर एक मंडप है जिसमें संगतराशी के अनगिनत बारीक से बारीक नमूने देखने को मिलते हैं। विशेषकर विभिन्न मुद्राओं में उत्कीर्ण बुद्ध की प्रतिमाओं पर से तो आँखें हटतीं ही नहीं। इस बीस फीट ऊँचे स्तूप पर खिड़की की राह एक चमकीले तीर-सी सीधी और लंबी रोशनी आती रहती है।

इस चैत्य का निचला भाग काफी बरबाद हो गया है। इसके चौरे खंभों-समेत लुप्तप्राय हैं। बरामदे के ऊपर चैत्य का वातायन है जिसकी पृष्ठभूमि में कितनी ही सुंदर और भव्य प्रतिमाएँ उत्कीर्ण हैं।

यों तो इस चैत्य में बुद्ध की कई अनोखी मूर्तियाँ हैं; किंतु उनमें एक सर्वाधिक सुरक्षित और प्रभावोत्पादक है, जो विशुद्ध कलाकृति की दृष्टि से भी अनुपम है। इसमें भगवान् बुद्ध अर्द्धमीलित नयनों को नाक की नोक पर टिकाए हुए हैं और अभय मुद्रा में उनका दाहिना हाथ ऊपर की ओर उठा हुआ है। जैसे कह रहे हों—डरो मत, मैं तुम्हें मंगल का मार्ग बताता हूँ, वह तुम्हारे अपने ही प्रयत्नों से प्राप्त होने वाला है!

इस अभय मुद्रा, धर्मचक्र मुद्रा आदि विभिन्न मुद्राओं में भगवान् बुद्ध की प्रतिमाएँ हैं। हथेली की स्थितियों द्वारा इन मुद्राओं का संकेत मिलता है। जैसे कुशीनगर की निर्वाण-प्राप्त भगवान् बुद्ध की विश्वविख्यात मूर्ति पर्यंकासन में है, वैसे पद्मासन, वज्रासन, भद्रासन आदि आसनों में यहाँ अनेक मूर्तियाँ हैं। इन आसनों और मुद्राओं का बौद्ध मूर्ति-कला से अविच्छिन्न संबंध है।

उत्तरकालीन महायान की अवधि में निर्मित भास्कर्य और चित्र-शिल्प मन पर अमिट छाप छोड़ जाते हैं। इन दिनों बौद्ध कला ने केवल चूड़ांत प्रकर्ष ही नहीं प्राप्त

किया था अपितु उसने मानव-जीवन के साथ एक ऐसा पारिवारिक संबंध स्थापित कर लिया था जो तत्कालीन मानव-समाज के आदर्श और यथार्थ का संश्लिष्ट किंतु जीवंत चित्र प्रस्तुत करता है। हीनयान के अर्हत और महायान के बोधिसत्व में यही मौलिक अंतर है। अर्हत अपना निर्वाण ताकता है जब कि बोधिसत्व में पर-दुःख-कातरता है। हीनयान ने बुद्ध की एक से अधिक मूर्ति नहीं गढ़ी थी; किंतु महायान के ऐश्वर्य-काल में बुद्ध एवं बोधिसत्व की कितनी ही भावपूर्ण सुंदर मूर्तियों का निर्माण हुआ जिनकी झाँकी यहाँ विहारों में सुलभ थी। पहला ही विहार अलंकृत कला और सूक्ष्म शिल्प की अद्वितीय प्रदर्शनी सजाए खड़ा दिखता है। सौंदरनंद के आधार पर विरहाग्नि में जलती-झुलसती सुंदरी के अंकन में अश्वघोष की आत्मा ही जैसे चित्र में उरेह दी गई है। कला-समीक्षकों के अनुसार इस अंकन के आगे करुणा और वेदना का कोई भी चित्र नहीं गया, इसमें पद्मासन लगाए राजकुमार सिद्धार्थ को सुघटित अवयवों के सौष्ठव से परिपूर्ण असामान्य गंभीर मुद्रा में मूर्त्त किया गया है।

सत्ताईसवीं गुफा तक का निरीक्षण कर चुकने के बाद यह धारणा सुदृढ़ हो जाती है कि अजंता-कला की सामान्य शैली उसी अंकन को केंद्रित करती है। कदाचित् कायिक सौंदर्य का ऐसा अद्भुत अंकन ही अजंता के कलाकारों की (चित्रकला को) सर्वोपरि देन है। क्या सूक्ष्म से सूक्ष्म भावों की सुस्पष्ट अभिव्यंजना और क्या कलात्मक सौष्ठव की अपूर्वता, हर तरह ये चित्र अपने आप में पूर्ण हैं। और जिस प्रकार चर्म-चक्षु को इनसे रूपजरस उपलब्ध होता है उसी प्रकार मर्म-चक्षु को अरूप आलोक भी। क्योंकि ऐसे उज्ज्वल तथा प्रदीप्त नेत्र चित्रकला में अपनी उपमा आप हैं। अधमुँदी भाव-विभोर आँखें बाह्य विश्व को अंतर्दीप की ज्योति का आभास देती हैं और दृढ़ ओष्ठ आत्मिक शांति के संदेशवाहक प्रतिभासित होते हैं। अंग-अंग में आध्यात्मिक सौष्ठव तरंगित होता दिखता है कि जिससे अप्रभावित रहना असंभव है।

दूसरी गुफा में राजकुमार सिद्धार्थ की तथा जातक की कतिपय कथाएँ हैं—जैसे मंत्री विदुर पंडित तथा संभ्रांत ऋषि क्षांतिवाद की। सिद्धार्थ के इस अंकन में वह सब-कुछ है जिससे वह बाल्यावस्था में भी तरुण-अरुण वारिजनयन हो गए थे :

'बालोप्यबालप्रतिमौ बभूव
धृत्या च शौचेन धिया श्रिया च।'

—अश्वघोष

पूरे चाँद का शीतल प्रकाश मुख की सौम्य मुद्रा में जैसे संगीत के स्वर भर रहा था। एक स्वर था—"अपने हृदय की वेदना को तुम कैसे विश्व के कानों में व्यक्त

कर सके?" दूसरा—"असार संसार में तृप्ति के योग्य कुछ भी तो नहीं है, क्या इसी कारण तुम्हारा सुकुमार मन इतना अधीर हो उठा? तुमने कैसे समझ लिया—सभी हृदय एक ही साँचे में ढला है? तुमने दुःख के सागर में से यह सुख का कण कैसे छान लिया?" तीसरा स्वर—"केवल दूसरे का दुःख न सह सकने के कारण—पर-दुःखकातरता से ही तुमने राज-सुख त्यागा, दुःखनाश के उपाय ढूँढ़ने के लिए जंगल-पहाड़ों की खाक छानी, यज्ञों में हिंसा देखकर ही नहीं, तुमने वेदना से विस्तार की सीमा मापी थी, एक रूढ़ि से छूटकर दूसरी रूढ़ि की ओर नहीं बढ़े थे! तुमने दुःखों से छुटकारा पाने के लिए सबको स्वयं उद्योग करने का उपदेश देकर मुक्ति को अनुर्मण्य होने से बचा लिया था—'हन्द दान भिक्खवे! आमन्तयामि वो वयधम्मा संस्कारा अप्पमादेन संपादे या।' "

चौथा स्वर—"संसार का यह विशाल वृक्ष, जिसके खड्ड-खोखलों में काले साँप पलते हैं, जिसकी अँधेरी छाँह में पाप तृष्णा के संग आँखमिचौनी खेलता है, इसके लाल-गुलाबी पल्लवों को देखकर मत भूलो, इसकी ठंडी घनी छाँह में देखकर अँगड़ाई और जमुहाई मत लो, इसे काटने का प्रयत्न करो, जड़मूल से उखाड़ फेंकने की कोशिश करो—आकाश का प्रकाश तभी तुम्हारे रोम-कूपों में होकर मर्म पैठेगा।"

" अवलोकितेश्वर, तुमने कैसे उस सुकुमार वयस में ही वह प्रकाश पा लिया था? असीम की सीमा माप ली थी और अतल तल ढूँढ़ लिया था?

" तुम तो कृपण के गोपन धन नहीं, फिर यहाँ इन सुनसान पाषाणी गुफाओं के टंकन और अंकन में कैसे पूर्ण चैतन्य का निर्मल प्रकाश रंगों में बिखेरे पड़े हो!

" मैं 'गुहाहितं गह्वरेष्ठं पुराणम्' को प्रणाम करता हूँ और, 'यो वेद निहितं गुहायां परमे व्योमन्' का मर्म मालूम कर रहा हूँ! ओ पद्मपाणि, ओ अवलोकितेश्वर,—मैं जान गया—धर्मस्व तत्त्वं निहितं गुहायाम्। "

मेरा स्वर काँप गया, तर्वे भाँप गई। मैं रंगीन निराशा से निकलकर आशा के पास प्रकाश में आ गया। खुले-खुले निर्जन वीराने में खिले-खिले मुख, बेतरतीब उगी झाड़ियों में शहरी फूलों की मानिंद छा गए। ऊबड़-खाबड़, टेढ़ी-मेढ़ी पथरीली पगडंडी से एक-एक कर अगली गुफाओं की ओर बढ़ चलने की बेसब्री का क्या कहना? भावनाओं की ऐसी शिद्दत इतने-इतने मनों में भी समोई-समेटी न जा रही थी।

अजंता की भित्ति-चित्रकला के उत्कृष्टतम निदर्शन नवीं और दसवीं गुफाओं में प्राप्त होते हैं। इनका समय ईसा के पूर्व दूसरी शताब्दी में निश्चित किया गया है। इन चित्रों में भौतिक तथा आध्यात्मिक अनुभूतियों को समान रूप से अंकित किया गया है। भित्तिचित्रों में अंकित नर-नारी दक्षिण भारत के आदिवासी प्रतीत होते

हैं। इनके वस्त्र तथा आभूषण समकालीन जीवन के बिंब प्रस्तुत करते हैं।

दसवीं गुफा के दक्षिण भाग की दीवार पर षड्दंत जातक आदि से संबद्ध कुछ लेप-चित्र हैं। उन लेप-चित्रों पर कुछ शिलालेख रंगों से लिखे गए हैं। हैदराबाद का पुरातत्त्व विभाग इन शिलालेखों की लिपि का रूप ई० सन् की तीसरी शताब्दी का घोषित करता है।

नवीं गुफा के 'ग्वालों के दृश्य' को तीसरी शताब्दी से भी पहले का अंकन माना जाता है। नवीं गुफा के केवल 'शाम जातक' तथा अन्यान्य दो-एक भित्तिचित्रों को पहली, दूसरी, सोलहवीं और सत्रहवीं गुफाओं के भित्तिचित्रों से प्राचीनतर बतलाया जाता है। बहुत दूर खींचतान करने पर भी ये चारों गुफाएँ पाँचवीं शताब्दी के बाद की नहीं हो सकतीं।

शैली के अध्येता पहली और सोलहवीं गुफाओं के भित्तिचित्रों को प्रायः समसामयिक ठहराते, सत्रहवीं गुफा को उनके तुरंत बाद की बताते और दूसरी गुफा को उस शृंखला की अंतिम कड़ी निश्चित करते हैं।

पुरातत्त्व पर न मेरा अधिकार है और न मैं कला की बारीकियाँ परखने वाली पैनी नजर रखता हूँ। पर यह सब मुझे अस्त-व्यस्त ही प्रतीत होता है। क्या यह कुछ ऐसा निष्कर्ष नहीं है कि कालिदास ने पहले 'कुमार-संभव' का तीसरा सर्ग लिखा था, फिर पाँचवाँ और सातवाँ और अंत में प्रथम-द्वितीय आदि। अथवा शेक्सपियर ने पहले 'हैमलेट' का तीसरा अंक, विशेषतया 'To be or not to be : That is the question' वाला स्वागत-भाषण लिखा था फिर पूरा नाटक। 'लेडी मैकबेथ' के लिए औषधियों से अधिक प्रार्थना पर बल पहले दिया था फिर बैंकों के भूत से मिलाया था।

क्योंकि अजंता की शृंखलित गुफाओं पर एक दृष्टि डालते ही यह निश्चित हुए बिना नहीं रहता कि उनका निर्माण जब-तब के आकस्मिक स्फुरणों का संकलन नहीं, एक योजनापूर्ण तथा संघ-बद्ध कला-कलाप का परिणाम है। उसकी मूर्तियाँ भित्तिचित्र या लेप-चित्र रस विशेष को केंद्रित करते हैं। नवों रसों के चित्र हैं, किंतु वे सबके-सब एक ही अंगीरस के उपस्कारक हैं। जैसे महाकाव्य में संध्या, रजनी एवं प्रभात के, षड्ऋतुओं के, सर-सरि-सागरों के शब्द-चित्र होते हैं, वैसे ही यहाँ उनके भित्तिचित्र हैं। अजंता चित्रकला का अमर महाकाव्य ही है, जिसकी तुलना किसी भी वाल्मीकि-व्यास या होमर-दांते की कृतियों से की जा सकती है। दुःख है उसे इस प्रकार नहीं देखा जाता, मेरी तरह उसके सौंदर्य और धर्म-दर्शन को समग्रता में देखने का प्रयास नहीं किया जाता। पर मेरा यह विश्वास अकारण नहीं है कि अवयवों में

उसकी छवियों को देखकर न्याय नहीं किया जाता है। विश्लेषण एक-एक छवि की एक-एक रेखा तक का किया जा सकता है; किंतु मैं कहता हूँ, समग्रता में उस सौंदर्य-सिंधु का अवगाहन अतल का अतुल आनंद देने वाला होगा।

रूप आँखों में चाहे जितनी ठंडक उँड़ेले, शरद की दुपहर की धूप माथे को पूरे ताव से तपा रही थी। हवा बहती तो पसीना सूख जाता, पर ऊपर निगाह उठी नहीं कि पेशानी में बल पड़े! शालिनी गुफा से बाहर निकलने के लिए मचलती थी। माधवी अलबत्ता गाइड की एक-एक बात मेरी ही तन्मयता से सुनती और छत की मिटती-मिटती-सी तसवीरों पर फोकस डालने के लिए रोशनी दिखलाने वाले को कोंचती थी! भगवान् बुद्ध के पूर्व जन्म के सदाचारों को विविध रूपों में व्यक्त करने वाली पाँच सौ सैंतालीस कथाएँ जातक-ग्रंथों में संकलित हैं। नीति तथा सदाचार संबंधी शिक्षाओं-भरी ये कथाएँ कैसे भी मन की कैसी भी मलिनता को करुणा के छल-छल छलकते आँसुओं से धोती हैं। जातक-ग्रंथों के आधार पर भगवान् के कितने ही विचित्र चरित्र यहाँ भित्तियों पर चित्रित हैं। गाइड जिस चरित्र को तोते की तरह अप्रभावित स्वर से दुहराता था उसे मैं मोर की तरह नाच-नाचकर सुनता था; चकोर की तरह चित्रकला की चाँदनी में से छिटकती अपने आवेगों की चिनगी चुगते-चुगते सुनता था।

दुर्भाग्यवश भारतीय साहित्य शिल्प-कला के श्रेष्ठांश जब विदेशियों के हाथ लगे, उनके काल-निरूपण, वर्गीकरण तथा मूल्यांकन का श्रेय उन्हें प्राप्त हुआ, तब हमारे ज्ञान के क्षेत्र में कैसी अस्त-व्यस्तता आ गई, इसका अनुभव प्राच्यविद्या-विशेषज्ञों को भली-भाँति हुआ है और अब भी जब कोई मौलिक ग्रंथों के स्वाध्यायपूर्वक विवेचन के लिए लेखनी उठाएगा तब उसे होगा। अंग्रेजी में छपे हुए ग्रंथों का शब्दांतर से अनुवाद मात्र प्रस्तुत करने वालों को कभी कोई कठिनाई न होगी।

मैं यहाँ एक उदाहरण दूँगा। विश्वविदित वेदों को ही लीजिए। पाश्चात्य विवेचन के अनुसार ऋग्वेद सबसे पुराना और अथर्व सबसे नया है। पर ऋग्वेद के दशम मंडल में एक ऋचा आती है—

'तस्माद् यज्ञात् सर्वहुतः ऋचः सामानि जज्ञिरे
छन्दांसि जज्ञिरे तस्माद् यजुस्तस्माद् जायत।'

इसमें ऋक्, यजुष, साम और अथर्व के नाम एक ही साथ आते हैं। फिर शताब्दियों बाद बनाई जाने वाली संहिताओं के नाम ऋग्वेद में कैसे आ गए?

कुछ ऐसी ही ऊटपटाँग बातें अश्वघोष को लेकर विदेशियों ने कही हैं कि वह

कालिदास के पहले के थे और कालिदास ने उनका अनुकरण किया है।

बस, इसी प्रकार अजंता-चित्रावली के संबंध में भी मत प्रचारित हुए हैं। यदि यजुष, साम और अथर्ववेद के बाद ऋग्वेद का दशम मंडल निर्मित हुआ तो नवीं और दसवीं गुफाओं के बाद पहली और दूसरी गुफाओं के भित्तिचित्र भी बने होंगे।

हाँ, बुद्धचरित्र-जैसी विडंबना की आशंका मुझे भी हुई थी। कहते हैं, बुद्धचरित अट्ठाईस सर्गों का महाकाव्य था। उसके चीनी (404 ई०) और तिब्बती (800 ई०) अनुवाद प्राप्त भी होते हैं। किंतु संस्कृत में (३. बी० वावेल द्वारा संपादित और 1893 ई० में ऑक्सफोर्ड से प्रकाशित) सत्रह सर्ग ही प्राप्त होते हैं। इनमें भी मार-विजय तक केवल तेरह सर्ग अश्वघोष के लिखे हुए हैं और अंतिम चार सर्ग किसी अमृतानंद के हैं। डॉ० पारचल के संस्करण में ये चारों सर्ग नहीं हैं। इनकी जगह चीनी-तिब्बती संस्करण का अनुवाद है। इतना ही नहीं, अश्वघोष के कई खंडित श्लोकों का उन्होंने पुनर्निर्माण भी किया है। यह सब मुझे अद्भुत प्रतीत होता है। यहाँ मूल और क्षेपक के निर्माण की पूरी-पूरी गुंजाइश रह गई है। अजंता के मूल भित्तिचित्रों के साथ क्षेपक-रूप में आगे के युगों में कुछ घट-बढ़ हुई हो तो आश्चर्य नहीं। अस्तु।

महा उम्मग जातक में बोधिसत्व द्वारा निर्मित एक विशाल चित्रागार का वर्णन पाया जाता है जिसमें भव ताप-तप्त मन को परम शांति प्रदान करने वाले बहुत-से सुंदर चित्र विद्यमान थे। शाक्यों के वैभव, सुमेरु पर्वत, सागर और महासागर, हिमालय, सिंदूर गिरि, सूर्य-चंद्रमा, षड्विध स्वर्लोक आदि के भित्तिचित्र उसकी शोभा बढ़ाते थे।

विनयपिटक में कोशल के महाराज प्रसेनजित के क्रीड़ोपवन में बने हुए चित्रागार का उल्लेख है जिसमें शृंगारिक और धार्मिक—दोनों ही प्रकार के भित्तिचित्र थे, जिन्हें हजारों की संख्या में लोग प्रतिदिन देखने जाया करते थे।

अश्वघोष जो न कह सके, अजंता के कलाकारों ने उसे ही हृदयंगम कराया है। धूप-छाँही रंग के प्रभाव से कदाचित् अश्वघोष अपरिचित थे। कालिदास से कुछ भी अविदित न था; पर उनकी चर्चा एलोरा के कैलास-मंदिर के प्रसंग में करूँगा।

हाँ, यहाँ मैं कुछ और कहना चाहता था। मैंने अनुभव किया कि अजंता के परवर्ती चित्रकारों में भौतिकता का आकर्षण अधिक है, पूर्ववर्तियों में आध्यात्मिकता का रंग गहरा है। अब जैसा कुछ है, उसमें भौतिक और आध्यात्मिक किरणों का इंद्रधनुष ही दर्शनीय है।

सत्रहवीं गुफा में उड़ते गंधर्वों और अप्सराओं का अंकन है। गंधर्वराज की आँखों से मादकता छलकती दिखाई पड़ती है जिसे अप्सराएँ पी-पीकर बेसुध हो गई हैं।

अपने बेसुधपन में पास रहकर भी दूर-सी दिखती हैं। गंधर्वराज की आकृति कार्तिकेय से मिलती-जुलती है।``उसकी कमर में एक मुगल बादशाहों जैसी कटार है।

अप्सराएँ नगीनों-जड़े गहनों से लदी हैं, वक्षःस्थल पर सालस-लालस कबरीभार; उन्मुक्ति जैसे अनसुनी बाँसुरी बजा रही हो!

शिल्प की दृष्टि से नवीं गुफा का चैत्य 'मन-बानी को अगम-अगोचर' है।

किन्हीं धातु के बर्तनों में नीबू का रस निचोड़ देने पर किस्म-किस्म के रंग उभर आते हैं; मगर एक पूरा नीबू जिस बर्तन में निचोड़ देने पर भी अपना कोई प्रभाव नहीं प्रकट करता।

रस रस है। नीबू का हो या कला का—पात्रभेद से प्रक्रिया में भी भेद होगा।

मैं उतनी सारी सुंदरता को शुष्क हृदय के तंग दायरे में समो सकने में असमर्थ सिद्ध हो जाता तो यहाँ-तहाँ ठिठककर मधुर सुस्ती के मजे लेने लगता। छलकती पलकें मिच जातीं और मुँह ही मुँह जैसे कुछ बड़बड़ाकर रह जाता। तर्वे मैट्रन को हवा में उँगली से कोंच-कोंचकर कुछ दिखाती।

इस गुफा में एक ओर जहाँ गंधर्व और अप्सराओं के ऐसे चित्र हैं, वहीं एक बंदरिया की तसवीर भी है जो अपने बच्चे को कलेजे से चिपकाए हुए लंबे-लंबे डग भर रही है। अभी-अभी एक गुफा में देखकर आ रहा हूँ हाथ में बेंत लिए हुए एक गुरु जी को जिन्हें चिढ़ाने और तंग करने के लिए शरारती लड़के क्लास में ही मेढ़ा पकड़ लाए हैं।

संजुत निकाय में भी रेशमी वस्त्र पर बने हुए चित्रों तथा भित्तिचित्रों का वर्णन पाया जाता है। इस सबसे भी अजंता के भित्तिचित्रों की प्राचीन परंपरा की सहज ही कल्पना की जा सकती है।

यों तथागत ने कहा था—"जिसने इस संसार में जन्म लिया है, उसका विनाश अवश्यंभावी है। आनंद, तुम्हारा कल्याण हो! अपने उद्योग में एकाग्र रहोगे तो शीघ्र महान् पापों से—ममता, माया, अज्ञान और विषयों की आसक्ति से मुक्त हो जाओगे।"

कोरो ने कहा था—"मैं निसर्ग के कंपन (tremulous) को रूप देना चाहता हूँ; चित्र में सामूहिक रूप सबसे पहले खोजना चाहिए, फिर उसका महत्त्व। रूप और महत्त्व पर ही चित्रकला की इमारत खड़ी होती है। रंग का नंबर इसके बाद आता है। रूप को पूर्णता देना सबसे पीछे का काम है।"

रूप में सामूहिकता (tipe) अधिक संक्रमणशील होती है—पूरे परिवेश में वह अंकित हो तो वह विशाल जन-समुदाय को प्रभावित कर सकने की क्षमता रखती

है और यदि नैतिक तथा ऐतिहासिक महत्त्व के रूपांकन हों तो फिर क्या कहना? दर्शकों पर उसका सत्प्रभाव अक्षुण्ण रहता है।

अजंता के चित्रकार माइकेल एंजेलो की तरह विश्वव्यापी करुणा के भावों से भरे हुए थे, इसी कारण उनके चित्रों में इतनी स्निग्धता और प्रेममयता अभिव्यंजित हुई है।

काफी रात गए औरंगाबाद लौटा। शर्मा जी की बैठक में तब भी कुछ लोग जमे हुए कहकहे लगा रहे थे। पूछा—अजंता कैसी लगी? क्या कहता? मुटुर-मुटुर तकने लगा। थकन से तन-बदन टूट रहा था। कपड़े-वपड़े उतारने लगा। सोच रहा था कि भुट्टे की रोटियाँ पलोथन लगाकर नहीं पोई जातीं, ऊँची बात कैसे आहिस्ता बोली जा सकती है! याद आया, टिरियाना ने दर्शन को विचारों की एक पद्धति नहीं, जीवन की एक प्रणाली माना है—Philosophy is a way of life, not only of thoughts. मैं कहना चाहता था, अजंता देखकर ऐसा अनुभूत हुआ कि कलाभाव का ही रम्य रूप नहीं, समग्र जीवन के सौंदर्य की अभिव्यक्ति है, किंतु एक गल्ले के थोक व्यापारी को काँटों में घसीटना कुछ जँचा नहीं, सो बड़े जोर से नाक से हवा खींचकर बोला—शर्मा जी... स्वामी रामतीर्थ का अनुभव था, स्फुरण और संकल्प को रोकने से संकल्प-सिद्धि होती है। बीज धरती में दबाने से उगता है।

एकांत में सुने हुए शब्द और सूक्ष्म राग तीव्रतर होकर सामान्य अनुभूतियों को आंदोलित कर रहे थे। शहर के शोरशराबे को छुपाकर और जिंदगी की तीखी चीखों को अचपल पलकों में छुपाकर आधी रात तृप्ति की ठंडी साँस ले रही थी जो हलके-हलके फूल-पत्तों को सहलाकर चाँद के चँदोवे में चुपके-से खो-खो जाती थी।

स्वप्नों की शृंखला भुगते सत्य को सहज सँवार रही थी। शालिनी और तर्वे और बेला और... मुसकान-कोटेड अलविदा में सदा के लिए घुल गई थी किंतु अजंता की आत्मा जाने क्यों साथ खिंची चली आई थी। मैं इस आधी रात की उमस और गर्मी से बेचैन अजंता के झरने के कगार से टकरा रहा था—"अरी ओ किरणो, माथे की नसें उमेठने, भवें बाँकी करने और दुखती पसलियाँ तुड़वाने में क्या धरा है? तुम तो उन गुफाओं में घुसने की हिम्मत नहीं करतीं, जहाँ प्रकाश का देवता आसन ज़माकर बैठा हुआ है! फिर जहाँ गहरा अँधियारा छाया हुआ है, मेरे अंतर्मन के उस गिरि-गह्वर में उतर आओ न!

"हाय रे! शक्ति रौंदना ही जानती है जिंदगी को चंगुलों में जकड़कर, प्राणों

को बेसब्री से डाढ़-तले दाबकर। मेरी सुनो, सहायक नहीं बन सकती तो तटस्थ ही हो जाओ। मुझे देखने दो—मेरी पुतलियों को माथे से ढुलकते खारे स्वेद-बिंदुओं से न भरो! इन्हें अभी कितना देखना है!

" झरने दो, झरने दो, लयमय रोर-भरे झरने को झरने दो! ये काले-काले रस्मरिवाजों से ढोके, ये रूढ़ियों की चट्टानें प्राणों के आवेग को रोकते-रोकते खुद ढहते-बहते जा रहे हैं! झरना झर रहा है, रोड़े घिस रहे हैं, पत्थर शालग्राम बन रहा है! प्रकृति और मानव की कलाओं में होड़ लगी है! प्राकृतिक कला में आवेग-सवेग है, मानवीय कला में संयम और शांति!

" यह ऊपर की ओर उठती हुई हरियाली, यह नीचे की ओर झुकी आती नीली-नीली खामोश निगाहें! अरी ओ पर्वत की आत्मा, पश्चिमी हवा से भी नर्म साँसों से तू मुझे इस तरह क्यों स्पंदित कर रही है? सचाई और ईमानदारी की परख रखने वाली तू अपने को हर पग ठगने वाले पर तरस क्यों नहीं खाती। दुनिया के बाजार में कौड़ी के मोल मेरा अस्तित्व बिक गया है! यह जो तेरा निर्बाध प्रशांत संगीत दिशाकाश को गुँजा रहा है—इसके कुछ छिटपुट सुर मेरी बावरी बीन में भी भर जाने दे! पसीने से लथपथ यह मेरी जूझती हुई जिंदगी, जिसके गिर्द-गर्द के गुब्बारे उड़ रहे हैं, जिसका मिथ्या अहंकार निष्फलता, निराशा और प्रवंचना की चट्टानों से टकराकर रक्तिम हो गया है और जो या तो कचोट-भरी बोलियों में फूटती है या फिर अवांछित परिस्थितियों के जर्द धुएँ में घुटती रहती है। हृदय की पीर के लिए सुषमा का नया परिधान माँगती है; घुटते गले के लिए नए विश्वास की रुपहली जंजीर; धुंध में कुंद हुई आत्मा के लिए नई श्रद्धा की सुनहली शालीनता···।"

सपनों का सिलसिला थकी नींद की शिथिल पलकों के तोड़े नहीं टूटता। जो टिकाऊ नहीं, उसकी निस्पदता का क्या कहना! दुपहर में झील झूलती रही थी हवाओं में, शाम को घाटियों के गले में झलमलाती नदी की धारदार धारा मेरी अँधेरी आँखों की कारा में निःशब्द निर्वैर कैद हो गई थी। इस घड़ी मैं प्राणों के पर्दे उठाकर उसी का जलवा देख रहा था।

विविध विहगों के कलरव के नीचे कलकल करती नदी बह रही थी! ऊपर से झरकर पतली-पतली धारें झाग-झाग हो जाती थीं और नीचे लघु-लघु लहरें नाच-नाच उठती थीं। निराली हरियाली पथरीली धरती पर लोट रही थी। स्वर्ण-वर्ण किरणें आकाश में जगमग-जगमग कर रही थीं। वृंतों के झूले पड़े थे और उन पर फूले फूल हवा के झोंकों में झूल रहे थे। कभी की न सूँघी हुई सुगंध उड़ रही थी और मन मतवाला हो रहा था।

शाश्वत सौंदर्य के इस कला-ललित अंचल को छोड़कर यह चंचल नदी कहाँ जाना चाहती है? त्यागी-तपस्वियों के अवचेतन में राशीभूत राग से क्यों विराग हो गया है? यहीं इन चक्करदार घाटियों में घूमती, इठलाती, बलखाती और जब थक जाती इसी कलातीर्थ के पाँव की छाँव में अपना फेनिल दुकूल और शिथिल प्रवाह लिए निस्पंद हो जाती, निरी जड़ता में गतिशील जीवन क्या इस इतने से सार्थक न होता?

पर नहीं, शायद यह भी मनुष्यों की भाँति सार्थकता को गौण और सफलता को मुख्य मानकर चलती है, सोचती है—आगे, और आगे बढ़ने में ही जीवन की सफलता है! इस भागमभाग क्रम में इसके पंकिल कगारों में चाहे बनैले सूअर आकर लोटें, चाहे निरीह मृगों को डाढ़-तले दबोचकर दहाड़ने वाले शेर सिंह रक्ताक्त रसना इसके निर्मल जल में धोएँ,—इसे आगे बढ़ना ही है। हाँ, कभी इसके प्रखर प्रवाह पर रुके-रुके, झुके-झुके तट-तरु चित्त को लुभाने, ललचाने और चुराने वाले फूलों की वर्षा करेंगे और डाल-डाल पर चहकते हुए पंछी जय-जयकार करेंगे। सभ्यता प्रदर्शित करने के अभिप्राय से यह कभी-कभी लहरकर उठा देगी और फिर एक बार मुड़कर देखने का भी कष्ट न उठाएगी।…आगे बढ़ जाएगी!

धुआँ-धुआँ दिन के जले-बुझे अवशेष

[The burnt-out ends of smoky days.—J.S. Eliot]

मैं सन् 32 के जून में पढ़ने के खयाल से गँवई-गाँव से निकलकर बनारस शहर पहुँच गया था। मुफलिसी के मर्ज में मुबतिला था। खैराती दवाखाने की तलाश थी। दरअसल बेसब्री में तब क्या, अब भी कम ही लोग मुझे पहुँच सकते हैं। न कोई सिफारिशी खत, न किसी से जान-पहचान, ताहम बजाय जुलाई के, जून में ही पहुँचकर क्यू में लग गया और आस बाँधे बैठा रहा कि कौन जाने कहीं से कोई डौल बँध ही जाए!

ठीहा हुआ अन्नपूर्णा-मंदिर का ब्रह्मचर्याश्रम, काम गंगास्नान, विश्वनाथ-दर्शन, पुरुषसूक्त का सस्वर पारायण और नागरी-प्रचारिणी या कारमाइकेल लाइब्रेरी के वाचनालय में पत्र-पत्रिकाएँ पढ़ते-पढ़ते जानकारों के जरिए दाखिला लेने के वक्त और तरीके का सुराग लगाना। जानकार सुनी-अनसुनी कर देते, चंद गरजमंद ही हौसला बढ़ाते थे।

सन् 1930 से प्रेमचंद जी 'हंस' निकाल रहे थे, उस साल उसका 'आत्मकथांक' निकला था जिसकी विषम, किंतु बहुचर्चित समीक्षा स्व-संपादित 'भारत' में पंडित नंददुलारे वाजपेयी ने की थी।

'हंस' नाम प्रसाद जी का ही दिया हुआ था, 'मुक्ता-मंजूषा' और 'नीरक्षीर विवेक'—जैसे सार्थक स्तंभ भी उन्हीं की सूझ थे और…तीन साढ़े-तीन हफ्ते की मुसलसल भागदौड़ से जो मुझे समसामयिक गतिविधियों की हलकी-फुलकी जानकारी हुई, उसका मुख्तसर नतीजा यही निकला कि कहीं दाखिला मिले न मिले, आगे की पढ़ाई का सिलसिला जमे न जमे, मगर जब यहाँ तक आ गया हूँ, प्रेमचंद और प्रसाद के दर्शन अवश्य कर लूँ।

एक चक्कर खाकर अनदेखे को पहुँचती-सी लीक प्रसाद और प्रेमचंद के आकार में ढल गई थी, 'कल मोर मिलने से अच्छा है आज कबूतर ही मिल जाए' वाली चुहल हर्गिज न थी मन में।

और एक दिन गोधूलिवेला में गोदौलिया की ढलान से चौक की चढ़ाई चढ़ता-चढ़ता एक-दो मोड़ों पर कलोलें करता हुआ नारियल बाजार के नुक्कड़ पर जमी प्रसाद जी की सुर्ती-सुँघनी की दुकान पर पहुँच गया। बेला की कलियों की एक माला विश्वनाथ-गली में खरीद ली थी, यहाँ के हवाबतासी अट्टहास में उसकी मंद गंध उड़ी-उड़ी चल रही थी।

श्वेत चेतना हिमानी-सी जमने लगी कि 'खाली हाथ गुरुजनों के निकट जाना मना है' सोचकर जो फूल-माला प्रसाद जी के लिए लाया था वह उनके इतने करीब बैठे इन तीन-चार लोगों की तरफ ताके बिना कैसे उन्हें भेंट करूँ! पथराए दिमाग पर अपना गर्म हाथ डालता, पर वह इस द्वंद्व अंधकार में ढूँढ़े नहीं मिल रहा था। अनायास एक पास खड़े से पूछ बैठा—कौन-कौन हैं?

उसने कान में कहा—प्रेमचंद, जनार्दनप्रसाद झा 'द्विज' और विनोद शंकर व्यास। घनी मूँछों वाले प्रेमचंद जी हैं, लाल टीका वाले द्विज जी और रईसजादे-से व्यास जी।

त्रैलोक्य के इस इकट्ठे ऐश्वर्य की खुशनुमा कल्पना भी मेरे फटे-चिथड़े माथे में नहीं आ सकती थी। उसे घुटन, ऊब और विवशताओं से साबका पड़ता रहा था, मुसीबत के वक्त उमंगें उठें, हिलकोरें आएँ, मौन उच्छ्वास स्मित-हास्य में तबदील हो जाए, निसर्ग का मंद स्पंदन लय-तान बन जाए—ऐसा अनुभव कब हुआ था? यह तो कालिदास के शब्दों में—

'पिपासाक्षामकण्ठेन याचितञ्चाम्बु पक्षिणा
नवमेघोज्झिता चास्य धारा निपतिता मुखे'

(प्यास से खुश्क गले से पंछी ने चंद बूँदें माँगीं और उसके मुँह में नए मेघ ने धारा ही उमड़ा दी।)

अपने गाँव की लाइब्रेरी से लेकर 'अशांत' पढ़ा था, उसका लेखक ऐसा सजीला जवान होगा, एकदम अमीर-उमराव गुमान न था। जाने क्यों, उस रोज मुझे व्यास जी के चेहरे पर झलमला अँधेरा या झुटपुटे के बीच का-सा प्रकाश ही दिखा था।

'द्विज जी' को सन् 28-29 से 'चाँद' में पढ़ता आ रहा था। कुर्ते पर चादर, चौड़े माथे पर रोली का टीका, चुप रहने पर भी पर भरते-से नयन, कुल मिलाकर 'माधव' जी से कुछ-कुछ मिलता-जुलता व्यक्तित्व सरल आत्मीयता का प्रतीक प्रतीत होता था।

प्रसाद जी का जो चित्र 'स्वर्ग के खँडहर में' कहानी के साथ 'सुधा' के विशेषांक

में देखा था, आज की प्रसन्न-प्रफुल्ल आकृति में उसी की रश्मिरेखाएँ थीं। उनकी चमकीली आँखों को जैसे चमेली की महक लिए, मधु-मकरंद से भीगी हवा गहरे, कहीं और गहरे, दिल की तनहाइयों में, उड़ाए लिए जा रही हो! सोने को दमकाने वाले अंग-रंग से स्मित-हास्य के मिस छिटकती हुई छटा पूरे माहौल की वसंती बूँदों से नहला रही थी। दोपहर में जो गर्द एहसास पर जम गई थी, वह इस संदली बूँदाबाँदी में हल्दी और दही के खुशगवार कीचड़ में तबदील हो गई थी।

अलबत्ता प्रेमचंद का जो चित्र मैंने 'माधुरी' में देखा था, कमीज-कोट पहने, भरे चेहरे पर रौबीली मूँछें, करीने से कढ़े बाल और एक साँस में बहुत-सी अच्छी बातें कह डालने की ख्वाहिशें लेकर उभरी जमीन की सोंधी खुशबू का खुश्क जाम पिए हुए 'बड़री अँखियाँ,' वह इस धोती-कुर्ते से मिलती-जुलती उज्ज्वलता को और धोने, और निखारने पर भी भिन्न था। वह जैसे इस 'नागरी-प्रचारिणी' में गँवई-गाँव के एक खुशमिजाज किसान-नेता-सरीखे दिख रहे थे। अंतर था तो यह कि नेता की हँसी में ऐसी जिंदा गुदगुदी नहीं होती; सुबह से जरा पहले के देखे ऐसे जानदार ख्वाब नहीं होते!

बोल फूटना नामुमकिन था। यह घनाघन आतशबाजियाँ छूटने से किस्म-किस्म की कुदरती फुलझड़ियों से बिखेरा हुआ उजाला था। यों मेरे आजू-बाजू शाम का अँधेरा पड़ना शुरू हो चुका था। यह तो अचानक दुगुनी रौनक हो जाने से नजर चुँधिया जाती थी। बेबुनियाद हँसी से मुँह तप रहा था, नासमझी की लाली भी रुँधे आसमान से उतर आई थी और मेरे भीतर जैसे बगैर साज और आवाज के यह नगमा छिड़ गया था :

'यही जमीं तेरी मस्कन, यही तेरा मदफन,
इसी जमीन से तू नेहोमाह पैदा कर!'

इस अजब इत्तफाक पर खुशियों से लहालोट हो रहा था कि मेरे जेहन में या कहीं तंग दिल की तनहाई में एक और ऐसा ही वाकया उभर आया।

संस्कृत की फिजा में पनपने के कुछ गलत कुछ दुरुस्त तरीके सीखने के सिलसिले में मैं एक दफा पहले भी बनारस आया था। बस आया ही आया था, कहीं कोई डौल न बँधने से इम्तहान देकर उलटे पाँव लौट गया था।

साजसामान के नाम अपने राम के पास बनजारों-जैसी एक मटमैली पोटली-भर थी। इम्तहान खत्म होते ही वह बाईं काँख में दाबी और सेंटर से सीधे राजघाट स्टेशन की ओर चल पड़ा। रास्ते में टाउन हॉल वाले पार्क के पास हारमोनियम-तबले की

आवाज पर पाँव ठिठक गए। किसी को कहते सुना—'नागरी प्रचारिणी सभा के प्रांगण में पंडित विष्णु दिगंबर पलुस्कर जी का कार्यक्रम हो रहा है।' अब और अल्लम-गल्लम बातों में वक्त जाया करने से क्या फायदा? जहाँ जिंदगी की फिजा हो वहाँ रूह के जलते चिराग को इस सोच की हवा कैसे बुझा सकती कि अन्नी के चने चुगने और सोलह कोस पैदल चलने के खर्च के अलावा अंटी में जो पैसे बच रहे हैं, उनसे किसी-किसी तरह तीसरे दर्जे का एक टिकट-भर खरीदा जा सकता है, आज अभी यह गाड़ी छोड़कर कार्यक्रम सुनोगे तो फिर खाओगे क्या? रहोगे कहाँ?

सवाल रहे जहाँ के तहाँ; खाने को हवा खा लेंगे; सोने चले जाएँगे राजघाट के प्लेटफॉर्म पर, बस...? और जैसे एक अर्से से घात में होऊँ, पलक झपकते सभा स्थल पर पहुँच गया और रेतभरी सीप-सा आँखों का बचपना बैठने की सही जगह पाने में बाधक न बना। हर साज के साजिंदों की दाएँ-बाएँ एक-एक जोड़ी थी, काली टोपियाँ पहने एक-से रंग-रूप के तरुण अरुणों के सधे हाथ सुरलय की सुरसरि में तैरते-से दिखते थे। पीछे दो तानपूरे इंद्रधनु के तोरण-से अर्धवृत्ताकार झंकार भर रहे थे और आगे देवर्षि नारद जैसे गैरिक वस्त्र, प्रतप्त जांबूनद से अंग-रंग, चैत की चाँदनी-सी सफेद दाढ़ी, तिलकित विशाल भाल—विष्णु दिगंबर जी कठताल लिए पद्मासन में विराजमान। मंद्र में गांधार तक का अवरोह सुस्पष्ट सुनाई देता, तार में धैवत-निषाद तक का; किंतु साँसों के कैसे भी दबाव में चेहरे पर शिकन नहीं—मुँदे इंदीवर-से नयन युगल और शरच्चंद्र-मंदिर-सा प्रफुल्ल मुख-मंडल। दत्तात्रय विष्णु पलुस्कर (डी०वी० पलुस्कर) जी को उनके सहज स्वर-भर का उत्तराधिकार मिला था, दुर्गम पथ पर सृजनात्मक ऊर्ध्वगामी संचरण का, नहीं तो गोरे चेहरे और खिचड़ी केशों पर चिपकी काली टोपी में उन महर्षि पिता की झाईं की झलक ही, मुमकिन है, मिलती हो, और कुछ नहीं, यह एक अटल सच्चाई है। पंडित ओंकारनाथ ठाकुर के बाद आसमान पर पहुँची हुई कलाकार-व्यक्तित्व की ऊँचाई सतह पर उतर आई, ऊपर अब कभी भी उठने की सख्त मनाही के साथ। इस सवाल पर अवाम और आम आदमी के हिमायतियों को झुँझलाहट भी महसूस होती है, कुछ दूसरे युग धर्म के मर्मी यूँ ही इसे मुसकराकर टाल जाते हैं।

यहाँ प्रसाद और प्रेमचंद, दोनों एक-से गोरे, एक-से प्रभावशाली व्यक्तित्व के व्यक्ति इतने पास-पास बैठे थे। प्रसाद का चेहरा भरा, अनिश्चय, असंतोष और आक्रोशहीन; प्रेमचंद का सूखा मुख, अंदरूनी उलझनें सुलझाती-सी झुर्रियाँ, गंतव्य पर पहुँचने की पहचान लिए चमकीली आँखें। बेशक हँसी-ठहाके की एक होड़-सी मची थी, परंतु पलड़ा प्रेमचंद का ही हर बार भारी पड़ता था। प्रेमचंद की हँसी समुद्र

मथने से बेपनाह उफनते झाग की-सी और प्रसाद जी की सरोवर के निर्मल तल से उठती तरलतर तरंगों जैसी थी। व्यास जी को रूमाल के लिफाफे से उमेठकर हँसी खोलते और द्विज जी को मणिधर नाग की-सी ठनकती हुई हँसी हँसते देख मैं भी अकारण हँस पड़ता था। कुछ दिनों बाद विनोद शंकर जी ने बताया था कि उस रोज मेरी नासमझ हँसी कहीं गहरे मन की मिट्टी भले गीली करती हो, आँखों से खोखलापन ही जाहिर होता था! जो हो, मैं ज्यों-त्यों जब्त कर दिल मसोसता रह गया था।

फिर कभी उन्हें इकट्ठे देखने का इत्तफाक न हुआ। यूनिवर्सिटी में दाखिला लेने के बाद रुइया होस्टल में जगह मिल गई और मैं कई मील के फासले पर फेंक दिया गया। तूफान के हौसलों से मेरा उगते परों का पंछी न टकरा सका। हाँ, अलग-अलग रंगों की वह हँसी धूप और चाँदनी की तरह मेरी धमनियों में घुलती रही; अँधेरा थामे हुए हाथ को किरन-किरन की छुअन का एहसास होता रहा। उदास और मनहूस घड़ियों में जब खुरदुरे उसूल कच्चे जख्म की तरह जिंदगी के जिस्म पर उभर आते, वह हँसी ठंडक और ताजगी का तसव्वुर लाती रही।

एक अर्सा गुजर गया। प्रसाद जी टाउन हॉल में बड़े पैमाने पर आयोजित रत्नाकर जी की शोकसभा में दिखे, फिर घर या दुकान आते-जाते सड़क पर किसी न किसी के साथ अकसर दिख जाते। हर बार उनकी हँसी का अक्स मेरे बेवजह मुरझे मुँह पर तैर जाता। उनकी बेमिसाल शख्सियत के साए में उस रोज गुजारे हुए चंद लमहे हर मुलाकात पर उभर-निखर उठते। उनके अनमोल बोल और मार्मिक मुसकान के बाँकपन में अब एक सीध-सी पैदा होने लगी थी। अब मैं कुछ रुक-रुक, कुछ अटक-अटककर बोलने भी लग गया था।

इसके ठीक उलटे, एक मुद्दत हुई, प्रेमचंद जी की कहीं झलक तक न मिली। मैंने होस्टल के दो-एक गुजराती (भीमसेन, दुर्गाशंकर नागर) मित्रों से जनार्दन नागर को साथ ले चलने को कहलाया। वह प्रायः जाते रहते थे। डौल न बँधने पर तनहा निकल पड़ा।

तब सरस्वती प्रेस मृत्युंजय महादेव के पास रायकृष्ण दास के एक नए मकान के बड़े फाटक के अंदर था। मैनेजर प्रवासीलाल वर्मा मालवीय को ढूँढ़ता हुआ छापाखाने में दाखिल हो गया।

प्रेमचंद जी मेज पर तनिक झुककर जल्दी-जल्दी कुछ लिख रहे थे। मेरे विनम्र अभिवादन का दंतुरित स्मित से निःशब्द उत्तर देकर लिखना बंद कर दिया। मन ही मन योजना बनाई थी कि पहले वर्मा जी मिल गए तो कहूँगा—एक दुरंगा लेटर पैड छपवाने आया हूँ, प्रेमचंद जी के दर्शन करने भी; किंतु तब यह न सोचा था कि

सौभाग्यवश यदि प्रेमचंद जी के दुर्लभ दर्शनों का ही सुयोग पहले जुट गया तो क्या कहूँगा? मैं बेहद शर्मिंदा-सा गुफ्तगू के तमाम पहलू भूल एक तरफ़ ठिठका खड़ा रहा। तभी वह घनी मूँछों में उलझी मुसकान को तनिक धुनकते हुए-से रौबीली आवाज में बोले--बैठिए।

आज भी तो उसी रोज जैसी खादी की उटंगी धोती और मटमैला कुर्ता पहने हुए थे। वही छाता पीछे एक कुर्सी के कंधे से लटक रहा था। पाँवों में वैसे ही मामूली, कपड़े के जूते पड़े थे। सब कुछ वही, कहीं जौ के बराबर भी फर्क नहीं। हाँ, उस रोज हमसफरों के बीच का खुलाव था, आज उसके अभाव में चेहरा मूँछों में डूबा हुआ-सा दिखता था; आबदार आँखें धारदार भवों से ढकी-ढकी-सी लग रही थीं। तभी उनके सवालात का एक तरतीब में जवाब देते हाथ-पाँव फूल रहे थे, अकसर हामी भरने के अंदाज में सकपकाकर सिर ही हिला देता था। औचक कुछ ऐसी आ पड़ेगी कि सामने पड़ने पर सिट्टी-पिट्टी गुम हो जाएगी, गुमान न था। बहरहाल, अनजबीपन की धुंध छँटती हुई, आहिस्ता-आहिस्ता घोंघे ने मुँह खोला।

रुत बदलने की देर थी, जी बदल गया। कोई शै मेरे अंदर है जो जब-तब चक्कर की तरह उठती है। उनके चढ़ावे-बड़ावे का लाजिमी नतीजा था मन का बाँध तोड़ बैठना। बकवास के बीच से यह छनने पर कि वातास के ऊपर वातास की एक लहर ही मुझे इस ओर बहा लाई, वर्ना मेरी माली हालत अपने गाँव की हद पार करने की भी इजाजत न देती, या यह कहने पर कि कविता-कहानी लिखने के मेरे शौक की सतही और कमजोर बुनियाद को दिल की फाँस निकाल डालने वाली आपकी सीख ने गहराई, सख्ती और पुख्तगी बख्शी, या फिर यह मालूम होने पर कि अब तक मैंने उनकी दो ही चीजें पढ़ी हैं--उपन्यास 'सेवासदन' और 'माधुरी' के विशेषांक में प्रकाशित कहानी 'सुहाग का शव', तो उनके सूखे चेहरे पर उभरते-डूबते भाव नाव को माझी के हाथों सुपुर्द करने वाले न होकर, खुद हाथ बढ़ाकर जोर-जोर से डाँड़ चलाने के इशारों-से झलकते थे। मेरी बहक और भूल-भटकाव से न ऊबे, न उस्तादाना अंदाज से मुसकराए।

उस रोज की या वैसे ही दूसरे-दूसरे दिनों की सारी की सारी बातचीत को यहाँ फ्रेम देना मुमकिन नहीं। रचाव और सँवार-सजाव तो दरकिनार, मेरी बिखरी और खुरदुरी जुबान इस काबिल कहाँ कि बंजर को शादाब करने वाले उस नेकख्वाह बादल की रिमझिम फुहार को कलम की नोक पर उठा लूँ!

दरअसल मेरी दरमांदा सपाट बयानी में वह लोच, मासूमी और मानूसियत कहाँ, उनकी जगह तो तकल्लुफ और बनावट ने ले ली है और कहना न होगा कि

प्रेमचंद जी की बातों की रूह अमूमन बड़ी ठेठ-सी चीज हुआ करती थी।

पीछे 'हंस' में शमशेर और मुक्तिबोध के साथ छपता रहा; एक साल तो 'कहानी' के हर अंक में मेरी कोई न कोई कहानी आई, मगर सख्त अफसोस कि उनकी मौजूदगी में मेरी एक ही कहानी—'मीना'—माधुरी में छप सकी थी। उन्हें नजर करते होंठ काँपे थे, हाथ भी।

यों तो उनकी याद जिंदगी से लिपटी है, राधाकृष्ण जी और दिवाकर प्रसाद विद्यार्थी से मिल-बैठने पर अकसर उन बातों और घटनाओं को सान दिया जाता था जो अब इतिहास बन चुकी हैं; मगर इस वक्त जाने क्यों, उनकी उस दिन की हँसी-हँसी में कही दो बातें बहुत याद आ रही हैं :

'"'पाणिनि-पतंजलि और दंडी-बाण की मुश्किल पढ़ाई के साथ गद्य-पद्य लिखने का यह शौक आप कुछ भी कहें कोरी उड़नबाजी से भरा हुआ नहीं हो सकता।'

'"'आँख मूँदकर लिखने का इरादा हो तो कविता लिखिए; आँख खोलकर लिखने की ख्वाहिश हो तो कहानी।'

बरसों पहले की बात अभी कल-परसों की-सी लगती है। जी भर आता है जब उस मनहूस दिन की याद आती है।

प्रो० मनोरंजन उन दिनों हिंदू यूनिवर्सिटी के अंग्रेजी-विभाग में थे। हम लोगों को कभी जूलियस सीजर कभी टेनिसन का 'लैंस लॉट एंड एलेन' पढ़ाते थे। उस समय समस्तीपुर के कवि उमेशचंद्र 'मधुकर' के साथ मैं उनके बँगले पर बैठा हस्वहाल मजाक के मजे ले रहा था, उनकी ताजा तुकबंदियाँ सुन-सुनकर। दिनकर जी की 'रेणुका' अभी-अभी छपकर आई थी। उसमें उनके फोटोग्राफ के नीचे 'रससिद्ध कवि' छपा हुआ था। मनोरंजन जी सरलता और विनम्रता के अवतार थे, उनकी सौम्यता के हलक के नीचे यह 'रससिद्ध' विशेषण किसी भी तरह उतरता नहीं नजर आता था। उनके भरे चेहरे पर एक साथ कई-कई रंग वस्तुस्थिति और दृष्टि के तरंगित हो रहे थे कि अभी कुछ ही रोज पहले एक हजार रुपए में 'रेणुका' का कॉपीराइट उन्हीं के पहल करने पर बिका था और दिनकर की शुरुआत भी तो उनकी नजर बचाकर न हुई, न ही किसिम-किसिम की बातों में कभी यह इगो उजागर हुआ था, फिर"'

कि तभी निरभ्र अशनि-निपात की अशुभ सूचना लिए अंतक-दूत-सा एक भूत व्यक्ति आया जो कुछ वर्मा, सहाय, सिन्हा को मंजिल जाने की खबर दे रहा था। मनोरंजन बाबू का गोरा चेहरा स्याह पड़ गया था। 'मधुकर' का श्याम सुंदर मुखमंडल

घन-घटा-सा पवन के निर्मम प्रहार से आंदोलित हो उठा। हम इकट्ठे उठ खड़े हुए।

मैंने मनोरंजन बाबू से सशंक स्वर में पूछा कि 'दैवायत्त कुले जन्म'—दुर्भाग्यवश मैं इस जन्म में ब्राह्मण हूँ, यह व्यक्ति क्यों तो केवल कायस्थों के ही नाम ले रहा था, ऐसे में क्या मेरा वहाँ जाना उचित होगा?

मेरी मुग्धता पर वह इस शोक के अंधकार में भी मुसकरा उठे। बोले—यह क्या पूछते हो? प्रेमचंद इस सबके ऊपर थे बहुत ऊपर।

मैं भागा-भागा होस्टल गया और झटपट गीता तथा उपनिषदों का गुटका उठा लाया। यों हम जब तक पहुँचे, अरथी घर से निकलकर सड़क पर आ गई थी।

ठीक ठौर पर पहुँचते ही याद आया, अभी कुछ ही दिन पहले मैं निराला के साथ इसी जगह आया था। निराला ने मुझे बाहर ही रुक जाने को कहा और आप अकेले प्रेमचंद जी से मिलने शायद ऊपर चले गए थे। लौटे थे तो बेहद उदास और रुआँसे-से थे। अपने आप बोल रहे थे—'वैसे आरंभ का ऐसा विराम! सम्राट ने कहा ··नहीं। कुछ कहूँगा नहीं। द्रष्टा की तरह यातना स्वीकार करो, भोगकर बच नहीं सकते, यातना तुम्हारा जीता-जागता जीवन ही जो है!'

'That is not it at all,
That is not what I meant at all.'

मैंने चौकन्ने खड़े-खड़े टखने तोड़ लिए थे। काश कि बाँके लड़ाके हिम्मत को ललकारने वाले जिंदगी की लड़ाई में हमेशा विजयी ही होते!

फिर क्या, स्वर में भरपूर दृढ़ता सँजोकर मिट्टी का ठीकरा फूटा :

मैं तो आपकी अप्रतिम वचन-रचना को मंत्र-महोदधि की तुंग-तरंग 'वेदाः प्रमाणम्' मानता हूँ। आपने लिखा है :

'ज्योति में न लगती रे रेणु।' फिर अनुताप काहे का? किंतु आपने मुझे अंदर जाने से क्यों मना कर दिया?

'घोंसले से पहले-पहल पंख फड़फड़ाकर निकले पखेरू को जलता हुआ आकाश दिखाना उचित नहीं।'

आखिर आज निराला की गैरमौजूदगी में वह जलता हुआ आसमान मैंने देख ही लिया।

मेरे परिचित चेहरों में सबसे पिछली कतार में कृष्णदेव प्रसाद गौड़ के साथ प्रसाद जी थे। उन्हीं के साथ चलने लगा। नमस्कार के प्रत्युत्तर में उनसे—

'God's in his heaven—
All's right with the world'

वाली स्मृति मिली।

अरथी और उसके गिर्द कुछ गाँव-जेवार के लोग थे और पीछे मुट्ठी-भर सफेदपोश। राम-नाम लेने की मुमानियत थी। सड़क पर काट खाने वाला सन्नाटा-सा था। जो इक्के-दुक्के लोग आ-जा रहे थे, वे ज्यादातर हिंदी के नीम-हकीम थे जिन्हें अपने पेटेंट टोटकों का ही गुमान था। अफसोस कि कोई भी पीयूषपाणि धर्म-धुरंधर उस धुँधलके में कहीं नजर नहीं आ रहा था।

ऐसे में प्रसाद जी अपनी फीकी मुसकान की नोक गौड़ जी की ओर मोड़कर उदासे-से स्वर में बोले :

यह काशी है। हाँ, यहाँ अपने मन के मनकों को कौन भला एक सूत में पिरोने देगा? यह हिंदी के सबसे बड़े लेखक की अरथी है? लगता है, गँवई-गाँव का कोई स्कूल-मास्टर मरा है!

गोर्की और प्रेमचंद एक ही साल बहुत थोड़े-से फासले से गुजरे। काश कि प्रसाद जी गोर्की की अंत्येष्टि देख पाते! भौतिक कृतज्ञता और आध्यात्मिक (!) तटस्थता के प्रभिन्न प्रस्थान उनकी शैव दृष्टि में स्पष्ट हो जाते। हमारा विरस परमार्थ जब—'ठाईं नाइ, ठाईं नाइ, छोटो से तरी, आमारि सोनार धाने गियेछे भरि' की परिधि में सिमट-सिकुड़ जाता है, तभी यह आंतरिक उपेक्षा का अदर्शनीय दृश्य देखने की नौबत आती है।

अंग्रेजी-बंगला की कई-कई पुस्तकें उलटी-पुलटी थीं कि स्वामी विवेकानंद के महाप्रस्थान पर कहीं श्री-श्री माँ के शोकाश्रुदिग्ध कुछ मार्मिक उद्‌गार पढ़ने को मिलते।

यों भी विश्व-विजयी स्वामी विवेकानंद का शरीरांत यदि विश्व के किसी भी दूसरे देश में होता तो क्या इसी प्रकार उन्हें चार संन्यासी चुपचाप जला देते?

मैंने देखा था, प्रेमचंद की भस्मांत काया के गिर्द शुभ्र ज्योति की प्रेमल छाया थी।

प्रसाद की याद

(1)

बाहर से, दो परस्पर विरोधियों को मिलाने के लिए, हमें कितने ही तर्कों और सिद्धांतों का सहारा लेना पड़ता है; किंतु प्रकृति में सहज भाव से फूल और काँटे मिले हुए हैं; उजाला अँधेरे से आँखमिचौनी खेल रहा है।

प्रसाद ने अपने व्यक्तित्व और कृतित्व में दो परस्पर विरोधियों को मिलाने का प्रयत्न किया, इसीलिए उन्हें तर्कों और सिद्धांतों पर अधिक बल देना पड़ा है। वह महान् बने; सहज न रह सके।

जहाँ धरती और आकाश मिलते हैं उसे क्षितिज कहा जाता है; जहाँ काव्य और दर्शन मिलें, क्या उस बिंदु को 'प्रसाद' कहा जाना चाहिए? यों धरती और आकाश कहीं नहीं मिलते; काव्य की नीलिमा एवं दर्शन की पीतिमा ने नीर-क्षीर की तरह घुल-मिलकर प्रसाद की हरियाली उजाली थी। किंतु काव्य और दर्शन परस्पर विरोधी कहाँ हैं?

क्या प्रसाद का कवि मूलतः आनंदभोगी था, जिसे योगी बनाते-बनाते वह टूट गए? क्या प्रसाद का मन विशुद्ध सौंदर्योपासक था, जिसे कल्याणी करुणा और समरसता न पची और वह औचक ही बिखर गया? क्यों प्रसाद के गंधर्व-सुंदर तन को शिव का मृत्युंजय मन नहीं रास आया?

उन्हें तो जीना था; मर जाने की ऐसी क्या जल्दी थी?

गंभीर भावों और उच्च विचारों को द्रवित आत्मा में घुला-मिलाकर पूर्ण प्रपाणक वाणी देने वाले प्रसाद के ऐसे कितने कवि होते हैं?

दर्शन और सौंदर्य के ताने-बाने से उनका समग्र व्यक्तित्व बुना हुआ था; भावों और विचारों के अभूतपूर्व मिश्रण से वह जो प्रगाढ़ रस सिरज सके, छिछले-छिछले छलकने वाले उसका स्वप्न भी देख सकते हैं क्या?

इच्छा, ज्ञान और कर्म की समरसता उनके संतुलित जीवन की नींव थी। उनकी

उदात्त कल्पनाएँ ऊँचे आचरण के आभिजात्य से ऐश्वर्य प्राप्त करती थीं; उनकी अडिग आस्था शांत और सुंदर में गहरे-गहरे धँसी हुई थी, तभी वह अपने सुख को विस्तृत कर सबको सुखी बनाने का संदेश दे सके कि जैसे किसी की मीठी मुसकान देखकर हिमालय की हँसी निर्झर के रूप में फूटकर बह चले!

प्रसाद का 'आनंद' निरा शास्त्रीय सिद्धांत नहीं, उनकी तरल अनुभूतियों से छनकर सद्यःस्नात-सा गीला और ताजा है। सतही यथार्थ से कृच्छ्र आदर्श को न तोलें तो अभीष्ट की महार्घ का मर्म मालूम होते देर न लगे। अस्तु।

वह शंकराचार्य और विवेकानंद के समान आत्म-द्रष्टा और मानवीय शील, संस्कृति के अलौकिक स्रष्टा थे। उन्होंने उन्हीं की प्रबोध-तृप्त आयु भी पाई। वह अमर हैं।

सारी रात अंतर्द्वंद्वों में पड़ा छटपटाता रहा। संध्या समय श्री आनंदमोहन वाजपेयी एम०ए० के अनामिका-कुटीर में बैठा करता था। वह आचार्य नंददुलारे वाजपेयी के यहाँ के थे। आज जैसे ही पहुँचा, वह मेरी ओर 'लीडर' और 'भारत' के अंक बढ़ाते हुए बोले—प्रसाद जी नहीं रहे।

थोड़ी देर निर्वाक् बैठा रहा, फिर बोझिल मन लेकर गेस्ट हाउस लौट आया। रायगढ़ के जीवन में डॉ० बलदेवप्रसाद मिश्र के अलावा वाजपेयी जी ही थे, जहाँ क्षण-भर आत्मीयता का वातावरण मिलता था। प्रसाद और निराला हमारे वार्तालाप के मुख्य विषय होते। उन्होंने अपनी बड़ी लड़की का नाम अनामिका और दूसरी का कामायनी रखा था।

यों तो मैं साहित्य के अतिरिक्त वेदांत का भी आचार्य हूँ और मर्त्य ही नहीं, स्वर्गलोक के जीवन की क्षणभंगुरता पर भी प्रवचन कर सकता हूँ, किंतु प्रसाद के आकस्मिक निधन से 'दिल पे कुछ ऐसा वक्त पड़ा' कि भागने पर कहीं राह न मिले! आत्मा में अंधकार भर जाने पर भी बुद्धि में ऐसी बारीकी न आई कि कहूँ—

'मेरा तो फ़र्ज चमन-बंदी-ए-जहां है फकत
मेरी बला से, बहार आए या खिजां गुजरे!'

जो साहित्यिक पत्रकारिता को प्रसिद्धि और साहित्यिक राजनीति को सिद्धि का माध्यम मानते हैं, उन्हें प्रसाद की याद नहीं आएगी, वह कामायनी के धरातल से भारत-भारती के धरातल पर हिंदी-कविता को बड़ी बहादुरी से ला पटकेंगे, वह उसी

खुराफात को कविता कहेंगे जिसे वह खूँटा गाड़कर पैदा कर सकेंगे, किंतु जो इतने बुद्धिमान नहीं हैं उनके 'अबोध, अकिंचन बेसुध चैतन्य की विक़ल वेदना' किन शब्दों से बँधेगी?

'निष्ठुर खेलों पर जो अपने
रहा देखता सुख के सपने
आज़ लगा है लो, वह कँपने,
देख मौन मरने वाले को!'

(2)

मैंने सर्वप्रथम प्रसाद जी को सन् '32 में देखा था। बनारस के टाउन हाल में रत्नाकर जी के साहित्यिक श्राद्ध के रूप में एक कवि-गोष्ठी आयोजित हुई थी। सामान्य शोक-सभाओं से यह अत्यधिक प्रभावोत्पादक थी। स्वयं रत्नाकर जी के तदाकार सुपुत्र ने भाव-विह्वल होकर रत्नाकर जी के ही रंग में, दो-चार घनाक्षरियाँ सुनाई थीं। संभवतः इस गोष्ठी की अध्यक्षता प्रसाद जी ने की थी। मंच पर एक ओर पंडित जनार्दन प्रसाद झा 'द्विज' और दूसरी ओर हितैषी जी, पं० पद्मकांत मालवीय आदि कविगण विराजमान थे। पद्मकांत जी का अचानक गला खराब हो गया था, वह मुखड़ा सुनाकर हट गए थे और किसी भी प्रकार स-सुर पद्धति छोड़कर अ-सुर प्रणाली अपनाने को तैयार न हुए थे। 'प्रसाद' जी ने मंद्र-मधुर स्वर से संभवतः 'आँसू' के कुछ छंद सुनाए थे।

संभवतः इसलिए कि मैं तब तक प्रसाद-साहित्य का स्वल्पांश ही पढ़ पाया था : 'स्वर्ग के खँडहर में'—नामक कहानी, जो सुधा के विशेषांक में छपी थी और असंशोधित 'आँसू' के कुछ छंद, जो आचार्य रामचंद्र शुक्ल की कक्षाओं में अप्रस्तुत विधान के सिलसिले में सुने थे। प्रस्तुत-अप्रस्तुत तो मैंने संस्कृत में बहुत पढ़े थे; किंतु आलोड़न और उत्ताप के उन्नयन की जो दो अद्भुत छवियाँ तब मानस-पट पर अंकित हुई थीं, वह अब भी अमिट हैं। उनमें एक निराला की है, दूसरी प्रसाद की :

'द्वेष, दंभ, दुःख पर जय पा कर
खिले सकल नव अंग मनोहर;
चितवन संसृति की सरिता तर
खड़ी प्रेम के सिंधु-किनारे!
देख दिव्य छवि लोचन हारे!!'

—निराला

'विस्मृति-समाधि पर होगी
वर्षा कल्याण-जलद की,
सुख सोए थका हुआ-सा,
चिंता छुट जाय विपद की!'

—प्रसाद

जब स्वयं प्रसाद जी झूम-झूमकर सुना रहे थे, तब मुसकान और प्रकाश में डूबे हुए वे छंद अवश्य रहस्य-भरे 'आँसू' के ही होंगे! जो हो, मैं इस-ऐसी गति और स्थिति की कोई संज्ञा नहीं जानता। हेरिक की भाँति प्रार्थना-भर करता हूँ, कोई तिष्यरक्षिता की छुरी से कुणाल की आँखें न निकाले—

'Here a pretty baby lies
Sung a sleep with lullabies.
Pray be silent and not stir
The easy earth that covers her.'

—Robert Herrick

हार्दिक विमलता के बिना यह सलीका संभव नहीं। दिल में खुब जाने वाली खूबियों की चीर-फाड़ कर कोई पाएगा भी क्या?

दूसरी बार उन्हें फुटपाथ पर पं० विनोदशंकर व्यास के साथ मंच की अपेक्षा अधिक निकटता से निरखा। हंस के डैनों की तरह सफेद शांतिपुरी धोती और रेशमी कुर्ते-चादर में उनकी दीप्ति देखते ही बनती थी। हाथ में जड़ाऊ मूठ वाली छड़ी लिए मोटी गर्दन और कसे कंधों को हलके झुकाए, आँखों में मुसकराते हुए। उस दिन लाला भगवानदीन विद्यालय में कोई कवि-सम्मेलन था, मुझे वहाँ पहुँचने की जल्दी थी, जुड़े हाथ सिर पर रखकर लहर मारता निकल गया। ऐसे ही उन्हें यहाँ-वहाँ दूर-दूर से देखता था, पास पहुँचने का विश्वास मन के खोखल में दुबका हुआ पंखों की प्रतीक्षा करता रहा। कहीं पढ़ा था :

'नफस न अंजुमने आरजू से बाहर खैंच,
अगर शराब नहीं, इन्तजारे सागर खैंच!'

विश्वप्रकृति की लीला अद्भुत है। कौन कह सकता है कि मिट्टी की परतों के नीचे दबे हुए एक छोटे-से छोंटे बीज की भी वह किस तत्परता से रक्षा करती है; कैसे उसे अंकुरित होने, बिरवे के रूप में नरम धरती में जड़ें मजबूत करने का अवसर देती है। फूल बसंत की प्रतीक्षा करते थकता कहाँ है?

आखिर 10-9-35 को वह अवसर भी आया। स्वयं निराला जी मुझे प्रसाद जी

से मिलाने ले आए। अस्सी पर वाजपेयी जी के यहाँ ठहरे हुए थे, मेरे साथ पहले पं० विनोदशंकर व्यास के घर पहुँचे, फिर मुझे मंदिर-मस्जिद दिखलाते हुए, मत्त गयंद गति से सराय गोवर्धन--प्रसाद जी के पास ले आए। व्यास जी तब तक वहाँ पहुँच चुके थे।

डेढ़ टके के लिबास में मैं बड़े-बड़ों के बीच धँसा पड़ता था; थान का टर्रा होना मुझे भाता न था, विवशता थी। प्रसाद जी को हर बार राजसी ठाट में ही टक-टक देखा था, ओंठ तक न हिला रहा था कि इस अनदेखी झाँकी ने मेरी हीनता हर ली। आज उन्हें देखकर शंकर के संबंध में कालिदास की उक्ति स्मृति में कौंध गई :

'न विश्वमूर्तेरवधार्य्यते वपुः।'

इस घड़ी वह एक गाढ़े की लुंगी, और उसी कपड़े की एक आधी बाँह की गंजी जिससे रुद्राक्ष झाँकता हुआ-सा और काठ की चट्टी पहने हुए गुलाब, सोनजुही, बेला, रजनीगंधा और मुकुलित मालती के कुंज में सिंचाई के झरने के साथ विचर रहे थे। अप्रत्याशित रूप में निराला को उपस्थित देख स-संभ्रम बारादरी में आ गए। जैसे कपास के गाले को हवा के झीने झकोरे ने गंध की उँगलियों से भरपूर छू दिया हो; जैसे हरी-हरी पत्तियों के झूमर से किसी फूल के दीये की लौ झिलमिला उठी हो, मेरे अंतर के रोएँ-रोएँ पुलकित हो रहे थे। कल निराला, आज प्रसाद, यह उन्मत्त आह्लाद कहाँ अटता! निराला जी मेरे बारे में वह सब कह गए जो केवल अद्‌भुत रस के विभाव-अनुभाव में आता है; किंतु प्रसाद जी की निस्संग समरसता की आँखें मुसकराती ही रहीं। अब निराला जी 'मेघदूत' के कुछ श्लोकों की अपनी मौलिक व्याख्या सुनाने लगे। (इसी दरम्यान जलपान-पान का एक दौर भी खत्म होने को आया।) फिर जानना चाहा कि प्रसाद जी को वह व्याख्या कैसी लगी। इस बार उन आँखों में एक अजब-सी चमक पैदा हुई और मुसकान पर पान का रंग चढ़ गया। मेरी ओर इंगित कर बोले : 'आचार्य' जानकीवल्लभ से पूछ देखिए। मेरे अबोध कैशोर ने इसे अपना चौरंग उड़ाना समझा। झड़े दिमाग से संस्कृत का एक क्लिष्ट और लच्छेदार वाक्य बोल गया। प्रसाद जी ठठाकर हँस पड़े।

आनंद के प्रवक्ता के रूप में प्रसाद जी प्रसिद्ध हैं; किंतु उनका सत्, चित् रूप देखने वालों ने ही देखा होगा। प्रसाद जी अकर्मण्य भावुक न थे, उनका कर्म भी तुमुल, कोलाहल कलह न था। भाव और कर्म के सौंदर्य एवं शक्ति से उनके शील ने श्रद्धा की सृष्टि की थी। निराला उन्हें 'श्रद्धादेवो वै मनुः' यों ही नहीं कहते थे।

काशी नागरी प्रचारिणी सभा में श्री मैथिलीशरण गुप्त की स्वर्णजयंती मनाई जा

रही थी। सभा प्रसाद, निराला, आचार्य रामचंद्र शुक्ल, रायकृष्ण दास, आचार्य नंददुलारे वाजपेयी, पं० वाचस्पति पाठक—ऐसे प्रथम श्रेणी के साहित्यकारों से खचाखच भरी हुई थी। वक्ताओं में कोई-कोई जनता के नारे लगाकर गुप्त जी को टैगोर से भी श्रेष्ठ सिद्ध कर रहे थे। अवश्य घोर असाहित्यिक और राजनीतिक व्याख्यान ही नहीं हुए, कुछ 'मितं च सारं च वचो हि वाग्मिता' के निदर्शक कलात्मक प्रवचन भी हुए। निराला का प्रवचन ऐसा ही था; किंतु जाने किस जन्म का वैर सधाना था, मंच छोड़ते-छोड़ते, उन्होंने बिना किसी पूर्व-सूचना के, अचानक एक शिगूफा छोड़ दिया कि अब उनके बाद, आचार्य जानकीवल्लभ शास्त्री गुप्त जी पर संस्कृत में भाषण करेंगे। प्रसाद जी की वही मार्मिक मुसकान कोंचकर मुझे उठने के लिए उकसाने लगी। और उन्नीस वर्ष का आचार्य वैसे धुरंधर दिग्गजों के बीच दाँतों में तिनका लेकर खड़ा हो गया।

मैं धाराप्रवाह संस्कृत बोल सकता था; बगैर कॉमा, फुलस्टॉप के बोलता चला गया। सभा में सन्नाटा छाया हुआ था; निराला हौसला बढ़ा रहे थे; भले-भले बेड़ा पार लग गया।

आज पहली बार प्रसाद का आशीर्वाद बरसा। निराला बोले—और मैं क्या कहता था?

अब सराय गोवर्धन मेरा पुण्य तीर्थ हो गया। उनकी अगाध विद्या, संश्लिष्ट बोध और भावुक बौद्धिकता ने मेरी जड़ चेतना को निर्मल आलोक का दुर्लभ दान दिया। मैंने देखा, संस्कृत के आर्ष ग्रंथों की ओर उनका अधिक झुकाव था, वह सरता-बरता कर काम नहीं चलाते थे। तब तक मैं आगम-निगम को नाम मात्र से जानता था, वह निष्णात थे। कहते थे, परवर्ती साहित्य में उनकी कम रुचि है। प्राकृत, पालि और अपभ्रंश के भी वह विशिष्ट अध्येता थे। कुल मिलाकर उन्हें अंधकार से प्रकाश काढ़ लाने में अधिक आनंद आता था। अंधकार का अर्थ धुंध-धुआँ नहीं, सुदूर अतीत की निर्धूम आग है, जिससे सत्य की सनातन ज्योति का आविष्कार कर वह मानवता को विजयिनी बनाने के आशी-अभिलाषी थे।

न उनमें शक्ति या साधना की कमी थी, न उनका लक्ष्य धुँधला था। यह जो गोचर से अगोचर तक का प्रसार है; अव्यक्त आदि से अव्यक्त अंत तक को समेटकर व्यक्त मध्य को वृहत्तर और महत्तर रूप में ग्रहण करने का विशिष्ट आग्रह है, इसे ही उनका 'रहस्य' समझना चाहिए।

कोरी समकालीनता टुच्ची और पोली है; सौंदर्य-विहीन शक्ति विध्वंसात्मक और श्मशान की ऊष्मा लिए होती है, इसे प्रसाद ने अपने शाश्वत साहित्य में विविध

रूपों में व्यक्त किया है।

ऐतिहासिक दृष्टि वैज्ञानिक दृष्टि है, तुकबंदियों में इतिहास दुहरा देने से कोई प्रसाद नहीं हो जाता। उनका इतिहास-दर्शन जीवन-दर्शन है, वह जीवन-दर्शन जो मानव को आनंदमय देखता है जब कि आनंद विराट विश्व-प्रकृति से समरस होने पर ही उपलब्ध होता है। दूसरे शब्दों में प्रसाद का साहित्य मानव जाति को श्रद्धापूर्वक दिया हुआ उदात्त आनंद-दान है।

एक दिन प्रसाद जी निराला जी से मिलने आए। उन दिनों 'गीतिका' छप रही थी और निराला जी पं० वाचस्पति पाठक के अतिथि थे। इस घड़ी वह कुँवर चंद्रप्रकाश सिंह के यहाँ हम लोगों के साथ बैठे बातें कर रहे थे, इस कारण प्रसाद जी यहीं आ विराजे। निराला अलौकिक और प्रसाद लोक-वेद में रयि और प्राण के-से सहज समन्वय के सिद्ध साधक। जैसे जीवन का प्रत्येक क्षण एक अस्पष्ट आवरण से ढँका है और उस अस्पष्ट को जीने योग्य बनाने के लिए मानव सदा उत्सुक और सचेष्ट रहता है, कुछ ऐसे ही उनके आलाप-संलाप के अगम गहन की जिज्ञासा का ज्वार मेरे छिछले में आया हुआ था। देखा, तोतों को रटाने वाले की पच्ची खोपड़ी ही नहीं जिलाई थी इन्होंने। यहाँ तो कुछ ऐसी बात थी कि तलवार की आग से बचा तो दागी, न बचा तो गया। सीधे-सादे लटके तो खैर, मुझे फूटी आँखों न भाए, फिर इन्होंने 'विद्वत्ता' की सनद भी नहीं हासिल की थी! अवश्य ज्ञान के ऐसे विकसित और परिष्कृत स्वर ढोल से नहीं फूटते।

कालिदास ने जैसे मेरे ही लिए लिखा है :

'द्विजाति-भावादुपपन्नचापलः।'

चुप्पी साधना अपने बस का रोग नहीं है। मैंने बात फेरने की कोशिश की : "संस्कृत नाटकों में स्वाभाविकता लाने के लिए पात्र-भेद से भाषा-भेद देखने में आता है। 'मृच्छकटिक' में ऐसी अनेक प्राकृत भाषाएँ व्यवहृत हुई हैं जो दूसरे नाटकों में नहीं हैं। भास और कालिदास ने भी सर्वत्र संस्कृत के साथ प्राकृत का व्यवहार किया है; किंतु आपके नाटकों में ऐसा नहीं है। 'चंद्रगुप्त' में तो विदेशी युवती भी अत्यंत परिष्कृत भाषा बोलती और आध्यात्मिक स्तर का राष्ट्रीय गीत गाती है।…"

"संस्कृत के अलावा और भी तो भाषाएँ हैं? शेक्सपियर ने अंग्रेजी कहाँ छोड़ी है? गिरीशचंद्र या डी०एल० राय बंगला में ही तो लिखते हैं, क्या वे अच्छे नाटककार नहीं हैं? सोचिए तो सही, सिकंदर और सिल्यूकस से किस भाषा में बातें करवाता? चाणक्य किस भाषा में बोलता? फिर इतनी सारी भाषाओं का प्रयोग करने पर मेरे

नाटक नाटक ही रहते या भाषा विज्ञान के ग्रंथ बन जाते?…(हँसी)

"रही बात विदेशी तरुणी की। मैं पूछता हूँ, क्या भारत के इतिहास-भूगोल का सामान्य परिचय ही राष्ट्रीय बोध होता? भारत की संस्कृति, भारत की आत्मा को समझे बिना किसी पर भारतीयता का रंग क्या चढ़ेगा? और यदि मैं उसे इसी रंग में सराबोर दिखलाना चाहता था, तो दूसरा उपाय भी क्या था?"

"आप लाक्षणिक पद्धति पर अधिक बल देते हैं, इससे आपकी अभिव्यक्तियों में चित्रात्मकता बहुत है; किंतु कालिदास व्यंजकता के कायल थे और प्रकृति तथा मानव प्रकृति के अनुपम चितेरे भी…"

"मुझे कालिदास से भारवि अधिक पसंद हैं।"

मैंने किलकारी मारकर कहा : "भारवेरर्थगौरवम्! अब सहज और अलंकृत का अंतर दुर्बोध न रहा। मेरे बहुतेरे संशयों का समाधान मिल गया।"

अब तक सुनी और देखी का विभेद अमरनाथ की हिम-प्रतिभा-सा सुस्पष्ट हो चुका था। सुना था, प्रसाद जी किसी भी कवि-सम्मेलन में नहीं जाते; कभी काव्य-पाठ नहीं करते, मैंने उन्हें पहली बार कवि-सम्मेलन में काव्य-पाठ करते हुए ही देखा। सुना था, वह किसी सभा-समिति में नहीं जाते, मैं गुप्त जी की जयंती के अवसर पर आयोजित सभा में उन्हीं के पास बैठा हुआ था। सुना था, वह अपने संबंध में पूछे गए प्रश्नों को टाल जाते हैं, मैंने साल-दो-साल तक अपनी आयु के अनुरूप छोटे-छोटे प्रश्नों में भी उन्हें गहरी दिलचस्पी लेते देखा था। अब झूठ के पुल बाँधने वालों से कोई कितना माथा टकराए! यह सच है कि वह कृष्णानंद गुप्त-जैसों का प्रतिवाद नहीं करना चाहते थे; माइक पर गलाफाड़ भाषण देकर श्रोताओं को अभिभूत नहीं करना चाहते थे। किंतु आचार्य रामचंद्र शुक्ल के समान महारथी जब 'रहस्यवाद' पर लिखते हुए अपने हाथ से छूट जाते थे, तब उनकी लेखनी सत्य का उद्घाटन करते झिझकती भी न थी। इसी प्रकार मुझ-जैसे निरीह जिज्ञासु के बालोचित प्रश्न पर तिनकते, तिलमिलाते किसी ने भी न देखा होगा उन्हें।

'समालोचक' में पढ़ा था कि प्रसाद जी का 'कामना' नाटक (मैंने इसे रंगमंच पर सफलतापूर्वक अभिनीत होते देखा था।) कवित्वपूर्ण क्लिष्ट भाषा के कारण असफल है। भवभूति और मुरारि के नाटक जिसे कंठाग्र हों उसे किसी की भी भाषा क्लिष्ट नहीं, सहज-सरल ही प्रतीत होती, यहाँ मेरे लिए अटकाव-भटकाव की गुंजाइश न थी; किंतु उसमें एक टिप्पणी थी कि कामना Red Orleans के आधार

पर बनी है। ढंग 'प्रबोध चंद्रोदय' और Pilgrim's Progress का है। यही मैंने प्रसाद जी से पूछा तो बोले :

"आपने इनमें से कौन-कौन-सी पुस्तकें पढ़ी हैं?"

कहाँ तो मेरे बचपने ने वह धाक बाँधी थी कि कोई और सुने तो गर्द हो जाए और प्रसाद जी पर भी कम से कम मेरी अध्ययनशीलता का मंत्र चल जाए, मगर यहाँ तो लेने के देने पड़ गए।

फिर उन्होंने अपनी मौलिक मुसकान जुबान में घुलाकर पूछा : 'प्रबोध चंद्रोदय' तो पढ़ा होगा?'

मैंने भी सँभलकर केंचुल बदली : "जी हाँ, प्रबोध चंद्रोदय ही क्यों, चैतन्य चंद्रोदय भी पढ़ा है। किंतु जैसे 'चंडकौशिक' का रूपांतर 'सत्य हरिश्चंद्र' है, 'कामना' वैसी तो नहीं है। वस्तुसाम्य भी आंशिक ही है।"

"अब और दोनों पुस्तकें भी पढ़ डालिए। हिंदी आलोचना संस्कृत-समीक्षा की भाँति सैद्धांतिक ही नहीं होती।"

एक दिन सरेआम बादाम की ठंडाई पी-पिलाकर निराला जी के साथ बाहर निकले और घूमते-फिरते नारियल बाजार वाली सुर्ती-सुँघनी की दुकान पर आ गए। उनके साथ पं० विनोद शंकर व्यास थे और, कहना न होगा, मैं भी था। कुछ ही क्षण बीते होंगे कि श्री शांतिप्रिय द्विवेदी आ गए। निराला पर दृष्टि पड़ते ही वह सहम-से गए और उनकी अकुतोभय सजल वाणी भय से सूखने लगी। मैंने ऐसा अद्भुत दृश्य कभी देखा न था। बाज के चंगुल में बुलबुल की भाँति निराला के पंजे में उनकी नीली नसों वाली पतली कलाई बल खा रही थी। निराला उखड़ी-रुखड़ी आवाज में बैसवाड़ी में बोल रहे थे और वह 'पल्लव' की भूमिका वाली सुललित हिंदी में। मैं पूर्वापर का ज्ञान न होने के कारण हैरान था। मेरी परेशानी प्रसाद जी समझ रहे थे, पर पूछने पर कुछ बतलाते न थे, (जब कि अभी-अभी मैं उनसे निराला जी के, 'सरस्वती' के मुख-पृष्ठ पर सद्यः प्रकाशित, गीत—'सकल गुणों की खान प्राण तुम' का निराला जी के समक्ष, अर्थ पूछ-समझ रहा था।) बस, मुस्काते जाते थे। आज मेरे आश्चर्य की सीमा न थी कि जीवन की अतल गहराइयों से रस ग्रहण करने वाला महाकवि 'मत चूको चौहान' वाले सतही धरातल से कौन-सा रस ले रहा था।

व्यास जी के बीच-बचाव करने पर सूखी कलाई सात्त्विक स्वेद से बिछलकर अलग हो गई। शांतिप्रिय जी नमस्कार कर चलते बने। फिर तो ऐसा अट्टहास गूँजा कि आसपास का विजातीय वातावरण तुहिन-कणों के उड़ते स्वन से ऊपर तक भर गया।

मैंने 'मन्वंतर' नाम से कामायनी की कुछ पंक्तियाँ 'माधुरी' में पढ़ी थीं। यों भी जब काशी में रह रहा था, श्यामल लोक में कर्म-चक्र के अरे की तरह घूमते रहने पर भी कभी-कभी प्राप्य से अधिक तृप्ति कैसे न मिलती? मैं शास्त्रों को रेगिस्तान नहीं मानता, अब ओस चाटकर प्यास बुझाने वालों को वे कब्रिस्तान भी जान पड़ें, तो भटकती रूहों की सौगंध, मैं उन्हें छेड़कर शास्त्रार्थ नहीं करना चाहता।

निष्काम को मुक्ति चाहिए; किंतु सौंदर्य और आनंद की कामना, रस की साधना अपने शाब्दिक चमत्कार से भी कुछ अधिक आकर्षक और सहज प्रतीत होती है। करने को, चैतन्य इस माध्यम से अपने प्रकृत रूप की ही प्रत्यभिज्ञा करता है।

उस दिन प्रसाद जी के अध्ययन-कक्ष में काव्य-गोष्ठी जमी। श्रोताओं में सबसे बड़े आचार्य नंददुलारे वाजपेयी थे और सबसे छोटा मैं था। शेष थे पं० वाचस्पति पाठक, पं० विनोदशंकर व्यास, पं० लक्ष्मीनारायण मिश्र, कुँवर चंद्रप्रकाश सिंह, नरेश, परमानंद वाजपेयी आदि। पहले निराला ने तुलसीदास ('सुधा' में, धारावाहिक रूप में प्रकाशित)—नामक छह सौ पंक्तियों की अपनी लेटेस्ट कविता आंगिक, वाचिक और सात्त्विक अभिनयों-समेत सुनाई। यों अभी एक दिन मालवीय जी महाराज को भी सुनाई थी और महात्मा गांधी से थोड़ी ही भिन्न प्रतिक्रिया देखने को मिली थी। वैसे मालवीय जी को रस ले-लेकर मनोरंजन जी की 'फिरंगिया' और सोहनलाल जी द्विवेदी की 'महाराणा प्रताप' कविता सुनते मैंने अपनी आँखों देखा था। आज की बात और थी। आज सब के सब एक ही घाट का पानी पीने वाले इकट्ठे थे। तभी तुलसीदास रंग पर रंग और रंग पर जीवन छोड़ते चले गए। तारों-भरा अंधकार तार-तार हो गया और प्रबोध का चंद्र किरण-लहरियों में लहराने लगा।

अब प्रसाद जी ने 'कामायनी' की पांडुलिपि के पृष्ठ उलटे-पलटे और सौम्य स्निग्ध स्वर में पूरा एक सर्ग सुना डाला। कान और आँख की एकाग्रता सोम की जुन्हाई में नहाई-सी मस्त हो गई।

मुझे आकाशवाणी की सामान्य एवं सर्व-भाषा कवि-सभाओं में कितनी ही बार कई-कई महाकवियों को एक साथ सुनने-सुनाने के सुअवसर प्राप्त हुए हैं; किंतु तब तक पुस्तक-रूप में अप्रकाशित उक्त दो महान् काव्य-कृतियों को स्वयं उनके महान् कला-स्रष्टाओं के मुख से एक साथ सुनकर जो अनुभूति हुई थी वह फिर कभी न हुई; न हुई।

(3)

'फागुन आवत देखकर बन रूना मन माँहि
ऊँची डाली पात है दिन-दिन पीले थाँहि।'

'कामायनी' पूरे अर्थ में प्रकाशित हो चुकी थी। प्रसाद जी ने अपनी प्रतिभा को चरम ऐश्वर्य आधुनिक हिंदी कविता को अर्पित कर दिया था; किंतु यह अमर सर्वस्व-दान उनके भौतिक जीवन को बहुत महँगा पड़ा। मन में कैलास बसाकर तन कितने दिन धूल की मलिनता सहता!

मैं जन्मजात अकिंचन उसी किशोरावस्था में रोजी-रोटी ढूँढ़ने के लिए विवश हो गया था। रायगढ़ राजकवि बनकर चला गया था। एक दिन निराला जी का पत्र मिला। लखनऊ की प्रदर्शिनी से लौटने के बाद प्रसाद जी अच्छे नहीं रह रहे हैं। तब मैं यह नहीं सोच सका था कि दक्ष के शाप से चंद्रमा की एक-एक कला क्षीण होने लगी है। और जायसी की दूरदर्शिता तक तो मेरी मंद दृष्टि फैल ही नहीं सकती थी :

'हौं रे पंखेरू पंखी जेहि वन मोर निबाहु
खेलि चला तेहि वन कहँ, तुम आपन घर जाहु!'

नियंता की कठोर कृपा से उनके अंतिम दर्शन भी होने थे। मैं शास्त्राचार्य के शेष वर्ष और इंटरमीडिएट की परीक्षाएँ देने रायगढ़ से हिंदू विश्वविद्यालय लौट आया था। बंधुवर कुँवर चंद्रप्रकाश सिंह के साथ प्रसाद जी को देखने की ठहरी। हम गए। रत्नशंकर जी चिकित्सकों की सम्मति का संकेत दे ही रहे थे कि प्रसाद जी ने देख लिया और अपने पास बुलाकर पहले की भाँति साहित्यिक चर्चा छेड़ दी।

सोना पीतल हो चुका था। गुलाब की अपत कँटीली डार ही बच रही थी। वह खाट से लग गए थे। किंतु कोई विश्वास करे न करे, आँखें तब भी चमकीली थीं और चेहरे पर पहले जैसी ही दृढ़ता थी।

स्पष्ट है, 'कामायनी' में सुख-दुःख के ऊपर आनंद की प्रतिष्ठा उन्होंने प्रत्यभिज्ञा-दर्शन, तंत्रालोक या सौंदर्य-लहरी का निचोड़ लाने के अभिप्राय से नहीं की थी, वह उनकी अपनी उपलब्धि थी।

पहले 'हंस' में प्रकाशित 'प्रलय की छाया', 'अधूरी इरावती', 'हिंदी-हिंदुस्तानी' आदि कई नए-पुराने विषयों पर वह बोलते रहे। चंद्रप्रकाश जी साक्षी हैं, उन्होंने हिंदी के कतिपय महारथियों के संबंध में कैसी-कैसी बातें कही थीं।

किंतु उनका सबसे मार्मिक उद्गार राष्ट्रभाषा हिंदी के संबंध में था, जो उन्होंने

मृत्युशय्या से प्रकट किया था : "जब हम तरुण थे, पूरे ओज और तेज से हिंदुस्तानी के विरुद्ध लड़ते रहे थे, अब तो कूच करने का समय आ गया, कौन अपना रक्त-स्वेद एक कर लड़ेगा उसके लिए? निश्चय ही मैं सर्जनात्मक संघर्ष का विश्वासी हूँ, कोरे वाग्युद्ध का नहीं।"

रत्नशंकर जी चिंतित हो रहे थे, हमें स्वयं उन्हें थका देने का आंतरिक संकोच था। पर उपाय भी क्या था? शंकर के जटाजूट से निकली गंगा का आवेग भला कौन रोक सकता था?

मैंने सजल दृष्टि की अंजलि प्रणिपातपूर्वक अर्पित करते हुए कहा :

जब तक 'रामचरितमानस' और 'कामायनी' हैं, हिंदी ही हमारी राष्ट्रभाषा रहेगी!

निराला-दर्शन

प्रथम दर्शन

मैंने जंगल में जन्म लेने के कारण रंगारंग फूलों और कँटीली झाड़ियों से दुहरा हुआ-सा पहाड़ देखा था। प्रथम दर्शन एक चट्टान से दूसरी पर 'सुंदरकांडी' छलाँग लगाकर भूरी-काली दरारों और ककरेजे कगारों पर बेशुमार फले पके-अधपके झड़बेर लहूलुहान उँगलियों से तोड़-तोड़कर खाए थे और झर-झर झरते झरने का, ललाई लिए हुए हलका ऊदा, पानी पिया था और किसी छतनार पेड़ की झीनी-झीनी छाँव में लेटा-लेटा वन के पंख-पखेरुओं का कलरव सुना था। चिरौंजी और करौंदे के उजले-पीले फूलों की खुशबू से भीनी-भीनी हवाओं के झोंके झेले थे; कंकड़-पत्थरों से फिसल-फिसलकर हौले-हौले बहते इंद्रनील जल की कल-कल ध्वनि से चिररीते प्राणों को सहलाया था और उस विराट् के रू-ब-रू खड़ा होकर अपना बौनापन भी मापा था। हाँ, मैंने तुर्श बालपन में ही नर्म-दिल पहाड़ देख लिया था।

किशोर-वयस के छिछलेपन ने उद्दाम लहरों के करिश्मे नहीं दिखलाए, समुद्र की गहरी हरी आत्मा के दर्शन कराए थे। संकल्प-विकल्पों की उखाड़-पछाड़, कच्ची भावनाओं की बेतरतीब बिछी सख्त सीपियाँ, गीली कल्पनाओं की पथरीली परछाइयाँ, छिपकली की तरह चट्टान की काली गोलाई से चिपकी, सुबह-शाम की ठंडी धूप की सिंकी टुच्ची-खुरची अनुभूतियाँ! मैं लहरें—बेकली की धड़कनें गिनूँ? स्मृतियों के भँवर में चक्कर काटूँ? हथेली पर ठोड़ी टिकाकर शून्य का संतुलित अस्तित्व निहारूँ? गले में पत्थर बाँधकर अनमिल अनथाहे में फाँद पड़ूँ?—सोचते-सोचते आँखें मिच जातीं, होंठ भिंच जाते; तभी तरंगों पर तैरती हुई हवा गले को गुदगुदाती और जैसे तार सप्तक पर छलछलाती हुई हँसी बहार के स्वरों में फूट पड़ती और सिकुड़ी शिराओं में कसमसाता-सा आवेश बुद्बुदों में रूपायित होने लगता। हाँ, मैंने किशोरवय में ही, सूखे तन से, समुंदर में गोते लगा लिए थे।

किंतु सन् '35 में जो देखा—वह पहाड़-सा ऊँचा समुद्र और समुद्र-सा गहरा पहाड़, उसके खुरदरे सपने भी उनींदी पलकों में कभी नहीं आए थे। वह अनदेखा अनगढ़-विराट् निराला था।

वर्ष पर वर्ष बीतते गए। पहाड़ की गहराई थाही न गई, समुद्र की ऊँचाई मापी न जा सकी। मैंने बारहा कोशिश की, मगर मुझे कामयाबी नहीं हासिल हुई।

तब मैं काशी हिंदू विश्वविद्यालय के प्राच्य-विद्या-विभाग का विद्यार्थी था। बिहार-उड़ीसा भर में सर्वप्रथम होकर स्वर्ण-पदक के साथ साहित्याचार्य की उपाधि प्राप्त कर चुका था। अवस्था अट्ठारह-उन्नीस की। दुबला-पतला श्री-हीन तन (तब पसली-उभार दुर्बलता फैशन में न थी।) उलटी पट्टी पढ़ता हुआ मौजी मन; सुई की नाक में ऊँट समोने वाला, सर-ब-सर अपने ही अँधेरे में डूबा-खोया 'काकली' का कवि!

रुइया होस्टल के चार सीटों वाले एक कमरे में चौकी पर चटाई डाल अधलेटा सूखे चने चबा रहा था। बाईं ओर एक बुझा-सा शीशा था और दाहिनी तरफ ताजा खरीदा—'रसगंगाधर।' उन दिनों ये ही मेरे तन और मन के आईने थे जिन्हें अकसर सामने रखकर मैं अपने को लिखा करता था, तभी चने चबाने पड़ते थे—सूखे चने। अब भी वही बेढंगी रफ्तार है, क्योंकि लिखने का ढंग अब भी नहीं बदला। तो अभी मैं चने चबा चुका ही था कि दो विशिष्ट अपरिचितों ने एक साथ कमरे में प्रवेश किया।

कमरे में चार चौकियाँ थीं। एक सज्जन जो झटपट उत्तर की ओर एक चौकी पर बैठ गए, मझोले कद और गठीले बदन के कुंदन के समान वर्ण वाले थे। उनकी घनी काली भवें और बड़ी-बड़ी चमकीली आँखें अपरिचितों के मन में भी सहज ही प्रभाव उत्पन्न करती थीं। अंग-रंग से मिलते-जुलते रेशमी कुर्ते के हिरण्मय आभरण-जैसे आवरण से उनके सत्य का मुँह नहीं ढकता था। प्रतिभा-प्रदीप्त चौड़े ललाट पर चिंतन की ही दो बहुत बारीक लकीरें थीं। गुलाबी होंठों में पान की लाली रची हुई थी जिस पर मंद-मंद मुसकान खेल रही थी। यह था, मगर इसकी लौ बढ़ाने वाले सोज की कमी भी थी, जिससे पलक झपकते ही मैंने समझ लिया था : कवि नहीं हैं।

इसी समय किसी ने कान में कहा—आचार्य नंददुलारे वाजपेयी। मैं चकित-चमत्कृत होकर छायावाद के प्रथम समर्थक और समर्थ समीक्षक को आमूलचूल निहारने लगा। तब तक मैंने 'माधुरी', 'समालोचक' और 'भारत' में उनके कितने ही लेख पढ़ डाले थे और उनका 'साहित्य और जीवन' नामक निबंध तो पाठ्यक्रम में भी था।

तभी दूसरे खड़े कीमाकार व्यक्तित्व की प्रथम रश्मि ने सहसा अपनी ओर आकृष्ट कर लिया। पथरीली छत, जो उनके शिखर-सरीखे सिर से कुछ ही ऊँची थी, से टकराकर उनकी नजर मेरी फटी चटाई और उससे सटी मेरी दुर्बलता पर पड़ी। मैं जैसे कमरे में चकराई हवा को पकड़ने की कोशिश कर रहा था। मेरी चेतना

अनचीते भावातिरेक की लहरों में खो-सी गई थी। उस डोलते हुए पहाड़ और निस्तरंग सागर से अंग्रेजी में आवाज आई कि क्या मैं ही आचार्य जानकीवल्लभ शास्त्री हूँ! मैंने थूक घोंटकर हामी भरी तो दूसरा पुष्प-प्रश्न झरा कि अभी मैं क्या कर रहा था।

मैंने सिटपिटाकर मुटुर-मुटुर ताकते हुए कहा—"जलपान!"

और अभी जो चापुड़-चापुड़ चने खा-फाँक गया था, उसकी सुधि से जैसे मसूड़ों में फँसे हुए कण फूल-फूल गए।

"जलपान! जलपान क्या? सत्तू घोला होगा?"—बाँस की खपचियों की तरह मेरी छाती की हड्डियों में छेद कर सनसनाती हुई निराली गोली निकल गई। मैंने फटी आँखों जैसे पहाड़ के हरहराते हुए शिखर को देखा : "आप कहीं निराला तो नहीं हैं?"

वाजपेयी जी ने अनुरूप संकेत दिया। मैं मुँह ही मुँह में बड़बड़ाया—"तभी!"

और होंठों पर हथेली रखकर खून सुखाने वाली चीख रोक ली। नीत्शे पढ़ा था।

What is great in man is that he is a bridge and not a goal;
What is lovable in man is that he is an over-going and a down-going;
I love those that know not how to live except as down-goers, for they are the over-goers.

यह अनहोनी क्योंकर हुई? आधुनिक हिंदी कविता का प्रतीक-पुरुष खुद चलकर मुझसे मिलने आया है? वह, जो दकियानूसों की आँख की किरकिरी है; जिसका काव्यामृत उन्हें जहर से भी ज्यादा तीखा लगता है; जिसकी गहरी, तेज और जिंदा नजर का कायल नया अदब, नया जमाना है, वह इस छोटे-से कमरे में, इस नाचीज के पास? और, हाय रे, 'आज ही घर में बोरिया न हुआ!'

मैं हड़बड़ाकर उठ खड़ा हुआ। झुककर युग-स्रष्टा के चरणों की धूल लेनी चाही, किंतु मेरी अंजलि उनकी 'दिङ्नागी' भुजाओं से टकराकर अधबीच में ही बिखर गई।

सीट पर बिछी चटाई के अलावा वहाँ महज एक लोहे की कमजोर कुर्सी थी, जिस पर मेरा जी रखने के लिए भी वह नहीं बैठ सकते थे। खड़े रहे।

मेरी चेष्टाएँ जड़ हो गई थीं। समग्र चेतना जैसे मोरपंखी लोचनों में चमक रही थी। पुरवा के झोंके रोके नहीं रुकते थे; किंतु निराला के रूखे-सूखे केशों में ही कहीं चंचलता देखी जा सकती थी।

भर्राए कंठ से गीला स्वर निकाला :

"क्षण-भर रुकने की कृपा करते तो मैं जल्दी से जल्दी चाय-पान ले आता!"

"नहीं"—निराला ने कहा—"हम अभी डॉ० पीतांबरदत्त बड़थ्वाल के बँगले

जाएँगे। कोई अड़चन न हो तो आप भी चलिए।"

मैं तुर्त-फुर्त अपना एकमात्र कुर्ता पहनने लगा। निराला 'रसगंगाधर' के पेज उलटने लगे।

अकिंचनता ही से छलने छनते-छनते कहीं कोई कंचन-कण कढ़ आए, इसी ललक से अपनी उपलब्धि का सारा बल दाँव पर लगाकर बोला, ऐसा, जैसे कोई घास का तिनका बड़ी मौज से टक्कर ले रहा हो!

"आपने तो यह महान् ग्रंथ देखा ही होगा?"

"नहीं, यह नौसिखुओं के लिए है।"

उनका बेतकल्लुफाना अंदाज काबिलेदाद था। उस अनसुनी आवाज ने मेरी चुँधियाई चेतना को बुरी तरह कोंचा; वह स्वर-लहरी मेरी आस्था की आँकी-बाँकी लकीरों पर घहराने लगी।

"नहीं, ऐसा नहीं, इसके पढ़ने-पढ़ाने वाले तो अनामिका की पोरों पर, ताल की मात्राओं की तरह, गिने जा सकते हैं!" गिटकरी लेकर, दिमाग का अर्क निचोड़कर बोलने को बोल तो गया, पर जैसे दिल धड़ककर डूबने लगा।

मेरी वक्र भृकुटि उनकी सरल दृष्टि से सहमकर टूट गई! मेरा कँटीला मृणाल जैसे जंबाल-जाल में उलझकर रह गया!! उनके उत्फुल्ल सहस्रदल पर शिशु की-सी शबनमी मुसकान सज गई!!!

(2)

'सुधा' के संपादकीय में कालिदास की कला पर एक टिप्पणी प्रकाशित हुई थी। उसकी भाषा में लालित्य था तो उक्तियों में तीखापन भी। मैंने तिलमिलाकर उसका प्रतिवाद लिख भेजा था। निराला ने पहली बार उसी दर्प-डँसे लेख में मेरा अनछपा नाम देखा होगा। टिप्पणी उन्हीं की थी, मालूम होने पर जैसे मेरी विद्या किश्ती ढलान पर आकर टेढ़ी हो गई; तर्कों के झाईंदार झाग के गिर्द रुक गई।

'काकली' छपी तो उसकी एक प्रति साहसपूर्वक मैंने महाकवि के पास भेज दी, फिर प्रकाश अंतरिक्ष और पारावार के दिवा-स्वप्नों में खो गया। लहरों के थपेड़ों में बात आई-गई हो गई।

कंकड़ियों पर फिसलते जल की कलध्वनि, सरपत के खनकते पौदों के रंध्र से बहती हवा, किरण की तूलिका से आकाश के कनवास पर अंकित कोमल और गहरी दृष्टि—सबकी सार्थकता संशय में डूब रही थी कि अचानक एक पत्र आया—निराला का पहला पत्र :

प्रिय बाल पिक, 13-7-35

तुम्हारी 'काकली' नकल नहीं। तुम्हारे जातीय सत्य से पूर्ण, आकाश और पृथ्वी को मिला रही है। इसमें मैं अपने तारुण्य की नई पहचान पाकर चकित हो गया; देर तक मुग्ध होकर सुनता रहा।

मैं अन्यत्र, किसी पत्रिका में इसकी चर्चा करूँगा।

—तुम्हारा

निराला

फिर-फिर घिर-घिर आते तिमिर-पट पर एक स्वर्ण छवि-सी विच्छुरित हुई। मन के काँपते मिजराब ने नील गगन के तारों में एक अनसुनी झंकार उठाई—

आएगा, आएगा, वह समय भी आएगा; पहिए के घूमते हुए अरे धुरी-हीन नहीं हैं! मेरे मन का रथ मनोमय दिशा से भटका नहीं है!! यह निरवधि काल मेरे अस्तित्व की आंतरिकता खोकर आगे न बढ़ेगा!!!

दूसरा पत्र

58, नारियल वाली गली,

लखनऊ

30-7-35

प्रिय बाल कवि,

आपकी रचनाएँ स्वाभाविक उच्छ्वास तथा प्रेरणा के अनुसार हुई हैं, इसका साक्ष्य उन्हीं से मिलता है। भावना जैसी पुष्ट है, गति भी वैसी ही सुधर। मुझे आशा है, आपकी प्रतिभा अच्छे-अच्छे चमत्कार प्रदर्शित करेगी।

मैं कई कारणों से खिन्न रहता हूँ। कुछ-कुछ काम करता जाता हूँ, पर जैसे थक गया हूँ। क्या इधर दो साल तक बाकायदा आपने 'सुधा' देखी है? शायद अब इस नए वर्ष से मुझे विशेष रूप से लिखने का मौका न मिले। कारण, दुलारेलाल जी की बहुत-सी बातें मुझे पसंद नहीं। विशेषांक के लेखकों में उन्होंने मेरा नाम नहीं दिया, यह मुझे आपसे मालूम हुआ। कल उसके संपादक चतुरसेन जी टहलते हुए मिले, यह भी पूछ रहे थे कि आपका नाम क्यों नहीं है, आप विशेषांक के लिए क्यों नहीं लिख रहे हैं? पर सत्य यह है कि दुलारेलाल जी के माँगने पर बहुत पहले ही 'मित्र के प्रति' शीर्षक मैं अपनी एक कविता 120 पंक्तियों की (पच्चीस रोज पहले) दे चुका हूँ। फिर भी उन्होंने ऐसा किया। इसके कारण हैं। पर देखा जाएगा। मैंने कल उन्हें सूचना दे दी है कि मेरी कविता वह न छापें।

मैंने 'प्रभावती' एक नया, अविज्ञापित उपन्यास लिखा है, ऐतिहासिक रोमांच के रूप में। यहाँ के 'सरस्वती-पुस्तक-भंडार' से प्रकाशित होगा और जिनके लिए आपने लिखा है, पूरा करने की कोशिश करूँगा, कारणों से नहीं पूरा कर पाया।

इस महीने एक लेख मेरा 'माधुरी' के विशेषांक में छप रहा है—'स्वकीया'। 'सरस्वती' को 'श्री सुमित्रानंदन पंत' लिखकर भेजा है। 'सुधा' को जो कुछ दिया था, वह वापस ले लिया।

आशा है, आप प्रसन्न हैं। उपदेश के रूप में तो मैं कुछ कह ही नहीं सकता। उपदेश आपको अपने ही भीतर से मिलेंगे, मैं आपको केवल प्रसन्न-वदन देखने की इच्छा रखता हूँ।

—सस्नेह

निराला

एक लहर मन की सतह पर उभरी और कुछ लकीरों में ही न बिखरकर अंतर्मन में स्थिर स्मृति बन बैठी। ममत्व-भरा भाव किसी हिमाद्रि, किसी समुद्र के प्रति! मेरे लिए रहस्य कोई उलझन नहीं, अमरवल्ली नहीं, मदहोशी या खुमार नहीं है।

मगर यह तो आज की बात है। इसे उस दिन के मत्थे मढ़ना असत्य के लिए सत्याग्रह करना होगा। उन दिनों निर्मल झील में झिर-झिर तिरती तरी-सी जिंदगी थी जिसे कहीं पहुँचने की जल्दी न थी। उसके लिए एकांत संगीत अरण्य-रोदन न था। वह शुष्क सिद्धांतों के लिए माथापच्ची करने के बजाय अर्थहीन सरस को तरसती थी।

जैसे 'पैराडाइज लॉस्ट' के कथानक का बहुलांश एक आधिदैविक व्यक्ति ने आदम को सुनाया है, उसी प्रकार कोई एक अनचीन्हा स्वर मेरी अप्रबुद्ध वाणी में उलझ रहा था, और जैसे उस समग्र महाकाव्य में बेचारे सैटन की हार पूर्व निर्धारित-सी है, वैसे ही मेरी अर्द्ध-बुद्ध चेतना उस उत्कट नए के ओप-चढ़े आटोप से हार-हार जाती थी।

मेरा किशोर मन लोल हिलोरों में प्रवाहित प्रदीप की भाँति झिलमिलाता रहता। सूने पल दुर्वह भार-से होते; जैसे जुगनू अश्वस्थ की फुनगी छू-छूकर धरती पर गिर-गिर पड़े; जैसे मध्य सप्तक का निषाद एक ही साँस में मंद्र सप्तक के निषाद पर उतर आए!

एक-एक परत उधेड़ती-सी हवा बहती; गाँठ-गाँठ ढीली पड़ जाती। तभी अंतरिक्ष और क्षितिज छूती हुई कोई अछूती गूँज सुन पड़ती और मेरे मन का मृगछौना गंध-भरी कुलाँच लेता हुआ निस्पंद हो जाता—

'उलटि पाछिलौ पैंड़ा पकड़ो, पसरा मना बटोर,
कहैं कबीर, सुनो भाई साधो, तब पैहौ निज ठौर।'

जैसे किसी भी चटक-सुर्ख तसवीर में उगाया हुआ बिरवा न बढ़ता है, न हवा पानी बदल जाने पर एक नई कोंपल उगाता या कोई कली चटकाता है, कुछ ऐसे ही मेरे अपरिवर्तित दिन पर दिन बीतते जाते थे। विद्रुम प्रभात या कुंकुमी संध्या का चंचा पुरुष पर रंच-भर भी प्रभाव नहीं लक्षित होता। कोई छवि नहीं खिंचती यों पट अँका-टँका होता।

तीसरा पत्र

58, नारियल वाली गली,
लखनऊ
14-8-35

प्रिय कवि,

मैं बहुत दिनों तक नहीं लिख सका, मेरी कन्या का सत्रह साल की उम्र में, उसी समय देहांत हुआ था।[1] आपने ठीक लिखा है–"किंतु करोषि सदेप्सितमेव।"

आपका विद्यार्थी-जीवन जैसा चमकीला रहा है, मुझे विश्वास है, आपका कवि-जीवन भी वैसा ही होगा। प्रसिद्धि से मनुष्य नहीं, मनुष्य से प्रसिद्धि है।

संस्कृत में आपने जैसा दखल पाया है, हिंदी में पाने के लिए भी प्रयत्न-पर रहिए, श्रम निश्चय सार्थक होगा।

इस समय अनेक प्रकार की उलझनों में हूँ। यहाँ पं० रूपनारायण जी पांडेय संपादक–'माधुरी' संस्कृत जानते हैं। आप यदा-कदा अपने विचार हिंदी में प्रकट किया कीजिए। 'माधुरी' आपको जगह देगी। दूसरे पत्र भी देंगे। आप विषय की तह तक पहुँचने की कोशिश करते हैं, वही आपको ऊँचाई तक उठाएगी।

कालिदास और श्रीहर्ष के संबंध में आपने ठीक लिखा है। कभी मैंने भी इन्हें

---

1. फेर दिनों का, कन्या का देहांत!
अभी तो दूध के दाँत नहीं टूटे थे, वह कैसे इतनी दूर पहुँच गई!
जानता हूँ, तुम निराला हो, बनारसीदास चतुर्वेदी के साहित्यिक सन्निपात से उड़ जाने वाले रुई के पहाड़ नहीं; किंतु तुम्हारे सात्त्विक संघर्ष की जोत सरोज को तो फैज न पहुँचा सकी!
मेरी बाँस की छड़ी से समुद्र के तल में खोंच न आएगी! पूछता हूँ, तुम किसे वर्तमान धर्म, समझा रहे थे–आजाद के हत्यारों को या भगत सिंह को खँगाल डालने वालों को?
हमारा देश धर्म कमाता है; धर्म बिगाड़ता है। धर्म समझता नहीं है।

कुछ-कुछ पढ़ा था। समय नहीं कि दोनों की सौंदर्य-दृष्टि पर लिखूँ। दोनों महान् हैं। पर श्रीहर्ष का प्रभाव अधिक स्थायी होता है; फिर भी कला की जानकारी कालिदास को अधिक है; अगर कुछ गहन होते।

हाँ, 'प्रभावती' कुछ बाकी है। नहीं कह सकता, पूरी खूबसूरत उतार दूँगा। 'अप्सरा' से 'अलका' जैसे भिन्न है, वैसे ही यह दोनों से। आपको शायद 'अप्सरा' अधिक पसंद है, श्रम 'अलका' ने अधिक लिया।

—निराला

मेरा मन बनजारा न था; अपने लिए कोई घोंसला भी नहीं बनाया था। टिमटिमाते चिराग की लौ अपने ही दायरे में घटती-बढ़ती थी। 'अहं' की कैद किसी फंदे या पिंजड़े की कैद से कम नहीं।

रीतेपन और पूरेपन के भाव जब-तब झटका देकर चौंकाते, झटका देकर धुँधलेपन में या जोराजोरी जगमगाहट में ले आने वाला कौन था?

जैसे कल्याण थाट से केदार राग निकाल रहे हों, निराला ने मेरे अबोध अस्तित्व को प्रबुद्ध आत्मीयता दी थी। यों मैं दूसरे रास्ते यात्रा पर निकल पड़ा था—कालिदास, भवभूति की बारीकियाँ परखता हुआ; शेक्सपियर, रवींद्रनाथ के दरवाजे खटखटाता हुआ।

निराला के पुष्पित पत्र पाकर अमृत आह्लाद जाने किस सविष विषाद की अंध गुफा से फूटकर फैल जाता था। किन्हीं अनलखी गहराइयों में कोई ऐसी लीक कट जाती थी जिसके दाएँ-बाएँ फैली निस्पंद नीरवता को चीरता—स्पंदित और गुंजरित करता हुआ एक-एक पत्र आता था!!

शोध की क्या बात, तब मैं मन के गहन स्तरों को कुछ ऐसी लचीली सतहें ही समझ सकता था जिन पर चाहे हवा खुशबू की तसवीर आँक दे, चाहे कोई दूर-सुदूर की धुँधली-सी गूँज लरजते सुरों की दर्दीली पुकार बन जाए।

एक दिन प्रत्यभिज्ञा-सी हुई—बिंब-प्रतिबिंब अथवा चित्र, चित्रपट और चित्रकार को अभिन्न मानने वाली शास्त्रीय प्रत्यभिज्ञा नहीं, निरी बचकानी कि गुरुजनों के गद्गद स्नेह में आशीर्वाद ही आशीर्वाद रहता है; नजदीकियों में कोई मेरी छिटपुट किरणों को बादल की झालर की तरह बिन छुए दुलरा देता है; कोई सख्त पपड़ियाँ तोड़कर सिर उठाए हुए मेरे सुनहले अंकुर में, परिवेश में संभावित 'पीलिया' के सूक्ष्म कीटाणुओं का आभास पा संतोष की साँस लेता है। यह अकेले निराला ही हैं जो मुझे जन्मजात वयस्क मानते और लय देखकर उसी से बँधे सुरों में बोलते हैं।

वस्तुतः मेरा बाल-मन बालपन की वास्तविकता से प्रसन्न न हो, कल्पित

वयस्कता या अतिरंजित प्रमाण-पत्र पाकर फूला न समाता था। लेन-देन का लेखा-जोखा रखने वाले और डंडी मारकर सौदा बेचने वाले खुद मान-प्रमाणपत्र बटोरते फिरते थे, वे मुझे क्या देते! इस तरह जब दिमाग आसमान पर चढ़ा होता, तब ऐसा नहीं महसूस होता कि मैं किसी के पाँव तले की चींटी हूँ।

मेरा बचपन फूलों से नहीं तुला, उलटे काँटों में घिसटा; अब जब ऊँच-नीच सूझने-समझने की उमर आई, चूलें ढीली होने लगीं। मेरी स्थिति पर किसी मगरमच्छ की पलकें पसीजतीं तो मेरा मुँह फक हो जाता। निराला बिसात उलटकर खेल की शुरुआत नहीं चाहते थे, चलती चाल को शह-भर दे देते थे। यह जो चलते चलने में कुछ होते चलने का अकल्पित आनंद था, मेरे मचलते अरमानों को निराला का वही निजी दान था।

पत्र की आंतरिकता ने मन को मोम की तरह गला दिया। मैं स्वगत बोल उठा :

अरी ओ सुर भारती, साध और साधना के संधि-रंध्र से फूटती हुई ये अनसुनी ध्वनियाँ सुनीं? एक अनगढ़ पत्थर को शालग्राम बनाने के क्रम में हरहराती हुई प्रखर जलधार तुंग हिमालय-शृंगों से उतरी है, अनिल में घुली हुई निर्मलता ने कुछ अश्रु-स्नात तुषा कण तेरे चरणों में अरपे?

मैं शूलों-बिंधे तलवों से धरती की धूल झाड़ता हुआ वीरान पगडंडियों पर तनहा चलता रहा हूँ, आज किसी देवदूत के आकाशवासी चरण उन पर सहसा अंकित हो गए हैं। ओ दरबारियों की रसवंती, अपनी वीणा के निंदित तार उतार दे, क्षण-भर 'प्रिय स्वतंत्र रव अमृत मंत्र नव' (नि नि सा म, ग रे सा, प नि सां नि, ध प म प) झंकृत होने दे!

(3)

मेरी अनबटी प्रेरणा कभी तीर-घाट होती, कभी मीर-घाट। ऊँट किसी और ही करवट बैठना चाहता था। यों—

'घर हमारा जो न रोते भी तो बीरां होता,
बहर गर बहर न होता तो बयावां होता।'

दरअसल तब मेरी अभिव्यक्ति का माध्यम संस्कृत थी। मगर मेरी रूह संस्कृत के दायरे के बाहर भी भटका करती थी। अब इससे बड़ा मजाक और क्या होगा कि तब मैंने अंग्रेजी, बंगला और उर्दू में भी कविताएँ लिखने की कोशिश की थी। अंग्रेजी में निराला पर एक कविता अपनी ही दयनीय स्थिति की ओर संकेत करते

हुए लिखी थी :

You have covered the pond over with a host of golden lilies, that is why its water is growing muddier and mossier day by day.

You have covered the guitar over with a over-flowing stream of heavenly music, that is why its own tame tune is craving for a fine spontaneous flow day by day.

बचपन बचपना ही है। कोई अट्ठारह-उन्नीस की उम्र में सात-सात भाषाओं में तथाकथित 'कविताएँ' लिखकर 'सप्तपर्ण' नाम से प्रकाशित करने का स्वप्न देखे तो उस हवा में गाँठ बाँधने वाले को पागल करार देने वाले अनगिनत मिल जाएँगे, दुर्बलता को दुलारने वाले अकेले निराला थे। यों मेरा संस्कृत का स्वर ही तार सप्तक में था जिस कारण जब कवींद्र रवींद्र के प्रथम दर्शन हुए थे, तब मुँह से उन्हीं की वाणी नहीं फूटी थी :

'आजि ए प्रभाते रविर कर
केमने पशिल प्राणेर पर?'

बल्कि विद्यापति के एक छंद के ढाँचे को तोड़-बिगाड़कर—जयदेव के उत्स की ओर उन्मुख कर मैंने संस्कृत में ही अपनी गहन गुफा के भर्राए भावों को स्वरित किया था।

उन दिनों हिंदी में जो लिखता था, वह लगभग अनुकृति की विकृति मात्र होती थी। मेरे हृदय की शिरा-शिरा को खींच, उमेठ, उखाड़कर जो नहीं कढ़ा, उसे मौलिक कहने की व्यवस्था कौन झेलता?

उस दिन घिर-घुमड़कर मेघ छँट गए थे। नील वक्ष में तड़ित् की कौंध बुझ चुकी थी। ऊँचाइयों पर हहराती हवाएँ धरती की सब्ज साँसों में समा गई थीं। मैं होस्टल की सीध में खड़े विशाल बरगद के साए में उदास-खामोश बैठा था। इतने में बूढ़े-बहरे सुंदरलाल (डाकिए) की चिर-परिचित पगध्वनि सुनाई पड़ी। आज उसकी आड़े-चौताले की चाल ठौर-ठौर थम रही थी। पर इस करीर को पत्र की क्या आस? आक-जवासों को जला डालने वाले मेघ, बता न, मेरा गोधूलि का अंतर खुली आँखों के जुगनुओं जैसे झिलमिलाते सपनों से ही क्यों जलता-बुझता रहता है?

सुंदर मेरे कमरे के पास ठिठका, कनखियों से इशारा किया और मेरी खुली हथेली पर एक बंद लिफाफा रखकर परे सरक गया।

वही लिखावट; वही सुडौल, खिले अक्षर, दूर से चलकर आने पर भी गजब की ताजगी!

असीम हर्ष को जैसी सीमाओं ने घेर लिया।

चौथा पत्र

5-9-35

58, नारियल वाली गली

लखनऊ।

प्रिय बाल-कवि,

आपको देर से लिख रहा हूँ। आपकी कविता इसी बार 'माधुरी' में निकलेगी, मुझे पांडेय जी ने ऐसा ही कहा था। उसे प्रथम पृष्ठ पर देते, पर कुछ बड़ी है, इसलिए अन्यत्र देंगे। आपकी कविता मुझे बहुत पसंद आई। लेख भी अच्छा है। आप बहुत सुंदर लेख लिखते हैं। आपको हिंदी में भी नाम करना होगा, क्योंकि यहाँ गुंजाइश ज्यादा है। आपको सिद्धि भी हो सकती है, मुझे ऐसा विश्वास हुआ।

मैं 6-7 रोज के अंदर एक बार काशी जाने वाला हूँ। गया तो आपसे मिलूँगा।

मैंने रायकृष्ण दास जी के भारती-भंडार को 'गीतिका' दे दी है। उसी के संबंध में प्रयाग तथा काशी जाने वाला हूँ। पांडेय जी का पत्र आपको मिला होगा। इसी बारह तारीख के बाद मैं यह मकान छोड़ दूँगा।

—आपका

'निराला'

'आपसे मिलूँगा!' पर मिलने के योग्य आयोजन कहाँ है? अस्फुट कल्पनाएँ पत्रपुटों में भरा कीं, अकारण झर पड़ने वाले आँसुओं के फूल तो नृम्ण और तेज के काव्य-पुरुष के सम्मुख कोरों में ही कुम्हला जाएँगे।

पत्र की आवृत्ति ने शिशिर-भीरु मन को सहसा अनंत वसंत-वन में बदल दिया। आशंका की गोधूलि अक्षर-नक्षत्रों से सज गई। आँखों के पर्दे में हिमालय के स्वर्णाभ शृंग उभर आए। सागर का फेनिल नील वक्ष उच्छल हो उठा।

और अभी 9-9-35 को अकस्मात् वही कवि-सम्राट एक अज्ञात बाल-कवि से मिलने के लिए स्वयं चलकर छात्रावास के प्रकोष्ठ में आ गया है।

जीवन के अनंत अभावों के एकीभूत भाव का यह घनाघात! ये चीख-सी तीखी अवाक् किलकारियाँ!!

काल, पल-भर अपना प्रखर प्रवाह निविड़ आनंद के कगारों से बँध जाने दे! देश, अपना अखंड प्रसार इस पथरीली छत के नीचे के आकाश में क्षण-भर सिमट जाने दे!!

मैं अपने उन्मत्त हृदय की यह अननुभूत वेदना तेरे हवाले न करूँगा! आनंद के इस नील नभ लोहित किरण की तीक्ष्णता मैं हवा को न चुराने दूँगा!!

अरी ओ मिट्टी, तेरी उर्वरता की सौगंध, मैं आनंद के ये अश्रुकण यहाँ-वहाँ नहीं बिखेरूँगा।

अरे ओ आकाश, तेरी नीरवता की शपथ, मैं इस क्षण की समग्रता को युगों तक सँजो-जुगोकर रखूँगा।

यह अनाघ्रात वेदना किन्हीं गीत-स्वरों का व्यंजन बनेगी! यह अनास्वादित आनंद किन्हीं छवियों का बंदी बनेगा।

अंतिम दर्शन

(1)

ऊँची-ऊँची लाल-हरी फुनगियों पर पिछले पहर का सूरज हलके पाँवों उतर रहा था। पत्तियों के गुच्छों में डूबी हुई कोई-कोई किरण दीये की झिलमिलाती लौ की तरह रह-रहकर लहक उठती थी। कोई एक फुनगी से दूसरी तक फैलकर फूल-फूल जाती तो कोई एक नए ही साँचे में पिघलकर ढल जाती थी।

एक सूरज, हजार किरणें, अनगिनत नक्काशियाँ! एक निराला, प्रखर प्रतिभा के अनेक उन्नत स्तर, अद्भुत अभिव्यक्ति की अनेकानेक प्रतिष्ठित-प्रायोगिक विधाएँ!

बाईस अप्रैल, उन्नीस सौ इकसठ : दिन के तीसरे पहर मुजफ्फरपुर से इलाहाबाद जाने के लिए बनारस पैसेंजर में बैठा था। तेईस को रात साढ़े नौ बजे रेडियो-कवि-सम्मेलन था। इधर बहुत दिनों से इलाहाबाद नहीं गया था; निराला के दर्शन नहीं हुए थे।

आने वाली पीढ़ियाँ निराला को आधुनिक हिंदी-साहित्य का सूरज-चाँद या क्या समझेंगी; उनके अभिज्ञान के माध्यम कुछ समकालीनों के राग-द्वेष-भरे विष-बुझे लेख होंगे या एकमात्र उन्हीं पर लगभग सभी समकालीन सुकवियों और महाकवियों द्वारा लिखी गई शत-शत कविताएँ? मैं क्यों सोचूँ? हमारी पीढ़ी का क्या यह सौभाग्य कम है कि हम उनके साक्षात् दर्शन कर सकते हैं!

बादल-राग के दर्शन; करुण-कोमल, दुर्वार जलधार बरसाते हुए; इंद्रधनु की भावभीनी रंगीनियों से तरंगित; प्रशांत-प्रतप्त हृदय के शोणित में वज्र-गर्जन और विद्युत-वह्नि सँजोए हुए;—बादल-राग के दर्शन!

बिच्छू की पूँछ-सी आधुनिक सभ्यता, विषधर की चाल चलने वाली राजनीति, हाथी-दाँत को सोने से मढ़वाने वाला समाज और अकेला डंक-फुफकार झेलता, सोने का जहर पीता हुआ दिगंबर निराला!

इधर धनी पत्रों में निराला के भग्न-विपन्न चित्र प्रकाशित होते, उन्हें देखता और मचल-तड़पकर रह जाता।

काशी में निराला की स्वर्ण-जयंती आयोजित हुई थी। आचार्य नंददुलारे वाजपेयी संयोजकों में थे। मैं दोनों ओर से आमंत्रित था। गया। समारोह में शाब्दिक पक्ष प्रबल रहा और आर्थिक दुर्बल, तो ऐसा होना स्वाभाविक ही था।

आचार्य नरेंद्रदेव का उद्‌घाटन-भाषण मार्मिक और चिर-स्मरणीय था। श्रीमती सुभद्राकुमारी चौहान का आंतरिक उल्लास छलका पड़ता था। यह सब था; किंतु निराला को न पूर्व-विज्ञापित थैली भेंट की गई थी और न अभिनंदन-ग्रंथ ही अर्पित किया गया था। मुजफ्फरपुर लौट आया, पर यह दुःखद व्यंग्य हर घड़ी आँखों में फिरने लगा। हवा में जैसे कुछ होंठों में कहता, फिर अपनी बेबसी में ऐंठ-ऐंठकर रह जाना पड़ता।

वे दिन मेरे कठिन संघर्ष के थे। अंधे महीनों में कभी-कभी कोई सूर्योदयी दिन निकल आता था। इस बार जब ओस के मोती चमके, मैंने भावाभिभूत होकर स्वयं हजार पृष्ठों का एक विशाल समीक्षात्मक ग्रंथ संपादित और प्रकाशित करने का सजल संकल्प कर लिया। प्रकाशन के लिए कलकत्ते के आचार्य परमानंद शर्मा ने पाँच-छह सौ रुपयों की अपनी सारी की सारी जमा-पूँजी दे दी; कुछ कॉलेजों में भाषण-प्रवचन कर सौ-दो सौ रुपए मैंने भी इकट्ठे किए; श्री रत्नेश्वर चौधरी 'रत्नेश' और श्री 'दिवाकर' साहित्याचार्य ने कुछ रुपए एकत्र कर मेरा उत्साह बढ़ाया। उन दिनों फेयर मार्केट में कहीं कागज नहीं मिलता था, दूने-तिगुने दाम देकर पूरे बारह सौ रुपए का कागज खरीदा और जोर-शोर से छपाई का काम शुरू हो गया। महापंडित राहुल सांकृत्यायन, आचार्य हजारीप्रसाद द्विवेदी से लेकर पंडित जगन्नाथ प्रसाद मिश्र तक हिंदी के सभी श्रेष्ठ समीक्षकों से निबंध लिखवाए थे। संचित पैसे तो कागज पर खर्च हो चुके थे, पर प्रेस से ठहरी थी, मैं प्रतियाँ बेच-बेचकर आहिस्ता-आहिस्ता छपाई-बँधाई के कुल पैसे चुका दूँगा।

मगर सारे अरमान मन में ही मचलकर ठंडे हो गए। घर से शैल की माँ—देवी चंद्रकला के (चेचक से) आकस्मिक स्वर्गवास का तार आया और यहाँ प्रेस के मालिक गुजर गए।

फिर क्या, मेरी अर्थहीन साधना जलकर खाक हो गई, क्योंकि छापाखाने के नए मालिक ने पूरे पैसे लिए बिना अब और एक फर्मा छापने से भी इनकार कर

दिया था, छपे फर्मों की छपाई के पैसे तुरंत माँगे थे और न दे सकने पर मुझे इजलास में खड़ा कराने की धमकी दी थी।

गाड़ी हाजीपुर का लंबा पुल मद्धिम रफ्तार से पार कर रही थी। सारी देह पहले ही गर्द-बर्द हो चुकी थी। इस घड़ी दुहरी ध्वनि-प्रतिध्वनियों से कान के पर्दे फट रहे थे।

कान के पर्दे फटा किए; देह गर्द-बर्द हुआ की; और जिंदगी की गाड़ी पंद्रह वर्षों तक पुल पर पुल पार करती रही।

आचार्य शिवपूजन सहाय ने 'हिमालय' से 'साहित्य' तक में उसके संबंध में बहुत-कुछ लिखा। आचार्य नलिनविलोचन शर्मा ने पटना के दो-एक प्रकाशकों से बातचीत भी की, मगर नतीजा कुछ न निकला। मेरी सात्त्विक साधना की होली जल गई। प्रेस ने शेष पांडुलिपियों-समेत सारे छपे फर्मे नष्ट कर दिए।

'दास्तां उनकी अदाओं की है रंगीं, लेकिन—
उसमें कुछ खूनेतमन्ना भी है शामिल अपना!'

(2)

ललौंही स्याही और मटमैली सफेदी में शाम ढल गई और अपने पीछे एक दर्दीला आनंद छोड़ गई। गाड़ी की रफ्तार में उड़ता-उड़ता-सा सप्तमी का चाँद जैसे अधखुली खिड़कियों के सबब आधा-आधा दिखता था। कल्पना का कलरव धँसी पड़ती जनता के भैरव रव में डूब गया। छपरा आ गया था।

अपने ही ठाँव बैठा-बैठा मैं न जाने किस अनजाने देश में भटकता रहता हूँ। चिर-निरानंद मुख पर सुख-दुःख की रेखाएँ खिंचती-पुँछती रहती हैं। मन जैसे मुलायम रेत और खुरदुरे पत्थर के नुकीले टुकड़ों से गुजरा हो; हिम-डूबे शिखरों और धुंध-भरी घाटियों की सैर कर आया हो; डूब-उतराकर किनारे लगा हो!

पेड़ों की सर्द साँय-साँय को गर्म धुएँ की धार से टुकड़े-टुकड़े करती हुई गाड़ी भागती जा रही थी। देखते ही देखते पूरब की क्यारी में बादलों के बहुरंगे फूल खिलने लगे। जमी-सी चेतना पहले पिघली, फिर उबलने लगी। वाल्ट ह्विटमैन की एक लंबी कविता—Song of myself ने रात की चंद्र-तारकित परंपरा को धो डाला। मैंने धूल-पसीना झाड़-पोंछकर मुँह साफ किया, फिर प्रबोध की अँगड़ाई लेता हुआ उठ खड़ा हुआ : वाराणसी!

प्रयाग पहुँचते-पहुँचते लगभग बारह बज गए। बैशाख का महीना, फिर

रविवार। दुपहर का सूरज नील निर्जल ताल में स्वर्ण नीरज-सा खिला हुआ। आकाश-पाताल में भावात्मक एकता-सी स्थापित करती हुई धूल कि जिसमें उक्त रक्त-कमल का राग-पराग मिला हुआ।

"मैं समझता हूँ, कलाकार की मौलिक प्रतिभा से प्रेरित समीक्षा तो रचनात्मक हो सकती है, परंतु परंपरित समीक्षा-पद्धति से प्रेरित प्रतिभा अपनी मौलिकता पर कम ही कायम रह पाती है।"

आचार्य शुक्ल को पाने के लिए कितनों को अपनी-अपनी कृति की प्रकृति के सर्वथा विपरीत प्रकृति-वर्णन में प्रवृत्त होते देखा था; नंगी आत्मनिष्ठता को लोकमंगल के आदर्श पर श्वेतांबरी प्रवचन करते सुना था। बला से ईमान के कान कट गए, उनके नाम तो इतिहास में दर्ज हो गए।

" मैं कहता हूँ आलोचक हँसता रहे और वड्र्सवर्थ लूसी की हिम-समाधि में विलीन हो जाए तो कैसा हो!

" कलाकार के लिए समकालीन समीक्षा सर्वथा श्रेयस्कर ही नहीं होती। उन सौभाग्यशालियों को तो अपवाद समझना चाहिए जो अपनी सुरक्षा के लिए एक नया इतिहास लिख-लिखा ले सकते हैं।

" मैं नहीं जानता, निराला अपने किसी भी आलोचक के एप्रोच के कायल रहे। ऐसा होता तो उन्हें अपनी कला पर आप क्यों लिखना पड़ता? यह भी नहीं कहा जा सकता कि उनका लिखा हुआ किसी आलोचक की दृष्टि में कोई अर्थ रखता था। रखता होता तो उन्हें उनका प्राप्य क्यों नहीं मिलता? क्यों इतिहास दरबारी-सरकारी तुक्कड़-भाटों तक के गुण गाता और अपने युग-प्रतीक काव्य-पुरुष को अनायास छोड़ देता?

" महान् काव्य-स्रष्टा निराला ही क्यों, नए गद्य के असामान्य प्रयोक्ता जैनेंद्र और अज्ञेय को भी तो एकदम कम प्रतीक्षा नहीं करनी पड़ी थी! तो क्या कोरी आवृत्ति न कर, सृष्टि करने के लिए नए दायित्वों से प्रेरित प्रत्येक प्रतिभाशाली कलाकार को पर्याप्त समय तक सामान्यों (mediocres) के दल-बद्ध-दंडकारण्य में निर्वासित रहना पड़ता है?

" अच्छा, कोई निराला या अज्ञेय की तरह इस हद तक मौलिक स्रष्टा होने का जोखिम उठाता ही क्यों है? अजनबी और अटपटा न लगने के लिए वह सपाट क्यों नहीं लिखता? नए तथ्य को नई रागात्मकता देकर परंपरित संवेदनाओं को उलझाने-सुलझाने में वह क्यों अपना जीवन खपा देता है? यह रक्त-गत मौलिकता साहित्यिक पत्रकारिता को विरक्त बनाती है! एक-एक परत में नए-नए अंकुर

सँजोए हुए स्रष्टा मस्तिष्क को विक्षिप्त कहा जाता है!··· ”

लू से लिपटी हवा झंझा के पंजे मरोड़ रही थी। मेरा रिक्शा बेतहाशा दारागंज की ओर भागा जा रहा था। अधूरे, अतृप्त और विशृंखल विचारों का बवंडर-सा उठ रहा था मन में :

“ निराला ने अतीत से विद्रोह किया; अपनी रुचि का नया वर्तमान गढ़ना चाहा; क्षमता की भट्ठी में प्रतिभा को पिघलाया; नित नए साँचों में ढाला; पर नतीजा क्या निकला? रचना के कुछ गुलाब खिले और जिंदगी की डाल काँटों से लद गई। माना, कला छिछली न रही, पर जीवन के प्रवाह में तो भँवर बन गए।

“ निराला ने दर्प से दर्द सहा; शून्य को शक्ति बना डाला। कला उनकी वेदना के निगूढ़ दंशन से निश्शब्द अर्थवती हो गई है। निश्शब्द अर्थवत्ता ही निराला की कला है।

“ लिखने वाले ऐसा भी लिखते हैं कि बुनियादी तालीम भारी पड़े और कुछ ऐसे भी लिखने वाले होते हैं जिन्हें पढ़ते वक्त वर्षों का अध्ययन-मनन अत्यंत अपर्याप्त प्रतीत होता है। 'वेस्टलैंड' कैसा है? फिर संस्कार की समस्या सामने आती है। अध्येता के बौद्धिक परिवेश का सर्वे कर लेने पर गलत एप्रोच की बात पहेली नहीं रह जाती। मछुए और कलाकार एक ही दृष्टि से समुद्र को नहीं देखते।

“ चाँद में धब्बा है, मगर हर धब्बेदार को तो चाँद नहीं कहते। ”

लू के झोंकों से आँखें चुँधिया गई थीं। बदन पर धूल की परतें बिछी हुई थीं। देखी तो झाड़ दी। आँखों में जरूर रह गई होगी, कितनों ने झोंकी है, यों धो-पोंछकर मैंने वह सारी धूल मिट्टी कर दी है।

रिक्शे से परिवेश की निस्तब्धता पढ़ता हुआ वह अनचीन्हा फासला तय किया जो इस गली के ताजा अँधेरे और जर्जर प्रकाश ने सिरजा था।

निराला समाधि में थे;—योग ने समाधि को बुद्धि का एक स्वाभाविक धर्म माना है। बुद्धि किस भूमिका में थी—क्षिप्त, मूढ़, विक्षिप्त, एकाग्र या निरुद्ध—कौन कहे?

अधखिली मुसकान रेखाओं में उलझी थी, संभव है, वह आनंदानुगत समाधि में कह रहे हों—

'अट नहीं रही है!
आभा फागुन की तन
सट नहीं रही है!!'

मगर मेरा मिथ्याज्ञान आत्मा में शरीर, इंद्रिय आदि का अध्यास कर रहा था :

'मैं न रहूँगा जब, सूना होगा जग,
जानोगे तब, यह मंगल कलरव सब—
था मेरे ही स्वर से सुंदर, जगमग,
चला गया सब साथ!
याद रखना इतनी-सी बात!!'

गिरि-निर्झर की खोज में लू और बवंडर को पार कर पहुँची हुई पलकों को कहीं ठंडक नहीं मिली। यहाँ तो जैसे समस्त एषणाओं की चिता चुन दी गई थी। अब धधकते हुए अंगारों पर झीना-सा धुआँ फैला हुआ था जिसके गिर्द एक परिणत शिशु के खिलौने टूट-फूटकर बिखर गए थे।

निराला सिद्धि के विषम पथ के काँटों से बिंधे हुए बदन को कषायित साधना से ढके हुए सिद्ध पुरुष-से प्रतीत हो रहे थे।

वह एक ऐसे अटूट विश्वास के समान जान पड़ते थे जो किसी अपरिचित वाणी के माध्यम से ठीक-ठीक प्रकाश में न आ सका हो।

कालिदास कहते :

'यूथानि संचार्य रवि-प्रतप्तः
शीतं गुहास्थानमिव द्विपेंद्रः।'

कि अपने झुंड के साथियों को आगे बढ़ाकर चिलचिलाती धूप के सबब कोई गजराज ठंडी गुफा में सुस्ता रहा है!

किंतु मुझे निराला एक ऐसे आश्रम-मृग के रूप में दिखलाई दे रहे थे जो अपने यूथ से बिछुड़कर किसी सरकारी चिड़ियाखाने के भोले-भाले भेड़ियों से घिर गया हो!

कौन जाने, निराला मेरा अनुमान जानकर यह कहते : जाहिद के खयाल में मैं मस्त हूँ, और काफिर के खयाल में खुदापरस्त। इस तरह बैठे-बिठाए कुछ समझदार आदमियों की गलतफहमियों का शिकार हो गया हूँ। काश, किसी ने मुझे सही समझा होता।

मगर ऐसा हो सकता तो वह नुमाइश के बाजार में सजते क्यों नहीं? उनके साथ वह सलूक क्यों होता, जो आए दिन होता रहा? क्या कभी उनके दिल में नुमायाँ होकर निकलने का चाव न रहा होगा? नहीं तो वह दहकती हुई आग में क्योंकर कूदे?

निराला ने करवट बदली। दरअसल वह कभी भी एक करवट नहीं सोए। दुर्घट घाटियों में भटकती हुई रूह को कभी गुलगुला गलीचा मिला ही नहीं। 'परस्परं भावयन्तः' का व्यावहारिक दर्शन भूल जाने के कारण हेलमेल वाली मुक्ति उन्हें न

मिली। न कभी विश्वविद्यालयों में घूमे, न घटक निहोरे, न अकादमी का मुँह जोहा। जो किसी की नहीं सुनता, कोई उसकी क्यों सुने? यहाँ कोई फिफ्टी-फिफ्टी पर लूट-खसोट का सौदा करे तो मालामाल हो।

देखा, जिस चेहरे पर कभी सुर्खी बिछलती थी, वह वनफूल-सा डंठल पर ही मुरझ गया था। रंग उड़ गए थे, एक धुँधला-सा खाका बच रहा था। मगर जिसके सारे मनसूबे मिट्टी में मिल गए, उसके मुख की एक-एक रेखा में ऐसी सजीव शांति कैसे विराज रही थी?

दाह नहीं, मोह नहीं, श्रम नहीं, क्लम नहीं, ग्लानि नहीं—

अरे, यह तो रण-यज्ञ-विरत गांगेय की उदात्त शांति है! जैसे प्राण पावक-शिखा के समान मूलाधार से स्वाधिष्ठान, मणिपुर से अनाहत, विशुद्ध से आज्ञा और फिर उससे भी सहस्रार की ओर क्रमशः उठते जा रहे हों!

जैसे एकायन में लीन, स्थूल से सूक्ष्म और सूक्ष्म से सूक्ष्मतर भावों को प्राप्त करने के क्रम में पिछले सोपानों को चुपचाप छोड़ते आ रहे हों!

यह शांति किसी ऐसे की नहीं है जिसे योग के सिद्ध न होने पर कर्म और ब्रह्म—दोनों से च्युत होने का भय हो, न किसी ऐसे की है जिसे इसका शीतल अनुताप हो कि कैसी कृच्छ साधना की कैसी छूँछी सिद्धि!

ऐसा प्रतीत होता था कि यह अमर गंधर्व इस समय सुरों की समर-भूमि में अलक्ष्य को लक्ष्य कर अपने अंतर्दीप्त प्राणों के बाण छोड़ रहा है :

'पत्रोत्कंठित जीवन का विष बुझा हुआ है,
आशा का प्रदीप जलता है हृदय-कुंज में,
अंधकार-पथ एक रश्मि से सुझा हुआ है,
दिङ् निर्णय-ध्रुव से जैसे नक्षत्र-पुंज में!
लीला का संवरण-समय फूलों का जैसा—
फलों फले या झरे अफल पातों के ऊपर!
सिद्ध योगियों-जैसे या साधारण मानव
ताक रहा है भीष्म शरों की कठिन सेज पर!
स्निग्ध हो चुका है निदाघ, वर्षा भी कर्षित,
कल शारद कल्य की, हैम लोमों आच्छादित,
शिशिर भेद्य बौरा वसंत आमों आमोदित,
बीत चुका है दिक्चुंबित चतुरंग काव्य, गति-
यति वाला, ध्वनि, अलंकार, रस, राग बंध के

वाद्य छंद के। रणित गणित छुट चुके हाथ से-
क्रीड़ाएँ व्रीड़ा में परिणत। मल्ल मल्ल की
मारें मूर्च्छित हुईं। निशाने चूक गए हैं।
झूल चुकी है खाल, ढाल की तरह तनी थी।
पुनः सवेरा, एक और फेरा है जी का।।''[1]

पाप-पुण्य से परे, विमन-वितृष्ण यह अलिप्त-अपरिग्रही आत्मा।—जरूर इस अश्वत्थ की जड़ आसमान के ऊपर और शाखें जमीन के अंदर हैं। आनंद का कोई एक अदृश्य उद्गम भी अवश्य है, रक्त, स्वेद, अश्रु-जैसा चिर-परिचित भर नहीं; शांति का कोई एक अलक्ष्य स्रोत भी अवश्य है, अपनी जीत और पराई हार-जैसा तीव्र और तात्कालिक मात्र नहीं।

मैं विषण्ण-प्रसन्न, विस्मित-सस्मित मुद्राओं में पल-भर उन्हें निहारता रहा। देवासुर-संग्राम में ऊँचे उत्साह और अचिंत्य शक्ति से सीना ताने खड़े योद्धा का यह विरल विश्राम कैसा शांत-पावन था।

यों निराला बिकाऊ बैल की तरह खरीदार की खोज में कभी सरेबाजार खड़े न रहे। भटकी भेड़ों को झटपट अपने रेवड़ में मिला लेने वाले किसी गड़रिए ने कभी उनकी तरफ ताकने की भी हिमाकत नहीं की। किसी राममूर्ति ने भी उन्हें झटके से टूट जाने वाला धागा न समझा। जरखेज जमीन में ठोसपन के बीज डालने वाले किसी बागी बागवान ने भी उन्हें छुईमुई का पौधा न माना। बेठिकानों को ठिकाने लगाने वाला कोई कुशल व्यवसायी भी उन्हें अपने सरकारी सहायताप्राप्त अनाथ-साहित्याश्रम के लिए फुसलाकर न फाँस सका। किसी वक्त वह किस्मत-आजमाई करने तनहा निकले थे, आज भी अकेले ही 'सोनार तरी' की प्रतीक्षा में औघट घाट पर बैठे हैं। जिंदगी की तमाम खुशियाँ लुट जाने दीं, पर अपने निराला नाम को बट्टा न लगाया।

निराला आकाश-खंड-सी विशाल आँखें मलते हुए उठ बैठे। हिंदी से कतरा रहे थे। कभी संस्कृत, कभी अंग्रेजी और कभी उर्दू में बोल रहे थे। अतिरिक्त प्रसन्नता छलकी पड़ती थी। मैं निर्वाक् था—क्या यही निराला अस्वस्थ और असंतुलित हैं?

काफी देर तक तरह-तरह की बातें करने के बाद ठीक उसी टोन में, जिसमें वर्षों पहले बनारस या लखनऊ में बोलते थे, बोले—"चलो, तुम्हें घुमा लाएँ!"

अरे, पत्रों में पढ़ा था, निराला चल-फिर नहीं सकते, फिर यह क्या?—मैं

---

1. महाकवि निराला की अंतिम कविता।

उधेड़बुन में था, निराला छड़ी लेकर आगे-आगे चलने लगे। चक्करदार गोलियों का व्यूह पार कर अपने चिरंजीव श्री रामकृष्ण त्रिपाठी के यहाँ पहुँचे। बाजा निकलवाया। दरबारी कान्हड़ा, केदारा, इमन कल्याण, तिलक कामोद, दुर्गा, शंकरा आदि में अपने कितने ही नए-पुराने गीत गाए, फिर रवींद्रनाथ के गीतों से पूर्णाहुति की। लौटे तो रैक से किताबें निकालकर कभी मिल्टन और कभी कालिदास की कविताएँ सुनाते रहे। मैं जैसे भावातिरेक में गल रहा था : कविता, कविता और फिर कविता! कविता के प्रति यह अनन्य निष्ठा, यह संपूर्ण समर्पण, यह आत्मविलयन! क्या यही "लैहों मैं करवट-कासी" है?

जिसने व्यक्ति को जलाकर व्यक्तित्व निखारा; कवि को मारकर कवित्व का स्तर ऊँचा किया, उसे उसके किए का भरपूर फल मिल गया। फलसफा बदल गया है, अब कवित्व पीछे रहता है, कवि आगे; व्यक्तित्व जहन्नुम के पुरपेच अँधेरों में भटकता है, व्यक्ति बहिश्त के मजे लूटता है।

मैं जाने को हुआ तो निराला ने रोक लिया : सेतु टूट रहा है, कौन जाने, प्रवाह किस भटके क्षण में से चुपचाप बह निकले।···

···जो फूल तोड़े नहीं जाते, वे भी टूट जाते हैं।···

···बहुत के चक्कर में न रहो, जो हो, ठीक हो!···

···आग जब जल मरती है, किसी से कफन नहीं माँगती, उसकी अपनी ही राख कफन बन जाती है!···

निशा-विहंगिनी के डैनों की फड़फड़ाहट सन्नाटे को चीरती रही; नक्षत्रों का करुण आलोक अंधकार की अधमुँदी पलकें टटोलता रहा। फिर अर्थ-हीन पार्थिव कोलाहल से अंतरिक्ष का पूर्वी द्वार खुल गया। किरणवीणा से टोड़ी की धुन छन-छनकर आने लगी।

ओस-कणों से भीगी कहीं दूर खिले फूलों की गंध लिए हवा उड़ती-उड़ती आ गई।

निराला जग गए थे : रात जल्दी ढल गई! मुझे तैयार देखकर बोले : अच्छा, देखो, अब कब···

आज पहली बार चरण छू सका। अंतिम बार प्रत्युत्तर में वही सहज स्वर सुना :

"नमोनमः!"

कुछ दिनों बाद व्यथित पृथ्वी और मथित आकाश ने वही स्वर भारी गले से बार-बार दुहराया।

फटा गगन-पट कौन सिएगा?

हिंदी के देवतात्मा संरक्षक, समीक्षक, निबंधकार और उपन्यासकार आचार्य हजारीप्रसाद द्विवेदी का पार्थिव शरीर अब हमारे बीच न रहा, उनका कालजयी कृतित्व अवश्य उनके अक्षय यशःशरीर के रूप में सदा-सर्वदा हमारे साथ रहेगा—हमारी दिग्भ्रांत दृष्टि को ध्रुवतारा दिखाता हुआ; दाएँ-बाएँ, फिर-फिर घिर-घिर आते अवसाद-विषाद की सघन घनघटा को अपने अटूट अट्टहास से चींथकर उड़ाता हुआ।

उनकी उन्निद्र प्रज्ञा हमारी अनधिकृत अहंमन्यता की निविड़ निशा में अलौकिक आलोक फैलाती रहेगी; अंतस्तल के सुदूर निभृत प्रांतर में किसी भी निगूढ़ वेदना को आनंद-मंदाकिनी में किलोलने की प्रभावपूर्ण प्रेरणा प्रदान करती रहेगी; और सबसे बड़ी बात यह कि उनकी निर्विकल्प दृष्टि अपनी संपूर्ण निपुणता के साथ गाढ़े में काम आएगी।

यह हमारा व्यामोह नहीं तो और क्या है कि हम हवा के हाथ के खिलौने बादल को आकाश में रसा-बसा देखते हैं; पार्थिव क्षणभंगुरता को आत्मिक अमरता पर तरजीह देने के आदी हैं!

दरअसल बुद्धि भी माया है—आत्मा का अद्भुत शृंगार;—किंतु हृदय का देवता कैसे भी शृंगार का कायल नहीं है। आभरण उसका बहुमूल्य आवरण ही है, उसे सहज उन्मुक्ति चाहिए।

एक सफल स्रष्टा के रूप में वह चर्चित होते रहेंगे; उनका मूल्यांकन और पुनर्मूल्यांकन होता रहेगा। किंतु उनका वह आकर्षक और अनुरंजक व्यक्तित्व, वे तो आजीवन न भूल सकेंगे जिन्हें उनका क्षणिक सान्निध्य भी उपलब्ध हुआ होगा।

भाग्यहीनता में मेरी अनन्वयता विश्वविदित है, परंतु इस संदर्भ में मैं अपने को परम सौभाग्यशाली समझता हूँ; क्योंकि 'वसंत विभ्राट' से 'सिख गुरुओं का पुण्य स्मरण' तक के पिछले चार दशकों से मैं उनकी चरण-नख-ज्योति में अपनी घनीभूत अज्ञता संज्ञापित करता रहा हूँ। कोई कहे तो सही, ऐसे में मैं उनके शिशिर-सिक्त कुसुमित संस्मरण किन किरण-क्यारियों में झटक आऊँ?

यहाँ जगद्धर का एक पद्य याद आता है जिसमें उसने भक्ति के आवेश में

अपनी अकिंचनता भूलकर त्रिलोकी के सम्राट् भगवान् शंकर से स्पर्द्धा की है। विरोधाभास की भाषा में कहा है :

त्वां नीतिमान् भजति यः स भवत्यनीतिर्मुक्तः स यो हि भवता हृदयान्न मुक्तः
यस्ते रतोऽपचितयेऽपचितिं स नैति, तत्त्वां श्रितोऽस्मि भवमस्म्यभवो न कस्मात्?

—स्तुतिकुसुमांजलि

कि जो कोई 'नीतिमान्' पुरुष आपकी भक्ति करता है, (यह कैसा अंतर्विरोध है कि) वह, 'अनीति' (बदनीयत) हो जाता है;

(अन् + ईति = अनीति; ईति-भीति-रहित हो जाता है, यह विरोध का परिहार है।)

कि आप जिसे हृदय से 'मुक्त' नहीं करते, वह अवश्य 'मुक्त' हो जाता है;

(आप जिसे अपने हृदय से बाँधे रहते हैं, वह जरूर सारे बंधनों से छूट निकलता है। सुस्पष्ट शब्दों में आपकी भक्ति मुक्तिदायिनी है—इस अभिप्राय से विरोध का निरोध होता है।)

कि जो आपकी पूजा-अर्चना में रमा रहता है, उसे कभी पूजा नहीं मिलती; कहीं उसका सम्मान नहीं होता!

('अपचिति' शब्द द्वयर्थक है। अपचिति = पूजा, सम्मान; अपचिति = हीनता, विनाश। आपको पूजने वालों को कभी नीचा नहीं देखना पड़ता; उनका पतन नहीं होता। 'न हि कल्याणकृत कश्चिद् दुर्गतिं तात गच्छतिं—गीता का भी आश्वासन है। इस प्रकार कसकने-कचोटने वाले विरोध का परिहार होता है।)

ऐसे में, हे भगवन्, अब तक जब सब उलटा ही होता आया है, तब फिर यही एक क्यों सीधा हो गया? मैं 'भव' (जगत्कारणों के कारण) की शरण में आया तो 'अभव' (जन्म-मरण-रूप भव-चक्र से मुक्त) क्यों न हुआ? आपके दरबार के अंधेरखाते में जो शुरू से चलता आया था, उसे इस दफा भी क्यों न पूरा-पूरा उतरने दिया? (सीधे-सपाट शब्दों में—मुझे क्यों न उबारा?)

रूढ़ि मन को बूढ़ा बनाती है। तने तन को अधबीच से मोड़कर तोड़ देती है। जो तन ढलान में भी चीड़ की तरह तना हो और नित नए के संधान में अतीत से अनागत तक की निरंतर पद-यात्रा पर हो, वह और चाहे जैसा हो, किंतु रूढ़ियों की जकड़ में कदापि नहीं है। ऐसे ही, जो मन अंत तक 'येते नाहि दिबो' का मासूम बचपना सँजोए हुए हो, वह द्वंद्वों से गुँथा-गुँथा दिखने पर भी निर्द्वंद्व अवश्य है। धूप और हवा से पाई हुई ताजगी टॉनिक और स्टीमुलेंट से उपजी उद्दीप्ति से भिन्न होती है। तो, सहजता को उनके विकसित व्यक्तित्व का अभिन्न अंग माना जाना चाहिए।

दिग्गज विद्वान् होने पर भी वह भरसक मद-जल नहीं छलकने देते थे, यों उनकी हर छिछली-सी लगने वाली बात गहराइयों में डूबी होती थी। उनका प्रत्येक विनोद अच्छोद सर के अंतर से उठा फेनिल आवर्त होता था। उनकी बाल-सुलभ निश्छलता पेचीदे और चक्कर खाते दिमागों की विभूति मलकर निर्मल बना देती थी। संघर्ष उन्होंने किसी से कम नहीं किया, किंतु उनकी-सी सफलता ने उनके कटु-कषाय को मृद-मधुर बना दिया था। उनके प्रचंड अट्टहास में फिर-फिर पुँछती आँखों में उबाल लेते आँसू कुछ ऐसी स्निग्धता घोल देते थे कि खनक खोखली न होकर नानार्थक हो जाती थी। आखिर किसी जिंदगी में तेजी और ताजगी आती कहाँ से है? बाह्य और आभ्यंतर के संघर्ष से जो गतिशीलता उत्पन्न होती हैं, उसे अर्जित अभ्यास रूपांतरित-भर कर देता है। सितार के तार से मधुर झंकार उत्पन्न होती है, मिजराव की ठोकर उस मिठास का पर्दाफाश नहीं करती, यही उँगलियों की साधना है। शेली ने ठीक समझा था :

Our sincerest laughter with some pain is fraught.

इस साधना को सतत बनाए रखना होता है, तभी यह जीवंत, ज्वलंत और जाग्रत रहती है। सहजता इसी साधना की सिद्धि है। सुर में अपने आपको एकाग्र कर लेने पर उँगलियाँ बहक ही नहीं सकतीं। वे अनायास सही पटरियाँ टटोल लेती हैं, फिर चाहे उन्हें कैसे भी व्यतिक्रम का सामना क्यों न करना पड़े।

परम प्रशांति के अंतस्तल में निर्धूम धधकती अग्नि का अधिवास है। अपनी ही गहराइयों में ऊब-चूभ होते रहने वाले को वह ठिठुरने नहीं देती। वह न होती तो गति के हाथ-पाँव जकड़ जाते। गति से गत्यंतर के लिए वेग इसी ऊष्मा से आता है।

घूमने-फिरने या हँसी-ठहाके को केंद्रित चेतना का उल्लंघन नहीं समझना चाहिए। शुक्ल जी के-जैसे संयम की बाह्य अनिवार्यता का आग्रह द्विवेदी जी में न था; किंतु इससे उनकी केंद्रित चेतना की प्रगाढ़ता—उत्कट रचनाधर्मिता पर कोई आँच नहीं आती थी। प्रत्येक प्रकार के कर्म करते हुए, प्रतिक्षण, प्रत्येक अवस्था में वह उस सुंदर और आनंदमंगलमय अचल स्थिति से जुड़े होते थे जिसकी आत्यंतिक उपलब्धि के लिए चेतना के बाहर बिखरे अनमिल तारों को हलके-हलके लय से मिला देने पर स्वर-शक्ति की प्रखरता उजागर होती है।

उनकी उदात्त हँसी शिराओं में स्वरित होती थी; मांसपेशियों को हिलकोर देती थी, वह गोल्डस्मिथ के मास्टर के खोखले माथे की बोली-ठोली न थी। 'डॉन जुआन' में बायरन की कल्पना उसे सही शब्दों में प्रेषित करती है :

And if I laugh at any mortal thing
'Tis that I may not weep.

उनके मिलने-जुलने, बोलने-बतराने की एक अपनी ही भावतरंगित भंगिमा थी, जो संपर्क में आए हुओं पर संलक्ष्य-असंलक्ष्य रूप में अपना संक्रामक प्रभाव विस्कीर्ण करती थी। जैसे कबीर की मौज, मस्ती और फक्कड़पन की जीती-जागती तसवीर ही आँखों के आगे खड़ी हो जाती थी।

विद्या जिनके लिए निरे विवाद की वस्तु है, अगर उनकी कमर कमानी की तरह झुकी रहे तो ताज्जुब ही क्या? कितना भारी बोझ ढोना पड़ता है उन्हें। हाँ, विद्या जिनकी रक्त-मज्जा में रच-पच जाती है, उनका सीना तो उस अतिरिक्त शक्ति से जैसे तना ही रहता है। द्विवेदी जी का था। वह इसी शक्ति के कारण शाक्त थे। वैष्णव थे, आकृति से सौम्य और प्रियदर्शन तथा प्रकृति से विवेकी और रचनात्मक होने के कारण। यों वह कबीर की ही तरह सारे संप्रदायों के ऊपर—मानवीय संवेदनाओं के मूर्त प्रतीक थे; किंतु मैं अपनी भावात्मक दृष्टि से ही उनकी आत्मा और अंतःकरण में आगम-निगम का संगम—शाक्त और वैष्णव तत्त्वों का रचाव देखता हूँ। सत्य एकत्व में है, विभाजन में नहीं, यह तो कबीर अपने व्यक्तित्व और कर्तृत्व की समस्थरता से पहले ही उद्घोषित कर चुके थे।

सन् '62 के वैशाली-महोत्सव के ठीक तीसरे दिन प्रातःकाल मैं अपनी गोशाला में गौओं को घोल पिला रहा था। तब मैं अनन्यदृष्टि होता हूँ, कोहुनी तक बाल्टी में डुबोकर चुन्नी-पछोरन का घोल तैयार कर एक-एक के आगे रखता जाता हूँ। कब द्विवेदी जी आए और नौगोल पर खड़े-खड़े यह तमाशा देखने लगे, इसकी हलकी-सी भी आहट न हुई। मुड़कर देखा तो वाग्विभव के बृहस्पति का मौन आँधी के पहले का सन्नाटा साबित हुआ। जैसा आकार, वैसी प्रज्ञा, जैसा मौन, वैसा अट्टहास।

पिताश्री अचकचाकर बाहर निकल आए, फिर संगिनी छाया, फिर और-और। इस बीच मैं हाथ धोकर उनके चरण छू चुका था। पिताश्री नाम और यश से पूर्ण परिचित थे, साक्षात्कार होते ही गद्‌गद हो उठे। तब वह चौरानबे वर्ष के हो चुके थे। अनेक विद्याओं के पारदृश्वा होने के बाद भी त्रिकाल-संध्याओं के निर्वाध उपासक रहे। तब भी न कहीं से झुके थे, न विनोदप्रियता में कमी आई थी। द्विवेदी जी स्वेच्छया निराला-निकेतन की परिक्रमा-सी करते रहे और एक-एक पेड़-पौधे के नाम-गोत्र पर बहुत कुछ बताते रहे। चंपे के झाड़ के नीचे लेटी एक कुतिया (कुंती)

बिल्ली के बच्चों को दूध पिला रही थी, चाट-चाटकर लाड़ कर रही थी। सूखी पत्तियाँ पटपटाईं और नेवले का एक जोड़ा उनके पाँव छूकर निकल गया। द्विवेदी जी रुक-रुककर नगर के बीच का यह अरण्य कांड कौतुक से देखते रहे। बिहारी का दोहा पढ़ने पर मैंने सविनय निवेदन किया कि यहाँ यह सहज है, 'दीरघदाघ निदाघ' के प्रताप से नहीं। स्वनामधन्य महादेवी जी की चर्चा करने पर मैंने व्यतिरेक बताया कि यहाँ एक-दो का चुनाव नहीं, सब यूथों में हैं, खानदान का खानदान एक साथ है। बहरहाल घूम-फिरकर हम कमरे में बैठे।

" आर्त का औषध है आपका आगमन। यों तो आपका जीवन ही परार्थ है। मुझ-जैसे कितने ही वन्यजन अनुदिन धन्य होते होंगे, किंतु इस अप्रत्याशित को आजीवन न भूल सकूँगा। जैसे अहिंसक हुए बिना कोई अत्रस्त नहीं हो सकता; निष्काम हुए बिना अनार्त्त नहीं हो सकता और श्लाघाहीन हुए बिना परच्छंदानुवर्ती, उदार नहीं हो सकता, ऐसे ही करुणालय हुए बिना कोई मुझ-जैसे अकिंचन के शून्य सदन को अपने पीयूषवर्षी स्निग्ध-गंभीर घोष से निनादित भी नहीं कर सकता।

" आप कल ज्योंही मुजफ्फरपुर पधारे और देवेंद्रनाथ शर्मा के यहाँ ठहरे, मुझे प्रिंसिपल महेंद्र प्रताप ने खबर कर दी थी। मैं दर्शनार्थ उपस्थित हुआ तो आप जैसे उमड़कर, भुज-भर भेंटे, महेंद्र प्रताप ने उस पर टिप्पणी की कि कभी ऐसे ही राम भरत से मिले होंगे। वस्तुतः यहाँ-वहाँ से ताकते-झाँकते केरियरिस्टों की आँखों में राई-नोन वाला दृश्य था ही वह। महेंद्र प्रताप अंग्रेजी के बड़े विद्वान् और उच्च कोटि के साधक हैं। आपकी तरह वह भी मुझ पर अहैतुकी कृपा रखते हैं। तभी कभी-कभी अपने आर्द्र उद्‌गार से अंधकार के सागर के किनारे अनबिंधे मोती बिखेरते हैं। उन्होंने आपसे आगम पर कुछ प्रश्न किए और आप अंग्रेजी में धाराप्रवाह बोलने लगे तो मैं स्तब्ध रह गया। जब-तब अज्ञेय, माचवे और डॉ० देवराज की अंग्रेजी सुनी थी, मैं दावे के साथ कह सकता हूँ, प्रवाह आपका किसी से कम न था, फिर विषय कैसा गहन! कभी 'शक्ति एंड शाक्ताज' तथा 'सर्पेट पावर' पढ़ते समय मुझे इस बीहड़ से गुजरना पड़ा था, तभी आपकी भाषा हलक के नीचे उतरती चली गई थी। "

कादंबरी के वैशंपायन की भाँति मैं द्विवेदी-जैसे प्रथित-प्रबोध को बैखरी की प्रखरता से यों संबोधित कर रहा था कि जैसे (भूः, भुवः, स्वः, महः जनः, तपः, सत्यम्) सात ऊपर के लोकों को और (अतलं, वितलं, सुतलं, तलातलं, रसातलं, महातलं, पातालम्—) सात नीचे के लोकों को अपने सपने सुना रहा होऊँ और द्विवेदी जी थे कि कमरे के बीचोबीच सजे-सजाए गुरुदेव निराला के विशाल चित्र-फलक पर टकटकी बाँधे हुए थे। सदा की भाँति गोसेवा के पूर्व अभी-अभी मैंने उनकी पूजा की

थी, माला पहनाकर चंदन की अगरबत्तियाँ जलाई थीं कि जिनकी सुगंध से अब भी प्रकोष्ठ महमह कर रहा था।

पिताश्री ने एक झटका दिया : क्या देख रहे हैं?—वह केवल कवि न थे, परमहंस भी थे! मैं उनके साथ दारागंज में रह चुका हूँ। त्रिवेणी में स्नान कराने ले गए तो रास्ते-भर मुझसे संस्कृत में ही बोले, कालिदास के त्रिवेणी-संगम वाले श्लोक (क्वचित्प्रभालेपिभिरिन्द्रनीलैः)···सुनाते रहे। मेरे लिए नए घड़े में गंगाजल भरकर ले आए। अपने हाथों चौका धोकर, बर्तन माँजकर, 'और चावल परोसिए, दाल में यह पूरा घी छोड़ दीजिए' कहते रहे। मैंने लाख मना किया, नहीं माने। वैसा इस युग में और कौन होगा? जब उनका स्वर्गवास हुआ, जानकीवल्लभ ने अपने इस उपवन-भवन का नाम निराला-निकेतन रख दिया और तभी से यहाँ उनकी नियमित पूजा होने लगी। क्यों न हो, वह क्या किसी भी देवता से घटकर थे? आप तो स्वयं विद्वान् हैं, शिवस्वामी का सूर्यास्त-वर्णन अवश्य पढ़ा होगा :

'प्रणतिपरायणा परिकलय्य दिनापचये
परिणतिमीयिवांसमभिसन्ध्यमशीतकरम्
करपुटकुड्मलानि नियमेन दधे जनता
न हि महतांक्षयेऽपि गुण गौरवमेति हतिम्'

सायं संध्योपासना में कमल की पंखड़ियों-सी जुड़ी हुई प्रणतजनों की हथेलियाँ जगत् को जैसे यही जताती हैं कि सूर्य-जैसे महान् तेजस्वी का अस्त होने पर भी उसके गुण-गौरव में अंतर नहीं आता। वस्तुतः भारतीय संस्कृति केवल उगते सूरज को ही नहीं नमस्कार करती।

निराला का प्रसंग छिड़ने पर मेरे सपने डैने फैलाकर सूनेपन में ऊँची उड़ानें भरने लगते हैं। मैंने द्विवेदी जी को अपने बाल-हठ की याद दिलाई कि कैसे सन् '46-47 में उनकी आँखों की खराबी के लाखों बहानों की एक न चलने दी थी और मुजफ्फरपुर से बोलपुर तक हरित-पीत पत्रों का पुल बना दिया था। उन दिनों मैंने हजार पृष्ठों का एक विशाल ग्रंथ निराला पर निकालने का संकल्प लिया था जिस निबंध-प्रबंध-मालिका की सुमिरनी के रूप में मुझे द्विवेदी जी का ही लेख चाहिए था। आचार्य नंददुलारे वाजपेयी, डॉ० रामविलास शर्मा, डॉ० प्रभाकर माचवे आदि सभी समालोचक-शिरोमणियों का प्रसाद प्राप्त हो गया था। एक द्विवेदी जी ही थे जो टस से मस न हुए थे। अधखुले दृगों में ध्यानस्थ होने पर तब मुझे स्मितवर्षी, दुराधर्षी ब्रह्मास्त्र की याद आई थी और अपने कवच-कुंडल उतारकर मैं झटपट धर्मक्षेत्र

में युद्ध करने उतर आया था। यों मैंने पंडित बनारसीदास चतुर्वेदी की अखंडमंडलाकार वीभत्स विभीषिका पर इनकी उद्दाम जिजीविषा को टूट पड़ने के लिए ललकारा ही था। वस्तुतः इस ओर मेरा यह पहला व्यर्थ प्रयास न था। जिन दिनों 'कस्मै देवाय' का आंदोलन 'विशाल भारत' में छिड़ा था, मैंने द्विवेदी जी से निवेदन किया था कि जो चतुर्वेदी जी स्वयं निराला का लिखा वर्तमान धर्म पर प्रत्युत्तर 'विशाल भारत' में न छाप सके वह मेरा प्रतिवेदन क्यों छापेंगे; किंतु आप पर उनकी अगाध श्रद्धा है, आप ही उन्हें समझाइए कि 'कस्मै देवाय' का अर्थ 'किस देवता के लिए?' नहीं होता। वस्तुतः यह प्रश्न नहीं, उत्तर है। इसका अर्थ 'किस देवता के लिए नहीं', 'उस देवता के लिए' है।

'Smoke and shadow of a darkling world,
These and the rest and all the rest we knew.'

–Ezra Pound

परंतु द्विवेदी जी मौन रह गए। शायद वह जानते थे–'तस्मै' का 'कस्मै' हो गया है। 'किसके लिए लिखें' का प्रोपेगैंडा सही हो सकता है परंतु शीर्षक गलत है।

'गीतिका' के गीतों को ठूँठ बताकर उन्हीं दिनों एक समीक्षात्मक लेख में द्विवेदी जी ने प्रो० मनोरंजन और सोहनलाल द्विवेदी की प्रशंसा के पुल बाँधे थे। मैं अवाक्! सौंदर्य का सृजन और नाश तो सृष्टि के श्वास-उच्छ्वास के समान है; रेणु-कण गगन की निर्मल नीलिमा पर छाते और छँट जाते हैं। नरक की छाया स्वर्ग की छवि निखारती है; सागर की वाडवाग्नि की आँच हिमशिखर के 'साँच' को नहीं लगती। निराला की गीतिका तो हिंदी-गीतों का सामवेद है। गीतिका का पहला ही गीत–'वरदे वीणावादिनि वर दे'–आज किसी भी सांस्कृतिक मंच पर कश्मीर से कन्या कुमारी तक राष्ट्रीय गीत के समान गाया जाता है। ऐसे अनेक मंत्रगीत भरे पड़े हैं 'गीतिका' में। यों उपवन के सभी सुमन एक वर्ण-गंध के नहीं होते। ठूँठ कहा होगा तलवों में से तेल निकालने की गरज से। औंधी खोपड़ी है मेरी, कुछ का कुछ समझकर रह गया। मगर जब उसी लेख में 'प्रसाद' जी पर तीर चलाया, वह भी गहरा, तब मैं दंगल में उतरने पर मजबूर हो गया। गीतिका के गीतों में प्रसाद को निराला के 'नृम्ण' के दर्शन हुए थे। द्विवेदी जी को आपत्ति थी कि यह 'नृम्ण' क्या है? कुछ हो भी तो प्रसाद को इसका पता नहीं। वह बेमतलब कौवागुहार में फँस गए हैं।

चतुर्वेदी जी द्विवेदी जी को जिस सीमा तक बहुज्ञ और व्यापक और प्रामाणिक मानते थे, मैं उससे कहीं अधिक, संभवतः असीमता की सीमा तक, प्रसाद और निराला को मानता रहा। इस बार तिनककर लिखा :

ऋग्वेद से श्रीमद्भागवत तक 'नृम्ण' शब्द बहुधा प्रयोग में है, अज्ञातकुलशील कदापि नहीं है वह।

'यो जात एव प्रथमो मनस्वान्
देवो देवान् क्रतुना पर्यभूषत्
यस्य शुष्माद्रोदसी अभ्यसेतां
नृम्णस्य मह्ना स जनास इन्द्रः।'

—ऋग्वेद

इस ऋचा में 'नृम्ण' का अर्थ Valour (शौर्य, निर्भयता, साहस) है। प्रसाद ने इसी अभिप्राय से 'नृम्ण' लिखा था कि उनके घनीभूत अनुभव को प्रभावपूर्ण अभिव्यक्ति मिले : 'निराला जी ने नृम्ण और ओज, सौंदर्य-भावना और कोमल कल्पना का जो माधुर्यमय संकलन किया है, वह उनकी कविता में शक्ति-साधना का ऊर्जस्जल परिचायक है।'

('नृम्ण' भाववाचक संज्ञा ही नहीं, विशेषण भी है :

'तरुणं रमणीयांगमरुणोष्ठेक्षणाधरम्
प्रणताश्रयणं नृम्णं शरण्यं करुणार्णवम्।'

—श्रीमद्भागवत

ज्ञान और विद्या के रत्नाकर को प्रसाद द्वारा संकेतित कोई भी तत्त्व 'गीतिका' में नहीं मिला था। ले-देकर प्रसाद पर झपटने में ही उनकी विनम्र बौद्धिकता बिखर गई थी।)

सो आपका आक्षेप मुझे संशय में डाल रहा है :

'शब्दार्थसम्बन्धनिमित्ततत्त्वं
वाच्याविशेषेऽपि च साध्वसाधून्
साधुप्रयोगानुमितांश्च शिष्टान्
न वेद यो व्याकरणं न वेद।'

—वाक्यपदीय

इस बार द्विवेदी जी ने निराला[1] पर एक लघु निबंध लिखकर भेज दिया। तीर नहीं तो तुक्का ही सही। काम चल गया।

1. जिन कवियों ने हिंदी को पुरानी रूढ़ियों से मुक्त किया है और उसमें आसपास की दुनिया को अपनी आँखों से देखने की दृष्टि प्रतिष्ठित की है, उनमें 'निराला' जी अग्रगण्य हैं। वे शुरू में ही विद्रोही रूप में प्रकट हुए और अंत तक निरर्थक रूढ़ियों और उद्देश्यहीन बंधनों के विरुद्ध विद्रोह का झंडा ऊँचा किए रहे। समाज

में भी और साहित्य में भी जो प्रवाहरोधी जड़िमा है उस पर उन्होंने कसके आघात किया। जिन दिनों उन्होंने छंद, अलंकार और वक्तव्य वस्तु को छोड़कर एकदम नया रास्ता अपनाया था उन दिनों हिंदी साहित्य बुरी तरह से रूढ़ियों के जाल में उलझा था। निराला जी पर उन दिनों बहुत तरह के साहित्यिक आक्रमण हुए; उनका मजाक बनाया गया, उनके काव्य को विकृत करके भँड़ौआ-जैसी चीजें लिखी गईं; उनके छंदों को विकृत नाम देकर लोकचक्षु में हेय सिद्ध करने की चेष्टा की गई, परंतु विरोध और आक्रमण निराला जी के विकास के मार्ग को केवल सामयिक भाव से ही रुद्ध कर सके। निराला जी अपने रास्ते चलते गए।

यह कहना गलत होगा कि निराला जी अविचलित बने रहे। वे चट्टान की तरह स्थिर न रह सके। वे वस्तुतः चट्टानधर्मी हैं भी नहीं (यद्यपि आजकल उनके अनेक प्रशंसक ऐसा ही कहते फिरते हैं), उनके जीवन में विरोधों ने व्यत्यय उपस्थित किया। कभी-कभी वे अखाड़े में भी उतर आए। खर-प्रवाहा नदी दुर्भेद्य बाधा पाकर रुकती है, उलझती है, फेनिल होती है, फिर तोड़कर आगे बढ़ जाती है। निराला जी का व्यक्तित्व कुछ ऐसा ही है। उनका साहित्य पुरानी रूढ़ियों के साथ नई जड़िमा से भी उलझता चला है। सर्वत्र उसमें एक-सी गहराई नहीं है परंतु उसके अनवरुद्ध और अविराम प्रवाह में कोई संदेह नहीं है। यह बात विशेष रूप से लक्ष्य करने की है कि विरोध उनके विकास की दिशा बदलने में कभी समर्थ नहीं हुए।

निराला जी का अध्ययन बहुत विशाल है, परंतु कभी भी उन्होंने पुराने और आधुनिक बड़े साहित्यकारों का अनुकरण नहीं किया। वे नख से शिख तक मौलिक हैं, वे किसी से हू-ब-हू नहीं मिलते, उनका 'निराला' उपनाम बिलकुल सार्थक है।

क्या काव्य, क्या कहानी और क्या निबंध, निराला जी का व्यक्तित्व सर्वत्र ही अत्यंत मुखर होता है। साधारण पाठक कभी-कभी झुँझला उठता है, उसे सारी बातें समझ में नहीं आतीं; क्योंकि निराला जी का व्यक्तित्व ही बहुत अधिक समझ में नहीं आता। इतना अद्‌भुत व्यक्तित्व हिंदी कवियों की वर्तमान दुनिया में है ही नहीं। ऊपर से वह निर्मम और कठोर हैं परंतु भीतर से बड़े सरस और सहानुभूतिपूर्ण। जिन दृश्यों को दूसरे लोग साधारण और उपेक्षणीय समझते हैं उनसे निराला जी विशेष रूप से आकृष्ट होते हैं। इसका कारण उनके भीतर की सरसता ही है।

निराला जी के कई निबंध अत्यधिक विचारोत्तेजक हैं, उनके भीतर निराला जी की परुष ईमानदारी का तेज है। परंतु कई निबंध बहुत शिथिल हैं। ऐसा जान पड़ता है कि 'निराला' जी ने उन्हें मन देकर नहीं लिखा। कुछ के बारे में तो सोचना पड़ता है कि वे लिखे ही क्यों गए। परंतु इन सब निबंधों को एक साथ रखकर देखने से इनकी विशेषता समझ में आ जाती है। निराला जी उन लेखकों में नहीं हैं, जो व्यक्तिगत सुख-दुःखों से अविचलित रहकर बौद्धिक तटस्थता बनाए रखते हैं। 'निराला' जी अभिभूत होते हैं, क्योंकि उनका हृदय बहुत अधिक संवेदनशील है; क्षुब्ध होते हैं, क्योंकि वे दुनिया को अपने विचारों के अनुकूल चलते देखना चाहते हैं परंतु यह अभिभूति और यह क्षोभ उन्हें न तो भीत बना सके हैं और न अपने निर्दिष्ट पथ से विचलित कर सके हैं।

एक बात किसी भी पाठक का ध्यान आकृष्ट किए बिना न रहेगी। विद्रोह के स्वर में बोलने वाले साहित्यकारों की इस युग में कमी नहीं है। पुरातन विधि-निषेध-व्यवस्था को खुली चुनौती देना आजकल की अतिपरिचित घटना है। सनातन समझी जाने वाली नैतिकता निस्संदेह आजकल सबसे प्रधान हंतव्य मानी जाने लगी है। किंतु इस प्रकार की चुनौती देने वाले प्रायः संतुलन खो बैठते हैं; व्यवस्था का विरोध प्रायः ही उच्छृंखलता के द्वारा किया जाता है और 'सनातन' समझी जाने वाली नैतिकता का विरोध ततोधिक सनातन मानी जाने वाली निर्मर्याद वाचालता का आश्रय लेता है। किंतु 'निराला' के काव्य में इतना विद्रोह और ललकार होने पर भी उच्छृंखल और निर्मर्याद वाचालता नहीं आने पाई है। इसका कारण यह है कि निराला जी को अपना लक्ष्य ठीक मालूम है। अच्छा डॉक्टर रोग पर आक्रमण करता है, रोगी पर नहीं; और इसीलिए उसके सारे प्रयत्नों की एक सीमा होती है। यदि उसके प्रयत्न रोग को नष्ट करने के बाद रोगी को भी नष्ट करने लगे तो निस्संदेह वह अवांछनीय डॉक्टर है। निराला जी के कठोर से कठोर आक्रमण भी मर्यादित हैं।

संस्कृत साहित्य के क्षेपक जैसे विषयों पर आचार्य द्विवेदी का प्रवचन कर्णामृत है; किंतु जहाँ उसकी शास्त्रीय दुरवगाहता है वहाँ उनका मौन अट्टहास ही गूँजा है, पंत जी को कालिदास कहकर उन्होंने 'लालित्य योजना' के भारी श्रम को 'घड़ी में तोला घड़ी में माशा' कर दिया है, फिर इस उजली कसौटी पर निराला का सोना चमकता तो कैसे?

समाजशास्त्रीय अथवा ऐतिहासिक कसौटियाँ साहित्य की समग्रता की परख न रखें तो इसमें दोष किसी का नहीं है। फालूदा खाते दाँत टूटे तो बला से। द्विवेदी जी पर आचार्य चंद्रबली पांडेय जैसों के आक्षेप पूर्वाग्रहयुक्त नहीं है। चंद्रमा कवि-कल्पना के एक-एक ताने-बाने को दीप्ति और दमक देता रहा है, ज्योतिषी उसे नवग्रहों में एक मानकर कुंडली का फल बताता है। यह दृष्टि-भेद ही है। अभी कल की बात है, देवाधिदेव महादेव के माथे पर शोभा पाने वाले को अमेरिका लतिया आया है।

सो जो हो, याद दिलाने पर द्विवेदी जी ने मेरे उत्कट दुर्ललित बाल्य को द्रवित क्षमा प्रदान कर मेरे सर्वथा व्यर्थ जीवन को सार्थक कर दिया। आपने स्वयं भावाविष्ट-से निराला संबंधी अपने अनेक संस्मरण सुनाए; हँसाया-रुलाया। मैंने उनके हँसते आँसू अपनी रोनी पलकों पर उठा लिए। उनकी मसृण मांसल वाणी कभी असीम आकाशगंगा होती, कभी प्रसन्न-सुभग, कभी स्वर-लहरियों की लीला लिए हुए। निराला-निकेतन की निरवच्छिन्न नीलिमा में उनके स्वच्छ अक्षर तारों की तरह

निराला जी की भाषा, छंद, पद-संघटना सब कुछ झकझोर देने वाले होते हैं। साधारण पाठक या तो भाग खड़ा होता है या फिर नया चित्त लेकर उनको समझने का प्रयत्न करता है। कविता शुरू करते ही पहले तो छंद की मार ही विकट हो जाती है, फिर शब्दों की सजावट, वक्तव्य विषय का क्रमशः उद्‌घाटन आदि सभी बातें पाठक के दिमाग से पुराने संस्कारों को झाड़ती रहती हैं। अगर पाठक इन सब की चोट बर्दाश्त कर सका तो फिर रस भी पी सकता है। अधिकांश हिम्मत हार बैठते हैं।

लोग प्रायः ही भूल जाते हैं कि निराला जी पर वैष्णव साहित्य का भी प्रभाव है, वेदांत का भी उन्होंने मनन किया है और आधुनिक भौतिकवाद का भी उन पर पर्याप्त प्रभाव है। यह कैसे संभव है! एक ही व्यक्ति परस्पर भिन्न इन तत्त्ववादों से किस प्रकार प्रभावित हुआ? निस्संदेह उनके जीवन में भिन्न-भिन्न अवसरों पर भिन्न-भिन्न विचारों का प्रभाव पड़ा होगा। परंतु वास्तविक तथ्य यह है कि निराला जी का हृदय कोमल और संवेदनशील है। वे जिस प्रकार रसमय काव्य से प्रभावित होते हैं उसी प्रकार तर्कसंगत विचार-परंपरा से भी। यद्यपि उन्होंने एक जगह लिखा है कि 'मेरा अंतर वज्रकठोर, देना जी, जीभर झकझोर!' परंतु इसका स्पष्ट अर्थ यही है कि कवि का हृदय इतना कोमल है कि वह जरा भी यह बर्दाश्त नहीं कर सकता कि कहीं भी उसमें कठोरता का आरोप हो!

विरोध, विद्रोह और आक्रमण की कठोरता के आवरण में निराला जी का यह संवेदनशील हृदय है जो शोषितों और दलितों की दशा देखकर विचलित हो उठता है। यह उनकी रचनाओं का सबसे बड़ा आकर्षण है।

जड़ गए हैं। उनकी उक्ति-ज्योति छिप-छुपकर जमे-थमे तमस्तोम को भी सुधा-धौत कर गई है। यों मैं जानता हूँ, अर्थ की हेरा-फेरी से अथवा शब्दों को जोड़-तोड़कर उपलब्धि का अलौकिक आलोक नहीं पाया जा सकता, उसका एक अपना विन्यास है। उस पर नए विचार बुने जा सकते हैं—अनन्य एकाग्रता में मैंने वह अंतर्ध्वनि सुनी है।

मेरी अंतर्मुखता उन्हें अखरी। फड़कते होंठों और चमकते दाँतों में हँसी फँसाए हुए बोले :

अब शास्त्री कहलाने के लायक ठीक आकार-प्रकार हो गया है। पहले बहुत दुबले थे, जरूरत से ज्यादा लंबे लगते थे।

मैंने डबडबाकर कहा :

पहले आसमान छूने का हौसला था, ऊँचे-ऊँचे खिंचता चला गया था। अब दुनिया 'रहिमन अती न कीजिए' पर मजबूर कर रही है। मेरी ऐतिहासिक ऊँचाई उसे गवारा न हुई, सो वह छह फीट के ऊपर की बढ़ती धँसक कर दाएँ-बाएँ का भूगोल हुई जाती है!

द्विवेदी जी की हँसी में दिनकर जी वाली कड़क न थी, एक अजब-सी मीठी खनक थी। ऐसे ही आँखों में सूखे की तड़क न थी, नमी थी जो हलके लाल डोरों में उलझकर शबनम-सी चमकती थी।

किसी के प्रख्यापित पांडित्य से मैं कम प्रभावित होता हूँ, अनुभाव वाले व्यक्तित्व को मन मानता है; 'यत्राकृतिस्तत्र गुणा वसन्ति'। सन् '35 में सारनाथ मूलगंधकुटी में राहुल जी को देखकर गौतम बुद्ध के दर्शनों का सुख पाया था। द्विवेदी जी की वाग्मिता और बहुवस्तु-स्पर्शिनी विद्वत्ता मेरे लिए विस्मय की वस्तु नहीं रही, यह ऊर्ध्वमुख हास्यकल्लोल जो किरणमयी गरिमा से आकाशगंगा की तरलतर तरंगों की याद दिलाता था, अपनी विरलता और व्यापकता के कारण मेरे प्राणों को सम्मोहित करने वाला था :

'मानसरोवर सुभर जल, हंसा केलि कराहिं
मुकताहल मुकुता चुगैं, अब उड़ि अनत न जाहिं'

और द्विवेदी जी ने जैसे अघनीकरण (rarefaction) की प्रक्रिया अपनाई आर मैंने घनीकरण (condensation) की और, निरुद्देश्य हास्य सृष्टि का कार्य चल निकला।

बिछरत प्रान एक हरि लेहीं

उच्चतर उपलब्धि के लिए आज अनुरूप जीवनदर्शन की खोज पहले के मुकाबले कहीं ज्यादा जोर-शोर से की जा रही है। हमारे श्रद्धालु पूर्वजों की दृष्टि भौतिक विज्ञान पर ही केंद्रित न थी। सत्य का प्रकाश उन्हें भीतर की ओर खुलने वाली खिड़कियों से भी यथेष्ट प्राप्त हो जाता था। अब की बात और है। अब परंपराओं से जकड़ी हुई धर्म और संस्कृति की गाँठें ढीली कर देने भर से नहीं चलने वाला है, उन्हें पूरी तरह खोलकर, गर्म विचारों से आयरन कर, संभव हो तो गर्म-गर्म छोटी-मोटी सिलवट तक मेट देनी होगी। वक्त का तकाजा है। आज का आदमी जिंदगी के बारे में सोचने-समझने की भरपूर आजादी चाहता है। जरूरत महसूस होने पर वह खुद तो नए सिद्धांत गढ़ लेगा, पर उसे किसी पुराने से समझौता करना मंजूर नहीं है। आधुनिकतावादियों को निपट नए विचारों का आग्रह है, पुरातन प्रज्ञा के विश्वजनीन अवदानों का कतई नहीं। ऐसे में हिंदी-साहित्य के 'मेघैर्मेदुरम्बरं' से आचार्य द्विवेदी जैसे नए-पुराने के मिले-जुले प्रकाश-पुंज का अकस्मात् तिरोभाव सर्वतोभद्र भारतीय मनीषा की एक अपूरणीय क्षति है।

द्विवेदी जी थे तो लगता था, हमारी सदानीरा चिंता-धारा सूखी नहीं है, प्रत्युत नई विचारधाराओं के समानांतर कल-कल निनाद करती हुई निरंतर प्रवाहित होती रही है। पश्चिमी आकाश की ताँबे जैसी ललाई उसे अपने रंग में नहीं रँग पाती क्योंकि उसका खुद का रंग खाँटी सोने का है। चाहे तो ताँबा ही उसे अपनाकर अपना मूल्य बढ़ा ले!

द्विवेदी जी होते तो अब भी रवींद्र, अरविंद और गांधी को दुहरा सकते थे और उनके मुँह से निकलने पर वे अनुभूतियाँ 'पुनर्नवा' प्रतीत होतीं। दूसरे दहाड़ेंगे तो हाड़ भले ही काँप जाए, मन तो पसीजने से रहा।

अरविंद ने कहा था—"आधुनिकता को चीरकर देखो तो तुम्हारी ओर घूरती हुई आदिम बर्बरता दिखेगी।"

महात्मा गांधी की बोली बेहद मुलायम है—"वैज्ञानिक प्रगति के पूर्व धार्मिक एवं नैतिक प्रगति नितांत आवश्यक है, अन्यथा वैयक्तिक और सामाजिक प्रगति खतरे में पड़ जाएगी।"

अब कौन है जो इस 'आदिम बर्बरता' की, सुनते ही दिल में उतर जाने वाली, व्याख्या करेगा? कौन कहेगा कि धार्मिक प्रगति के बिना वैयक्तिक प्रगति का कोई अर्थ नहीं है कि नैतिक प्रगति की उपेक्षा कर सामाजिक प्रगति असंभव है? आधुनिकता के कट्टर हिमायती को त्यागपूर्वक भोग अथवा धर्ममूलक, नीतिपरक प्रगति की बात पर हँसी ही आएगी। ऐसे ही, प्राचीन परंपरा के दुराग्रहियों को

द्विवेदी जी द्वारा रूढ़ि के कूड़े से निकालकर और मानवीय संवेदना से नहला-धुलाकर दिखलाया हुआ धर्म का निखार आँखें भले चुँधिया देता; पर वे उसे नकार नहीं सकते, कुछ ऐसी ही भावात्मक दृढ़ता थी द्विवेदी जी की अभिव्यक्ति में; ऐसी ही उत्कट मानवीय संवेदना थी उनकी ऐतिहासिक चेतना में।

और अब वही नहीं रहे। शायद नए साहित्य को अब किसी ऐसे सेतुबंध की अपेक्षा न रही; शायद अब साहित्य का लक्ष्य आदमी को इनसान बनाना न रहा—मनुष्य को देवता बनाने की तो बात ही क्या?

कल्पना कीजिए एक ऐसी जमात की जो तोड़-फोड़ मचाकर अंदर घुस आई है, और पुरानी पोथियाँ सँजोने-सँभालने में व्यस्त व्यक्तियों को पागलखाने का रास्ता बताती और परंपरावादी साहित्य को सीधे कबाड़खाने रवाना कर खाली कुर्सियों पर अपने को और खाली अलमारियों में अपनी बकवास को, सही लेखन के नमूने के बतौर, सजाना चाह रही है। आप जानते हैं, द्विवेदी जी उससे शीतयुद्ध चलाने वाले जीव न थे। वह, उसकी क्रूर युयुत्सा और तीव्र जिजीविषा को ऐतिहासिक शृंखला की एक सबसे नई कड़ी कहकर बौद्धिक स्वीकृति देते-दिलाते। और, अब यह किसी के वश का रोग न रहा। जैसे केशव और बिहारी का पुनर्मूल्यांकन करने वाले द्विवेदी जी का कबीर वाला फक्कड़पन न पा सके, उसी तरह सिद्धों और संतों को साथ लेकर 'नए' के संधान में लगे हुए द्विवेदी जी की कलम की तीखी नोक सबकी समझ में एक-सी न चुभी जो परत-दर-परत पुराने मुटापे को छीलते-छीलते उसे अणुयुग के अनुरूप हलका और ताजा कर लेती थी! दरअसल प्राग्वैदिक युग से अत्याधुनिक काल तक फैले 'समग्र' को अपनी पैनी प्रज्ञा पर उठाए बिना किसी के लिए भी उन्हें आमूलचूल समझ लेना संभव नहीं। चटक शैली में बहकी-बहकी बातें लिखना एक बात है, समुद्र की गहराइयों में उतरकर अदृष्ट का विश्वसनीय और वास्तविक चित्र आँकना दूसरी।

लोग उन्हें भारतीयता से विजड़ित कर देते हैं, किंतु वे अपने तईं विश्वमानवता के पक्षधर रहे। उनका भारत—'गायन्ति देवाः किल गीतकानि' वाला पौराणिक भारत न था जिसमें जन्म लेने वालों के भाग्य की सराहना देवगण करते थे, बल्कि उनका भारत उन्नीसवीं शताब्दी की नई वैज्ञानिक दृष्टि-संपन्न सामासिक सभ्यता-संस्कृति का प्रतीक वह संश्लिष्ट भारत है जिसमें—

'हेथाय आर्य, हेथा अनार्य
हेथाय द्राविड़, चीन—
शक हूण-दल पाठान मोगल
एक देहे होलो लीन!'

इसीलिए उनका बाण आवारा घूमने वाला, नाटक-नौटंकी का प्रेमी, एक प्रगल्भ प्रौढ़-युवक है जो ग्रीक हीरो जैसा दुरंत दुःसाहसी चाहे न हो; किंतु किसी ऐतिहासिक स्टंट पिक्चर के सकल-कला-प्रवीण नागर नवल नायक जैसा जरूर है। वह और जो हो, कम से कम वह बाण तो हर्गिज नहीं है, जिसने 'भुजंग' कहने पर महाराज हर्षवर्द्धन को वही आलिमाना ढंग का मुँहतोड़ जवाब दिया था और जिसकी तारीफ में कहा गया है कि अधिक ओजस्विता और प्रगल्भता प्राप्त करने के लोभ से लिंग-विपर्यय कर स्वयं वाणी (सरस्वती) बाण बन गई थीं–

'प्रागल्भ्यमधिकमाप्तुं वाणी बाणो बभूवेति।'

आचार्य द्विवेदी की यह उपलब्धि है कि बाण के इस राष्ट्रीयकरण को ही लोगों ने बढ़कर लिया; बाण का हिंदी में यही 'इमेज' बन गया। संस्कृत साहित्य के नैवेद्य से सुस्वादु 'बाणभट्ट की आत्मकथा' 'बाणोच्छिष्टमिदं जगत' को झुठलाकर हर सहृदय के हृदय में घर कर गई। हर्षकालीन भारत की धूम्र-धूमिल अमराइयों में प्रश्वास खींचते और आत्मा की गहराइयों से निःश्वास छोड़ते हुए प्रतिभा, उदात्त विचार, अदम्य इच्छा और संपूर्ण योग्यता को जिन हलकी-नीली छाँहों से गुजरने वाली गुलाबी पगडंडियों पर आचार्य द्विवेदी ने घुमाया-फिराया है वह एक विशिष्ट चेतन शैली बनकर हिंदी-उपन्यास के सर चढ़कर बोली।

यह बड़ी बात है, बहुत बड़ी बात। डॉक्टर वासुदेवशरण अग्रवाल ने छोटे निबंधों के लिए कहीं बड़े विषय चुने और चितचोर अभिव्यक्ति देने में भी कोई कोर-कसर बाकी न रखी, पर वह अग-जग से गले-गले न मिल सके। राहुल जैसा पुरातत्त्वविद् महापंडित, जिसकी बहु-विषय-व्यापिनी प्रतिभा का लोहा सभी मानते थे, जनता और सरकार में एक समान समादृत नहीं हुए। डॉक्टर भगवतशरण उपाध्याय जैसे जाग्रत लौह लेखनी के धनी कितने होंगे? उन्होंने कितना सिरजा; हिंदी को गद्य की कैसी एक पुष्ट-प्रांजल शैली दी; किंतु उनके महान् दान को अब तक वह सम्मान कहाँ मिला जिसके अधिकारी हैं वह!

वे मूर्ख हैं जो 'काव्यं यशसेऽर्थकृते' का अर्थ सपाट ढंग से समझकर ज्ञान की खट्टी डकार लेते हैं। काव्य जाने कितनों ने लिखे, यश अकेले तुलसीदास को मिला; काव्य कैसे-कैसे लिखे गए, अर्थ बटोरा, मुट्ठी-भर कवियों ने, प्रसाद और निराला जैसे कवियों ने नहीं", इसका अर्थ असाधारण है। कलाकार ने अपना सर्वोत्तम अर्पित कर दिया, इसी से यश या अर्थ मिलने वाला नहीं है, संसार ने उसे उसी प्रकार स्वीकार किया या नहीं, सब कुछ इस पर निर्भर करता है :

'एकस्य तिष्ठति कवेः गृह एव काव्य
मन्यस्य गच्छति सुहृद्भवनानि यावत्
न्यस्याविदग्धवदनेषु पदानि शश्वत्
कस्यापि संचरित विश्वकुतूहलीव।'

एक दिन विष्णु प्रभाकर द्वारा आयोजित दिल्ली की एक गोष्ठी में आचार्य चतुरसेन शास्त्री ने हजारीप्रसाद जी के लिए मुझसे कहा था—'द्विवेदी जी ने बहुत बड़ी संख्या में हिंदी में सीरियस पाठक पैदा किए हैं, अब सब लोग बाजारू पत्र-पत्रिकाएँ उलट-पुलटकर ही नहीं रह जाते—'अशोक के फूल' और 'कल्पलता' भी पढ़ते हैं।'

यही मैं कहना चाहता हूँ। द्विवेदी जी 'जैक ऑफ ऑल ट्रेड्स' न थे, वह उनकी लीक पीटने वाले दूसरे हैं जो समझते हैं कि उन्हें पीछे छोड़ आए, मगर बकौल हाली—

'बहुत आग चिलमों की सुलगाने वाले,
बहुत घास की गठरियाँ लाने वाले
बहुत दर-ब-दर माँगकर खाने वाले,
बहुत फाके कर-करके मर जाने वाले,
—जो पूछो कि किस खान के हैं वो जौहर
तो निकलेंगे नस्लेमलूक उनमें अकसर!'

द्विवेदी जी की रसवंती शैली ने समझदारों के दिलों को छुआ ही नहीं, छेड़ा भी है। जिन सूझों पर उनकी मुहर लगी है उन्होंने बदले हुए समय के अनुरूप सोचने-सँवरने पर मजबूर किया है, और वह भी अपनी परंपरा के मूल्य पर नहीं।

आज हममें अनेक परंपरा-भंजक हैं, कुछेक परंपरा-पूजक भी; पर ऐसे कितने हैं जो परंपरा को बदलें—देश-काल के अनुरूप अनुभूति और उपलब्धि के नए मोड़ों से आप जुड़ें और उसे जोड़ें।

रचना एक शब्द की हो या संपूर्ण संस्कृति की, उसे परंपरा की अपेक्षा होगी। निरपेक्ष मौलिकता का दावा निस्सार है।

जो भारतीय परंपरा को 'डायनामाइट' से उड़ा देना चाहते हैं, कहना अनावश्यक है कि वह 'सुदूरेर पियासी' हैं, दूर देश की किसी न किसी विचार-परंपरा से जुड़ना चाहते हैं। चाहें, निर्माण की प्रक्रिया में अटपटापन वर्जित नहीं है।

द्विवेदी जी ने लिखा है कि संस्कृति किसी देश-विशेष या जाति-विशेष की अपनी मौलिकता नहीं होती। ऐसे में उन्हें मनु के—

'एतद्देशप्रसूतस्य सकाशादग्रजन्मनः
स्वं स्वं चरितं शिक्षेरन् पृथिव्यां सर्वमानवाः'

—जैसे वचन क्यों मान्य होते?

वे प्रवृत्तिपरक वैदिक कर्मकांड को आर्यों की देन बतलाते हैं और निवृत्तिपरक अध्यात्मवादी ज्ञानकांड को अनार्यों की, जिनका मिश्रण या समन्वय तथाकथित भारतीय संस्कृति में देखा जा सकता है। परवर्ती ज्योतिष और आयुर्वेद पर यत्किंचित् यूनानी प्रभाव के कारण उनका जोर मिश्र-संस्कृति पर रहा है। कोई कह सकता है कि उन्हें आर्यों के आदिदेश के विषय में संशय था? उन्हें क्या जर्मन और फ्रांसीसी पुरातत्त्वविदों के साक्ष्य से यह मालूम न था कि ग्रीक या कोई भी पाश्चात्य सभ्यता-संस्कृति भारतीय आदर्शों पर ही संघटित हुई थी? धर्म, दर्शन, शिक्षा, शिल्प, संगीत—सबका आदि स्रोत भारत ही रहा है कि इसी के बीज का पल्लव-पुष्प-फल विश्व-सभ्यता का प्रकाश है? क्या प्लिनि (Pliny), स्ट्रबो (Strabo), मेगास्थनीज (Meghasthienes), हेरोडिटस (Heroditus) आदि के विवरण उन्हें अज्ञात थे?

नहीं, वह तो सर्वज्ञ थे, इतिहास को परम प्रमाण मानने वाले; किंतु उन्होंने भारत के प्रति अतिरिक्त आग्रह की जानबूझकर उपेक्षा की है। अलबत्ता अंग्रेजों की खोजबीन को कहीं नहीं नजरअंदाज किया है। उन्होंने आस्तिक-नास्तिक, आर्य-अनार्य पूर्व-पश्चिम को अंदर ही अंदर जोड़कर प्रसिद्ध परंपरा को एक नया रूप दिया है। धर्मांधता की जगह बौद्धिकता को दी है। जो सबका अविरोधी है उसे स्वीकार किया है। आदिम मौलिकता का दुराग्रह उन्हें ज्ञात था, किंतु उन्होंने उन्नीसवीं शताब्दी के बाद से अब तक एकबारगी नए साँचे में ढले और दिन-प्रतिदिन ढलते जाते भारत को नई परंपरा के आलोक में उजागर किया है।

उनके चले जाने से पुरातनता का निर्मोक उतारने वाला चला गया। कोयले में छिपे हीरे को खराद पर चढ़ाने वाला चला गया। आसपास पड़े यंत्रों से नियंत्रित मानवता को वृहत्तर आकाश और प्रकाश प्रदान करने वाला चला गया।

याद फिर मुझको दिलाना भूल जाने के लिए

कोई ऐसा होता है जो बीते को भूल-बिसर जाता है। कोई उसे फिर-फिर याद करता है और बिसूरता रहता है। और, कोई एक ऐसा भी होता है, जो उसे भुलाने के लिए ही याद करता है। गाता है, अतीत-संगीत!

मैं तब धर्मसमाज संस्कृत कॉलेज में साहित्य का विभागाध्यक्ष था, जब अब के प्रख्यात कवि केदारनाथ सिंह आचार्य हजारीप्रसाद द्विवेदी का पत्र और सौष्ठव

ले गई, द्विवेदी जी यहाँ विभागाध्यक्ष होकर आ गए। कैसा योगायोग! कैसी विडंबना!!

हम जिस ओरियंटल कॉलेज की पैदावार हैं, कभी स्वनामधन्य पंडित चंद्रधर शर्मा गुलेरी उसके प्रिंसिपल थे, कभी महामहोपाध्याय पंडित रामावतार शर्मा दोनों संस्कृत के अगड़धत्त पंडित होते हुए भी हिंदी पर अपनी गहरी छाप छोड़ गए हैं। सन् 1915 के जून महीने की 'सरस्वती' में 'उसने कहा था' कहानी प्रकाशित हुई थी। तब से अब तक उसके जोड़-तोड़ की कोई भी कहानी हिंदी में नहीं आई, न ईदगाह, न मधुआ, न कफन—कोई नहीं। केवल तीन कहानियाँ (सुखमय जीवन, बुद्धू का काँटा और उसने कहा था) लिखकर गुलेरी जी विक्टर ह्यूगो, मोपासां, टॉल्सटॉय, ओम तुर्गनेव की कोटि के कथाकार सिद्ध होते हैं। कहना न होगा, अपने द्विवेदी जी ने प्राचार्यों की उस मिट्टी को भी चंदन बनाया है। यों शोध और गवेषणा के क्षेत्र में भी गुलेरी जी की दिशा में द्विवेदी जी ने एक काफी लंबी दूरी तय की है।

मुझे कहने दीजिए कि द्विवेदी जी संस्कृत के अच्छे जानकार हैं, उनके जैसे प्रकांड पंडित नहीं। उन्नीसवीं सदी की देन के रूप में महामहोपाध्याय डॉक्टर गंगानाथ झा और महामंहोपाध्याय पंडित रामावतार शर्मा अभी कल तक हमारे जयस्तंभ थे। एक ने अंग्रेजी में और दूसरे ने संस्कृत और हिंदी में अपनी विद्या का वैभव विश्वभर में प्रकट किया है। निबंधावली में संकलित शर्मा जी के निबंध उस युग के माइल स्टोन जैसे हैं।

द्विवेदी जी ने रामावतार शर्मा निबंधावली के समान ही विविध विषयों पर अपनी सरस समर्थ लेखनी संचालित की है और चमत्कारपूर्ण निबंध हिंदी को दिए हैं। तात्पर्य यह कि गुलेरी जी और शर्मा जी ने संस्कृत के दायरे के बाहर जाकर हिंदी में जो कीर्तिमान स्थापित किया था, द्विवेदी जी ने न केवल उसे बरकरार रखा, बल्कि उसे काफी आगे बढ़ाया है।

राजा भोज की कहानी के बाद अब भोजुआ तेली का किस्सा सुनिए! द्विवेदी जी जानते हैं, जिस मंदिर के वे देवता हैं, मैं उसी का पुजारी हूँ। जो पुजापा उन्हें चढ़ता है, उसी से गुजर-बसर करता हूँ। वे जानते हैं इसीलिए मानते हैं। उनका स्नेह प्रगल्भ है, आँसू पोंछने वाला नहीं, आँसुओं की हँसी की पाताल-प्रवाहिनी भोगवती गंगा से नहला देने वाला। रस और स्वाद से भरे हुए शब्द परोसकर वह भीतरी भूख-प्यास मेटने की कोशिश करते हैं। उनके सद्भाव और विवेक से किसका हृदय गद्गद न हो जाएगा? यह बात और है कि गड़रिये की औलाद को भुने भुट्टे के दाने पाने थे, भुने दानों की जगह सच्चे मोती के कच्चे दाने नहीं ले पाते।

हाँ, पहली-पहली बार हमारी देखादेखी सन् तैंतीस-चौंतीस के आसपास हुई थी। चारुचंद्र ने हमें मिलाया था। वह हमारे वार्डन का लड़का था—तेज-तर्रार, बातूनी और अनिंद्य सुंदर। मुझे शब्द से जानता था; स्वर से पहचानता था। द्विवेदी जी को तब मैं निस्तब्ध और निर्निमेष निहार रहा था जैसे चारुचंद्र के अनर्गल वाक्-प्रवाह को संयत करने वाला कोई बालू का किनारा होऊँ! वह छटाछट जल उछालता रहा—"हरिऔध जी की अध्यक्षता में इन्होंने कविता पढ़ी, बरहरबा-नरेश ने चाँदी के सिक्कों से इनकी अँजुरी भर दी। संस्कृत में लिरिक लिखते हैं और बेजोड़ गाते हैं। स्टेज पर भूमिकाएँ अभिनीत कर मेडल लिए हैं। इनसे मिलिए।"

और अब द्विवेदी जी उमड़कर मिले। मैं चारुचंद्र की ओर चकोर की-सी दृष्टि नहीं डाल सकता था, जाहिर है मेरी अपनी ही आग काफी थी। चिनगी चुगने की किसे पड़ी थी! मेरे बारे में वह क्या-क्या कह रहा था! उसकी अपनी मौज, अपनी मस्ती; मैं वह दूध उफनता धुआँधार का झरना कैसे रोक देता? बेशक बोली बँधी-बँधाई न थी। मैं पसलियाँ जलाकर प्रकाश पैदा करता हूँ, यह उसे कहा जा रहा था, अभी दो साल पहले तक जिसकी खुद की यह नियति थी!

द्विवेदी जी ने बातों ही बातों में अपने ऐसे अनेक अनुभवों की चर्चा की जो भविष्य में मेरे लिए पार्थसारथी के वचन सिद्ध हुए। तब मैंने साँसों की एक सिकुड़ती-सी लहर हवा के झोंकों में मिला दी थी। झोंकों ने जब मेरा अस्तित्व उड़ा दिया, तब तो यही सोचना शेष रह गया कि सिरजने वाले ने जो अवस्था सिरजी उसमें हेर-फेर नहीं किया जा सकता था। जो हो, अब दीये की भभकती हुई लौ, तड़फड़ाती हुई रोशनी बदचलन हवाओं को शील और मर्यादा की झलक दिखलाकर—'हँसिबे जोग हँसे नहि खोरी' नहीं कहने वाली है।

हँसाया खूब—पहले तब के मेरे छोटे-से नाम—'श्रीजानकीवल्लभ ललितललाम शास्त्री' को लेकर, जिसे मैंने अपने इतिहास के प्रोफेसर 'श्री सीताराम जयराम जोशी' और प्रोवाइसचांसलर 'श्री आनंदशंकर बापू भाई ध्रुव' के नामों के अनुकरण पर, (उनके दुगुने नामों का भेद जाने बिना ही) गढ़ लिया था; मगर जब यह जटिल और एकतरफा हँसी न झिली, मैंने तनाव की तनियों को ढील देते हुए कहा—"यदि एक देवोपम व्यक्तित्व के महापंडित का मारवाड़ी नाम 'हजारीप्रसाद' हो सकता है तो भला किसी दूसरे व्यक्तित्वविहीन अनगढ़ अनाड़ी का नाम 'ललितललाम शास्त्री' क्यों नहीं हो सकता?"

इस पर जो उन्होंने छतफाड़ ठहाका लगाया और फिर अपने 'हजारीप्रसाद' नाम का इतिहास बताया और 'व्योमकेश शास्त्री' उपनाम का भूगोल, तो मुझसे भी हँसे

एवं औदार्यभरा संदेश लेकर एक दिन मुझे बुलाने आए। पहले भी द्विवेदी जी कई-कई बार बुला चुके थे, मैं मगर जाते-जाते रह जाता था। इस बार गया। काशी विश्वविद्यालय में कवि-सम्मेलन था। कितने ही नए-पुराने चेहरों की मीठी मुस्कान के बीच पहुँचा तो द्विवेदी जी ने धड़ाधड़ बीसियों सीढ़ियाँ उतरकर सदा की भाँति गले लगाया। और स्नेहिल हास्य के उच्छल प्रवाह में बहाकर, आपादमस्तक नहलाकर, सम्मेलन में ला बिठाया। बच्चन जी छाए हुए थे। ज्योति-ज्वार उमड़ रहा था। कमसिन श्रोताओं की चेतना धुलकर निखर रही थी। ऐसे में सांस्कृतिक शुभ्रता के निभृत शिखर से मैंने हलके-हलके टेरा :

'प्यास तुम्हारी कंठ-कंठ में,
रूप तुम्हारा नयन-नयन में!'

मेरे आसपास आचार्य द्विवेदी, केदारनाथ सिंह, शिवप्रसाद सिंह और रवींद्र भ्रमर थे। हौसला बुलंद रहा। घड़ी की सुइयाँ बड़ी तेजी से घूम रही थीं। बच्चन जी शिफ्टों में सुने जाने वाले लोकप्रिय कवि, मैं बँधे-बँधे वातावरण में मुक्तधारा प्रवाहित करने के भी पक्ष में नहीं। मैंने एक-दो फ्लाइट के बाद मन को आहिस्ता-आहिस्ता उतारना शुरू किया। जो कान से रिसीवर लगाए बैठे थे और सिर्फ मधुशाला सुनना चाहते थे, उन्हें जैसे नशे में अपना नशेमन उड़ता नजर आ रहा था। अवश्य द्विवेदी जी मेरे 'दिव्य' तमस् को अपने निर्मल दर्पण की विभा में तैराते रहे। स्वतःस्फूरित हर्ष की विद्युत से चुँधियाकर बैठा तो केदारनाथ सिंह ने बुझे हुए सर्द दिल को गर्माने वाली एक ऐसी बात कही जो द्विवेदी जी के ही अंतर्मन की प्रेरणा-सी प्रतीत हुई—

'गागर भरने की बेला
हौले बीती जाती है!'

शास्त्री जी का यह गीत आज के कवि-सम्मेलन की एक उपलब्धि है।

और द्विवेदी जी की कवियों की संवर्द्धना में झरती निर्झरणी का क्या कहना! उन्होंने अपने को निःशेष कर सबका पावना चुका दिया।

द्विवेदी जी को जब भी बोलते सुना, 'वाक्यपदीयम्' में पढ़ा हुआ एक पद्य प्राणों की सतरंगी छायाएँ छीलकर कौंध-कौंध गया :

'यदधीत्मविज्ञातं निगदेनैव शब्द्यते
अनग्नाविव शुष्कैधो तज्ज्वलति कर्हिचित।'

कि लकड़ियाँ चाहे जैसी और जितनी सूखी हुई हों, आग न हो तो वे जल नहीं सकतीं।

संतों की वाणी और गुरुदेव की सूक्तियाँ कितने ही तोते दुहरा सकते हैं, मगर कोई वह असर पैदा कर दिखाए, जो द्विवेदी जी करते थे!

उनके अमर-मरण ने हमारे विष-रस-भरे जीवन में उनकी स्मृति की सुधा घोल दी है। काल-स्रोत में महाकाल नहीं बहेगा। उलटी गंगा बहाने वाले झख मारें। वह एक कालखंड का इतिहास अपनी ही बनाई काली स्याही में डुबोकर आप उसमें डुबकियाँ लगाते फिरें। युग-युग के अतल अंधकार को अग्नि-सेतु बनाकर पार करने वाले को दुर्दिन का क्या भय? उसकी दुर्दांत जिजीविषा के जयनिनाद से आकाश-वातास ध्वनित होते रहेंगे।

पोस्ट ग्रेजुएट होटल में ठहराया गया था। कवि-सम्मेलन से लौटकर खाने-पीने का इंतजाम था। लोगों ने आचार्य द्विवेदी से मेरे गहरे ताल्लुकात देखे थे, अब उनके बदले-बदले-से चेहरों पर कुछ अजीब-सी रौनक थी। भले ही कविता मेरी बड़े-बूढ़ों के लिए हो, अभी उनके साथ ही होने की खुशी तो महज उन्हीं के हिस्से की चीज थी। उनकी कल्पना राई का पर्वत बना लेती थी। मैं ब्लेक के 'डबल विजन' का आनंद ले रहा था (विद माइ इनवार्ड आइज, इट इज एन ओल्ड मैन ग्रे, विद माइ आउटवार्ड, एथिस्ल (भटकटैया) एक्रॉस माइ वे), जब भी 'चेहरों में वहाँ मेरे ख्वाब का चेहरा कोई' न था।

आखिर खाने की मेज पर प्रसंग में रंग आया। उनका सामूहिक कुतूहल जिज्ञासा का रूप लेने लगा। मुझे चुप्पी तोड़नी पड़ी। एक बुझे हुए अलाव से चिनगारियाँ चुनते हुए बारह उँगलियाँ गरम राख में झुलसीं।

'एक तेरे आने से पहले एक तेरे जाने के बाद' को उलटकर मेरी दास्तान शुरू होती है। द्विवेदी जी के शांतिनिकेतन चले जाने के तुरत बाद मैं यहाँ आया, उसी होस्टल में रहा; एक-सी आर्थिक स्थितियों से जूझा; हमारी बुनियादी तालीम भी एक-जैसी ही हुई। विषय बेशक विभिन्न था; उन्होंने ज्योतिष में शास्त्राचार्य किया, मैंने साहित्य में। प्रथम श्रेणी छहों साल आई और छात्रवृत्ति पर उन्हीं की तरह मैं भी निर्भर रहा। एक-से कारण से मैंने भी आई०ए० की परीक्षा केवल अंग्रेजी में दी थी। हाँ, उन्होंने कथा बाँची थी और मैं कवि-सम्मेलनों से पुरस्कार-पदक बटोर लाता था और फिर जब रोजी-रोटी की तलाश मुझे हमेशा के लिए बनारस से कहीं दूर भटका

बिना न रहा गया। बेपनाह हँसी-खुशी के माहौल में हम पहली बार मिले।

लौटते समय चारुचंद्र ने फुसफुसाकर कहा—"बड़े बेढब हो! दिखते कुछ और हो! कम से कम दस साल बड़े होंगे हम लोगों से, तुमने उनकी हरियाली को भी कँटीले बाड़े से घेरने की हिमाकत की!"

मैंने दीदे फाड़कर कठदलीली की—"यह दुर्घटना उनकी खुशमिजाजी की ओर उँगली नहीं उठाती। मैंने अपनी झेंप मेटने की खातिर उनके सहज-विनोदी स्वभाव से मुखरता की भीख माँगी थी। मेरी रुचि और रुझान देखो, हैसियत नहीं। लिहाजा मुझे माफ कर दो।"

उसी शाम उनका म्यूजिक-हॉल में संस्कृत साहित्य पर प्रवचन हुआ। दुश्मन की आँखों में राई-नोन, मैं उन्हें निर्वाक्, एकटक देखता रह गया। भारी-भरकम तोंदों वाले संस्कृत के पुराने पंडितों के बीच और मोटी-चोटी, ओछी धोती, तिरंगे चंदन-चर्चित भाल-कपालों वाले छात्रों के सामने वह जो बोले, एकदम अछूती शैली में, तर्कातीत तथा कल्पनातीत के संक्रामक प्रभाव से परे, भावुक कोटि की परंपरावादिता से दूर, बौद्धिक—नितांत बौद्धिक; वह कहीं गहरे छू गया। मैं गुड़ खाता था, पर गुलगुले से परहेज करता था। मुँह-अँधेरे चारुचंद्र ने आकर कहा था—"हजारीप्रसाद जी बी०ए० का इम्तहान देने आए थे। आँखों ने अचानक बगावत कर दी। अब न दे सकेंगे। लौटने वाले हैं। मिलना पसंद करोगे?"

मैंने किलककर कहा था—"नेकी और पूछ-पूछ?"

अक्ल का अजीर्ण जो हो गया था! बकने की रौ में जाने क्या-क्या उगल आया था! चारुचंद्र को चाहिए था मुझ औतारी को अर्धचंद्र देकर निकाल देना! बनने के पहले हाट-बाट में बिकने के लिए बेताब एक उकठे काठ का खिलौना—अपने आप कवि बना बैठा था!

द्विवेदी जी लाग-लपेट रखने वाले न थे, लिहाजा लाल उगलने में कोताही भी नहीं करते थे। अब कोई कठोर रूढ़िवादी उनके तर्कों की प्रखरता न ओंज पाए, लाख से लीख होता दीखे, अपने आपको ठगा-सा पाए तो इससे उनकी वक्तृता पर आँच नहीं आती। संस्कृत वाले केवल प्रकाश के प्यासे हों और वह उन्हें लहकते शोले से सामना कराएँ कि जो आँखों को रोशनी भी दे और प्राणों को ऊष्मा भी, तो यह अतिरिक्तता कैसे अकाम्य होती? द्विवेदी जी ने गुरुजनों के प्रति जरा-सी औपचारिकता निभाई, फिर उनके वाग्ब्रह्म का स्फोट हुआ—"संस्कृत साहित्य को एक सरसरी निगाह देखने पर हजारों वर्षों से निरंतर प्रवहमान मानवचिंतन का विराट स्रोत प्रत्यक्ष दिखाई दे जाता है। हम हजारों वर्षों के मनुष्य के साथ एक सूत्र में आबद्ध हो जाते

हैं। कितने संघर्षों के बाद मनुष्य समाज ने यह रूप धारण किया है!"

एक ही धमाके में वेदों पर से ईश्वरकृत होने के दावे धराशायी हो गए। "संस्कृतं नाम दैवी वाक् अन्वाख्याता महर्षिभिः"—दंडी का नारा 'टाँय-टाँय फिस' हो गया। अपौरुषेय किंवदंतियों पर समाजशास्त्र हावी हो गया। इने-गिने व्यक्तियों की शख्सियत खत्म हो गई। मनुष्य जाति के सतत संघर्ष और उसकी अजेय शक्ति पर मन तिलमिलाकर टिक गया।

संस्कृत साहित्य को ऐसे कितने देखते हैं? यही आधुनिक दृष्टि है। दृष्टि की इसी वैज्ञानिक समग्रता ने अशोक, शिरीष, कुटज जैसे भूले-बिसरे तरु-प्रतीकों का कायाकल्प किया है, उन्हें साहित्य के उपवन में कल्पतरु के रूप में सदा-सर्वदा के लिए प्रतिष्ठित कर दिया है। सच तो यह कि उनके मानव-केंद्रित दर्शन ने जहाँ अति-मानव तत्त्वों का बहिष्कार किया है, वहाँ मानवीय सृजनशीलता का परिष्कार भी।

किंतु यह चिंतन, वस्तुनिष्ठ विवेचन की यह बुलंदी और मानव-केंद्रित दृष्टि की यह विशदता त्रिशूल-कीलित काशी के पंडितों की परंपरा से तो नहीं जुड़ी है अवश्य इसका उद्गमस्रोत रुकावटों और पूर्वग्रहों से सबसे पहले पीछा छुड़ा लेने वाले नवजागरण के अग्रदूत बंगाल में ही पाया जा सकता है कि जहाँ द्विवेदी जी महाराज विराज रहे थे इन दिनों! यह मानववाद अपेक्षाकृत आधुनिक, संस्कृत के महापंडित डॉ० गंगानाथ झा या महामहोपाध्याय रामावतार शर्मा जैसों की सर्वग्राहिणी मनीषा का उपवृंहण नहीं हो सकता, यह ईश्वरचंद्र विद्यासागर जैसे मानव-मनीषी की विचारधारा का अभिनव प्रखर प्रवाह हो सकता है; कवींद्र रवींद्र की विश्व भारती का अनुरणन हो सकता है, ऐसी किसी भी संवेदनशील परंपरा की देन हो सकता है जो आचार्य क्षितिमोहन सेन जैसों की शास्त्रीय बहुश्रुतता पर संतत्व को तरजीह देती हो!

कहना न होगा, द्विवेदी जी ने पिटे-पिटाए रास्ते पर चलने की कोशिश तभी छोड़ दी थी और विषयवस्तु तथा दृष्टि की मौलिकता, जो उनकी साहित्य-साधना का सार है, कि जिसके असंदिग्ध प्रमाण आगे चलकर 'हिंदी साहित्य की भूमिका' तथा 'कबीर' आदि में उपलब्ध हुए, तब भी उनके मन में मंडल बाँध रही थी।

काशी की रूढ़िप्रियता की धधकती चिनगारी मेरी आँखों के पानी में आग लगाती रही है। आँसू अब तक गर्म हैं। द्विवेदी जी के स्वर में जो दृढ़ता कट्टरपन झाड़ने के सिलसिले में प्रकट हुई है वह तब तक अन्यत्र कहीं नहीं सुनी गई थी, वह उनकी और हिंदी की निजी उपलब्धि है : "हिंदी साहित्य एक हतदर्प पराजित जाति की संपत्ति है," "वह एक निरंतर पतनशील जाति की चिंताओं का मूर्त प्रतीक

है"—मैं इन दोनों बातों का प्रतिवाद करता हूँ; यह कहने का साहस करता हूँ; जोर देकर कहना चाहता हूँ कि अगर इस्लाम नहीं आया होता तो भी इस साहित्य का बारह आना वैसा ही होता जैसा आज है।

मेरा सुबह-सवेरे का यह किरन-स्नान था : मैंने मन ही मन गुनगुनाकर कहा—

'ए गान शुनि नि, ए आलो देखि नि
ए मधु करि नि पान!'

और मैंने उनकी मार्जित रुचि और शिक्षित व्यवहार को चकित-चमत्कृत होने का भी अवसर न दिया, तन-मन से झुककर उनके चरण छू लिए।

दूसरी मुलाकात कुछ वर्षों बाद हुई, अखिल भारतीय हिंदी साहित्य सम्मेलन के काशी वाले अधिवेशन में। वह बलराज साहनी के साथ शांतिनिकेतन से आए हुए थे। इस बार साहित्य-परिषद् की अध्यक्षता निराला कर रहे थे, उन्हीं के आदेश से मैं मुजफ्फरपुर से सम्मेलन में सम्मिलित होने गया था। इंदौर वाले अधिवेशन में आचार्य रामचंद्र शुक्ल ने इस पद से जिनका नाम तक नहीं लिया था (यों एक बार निराला ने मेरे सामने छापे के अक्षरों में लिखकर पूछा था—हृदय पर हाथ रखकर सच-सच बताइए शुक्ल जी, जब आप अपना अभिभाषण तैयार करने में एड़ी-चोटी का पसीना एक कर रहे थे, निराला का नाम कितनी बार काटना पड़ा था आपको?) आज उसी पद पर प्रतिष्ठित निराला के हाथों ('चिंतामणि' पर) उन्हें मंगलाप्रसाद पारितोषिक प्राप्त होने वाला था। 'आँख लगने न पाई सहर हो गई।'

आचार्य द्विवेदी के पास ही जैनेंद्र जी भी विराजमान थे। मैं समझता था, ऐसे सम्मेलनों में आम तौर पर भाषा के प्रचार-प्रसार पर बहस होती होगी; भाव और विचार भरसक नजरअंदाज कर दिए जाते होंगे। बातों-बातों में भाषा से आगे बढ़कर हम भावों और विचारों के मैदान में उतर आए थे। द्विवेदी जी ने कहा (निर्णायक वह भी थे) : मैंने शुक्ल जी को प्रथम स्थान नहीं दिया था, राहुल जी को दिया था। जिस 'चिंतामणि' पर मैं सौ जान से फिदा था, उसे उन्होंने पुरस्कार के योग्य नहीं माना था, सुनकर दाँतों उँगली काट रहा था। तजबीजें अलग-अलग हो सकती हैं। कोई विचार अपनी एक सूरत जल्दी नहीं ले पाता।

बलराज साहनी जी की बगल के कमरे में निराला ठहरे थे। कभी वहाँ उनसे उर्दू-अंजुमनों की बागोबहार की चर्चा छिड़ने पर निराला बोले थे—"हाँ, उर्दू वाले सुलूक से रहते हैं, भले-भलों की सोहबतें उठाते हैं; इसलाहियत की ख्वाहिश रखते हैं; बात-बात में सुर्खाब के पर लगाते हैं।"

बलराज जी इस आखिरी जुमले को दुहराते और हँसते। जैनेंद्र जी की बदौलत मैं झोंका खाकर भी गिरा नहीं। उन्होंने बताया (वह भी एक निर्णायक थे) कि ऊँच-नीच सोचने के बाद उन्हें आचार्य शुक्ल ही जँचे।

द्विवेदी जी और मैं एक साथ हिंदू यूनिवर्सिटी लौटे। रास्ते में जटिल हाँकने की नौबत न आ पाई, मैं जबान को मुँह में रखे रहा। द्विवेदी जी शुक्ल जी की जड़ें ढीली करने के क्रम में जो कहते, उससे हँसते-हँसते पेट फटने लगता। उसमें 'नाम बढ़ावे दाम' वाला ठस्सा न होता, बेशक 'नाचने वालों के पाँव थिरकते हैं' की तरंग होती।

द्विवेदी जी ने इधर दुर्गाकुंड के पास ही मकान बनवाया था, कुछ फासले पर पहले यहीं आचार्य शुक्ल रहते थे। कहते हैं, लोग-बाग शुक्ल जी के नाम पर कॉलोनी बसाने के पक्ष में थे। एक मात्र द्विवेदी जी की अनुपेक्षणीय असहमति से वैसा न हो सका। 'रवींद्रपुरी' नाम का सुझाव स्वयं द्विवेदी जी का था। वहाँ रवींद्रनाथ का नामलेवा और कोई न था।

जो हो, मतभेद के बावजूद ऐसी स्पर्द्धा का आभास उनके उस दिन के हास-परिहास में तो हर्गिज न था। मैंने सितार का एक तार भर छू दिया था कि शुक्ल जी 'नपी-तुली' गंभीरता और आपके बेपनाह व्यंग्य-विनोद ने मिलकर अंतर्गूढ़ हिंदी-समीक्षा को आड़ी-तिरक्षी रेखाओं के बीच से एक स्पष्ट और आकर्षक आकृति में उभारकर रख दिया है। अब उसका व्यक्तित्व अनचीन्हा न रहा।

जिनका मन संदेह, तर्क, अविश्वास से भरा हो, उनकी सब सुनें, मैं तो द्विवेदी जी का भक्त हो चुका था। मुझे उनके वचन अमृत-समान जान पड़ते थे, मन-प्राण के संतर्पण, अशोक सांत्वना-भरे। मुझे उनके शब्द वाक्य की लड़ियों में पिरोए रत्न-सरीखे दिखते थे जिन्होंने जाने कितने अँधेरे रास्तों पर टिकाऊ रोशनी फैलाने का व्रत-सा ले रखा था। उनकी बात, उनकी वाणी, उनके भाव और सुचिंतित विचार—सब लासानी, 'हीरो वर्शिप' मेरी प्राणशक्ति और प्रकाशशक्ति से अकारण ही निविड़ भाव से गुंफित नहीं है!

साक बनिक मनि गुन गन जैसे

साहित्य अकादमी दिल्ली का पुरस्कार-वितरण-समारोह संपन्न हुआ तो हॉल से इकट्ठे निकले और डॉ० नगेंद्र की कार में विराजमान हुए—आचार्य द्विवेदी, डॉ० धीरेंद्र वर्मा, डॉ० नगेंद्र और मैं। द्विवेदी जी मुझे छोड़ने मेरे आवास—होटल तक आने वाले थे, महज कार के सबब शेष दोनों को बेकार कष्ट उठाना पड़ा। रास्ते में

बात इमेजिनेशन और फैंसी पर चल निकली। मैं निराला की 'कैलास में शरद' कविता की पेचीदगी पेश करना चाह रहा था—जब भी उसके लायक माहौल न था, इनमें से शायद ही कोई उसमें रुचि लेता, तभी कार ऊँची जमीन से ढलान की तरफ सरकने लगी और सहसा मेरे मुँह से निकल पड़ा—

'शैलानामवरोहतीव शिखरादुन्मज्जतां मेदिनी'।

कि ऊपर की ओर उठते पहाड़ की चोटी से धरती उतरती-सी दिखाई देती है!

डॉ० नगेंद्र मेरे साथ पूरा श्लोक पढ़ते रहे। हिंदी के ऐसे और इतने इकबाली महारथियों के साथ इकट्ठे बैठने का सौभाग्य मुझे कब मिलता है। आनंद उमड़ा पड़ता था। उस अनर्गल प्रवाह में शुक्ल जी से डॉ० देवराज तक के बहुमूल्य विचार बह गए और कॉलरिज और ड्रायडन के ऊभ-चूभ होते रह गए क्योंकि कॉलरिज के 'इमेजिनेशन' और ड्रायडन की 'फैंसी' में कोई मौलिक विभेद मालूम नहीं होता। दरअसल यह सब मैं डॉ० नगेंद्र से ही कह रहा था क्योंकि कुंतक और क्रौचे का प्रसंग उठाकर पहले उन्हीं ने कुछ प्रश्न पूछे थे मुझसे। ऐसे समय द्विवेदी जी का मौन कोई विद्रूप व्यंग्य नहीं गढ़ रहा था, प्रत्युत उनके व्योमकेश का अट्टहास ही तराश रहा था—

'वे रहीम अब बिरछ कहँ जिनकर छाँह गंभीर!
बागन बिच-बिच देखियत सेंहुड़ कुटज करीर!!'

डॉ० धीरेंद्र वर्मा का पीली पतली चमड़ी से मढ़ा विशाल अस्थि-कंकाल उछाल लेने लगा। उन्होंने प्रकारांतर से द्विवेदी जी की तरफदारी की थी।

मैं कल्पना और अतिकल्पना पर उनकी सूझ-बूझ से सँवरना चाह रहा था। द्विवेदी जी मेरी नीयत ताड़ गए और हँसी के आवर्त में परछाईं खींचकर मुझे छोड़ दिया। मैं निस्तेज और विवर्ण हो गया। पसीना पोंछकर और एक चांस लिया। इस हठ में केवट वाली भावना थी। कहीं संस्कृत उत्तेजना दे और एक जोर के झटके के साथ अर्गला खुले—यह सोचकर मैंने दो अतिशयोक्तियाँ सुनाईं। दोनों बाहर से एक-सी दिखने पर भी भीतर से साफ दो थीं। कालिदास की कल्पना में चिड़ियों की चहक है, माघ की अतिकल्पना में ढोलक पर बेकाबू-सी पड़ती थाप। किसी अदृश्य सुरसरि की ओर गए हुए सुदूर के प्यासे काल की रेत पर गहरे उभरे 'पद'-चिह्न कालिदास की कल्पना को प्रेषणीय ही नहीं, कमनीयता की किरणों से उत्तेजित कर सहज आस्वाद्य बनाते हैं कि अगर लाल-लाल कोंपलों में कोई उजला फूल खिल उठे

या मूँगों के बीच कोई आबदार मोती पो दिया जाए, तभी, और केवल तभी उसकी छवि उमा के होंठों पर फैली मीठी मुसकान की नकल उतार सकती है।

'पुष्पं प्रवालोपहितं यदि स्यान्—
मुक्ताफलं वा स्फुट विद्रुमस्थम्
ततोऽनुकुर्याद् विशदस्य तस्या—
स्ताम्रोष्ठ पर्य्यस्तरुचः स्मितस्य।'

इस सुकुमार अभिव्यंजना के कुंजवन में सरोजिनी नायडू की 'जेबुन्निसा' का गुलाबों को डाह से बदरंग बनाने वाला, धूप में खुला रूप भी पीला और फीका पड़ जाता है :

'ह्वेन फ्रॉम माइ चिक आइ लिफ्ट माइ वेल
द रोजेज टर्न विथ एनवी पेल।'

कालिदास की कला की विशेषता है कि ठीक समय पर उनकी अनुभूत भावना जागती है और वह उसे अपने शब्द-चित्रों की रेखा, रंग, गति और ध्वनि—सकल कलाओं के तत्त्वों के समाहार—से सहृदयों तक पूरी क्षमता से प्रेषित कर पाते हैं। कला रागों, मनोभावों एवं संवेदनाओं की ही तो भाषा है।

दूसरी ओर इसी काव्य-शिल्प के समानांतर गढ़ी कहाकवि की माघ की अतिरंजित कल्पना है कि कृष्ण के सुनील वक्षःस्थल पर झूलती हुई मोतियों की माला की दोनों लड़ियों की तुलना तभी संभव है जब आकाश-गंगा की दो धाराएँ एक ही समय; किंतु अलग-अलग, आकाश में लहरें लें!

मोती-मूँगों को एक लड़ी में पिरोया जा सकता है और लाल कोंपलों के गिर्द किसी उजले फूल का खिलना हरचंद मुमकिन है। होंठ लाल हैं, हँसी की उज्ज्वलता कवि-समय-प्रसिद्ध है। सुनते ही सहृदय संवेदित हो उठता है; किंतु नील गगन से श्यामल वक्षःस्थल की समता जैसी ऋजु है वैसी मोतियों की लड़ियों से गंगधार की हो सकती थी। भारतेंदु ने 'नव उज्ज्वल जलधार हार हीरक-सम सोहत' लिखा ही है। हार हीरे का हो या मोतियों का, कोई खास फर्क नहीं पड़ता, फिर 'बिच-बिच छहरत बूँद मध्य मुकुतामनि पोहत' भी है ही। किंतु वड्र्सवर्थ ने जिसके लिए 'मिल्की वे' लिखा है और माँग की नजीर में उर्दू शायर जिस 'कहकशां' पर फिदा हैं, पहले उस मंदाकिनी आकाशगंगा की स्थायी स्थिर स्थिति स्वीकार करें, फिर उससे साथ-साथ छूटने वाली दो मुकम्मिल धाराएँ यकीन में आएँ, तब कहीं माघ की अतिकल्पना

गले के नीचे उतरे—

'उभौ यदि व्योम्नि पृथक्प्रवाहा—
वाकाशगंगापयसः पतेताम्
तेनोपमीयेत तमालनील—
मामुक्तमुक्तालतमस्य वक्षः।'

बेशक यह कच्ची सड़क खुशबू से माते बगीचे के बीच से गुजरती है मगर इसमें कदम-कदम पर काई-कीचड़ का अंदेशा बना रहता है। ऐसे ही अफशानी कागज पर विद्यापति ने एक 'फैंसी' का करिश्मा दिखाया है—

'गिरिवर-गरुअ पयोधर पर सित
जिम गजमोतिक हारा,
काम कम्बु भरि कनक शम्भु परि
ढारत सुरसरि-धारा।'

मेरी बकवास पर उनका अट्टहास फिर आकाश की ओर उठा तो मेरे पाँवों के नीचे की धरती धसकती नजर आई। जिज्ञासा अस्वाभाविक न थी—

'मुदमंगलमय संत समाजू
जो जग जंगम तीरथराजू।'

का सुयोग जुटा था, किंतु द्विवेदी जी जैसे कह रहे थे : "रस का स्रोत कहाँ है? जीना चाहते हो? कठोर पाषाण को भेदकर, पाताल की छाती को चीरकर अपना भोग्य संग्रह करो; वायुमंडल को चूसकर, झंझा-तूफान को रगड़कर अपना प्राप्य वसूल लो; आकाश को चूमकर अवकाश की लहरी में झूमकर, उल्लास खींच लो।"

कहीं पढ़ा था—कवि बच्चन ने अपने उत्तराधिकारी अमिताभ को इसी लहजे में सफलता पाने की सीख दी थी।

दोनों के नुस्खे आजमूदा और कारगर निकले। द्विवेदी जी ने वह सब क़रके अपना प्राप्य वसूल लिया। अमिताभ ने सफलता के कान खींचे और वह उनके हाथ की सख्ती न सह सकने के सबब खिंचती-खिंचती करीब और करीब खिंच आई।

नीत्से और इकबाल और बज्मेमय में हाथ बढ़ाकर मीना ले लेने वालों ने फिर क्या बुरा कहा है? जैसे हिंदी का हर कवि अपने को शंकर-सा विषपायी बताता है, क्या हर इनसान कबीर, दादू और द्विवेदी हो सकता है? संत और अवधूत कहीं

हाट-बाजार में बिकते हैं? संतों को तो हम इसलिए तरजीह देते हैं कि वेद-पुराण के लिए नहीं, इनसानियत के लिए जीते-मरते हैं। बहरहाल—

'नजर न हो जिसपे बिजलियों की,
वो आशियां आशियां नहीं है।'

द्विवेदी जी कब के जा चुके थे। यों मेरे कमरे में उनके चुटकुलों, लतीफों पर बेतहासा लगाए गए कहकहों की प्रतिध्वनियाँ अब भी गूँज रही थीं और मैं पिछली झिलमिली मुलाकातों के ऐसे कितने ही बदरंग प्रसंगों के गुब्बारों से जी बहला रहा था—

'भरे हुओं को भरा करते हैं करमवाले,
जहाँ है सब्जा, घटा भी वहीं बरसती है!'

हजारीप्रसाद जी के दो सौतेले भाई प्रवेशिका परीक्षा देने शांतिनिकेतन से यहाँ आए थे। मेरे हमउम्र ही रहे होंगे दोनों। एक पृथ्वीनाथ द्विवेदी जिन्होंने आगे चलकर भास के नाटकों के अलावा 'दशरूपक' का हिंदी रूपांतर किया जो कि आचार्य द्विवेदी के साझे में 'नाट्यशास्त्र की भारतीय परंपरा और दशरूपक' नाम से प्रकाशित है। दूसरे रमानाथ द्विवेदी, जो संभवतः काशी विश्वविद्यालय में ही किसी विभाग में हैं। द्विवेदी जी के पड़ोसी रामनरेश जी (जो अभी हाल तक सलकिया, हबड़ा के किसी कन्या-विद्यालय में अध्यापक थे) की सिफारिश से वे दोनों मुझसे छायावादी कविताएँ पढ़ने आए—निराला की 'तुम और मैं' और पंत की 'छाया' पाठ्यक्रम में निर्धारित थीं। मेरी पढ़ाई पर रीझकर दोनों ने 'भैया' से मेरी तारीफ की, तब तक मेरी 'काकली' भी छप चुकी थी और 'चाँद', 'माधुरी' आदि में भी चाँदमारी जारी थी। इस बार 'भैया' बनारस आए तो मुझसे जी खोलकर मिले, दरअसल भाइयों की सिफारिश पुरअसर साबित हुई थी। पूछा कि कैसे पढ़ाता हूँ? मैंने कहा—आप आलोचक किसी छोटी-मोटी रचना की जाँच-पड़ताल विशाल पट पर—ऐतिहासिक, सामाजिक, राजनीतिक, सांस्कृतिक परिप्रेक्ष्य में करते हैं, मैं सिर्फ कविता पढ़ता हूँ कि अपने आप में वह किस हद तक बनी-बिगड़ी है। मिसाल के तौर पर आप छायावाद और रोमांटिसिज्म की सृष्टि, स्थिति और प्रलय पर; दोनों की समता-विषमता पर, प्रामाणिक विवेचन प्रस्तुत करेंगे, तब मैं केवल यह सोचता हूँगा कि निराला ने 'तुम तुंग हिमालय-शुंग' की जगह यदि—'तुम अचल, हिमाचल-शृंग और मैं चंचल-गति सुरसरिता' लिखा होता तो व्यतिरेकी सौंदर्य अधिक स्पष्ट होता या वह अभी है? फिर अचल और चंचल का विभेद मेटकर अपने आप कहूँगा, कवि यहाँ तुम और मैं में विभेद नहीं,

कवि आंतरिक एकता दिखाना चाहता है। ऐसे में तुंग और शृंग के नाद से जो उदात्त, सहस्र शीर्ष का सहस्रार सौंदर्य उभरता है वह अन्यथा असंभव होता। ब्रह्म निश्चलता से चंचल माया, प्रशांत शिखर से बह चली चंचल नदी की-सी ही तो होगी।

पंत ने छाया को महज एक उपमा से—'कहो कौन तुम दमयंती-सी हो तरु के नीचे सोई?'—न केवल जीवंत आकृति दी है बल्कि उसे समवेदना का सुकुमार आधार भी बनाया है जिससे उस एक नगीने की दुहरी छवि सरापा कविता को उजागर करती है।

इस प्रकार मैं काव्य के अध्ययन का अर्थ काव्य-सौंदर्य का आस्वादन ही समझता हूँ। अवांतर बातों को भी अनावश्यक नहीं मानता, यों अभिव्यक्ति के सौंदर्य को प्राथमिकता देता हूँ। कॉलरिज की तरह मैं काव्य को विज्ञान का विलोम भले न मानता होऊँ, यह अवश्य स्वीकार करता हूँ कि उसका तात्कालिक उद्देश्य आनंद-दान ही है, सत्य का संधान नहीं। यह बात और है कि काव्य अभिव्यक्ति का अत्यधिक आनंददायक स्वरूप होकर भी उस पूर्णता तक पहुँचता है जिसे मानवीय संवेदना शब्दों से छू सकती है। वस्तुतः कविता सत्य को सर्वाधिक मार्मिक अभिव्यक्ति देने का दावा कर सकती है। सौंदर्य की इस छांदस रचना को स्वर के हलके परों सौंदर्य की ऊँची उड़ान भरते देखिए। यह क्या निरा speculative है? नवीं शताब्दी में ही आचार्य आनंदवर्द्धन ने किस गहरे लगाव से लक्ष्य किया था—

'भावानचेतनानपि चेतनवत्
चेतनानचेतनवत्
व्यवहारयति यथेष्टं
सुकविः काव्ये स्वतन्त्रतया।'

यों तो कोई कालिदास से बड़ा सौंदर्य-स्रष्टा क्या होगा! वह तो चेतन और अचेतन के मध्य की नीलिमा को अपनी अतुल तूलिका से स्वर्ण-रजत चित्र आँक-उकेरकर, यों भर देते हैं कि कहीं एक छोटी-सी भी फाँक नहीं रह जाती—एक-एक रश्मि-रेखा आपस में गुँथकर अनदेखी छवियों के हर्षोज्ज्वल प्रकाश में समग्रता को साकार कर देती है :

'संचारपूतानि दिगन्तराणि
कृत्वा दिनान्ते निलयाय गन्तुम्

प्रचक्रमे पल्लवरागताम्रा
प्रभा पतंगस्य मुनेश्च धेनुः।'

इन चेतन-अचेतन छवियों के समाहार में केवल दीपक अलंकार की चमक देखना काफी नहीं है।

फिर भी प्रसाद की चित्रतूलिका की अतिशयित कोमल थपकियों की गुदगुदी

(तू अब तक सोई है आली,
आँखों में भरे विहाग री!)

'दमयंती-सी' वाली चुलबुली उपमा में नहीं है। वह 'करुणस्य मूर्तिरथवा शरीरिणी विरहव्यथेव वनमेति जानकी' (भवभूति की विभूति) जैसी भी नहीं है।

'तुम पथ हो, मैं हूँ रेणु' के रूपक की उनींदी साँस भी उसमें नहीं है पर सुनसान में गूँज उठी एक ऐसी अनुगूँज तो है; एक ऐसी नमी तो है ही उसमें, जो रेतीले दिलों में भी जम जाए!

यहाँ कुछ और निवेदन करना चाहूँगा : प्रत्येक देश का एक अपना वैशिष्ट्य होता है, सबसे संपृक्त होने पर भी उसकी एक अपनी स्वतंत्र स्थिति होती है। जैसे यहाँ का दर्शन धर्म से अवरुद्ध है। आचार-हीन विचार यहाँ कभी नहीं पनपा। जनता की तरफदारी करने के बावजूद अद्वैत के ऊपर कोई अनात्म दर्शन प्रतिष्ठित नहीं हुआ, उसी प्रकार आत्मा की गहराइयों में उतरकर जीव और जीवन के तत्त्वान्वेषी इस देश की समीक्षा-सरणि भी पाश्चात्य वैज्ञानिक पद्धति से पृथक्—रसात्मक है। अभी कल के इमर्सन या रस्किन की शैली 'यात-याम वीतरस' समझी जाने लगी है फिर कुंतक, रुय्यक, राजशेखर और पंडितराज की सुधास्यन्दिनी शैली किसे रुचे-जँचेगी? सो हमें गणित और इतिहास की भाषा में साहित्य और साहित्य-समीक्षा लिखने पर विवश किया जाता है। पाश्चात्य सम-सामयिक विचारों का जूठन उठाए बिना हमें अपनी पाँत में कोई नहीं बैठने देगा—ऐसा धमकियों-भरा प्रलोभन भी दिया जाता है। नितांत भौतिकवादी हुए बिना कोई भारतीय डार्विन के विकास सिद्धांत को या फ्रायड के मनोविश्लेषण को स्वीकार कर लेगा? क्या वह हिमालय को एक बर्फीला पहाड़, गंगा को एक गहरी नदी और गाय को एक उपयोगी जानवर भर मानता है? यह वैज्ञानिक दृष्टि क्या उसे भारत की आत्मा, उसके काव्य और कला की आत्मा के आमने-सामने खड़ी करने वाली है? आचार्य शुक्ल ने लिखा है—"धर्म की रसात्मक अनुभूति का नाम भक्ति है।" क्या इसे वैज्ञानिक दृष्टि-संपन्न परिभाषा कहेंगे? क्या वैज्ञानिक विद्युत् प्रकाश से चुँधियाई चेतना भारत की हजारों वर्षों की उदात्त

उपलब्धियों को नकारे बिना आधुनिक हो सकती है? मानव-जीवन को परिष्कृत और श्लाघ्य न बनाकर केवल जिजीविषा को यहाँ चार्वाक ने उपलब्धि माना हो तो हो, और किसी तत्त्व-चिंतक ने नहीं माना; जीवन की ऊबड़खाबड़ जमीन पर नंगे पाँवों काँटे तोड़ने और नुकीले कंकड़ों की चुभन झेलने की बहादुरी को भारत ने मानव-जीवन की अनन्य उपलब्धि नहीं माना। 'धर्मो नित्यः सुखदुःखे त्वनित्ये' के प्रवक्ता वेदव्यास का ऊर्ध्वबाहु उद्‌घोष विध्वंसक टंकारों में भी अलग से सुनाई देता है।

भारत की उपलब्धि ने चतुर्वर्ग-साधन के भीतर से कालिदास से ही सही वाणी पाई है :

'सोऽहमाजन्मशुद्धानामाफलोदयकर्मणाम्'

'त्यागाय सम्भृतार्थानां सत्याय मितभाषिणाम्'

'शैशवेऽभ्यस्तविद्यानां यौवने विषयैषिणाम्
वार्धके मुनिवृत्तीनां योगेनान्ते तनुत्यजाम्।'

वेदव्यास की ऊपर उठी हुई बाँहें ही धर्म की दुहाई नहीं देतीं। उन्हें मालूम है कि वैज्ञानिक आविष्कारों से सन्नद्ध यांत्रिक सभ्यता मूल को प्रच्छन्न करने वाली सघन प्रलंब डालियों का अंधकार-विस्तारक प्रस्तार है। बुद्धि तर्क और कल्पना के आगे नहीं जा सकती और कोरा तार्किक आत्महत्या तक कर सकता है।

शुद्ध साधन वाला व्यक्ति ही सौ साल तक कर्म करने का उत्साह बनाए रख सकता है। दूसरों की भलाई के लिए कुछ कौड़ी-छदाम जोड़ सकता है; सिर्फ सच बोलने के लिए बहुत कम बोल सकता है। यांत्रिक यंत्रणाओं से नियंत्रित कोई परदर्शनोपजीवी कवि क्या—

'चेतना लहर न उठेगी
जीवन-समुद्र थिर होगा
संध्या हो सर्ग-प्रलय की
विच्छेद-मिलन फिर होगा!'

—प्रसाद

'मौन मधु हो जाय
भाषा मूकता की आड़ में
मन सरलता की बाढ़ में
जल-बिंदु-सा बह जाय!'

—निराला

लिख सकता है? गाय को एक उपयोगी जानवर भर समझने वालों में कालिदास के—

'स त्वं मदीयेन शरीरवृत्तिं
देहेन निर्वर्तयितुं प्रसीद
दिनावसानोत्सुकबालवत्सा
विसृज्यतां धेनुरियं महर्षेः!'

का साधारणीकरण हो सकता है?

आप समसामयिक कवियों के बारे में 'जीवितकवेराशयो न वर्णनीयः' का कट्टरता से पालन करते हैं, मेरी वाचालता की अतिसंक्षिप्त भौगोलिक सीमा है। जमाना जूतों के नाप के पैर खोजता है, मैं परंपरावादी (!) सर पर पाँव रखकर भागता फिरता हूँ। आपसे अपने विश्वास की सुदृढ़ता की कामना है : शिष्यस्तेऽहं शाधि मां त्वां प्रप्रन्नम्।' फिर मैं मानता हूँ कि आधुनिक युग में प्राचीन मनीषा की पुनर्व्याख्या मात्र पर्याप्त नहीं है, किंतु नवीन उद्‌भावनाओं की बुनियादी ताकत के लिए भी क्या वह गहराई बेकार है? सतह वैज्ञानिक है, कला अतल की अतुल सुगंध से अपनी अहमियत की पहचान बताती है; किंतु अवैज्ञानिक है—ऐसे में सद्यः फलद विज्ञान के लिए कला के रूप-रस-गंध-भरे मासूम फूलों को तो कुर्बानी ही देनी होगी? विज्ञान, मेरे विचार से, फूल की फल में परिणति नहीं है।

फल फूल का स्वाभाविक परिणाम है, उसके लिए किसी अनुसंधानशाला में प्रयोग पर प्रयोग करते हुए खून-पसीना एक करने की जरूरत नहीं होती। कला का विकास आभ्यंतर प्रकाश की आनंदमय पूर्णता में है, विज्ञान का बाह्य परिवेश के तथ्यों की वस्तुपरक अभिज्ञता में। एक आवेष्टन की राह थाहता हुआ सुदूर लक्ष्य के मजबूत धागे हाथों में थामे उस परम धाम में पहुँचता है, जहाँ आवागमन की आपाधापी खत्म हो जाती है। दूसरा दूर-दूर दिखने वाले की तह-तह में जमे अँधेरे को छाँटकर अथवा युगों से जमे अँधेरे को ठोंक-बजाकर किसी अज्ञात श्याम शिला या खरे-खोटे सोने की कसौटी के पहाड़ को प्रगति के पथ पर खड़ा कर देता है जो हर आँख वाले को असंदिग्ध रूप में, एक-सा, काला पहाड़ ही दीखता है। यह बात और है कि कला को आनंद-मंदाकिनी मानना जर्जर रूढ़ियों और पुरानी परंपराओं के हड्डियों के ढाँचों से चिपटना है जबकि विज्ञान आधुनिक पृष्ठभूमि और नए मूल्यों के संकेत देता है। मशीनी जिंदगी को, क्या एक पल को रुककर, बीते दिनों का यह रूप-गीतम् देखना-सुनना गवारा होगा—

कि एक लहराता हुआ दरिया है, उसके आधे सूखे आधे गीले बालू के टीले

से टिककर हंस का एक जोड़ा सोया हुआ है। उसके आसपास के झपसे कुशों और झाड़ी-झुरमुटों में यहाँ-वहाँ हिरने दुबककर जुगाली कर रहे हैं और एक हिरनी कस्तूरी हिरने के सींग से अपनी निंदियारी आँखें खुजला रही है?

—ये सारी बातें, कहना न होगा, उस दौर की कई छोटी-बड़ी मुलाकातों में हुईं। द्विवेदी जी इच्छा-अनिच्छा से ऊपर उठकर किशोरवयस् की अल्प, अविकसित बुद्धि के गिर्द अपने गुरु-गौरव का सख्त-सुनहला जाल बिछाकर मेरी छटपट करती जिज्ञासा को जीत लेते। कभी अवज्ञा, अवहेलना उपेक्षा में नहीं झुलसने देते। उनके तर्कपूर्ण वाक्प्रवाह में भी एक ऐसी 'मृद्वीका-मध्य-निर्यन्मसृण-मदधुरी माधुरी' होती जिससे मेरा अबोध मन बोध के नशे में मतवाला हो उठता, मेरे चेहरे पर विस्मय और प्रश्न के चिह्न उभरते-मिटते रहते कि वह कभी पाणिनि-पतंजलि से प्रमाण नहीं देते थे, मैक्समुलर से ग्रियर्सन तक को उद्धृत करते थे। इतिहास पर उनका अखंड विश्वास था। वह मानते थे कि ध्रुव मान्यताएँ सहसा संदिग्ध हो उठी हैं, आसपास का सब कुछ बदल रहा है, आध्यात्मिक उपलब्धि साँस साधे हुए है, ऐहिकता का (सेक्यूलर) स्वर मुखर हो रहा है। अलंकरण अप्रासंगिक हो गया है। पुरानी दुनिया कितनी भी रमणीय क्यों न रही हो, कितनी भी आकर्षक क्यों न रही हो, उसे हमें छोड़ना ही पड़ेगा। यंत्रों के इस गद्यात्मक युग में कल्पना वास्तविकता से टकराकर भोथरी हो गई है। यह बेकार की बात है कि हम इस बहस में पड़े रहें कि उस मनोहर युग में हम फिर से लौटकर जा सकते हैं या नहीं!

इधर मैं निराला के अलंकृत गद्य और दुरूह पद्य की लोकोत्तर निपुणता परखने में माथा खपाता रहा था। उनकी निरंतर गतिशील प्रज्ञा उन्हें 'ज्ञ' के छोर पर पहुँचा रही थी, परंतु मैंने तो 'अ' से आरंभ किया था। उम्र का तकाजा जो था! हाँ, 'अ' से 'ज्ञ' तक के प्रकाश और अप्रकाश के प्रसार में मेरी 'अज्ञ'-ता थककर द्विवेदी जी की आकाशवाणी सुनती और सिर धुनती थी। उन्होंने तो साफ-साफ कह दिया था— "पीछे लौट जाने के प्रयत्न में बहादुरी जितनी भी हो, बुद्धिमानी बिलकुल नहीं है। नई समस्याएँ सामने हों तो पुरानी कलाओं के लिए हाय-हाय करना बेकार है।"

मैं देर-देर तक सोचता रह जाता था कि क्या दुनिया कभी ऐसे दौर से भी गुजरी होगी जब उसके सामने कई नई और तात्कालिक समस्याएँ न रही होंगी, फिर क्यों उसने उन्हें नजरअंदाज कर 'पीढ़ी-दर-पीढ़ी' अपने पुरखे ऋषि-महर्षियों को धरोहर की हिफाजत में गुजार दी? बेशक बकौल द्विवेदी जी यह उसकी बुद्धिमानी नहीं कही जाएगी। ईस्ट इंडिया कंपनी की शानदार सल्तनत में विवेकानंद, रामतीर्थ के पुरुषार्थ की क्या आवश्यकता थी? प्रगतिशील ब्राह्मधर्म के राजे और जमींदार अंग्रेजी-फारसी-पढ़े

ठेकेदारों के मुकाबले एक अनपढ़ दरिद्र ब्राह्मण (रामकृष्ण परमहंस) का शाश्वत सत्य-संधान कैसा अदूरदर्शितापूर्ण था!

द्विवेदी जी की तब की मेहरबानी का क्या कहूँ! हाँ, आगे चलकर वह खुद क्यों अपने वक्त की ज्वलंत समस्याओं का समाधान मध्ययुगीन साधु-संतों की बानी और सुदूर अतीत के त्रिकालदर्शियों के तंत्र-मंत्र में ढूँढ़ते फिरे, यह मेरी समझ के गले के नीचे न उतरा। तब के बाणभट्ट हों, कि अब के रैक्व हों, उनकी अलंकार-झंकार भरी वाक् शैली हो कि इनकी घिनौनी खुजली और खाज या फिर झबरा बनैला व्यक्तित्व--आज इनकी क्या प्रासंगिकता है?

कोई भागकर जंगल में जाए, किसी चरमराए विचार की डाल पर कूदकर बैठे, फिर पलटकर आए तो मानववादी टोन में, तरस आ जाए तो द्वंद्वात्मक भौतिकवादी इतिहास की रूह छानकर माथा पोंछते हुए, सधुक्कड़ी भुलक्कड़पन के सीने पर धप्पा मारकर ज्ञान-विज्ञान की चाबियाँ मुँह में पड़े तालों को थमा दे, इस मौज और मस्ती पर कौन न बलि-बलि जाए!

—यह घुमड़न बस, मन-गगन में ही होती थी, क्या मजाल कि सटे-सिमटे दोनों होंठ एक बूँद बरसने की भी हिमाकत करें! हाथ से माथा थाम लेता : होते हैं, सभी तरह के विचार होते हैं। टैगोर निरुद्देश्य यात्रा पर सोद्देश्य क्रमागत यात्रा करके चलते रहने के आनंद की टेर लगाते रहे :

'यदिओ संन्ध्या आसिछे मन्द मन्थरे
सब संगीत गेछे इंगिते थामिया
यदिओ संगी नाहि अनन्त अम्बरे'

'तवु विहंग, ओ रे विहंग मोर,
एखनि, अन्ध, बन्ध कोरो ना पाखा।'

—यह तो जुल देकर भागना नहीं हो सकता! यूँ भी कोई कहाँ रुके, थमे? कहाँ-कहाँ झक मारता फिरे? मरुभूमि की आँधी जैसे निर्बाध प्रवाहित होती रहती है, कवि भी वैसी ही उद्दाम गति से निरंतर यात्री बना रहना चाहता है :

'हृदय तले बह्नि ज्वालि चलेछि निशिदिन
मरुर झड़ येमन बहे सकल बाधाहीन।'

द्विवेदी जी से कम निर्मम होकर तो कवींद्र भी नहीं कहते। आगे, सीधे चलते

चलने वालों को बढ़ावा देते हैं और मुड़-मुड़कर देखने वाले को दुरंत अभिशाप कि उन्हें रोना पड़ेगा :

'आमरा चलि समुख पाने
के आमादेर बांधवे?
रैलो यारा पिछुर टाने
कांदवे तारा कांदवे!'

औरों का क्या हुआ, उन पर क्या बीती, वे ही जानें, अपने ऊपर से जो गुजरता रहा उसने बार-बार ऐसी नेक सीखों की याद दिलाई, मगर वाह रे शुतुरमुर्ग? बालू में सिर गड़ाए-गड़ाए पलायन के सिद्धांत सुनता रहा! सामने के बगूले का कभी सामना न किया!

कोई जादू-टोने की बात तो थी नहीं जो हुई तो हुई, न हुई तो न हुई। मैं अतीत संगीत का सोमपान करता रहा, तो करता ही रहा। उसे ठोकर लगने पर पल-भर को तिलमिला उठता, फिर सँवर-सँभलकर प्रार्थना करने लगता :

'तन्मे मनः शिवसंकल्पमस्तु।'

'भद्रं कर्णेभिः शृणुयाम देवाः
भद्रं पश्येमाक्षभिर्यजत्राः।'

'तोमारि इच्छा करो हे पूर्ण
आमार जीवन-माझे!'

इन प्रार्थनाओं का मूर्त अर्थ स्वयं हूँ, और सारे अमूर्त अर्थ अनर्थकारी रहे।

'बाणभट्ट की आत्मकथा' की उधार ली हुई वर्णन-शैली मुझे नहीं अच्छी लगी। 'एक किरण सौ झाँइयाँ' में तो मैंने अपनी ओर से नए उपमा रूपकों, नए बिंब-प्रतीकों वाला अपना गद्यकवित्व प्रकाशित किया। कथानक अपने युग से लिया। प्रयोग के रूप में सुबंधु, दंडी और बाण की काव्याख्यान-शैली का विकास दिखलाना चाहा। अवश्य मेरा आयास असफल रहा, क्योंकि युग के अनुरूप न उसका ग्रंथि-विमोचन समारोह कराया, न गोष्ठियों में उसके पक्ष-विपक्ष में भाषण-प्रवचन के कहीं आयोजन ही हुए। पीठाधिष्ठित आलोचकों के दरवाजे भी नहीं खटखटाए। फिर क्या, किसी भी दल में दखल न जमाए रखने वाले का एकांतिक प्रयास अपने

ही बंद अँधेरे दायरे में खो गया। वह कोट्यधीश प्रकाशकों के 'परस्परं प्रशंसंति' पेशेवर परम-पुस्तक-समीक्षकों की अपरम प्रशस्ति से वंचित रहकर बहुचर्चित क्या, चर्चित ही न हुआ।

—यह मेरे आहत मर्म का बेशर्म उद्गार नहीं है। मुझ-जैसे चोंच खोले चातक की चाह स्वाति की बूँदों के लिए नहीं होती। सच तो यह कि मुझ-जैसे को न स्वाती की सही पहचान होती है, न अपने उधार लिए हुए चातकत्व की। इसलिए चाह की सूक्ष्मानुभूति भी नहीं होती। अपर्याप्त बोध ही असंतोष का कारण होता है। अशक्य के लिए आघात की कल्पना भी उपहासास्पद है।

द्विवेदी जी साहित्य और कला के मर्म के उद्घाटक थे। उनके स्वप्न यथार्थ भी थे, आदर्श भी। आदर्श उनका कमल-नील मृणाल-खंड-सा परिलघु पाथेय मात्र था, यथार्थ पथ की धूल वह भूले न थे। संतुलन उनकी रचना का मूलाधार है। रूढ़ि का सम्मान और अपमान उनके सधे हाथों हुआ है, नव निर्माण में उनका कर-कौशल उजागर हुआ है तो अभीप्सित संकल्प की कल्पनाशीलता ने भी जादुई करिश्मे दिखाए हैं। उनके शिष्यत्व की भी पात्रता मुझमें कहाँ? जैसे अफ्रीका का, सूडान के सीमांत से टांग्य-निका झील तक फैला, एक विशाल भू-भाग अब भी सभ्यता से अपरिचित या अर्धपरिचित प्रतीत होता है, वैसे ही साहित्य, संस्कृति या कला के अनेक आयाम मेरी मंद मति के लिए अब भी अव्याकृत हैं और तब तो छोटे-छोटे संदेह से साक्षात्कार होते ही मैं रीछ सरीखा जोर-जोर से नाक खुरचने लगता था, क्योंकि शून्यता का एहसास साँसों में भिंचा होता था।

इतिहास, समाज या संस्कृति से स्वतंत्र साहित्य की स्थिति आचार्य द्विवेदी ने नहीं स्वीकारी थी। साहित्य संस्कृति की प्राणधारा की प्रबल तरंग, ऐतिहासिक चेतना की सुनियोजित पहचान अथवा परिवर्तनशील समाज की जीवंत प्रतिच्छाया हो तो उसकी सार्थकता है। द्विवेदी जी ने अपनी चंदन-चर्चित रचनाओं में मानव जीवन के सामान्य संवेगों का मूल्य दार्शनिक स्तर पर आँका है। पुरातनता का निर्मोक उतारकर फिर-फिर चमक उठती रूढ़ियों के विरुद्ध बौद्धिक विद्रोह को रेखांकित किया है। जीवन के केंद्र में मनुष्य को प्रतिष्ठित करना उनकी रचना का उद्देश्य है, वह मनुष्य न किसी वर्ग-विशेष का है, न संप्रदाय-विशेष का, वह एक इकाई है। वह किसी राष्ट्र के घेरे में नहीं घिरता, किसी वर्ण या आश्रम से बाँधा नहीं जा सकता। वह स्वतंत्र है, समग्र है।

द्विवेदी जी किसी भी निर्माण के मूल में, मनुष्य के वैयक्तिक या सामूहिक विश्वास का प्रकाश देखते हैं, ऐसे विश्वास का, आवश्यकतानुसार जिसका उल्लंघन

उसके विराट ऐश्वर्य का कारण हो, उसकी एकता को एकात्म अखंडता प्रदान करता हो। वस्तुतः विश्वजनीन सोद्देश्य रचना की यही प्रक्रिया हो भी सकती है।

इसी के कारण द्विवेदी जी के ललित निबंधों और उपन्यासों को जैसा सामूहिक समर्थन प्राप्त हुआ है, वैसा जैनेंद्र जी के डी०एच० लारेंस के जैसे निबंधों और सुनीता, कल्याणी, त्यागपत्र जैसे उपन्यासों को भी नहीं।

और अब एक शिखर से अपर शिखर पर पहुँचकर जीवन-रस की झाड़ियाँ लगाने वाले वही ऐरावत-वाहन अपने लोक लौट गए। अत्याचार-पीड़ितों की आशालता को अपने आँसुओं से सींचते हुए, स्वेद बहाकर जन-मानस में आत्मविश्वास का प्रकाश भरते हुए चिरनिद्रा में विलीन हो गए। अब उनके द्वारा जगाया हुआ देश उनके यशश्शरीर की रक्षा करेगा, यह उसका दायित्व भी है और कर्तव्य भी। पूरी पीढ़ी के अणु-परमाणुओं में वह अमर हैं और उनके लिए जीवन-मरण के लीला-क्षेत्र में इस ऐसे आवागमन को इससे अधिक महत्त्व भी नहीं दिया जा सकता :

'ये आ के बैठे हैं मयकदे में
वो उठ के आए हैं मयकदे से।'

अथवा

'से ये मातृपाणि
स्तन हते स्तनान्तरे लइतेछे टानि
स्तन हते तुले निले शिशु कांदे डरे
मुहूर्ते आश्वास पाय गिये स्तनान्तरे!'

यों तो बकौल कालिदास—

'मरणं प्रकृतिः शरीरिणां
विकृति जीवनमुच्यते बुधैः'

मृत्यु प्रकृति और जीवन विकृ.ा है। अचंभे की चीज मौत नहीं, जिंदगी है। जहाँ कदम-कदम पर मौत का जाल बिछा हो, वहाँ उससे किसी का; जब तक बच पाता है, बाल-बाल बच निकलना ही ताज्जुब की बात है। सो द्विवेदी जी भी मौत की चपेट में आ गए। उसके आगे उनकी जिंदादिली की एक न चली।

उस दिन बिहार राष्ट्रभाषा परिषद् की अध्यक्षता करने पटना पधारे थे। भाषण छपकर बँट गया था। हम सब सदस्यों के हाथ में था। अवश्य द्विवेदी जी मौखिक

ही धाराप्रवाह बोले जा रहे थे, किंतु कैसा इंद्रजाल कि छपे हुए भाषण से एक बिंदु-विसर्ग का भी कहीं अंतर न था।

एक दिन मुझे कवि भवानीप्रसाद मिश्र के बारे में कोई हैदराबाद में बता रहा था कि उनके काव्यपाठ की नाटकीयता आकस्मिक नहीं, पूर्वाभ्यास का परिणाम होती है। किंतु साहित्य-सम्राट् निराला छह सौ पंक्तियों की अपनी कलाकृति 'तुलसीदास' की जैसी आवृत्ति करते थे, उसे पृथ्वीराज कपूर जैसे नाट्य-सम्राट् ही मेघ-मंद्र-स्वर के तीनों सप्तकों में उसी आरोह-अवरोह, नेत्रों की वैसी ही नवरसमयी भंगिमाओं और मुख पर सस्मित ज्योति के वैसे ही सहज प्रकाश से साकार कर सकते थे; किंतु मैंने उन्हें कभी स्वरों या मुद्राओं का पूर्वाभ्यास करते नहीं देखा-सुना था।

निराला की प्रतिभा प्रस्तुति पर तो शेली की अभिव्यक्ति सहसा स्वरित हो उठती थी :

'Higher still and higher
  From the earth thou springest
Like a cloud of fire;
  The blue deep thou wingest
And singing still dost soar
  And soaring ever singest'

द्विवेदी जी मेधावी थे, स्मृति की आनुपूर्वी उनकी श्रुतिधरता की विशेषता थी। हम मुग्ध होकर पीयूष पीते रहे।

दूसरे दिन नलिनविलोचन शर्मा के साथ मैं उनके आवास पर उपस्थित हुआ। डॉ० दशरथ ओझा वहीं थे, उस वर्ष उनके प्रबंध हिंदी नाटक : उद्भव और विकास को पुरस्कृत किया गया था। एक निर्णायक मैं भी था। जाते ही द्विवेदी जी ने दशरथ ओझा जी और शर्मा जी की ओर संकेत करके कहा : 'औषधि सेवन के पूर्व : औषधि सेवन के पश्चात्' और छतफाड़ अट्टहास से प्रासाद को प्रकंपित कर दिया। उस समय उनका मुखमंडल सूर्य की प्रखर किरणों से विद्ध शरद ऋतु के फुल्ल कमल के समान भासमान हो उठा। नाभिकुंड से उठता हुआ हास्य आवर्त उनके आताम्र नयनों और प्रदीप्त ललाटतट के ऊपर चक्राकार घूमता हुआ दिखलाई देने लगा। महादेवी की हँसी सुनहरी बूँदों से भीगी कामिनियों के स्वच्छ गुच्छों-सी खिली हुई होती है, बेनीपुरी की हँसी आकाश से धरती पर उतरती थी। द्विवेदी जी के समुद्र का स्फार-ज्वार-निनाद सुनकर वह पूरा का पूरा परिवेश झूम-झूम उठा।

एक कोई प्राध्यापक बैठे थे वहाँ। मेरी शोख गुफ्तगू से खिंचकर जैसे हवा का रुख पलटाने लगे : हिंदी में पहले ऐसा कौन था? कवि और आलोचक, निबंधकार

और इतिहासकार, उपन्यासकार, और…

एक नलिन जी थे जो घंटे-भर में एक शब्द भी नहीं बोले थे। और हमारी बातों के मजे लेते थे, मुसकराते थे। और एक यह सज्जन थे जो 'अशोक के फूल' और 'वसंत आ गया' और कुछ दूसरे शीर्षकों के मनके फेर रहे थे।

मैंने निर्विष आशीविष के समान फुफकारकर कहा : हिंदी में आचार्य रामचंद्र शुक्ल से बड़ा आलोचक अभी तक तो नहीं आया। रिचर्ड्स, ईलियट और लिविस का समकक्ष कोई नाम हिंदी में ढूँढ़ा जाएगा तो वह आचार्य शुक्ल का ही होगा। और तो और, 'इल्युजन एंड रियलिटी' का काडवेल भी दरकिनार, एक हंगेरियन मार्क्सिस्ट जॉर्ज लुकास के Studies in European Realism की कोटि की कौन-सी समीक्षा किसी मार्क्सवादी आलोचक की भी आई है? आलोचनात्मक निबंधों में English Critical Essays (Twentieth Century) के स्तर की निबंधावली 'चिंतामणि' के अतिरिक्त भी हिंदी में है? 'चिंतामणि' के निबंध बेशक व्यक्तिगत या ललित निबंध नहीं हैं, जायसी-तुलसी की भूमिकाओं में भी लालित्य का आंशिक निर्वाह ही हुआ है, किंतु उनकी सर्वांगीणता को नकारने वाला अब भी क्या कुछ आया है?

अंतर कथ्य में स्पष्ट है—शुक्ल जी आदर्शवादी मर्यादावादी थे, द्विवेदी जी मानवतावादी हैं। प्रेषणीयता में शिल्प-भेद भी है। शुक्ल जी की सारगर्भ शैली गहन और द्विवेदी जी की लोकप्रिय (Popular) है। हर्बर्ट रीड (A Coat of Many Colours; Education of peace; The Politics of the Unpolitical; The Tenth Muse आदि के लेखक) तथा टैगोर की तरह विविधता उनके लेखन का प्राणतत्त्व है। शुक्ल जी साहित्य की ही सीमाओं में असीम थे।

मेरे अज्ञान के ज्ञानाडंबर से क्षण-भर सन्नाटा-सा छा गया। ऐसा दृश्य एक बार और उपस्थित हुआ था, जब द्विवेदी जी बी०एन० कॉलेज में भाषण करने आए थे और पंडित रामदहिन मिश्र के घर पर ठहरे हुए थे। उस दिन पंडितमंडली मुझ जैसे अप्रियशंसी की निर्लज्जता पर अंतःकुपित-सी थी, अवश्य शास्त्रार्थ में सम्मिलित होकर अपनी अगाधता उलीचना नहीं चाहती थी। जैसे तिमिर का अर्णव तैरकर पार कर लिए हो, मैं प्रणत, प्रांजलि होकर उठ खड़ा हुआ और खिलखिलाकर बोला : पृथ्वीनाथ-रमानाथ की देखादेखी मैं सन् '33 से ही द्विवेदी जी को 'बड़का भैया' कहता आया हूँ, यह दो भाइयों के बीच का तुमुल संग्राम है, मैं इनके अतुल तेज को संक्षुब्ध कर इनकी विराट् तेजस्विता के दर्शनों का ही अभिलाषी हूँ। किंतु ये पंडित-पुंगव ऐसे महातेजा हैं कि फूँकने से धधकते ही नहीं, इनके ईंधन भी वैश्वानर यज्ञ की समिधाओं के समान गीले, इसलिए, भारी-भरकम हैं। वे आसानी से टस से

मस नहीं होते। व्योमकेश उपनाम इन्हें नहीं सजता, एहतियातन क्रोध को जीतकर इन्होंने त्रिशूली व्योमकेश को पूरी तरह परास्त कर दिया है।

'यः समुत्पतितं क्रोधं क्षमयैव निरस्यति
यथोरगस्त्वचं जीर्णा स वै पुरुष उच्यते।'

वाल्मीकि ने जैसे इन्हीं के लिए लिखा था। इस अपूर्व-असामान्य और अद्वितीय से वाद-विवाद कर निर्विवाद तथ्यों का संकलन ही मेरा भी उद्देश्य है। द्विवेदी जी के सर्वस्वीकृत आकर्षक और ऐतिहासिक व्यक्तित्व ने जिस सहृदयता के साथ हिंदी आलोचना की शुष्क शैक्षणिक जमीन को अपने प्राणों की हरियाली दी है; अपनी आत्मा का रस दिया है, उसका साक्षात्कार असली-नकली तकरार के बिना संभव है क्या? कवि की दृष्टि और दार्शनिक की अंतर्दृष्टि के इस विरल संयोग को कुरेदने के लिए कुलाँच भरना पड़ता है।

आज की जँभाई और अँगड़ाई की प्रतिध्वनि त्यौरी चढ़ाकर सबने सुनी, पर मूक भाषा और निःशब्द भाव ने कुछ स्पष्ट न होने दिया। ऐसे में नलिन जी ने विश्व भर के नए ललित निबंधकारों के नाम परिगणित कर द्विवेदी जी के 'वसंत आ गया'— ऐसे निबंधों की अद्वितीयता प्रमाणित की। वातावरण खिल उठा। 'बाणभट्ट की आत्मकथा' पर उनके विचार मैंने सुने थे और असहमति प्रकट की थी। जब पहली बार ग्रंथवितान भागलपुर से 'बाणभट्ट की आत्मकथा' प्रकाशित हुई थी, तब द्विवेदी जी ने मेरे पास भी उसकी एक प्रति समीक्षार्थ भेजी थी। मैं 'तुलसीदासी' मौलिकता का तब तक प्रशंसक न हो सका था, अतः गुफा के अँधेरे कोने में खोया पड़ा रह गया। नहीं तो आलोचक बनने का वह एक सुनहरा मौका मिला था, मैं चटपट छपकर कैसी-कैसी नजरों पर चढ़ जाता! आनंद आया कि उसकी सबसे मुखर समीक्षा उन्होंने की जो न बाणभट्ट को (मूल में) तब पढ़ सकते थे, न अब पढ़ सकते हैं।

महादेवी जी का 'सप्तपर्ण' समीक्षार्थ मिला था डॉ० नगेंद्र द्वारा संपादित दिल्ली विश्वविद्यालय प्रकाशन के किसी त्रैमासिक के लिए। मेरी समीक्षा से महादेवी जी से संबंध बिगड़ जाने का जोखिम उठाना पड़ता उन्हें। मैंने निबंध मँगवाकर रास्ता साफ कर दिया। वेद और संस्कृत क्लासिक और पालि-प्राकृत से अनूदित 'सप्तपर्ण' की प्रशस्ति दिनकर जी ने लिखी। हिंदी की यह त्रिकुटी लोक-वेद की सर्वविदित संगम भूमि रही है। 'परस्परं भावयन्तः श्रेयः परमवाप्स्यथ'—गीता ने झूठ कहा है, पद-पद पर 'प्रेयः परमवाप्स्यथ' का चमत्कार अवश्य प्रत्यक्ष होता रहा है।

संस्कृत कवियों में गीर्वाण के समान समादृत बाणभट्ट का हिंदी में द्विवेदी जी

के रूप में अवतार हो गया। मौलिकता की ऐसी-तैसी—'बालमीकि तुलसी भयौ!' नलिन जी की प्रज्ञापारमिता का मैं शुरू से कायल रहा। मेरा प्रज्ञाविपर्यय सदा कार्य-सर्वस्वघाती सिद्ध हुआ। नलिनी जी रोष-दोष रहित, किंतु अमित तेजस्वी थे। मेरी बकवास चुपचाप सुनते रहे थे। उनकी अमृतवाणी को मेरी 'अमृत ध्वनि' कैसे छेड़ सकती थी। 'नाग्नि-रन्नौ प्रवर्तते?'

'चढ़ता रहा मैं वक्त के ऊँचे पहाड़ पर
करता भी क्या, फरार का रस्ता कोई न था!'

बाण, सुबंधु, दंडी ने गद्यकाव्यात्मक आख्यान, आख्यायिका की जो पद्धति प्रवर्तित की थी वह चाहे अप्रासंगिक हो गई हो, चाहे उसकी प्रासंगिकता में प्रकारांतर से निखार आया हो, द्विवेदी जी में उस तामझाम रचनात्मक कल्पना का लोल-कल्लोल कहीं नहीं है। वह संस्कृत भाषा और साहित्य का निजी शाश्वत श्रृंगार है, आत्मिक अननुकरणीय मौलिकता है। वह भाग्वैभव अन्यत्र कहाँ? कथा कहने की द्विवेदी जी की प्रौढ़ पद्धति भी भोजप्रबंध, द्वात्रिंशत् पुत्तलिका और वेताल-पञ्चविंशतिः वाली है, कादंबरी, वासवदत्ता वाली नहीं। वह नहीं हो सकती थी।

जयदेव का कोई प्रतिरूप नहीं, विद्यापति, चंडीदास, सूर-मीरा कोई नहीं। यों स्वाधीन कलम लिख मारती है कि जयदेव बहुत पीछे छूट गए। परवर्तिनी भाषाओं की संचिका, मंजूषा सँजोने पर रत्नाकर नहीं विवश किया जा सकता।

द्विवेदी जी की बड़ी-बड़ी आँखों का बड़प्पन भावार्द्र हो उठता, जैसे अतथ्य की निविड़ उपलब्धि विषय को, यथार्थता को पीछे छोड़ आई हो; चश्मा पोंछकर फिर आँखों पर लगाते और देखते रह जाते, जैसे तोते की बोली शुकदेव की स्मृति जगा रही हो; दिन के सपाट प्रकाश के गिर्द दिगंत से भागा अँधेरा धक्कमधक्के से कतराकर आ गिरा हो और उन्हें अपने अनधिकार-प्रवेश के लिए कालिदास के शब्दों में गुहरा रहा हो :

'क्षुद्रेऽपि नूनं शरणंप्रपन्ने
ममत्वमुच्चैः शिरसां सतीव।'

जैसे तटस्थ चट्टानों से टकराते कल्लोलों का आस्फालन बालू की बेला पर विश्राम करने ठहर गया हो!

वस्तुतः यह किसी अनात्मज्ञ की नक्षत्रगणना थी। ज्ञान की लालसा मर्यादा को छापकर छलक उठे तो इसे आंशिक विक्षिप्तता ही कहेंगे। किंतु द्विवेदी जी ने फ्रांसीसी क्रांति की विभूति से मेरी अमानवीय मलिन मति को माँजते हुए अट्टहास बरसकर

मस्तिष्क के शुष्क स्नायुओं को तरल ताजा कर दिया। मेरे पास श्रद्धा करने के लिए उमगता हुआ हृदय है; पूजा के लिए बढ़े हुए विपुल-पुलक हाथ हैं, चरण स्पर्श करने के लिए बादल की छाँह-सा झुका हुआ माथा है, फिर इस विष-बुझे दर्प को कौन कहाँ सँभाले रखता है जो वह निष्ठा को तोड़कर जब-तब, भरसक अनवसर में यूँ प्रकट हो जाता है! दरअसल मेरी कोशिश अपने ढंग से किसी जाने-माने की समझ-बूझ का लेखा-जोखा बैठाना ही होता है मगर हो कुछ का कुछ जाता है। मेरे बेतरतीब विचारों के आसपास कुछ और इकट्ठा हो जाता है। कुछ जिसका मजाक पंचमकारी वामपंथी ही नहीं, अपच-डकारी पंचमकारी दक्षिणपंथी भी उड़ा सकते हैं। मैं हाथ-पाँव समेटकर टुकुर-टुकुर ताकता रह जाता हूँ। बादल पच्छिम के लाल हों कि पूरब के पीले, मुझ मुरझे पर एक-से लाल-पीले होते हैं!

हिंदी के लगभग सभी आलोचक कभी कवि रहे हैं और बकौल तुलसी 'निज कवित्त केहि।' सो उनके पैमाने ऐसे होते हैं जिनसे उनका अतिदुर्लभ कवित्व छायावादी रेगिस्तान में छलकने न पाए : औरों में कुछ और होगा। आचार्य महावीर प्रसाद द्विवेदी से बड़ा कौन कवि होगा? निराला तो हर्गिज नहीं। आचार्य रामचंद्र शुक्ल प्रकृति-वर्णन में लासानी थे, आदिकवि की तरह आलंबन रूप में प्रकृति का चित्रण करते थे; निराला की 'संध्या-सुंदरी' इसी किस्म की एक दिलचस्प कोशिश भले ही हो, उपलब्धि कहाँ थी? आचार्य नंददुलारे वाजपेयी पौरस्त्य और पाश्चात्य दृष्टिकोणों से अवगत, छायावाद के एक ही सौंदर्यवादी मनोवैज्ञानिक आलोचक; परंतु प्रसाद के आगे की राह उन्हें आँकी-बाँकी दिखती थी। बच्चन अलबत्ता साफ-सुथरे लगते थे, निराला की कविता के आस्वाद और विश्लेषण की प्रक्रिया में उनकी रचनात्मक समस्याएँ, उनकी भाषा-मुक्ति, संगुफित भावराशि अनदेखी रह जाती थीं। डॉ० देवराज ने छायावाद की धज्जियाँ उड़ा दीं, स्वयं कैसी कविताएँ लिखीं! और तो और, डॉ० रामविलास शर्मा, डॉ० नामवर सिंह जैसे प्रतिबद्ध आलोचक भी जाने-माने कवि हैं। सबकी कविताओं के साक्ष्य में यह निर्णय लिया जा सकता है कि कविता के नए प्रतिमान क्या हैं या हो सकते हैं? जिन्हें ये प्रतिमान पसंद नहीं, उन सिरफिरों का हश्र एक-एक के (प्रकाशकों की सुविधा के अनुसार) लिखे अनेक-अनेक इतिहासों में उजागर है।

मैं अपने मन को मानता हूँ, पर वही ढाक के तीन पात। प्रसाद या निराला कवि थे, इसलिए उनसे, छायावादी-रहस्यवादी, व्यक्तिवादी-समाजवादी, राष्ट्रवादी-जनवादी कठघरों में खड़ा कराके (वकीलों की मदद से खुद जिरह करने का मौका देकर) जवाब-तलब किया जाना चाहिए या कोई सिद्धांततः जनवादी, समाजवादी है इसलिए

उसे महान् या 'महतो महीयान् कवि' होने का फतवा दिया जाना उचित है? आर्नल्ड, पाउंड, लिविस, ईलियट या टैगोर जिस कोटि के कवि हैं, उसी ऊँचाई के आलोचक भी। हिंदी में भी अपने-अपने खेमे हैं, अपने-अपने कवि, अपने-अपने आलोचक। फिर कॉलेज के वृत्तफलाहारी नोट्स-लेखकों की भेड़ियाधसान अनुवृत्ति, आवृत्ति।

ऐसी जगह द्विवेदी जी जैसे महारथी का सव्यसाचित्व दर्शनीय है। 'बोलो शारदा के पुत्र' और 'कविया गया है' (भवानीप्रसाद मिश्र) में वह काव्य का स्तर प्रस्तावित कर देते हैं, फिर मौज-मस्ती-फक्कड़पन की कसौटी पर महादेवी के काव्यसाहित्य को शांतिनिकेतन करार देते हैं और दिनकर के कामाध्यात्म को योग-तंत्र का सहस्रार-विहार और तब उनके द्वारा अंगुल्या निर्दिष्ट त्रिवेणी में आजीवन डुबकियाँ लगाता रहे कोई!

एक अकेले 'अशोक के फूल' में पंत, प्रसाद, निराला वाले—

कहाँ आज वह पूर्ण पुरातन
वह सुवर्ण का काल?
भूतियों का दिगंत छवि-जाल,
ज्योति-चुंबित जगती का भाल?

—पंत

चिरकिशोरवय, नित्यविलासी—
सुरभित जिससे रहा दिगन्त
आज तिरोहित हुआ कहाँ वह
मधु से पूर्ण अनंत वसंत?
अब न कपोलों पर छाया-सी
पड़ती मुख की सुरभित भाप
भुज-मूलों में शिथिल वसन की
व्यस्त न होती है अब माप।

—प्रसाद

बता, कहाँ अब वह वंशीवट?
कहाँ गए नटनागर श्याम?
चल चरणों का व्याकुल पनघट
कहाँ आज वह वृन्दा-धाम?
कभी यहाँ देखे थे जिनके
श्याम-विरह से तप्त शरीर,

किस विनोद की तृषित गोद में
आज पोंछती वे दृग-नीर?

—निराला

—छायावाद का भरपूर आस्वाद भी है।'

'मनुष्य की जीवन-शक्ति बड़ी निर्मम है। वह सभ्यता और संस्कृति के वृथा मोहों को रौंदती चली आ रही है।' 'देश और जाति की विशुद्ध संस्कृति केवल बात की बात है। शुद्ध है केवल मनुष्य की दुर्दम जिजीविषा। वह गंगा की अबाधित, अनाहत (?) धारा के समान सब कुछ को हजम करने के बाद भी पवित्र है।'

—समाजशास्त्रीय, सांस्कृतिक, अदम्य, अनम्य, मानवतावाद भी है। और सबसे बढ़कर—

'अशोक का वृक्ष जितना भी मनोहर हो, परंतु है वह उस विशाल सामंती सभ्यता की परिष्कृत रुचि का ही प्रतीक है, जो साधारण प्रजा के परिश्रमों पर पली थी...और लाखों-करोड़ों की उपेक्षा से समृद्ध हुई थी।'

—द्वंद्वात्मक भौतिकवादी, खालिस समाजवादी भी। अब और क्या चाहिए? अतीत से अनागत तक के अहेतुक बहुजनहिताय बहुजनसुखाय सेतुबंध से जो चाहे बेरोक आए-जाए! किसी भी वाद का कैसा भी तीखा और ताजा आलोचक क्यों न हो, उसे कोई शिकायत न होगी। उसे अपने काम के भरपूर तथ्यों का खजाना इकट्ठा हाथ लग जाएगा।

शंख घोष की पंक्तियाँ याद आती हैं :

'मनेर मध्ये भावना गुलो धुलोर मतो छोटे
ये कथाटा बोलबो सेटा काँपते थाके ठोंटे
बला हय ना किछु
आकाश येन नामते थाके नीचुर थेके नीचु
मुख ढेके देय, मुख ढेके देय, बला हय ना किछु!'

मेरी उलझन पटसन की रस्सी की उलझन न थी, बारीक रेशमी धागों की थी जो धागे एक नजर में नाजुक और मुलायम भले ही दिखते हों, मगर वे कमजोर हर्गिज नहीं होते। मसलन—हम अशोक के फूल का अतीत के प्रत्यावर्तन में अर्थ ढूँढ़ें या समाज में? आप स्वयं क्या कहना चाहते हैं?

अब यह सवाल कोई ऐसा मामूली तो न था। इस किस्म के सवाल हँसकर उड़ा दिए जाएँ तो ठीक, वर्ना इनके एक-एक जवाब से सौ-सौ सवाल फूटते हैं।

एक रोज 'नदी के द्वीप' खत्म कर चुकने पर ललककर पूछने गया—अज्ञेय जी ने नॉवेल में टैगोर की खटमिट्ठी चटनी बहुत चटाई है, विष्णु दे को कहीं नहीं याद किया, मगर मुझे उनकी द्वीप वाली केंद्रीय कल्पना को मौलिक मानते संकोच होता है। संद्वीपेर चर की ये पंक्तियाँ—

द्वीप सव उपद्वीप आमरा सवाइ द्वीप एकफालि चर
येखानेइ वांधि घर आमादेर सीमा
आमरा छड़ाइ विश्वे आमरा ये द्वैपायन!

भी क्या लारेंस आदि से प्रभावित होंगी? पहले अज्ञेय जी ने एक छोटी-सी कविता फेंकी थी इस बार विशाल जाल ही डाल दिया!

'अशोक के फूल' का संदर्भ संस्कृत साहित्य, विशेषकर कालिदास में है—

रक्ताशोकश्चलकिसलयः केसरश्चात्र कान्तः
प्रत्यासन्नौ कुरवकवृतेर्माधवीमण्डपस्य
एकः सख्यास्तव सह मया वामपादाभिलाषी
काङ्क्षत्यन्यो वदनमदिरां दोहदच्छद्मनाऽस्याः

—मेघदूत

कनक कदली से आवेष्ठित क्रीड़ा शैल की चर्चा अपने घर की पहचान बताने के क्रम में यक्ष कर चुका है। अब कहता है कि उसी पहाड़ पर कुरवक-वृक्षों से घिरा हुआ वासंती लताओं का कुंज-निकुंज है जिसके पास ही गुच्छ-गुच्छ कोंपलों से लदा हुआ एक अशोक का पेड़ है और दूसरा परम मनोहर मौलसिरी का। अशोक को मेरी प्राणप्रिया के सुंदर चरण का सरस परस चाहिए और मौलसिरी को उसके मादक होंठों की छुई हुई मदिरा!

मदनदहन के पूर्व वसंत के आकस्मिक आगमन का अपूर्व उल्लास उमड़ा पड़ता है। इस अशोक ही को देखो, तने से फुनगी तक कोमल कोंपलों और गुच्छ-गुच्छ फूलों से कस गया है। रस-वस में सहज संस्कार भी भूल-बिसर गया। आज उसे नूपुरों के रणन-झझन-सुर-भरे सुंदरियों के रंग गुदगुदे तलवों से सहलाए जाने की भी जरूरत महसूस न हुई :

'असूत सद्यः कुसुमान्यशोकः
स्कन्धात्प्रभृत्येव सपल्लवानि
पादेन नापैक्षत सुन्दरीणां
सम्पर्कमासिंजितनूपुरेण'

—कुमारसंभव

अशोकनिर्भत्सित पद्मराग
माकृष्टहेमद्युतिकर्णिकारम्
मुक्ताकलापीकृतसिन्धुवारं
वसन्तपुष्पाभरणं वहन्ती

—कुमारसंभव

शंकर से मिलने जाती नगाधिराज की राजकुमारी पार्वती के नैसर्गिक हार-शृंगार का वर्णन है। उन्होंने पद्मराग मणि नहीं धारण की, अशोक के लाल-लाल फूलों के गुच्छे पहन लिए; सोने के आभूषणों से नहीं, सुनहरे कनेर के फूलों से अपने को सजाया; मोतियों के हार की जगह मोतिया (सिंधुवार, निसिंदा, निर्गुडी) फूलों की माला गले में डाली। रत्न-मणि-माणिक्य की ओर आँख भी न उठाई, वसंत ऋतु के फूलों से ही अपने को सजाया-सँवारा।

'कुसुममेव न केवलमार्तवं
नवमशोकतरोः स्मरदीपनम्
किसलयप्रसवोऽपि विलासिनां
मदयिता दयिताश्रवणार्पितः।'

—रघुवंश

वसंत में खूब-खूब फूले अशोक के लाल-लाल ताजा फूल ही मन को मस्त करने वाले नहीं हैं, अगर कोई प्रियतमा उसके पल्लवों को कान पर खोंसे रहे तो वह भी पागल कर देने के लिए काफी है।

'मालविकाग्निमित्र' के तीसरे अंक में मालविका के नूपुर-रणित, अलक्तकांकित चरणों द्वारा अशोक के सपुलक सम्मान ने विपुल विस्तार पा लिया है :

'नवकिसलयरागेणार्द्रपादेन बाला
स्फुरितनखरुचा द्वौ हन्तुमर्हत्यनेन
अकुसुमितमशोकं दोहदापेक्षया वा
प्रणमितशिरसं वा कान्तमार्द्रापराधम्

अनेन तनुमध्यया मुखरनूपुराराविणा
नवाम्बुरुहकोमलेन चरणेन सम्भावितः
अशोक यदि सद्य एव मुकुलैर्न सम्पत्स्यसे
वृथा वहसि दोहदं ललितकामिसाधारणम्

किसलयमृदोर्विलासिनि
कठिने निहितस्य पादपस्कन्धे
चरणस्य न ते बाधा
सम्प्रति वामोरु वामस्य'

—मालविकाग्निमित्र

इन पंक्तियों में रेखांकित सौंदर्य और उससे उठने वाली चिदानंद लहरियों की लीला अवर्णनीय है। कॉलरिज के शब्दों में :

'O happy living things! no tongue
Their beauty might declare :
A spring of love gushed from my heart,
And I blessed them unaware.'

अग्निमित्र कहता है : नई फूटी कोंपलों-जैसे इन महावर-रँगे पाँवों से कि जिनकी गीली ललाई के सबब नाखूनों की चमक और निखर आई है, मालविका चाहे तो दो पर प्रहार कर सकती है, एक तो इस अशोक पर जो अब तक जाने क्यों नहीं फूला और दूसरे मुझ जैसे चपल प्रेमी पर जो किसी और से प्यार करते हुए रँगे हाथों पकड़ा गया हो!

(It was a miracle of rare device
A sunny pleasure-dome with cave of ice!)

किसी ऐसी-वैसी ने नहीं, स्वयं लचीली पतली कमर वाली मालविका ने अपने मणिमंजीर-गुंजरित चरण की टटके खिले कमल की-सी कोमल छुवन से तुझे दुर्लभ समादार दिया। अरे अशोक, तू यदि इतने पर भी तुरत-तुरत कलियों से लद नहीं जाता तो फिर इसी स्थिति में पुलकित, रोमांचित हो उठने वाले रसिक धीर-ललित प्रेमी-जनों से तुझ-से खूसट का क्या मुकाबला! वह बेहया तो लतिआए जाने पर धरती की धूल झाड़कर उसकी आँखों के आकाश की ओर चोंच उठाकर मंद्र-सांद्र स्वर में यूँ फूट पड़ता है :

'दासे कृतागसि भवत्युचितः प्रभूणां
पादप्रहार इति सुन्दरि नास्मि दूये
उद्यत्कठोरपुलकाङ्कुरकण्टकाग्रै
र्यत्खिद्यते तव पदं ननु सा व्यथा मे।'

कि चाकर चाकरी में चूक करे तो उसे लतियाना मालिक का फर्ज है। मुझे कतई

दुःख नहीं कि तुमने मुझ पर लात चलाई। दुःख की कोई बात है तो यह कि तुमने साधकर जिस ठौर लात जमाई, वह रोमांच से कँटीला हो उठा और हाय रे, तुम्हारा निहायत मुलायम पाँव उन शोख काँटों से बुरी तरह बिंध गया होगा।

अग्निमित्र भी उसी अंदाज में पालतू पंछी उड़ा रहा है। बोल अटकता है और एक खटके के साथ सध जाता है। चाटूक्ति का सिलसिला मोड़ लेकर चक्करदार शब्दों की झाड़ी में सकपकाकर छिप जाता है, फिर जीभ पर फिसलता हुआ झुरमुट से झाँकता है।

अरी ओ रसवंती, अशोक के पेड़ के कड़े तने पर पड़ा तुम्हारा पल्लव-सा सुकुमार बायाँ पैर दुख तो नहीं रहा?

यहीं आनंदवर्द्धन द्वारा उदाहृत एक अपूर्व पद्य याद आता है :

'रक्तस्त्वं नवपल्लवैरहमपि श्लाघ्यैः प्रियायागुणैः
त्वामायान्ति शिलीमुखाः स्मरधनुर्मुक्तास्तथा मामपि
कान्तापादतलाहतिस्तव मुदे तद्वन्ममाप्यावयोः
सर्वं तुल्यमशोक केवलमहं धात्रा सशोकः कृतः'

एक विरही अनुरागी अशोक को संबोधित कर रहा है कि अरे ओ अशोक, तुम अपने लाल प्रवालों के कारण 'रक्त' (red) हो और मैं अपनी प्रियतमा के गुणों से ['रक्त' (अनुरक्त; affectionate) हूँ]; कामदेव के धनुष से छूटे हुए 'शिलीमुख' (Black bees) तुम्हारे गिर्द मँडराते हैं (wandering about) और वैसे ही उसके वे 'शिलीमुख' (bows) बाण मुझे बेधते रहते हैं; जैसे कांता के तलवों की ठोकरें तुम्हारे आनंद को उकसाती हैं, वैसे ही मुझे बड़ी प्यारी लगती हैं। देखो न, यह कैसा योगायोग है कि हमारे स्वभाव में इतनी समानता है, हर बात में हम एक-से हैं, बस फर्क है तो यही कि तुम अशोक (Happy) हो और मैं 'सशोक' (Morose)!

'अशोक के फूल' में ये सारे संदर्भ हैं। इनकी जानकारी न रहने पर भी राग रंग के प्रसंग समझ में आ जाते हैं। जानकारी रहने पर कुछ अधिक आनंद आता है। स्वयं द्विवेदी जी ने संभवतः पूर्व पक्ष को प्रभावी दिखलाने के लिए ही रंगों की वर्षा की है, केवल पांडित्य-प्रदर्शन हर्गिज उनका लक्ष्य न होगा। यों अपने कथा-आख्यायिका-संबंधी लिखित भाषण में केवल अनुरंजकता लाने के लिए 'कादंबरी' के लंबे उद्धरण दिए हैं, टैगोर जिसे बेहद खूबसूरत ढंग से बहुत पहले पेश कर चुके थे। यह तो एक बात की बात है। बाणभट्ट की कुंद बुद्धि पर तरस खाना उनका उद्देश्य न होगा, न अपनी वाग्वैखरी की प्रखरता पर ततोऽधिक अभिमान का

अज्ञानियों में प्रदर्शन। इस युग में भी श्री अरविंद ने बाइबिल की भाषा में 'सावित्री' या 'लाइफ डिवाइन' की रचना नहीं की है। यह उनकी सामर्थ्य की सीमा हो सकती है। बाण ने गद्य की शैली में पद्य तो नहीं लिखे हैं, न निराला ने 'शक्तिपूजा' की शैली में 'गरम पकौड़ी'।

द्विवेदी जी से इन पर चर्चा करने में अद्भुत आनंद आता था, क्योंकि वह भाषा-विज्ञान, आयुर्वेद और ज्योतिष से भी इसका अरिष्टनाशक, आसव-प्रसवी, संदर्भ जोड़ देते थे।

निराला के प्रिय राग 'केदारा' का जिन दिनों चस्का लगा था, मैंने कई उस्तादों से इसके आरोह-अवरोह पूछे थे। सब के अलग-अलग प्रँकार थे। अंतर किसी के आरोह में था, अधिकांश के अवरोह में, फिर भी एक जगह सब समान थे—षडज से सीधे मध्यम पर पहुँचने में। यह बोध विलंब से हुआ कि किन स्वरों के साहचर्य से यह 'छायानट' या ऐसे ही दूसरे दोनों मध्यम वाले रागों से अलग अपनी पहचान बनाता है; कि इसका सम्यक् ज्ञान हो जाने पर आरोह-अवरोह या चाल में घरानों के भेद से ईषत् अंतर होने पर भी राग के शुद्ध स्वरूप का कुछ नहीं बनता-बिगड़ता। द्विवेदी जी के वैचारिक आरोह-अवरोह में घट-बढ़कर या उलट-पुलटकर सभी अभिवांछित स्वर आ जाते थे।

द्विवेदी जी की विचार-शृंखला में ध्यातव्य उनकी निःसंशयता होती थी। आड़ी-तिरछी चढ़ाइयों और फिसलन-भरी ढलानों के वह कम कायल थे। आरपार दिखने में फूलों का बाड़ा भी आड़े आए तो वह उन्हें गवारा न होता। मैं जब-जब उन्हें पथरीली घाटियों में भटकाना चाहता, वह जल्द ही सीधी सड़क पर आ जाते। उनकी सावधानी अभ्यस्त-सी थी, जैसे कार के स्टियर पर उँगलियाँ हों, पाँव ब्रेकों के करीब, और आँखें सड़क पर। उनकी शांत-पावन दृष्टि का ऐश्वर्य अचिंत्य था। मेरी अल्पविषया बुद्धि यथासमय विचार-संचय में अनुरूप क्षमता नहीं दिखा पाती तो वह सर्वोन्नत स्तर से हँसी उछाल देते जो सहस्रगुण रस-वर्षण कर मरु में हरियाली उगा देती।

दूसरे का बंगला से। हिंदी में अब और ऐसा कौन था जिससे इन भाषाओं के विशाल साहित्य पर उमड़कर चर्चा करता! सो, जब वहाँ अवसर मिलता, उमगकर मिलता। एक अपराह्न राष्ट्रपति-भवन के उद्यान में (अकादमी की बैठक के मध्यांतर में) हम घूम रहे थे। बंगाल की प्रतिनिधि महिला साहित्यकार ने द्विवेदी जी को नमस्कार किया! द्विवेदी जी ने मेरा परिचय देते हुए बंगला साहित्य में मेरे प्रवेशमात्र को गहन अवगाहन का दर्जा दिया। वह मुखातिब हुई तो मैंने प्रति-नमस्कार करते

हुए निवेदन किया : 'शुधु परिक्रमा करितेछि।' फिर मुड़कर द्विवेदी जी से कहा :

'जनाबे शेख को यह मश्क है यादे इलाही की,
खबर होती नहीं दिल को, जुबाँ से याद करते हैं।'

बहरहाल, राष्ट्रपति के साथ चाय पीने से पहले का तेज-तेज भागता हुआ समय अमृत की मदहोशी में गुजर गया। काम ही की एक बात हो पाई। मैंने कहा—एक मार्क्सवादी आलोचक ने निराला की काव्यकला का विकट विश्लेषण करते हुए एक उत्कट उपशीर्षक दिया है—'अलक, पलक, छलक।' कि निराला ने इनके अतिरिक्त प्रयोग किए हैं—'खुले अलक मुँद गए पलकदल' में दो हैं तो 'अलक पलक में छिपी छलक' में तीनों। अवश्य अतिव्यस्तता के कारण अथवा विस्तार के भय से यँह बताने का कष्ट नहीं किया है कि जहाँ ये शब्द प्रयोग में आए हैं वहाँ इनकी कोई सार्थकता भी है या नहीं! या कि 'अलक पलक में छिपी छलक' जैसे चलचित्र में उन्होंने कौन-सी चंचल छवि रेखांकित की है!

मुझे तो ऐसे अनेक स्थल याद हैं जहाँ निराला ने इन शब्दों का अत्यंत सार्थक प्रयोग किया है। जैसे 'तुलसीदास' के इन अंत्यानुप्रासों में—

'बिखरी छूटी शफरी अलकें
निष्पात नयन नीरज पलकें
भावातुर पृथु उर की छलकें उपशमिता।'

यहाँ इनके प्रतिशब्द ढूँढ़े नहीं मिल सकते। फिर निराला ने अविनाभाव के रूप में इन अनुप्रासों का प्रयोग किया भी नहीं है :

'रूप अतन्द्र, चन्द्र मुख, श्रम रुचि,
पलक तरलतम मृग-दृग-तारे!'

यहाँ 'पलक' के साथ न अलक है, न छलक।

—अभी यह बात बंगला साहित्य के प्रसंग में याद आई है। याद आता है, कहीं टैगोर से भी यह अपराध बन पड़ा है :

'रहिया रहिया ये परशमणि
झलके अलककोणे
पलकेर तरे सकरुण करे
बुलायो बुलायो मोने!'

यही नहीं, कहीं-कहीं तो अनुप्रास 'अलक पलक में छिपी छलक' के समान ही प्राणवान हो उठा है : 'पलके-पलके हिया पुलके पुरी!'

इसे हम नाजुकखयाली कहकर महफिली चोचलों में नहीं शुमार कर सकते क्योंकि यह तो अंतरतर के गोपन भावों का Spectrum है। इस रम्य शिल्पन का उद्देश्य Immediate pleasure नहीं हो सकता, इस चपल स्पंदन में एक ऐसी निश्चल निस्पंदता अथवा Perception of Infinite है जो तात्कालिक सुख को शाश्वती स्थिति तक ले जाती है। अनायास कालिदास और टैगोर में ऐसे अनुप्रास आ गए हैं जो अपनी ध्वनि के आवर्त से आनंद की कई नई लहरें उठाते दिखते हैं :

'तस्याः खुर-न्यास-पवित्र-पांसु-
मपांसुलानां धुरि कीर्तनीया'

—रघुवंश

'मेनां मुनीनामपि माननीया
मात्मानुरूपां विधिनोपयेमे।'

—कुमारसंभव

'बबन्ध बालारुणबभ्रु वल्कलम्'

—कुमारसंभव

उनकी आँखों से अपना हृदय देखना आवश्यक है। अपनी आँखों उनका हृदय देखना निर्दोष न होगा। उन्हें देखने के लिए उनके तत्त्वों-उपकरणों की राह चलना होगा। उनकी सौंदर्यसृष्टि के उपादान और निमित्त कारणों को पहचानना होगा। उनके पूर्ववर्ती और समकालीनों के आईनों में उनके कृतित्व की कैसी छवि उभरी है, इसे अंजनशलाका लगाकर निरखना होगा। आपात-रमणीय और अमृत-मंथन में अंतर होगा ही।

उनके सान्निध्य में बार-बार एक ही विचार मन में उठता : अदृष्टपूर्व है! यह विशाल हृदय, व्यापक दृष्टिकोण और सर्वतोमुखी प्रतिभा—किसी भी समकालीन समालोचक में कहाँ है! उनकी स्पष्टवादिता प्रतिबद्धों जैसी, चैला चीरने वाली न थी, फिर भी वह अपनी कहने से कतराते न थे। उनका मस्तिष्क ज्ञान की ज्योति से उज्ज्वल और हृदय संवेदना से लबालब भरा था। ऐसा प्रतीत होता था कि प्राक्तन जन्म के किरणों-नहाए संस्कार नई प्रकाश-राशि में साकार हो उठे थे!

उनमें प्रखर या प्रबल क्या, सामान्य वैराग्य भाव भी न था। सांसारिक प्रलोभनों ने उनसे कितने ही अकार्य कार्य कराए। दुःख-दावानल में दग्ध विश्व से विमुख हो

वह अपने आपके लिए मुक्ति के द्वार पर दस्तक देने वाले न थे। घर जोड़ने की माया उनके ज्ञान से अभिन्न थी। फिर भी उनका दिल [illegible] था। [illegible] उनके जगे हुए झरने को पसंद न थी। वह देश और जाति की चिंता से विचलित होते थे। उसके अभ्युदय के लिए उन्होंने कितने ही उपाय सुझाए हैं—मेल-जोल में मुक्ति का स्वाद चखाया है और विरोध में विनाश की विभीषिका दरसाई है। सतत गति की प्रगतिशील शिक्षा दी है। फक्कड़ होने का अर्थ टैगोर की दिशा में निरुद्देश्य यात्री होना नहीं है। उनका फक्कड़पन तात्कालिक दुःख की धूल झाड़कर अपने उद्देश्य के लिए निरंतर बढ़ते ही चलना है। तब तक चलना है, जब तक वांछित फल न मिल जाए!

आलोचना के क्षेत्र में जब आचार्य शुक्ल की तूती बोलती थी, उनकी विदग्धतापूर्ण भाषा और ढोकों के बीच से प्रखर प्रवाहित नर्मदा-सी शैली आचार्य नंददुलारे वाजपेयी, व सुधांशु और डॉक्टर नगेंद्र जैसे विद्वान् आलोचकों द्वारा अनुकृत हो रही थी, तब द्विवेदी जी ने अपनी ललित लेखनी के लिए जो पत्रकारों की-सी सहज-सरल शैली अपनाई, वह साधारण पाठकों को बेहद पसंद आई। जब भी मेरे विचार से आचार्य महावीर प्रसाद द्विवेदी ही इस शैली के जन्मदाता थे, किंतु नए द्विवेदी के उदयकाल में पुराने द्विवेदी पर्याप्त पूजित होकर अस्ताचल पर पहुँच चुके थे और साँझ के उस झुटपुटे में कितने ही नयों की बन आई थी। जो भी रचनाकार के रूप में असफल होता, वह प्रेमचंद पर, प्रसाद पर, निराला पर निशाना साधने लगता। द्विवेदी-चतुर्वेदी-संवाद और बालमुकुंद गुप्त, पद्मसिंह शर्मा के समय से लेकर इस नए द्विवेदी के पूर्ण प्रतिष्ठित होने तक हिंदी आलोचना की प्रायः यही स्थिति थी।

द्विवेदी जी कठिन तपस्या के पश्चात् अर्जुन की भाँति अजेय पाशुपत अस्त्र लेकर प्रकट हुए और देखते ही देखते हिंदी के पूर्व से अपने प्रांत तक अजस्र सहस्र किरणों समेट छा गए। निराला और द्विवेदी—दोनों का उदय पूर्वपयोनिधि की निस्तल गहराइयों से हुआ था। दोनों दुपहर तक पूर्ण प्रताप के साथ मध्य गगन की ऊँचाइयों को स्वर्ण-वर्ण किरणों से भरते रहे। जब पश्चिम की ओर सरकने लगे, चरमाचल के तुंग शृंगों पर एक अनदेखी आभा देखी गई। पूर्व से पश्चिम की ओर यात्रा का इनका इतिहास राखाल दास के उपन्यासों-सा रोचक यात्रिक यायावरीय इतिहास है।

सो, द्विवेदी जी के पीठाधिष्ठित होते ही आलोचना-क्षेत्र के अकांड तांडव लीला-लास्य की छुईमुई बारीकियों की धर-पकड़ में परिवर्तित हो गए। जिसने भ्रम फैलाने और फूट डालने की कुचेष्टा की, वह वहीं का वहीं अंटा गुड़-गुड़ हो गया।

तोड़ने के लिए बुद्धि बड़ी है, शक्ति भी कुछ कम नहीं है। यों सबसे बड़ा है सौंदर्य, क्योंकि जोड़ना उसे ही आता है। सौंदर्य का मर्म समन्वय है। अवश्य इसे सैद्धांतिक विज्ञान का विषय नहीं बनाया जा सकता, क्योंकि इसका संबंध सौंदर्यस्रष्टा के संकल्पों से है। गांधीवाद और मार्क्सवाद के रवींद्रनंदित समन्वय में द्विवेदी जी के भावराज्य का भूगोल नहीं मापा जा सकता। उनके लेखनमात्र में स्वस्थ सौंदर्य की सबल लहर तट तोड़ने और पिछली लहरों से जुड़ने की मौलिक लीला प्रदर्शित करती है। संक्षिप्त एवं अतिरंजित, आकुंचित एवं परम ऋजु, पुष्प-पल्लव समृद्ध एवं निष्पत्र-शाख–भाषाशैलियों के भीतर से उनकी ऊर्जा और वेदना, व्यर्थता और सार्थकता की धूपछाँही भावराशि एक वृहत् भूमिका में निर्द्वंद्व, निर्विरोध प्रतीत होगी, उसे छिन्न-विच्छिन्न कर, छोटे-बड़े टुकड़ों में बाँटकर कोई विराट् निष्कर्ष नहीं निकाला जा सकता। अस्तु।

अब यह अलोनी अलड़-बलड़ खतम होने पर आई। सारी मुलाकातों का सहस्र-रजनी चरित्र अतिव्यस्त जनयुग में अनसुना ही रह जाएगा। यों चालू रास्ते पर बेतरतीब उगी घास घिस-पिसकर सूख सकती है मगर नई तहजीब में पुराने जंगल कटते और नित-नए लगाए जाते हैं। अब जंगल निसर्ग-सर्ग नहीं, सरकारी तरकारी के पौधों की तरह मौसमी हो गए हैं। भास की भाषा में–

'काले-काले छिद्यते रुह्यते च।'

परंपरा के जीवंत तत्त्वों को सहेजना और समसामयिक विचारों के साथ उनका संयोजन कोई द्विवेदी जी से सीखे। मैंने नहीं सीखा–अपनी बला से। किंतु इससे उनके प्रति अनुराग में कभी कमी नहीं आई। गोविंददास के शब्दों में–

'अरुण हृदय भेल दास गोविन्द।'

साहित्य अकादमी की ओर से श्री अरविंद की जन्म-शताब्दी काशी नागरी प्रचारिणी सभा में मनाई गई थी। सदस्य वक्ता के रूप में मैं भी आमंत्रित था। महादेवी जी के बाद द्विवेदी जी के वाग्ब्रह्म का विवर्त लालित्य और वैदग्ध्य का जंगम संगम था। गंगा और गोदावरी का गद्‌गद निनाद, कालिंदी और कृष्णा का आवर्त-बुद्‌बुद-तरंग-भंग अपूर्व था। उस भाषण में कल्प शब्द का निर्वचन निर्णायक तत्त्व था कि सृष्टि के पहले कल्प (द्विवेदी जी के अनुसार कल्प अर्थात् कल्पना) आवश्यक है। वह सभा का शेष भाषण था। उठते ही मैंने कहा–आपकी अंतरात्मा विधायक तत्त्वों से ओतप्रोत हो गई, निषेधात्मक को भी विधेयात्मक दृष्टि देने में

आपका कोई जोड़ नहीं। मैं अब तक 'संवर्तः प्रलयः कल्पः क्षयः कल्पांत इत्यपि' के साक्ष्य से कल्प का अर्थ प्रलय समझता था अथवा 'शिक्षा, कल्प, व्याकरण, निरुक्त, छंद और ज्योतिष'—वेद के इन षडंगों में उसे एक विधि या कर्मकांड जैसा शास्त्र विशेष। आपका कल्पना वाला अर्थ मुझे अत्यंत चमत्कारी प्रतीत हुआ। पूरा भाषण मौखिक होने पर भी ऐसा सिलसिलेवार, कहीं लक्ष्य से चूके नहीं, करारेपन को दाग न लगे, कहीं लीपापोती की कोशिश नहीं—मजा आ गया। अनजानते ही मन ने वाह कर दी। यह वृत्त सन् बहत्तर के जुलाई महीने की दस तारीख की संध्या का है जब बाहर के भरे-भरे, नीले, हरे, चितकबरे आकाश के डैनों के नीचे हम कितनी ही देर उड़ान भरने का संकल्प, नहीं-नहीं कल्प कर रहे थे। ठहरी कि कल कार्यकारिणी की बैठक द्विवेदी जी की ही अध्यक्षता में होगी और उसे निष्पन्न कर हम साथ-साथ उनके घर चलेंगे। मगर मीटिंग में काफी देर हो गई। डॉ० भारतभूषण अग्रवाल ने कुछ नए ग्रंथों के निर्माण के लिए जो नई नामावली प्रस्तुत की, उसमें द्विवेदी जी ने मेरे नाम के आगे ग्रंथ का विषय निर्दिष्ट किया—तुलसीदास और निराला। विषय मेरी रुचि का था। मैंने स्वीकृति दे दी। हिंदी की पत्रकारिता वाली चालू शैली में नवनीत निकालकर रख देने का दायित्व सौंपा गया। द्विवेदी जी के घर पहुँचते-पहुँचते काफी देर हो गई। पहुँचते ही वह विभिन्न विषयों की पाठ्य पुस्तकें लिखने वाले विद्वानों से घिर गए। तब उ०प्र० हिंदी ग्रंथ अकादमी के अध्यक्ष थे। मैं बोर न होऊँ, शायद इसी खयाल से पहले अपनी इधर की प्रकाशित पुस्तकों का बंडल उठा लाए और सब पर—बंधुवर श्री जानकीवल्लभ शास्त्री जी को सप्रेम, हजारीप्रसाद द्विवेदी, 11.7.72—लिख-लिखकर मुझे हँस-हँसकर देते गए। दशरूपक, कालिदास की लालित्य योजना, नाथ संप्रदाय, कल्पलता, अशोक के फूल आदि उलट-पुलटकर 'कुटज' पढ़ने लग गया। घंटे-भर तक उन विद्वान् अध्यापकों के चुँधियाए ज्ञान को प्रकाश की एक नई दिशा दिखाकर स्तब्ध किए रहे, फिर कुछ रोज पहले जहाँ अनार का पेड़ था, कि जिसके फल कपड़े से लपेटे होते थे, वहाँ तक बाहर निकलकर खड़े हो गए और ठहाके का पांचजन्य बजाकर उन्हें नए युद्ध के लिए जैसे सन्नद्ध कर दिया। उसी प्रकार हँसते-हँसते लौटकर मेरे पास बैठ गए। मुझे उस अट्टहास में एक मृदु उपहास का आभास हो रहा था :

'जे काटौं तो डहडही, सींचौ तो कुँभिलाइ
इस गुणवंती बेलि का कुछ गुण कहा न जाइ!'

जिस घड़ी द्विवेदी जी उन विशेषज्ञों के शिलीभूत ज्ञान को अपनी वाग्धारा में

बहाए लिए जा रहे थे, मैं 'कुटज' पढ़ रहा था। पहले प्रथम संस्करण के समय भी देखा था, परंतु आज की बात कुछ और थी। जहाँ वह वाग्विनिमय में अतलांत गंभीर थे, मैं अपनी हँसी न सँभाल सका था। 'कुटज' के साहचर्य में अस्तंगमित-महिमा हो रहा था। प्रसंग था महोज्ज्वल मेघ-शावक के शिवालिक से लिपटकर खेलने का कि जिसे देख लेखक की विनोदिनी वृत्ति जगकर उसे कुटज के फूलों का अर्घ्य देना चाहती है फिर ठिठककर सोचती है कि नहीं, वह तो सालस-लालस किसी विरह-व्यथा से व्याकुल नहीं, फिर उसे अर्घ्य देने की क्या पड़ी है? उसे किसी सुदूर देशवासी स्वजन के पास संदेश नहीं भेजना है, फिर वह अँजुरी-भर कुटज के फूल लिए क्यों किसी बादल के बच्चे के पास खड़ा हो? द्विवेदी जी के हँसी के फव्वारे छिपाए सचेष्ट शांत शब्दों में—'मैं भी इन पुष्पों का अर्घ्य उन्हें चढ़ा दूँ? पर काहे वास्ते? लेकिन बुरा भी क्या है?'

ऐसा विशुद्ध हास्य विरले ही के दिल, गले और होंठों से छूटता है। यह कालिदास के 'बाले ब्रजामोऽन्यतः' की कोटि का निर्मल हास्य है।

'संगीत का आपको अजहद शौक था। खुद भी गाते थे। पर आवाज ब्रह्मभोज के पश्चात् कड़ाह रगड़ने की। लोग इस पर भी कहते थे : क्या मँजी हुई आवाज है!

यह 'मँजी हुई आवाज' 'काहे वास्ते' में भी है।

हम जहाँ बैठे थे, ऊपर पुस्तक-ग्रंथ-बोई-किताब-बुक्स-निलंबित स्वावलंबी छत 'तारकित नभ' की छवि छिटका रही थी। द्विवेदी जी की सर-चढ़ी किताबें मानो 'मुरली अतिगरब आज बदति नाहिं काहू' की रागेश्वरी में स्वरलिपि तैयार कर रही थीं। मगर मेरा दिमाग अपनी मस्ती में तब कहीं और भटक रहा था। मैं मुग्ध भाव से 'नृम्ण'—युग की भूली-बिसरी शरारत का रियाज कर रहा था। अपनी छाँह में खुले सिर खड़ा-खड़ा 'द्वा सुपर्णा सयुजा सखाया' वाले वृक्ष के रेशों को हौले-हौले सहला रहा था। वह सीधे-सीधे ऊँचे उठता जा रहा था, मैं अपने हरे-भरे अँधियारे में उजली छाँह की तलाश कर रहा था।

द्विवेदी जी को 'काहे वास्ते' की रंगोली से धूल-भरे गलियारे में खींच ले गया कि 'शिवालिक' की व्युत्पत्तियों में जो उन्होंने बेतरह खींचतान की है, अटकलबाजियों की भूरी मटमैली परतों पर सोना चढ़ाया है, जान पड़ता है, उन्हें 'अलिक' शब्द से वाकई जान-पहचान नहीं है।

मुझे तो अपनी बातूनी वृत्ति को चरितार्थ कराने का अवसर मिला था। निकम्मों के हाथ-पाँव मुँह में ही तो होते हैं, परंतु प्रतिक्रिया मनोदैहिक ऊर्जा संचरित करने वाली प्रतीत हुई।

'बडो विस्मय लागे हेरि तोमारे।' लीविस का एक वाक्य रुपहले अँधेरे में कौंध गया : I have endeavoured to confine myself as strictly as possible to literary criticism. 'अलिक' को आँवले की तरह हथेली पर रखकर उलटने-पुलटने की चेष्टा की गई है, पर वह हमेशा उँगलियों की पोरों के बीच से बिछल-फिसल गया है। घुणाक्षरन्याय से एक सही पकड़ हाथ लगते-लगते हाथ से निकल गई है क्योंकि भाषा-विज्ञान यदि 'सपादलक्ष' का अपभ्रंश शिवालिक सिद्ध कर देता तो द्विवेदी जी उसे बढ़कर लेते। यह तो अजब Heterogeneous-सा है। समुद्रगुप्त के शिलालेख में भी अलक्जेंडर के लिए अलिक सुंदर शब्द प्रयुक्त हुआ है। अन्यत्र भी अलक्ष्येंद्र और अलिक-सुंदर—समान रूप से प्रयोग में आए हैं।

संस्कृत में अलक का अर्थ चूर्ण-कुंतल (घुँघराले केश) और अलिक का अर्थ सिर, माथा या ललाट है। अमरकोश में सुस्पष्ट है—'ललाटमलिकं गोधिः' । अल्यते-भूष्यते स्रक्-चंदनादिना इति अलिकम्—अलिक यह व्युत्पत्ति है। जिसे चोआ-चंदन या फूलमालाओं से सजाया जाए, उसे 'अलिक' कहते हैं। शिवालिक अर्थात् शिव का ललाट। जाहिर है कि यह अर्थ आपके भीतर खुला होता तो बाहर ब्यौंत बखानने की नौबत न आती। फिर भी...अब आप इसे आग्नेय भाषा परिवार में स्थान दें या वायव्य वितान-तले। कूँडी-सोंटा गया भंग के भाड़े में, आपने जो निबंध में बाँधा है वह अनमोल है। मुझ जैसे कमजोर, प्रमादी और आलसी तो मुँह की मक्खी नहीं उड़ा सकते, सुनी अनसुनी करने के आदी होते हैं पर आपने सीधी तरह सब बता दिया है : हौसला निकालने के अनूठे तौर-तरीके सिखा दिए हैं, कोई न सीखे, अपनी तकदीर!

अपराह्न पर बेला झुक रही थी। भूख लगी थी। छुट्टी माँगी तो चाय पिलाई और अपने हाथों बनाए पान खिला दिए।

'मैं और बज्मेमय से यूँ तिश्नाकाम आऊँ!
गर मैंने की थी तौबा, साकी को क्या हुआ था?'

—इत्तफाकिया शेर जुबाँ पर आ गया; मगर बाअदब 'साकी' की जगह 'मालिक मधुशाला' को बिठाकर। बात यह हुई कि ज्यों ही मैं पाँव छूने उठा, उन्होंने दोनों हाथों से कंधे दबाकर बैठा लिया कि मैं क्या-क्या सुनाता रह गया, और...

मैं अपनी पसंदीदा कोई चीज उनकी खिदमत में पेश करता, इसके पहले ही उन्होंने मेरी संस्कृत रचनाओं की चर्चा की और खास तरह से समस्यापूर्ति के रूप में वर्षों पहले (सन् '36 में) सुनाए गए उन श्लोकों की फरमाइश की जो उन दिनों विद्वत्समाज में मुझे दिग्गजों के चरणों में बैठने की जगह दिला सके थे और स्वयं

उन्हीं से प्रथम परिचय के समय चारुचंद्र ने उन्हें जिनकी बानगी सुनवाई थी।

अपनी तरफ से तब से जाने कितने नए बुत तराशे होंगे मैंने, अब वे श्लोक जिनके बुरादे के मानिंद मालूम देते हैं, फिर भी उनका हुक्म था और हुक्म की तामील होनी थी, हुई।

वसंत

मुनीनामपि मनः
नुदन्मल्लीवल्लीं कुसुमितवने वाति पवनो,
ध्वनन् धीरं-धीरं पिबति मकरन्दं मधुकरः
रसालं कालेऽस्मिन् विकलयति पुंस्कोकिलकुलं,
मधुर्मन्दं-मन्दं मदयति मुनीनामपि मनः।

(फूले फूलवन में मल्लिका की बेलें हिलाती-झुलाती हुई हवा बह रही है। हौले-हौले गुंजार करता हुआ भौंरा फूल-मधु पी रहा है। वसंत आया नहीं कि कोयल की बोली बदली, अब वह हूक उठाने वाली कूक बन गई है और रसाल (रसिक; आम के पेड़) को बड़ी बेदर्दी से व्याकुल किए दे रही है। अरे, इन पेड़-पौधों की कौन कहे, वसंत तो स्थितप्रज्ञ मुनियों के मन को भी मतवाला बना देता है!)

निदाघ

ज्वलज्ज्वालामाला दहति गहनं तप्ततुहिनं,
शिरीषाणां रेणुर्गगनगलितो मुर्मुर इव
लताऽपर्णा पर्णान्यनिशमुपहृत्यैव मुदिता,
निदाघस्यैश्वर्यं तृणयति मुनीनामपि मनः

(जलती हुई ज्वाल-माल तपती हुई बर्फ वाले जंगल-पहाड़ को फूँक देने पर उतारू हो गई है। शिरीष के फूलों की धूल आसमान से भुस्स की चिनगारियों की तरह उड़ रही है। बिना पत्तियों की डाल हर घड़ी अपनी पत्तियाँ लुटाती रहकर ही खुश-खुश नजर आती है। गर्मियों की धधक में मुनियों का भी मन तिनका बन जाता है।)

वर्षा

निमेषार्द्धं रात्रिर्जनिमृतिमयं हन्त कुरुते,
दिने धारापातस्तिमिरयति सन्तापयति च।

वियोगो योगो वा गुरुरिति न गोविन्द गदसि,
श्रुतं शश्वत्प्रावृड् भ्रमयति मुनीनामपि मनः।

(बरसात की रात का एक-एक पल-छिन जन्म-मरण से तुलता है। दिन-भर झड़ियाँ लगी रहती हैं। यह धारापात अँधेरा-अँधेरा किए देता है (तिमिर-यति=darkens) और प्राण जैसे उमस में तलफते रहते हैं। अरे ओ अतींद्रिय, तुमने कभी यह तो बताया ही नहीं कि वियोग बड़ा होता है या योग। एक अकेली का चित्त चकराए तो और बात है। मैंने तो सुना है कि यह बरखा ऋषि-मुनियों के मन को भी चक्कर में डाल देती है।)

भङ्ग्यन्तरेण भूयोऽपि (प्रकारांतर से)

किरन्नुर्व्यां धारां विमलतरवारामविरतं
वितन्वन्तन्वङ्गी-तनु-मनसि मोदान्नमनसिजम्।
न गोभिर्गोविन्दो घन इह तडिद्भिः खलु यथा
सखे, खे खेलन् सन् खलयति मुनीनामपि मनः।

(क्या कहना इस बादल-दल का! धरती पर उज्ज्वल जलधार बरसाता है; छीजती हुई छोहरियों के छोटे-से मन में जाने क्या कुछ भारी-भरकम भर देता है!

गउओं से घिरे हुए बाल-गोपाल की छटा न्यारी है। मगर यह तो जब आकाश चढ़कर बिजलियों से खुल खेलता है, तब ऐरे-गैरों की क्या बात, मुनि-महात्माओं का मन भी कैसा-कैसा तो करने लगता है!)

शरत्

निराधारा धारा विकटतटिनीनामनुतटं
न चित्रं निश्शेषा यदि नयनयोर्मे जललवाः।
मुखाभान्ते चुम्बन सुखमुपगतो व्योम मम किं
मृगांको निर्दोषं नमयति मुनीनामपि मनः।

(जब यमुना-सरीखी सयानी नदियों की धारा निराधार-सी किनारे-किनारे सूखती चली गई, तब अपनी चपल पलकों से छलकते अश्रु-कणों के सूख जाने पर मुझे क्या अचंभा हो! हाँ, ऊँचे चढ़कर जो यह चाँद तुम्हारे मुँह की चमक चूमने लगा तो पूछो मत, मेरा क्या? भोले-भाले मुनियों का सहस्रार-चढ़ा मन भी झुक-झुक जाने लगा!)

हेमन्त

निशा हैमी ज्यौत्स्नी तव भवति हेमन्त सुखिने,
परम्पीतां पीताम्बर-विरहविप्रोषितरुचम।
न किम्पासि व्यस्तामगतिमनुकम्पान्तनियतिं,
हिमोत्पातो वातो ज्वलयति मुनीनामपि मनः।

(ओ रे हेमंत, सिर्फ संयोगियों के लिए तेरी रात सोने-चाँदी की हुआ करती है; किंतु जो पहले ही पीतांबर से वियोग में पियराई हुई हैं; कहीं चैन नहीं पातीं, जिन्हें कोई रास्ता नहीं सुझाई देता; तेरी कृपा ही जिनकी शेष नियति है, तू उन्हें क्यों नहीं बचाता?

यह बर्फीली घाटियों की सैर कर आई हुई हवा तो मुनियों के बुझे मन को भी धधकाने वाली है।)

शिशिर

बृहद्भानावाज्यं ननु हृदि विदग्धेऽप्यशिशिरे
हिमांशोः शीतांशोभवति तप-तप्तं प्रहरणम्।
कथं धैर्य्यं धार्य्यं पटुकरणकार्य्यं कृपणया
वियोगस्ते श्याम श्लथयति मुनीनामपि मनः।

(जैसे आग में घी छोड़ा जाए, शिशिर ऋतु में ठंडी रोशनी वाले चाँद की चाँदनी जले दिलों में, कुछ वैसा ही असर दिखाकर, तपे तीरों की तरह चुभती है!

मैं धीर धरूँ तो कैसे, यह तो सिर्फ वही कर सकता है जिसका तन-मन पर काबू हो! मैं तो जाने कब अपने हाथों से छूट गई!

अरे ओ साँवरे-सलोने, मेरा हाल क्या पूछते हो? तुम पास न रहो तो मुनियों का कसा-कसा मन भी ढीला पड़ जाए, लतड़ने लगे!)

नव रसाः

शृंगार

मधुर्मासो लासो ललितलतिकानां किसलयै
र्विकाशः कासारे ललदलिनलिन्याः समरसः
मरन्दो माकन्दः परिमलसमीरो मलयजः
पिको नक्षत्रेशस्सुखयति मुनीनामपि मनः।

(वसंत-बहार हो; ललित लताएँ नव पल्लवों संग नाच रही हों, सजल सरोवरों

में मचलते भौंरे और हुलसती कमलनियों का रंग जमा हो; पुष्प-रस छहर रहा हो; अंबिए उकस रहे हों, मलय पवन वन-उपवन में सुगंध की लपटें उठा रही हो; कोयल कूक रही हो; चाँद तारिकाओं संग अठखेलियाँ कर रहा हो तो मुनियों का मरा हुआ मन भी इन अनचखे सुखों का स्वाद लेने जी उठेगा!)

वीर

वने वासो नैजस्तरुतृणतले तस्कर इव
द्विषां रम्ये हर्म्ये मणि रचित पल्यङ्कपटले
परीभावः पत्न्याः परिषदि सपत्नाभिलषितो
नृपाणां नो चेत्किं चलयति मुनीनामपि मनः?

(स्वयं तो जंगल-जंगल मारे फिरें—चोरों की तरह! झाड़ी-झुरमुटों में छिप-छुपकर रैनबसेरा करें और दुश्मन अपने आलीशान महलों में रत्न-जटित पलंगों पर रंग रलें, रंगरलियाँ मचाएँ! इतना ही नहीं, उन्हीं के अपवित्र हाथों अपनी धर्मपत्नी, बेशर्म बड़े-बुज़ुर्गों के सामने, भरी सभा में, अपमानित की जाए और आप टुकुर-टुकुर 'देखा' करें, तो इन शरारत-भरी हरकतों से अगर राजाओं का नहीं, तो क्या मुनियों का मन चल-विचल होगा?)

करुण

अलं के लंकेशं लघयितुमृते वृद्धविहगं
हते तस्मिन् सीता भुजवनगृहीता गुररिपोः
विभीता क्रन्दन्ती तरलतरपक्ष्माक्षियुगला
महीध्रं, कान्तारं, द्रवयति मुनीनामपि मनः।

(एक बूढ़े जटायु को छोड़ रावण को नीचा दिखाने वाला वहाँ कौन था? जब वह भी आहत होकर गिर पड़ा, सीता रावण की भुजाओं के जंगल में खो-सी गईं। और जंगल में खोया हुआ जैसा करता है, वह घनी पलकें उठाकर, जैसे किसी भी अपने 'गरुण तजि सिधारे' की खोज में इधर-उधर आँखें दौड़ाती हुई कातर स्वर से क्रंदन करने लगीं कि जिसे सुनकर पहाड़, जंगल और मुनियों का मन पसीज-पसीज उठा।)

अद्‌भुत

अपूर्वः पूर्वस्यान्दिशि तरदमेयांशु-पटलः
समायातः कश्चित् कलयति विपश्चित्समविधिम्
शिशुत्वे तारुण्यं तरलयति कायेन लघुना
गिरा गीर्बाणानां द्रढयति मुनीनामपि मनः।

(एक अपूर्व बालक पूर्व दिशा में प्रकट हुआ है। उसका मुख-कमल प्रभा-मंडल में तैरता-सा दिखाई देता है। विद्वानों जैसा व्यवहार करता है। उसके छोटे-छोटे हाथ-पाँव बचपने में तरुणाई की-सी लुनाई प्रकाशित कर रहे हैं और बातें ऐसी करता है कि बड़े-बड़े देवताओं और मुनियों के मन को भी एकाग्र कर ले।)

हास्य

गुरोर्द्विर्मासस्याधिगतमलमध्यात्महृदयं
महाभाष्याज्ज्योतिर्गणितमथ काणादममरात्
हरेर्गीता पीता रघुकुलगुणन्वेषणधिया
मदः किञ्चिज्ज्ञानां लघयति मुनीनामपि मनः।

(सर्वतंत्र-स्वतंत्र महाशय ने महीने में दो दिन पढ़कर गुरु से अध्यात्म का तत्त्व अच्छी तरह निचोड़ लिया। पतंजलि के महाभाष्य से ज्योतिर्गणना सीख ली, अमरकोष से तर्कशास्त्र में प्रवीणता प्राप्त कर ली। रघुवंशियों के गुणों का संधान करने के अभिप्राय से श्रीमद्‌भगवद्‌गीता भी पी ली। ऐसे डींग हाँकने वाले महान् विद्वानों का घमंड मुनियों के मन में भी नहीं अँट पाता।)

भयानक

द्विधाभूतं वक्षो विकलवसुधाया अविकलं
विषादात्प्रासादा व्यवसितधियोऽधोनिपतने
मघोनोऽघोरत्वे चलनमचलानां प्रणिहितं
स्मृतिर्भूकम्पस्य व्यथयति मुनीनामपि मनः।

(व्याकुल वसुंधरा के विशाल वक्षःस्थल के दो टुकड़े हो गए। ऊँचे-ऊँचे महलों से उसकी फटी छाती देखी न गई। वे दुःख के मारे आप पाताल में धँस जाने के लिए भहराए; ढहे; ढेर हो गए।

जब इंद्र ने डैने काटने छोड़ दिए, तब भी अचलों का फिर-फिर चलायमान होना आँखें चुँधिया देता था। पिछले (सन् '34) भूकंप की याद मुनियों के निर्लेप मन को भी व्यथित करने वाली है।)

वीभत्स

कृमीभिस्संकीर्णं स्रवदसृगुपेतं परिवमन्
सुखं खादित्वा द्राक पललबहलं क्रोष्ट्रनिवहः
श्वभिस्साकं काकाकुलितकुलमुच्छूननयनं
शवं कर्षं कर्षं स्थगयति मुनीनामपि मनः ।

(मांस लिबड़े हुए टुकड़ों में यहाँ-वहाँ फैल गया है। सड़ायंध पैदा हो गई है और उनमें कीड़े बिलबिला रहे हैं। खखेटने पर खून निकला है, उसका खदबदाकर उबलती लाही जैसा रंग गजब ढा रहा है और इधर खम ठोककर सियार-सियारियों का सिमटा हुआ झुंड उन खमीरे टुकड़ों पर टूट पड़ा है। कोई खाकर उगल देता है, कोई उगल-उगलकर खाता है। कुत्ते और कौए पहले धतियाते फिर झपट्टा मार-मारकर फूली-फूली, आँखों वाली लाश को, घड़ी-घड़ी, कभी इधर कभी उधर खींचने लगते हैं। इनकी मस्ती, इनकी घमाघम चहल-पहल और बेचैनी देखते ही बनती है। देखने पर एक दफा मुनियों का मन भी धक्-से हो जाता है कि अरे, तन के इन्हीं हालात की खातिर हश्र बरपा करते हैं? धनिए की खोपड़ी में पानी पिलाया जाता है?)

रौद्र

पृथु प्रज्ञाज्योतिः प्रतिजडमति न्यस्य लसति
द्विजेन्द्रे मत्ताते कृतमकृतमद्यावधि यैः
भवेदन्तस्तेषां प्रखरशरवर्षेण खलु मे
नृशंसानां नाशः शमयति मुनीनामपि मनः ।

(गेरे द्विजराज पिता ने प्रचंड मूर्खमंडल में भी अपनी पैनी प्रज्ञा की ज्योति विकीर्ण की थी। उनके साथ आज जो व्यवहार हुआ, वह अभद्रता की पराकाष्ठा पर पहुँचा हुआ था। अब 'शठे शाठ्यम' की बारी है। मैं अपने तीखे तीरों से एक-एक कर उन सबको अभी यम-लोक भेजता हूँ। मैं जानता हूँ, मुनियों के राग-द्वेषविहीन मन को भी नृशंसों के नाश से शांति मिलती है।)

शांत

अखंडं पुण्यानां शकलयति कामः शुभफलं
क्रुधांधो दुर्गन्धं वमति जलजीर्णं सुममिव
अमंगल्यं शीलं जनयति भयं लोभवृजिनं
जगज्जाड्यं नित्यं नट्यति मुनीनामपि मनः ।

(एक अकेले काम पुण्यों के समग्र शुभ फल के टुकड़े कर डालता है। जैसे पानी में गिरकर सड़ा हुआ फूल दुर्गंध फैलाता है ऐसे ही क्रोध में अंधा हुआ कोई भी क्यों न हो, जब बोलता है, दुर्गंध उगलता है। लोभ का पाप पूरे चरित्र को भयावना बना देता है। इस प्रकार काम, क्रोध और लोभ में पड़ी जग की जड़ता मुनियों के मन को भी नचा डालती है।)

परिशिष्टम्

(उपसंहार)

विना हेतुन्द्वेषो, हृदयदलनं वीक्ष्य विभुतां,
गुणेभ्यो वैमुख्यं स्व-पर-दर-दोषेऽप्यभिरुचिः,
प्रसंगे प्रज्ञायाः कटुककलहः स्वेदसलिलै
श्चरित्रं नीचानां स्नपयति मुनीनामपि मनः।

(बिना किसी कारण के द्वेष करना, किसी का भी विपुल विकास देख कलेजा फटना; अगणित गुणों की ओर से दृष्टि हटाकर अपने से भिन्न किसी के भी एक छोटे-मोटे दोष तक में खूब गहरी रुचि दिखाना और जहाँ कहीं भी प्रतिभा और विद्या का प्रसंग छिड़े, वहाँ तुमुल कोलाहल मचाना, कलह करना—नीच का ऐसा गर्हित चरित्र देख-सुनकर मुनि-महात्माओं का उदासीन मन भी पसीने-पसीने हो जाता है।)

काशी हिंदू विश्वविद्यालय में, महामना पंडित मदनमोहन मालवीय और आनंद शंकर बापू भाई ध्रुव की उपस्थिति में एक अखिल भारतीय संस्कृत कवि-सम्मेलन आयोजित हुआ था, दक्षिण से लेकर काँगड़ी तक के कवियों ने उसमें भाग लिया था। निर्णायक थे महामहोपाध्याय पं० बालकृष्ण मिश्र, महामहोपाध्याय पं० हरिहर कृपालु द्विवेदी और श्रीमती यमुना शास्त्री। सर्वसम्मति से मेरी यह तुतली रचना सर्वोत्तम कहकर समादृत हुई थी और मुझे स्वर्णपदक प्रदान किया गया था। वर्षों इसकी याद की जाती थी।

इन अवद्य पद्यों में आप्यायन की क्या क्षमता थी! वर्ण-विन्यास, अर्थ-संगति, रसाभिनिवेश अथवा छांदस झंकार—द्विवेदी जी की प्रतिपत्ति के योग्य कुछ भी तो न था, किंतु अपनी सहज दयालुता से द्रवित होकर वह पंगु को पहाड़ पर चढ़ाते रहे। उन्होंने जब-तब अगणित रूप-रंग-तरंगित रोशनी भी दिखाई, जब भी मेरे अँधियारे के लिए एक किरण काफी थी।

कोई किसी की मजबूरी को कितना माफ करे—जैसे कि प्रकाश के पास अँधियारा न हो तो प्रकाश की एक भी रेखा उजागर न हो!

समस्यापूर्ति में तात्कालिकता विशेषता पैदा करती है। यह वह प्रशस्त पथ है जो शंकित पग को झुठलाता है। समस्या सामने आई और पूर्तियाँ तत्काल तैयार हो गईं, श्रोताओं से क्षणिक साधुवाद मिला और बस…।

दीर्घायुष्ट्व इसकी प्रकृति नहीं है। प्रबंध-गीत-मुक्तकों के मुक्ताहल देर तक चमकते रहते हैं। पंडित अंबिकादत्त व्यास के सरस्वती-यंत्र का रहस्य मुझे बचपन में ही मालूम हो गया था। मैं मिनटों में संस्कृत के सभी छंद बना लेता था। जब अवरोधों ने लक्ष्मण-रेखा खींच दी, तब कहीं उस उजियाले का अँधियारा समझ में आया। मन हिंदी में एकाग्र है पर अब भी संस्कृत में अनायास छंद प्रवाहित कर सकता हूँ।

कविवर मुकुटधर पांडेय मुझे रायगढ़ ले गए थे। राजा चक्रधर सिंह अपूर्व प्रतिभाशाली थे। मैं राजकवि था, उन्हें कैसे नाराज कर सकता था! अजब-अजब विषयों पर संस्कृत में गीत और श्लोक लिखने को कहते थे।

जैसे सागर का कोलाहल आकाश में उनींदी साँसें ले रहा हो, मेरे अनंत शून्य में उजला झाग फैलाती एक लहर उठती, मीनार की तरह ऊँची। उसकी उछलती चमक में मेरी धुंध गहरे धँस, उतरकर अदृश्य हो जाती।

अभी चंद रोज पहले पंडित मुकुटधर पांडेय के उकसाने पर महाराज ने मुझे छोटे छंद में एक समस्या (श्रीकृष्णः शरणं मम) की पूर्ति करने को कहा था कि बड़े छंदों वाली विशेषता इस तंग दायरे में पैदा हो सकती है या नहीं। मैंने दृढ़ आस्था जतलाई थी कि विशेषता व्यक्ति में होती है, छोटे-बड़े छंदों से वह प्रभावित नहीं होती। मैंने ग्यारह श्लोकों में अभिव्यक्ति की कई नई भंगिमाएँ देने का प्रयास किया था।

श्रीकृष्णः शरणं मम

(1)

वाणी पीयूष-निष्णाता
लक्ष्मीर्लक्षण—लक्षिता
राधैकाधार, उत्तृष्णः
श्रीकृष्णः शरणं मम।

(लक्ष्मी और सरस्वती—दोनों राधा में एकाधार हो गई हैं—जब-जब मैं उसकी सुधा-स्यंदिनी वाणी सुनता और अंग-प्रत्यंग की श्री-सुषमा देखता हूँ, तब-तब मुझे यही अनुभव होता है। और यदि यह सच है तो फिर अलग-अलग सरस्वती और लक्ष्मी और राधा की सतत साधना में जीवन को टुकड़े-टुकड़े कर नष्ट कर देने से

क्या लाभ? एकमात्र राधा की आराधना ही पर्याप्त है; जैसे इसी घनीभूत तृष्णा से कृष्ण राधा को सर्वात्मना समर्पित हो गए हैं—सदा-सदा के लिए श्रीकृष्ण बन गए हैं!

मैं इन्हीं श्रीकृष्ण की शरण में हूँ।)

(2)

सद्य आसद्य पितरौ

देवैरपि दुरासदौ

नयन कारागृहं मुक्तिं

श्रीकृष्णः शरणं मम।

(जहाँ सूर्य, चंद्रमा, पवन—किसी भी देवता का पहुँचना असंभव-सा था, वहाँ, उस अंध कारागार में उनके माता-पिता बंदी थे। देवता पहुँचें, न पहुँचें, कृष्ण वहाँ पहुँच गए और उन्हें झटपट छुड़ा लाए। हाँ, उस बंधनागार में वह 'मुक्ति' को ही छोड़ आए।

मुझे इन्हीं श्रीकृष्ण की शरण प्राप्त है।)

(3)

क्रीडन् ब्रह्माण्डभाण्डेन

कन्दुकेनेव लाघवात्

रासे रणे समरसः

श्रीकृष्णः शरणं मम।

(जैसे कोई गेंद से खेलता है, ऐसे ही वह विश्व-ब्रह्मांड से खेलते रहते हैं। क्या रासमंडल और क्या रणभूमि, वह दोनों में एक समान रुचि रखने वाले हैं।

शक्ति और सौंदर्य के समवेत प्रतीक यही श्रीकृष्ण मेरी गति हैं।)

(4)

कर्म व्यायाम उत्कृष्टो

मनसो बलवर्द्धनः

आत्मैतेनैवोपलभ्यः

श्रीकृष्णः शरणं मम।

(कर्म सबसे उत्कृष्ट व्यायाम है क्योंकि उससे मनोबल बढ़ता है। आत्मा की उपलब्धि उसी से होती है, निर्बल को वह नहीं होती।

कर्मयोग के उपदेष्टा, सबल मन से आत्मा के रूप में उपलब्ध यही श्रीकृष्ण मेरी शरण हैं।)

(5)

राधामाधाय निर्ध्वान्ते
स्वान्ते शम्पामिवाम्बुदः
उत्सृजन्नुज्ज्वलरसं
श्रीकृष्णः शरणं मम।

(जैसे बादल अपने भीतर बिजली की आग छिपाकर जल बरसाता है, उसी प्रकार (काम, क्रोध आदि तमोगुण से सर्वथा असंपृक्त) अपने नितांत निर्मल हृदय में राधा को बसाकर उज्ज्वल (पवित्र शंकर) रस की वर्षा करने वाले श्रीकृष्ण की शरण में हूँ मैं।)

(6)

आमोदं वनमालाया
निश्वासानिलमूर्च्छितम्
प्रापयन्नुद्धवं तूष्णीं
श्रीकृष्णः शरणं मम।

(जिसके विरह-जनित निश्वास-पवन से फैली हुई वनमाला की सुगंध उद्धव को आकुल किए दे रही है; फिर भी जो अपने संबंध में मुँह नहीं खोलना चाहते, ऐसे श्रीकृष्ण मेरी शरण हैं।)

(7)

संशयानोऽ निगुढार्थे
सत्वरं जित्वरो गुरोः
राधासंक्रान्तधिषणः
श्रीकृष्णः शरणं मम।

(अपने बुद्धिबल से झटपट वृहस्पति को भी परास्त कर देने वाले, किंतु राधा में मन बँटे रहने से छोटी-छोटी बातों में भी अटकते हुए श्रीकृष्ण मेरी शरण हैं।)

(8)

महार्हमणिरुग्धारा–
परिष्कृतहृदन्तरः
राधानिवेशसम्भ्रान्तः
श्रीकृष्णः शरणं मम।

(जहाँ राधा रानी को रहना हो उसके बाहर-भीतर का परिष्कार ही आवश्यक नहीं, उसे जगमग-जगमग होना चाहिए। संभवतः इसी कारण अपने विशाल वक्षःस्थल पर परम प्रभामय कौस्तुभ मणि धारण किए हुए श्रीकृष्ण का शरणागत हूँ मैं।)

(9)

नात्मगन्धः प्राणपुष्पे
न दृष्टिस्तेजसि स्थिरा
अपथेन प्रयातस्य
श्रीकृष्णः शरणं मम।

(मैं तो सदा कुपथ पर चला, मेरे प्राणों के फूल में आत्मा की सुगंध कहाँ? मेरी दृष्टि तेज पर नहीं टिकी, अँधेरे में भटकती रही। ऐसे में श्रीकृष्ण ही मेरी शरण हैं।)

(10)

उद्बाहुभिस्समाहूतो
ध्यातो मीलितलोचनैः
अनुभूतः शुद्धचित्तैः
श्रीकृष्णः शरणं मम।

(जिन्हें बाँहें उठाए हुओं ने पुकारा; आँखें मूँदे हुओं ने ध्यान किया और शुद्ध चित्तों ने जिनका अनुभव किया, ऐसे श्रीकृष्ण की शरण में आया हूँ मैं।)

(11)

आप्रत्यूषात्प्रबुद्धस्या
दिनान्ताद् ब्रजतोऽयने
तत्पदैकात्मनो नित्यं
श्रीकृष्णः शरणं मम।

(प्रातःकाल खूब सवेरे जगकर चला तो फिर दिन-भर, लगातार एक ही रास्ते

पर चलता रहा। मैंने उनके धाम पहुँचने का दृढ़ संकल्प जो ले लिया था! फिर अब और का चक्कर क्या, उन्हें सब पता है, श्रीकृष्ण मुझे अपनी शरण में ले लेंगे।)

द्विवेदी जी के हास्य का अर्थ ऐसे ही अवसरों पर स्फुट होता था। वह सदा शुद्ध सात्त्विक प्रकाश और अजस्र सहस्रमुख सुख से भरा रहता था। प्रीतिकर और अप्रीतिकर को समान रूप से सह्य कर सकने के कारण आह्लाद की दृढ़ अवस्था से उसका ऊर्ध्वमुख ज्योतिः प्ररोह लक्ष्य किया जा सकता था। सर्वज्ञ कौन है? निर्दोष बहुज्ञता भी कितनों को नसीब होती है। विश्व-सिंधु में उनकी वह हँसी की लोल हिलोर लासानी थी। वह उनके अंतर में चेतन अधिष्ठाता के अस्तित्व की अनुमापक थी।

उन्होंने प्रसाद, टैगोर, कबीर, आचार्य क्षितिमोहन सेन आदि के अध्ययन-मनन से अपने लिए एक ऐसा सामंजस्यपूर्ण आदर्श गढ़ा था, जिस पर अनवरत चलकर उन्होंने अपने आपको विकसित किया था। पूर्णता की प्राप्ति उनके अलक्ष्य मन का भी लक्ष्य रही। उनके उन तत्त्वों का विश्लेषण श्रम-साध्य भले ही हो, असाध्य नहीं है, जिन्होंने उनकी समग्रता के सख्त और लचीले ताने-बाने बुने थे और जो उन्हें विश्ववाटिका में सदा-सर्वदा 'ओ गो सबुज ओ गो कांचा' बनाए रहे। पत्थर में से कैसे अपने मन की लोनी-सलोनी मूरत उरेही-उकेरी जा सकती है, एक कुरूप कोयले के ढेले को तराशकर कैसे हँसमुख हीरा बनाया जा सकता है, काश कि यह कोई द्विवेदी जी से सीख सकता!

छोटोरे कखनो छोटो नाहि करे मोने
आद करिते जानो अनादृत जोने
प्रीति तब किछ ना चाहे निजेर जन्य
तोमारे आदरि आपनारे कोरि धन्य!

मन के सन्नाटे को गुँजाती जैनेंद्र की युक्तियाँ और अंदाजे-बयाँ

हिंदी का हो, जैनेंद्र को न जाने, प्रेमचंद के बाद का सबसे पहला नाम, यह संभव नहीं। क़रघे में सस्ती कपास के कीमती धागे प्रेमचंद के थे। बुनते बारीक पर पूरी पकड़ बैठना मुश्किल होता है, बदाबदी में भी आसान नहीं होता। प्रेमचंद आसान थे, क्योंकि उनकी खुरदुरी बुनावट के काले-धौले धागे ताने-बाने के जोड़ पर भी बेजोड़ दिखते थे, अब हम इस बुनावट की खासियत को या तो हाथ की सफाई कह लें या फिर धागों का मजबूत मगर कुछ बारीक होना।

जैनेंद्र आप बेशक रुखड़ी खादी पहनते, भाषा की बुनावट में तो बारीक से बारीक रेशमी धागे ही इस्तेमाल करते थे। मैंने पढ़कर पाया था, उनके कोई-से भी दो वाक्य मन के सन्नाटे को गुँजा देते थे। तन भरी-पूरी तसवीर से एक आँकी-बाँकी लकीर में सिमटकर दूने सूनेपन में कौंध उठता था। प्रेमचंद के संप्रेषण का ढंग न्यारा था। वह एक सितारे पर नजर टिकाने के लिए सारा आकाश तारों से भर देते थे।

मैं जैनेंद्र को, माचवे के दार्शनिक संकेतों के बावजूद विचारक मात्र मानकर नहीं चल सकता था। मंतव्य या वक्तव्य आत्म-प्रकाश हो, दावा नहीं किया जा सकता। जैनेंद्र पहले शिल्पी हैं, स्रष्टा हैं, फिर वह चाहे निष्क्रिय ज्ञानी, चतुर चिंतक या तटस्थ द्रष्टा हों, अंतर्विरोध नहीं। उन्होंने नीत्शे, हक्सले या लारेंस की तरह किसी स्वतंत्र चिंतन को साहित्य का श्वेत-श्याम परिधान नहीं दिया, कथ्य-शिल्प के गीले ईंधन को चिंतन की चिनगारियों से सुलगाया ही है।

साक्षी, द्रष्टा अपने मनचीते विश्व का स्रष्टा हो सकता है? यों रस्किन और टॉल्सटॉय-सरीखा समस्त सत्ता का सहभोक्ता चाहे तो किसी भी ससीम-असीम क्षेत्र में रम सकता है, उसे कौन रोकेगा?

हिंदी के दूसरे जड़वादी बौद्धिकों से जैनेंद्र भिन्न हैं। इनका बुद्धियुक्त (बुद्धियुक्तो जहातीह उभे सुकृत-दुष्कृते) जीवन-दर्शन इन्हें समतल समानधर्माओं की भीड़ से काटकर अलग कर देता है, क्योंकि इनके साहित्य का मूलभूत सत्य निरा

बौद्धिक या यूटोपियन न होकर जीवन-ज्योति बन गया है, ऐसी ज्योति जो मनुष्य में देवता देखती है, कल्पित देवता नहीं, भरपूर पकड़ में आने वाला देवता। वैसे दुनिया में कौन है जो बुरा होना चाहता है और कौन है, जो बुरा नहीं है, अच्छा ही अच्छा है!

इनके शब्द भीगे पंखों के भारीपन के सबब नभ में न भी उड़ें, अर्थ उनका उड़ान ही है। कोई संवेदनशील श्रुतिधर उनकी अन्विति और ध्वनि की छुवन से उन्मन न हो, असंभव है! कहीं पलकों में सिमटा-सिमटा कोहरा, कहीं पाँवों की धूल से लिपटी धूप, शब्द जैसे विचार-चारुता की तीर्थ-यात्रा पर एकबारगी निकल पड़ते हैं, अधबीच में हाँफते-सुस्ताते नहीं, मंजिल की जानिब दुखते टखनों भी चलते ही रहते हैं। Too true to be good की नौबत आ जाती है।

और जो अपनी धारदार कला की बदौलत समय के आर-पार दिखा गया था, अभी उसे मैंने देखा न था। मोटी, रेशमी जिल्द वाली, दिल्ली से प्रकाशित उसकी 'सुनीता' पढ़ी थी, ('घरे-बाहिरे' तो और पहले पढ़ा था) पर उस आध्यात्मिक कलाधार को अभी अपना निभृत नमस्कार नहीं निवेदित किया था। लखनऊ में निराला के भूसामंडी वाले डेरे पर जहाँ हर शाम रामविलास शर्मा के अलावा नरोत्तम प्रसाद नागर (त्रिविड़ा जोशी), अमृतलाल नागर, रामचंद्र द्विवेदी 'प्रदीप', पढ़ीस, बुद्धिभद्र दीक्षित आदि इकट्ठे होते थे, वहाँ उन्हीं दिनों हिंदी में कदाचित् सर्वप्रथम प्रयुक्त शुतुरमुर्ग शब्द बौखलाए मस्तिष्क की बालू से निकलकर नुमायां हुआ था। नागर जी 'शुतुरमुर्ग पुराण' जैनेंद्र जी के पलायनपंथी चरित्रों के आधार पर लिख रहे थे। इस अजीबोगरीब पुराण के नएपन को चुनौती नहीं दी जा सकती थी, वैसे न वह विशेष मनोरंजक था, न अशेष ज्ञानवर्द्धक। कृष्णानंद गुप्त के 'प्रसाद के दो नाटक' सरीखा तीखा बेशक था।

खलल डालने की कोशिश में मैं बुरी तरह पिट जाता था। पहली ही मुलाकात में अमृतलाल नागर ने मुझे अपनी पहली पुस्तक 'अवशेष' की एक प्रति भेंट की थी। बुद्धिभद्र दीक्षित रामविलास शर्मा के उपन्यास का वह अंश स्वयं पढ़कर सुना चुका था, जो पहलवानी के दाँव-पेचों-भरा था और निराला का डिक्टेट कराया बताया गया था। इधर मुश्किल से मेरी दो-तीन कहानियाँ ही छप पाई थीं। आधे मन से मैं तब भी नहीं लिखता था, पर मेरी थाह का पता सबको मिल गया था। बहस में जब भी मेरी जुबान गिरती-पड़ती चलने लगती, नरोत्तम के रूखे सुर को रामविलास जी की हँसी तर कर देती। इतने बहुत-से लोगों में बगैर अचकचाए शरच्चंद्र का टकसाली तर्क उठाया तो मेरे ही सिर गिरा। अनुप्रार्थी के उतरे गले से मंजूर कर लिया

कि मेरे पास उपहास सहने के लायक प्राणों की पूँजी न थी, मन ही मन मुस्कराता कि कभी न कभी जैनेंद्र जी से मिलकर इन बारीकियों में पैठने की कोशिश करूँगा। दर्शन और मनोविज्ञान के तनाव से टूटकर भाग निकलना नामुमकिन था, जैनेंद्र की पूर्णता तक मुझे भटक-भटककर भी पहुँचना था।

वक्त सख्ती से बीत रहा था। थके पाँवों पहाड़ फलाँगना था। आखिर बहाव में गड्ढा भरा। टुकड़े हुए यत्नों के साए एक ठौर ठहर गए। अँधेरे में ठोकर लगी थी, चोट नहीं खाई थी। 'कोशिश की वही हद है जहाँ तक पहुँचे।'

और एक दिन हिंदी की राई-रत्ती तक का अता-पता रखने वाले आचार्य हजारीप्रसाद द्विवेदी ने मेरा जैनेंद्र जी से परिचय कराया। मैं शरम के मारे गला जा रहा था, उन्होंने पाताल में धूप जो उगाई थी। उनकी विनोदिनी वाणी में समय की समग्र ऊर्जा भरकर समोई हुई थी। दृष्टि की वैसी विधेयात्मकता और प्रभावोत्पादक तल्लीनता क्वचित्, कदाचित् ही देखने को मिलती है।

जैनेंद्र जी की एकाग्रता घटनाओं की धुरी पर तेजी से घूमे हुए जीवन की प्रतिच्छाया न थी। उनके रूखे-सूखे चेहरे में सृजनात्मक प्रक्रिया की तेजी थी, तो सतह से नीचे चमकती आँखों में अंतर्मुखता को सही साबित करने की सुनियोजित प्रवृत्ति भी। जैसे टैगोर को देखकर टकटकी बँध गई थी; प्रसाद को निहारकर पलकों में स्फार ज्वार उमड़ आया था, वैसा कुछ न हुआ। इस औसत व्यक्तित्व और सामान्य वेशभूषा में आचार्य क्षितिमोहन सेन या शिवपूजन सहाय जी जैसा फिर भी एक अलौकिक अलगाव था। मैं कहूँ, उनकी आकृतिगत उदासीनता लारेंस की याद दिलाती थी। जो हो, उस कला की कुंजी सहज ही हाथ लगने वाली न थी। अलीगढ़ का ताला हाथ हिला देने भर से खुलने वाला न था। मेरी होंठों-निकली बात बेअसर-सी थी। अर्धमौन, अर्धमुखर समय काटना दूभर हो रहा था। बलराज साहनी एक विख्यात वक्ता के अनमेल, अनहोने वक्तव्य के बखिए उधेड़कर रख दे रहे थे, द्विवेदी जी भी गाहे-ब-गाहे अपने नाखून गड़ा देते थे। उधर भीषण भाषण बीता, इधर द्विवेदी जी मुझे खींचते हुए पंडाल के बाहर निकल आए।

जैनेंद्र जी से फिर कुछ दिन मिलना न हो सका। द्विवेदी जी आचार्य शुक्ल के समान नए मूल्यों की मान्यता से प्राचीन साहित्य का मूल्यांकन कर मूर्धन्य न हुए थे, उन्होंने ढहते हुए पुराने मूल्यों और आस्था न बन सकने वाले अस्थिर नए मूल्यों के संधि-रंध्र से अपनी प्रज्ञा की किरणें बिखेरी थीं। बौद्धिक वक्रताएँ उनमें भी थीं, पर वह एक हद तक समय के साथ दौड़े थे।

उदयशंकर भट्ट और जगदीशचंद्र माथुर के कारण मेरे दिल्ली के कार्यक्रम बढ़े।

रेडियो और उसके बाहर भी बार-बार आना-जाना पड़ा। एक दिन गोपालकृष्ण कौल ने बातों-बातों में बताया कि आज दिन टेबल-टॉक में जैनेंद्र का जोड़ नहीं। बस अमोघ आकर्षण से खिंचकर मैं इस दूसरी बार उनके घर पर ही मिला।

मैंने 'छांदोग्य उपनिषद्' का 'वाकोवाक्य' पढ़ा था। वेद, रामायण और महाभारत वाक्पटुओं के परिसंवादों से भरे पड़े हैं। कालिदास, अश्वघोष, भारवि—सब मुखाग्र हैं। इनकी 'मितं च सारं च वचो हि वाग्मिता' में ही मेरा मन सिमटा रह गया है, छौंक-बघार की तरह प्लेटों से ह्वाइट हेड तक की सुगंध भी कम उन्मादक नहीं रही है।

स्वागत-संभार के पश्चात् जो विषय उन्होंने उठाया, वह अंतरात्मा में निःस्वार्थ और रचनात्मक प्रेम उत्पादित या संगृहीत करने वाला न था। पिछली रात उन्होंने हमारा रेडियो-कवि-सम्मेलन सुना था, उसी के संदर्भ में बोले कि अभी कुछ ही दिन पहले बिहार के कुछ शिक्षित दर्शनार्थी उनके निकट आए थे, इनसे उन्होंने पूछा था कि नए बिहार में सबसे समादृत साहित्यिक कौन हैं, तो उन लोगों ने सम्मिलित स्वर से मेरा नाम लिया। इन्होंने अलग से दिनकर के बारे में पूछा तो वे साफ पहलू बचा गए और अपनी मुसकराती आँखें इनकी जिज्ञासु आँखों में डाले रहे।

मैं जैसे छत से निचली सीढ़ियों के चौकोर पत्थर पर गिरा। तन की आँखें मूँदता-खोलता उकड़ूँ बैठकर जमुहाई लेता रहा। मेरी मूक भाव-भंगिमा निष्प्रभाव सिद्ध हुई और केवल पिछली रात सुनी हुई दो अदद कविताओं के बलबूते स्थिर की गई बातों से दिनकर का आलोकसामान्य आलोक बिलकुल बेमेल मालूम होता था। मैंने कहा :

सन् '39 में मैं बिहार में बसा। उस समय वहाँ कवि का अर्थ दिनकर था। उन दिनों जिस उत्साह और आदर से दिनकर को सुना जाता था, मैंने प्रसाद, पंत, निराला के लिए भी वैसा आग्रह कहीं नहीं देखा था। आस्था और आत्मा की गहराइयों में मेरा डूबना-उतराना स्पृहणीय तो क्या लज्जाजनक तक समझा जाता था। दिनकर पुरुषार्थ का पाठ पढ़ा रहे थे, देश के नेता जो अनगढ़ गद्य में कहते थे, उसे वह पौरुष की हुंकार में पद्य-बद्ध कर कहीं अधिक प्रभावोत्पादक रूप दे देते थे। फिर उनका हाहाकार-विपथगा-काल का दहाड़ जैसा उत्ताल कंठ-स्वर काव्यपाठ की रोष-आक्रोश-भरी शैली का जन्मदाता भी था। तब अपने प्राण आधी रात के सन्नाटे में दूरागत आह्वान के समान अनसुना अनहद नाद सुनकर जैसे चिहुँक उठते :

'किसने बाँसुरी बजाई?'

चाँदनी में चेतना चुँधियाती तो मन का स्पंदन गुनगुनाता :

'फूल की पहचान सरस, सुवास केवल!
आज मुख दिखता नहीं, विश्वास केवल!!'

'ऐसे में कैसे कोई
बाँधे आँखों की पाँखें,
जाने कब स्वन बन जाएँ
साँसें बाँसों के वन में!'

दिनकर आकांक्षा और स्पर्धा प्रज्वलित करते थे, मैं तृप्ति और मुक्ति के संधान में अवज्ञा और ग्लानि को झटककर प्रकृति की किरण चुनता पंखिल कर्मों की उड़ान भरने लगता।

और आज हाकिम-हुक्कामों में दिनकर की पद्मभूषणी धाक देखते ही बनती है, इधर खाँटी सोना सिरजने वाले साहित्यकार भी उनका लोहा मानते हैं!

आपको जिसने भी कहा, झूठ कहा। मैं तो अँधेरे में रह आए पीपल-पात का, हूँ तो एक जुगनू हूँ, दिनकर से मेरा क्या मुकाबला?

हमारी बातों की अँगनाई में आधी-अधूरी धूप थी, एक ओर धूपछाँही चौरे पर कोई बिरवा उग आया था अनाम अभिज्ञान का। जैनेंद्र के कुछ ही अनमोल बोल मैं सँजो सका। अनायास मिलने पर बहुमूल्य का भी मूल्यांकन कहाँ हो पाता है?

उपलब्धि से साधना का छोर चाहे छू भी जाए, साधना के अभाव में उपलब्ध उपलब्धि भी कहाँ जुगोई जाएगी?

जैनेंद्र जी देते समय पात्रता बिसरा देते हैं; सधी वाणी रूखी-सूखी भी घास पर मोती बिखेरती चली जाती है। कैसा भी धुआँ उनके गले में घुटन नहीं पैदा करता। इधर अपने राम के हाथों खुदी फूलों की क्यारियाँ फूलों का कब्रिस्तान बन जाती हैं। बातों के दरम्यान वे हरदम आँखें खोले चौकस थे, सूक्ति-मुक्ता चुगते मेरी आँखें मुख्तसर-सी रोशनी में भी बारहा झपकतीं।

मैं जब उठा, मस्त और उनके संलाप के आलापीय स्वरों से सराबोर था। इकहरे, लचकीले और मजबूत विचारों के जैनेंद्र जी के बोलने-बतलाने का अलबेला अंदाज और वाक्यों के बीच 'तो' पर स्वरपात का बाँकपन जी में समा गया था। भाषा सैलाब थी तो विचार-विस्तार प्रवाह में झलमला उठी ठंडी ज्योति। सोच-विचार का यह व्यसन उन्हें अपने को भूल जाने की क्षमता न दे सका था, उनका विवेक निर्विकार

न था, यह अनुभव अपने लिए जीवन के आधार पर बार-बार होता था फिर भी वाक्-प्रवाह में बह आए विचार अपनी बहुमूल्यता सतह ऊँची करके ही उजागर करते थे।

न वह जमाना 'टेप रेकॉर्डर' के सस्तेपन का था और न मैं कोरे कागज पर आकाश अंकित करने के अभिप्राय से आया ही था, फिर भी यदि वह मल्टीडाइमेंसनल संवाद टंकित हो सकता, एक ऋषि और एक जिज्ञासु के शब्दों का विनिमय उसी तरतीब में उतारा जा सकता तो मेरा विश्वास है, वह केवल कुतूहली न होता; किसी नियम या क्रम से न उबलने पर भी उन शब्दों में ताप-भाप की अप्रार्थित अनुभूति अवश्य थी। 'Debates die down, only to flare up again well fresh passion.'

लौटते वक्त मन-मस्तिष्क पर ही कुछ मोटे लफ्जों में लिखा हुआ न था; चेहरे के भावों में महज हलकी-फुलकी-सी तबदीली ही न आई थी, अँजुरी भी भरी-भरी थी, उन्होंने तब तक प्रकाशित अपना सारा साहित्य हस्ताक्षरों के साथ भेंट किया था। यों उनकी Creative Individuality ही मुझ पर हावी थी; तभी टैगोर याद आ रहे थे :

The highest enjoyment of man is not in the having but in a getting, which is at the same time not getting.

प्रेमचंद (trasparently simple in architecture) शिल्प में पारदर्शिता तक पहुँचे हुए सरल थे। परंतु जैनेंद्र जी की परख, सुनीता, त्यागपत्र, कल्याणी—कोई प्रारंभिक कृति भी अपवाद नहीं, जहाँ देखो, वकील या जज दिखता है। संवादी दर्शन में वकील और दलील का लोकप्रिय अनुप्रास सार्थकता के साथ मुझ पर खुला था। वह जटिल मनोवैज्ञानिक शिल्प के सफल स्रष्टा रहे हैं। बौद्धिक चरित्रों के अभाव में वह कम से कम रेखाओं में एक जीवंत आकृति कैसे उरेह सकते थे। वह किसी नीति, आदर्श या जीवन-दर्शन को कथा-उपन्यास में ढालते कहाँ हैं, कृतियाँ आप उन्हीं साँचों से साकार कढ़ी आती हैं।

पसंदीदा जुमलों को दिल के अलबम में सजाता, खम खाक खड़ी सीढ़ियाँ उतरता हुआ सुहानी शाम की हवा के झीने झोंके में अपनी गुनगुनाहट समोने लगा :

| | |

म ध, नी—प—, रे—सा सा, ग रे म म, ग—

राजघाट बापू की समाधि पर माल्यार्पण करने अवधूत-सा नंगे पाँव, बिखरे बाल,

पैदल जा रहा था, बापू संबंधी पूर्व स्मृतियाँ मन-मस्तिष्क पर छाई हुई थीं, सहसा बिजली का-सा धक्का लगा। जैनेंद्र जी सपत्नीक कार से कहीं जा रहे थे, मुझ पर नजर पड़ते ही गाड़ी से उतर पड़े। कुशल-संवाद पर ही न रुके, पान की दुकान तक खींच ले गए। यही सेब की फुनगी से मिट्टी पर टपकना है? गुरुत्व की—फल-फूलों लदे की आकस्मिक लाचारी है? जैनेंद्र के विरस व्यक्तित्व की यह विभूति ही है या अंतःसंयत प्रत्युत्पन्नमति जो अभिभूत चाहे न भी करती हो, एक-दफा छूती जरूर है? वह गए तो पल-भर के लिए गति रुक-सी गई। सामने की खिड़की पर जर्द गुलाब की एक बेल चढ़ी हुई थी, जो अपने ही झुरमुट के छज्जे से बाहर की तरफ झुक आई थी। उसकी उलझी टहनियों में वीरान और खामोश-से कुछ खिले-अधखिले फूल झूल रहे थे। हलकी, बेरंग, नम धूप में पाँवों से लिपटी, धूल में सिमटी गति दुर्लक्ष्य लक्ष्य की ओर सरका ले गई।

लालकिले के कवि-सम्मेलन में सम्मिलित हुआ था गोपाल प्रसाद व्यास के आमंत्रण पर। मनाही थी मित्रों की, मगर मैं गया। ज़िंदगी में मेरी ऐसी कोई तमन्ना न थी, बल्कि उस अखाड़े के बड़े-बड़े पहलवानों को देखकर मेरे लिए उसमें शरीक होना, न होना, यह एक मुसलसल मसला था। इर्द-गिर्द फैले मकड़ियों के जाले मुझे उलझाए रहे; वक्त के अँधेरों में लम्हा-ब-लम्हा मैं धुँधलाता-डूबता चला गया। मुझे वीरानी मुबारक, जाने क्यों, राष्ट्रीय स्तर के मंचों का प्रपंच रास न आया।

गया तो व्यास जी ने अच्छे-खासे होटल में ठहराया। वहाँ ऐसे ढेर सारे कवियों से मिला जिन्हें साहित्य में अन्यत्र नहीं पा सकता था। मैंने यथेष्ट आनंद और आत्मतोष का उपभोग किया। गले में अटका आह्लाद तब उमड़ पड़ा था जब कवि-सम्मेलन के आरंभ में बालिकाओं का एक उत्पलदल तानपूरे और हारमोनियम-तबले के साथ स्वरित हुआ। पंत जी और दिनकर जी भी काव्य-गायन सुनने के लिए इतने बेताब हो गए थे कि कब मैं हुमककर उनके बाजुओं के करीब से परे निकल गया, उन्हें एहसास तक न हुआ।

बालिकाओं की ओर किस काफिर की नजर न उठी थी। ज्यों ही बाजे ने—

०निध प—रे/3—सा ग रे/ग—ग म प/ग² म प—/छेड़ा, मैंने यत्नपूर्वक रागी आँसुओं को रोका, पर 'वर दे वीणावादिनी वर दे' के बोल कल्लोलित होते ही वे रोके न रुके, छलक उठे : सभी कवि कर्णामृत पिएँ, निराला की रूह की सदा है यह। सम्मेलन में गला-फाड़ों के लिए अच्छा जुगाड़ था, अपनी-अपनी पड़ी थी। मुझे खुद

अपना चक्कर था। यूँ पंत जी न जम सके।

दूसरे दिन दोपहर में गाड़ी थी। व्यास जी की तलाश में सम्मेलन-भवन पहुँचा। कोई गोष्ठी चल रही थी। बड़ी गहमागहमी थी। जी धक से रह गया। सोच लिया : इस भीड़ से व्यास जी को ढूँढ़ निकालना आसान नहीं; यह गाड़ी गई।

मेरे साथ कवि-चित्रकार मित्र ब्रह्मदेव शास्त्री थे। उन्होंने भी आजू-बाजू ताक-झाँक की। कोई नतीजा न निकला। पल-छिन बीतते-न बीतते, जिधर चहल-पहल दिखाई दे रही थी, जैनेंद्र जी दिख गए। मुझे अपने करीब बैठा लिया। पान खिलाना भी न भूले। उन्हीं के मुहावरे में खुशी से हटकर गिरा तो खुशी पर ही गिरा। यों बैठा मैं बेमन था। व्यास जी कहीं आसपास ही थे, मुनीम के साथ प्रकट हुए और टिप्पणियों-समेत कुल दो सौ रुपए मेरे हाथ थमा दिए। मैं भीतर से सकुच आया। कभी पीछे रहने की आदत न थी ऐसे मौके पर, जंगल में रोककर व्यास जी के हास्य को थोड़ी सूखी-गीली खाद दे दी थी।

डॉ० नामवर सिंह विचार-गोष्ठी के प्रवर्तक थे, डॉ० नगेंद्र परिश्रम से तैयार किया हुआ पेपर पढ़ रहे थे, इधर दाईं ओर बैठे मोहन राकेश और डॉ० निर्मला जैन से मुसकराती आँखों मेरा निःशब्द नमस्कार-चमत्कार चल रहा था। इतने में डॉ० नगेंद्र ने पेपर समाप्त करते हुए बिना किसी पूर्वापर प्रसंग के मेरा नाम पुकार दिया कि अब इस विषय पर मैं अपने विचार व्यक्त करूँ!

मैं अचकचाकर उठा और असमंजस में पड़ा-सा अधीर स्वर में बोला :

"इस, किस विषय पर?"

प्रश्न का अटपटापन पूरे हॉल को हँसाने में कामयाब हो गया। नामवर जी ने विषय बताया : 'परंपरा, परिवेश और प्रगति'। मैंने कहा—'निकले थे हरि भजन को ओटन लगे कपास'—इसे ही कहते हैं शायद। मैं तो यहाँ व्यास जी से अर्थ प्राप्त करने आया था, परिवेश ने मुझे नाजायज ढंग से शब्द-संप्रदान कंपनी में शरीक कर लिया। बहरहाल, मेरे भाषण से हाल बेहाल रहा। खूब तालियाँ पिटीं, श्रोताओं ने भरपूर रस लिया। करैला नीम चढ़ा। प्रवर्तक डॉ० नामवर सिंह ने यह कहकर सही बकलम-खास कर दिया कि हाथी के पाँव में सब पाँव समा जाते हैं : 'सर्वे पदा हस्ति पदे निमग्नाः।' अब उन्हें और कुछ कहना नहीं है।

हॉल तालियों की गड़गड़ाहट से भर गया। जटायु ने जैसे रावण पर चोंच चलाई और डैनों ने झपट्टा मारा—डॉ० नगेंद्र के साथ शिक्षा और संस्कृति लपेटे सत्यदेव चौधरी थे। वह रोष-आक्रोश से भरे-भरे-से कुछ कह रहे थे। जैसे डॉ० नगेंद्र के बराबर मैं किताबें न छपा सका तो...तो मुझे साहित्यार्णव के विलोल हिल्लोलों से हँसते-

हँसते खेलने का साहस कैसे हुआ?

मैं चौधरी जी या डॉ० नगेंद्र को किस विधि समझाता कि मुझ-सा निर्जल बादल पल-भर को नील गगन के निर्मल अंतस्तल को निनादित प्रकाश से चुँधिया भी दे, रस बरसना उसकी नियति नहीं है। मेरा दंभ-दर्प उन्हीं के अखर्व गर्व-गौरव पर निर्भर है।

छात्र-छात्राओं का दल हस्ताक्षर के लिए उमड़ा पड़ रहा था कि मोहन राकेश ने गले-गले मिलकर कहा—'आषाढ़ का एक दिन' आपकी-सी परंपरा की अपरंपरित व्याख्या का ही परिणाम है।

मैंने निषेध में सिर हिलाया, नहीं, अपरंपरा का नहीं, वह 'बाणभट्ट की आत्मकथा' की परंपरा का है। वहाँ जैसे बाण, यहाँ वैसे ही कालिदास हैं।

भाषण में मैंने परंपरा के स्टेटिक रूप का तर्क-युक्ति-प्रमाण-समेत परिहार किया था। सामने जैनेंद्र जी थे। बोलने की रौ में क्या-क्या बोल गया था? भाषा और भाव के चरम शिखर पर पहुँचे हुए 'शेखर' और 'नदी के द्वीप' क्या 'गोदान' की परंपरा की कृतियाँ हैं? 'सुनीता' का अनावरण क्या उपनिषद् की—

'हिरण्मयेन पात्रेण सत्यस्यापिहितं मुखम्
तत्त्वं पूषन्नपावृणु सत्य धर्माय दृष्टये।'

या मीरा की—

'पंचरंग चोला पहिन सखी मैं झिरमिट खेलन जाती,
वा झिरमिट मां मिल्यो साँवरो, खोल मिली तन गाती।'

की परंपरा से अनुप्रेरित है? प्रेमचंद के साथ-साथ लिए जाने वाले नाम—जैनेंद्र की जटिल मनोवैज्ञानिक-दार्शनिक अभिव्यक्तियों में प्रेमचंद की, मिट्टी में जड़ जमाए बाह्य यथार्थता की परंपरा कहीं ढूँढ़े मिलेगी?

पलाशवन की कमजोर डालियों से लिपटी लपटें कुनकुना धुआँ भी नहीं उठातीं, किसी की ठिठुरी काया क्या सेकेंगी? विशुद्ध आत्मा को लौ उठाती उँगलियों से छूकर क्योंकर नई सुगबुगाहट देंगी?

सच तो यह कि क्यों किसी की मौलिक प्रतिभा पराए साँचे में ढले? परिवर्तित होते परिवेश से वह क्यों न टटके उपादान ले? हमारे सार्त्र और मॉम वही हैं?

अज्ञेय और जैनेंद्र के समृद्ध साहित्य में क्या कुछ नहीं है? हाँ, शोषण से मुक्त समाज के लिए निराला और प्रेमचंद जैसा ईमानदार सतत संघर्ष उनमें नहीं है। परंतु

इससे क्या? आर्थिक चिंताओं से मुक्त जैनेंद्र और अज्ञेय के असामान्य पात्र बौद्धिक वाग्विलास में अपना सानी नहीं रखते। कहीं की मिट्टी से यहाँ फूट निकले ये रंगारंग बिरवे क्यों न हों बहार पर? I am not arguing with you—I am telling you.

जैनेंद्र जी एक स्थितप्रज्ञ की भाँति सस्मित मुख मेरे वाक्प्रवाह में बहते रहे, युग की हलचल, उथल-पुथल, अशांति और विक्षुब्धता से कोरे के अटपटे-चटपटेपन से एकबारगी अप्रभावित। मैं इसे कभी न भूला।

गिरिडीह में बिहार प्रांतीय हिंदी साहित्य सम्मेलन का अधिवेशन था। जैनेंद्र जी उद्घाटन करने आए थे। हम दोनों को 'गंगा मैया तो-हे पियरी चढ़ैबो' नामक अतिसफल भोजपुरी चित्र के निर्माता (नाम उनका संभवतः विश्वनाथ बाबू है) की नव्य-भव्य कोठी पर ठहराया गया था और उनके आतिथ्य में निरा ऐश्वर्य नहीं, पारिवारिक आत्मीयता का मर्मस्पर्शी प्रदर्शन था। मैं किसी जनम में मथुरा का चौबे रहा हूँगा। वर्षों के बाद कहीं कभी सुस्वादु षड्रस भोजन उपलब्ध होता है तो मेरी यौगिक तन्मयता किसी सर्वोदयी-पूर्वोदयी के तोड़े नहीं टूटती। मैं एक सधे समाधिस्थ-सा लक्ष्य-बेध करता चला जाता हूँ। यों यह बिहारी भाषा में हलका-फुलका जलपान था जो सभा के आरंभ होने की शुभ सूचना को सरस बनाने भर के लिए था। मेरा वजन ड्योढ़ा हो गया, जैनेंद्र जी पर रत्ती-भर भी प्रभाव न पड़ा। राजधानी के भोजों में शायद इसीलिए इन्हें सरकार और जनता—दोनों के अंतरंग आमंत्रण अधिक झेलने पड़ते हैं, क्योंकि 'किसको दूँ किसको लौटाऊँ' वाले संकोचवश इनके कहीं पहुँच जाने पर भी एक खाली प्लेट ही तो बढ़ाना पड़ता होगा।

मंच पर पहुँचे, तब वह पूरी तरह जनता के अधिकार में था। अक्ल की तलछट छलकाने पर एक बालिश्त जगह की गुंजाइश हुई। सामने सूनी-सी दृष्टि डालने पर जी भर आया कि इन्हीं नवल नटनागरों को कपिल मुनि दर्शन और मनोविज्ञान की नपी-तुली भाषा में सांस्कृतिक-साहित्यिक सीख देंगे!

मैं अभी ताबड़तोड़ उन्हीं की तरफ से सोचे जा रहा था मगर जमाना साधुता को सनक समझता है, होम करते हाथ जला, जैनेंद्र जी ने मेरी झुरती-झुरती-सी मति-गति पर बेदर्दी से ओले बरसा दिए। केसरी कुमार को कहा कि जब तक जानकीवल्लभ शास्त्री उन पर भरपूर न बोल लेंगे, वह उद्घाटन करने न उठेंगे।

मेरी हलकी नरम मुस्कराहट झूठी हँसी में तबदील हो गई। आँखों की कोर पर धूप बिछ गई और पलकों पर छाँह। लज्जा और घबराहट चेहरे पर चिपक गईं। बाज दफा ऐसे में मैं अजीब चुहल और कुतूहल से चटुल-चपल हो जाता था, अभी मगर झिझक-झेंप-झल्लाहट मेरी अकुलाहट को वजनदार साबित कर रही थीं। मेरी तरह

का एक नीम पढ़ा-लिखा आदमी हिंदी में चेखव-गोर्की-मोपासां की हैसियत रखने वाले लेखक के आमने-सामने अपनी अयोग्यता दिखाने के लिए कैसे-कैसे बेतरतीब और अटपटे शब्दों का इस्तेमाल करेगा, और अभी देखते ही देखते जो यहाँ तमाम लिखे-पढ़े लोगों की जमात आगे के आकाश को मिट्टी पर उतार लाई है, दिन में तारे देखेगी!

मगर ऐसा कुछ हुआ नहीं। केसरी कुमार ने मेरा नाम उद्घोषित किया। मैं बगैर दाएँ-बाएँ देखे माइक को ऊँचा उठाकर ऊँची टीप की आवाज में फूटा। छोटी-मोटी घटिया किस्म की एक तिकड़मी निकम्मी बात औचक ही आगे आ गई, कोई जानते-बूझते ऐसी हिमाकत कैसे करता? मैंने कहा—जाने क्यों लोग-बाग जैनेंद्र को प्रेमचंद के साथ याद करते हैं! प्रेमचंद सरल थे, जैनेंद्र जी सजग हैं, वह सहज थे, यह व्यवहार कुशल, वह ठठाकर हँसते थे, इनकी हँसी को बारहों महीने, तीसों दिन जुकाम हुआ रहता है। कभी-कभार खुलकर हँसने की कोशिश करते हैं तो साहिर लुधियानवी के नग्मे—आई, आई रे हँसी आई—की कसम, कहीं दातों में उलझकर, कटकर रह जाती है।

बहरहाल, ईलियट की कविता को अकरकरे के काढ़े की तरह ज्यों-त्यों निगल जाने का ही इरादा न हो, उसे भले-भले गले के नीचे उतारना चाहते हों तो पहले उसके निबंध पढ़िए। लारेंस के नॉवेल की फ्लाइट गुमराह करती हो तो उसके निबंध पढ़िए। पाँवों के नीचे से खिसकी हुई जमीन कुछ और सख्त होकर पाँवों के नीचे वापस आ जाएगी। जेम्स ज्वायस की तरह जैनेंद्र दुरूह तो नहीं हैं, लारेंस की पोर्नोग्राफी और आबसिनिटी हिंदी में नहीं हैं, सुनीता और त्यागपत्र और दूसरे-दूसरे-से हैं। एक Introvert कलाकार की खासी सधी कूची उन्हें भरसक सुबोध बनाने की कोशिश करती है, फिर भी मुश्किल मालूम होती हो तो जैनेंद्र के निबंध पढ़िए। गद्य की सभी विधाओं को उनके अनमोल अवदान प्राप्त हैं—नेता और वक्ता और विचारक जैनेंद्र साहित्यकार जैनेंद्र की किताब के शुरू और आखिर के पन्ने हैं। फुलझड़ी के रंगारंग फूल और आतिशबाजी के तमाशे को किसी बारात का मकसद नहीं माना जा सकता। जैनेंद्र जी की मीठी और तराशी हुई जुबान फुसला-बहलाकर हौले-हौले साहित्य की गहराइयों में उतार देती है कि जहाँ जिंदगी इंसाफ और मुरौवत के खेल खेलती होती है। बेशक वहाँ भी रही और बाकी उम्र सुकून से नहीं गुजारी जा सकती, हर वक्त खाक छाननी होगी कि गर्दोगुबार में अपने-अपने गुमशुदा की तलाश जारी रहे!

जैनेंद्र विचारक जैसे भी हों, बुद्धिवादी उपन्यासकार नहीं हैं। वर्जीनिया वुल्फ

की तरह इनके चरित्र लेखक के मस्तिष्क की ही उपज नहीं हैं। 'द वायेज आउट' के-से वैचारिक और भावनात्मक चरित्र जैनेंद्र के संतुलित कृतित्व में नहीं। 'त्यागपत्र' में कोई समाधान कहीं ढूँढ़ा गया मगर समस्या के बारीक-से-बारीक पहलुओं की, लेखक की, समझदारी से इनकार भी नहीं किया जा सकता।

दास्तावस्की की तरह जैनेंद्र तीव्र और आकस्मिक धक्के देकर जीवन में गति पैदा नहीं करते। अहंकार की सामरिक उत्तेजना से उत्पन्न भाव स्थायी नहीं होता। जैनेंद्र-साहित्य में समभाव और संवेदना का संप्रेषण हुआ है।

संकीर्ण राष्ट्रीयता के दायरे में जैनेंद्र साहित्य घुटकर नहीं रह गया, वह अशेष मनुष्यता को गंभीरता और दृढ़ता से आश्लिष्ट करता है। एक हद तक 'सहभोक्तृत्व' उसकी चेतना की पहचान है।

व्यक्ति जैनेंद्र जी विशिष्ट साहित्यकार जैनेंद्र जैसे—सादे, सरल, सहज होते, गए-गुजरों की मुसीबतों पर संवेदनाएँ बरसाते, कड़ी से कड़ी आलोचनाओं के दहाने पर भी अपनी आस्थाओं में जीने वाले, तो सत्ता से बेतहाशा समादर न पाने पर भी वह टॉल्सटॉय, चेखव, रोलां की कोटि में परिगणित होते।

एक समय नाट्य-सम्राट पृथ्वीराज कपूर का नशा ऐसा चढ़ा था कि जब कोई विदेशी क्लासिक देखता—ए टेल ऑफ टू सिटीज, मैकबेथ, हैमलेट, बेनहर, गुड अर्थ, टेन कमांडमेंट्स आदि तो यही सोचता था कि ये तसवीरें हिंदी में बनें तो इनके एक मात्र हीरो पृथ्वीराज कपूर ही हो सकते हैं, ठीक उसी प्रकार ला मिजरेबल, मादाम बावेरी, अन्ना केरेनिना, टेस, युलिसेस आदि पढ़ते समय बार-बार मेरे मन में यह भाव आता था कि हिंदी में ह्यूगो, हार्डी या टॉल्सटॉय होते तो जैनेंद्र ही होते।

अज्ञेय के साथ

एक अजब-सा नाम साँप की आँख की तरह अपनी ओर खींचने वाला, मैंने जब पहले-पहल सुना, मेरे कोई कान न था। 'हरी घास पर क्षण भर' औचक ही जब उसे देखा तो 'इत्यलम्' की 'परछाई-सी चोर की' ने बुरी तरह चौंका दिया, मेरे कोई आँख थी क्या उसे सही-सही देखने-परखने के काबिल?

परंपरा को आगे बढ़ाने वाले कवि देखे थे। Traditional निराला न थे। उनके काव्य के लक्ष्य और शिल्प को एक हद तक Uncoventional कहा जा सकता था, फिर भी उनके–

'वीक्षण अराल
बज रहे जहाँ जीवन के स्वर भर छंद-ताल
मौन में मंद्र,
प्रणय के प्रियंगु की डाल-डाल।'

–जैसे काव्य-बिंब कालिदास की कला को भूलने-बिसरने न देते थे, प्रत्युत उनकी याद ताजा कर देते थे।

हरी घास पर''बाजरे की कलगी का तीखा टटकापन किंतु अपनी अलग स्थिति रखता था। उसका आकर्षण मन के स्वाभाविक लगाव में न था, जान-बूझकर किए कटाव में, सबसे अलग-थलग होने में था। चेतना में एक ही झटके में उतर आने वाली यह तेजी बहुत कुछ–

When the evening is spread out against the sky
Like a patient etherised upon a table.

जैसी थी। मैं समझता हूँ कि ईलियट के दर्पस्फीत अंदाज में ही अज्ञेय ने हिंदी कविता के क्षेत्र में बेखौफ कदम रखा था। ढल-ढल उच्छल भावुकता को अति संयत शीतल शब्दों की रुपहली धूप में सुखाता, अनावश्यक विस्तार का अनिवार्यतः परिहार कर रचना के दायित्व पर निःशब्द कठोर दबाव डालता हुआ (तो तू क्या कवि है? क्यों और शब्द जोड़ना चाहता है? कविता तो यह रखी है।) एक वयस्क संवेदनशील

व्यक्तित्व तभी मेरे छायाच्छादित गहन गगन को छू गया था। और तो और, तब मुझे पंडितराज की भव्य भावुकता भी इस सुंदर संशय से समाहित निश्चय की छवि न दिखा सकी। शास्त्रीय दोषों से सर्वथा मुक्त, गुणों की खान, रस-भावों-भरी, अलंकार-संभार से अंतर्दृष्टि में चौंध पैदा करने वाली और कानों में अमृत उड़ेलने वाली उनकी वर्णावली सहसा इस ठेठ वस्तु और शिल्प का टटकापन न झुठला सकी। अपनी प्रेरणा प्रिया के बिछोह पर वह जो रोए-गाए कि अब कमल के फूलों का सोच सदा के समाप्त हो गया और चटक चाँदनी में भरपूर निखार भी आ गया। और तो और कोयलों की बन आई, अब वे बेधड़क वन-बागों में जब देखो तब, कुहकती रहती हैं!

तो ऐसा कहाँ क्या बन पड़ा जो कालिदास, भवभूति या श्रीहर्ष से अछूता रह आया था? अवश्य अज्ञेय का विद्रोह वैचारिक विश्लेषण के स्तर पर भी चित्त को चमत्कृत करता था। मैं मुग्ध भाव से परंपरा से पूछता था—यह जहर (!) कहाँ पाया!

दिल्ली, लखनऊ, इलाहाबाद से पटना तक के कितने ही रेडियो कवि-सम्मेलनों में हम साथ-साथ काव्य-पाठ करते रहे थे। मैं उन्हें खूब डूबकर सुनता था, चाहता था : बंद खिड़कियाँ, दरवाजे पर पड़े मोटे रंगीन पर्दे—सब इस ऐसी ताजा हवा के झोंकों से हिलने-झूलने लगें। मेरी कच्ची ललक को मायूसी न हुई। हाँ, यह एहसास बेशक हुआ कि विवेक स्थिरता लाता है, रस की छलकन मशहूर है। अज्ञेय का विरस, शांत लेखन अपनी अलग अहमियत रखता है। गद्य-पद्य के सभी आयामों पर श्वेत-श्याम परछाइयां डालकर उन्होंने कितनी जल्दी अपनी अलग पहचान बना ली थी।

लखनऊ सम्मेलन में समादृत 'उदय के पथ पर' नामक स्वच्छंद छंद की मेरी एक रचना सुनकर वह उसे अपनी साइक्लोस्टाइल से छपी पत्रिका के लिए माँग बैठे थे। इलाहाबाद में 'ताड़ की आड़ से चाँद क्या झाँकता!' सुनकर आप ही गद्‌गद न हुए, उसी समय किसी का फोन आया तो बोले—आपका गीत सबको बहुत पसंद आया है! पीछे चलकर 'रूपांबरा' में मेरी दो-तीन रचनाएँ संकलित कीं।

'चक्रांतशिला' जैसी एकाध को छोड़कर उनकी खुली तिजोरी के कितने ही हीरे-जवाहरात का वजन मेरे बटखरों के मुकाबले भारी पड़ा है। मैंने मोल-तोल के दायरे पर पड़े मकड़ियों के जाले को बिना नुकसान पहुँचाए उनके प्रकाश को हलके-हलके छुआ है। शराब शराबे-मार्फत न बन पाई क्योंकि दफातन नुमायाँ तरक्की न हुई, यह बात और है।

चाँदनी चौक के एक होटल में ठहरा हुआ था। आगे अज्ञेय जी से भेंट हो चुकी थी, उस सुबह उन्होंने कई बार रिंग किया था। मैं पृथ्वीराज जी से मिलने चला गया

था, उस दिन 'पठान' नाटक में शम्मी कपूर उतर रहे थे। बंबई में चुपचाप गीताबाली से शादी कर ली थी, अभी पापाजी के पाँव छूने पहुँचे हुए थे दोनों। बेर ढले होटल लौटा तो अज्ञेय जी के फोन की बात मालूम हुई। जी मसोसकर रह गया। शाम को हंसकुमार तिवारी से राजकमल में भेंट हुई तो बोले—अज्ञेय जी आपको बहुत ढूँढ़ रहे थे। 'अरी ओ करुणा प्रभामय' नामक उनकी सबसे नई काव्य-पुस्तिका का उद्घाटन-समारोह था उस दिन। काश कि उस समारोह में दो शब्द बोलकर मैं अपनी जंगआलूदा अभिज्ञता माँज पाता!

छुटपुट मुलाकातों और उड़ती-उड़ती-सी बातों ने उनके तेजस्वी व्यक्तित्व को अधिक आकर्षक बना दिया था। जयस्तंभ-से सुदृढ़ ऊँचे का वह मंद-मधुर स्वर अपने आप में एक प्रिय विस्मय था। एक अपरिभाषित चरित्र, समकालीन वात्या के वक्ष पर खड़े अक्षयवट की परिक्रमा करना लक्ष्य था मेरा, कोई भी सबक सीखना कुंद और तीखे एहसासों से गुजरने पर ही संभव था।

वक्त के मोड़ की शुरुआत पत्थरों से अँटे रास्ते से हुई। उन दिनों डॉ० प्रभाकर माचवे (उज्जैन, माधव कॉलेज में दर्शन शास्त्र के प्रोफेसर होने के जमाने से मेरे मित्र) नागपुर रेडियो स्टेशन में थे। भारतीय स्तर पर एक कवि-सम्मेलन आयोजित किया था और उसमें भाग लेने के लिए अपने ही अंदर बंद रहने वाले मुझ-जैसे गुमनाम को भी आमंत्रित किया था। मैं गाँव से चीथड़े लपेटे पुतलों की तरह के लोगों के बारे में सोचता-सोचता लौट रहा था। दरअसल पिताश्री को लिवा लाने गाँव गया था। पटना हिंदी साहित्य सम्मेलन भवन में रात बिताने ठहरा हुआ था कि मुजफ्फरपुर से छाया का भेजा हुआ एक दूत नागपुर रेडियो का अनुबंध-पत्र लिए हुए पहुँच गया। यदि मैं ठीक उसी समय छूटने वाली गाड़ी न पकड़ लेता तो नियत समय पर नागपुर हर्गिज नहीं पहुँच सकता था। भागमभाग कि अपने बदन की धूल झाड़कर उठ खड़ा हुआ और पिताजी के श्रीचरणों की धूल से आँख आँजकर पटना जंक्शन पहुँच गया। सवेरा मुगलसराय के आसपास हुआ। इलाहाबाद में शांति मेहरोत्रा, विजयदेव नारायण साही आदि के उसी डिब्बे में आ जाने पर वातावरण जीवित जान पड़ने लगा। एक अजीब गहमागहमी माहौल में मदहोशी-सी महसूस होने लगी।

नागपुर मैं पहले भी जा चुका था, राष्ट्र-भाषा-प्रचार-समिति, वर्धा के विशेषाधिवेशन में। वहीं पहले-पहल मैंने तुकड़ो महाराज के कीर्तन-प्रवचन सुने थे। पंडित माखनलाल चतुर्वेदी से दुराग्रह करके 'कोयल बोलो तो' कविता सबको सुनवाई थी। विक्रयार्थ अपनी किताबों का बड़ा-सा बंडल लिए हुए 'अश्क' जी आ गए थे और

उस बार भी रेडियो वाले मुझे स्टुडियो बुला ले गए थे। श्रीमती सुमति मुटाटकर का अविस्मरणीय गीतगोविंद-गायन मैंने स्टूडियो में ही सुना था। मेरे कितने ही गीतों का रेकॉर्ड बना था। वहीं वारणासि राममूर्ति रेणु मुझसे मिले और सदा के लिए मित्र हो गए थे। कुछ ही दिनों बाद मुझे हैदराबाद बुलाया था।

इस बार नागपुर उतरकर सीधे माचवे जी के घर जाना था। पिछली बार तो छात्राओं का परम प्रफुल्ल दल स्वागतार्थ उपस्थित था। तुरत-फुरत बिस्तर बाँधा, हँसते-हँसते स्वयं उठाकर कार में डाल दिया, फिर नियत स्थान पर स्थापित कर दिया। वहाँ आवासीय व्यवस्था भी लड़कियों के ही हाथ में थी, नाश्ता, चाय, भोजन बनाने और खिलाने का पूरा दायित्व उन्हीं पर था। ऐसा अद्‌भुत दृश्य मैंने राष्ट्रभाषा-प्रचार-समिति की कृपा से, जीवन में पहली ही बार देखा था। बिहार में किसी साहित्यिक आयोजन के आरंभ में शास्त्रीय शैली में मंगलाचरण करने के लिए कोई ढूँढ़े न मिलेगी, सौ-सौ बहाने सुनने को मिलेंगे। यहाँ संभ्रांत महिलाओं की एक अपनी अनोखी टीम थी। तानपूरे पर मंद-मधुर कंठ से दरबारी कान्हड़ा में मंत्रोपम विशुद्ध उच्चारण के साथ 'वर दे, वीणावादिनि, वर दे' का अनन्य तन्मयतापूर्ण गायन कितने ही दिनों तक मेरे मन-गगन में गूँजता रहा था। मैंने लाल किले से लेकर गाँव की पाठशाला तक में इसके अनगिनत गायन सुने थे, इमन, भीमपलासी, केदारा, छायानट आदि में, यहाँ पहली बार दरबारी की बंदिश में—नव गति, नव लय, ताल, छंद नव—अंतरतर में कौंधा था।

इस बार तो रेडियो का कवि-सम्मेलन था। यहाँ कौन किसे रिसीव करने आता। होल्डाल, ब्रीफकेस और बेंत की डलिया लादे-लूदे मैं माचवे जी के क्वार्टर में दाखिल हो गया। इनके परिवार से उज्जैन से ही घुल-मिल गया था। श्रीमती माचवे ने मुक्तिबोध, माचवे और मुझे—साथ बैठाकर उज्जैन में जो गर्म पकौड़ियाँ खिलाई थीं, उस स्वाद की याद दिलाता हुआ, उनसे मिला। माचवे जी कमल-दल-लोचनों में आनंद का मकरंद भरे हुए उमंग तरंगित आत्मीयता से भुज-भर भेंट रहे थे कि अचानक अज्ञेय जी आ गए। वह पर्वतारोही के चुस्त-दुरुस्त वेश में थे। बोले—आप 'रामटेक' चलेंगे?—अंधे को नैन मिलें तो और क्या चाहिए, यहाँ तो कमलनयन बाँटने की बात थी।

रात में कवि-सम्मेलन खूब जमा। विनय मोहन शर्मा ने गीतगोविंद का अनुगायन सुनाया तो मुझे आर्नल्ड के सौंग ऑफ सौंग्स की याद आई। अज्ञेय जी तो एक में ही हिमालय और सागर हैं। काव्यपाठ का उनका ढंग भी पेटेंट है। परिवेश को प्रिय गंभीरता दी। विजयदेव नारायण साही ने एक अंग्रेजी कविता के अनेक

में अज्ञेय को देखकर उसकी हैरतअंगेज जिंदादिली सूखी पलकों में तैर गई थी। और आह! ऐसा कैसा समाचार सुना कि हौसला ही निचुड़ गया; निर्गंध टेसुओं की सौगंध, मेरा तो अंतरंग बदरंग हो गया।

अब तक काफी टहनियाँ गर्दन, कंधों और हाथों से टँग गई थीं। अज्ञेय जी ऋतुराज की तरह हौले-हौले रूप-रंग के आकाश से उतर आए। उनके कलाकार की निःसंगता, वीरानी और निर्वैयक्तिकता मुझ पर गहरा असर छोड़ गई।

'अब नहीं रहा' के अलावा एक शब्द भी देवेंद्र के बारे में वह न बोले थे। इधर देवेंद्र और उसकी माँ से मैंने अनदेखे अज्ञेय के बारे में कितना कुछ न जान लिया था। कुछ कहने को मेरे होंठ फड़फड़ाए कि यही निःसंगता आपकी सृष्टि का स्वर्ग है; बौद्धिक दृढ़ता पर ऐसा निरपवाद अधिकार अत्यंत वितृष्णा का कारण बन जाता, अप्रताड़ित भावना का लांछनहीन, सुरुचि-संपन्न परिहार अपने, समग्र साहित्य में, आत्म-सीमित हो सकता है, अतिरिक्त व्यक्तिबद्ध कदापि नहीं।

अज्ञेय परिस्थिति की सीमाओं, विडंबनाओं से ऊपर उठे अज्ञेय कार में बैठते-बैठते शिशु-सुलभ हार्दिकता उछालकर बोले—शास्त्री जी, (निस्संदेह वैसे पूर्ण व्यक्तित्व से ऐसे संबोधित होते मेरे तन-मन और आत्मा की इकाई टूटने लगती है।) ये टेसू मैं दिल्ली के दोस्तों को होली के उपहार के रूप में दूँगा। कहूँगा, ये तुम्हारे अनुरूप भी हैं, प्रतिरूप भी।

उनकी जिंदादिली, उनकी मुसकान होंठों के दरम्यान जरा की जरा थमी कि मैंने दबी-दबी-सी आवाज में अपना साज छेड़ा :

दिल्ली वालों को भले-भले दे लेंगे, दिलवालों (विद्यानिवास जी जैसों) को देना मुश्किल होगा—वे 'निर्गंधा इव किंशुकाः' से वाकिफ जो होते हैं।

—मेरे इस जुमले से उनके चेहरे के भावों में हलकी-सी भी तबदीली नहीं आई। मैंने आँखें खोलकर हारी हुई निगाहों से उनकी शिलीभूत स्थितप्रज्ञता देखी, जिस पर कैसे भी सादे रंगीन शीशे गिरकर चकनाचूर हो जाते!

जबलपुर तक सवाल-जवाब का सिलसिला अटूट रहा। बातचीत में बेपनाह खिंचाव, आँखों में अजब-सी चमक और होंठों पर गहराइयों से फूटी मुसकान—और ऐसे सादे गहरे दिलचस्प अज्ञेय के बारे में कैसी-कैसी अफवाहें और अटकलबाजियाँ और ऊटपटाँग किस्म की कथा-कहानियाँ हैं; कैसी खामखयाली, लफ्फाजी और लंतरानी! 'भिन्न रुचिर्हि लोकः'।

पौ फटने ही वाली थी। महाकवि पंत के शब्दों में—

'चीर तीर-सी रही क्षितिज-उर
अरुणचूड़ की ध्वनि मतवाली

अब प्रकाश-गर्भित लगता तम
अँगड़ाता सोया समीर जग।'

के पारदर्शी दृश्यों में मैं देख रहा था कि हिंदी कविता के छायावादी संस्कारों को पौंड और ईलियट के समानांतर अज्ञेय ने ही सर्वप्रथम तूल की तरह तूमकर उड़ाना आरंभ किया था। और पश्चिमी साहित्य शास्त्र की पारंगतता और पच्छिमी साहित्यांदोलनों को सर्वात्मना समर्पित प्रज्ञा द्वारा अज्ञेय का कवि गढ़ा गया है। उसे भारतीय काव्य-परंपरा के इतिहास के प्रकाश में नहीं पढ़ा जा सकता। संस्कृत और बंगला के उद्धरण उन्हें भारतीय आकाश में उड़ने भर देते हैं, यहाँ की मिट्टी में उनके कलमी पौधे पूरी तरह पनप नहीं पाते। उनके द्वारा खिलाए हुए रंगारंग फूल यहाँ के नासापुटों में पल-भर को चौंकाने वाली गंध जरूर भरते हैं पर वे आत्मा को वह रस नहीं देते, जो भारत की अपनी प्रत्यभिज्ञा है। सच तो यह कि वह चिद्‌विलास या शिल्प-संतुलित अभिनव बुद्धि-वैभव ही है जो नित नए प्रयोगों से हिंदी को नई शक्तिमत्ता प्रदान करता रहा है और सबसे बड़ा सच यह कि संस्कृत-बंगला की चाहे जैसी जानकारी मुझे हो मगर अंग्रेजी की आधी-अधूरी अँधेरी जानकारी अज्ञेय-साहित्य की चौंध को आत्मसात् करने में मेरी बहुत बड़ी बाधा है। जिसने 'मॉडर्न इंगलिश प्रोज' का मर्म नहीं समझा, वह अज्ञेय की अंग्रेजी-हिंदी के मजे भी नहीं ले सकता। वेस्टलैंड के खंडित बिंबों के ढेर से गुजरने वाली भारतीय आत्मा ह्रास-विघटन, अवसाद और मृत्यु-भय के मुलम्मे को नई चेतना की गर्म राख से घिस-घिसाकर छुड़ा सकती है।

बला से पूँजीवाद और समाजवाद की खराद पर खरा उतरा साहित्य मेरी समझ में न आए, यह व्यक्ति अज्ञेय तो लाखों में एक हैं। इनकी प्रसन्न-गंभीर आकृति, सजे-सँवरे बोल, अंतर-प्रांतर में अँक जाने वाले व्यवहार इस पल को निस्तंद्र निस्तलता से जीने के लिए क्या कम हैं? इनके खुलाव को रहस्य न समझने-भर सँवर लूँ।

मैंने कहा—रिटायरिंग रूम या किसी ग्रैंड होटल की सुविधाओं का लोभ न हो तो मेरा यहाँ एक दिली दोस्त है—डॉ० रमेशचंद्र मिश्र, आप वहाँ चलें, उसकी पत्नी ललिता कालिदास के देश—उज्जैन—की है, शील और शालीनता की स्फटिक प्रतिमा, आपको अचानक अपने बीच पाकर दंपती अंदरूनी खुशी से खिल उठेंगे।'

हिंदी-रूपांतर पंत, रामकुमार वर्मा आदि की शैली में सुनाकर सबको खूब हँसाया।

संयोग से प्रचार-समिति वाले पं० हृषिकेश शर्मा जी वहाँ उपस्थित थे। उन्होंने कल की एक संगोष्ठी के लिए अज्ञेय जी को और मुझे अत्यंत आग्रह-अनुरोध-अनुनयपूर्वक रोक लिया। अज्ञेय जी एक छोटी-सी शर्त पर राजी हो गए कि सभा विसर्जन के पश्चात् रात में ही वह हम दोनों को कार से जबलपुर पहुँचा देने का प्रबंध कर देंगे। हम वहाँ से बांबे मेल पकड़ लेंगे।

वह अजीबोगरीब संगोष्ठी बरबस—

'मंजिल की जुस्तजू से पहले किसे खबर थी
रस्तों के बीच होंगे और रहनुमा न होगा।'

अज्ञेय का सप्राण, उदात्त और उद्यत व्यक्तित्व मेरे निर्जल, निस्तेज और निष्प्राण अस्तित्व को आरंभ से ही उद्दीप्त और आंदोलित करता रहा है। भग्नदूत और चिंता के अनचीन्हे स्वर में मेरा अँधेरा कैशोर झुटपुटे के बीच का अध-उघड़ा प्रकाश ढूँढ़ता था; विपथगा की कहानियों ने कठुआए चौकठे को आमूल हिला दिया था और शेखर ने…

वही अज्ञेय अभी अकेले मेरे साथ थे शांत, गंभीर, उदासे-से। कुछ ही दिन पहले 'नदी के द्वीप' की एक आलोचना आँखों में चुभी थी : जो शेखर है वही भुवन है और वह दूसरा कोई नहीं, स्वयं अज्ञेय हैं। यह सौम्य, शिष्ट, निर्व्याज-मनोहर आकार क्या उन परछाइयों के अहंकार से लिपटा है? निमिष-भर पहले की निर्धूम आग विराग की नीरवता में हिमानी हो गई है?

जैसे अपने जड़ तन से निकलकर तादात्म्य मन कहीं घोर निभृत में विभोर हो रहा हो; चेहरे पर तनाव नहीं, रम्य रेखाओं में सलवटें नहीं—असंभव की संभावनाओं से उदासीन, आत्मानुशासित दृष्टि का सृष्टि-चेतन प्रसार। मैं छेड़ता न था कि उस एकात्म चैतन्य-चंद्र पर बादल न रुके, कुमुद न कुम्हलाए, तनिक कंकड़ी के पड़े स्वस्थ जल घायल न हो।

कि सड़क के दोनों ओर वन-फूलों से लदे पेड़-पौधे बार-बार चमकीली कार पर छाँव करने लगे और मखमली घास पर ओस के बिखरे मोती हॉर्न की ध्वनि से काँपने लगे। अब सीट पर तने बैठे अज्ञेय की खोल से एक नया अज्ञेय निकला और ड्राइवर को गाड़ी रोकने कहा और मुझे बाँहों से खींचकर बाहर निकाला और झींगुरों की झंकार से झनझनाते वन-प्रांतर पर छाए आधी रात के काँटे की मानिंद चुभन-भरे सन्नाटे और चेहरे पर पड़े कुहरे को चीरते हुए कहा—टेसू।

मैंने हँसकर कहा—हाँ, मैं टेसुओं को खूब पहचानता हूँ। जहाँ पैदा हुआ हूँ, चपड़े के कई कारखाने हैं!

हुलसकर बोले—ठीक है। तब तो मुश्किल न होगी। मैं पेड़ पर चढ़ता हूँ, टहनियाँ और डालियाँ लोढ़-तोड़कर गिराऊँगा, आप उन्हें लोक लेंगे, ऊपर-ऊपर हाथों में थाम लेंगे। जमीन पर गिरने से फूल टूट-बिखर जाएँगे।

बोले और सघन पलाशवन में खो गए। आधेअँधेरे, आधे उजाले में किसी खूब खिले पेड़ को ढूँढ़ निकालना कुछ ऐसा आसान न था, मगर तार सप्तक की संधानी दृष्टि से बच निकलना भी कठिन था। पल-भर की खामोशी में ड्राइवर परेशान, मेरी साँसें ऊपर-ऊपर टँगी, कि थोड़े फासले से बच्चों-सी किलकारी सुनाई दी। ड्राइवर बाहर न निकला। मैं आवाज की अँधेरी ड्योढ़ी पार कर बाघ-छाल-सी बिछी चाँदनी की छींट पर सिमटते-ठिठकते पाँवों जा खड़ा हुआ। आजू-बाजू झुकी-झुकी शाखाओं के भीतर से ताका : अज्ञेय फुनगियों में उलझी चाँदनी की तरह इतमीनान से बैठे निर्गंध किंशुक-कलियों की अनाघ्रात गंध पी रहे थे। डालियों की मेहराबों के बीच मेरी कमजोर आवाज पहचानकर बोले—आप आ गए? कैसा अच्छा लग रहा है!

माघ-फागुन का जाड़ों का महीना। ओस से जुड़ाए बदन को ठंडी हवा सुखा रही थी और अज्ञेय थे कि हवा खा रहे थे। फुनगियों के अनछुए आकाश में रँगीले बादलों की मस्ती देख रहे थे।

रामटेक के बाद उनकी मौज की गिलहरी का यह रंग कुतर-कुतरकर फेंकना और उतावली को करीब न फटकने देना मुझे बहुत अच्छा लग रहा था।

मैंने स्वर में लय भरकर कहा—अज्ञेय जी, आप तो मुझसे छह साल बड़े हैं, वह तीन-चार साल छोटा रहा होगा। नक्श आपसे बेहद मिलता-जुलता। मैं रायगढ़ में राजकवि था, वह वहाँ के नायब दीवान महंत जी का लड़का था—देवेंद्र!

"आह! देवेंद्र? वह तो मेरा सगा भांजा था! अब न रहा!"

मैं निःशब्द सोचता रहा :

टेसुओं के वन में भी मेरे चेहरे का रंग उड़ गया। वह मेरे रायगढ़-प्रवास का सबसे प्यारा संगी था। कार्तिकेय-सा सुंदर मगर रौबीला चेहरा, बेहद जिंदादिल और साहसी, अंग्रेजी पर मास्टरी, फ्रेंच रेडियो के जरिए सीख ली थी। हम जब-तब जंगल-पहाड़ में घूमते वक्त साथ-साथ सिने-संगीत गाते-गुनगुनाते थे। दीवान डॉ० बलदेव प्रसाद मिश्र का बँगला मेरे ड्रेक गेस्ट हाउस से सटा था। उनके बड़े लड़के से उसकी दोस्ती थी। रोज ही आता था। आता था, तो इधर मुझसे मिले बिना नहीं लौटता था। मैंने सन् '39 में रायगढ़ छोड़ दिया था। आज अचानक इस पोज

अज्ञेय जी ने छोहाकर जँचे-तुले शब्दों में स्वीकृति दे दी। मेरे तो एकटक जक-सी बँध गई। यों असली हाल ही बतलाया था, जटल ही हाँकी थी, बत्तीसी चमकाता रमेश छज्जे पर किसी कमजोर पौधे को टीकन देता, थूनी लगाता दिख गया।

रमेश कवि भी है, कविराज भी, नाजुक-मिजाज भी है, शेर की दाढ़ में पहुँचा पेल देने वाला भी, हिंदू यूनिवर्सिटी के जमाने का छात्र-मित्र, जो स्टेज पर फ्री ऐक्टिंग के लिए मशहूर था, गोष्ठियों में शेरो-शायरी के लिए, हरदिलअजीजी हद से गुजर गई थी, बच्चन जी ट्रेनिंग करते वक्त जिस हसीन माहौल में रहते थे, ऐक्टर रमेश की 'राइवलिरी' उसकी चहारदीवारी फाँद गई थी। निराला जब अचानक आ जाते थे, उनके, अटपटे आतिथ्य का बोझ रमेश के कंधे डाल मैं मुफ्त का यश लूटता था।

इकले होकर मरा ही जा सकता है। जीने के लिए रमेश-से दोस्त का साथ काफी है। तनहा बैठकर अँगड़ाओ, पलक झपकते संगी-साथियों के दल-बादल से घिरा पाओगे अपने आपको!

मेरे किए कुछ न हुआ। लोग कहते हैं—सुनी अनसुनी कर देता हूँ। अब किस-किस को कहता फिरूँ—मैंने यह जन्म व्यर्थ नहीं गँवाया, रमेश-सा दोस्त पाया है!

चाय-नाश्ते के बाद अज्ञेय ने कहा—क्यों न हम नर्मदा नहाने चलें? भेड़ाघाट दूर है तो गायघाट ही सही।

रमेश डिस्पेंसरी जाने की जल्दी में था। सवारी मँगवा दी। कहने को हम दोनों नर्मदा नहाने निकले थे, मगर मैं रास्ते-भर अज्ञेय की निर्बाध, वेगवती ज्ञान-गंगा में डुबकियाँ लगाता रहा था। किनारे पर कपड़े उतारे और अज्ञेय का स्वर्ण-वर्ण सुडौल शरीर स्नान के नील परिधान में बलराम बन गया।

अपनी जिंदगी तो धोती-कुर्ते-चप्पल में घुट गई। किसी हिंदी के कवि की यह विदेशियों-सी चुस्ती और फुर्ती पलकों में अँट नहीं रही थी। तैराकी का शौक मुझे भी है, एक बार इसी नर्मदा के धुआँधार जलप्रपात में शहीद होते-होते रह गया था। तैर-तैरकर देर तक कीलाल-लीला का स्फार संभार चला। पहाड़ और नदी—दोनों ने दो ही दिनों में अज्ञेय की ऊँचाई और गहराई दिखा दी थी। मन मत्त था। देश-विदेश की अनेक अनुभूतियों के तीव्र-वेग जलद-यान से हम जल्दी ही लौट आए, यहाँ दो नयन मेरी प्रतीक्षा में खड़े थे।

ललिता जी संस्कृत से एम०ए०, पी-एच०डी० होंगी, पाक-कला में किंतु सुपर—डी० लिट्। पल-भर को छककर खाने-पीने का सिलसिला चला। निराला के

बाद लगभग उसी कद के अज्ञेय को अत्यंत मिताहार देखकर अपनी बेहयाई पर बेहद दया आई। मैं तो भीम-भोजनालय में खाते वक्त भी सुध-बुध बिसार बैठता हूँ कि आखिर खिलाने वाले पर क्या गुजर रही होगी।

बांबे मेल के आने का वक्त हो गया था। दिल भर आया कि इस छोटी-सी मुलाकात में—

'मेरे रमेश, सब के रमेश,
उद्दाम प्रतिभ गोबर-गनेस।'

की जहर छहरती हँसी और मधु-मद बोरे-भोरे बोल नसीब न हुए। सदर बाजार से कैंट दूर न था। घास की गंध, धूप का रूप (Electronic pacc-maker) द्वारा चलाए गए यूँ वीरानी में छुप बैठे दिल का स्पंदन लिए-दिए कंपार्टमेंट में पहुँचा और होल्डाल फैलाकर झटपट एक बर्थ दखल कर लिया। कुछ परे हटकर उपरले बर्थ पर अज्ञेय जी ने भी अपना बिस्तर फैला दिया। उनके तकिए के नीचे से अमृतराय का हाल का छपा लाल कवर वाला 'बीज' निकला। वह मेरे पास ही बैठ गए थे। बीज के 'वाद' में विश्व चौखूँट न बैठ सकेगा, यही वार्ता का मूल और स्थूल विषय था।

काफी देर बाद जब जबलपुर जंक्शन से गाड़ी चली, कल-परसों से ही अपनी आत्मिक आर्द्रता से भिगोते आते शिशु-सदृश सस्मित स्वर में बोले :

जानते हैं, मेरी साहित्यिक गतिविधि का आरंभ एक तरह से, इसी जबलपुर शहर से हुआ था। हितकारिणी सभा हाई स्कूल के वार्षिकोत्सव के लिए मैंने एक अभिभाषण...

हाँ-हाँ, मैंने पढ़ा है 'त्रिशंकु' का वही तो पहला निबंध है।

हाई स्कूल के स्तर से बहुत ऊँचा है वह लेख। आप बुरा न मानें तो उसके संबंध में कुछ निवेदन करूँ।

अज्ञेय जी की मद्धिम आवाज और नरम और मुलायम हो गई।

मैंने कहा—उस निबंध में आपने लारेंस का लंबा उद्धरण दिया है, रवींद्रनाथ का कहीं नाम तक न लिया। उनके शिक्षा-संबंधी मौलिक विचारों का आपका निबंध ऋणी है।

उन्हें मेरी बात पर विस्मय हो रहा था तो मैंने हँसाने के अभिप्राय से बताया कि बीस तक कालिदास और बीस से पच्चीस की उमर तक में मैंने रवींद्रनाथ का सारा साहित्य पढ़ डाला था।

तरह-तरह की वैयक्तिक और निर्वैयक्तिक बातों में बेला ढलने को आई तो

मैंने चौंककर देखा, इलाहाबाद आ गया था। उन्होंने झटपट अपना बिस्तर लपेट लिया, उन्हें दिल्ली के लिए गाड़ी बदलनी थी। मुझे चुपचाप बैठे रहने के लिए कहा और आप तेज कदम चलकर भीड़ में खो गए। कुछ देर बाद लौटे तो हँसते हुए मेरे हाथ में पटना तक का एक टिकट थमाया :

आपकी यात्रा सीधी है, बैठे-बैठे इसी से पहुँच जाएँगे।

'शुभास्ते सन्तु पन्थानः।' फिर हौले-हौले खिसकती हुई गाड़ी से अपना सामान उतारते-उतारते बोले।

मेरा रास्ता ऐसा आसान नहीं, मुझे प्रतीक्षा करनी होगी।

●●